Das praktische Heimwerkerbuch

Otto Werkmeister

Das praktische Heimwerkerbuch

Ideen, Material, Werkzeug, Techniken

Gondrom

Bei der Entwicklung dieses Buches haben mitgewirkt:
Marianne Crusius, Rainer von Linden, München

Grafische Gestaltung:	Dieter Vollendorf
Fotografie:	Christel Kaiser
	Dieter Hinrichs
Zeichnungen:	Marianne Crusius
	Hellmut Hoffmann
	Rainer von Linden
	Robert Würfl

Sonderausgabe für den Gondrom Verlag, Bayreuth 1983

Gesamtherstellung: Richterdruck Würzburg
ISBN 3-8112-0329-0

Das praktische Heimwerkerbuch

Es ist ohne weiteres möglich, mit Geschmack und wenig Geld die eigenen vier Wände, das eigene Zuhause praktisch, behaglich und originell zu gestalten. Das zeigt dieses Buch.
Man muß dazu den eigenen Kopf (zum Denken und Planen) und die eigenen Hände (zum Messen, Sägen, Nageln, Schrauben etc.) gebrauchen.
Das heißt auch, immer mal wieder etwas Neues ausprobieren. Wie man das anfängt und plant und wie man das handwerklich richtig macht, wird hier an vielen Beispielen vorgeführt.
Hat man sich die Techniken am praktischen Fall einmal angeeignet, dann wird es einem immer erneut Spaß machen, die eigenen Vorstellungen mit kreativem Schwung auf die eigenen vier Wände zu übertragen. Gute Freunde tun das auch gemeinsam.
Für wen wurde dieses Buch gemacht?
Für alle, die eigene Wohnideen verwirklichen und durch Selbstbau viel Geld sparen wollen.
Der erste Teil bringt hauptsächlich Vorschläge für die Ausgestaltung verschiedener Zimmer – aber auch für Hütte und Gruppenraum. Der zweite bietet Lösungen für bestimmte Probleme wie z. B. das Verwahren von Büchern und Sammlungen an. Der dritte gibt – in übersichtlicher Abc-Ordnung – Auskünfte über Materialien (z. B. Holzarten, Plattensorten, Wellpappe, Farben), über Werkzeuge und Arbeitstechniken. Er enthält auch ein Mini-Handbuch für das Beheben technischer Pannen im häuslichen Bereich – und eingestreut weitere Anregungen, Ideen, Tricks und Tips.
Die hier angebotenen Ideen und Vorschläge sind größtenteils aus Freude am Experimentieren geboren. Sollten Leser, die von derselben Freude besessen sind, für manche Probleme noch bessere oder einfachere Lösungen finden, so werden Verfasser und Verlag entsprechende Hinweise dankbar entgegennehmen.
Übrigens: Selbermachen spart nicht nur Geld – es macht auch viel Spaß!

Otto Werkmeister

Inhalt

Teil 1

Ideen - Pläne - Anleitungen

1

Mein Zimmer ist zu klein

Mein Zimmer ist zu klein

Der Raum, von dem wir in diesem Beispiel ausgehen, mißt etwa 2×3m. Viele Etagenwohnungen enthalten Zimmer dieser Größe als „Kinderzimmer". Der Raum könnte auch im Souterrain liegen.

Kann man aus einem so engen Gehäuse eine Teenagerbude machen, in der man sich nicht dauernd beengt fühlt? Man kann, wenn man dabei folgendes beachtet: Kleine Räume sollen kompakt und nicht zu hoch möbliert sein. Die Lampe(n) soll(en) schwenkbar oder auf andere Weise beweglich sein, um je nach Wunsch als Arbeitsplatzleuchte, Leselampe am Bett oder zur Allgemeinbeleuchtung des Raumes dienen zu können. Zu bevorzugen sind Möbel, die sich klappen, aufblasen oder auf andere Weise mit wenig Raumbedarf verstauen lassen. Kästen und ähnliches sollen mittels untergeschraubter Möbelrollen beweglich sein.

Vor allem aber kommt es darauf an, die Flächen für Arbeiten, Aufbewahren, Schlafen, Sitzen möglichst zu kombinieren bzw. übereinanderzulegen, damit ein freier Bewegungsspielraum erhalten bleibt. Und darin liegt auch die eigentliche Pointe dieses Gestaltungsbeispiels: Bett und Arbeitsfläche sind zusammengefaßt auf einer durchgehenden Platte vor dem Fenster. Die zweiteilige Matratze wird tagsüber nach links hochgeklappt und gibt so eine angenehm große Arbeitsfläche direkt vor dem Fenster frei. Die Platte muß, falls ein Heizkörper unter dem Fenster angebracht ist, einen entsprechenden Abstand von der Wand haben, damit die Heizungsluft zirkulieren kann. Die Platte dient zugleich als Anschlag für den Schiebeladen, der hier den Vorhang ersetzt.
Die Arbeits- und Bettplatte geht im Beispiel über die ganze Breite des Raumes, wird also an beiden Längswänden mit Winkelprofilen befestigt. Unter die Platte kann man Kisten und Koffer schieben, die als zusätzliche Sitzgelegenheit, auch als Stufen zum Bett dienen.
Die Regale sind hier aus Pappkartons gebaut, die bei richtigem Vorgehen eine erstaunliche Festigkeit aufweisen.
Auch der Schrank kann nach der folgenden Anweisung selbst gebaut werden. Er ist durch ein Zugrollo aus Holzstäben verschlossen.

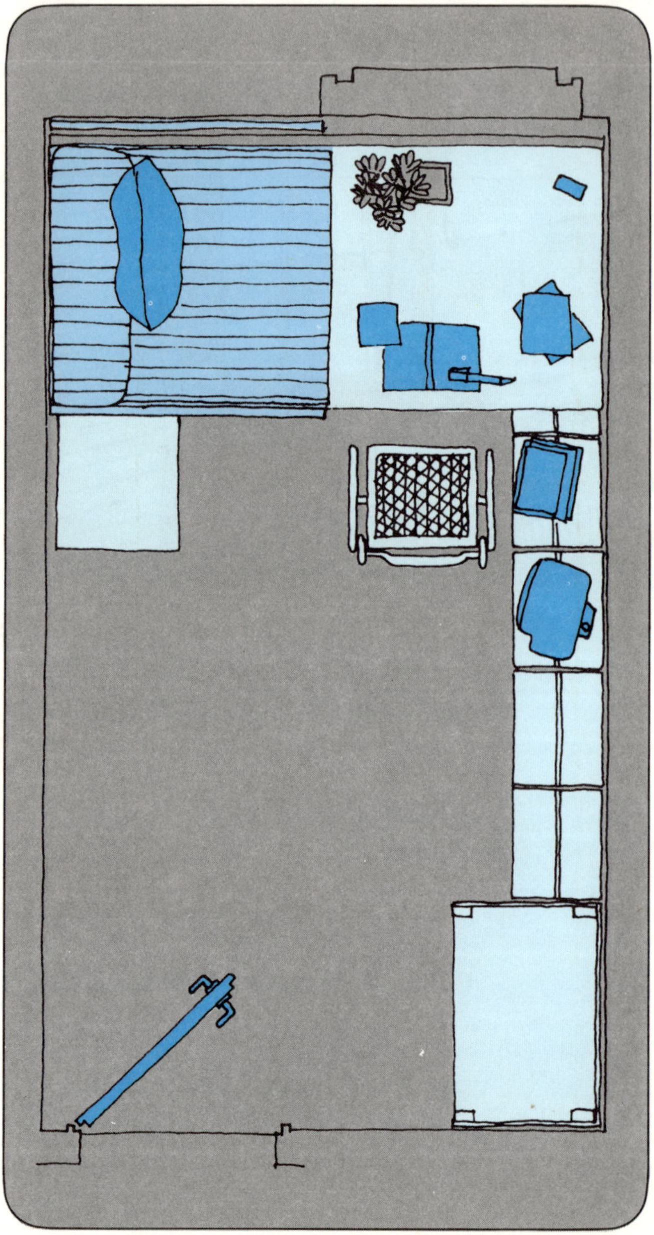

Grundriß des Zimmers bei freigemachtem Arbeitsplatz

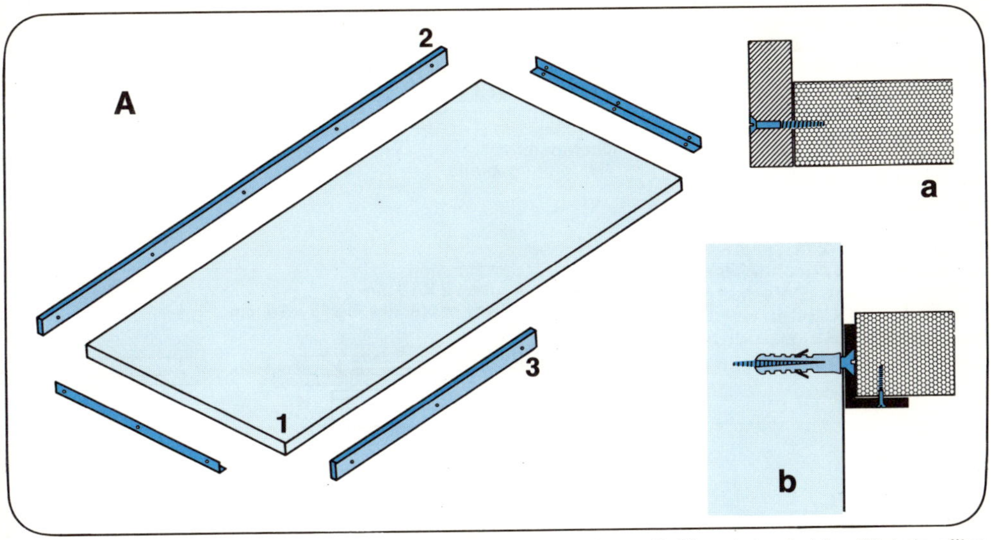

A Die Bett- und Arbeitsplatte (1) mit den beiden seitlichen Leisten (2, 3) und den beiden Winkelprofilen, auf dem Kopf- und Fußende aufliegend.
Detail a: So werden die Leisten, unten bündig mit der Platte abschneidend, gegen das Türblatt geschraubt.
Detail b: Das Winkelprofil ist mit Dübeln und Schrauben an der Wand befestigt. Die aufgelegte Platte ist von unten mit dem Profil verschraubt.

Arbeitsschritte

Beschrieben wird die Herstellung folgender Stücke: A Bett- und Arbeitsplatte. B Schieberahmen mit Platte vor dem Fenster. C Schrank. D Regale aus Kartons

A Bett- und Arbeitsplatte Als Platte dient ein fertig einzukaufendes Türblatt. Türblätter sind 4 cm stark. Als Halt für die Matratze kommt an der Fensterseite die lange Leiste (2) gegen die Platte, an der Vorderseite links (Detail c, wo tagsüber die Matratze liegenbleibt) die kürzere Leiste (3). Die oberen Kanten müssen zuerst etwas gebrochen (▷Kanten) und dann glattgeschliffen werden. Darauf werden sie an der Platte befestigt – Unterkanten der Leisten bündig mit Unterseite Türblatt abschließend –, und zwar durch Leimen (▷Kleben) und ▷Schrauben (Detail a).
Die beiden Winkelprofile werden an den Wänden mit Dübeln Detail b (▷Dübel in Wand und Decke) und ▷Schrauben so befestigt, daß der waagerechte Schenkel des Profils 70 cm über dem Fußboden liegt; die Arbeitshöhe ist dann 74 cm. Ist das Zimmer zu breit, kann das freie Ende der Platte auf ein Regal aufgelegt werden – wie im Beispiel „Wohnlandschaft" (S. 24) beschrieben.

Detail c: Die beiden Matratzenteile werden tagsüber links gestapelt, nachts zum Schlafen ausgelegt.

Nr.	Bezeichnung	Stück	Länge cm	Breite cm	Dicke mm	Material
A	Bett					
1	Platte	1	198,5	98,5	40	Türblatt
2	Leiste	1	198,5	6	20	Weichholz
3	Leiste	1	98	6	20	Weichholz
4	Matratze	1	195	95	100	Schaumstoff

Beschläge:
2 Winkelprofile 40 × 30 × 4 mm, 750 mm lang, in jedem Schenkel 3 Bohrungen
je 3 Senkkopfschrauben 4,5 × 60 mm mit Dübeln
für das Türblatt 6 Senkkopfschrauben 2,7 × 20 mm
für die Leisten 8 Linsenkopfschrauben 4 × 30 mm

B Schieberahmen Die Querleisten (2) auf die Längsleisten (1) schrauben, so daß ein bündiger Rahmen entsteht. Die ▷Lochplatte wird von der Fensterseite gegen die Längsleisten geschraubt. In die Stirnseiten der Längsleisten kommt je eine Ringschraube, Detail d. Der Raum muß über die Breite von 2 m (= Länge der Platte) eine durchgehende Vorhangschiene (▷Vorhänge) haben. In die Gleiter werden die beiden Ringschrauben eingehängt (Detail d).

Nr.	Bezeichnung	Stück	Länge cm	Breite cm	Dicke mm	Material
B	Schieberahmen					
1	Längsleisten	2	140	25	10	Weichholz
2	Querleisten	2	100	25	10	Weichholz
3	Verkleidungsplatte	1	140	100	3	gelochte Hartfaserplatten mit weißer Oberfläche

Beschläge für den Rahmen:
8 Senkkopfschrauben 2 × 15 mm
für die Platte 12 Senkkopfschrauben 2 × 10 mm
2 Ringschrauben
6 Gleiter für Vorhangschiene

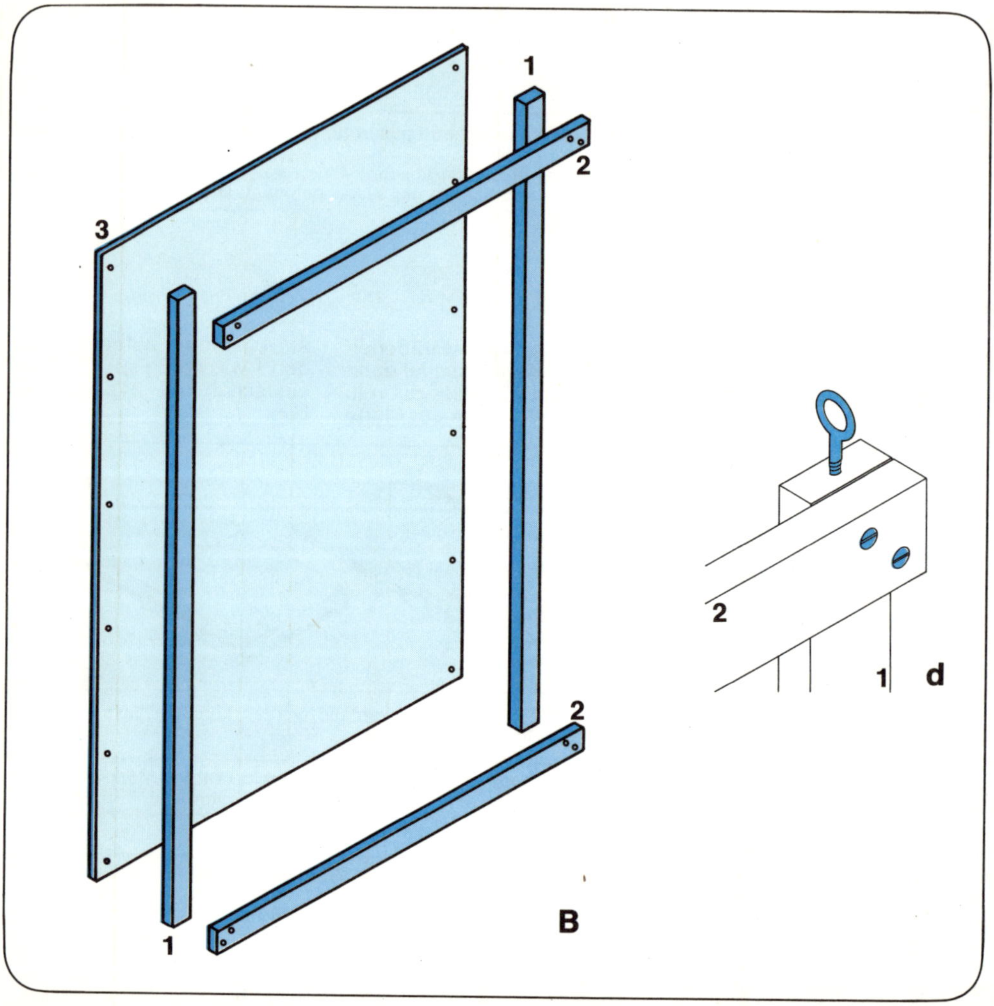

So wird der Schieberahmen B aus Längsleisten (1), Querleisten (2) und Verkleidungsplatte (3) zusammengesetzt.
Detail d: Obere Ecke des Schieberahmens mit der Ringschraube, die in die Stirnseite der Längsleiste eingeschraubt ist.

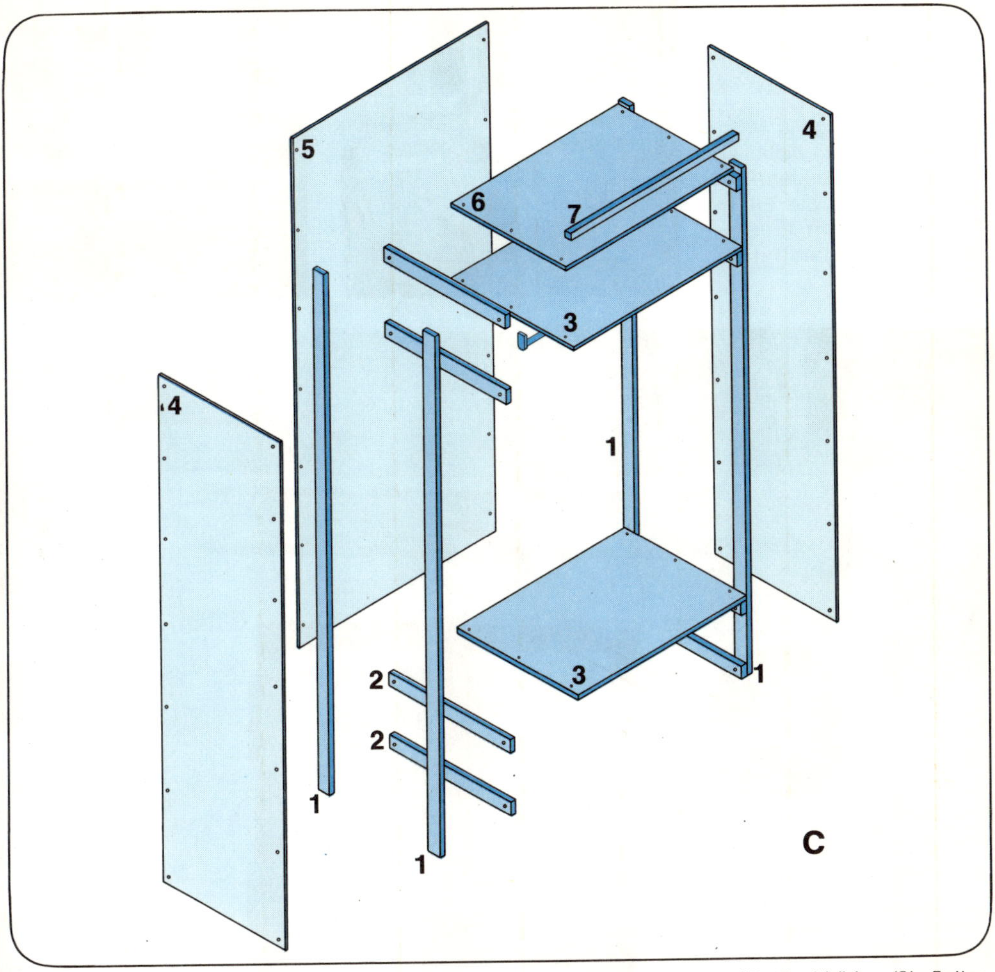

Der Schrank C besteht aus senkrechten Leisten (1), waagerechten Leisten (2), Fachböden (3), Seitenwänden (4), Rückwand (5), oberer Abdeckplatte (6) und Rolloleiste (7).

C Schrank mit Rollo Zuerst sind die beiden Rahmen für die Seitenwände zusammenzusetzen. Die Querleisten (2) werden von den Innenseiten gegen die senkrechten Leisten (1) geschraubt und zwar: untere Querleisten bündig mit Unterseite Längsleiste abschneidend; obere Querleisten mit Oberkante 2,5 cm unter dem Ende der Längsleisten; Querleisten für die Fachböden in der gewünschten Höhe (gemeinsam ▷anreißen).

Die beiden Rahmen werden zunächst dadurch fest miteinander verbunden, daß die

Nr.	Bezeichnung	Stück	Länge cm	Breite cm	Dicke mm	Material
C	Schrank					
1	senkrechte Leisten	4	200	5	22	Weichholz
2	Querleisten	8	55	5	22	Weichholz
3	Fachböden	2	85	53	19	Spanplatte
4	Seitenwände	2	200	55,5	3	gelochte Hartfaserplatte
5	Rückwand	1	200	90	3	mit weißer Oberfläche
6	obere Abdeckplatte	1	85,5	52,5	13	Spanplatte
7	Rollo-Leiste	1	85	2,5	25	Weichholz
8	Rollo	1	205	85		Holzstabgewebe
9	Rollo-Stange	1	86		15	Dübelholz

Beschläge: Rollo

1 Kleiderstange
3 Ringschrauben
1 Belegklampe

2 Vorhangschnüre je 6,5 und 5,5 m lang, Nägel, Leim, Tesa-Leinenband, ca. 20 Senkkopfschrauben 3,5×35 mm, für die Längs- und Querleisten, ca. 50 Senkkopfschrauben 2×15 mm, für die Rückwand.

Die vorgeschlagene Möblierung ist gar nicht so schwer nachzubauen. Besonders, wenn die Eltern bei komplizierten Arbeitsgängen mit Rat und Tat zur Seite stehen.

Wenn die zweiteilige Matratze ausgelegt wird, ist das Bett vorbereitet. Achten Sie darauf, daß das Türblatt und die Befestigung an der Wand wirklich stabil sind.

Legt man die Matratze übereinander (oder ganz beiseite), hat man eine herrliche Arbeitsfläche für Schularbeiten oder Hobbies.

beiden Fachböden auf die dafür bestimmten Querleisten geschraubt werden. Die Kleiderstange soll schon vorher unter dem oberen Fachboden befestigt sein.

Jetzt werden nacheinander gegen dieses stabile Gestell geschraubt: Rückwand (5), Seitenwände (4); obere Abdeckplatte (6). Diese soll hinten mit der Rückwand abschneiden; vorn bleiben 3 cm Platz für Rollo-Leisten und Rollo.

Jetzt können wir zum Anbringen des ▷Rollos übergehen. Für kleine Räume bietet es gegenüber Türen den Vorteil, daß es beim Öffnen keinen zusätzlichen Raum wegnimmt. Es ist zweckmäßig, das Holzstabrollo an der oberen und unteren Kante mit Tesa-Leinenband abzukleben. Die beiden Schnüre werden mit je einem Ende an die Frontseite der Rollo-Leiste genagelt, jeweils etwa 10 cm vom Ende entfernt. Das längere Schnurstück rechts (von vorn gesehen). Rollo-Leiste einsetzen und festschrauben.

Das obere Ende des Rollos wird nun mit Nägeln an der Oberseite der vierkantigen Rollo-Leiste (7) befestigt; am unteren Ende wird, ebenfalls mit Nägeln, das Dübelholz befestigt.

Die beiden Ringschrauben für das Führen der Schnur werden von vorn (also durch das Holzstabgewebe hindurch) in die Rollo-Leiste geschraubt. Die dritte Ringschraube kommt – genau auf gleicher Höhe – in den linken Seitenrahmen (Längsleiste). Die Belegklampe wird an derselben Leiste in Brust- bis Schulterhöhe angebracht. Wie die Schnur zu führen ist, geht aus der Zeichnung hervor (Detail e, f).

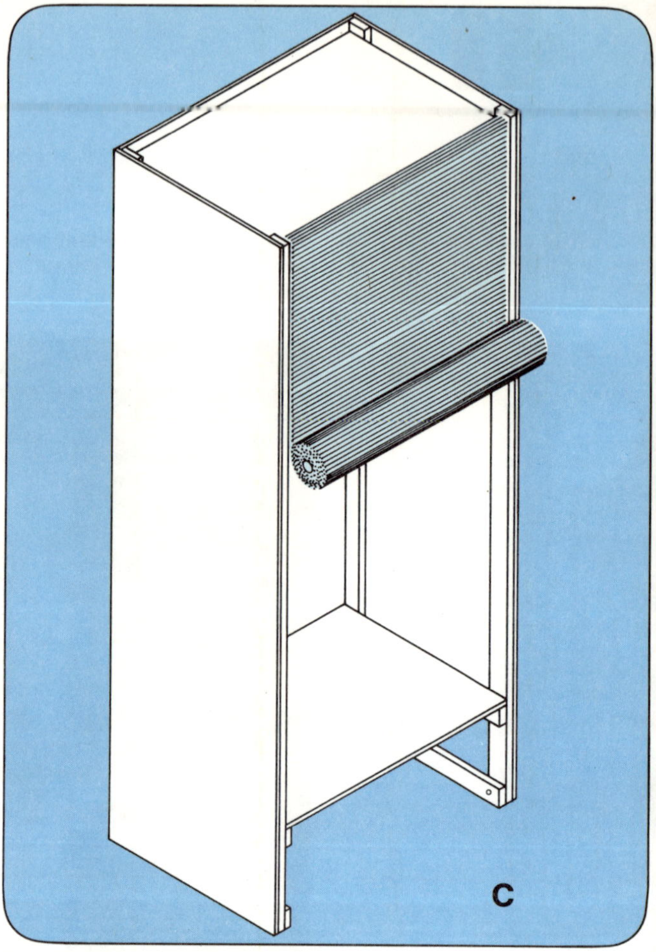

Schrank C: Gesamtansicht. Im oberen Teil befindet sich ein weiterer, hier nicht sichtbarer Fachboden als Hutfach.

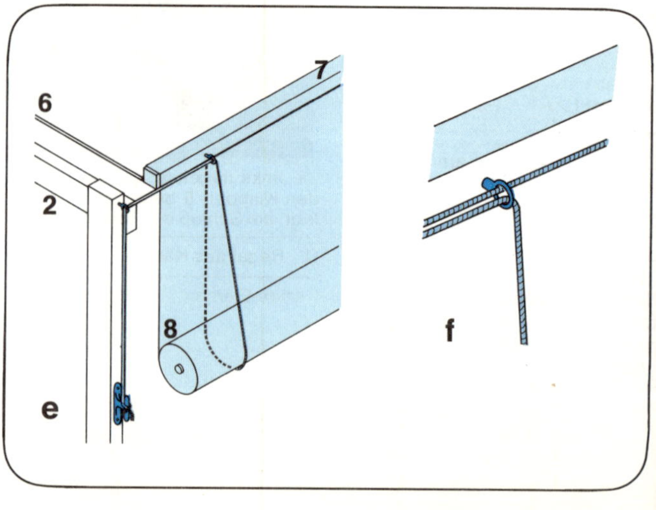

Detail e: Die Führung der Vorhangschnur. Der hinter dem Rollo laufende (oben an der Rolloleiste endende) Teil ist gestrichelt gezeichnet. Links unten die Beleg-Klampe.

Detail f: So läuft die Schnur durch die linke der beiden Ringschrauben.

D Regal aus Kartons Als Material dient kräftige ▷Wellpappe. Die Schneide- und Falzlinien müssen auf dem flachliegenden Material maßgenau (s. Stückliste) und rechtwinklig aufgezeichnet werden. Mit der Schere zuschneiden (vgl. ▷Schneiden). Im Teil 3 jetzt eine rechteckige Öffnung von 32 × 20 cm Größe ausschneiden. Anreißen mit Hilfe der Diagonalen! In den 4 Ecken etwa 3 cm schräg nach außen einschneiden. Die so entstandenen 4 Klappen nach innen umklappen und festkleben. Dies dient der Versteifung der späteren Vorderseite des Karton-Elements (Detail h).

Das Zusammenfalten – an den gestrichelt gezeichneten Kanten – geschieht so, daß das Teil 3 ohne Öffnung am Boden bleibt, Teil 3 mit dem Ausschnitt nach oben kommt. Sobald die freigebliebene Seite 1 hochgestellt ist, werden die beiden Teile 5 mit Klammern an 3 bzw. 1 angeheftet (Detail g).

Jetzt alle vier Teile Nr. 2 nach innen biegen, darauf die Teile Nr. 4, die anschließend mit Heft-Klammern durch 2 hindurch zusammengeheftet werden (Detail i).

Wie in der Zeichnung angedeutet, kann man die Kartons auch mit Zwischenfächern oder mit einer Tür versehen (Griffloch ausschneiden).

Wer es nicht probiert hat, glaubt nicht, wie stabil diese simple Konstruktion ist.

Die Außenseiten der Kartons können farbig angestrichen werden (▷Anstreichen).

Zur Ausführung Wände und Decken erhalten am besten einen einheitlichen, warmen, „erdigen", aber nicht zu dunklen Farbton, so daß der Eindruck einer gemütlichen „Wohnhöhle" entsteht. Werden die Wände mit Weichfaserplatten oder Styroporplatten (▷Wärmedämmung) „tapeziert", so kann man mühelos Notizzettel, Poster, Fotos u. a. befestigen.

Beim Bett sollen die Kanten des Türblatts und die Leisten farbig gestrichen werden. Auf die Arbeitsfläche kann man eine Glasplatte legen, man kann sie mit Leder oder ▷Kunststoff beziehen.

Der Schieberahmen braucht nicht unbedingt eine besondere Oberflächenbehandlung; die Leisten sollen aber vor dem Zusammenbau gut geschliffen werden (▷Schleifen).

Beim Schrank können alle Leisten glattgeschliffen und farbig angestrichen werden. Die Vorderkanten der Fachböden werden dunkel gestrichen oder gebeizt.

Alle Schraubenköpfe versenken (▷Schrauben).

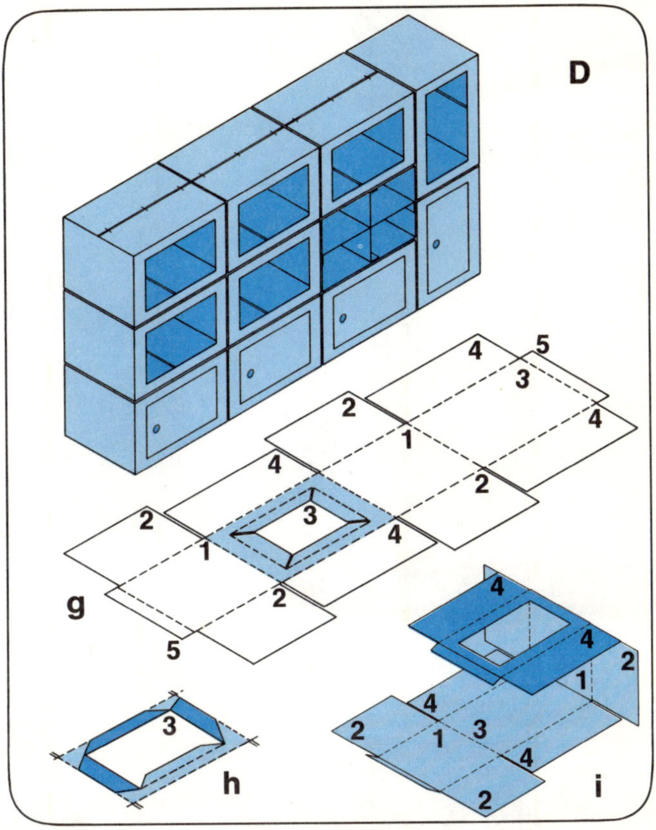

Regal D: Gesamtansicht bei 11 Karton-Elementen.
Detail g: Der Aufbau eines Karton-Elements. Die zu falzenden Kanten sind gestrichelt dargestellt (Maße siehe Stückliste).
Detail h: So werden die Kanten bei Teil 3 nach innen umgelegt und festgeklebt.
Detail i: Der Beginn des Zusammenfaltens. Als nächstes wird jetzt die links liegende Klappe 1 hochgestellt und durch Anheften der beiden Klappen 5 befestigt. Dann werden die Teile Nr. 2 nach innen gelegt, am Schluß die Teile Nr. 4.

D Regal aus Kartons	Länge	Breite	Höhe
Karton-Element	48 cm	35 cm	32 cm
Materialbedarf je Karton:	Wellkarton	80 × 170 cm	
	Teil 1	35 × 32 cm	
	Teil 2	35 × 24 cm	
	Teil 3	48 × 32 cm	
	Teil 4	48 × 16 cm	
	Teil 5	32 × 2 cm	
	Leim und Heftklammern		

Kosten: aus Spanplatten ca. 327 DM inkl. Matratze, ohne Farben

Die Wohnlandschaft

Die Wohnlandschaft

Wir schaffen eine Wohnlandschaft! Was heißt das? Der Boden eines Raumes – oder ein Teilbereich – wird so gestaltet, daß er ohne weitere Möbel zum Liegen, Sitzen, Schlafen, Arbeiten, Festefeiern benutzt werden kann. Die hochentwickelte Wohnkultur der Japaner und Chinesen kennt nur das „Wohnen auf dem Boden". Wenn wir wie die Japaner vor dem Betreten unserer Landschaft die Straßenschuhe ausziehen und in leichten Hausschuhen, Sandalen, Socken oder barfuß gehen, können wir an jeder Stelle des Raumes ungezwungenen Lebensstil praktizieren und den Raum optimal nutzen.
Vorhandene Möbel werden, soweit dafür geeignet, möglichst niedrig gemacht und in die Komposition einbezogen, in der alles auf einen am Boden (auf dem Podest) sitzenden Betrachter ausgerichtet ist. Soweit einzelne Möbelstücke – Arbeitsbereich, Eßtisch – größere Höhe erfordern, werden sie durch fließende Übergänge in den niedrigen Bereich integriert. Staksige Beine von Tischen und Stühlen stören dabei!
Ansonsten ist in diesem Zimmer kaum etwas organisiert oder vorprogrammiert. Alles ist einfach, austauschbar und damit für verschiedene Funktionen nutzbar. Man kann liegen, sitzen, hocken oder auch auf dem Kopf stehen. Nicht nur mit den Freunden, auch mit den Eltern kann man hier auf einer gemeinsamen Ebene sitzen und diskutieren.
Der Raum in den Kästen und unter den Podesten wird, durch Abdeckplatten oder Klappen verschlossen, zum Aufbewahren von allem möglichen nutzbar gemacht. Für die Bequemlichkeit sorgen Teppiche, Kissen, Matratzen.
Die Abmessungen der einzelnen Elemente werden so aufeinander abgestimmt, daß sie in unterschiedlichen Kombinationen – auch nach dem Umzug in eine andere Wohnung! – zu verwenden sind.
Sein Leben erhält dieser Raum von seinen Farben und der Phantasie seiner Bewohner.

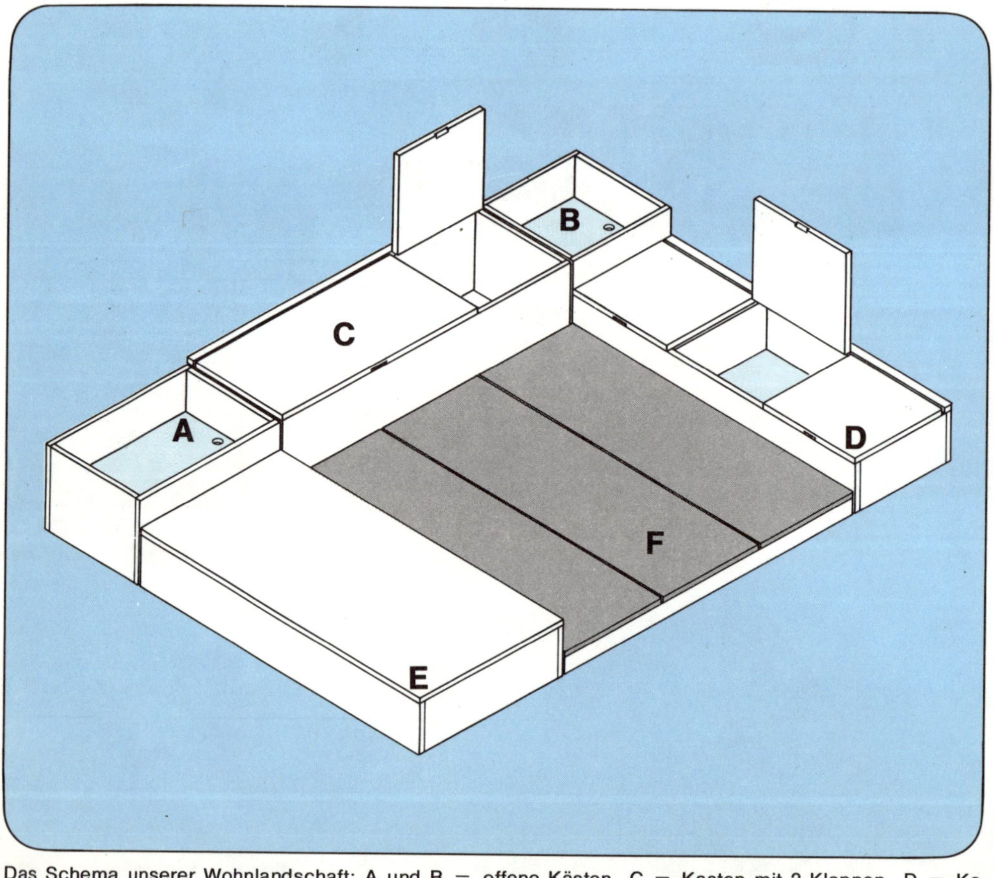

Das Schema unserer Wohnlandschaft: A und B = offene Kästen · C = Kasten mit 2 Klappen · D = Kasten mit 3 Klappen · E = Bettkasten · F = Podest · (Arbeitstisch s. S. 30/31).

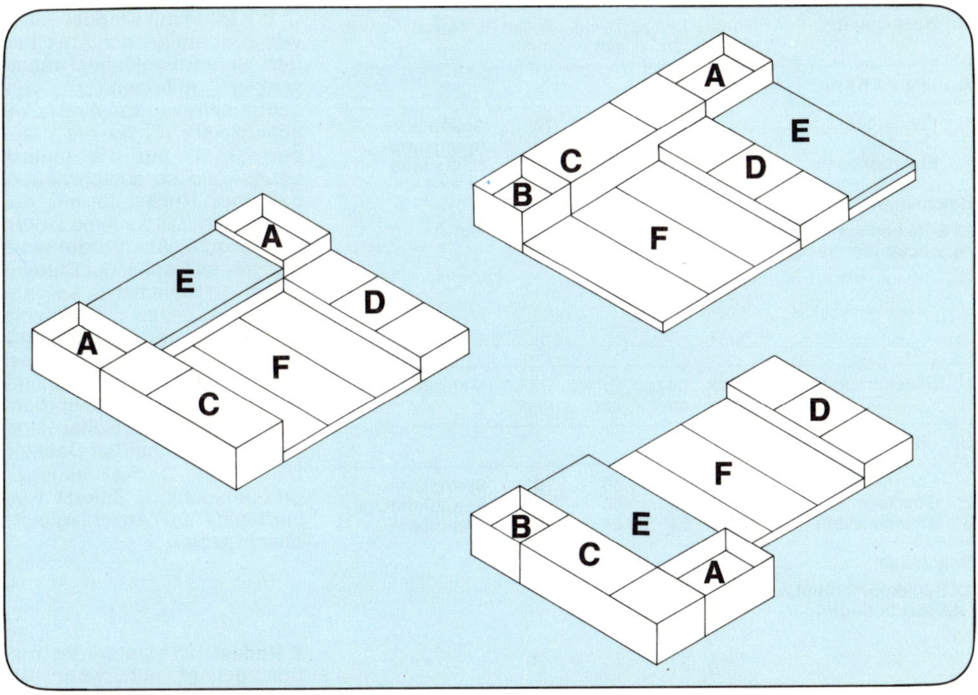

Diese 3 Zeichnungen zeigen, wie dieselben Elemente – je nach persönlichem Geschmack und nach Größe und Proportion des Raumes – in vielerlei Variationen abgewandelt werden können.

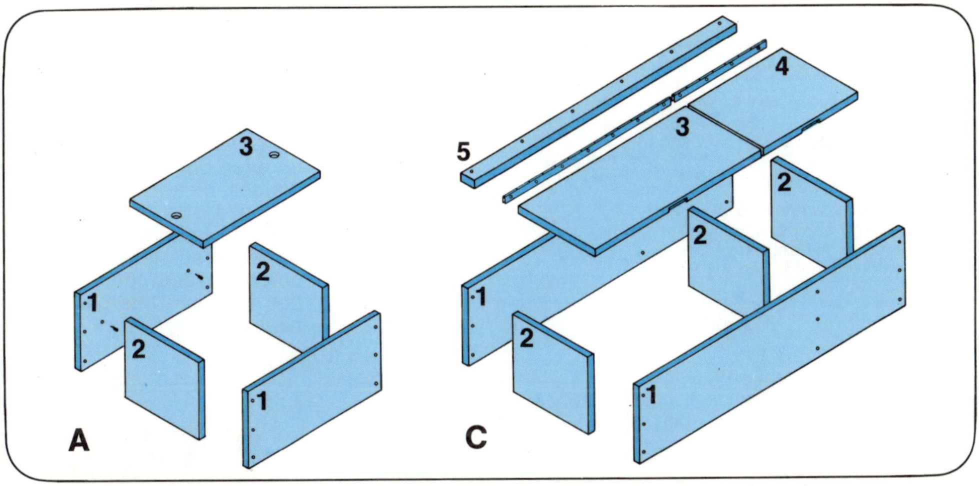

Links: Kasten A mit losem Einlegedeckel; rechts: Kasten C mit zwei Klappen; oben Anschlagleiste, Klavierband und die beiden Deckel.

Arbeitsschritte

A, B Kästen mit losen Einlegdeckeln An den beiden Längsbrettern (1) innen die Einschlagstellen für die vier ▷Fachbodenträger genau ▷anreißen (sonst wackelt der Deckel) und die Träger einschlagen. Bohrlöcher für das Verschrauben der Querbretter (2) auf den Längsbrettern anreißen. Die vier Seitenteile zusammenschrauben. Schraubenköpfe versenken (▷ Schrauben). Der Einlegboden (3) wird mit zwei Grifflöchern versehen: vorbohren, mit Stichsäge aussägen (▷Sägen), mit Rundfeile nacharbeiten (▷Feilen), mit Schmirgelpapier säubern.

Nr.	Bezeichnung	Stück	Länge cm	Breite cm	Dicke mm	Material
A	offener Kasten					
1	Längsteile	2	100	50	19	Spanplatte
2	Querteile	2	64	50	19	Spanplatte
3	Einlegeboden	1	96	64	19	Spanplatte

Beschläge:

12 Senkkopfschrauben 3,5 × 30 mm
4 Steckbodenträger

Nr.	Bezeichnung	Stück	Länge cm	Breite cm	Dicke mm	Material
B	offener Kasten					
1	Längsteile	2	68	50	19	Spanplatte
2	Querteile	2	64	50	19	Spanplatte
3	Einlegeboden	1	64	64	19	Spanplatte

Beschläge:

12 Senkkopfschrauben 3,5 × 30 mm
4 Steckbodenträger

Nr.	Bezeichnung	Stück	Länge cm	Breite cm	Dicke mm	Material
C	Kasten mit 2 Klappen					
1	Längsteile	2	200	50	19	Spanplatte
2	Querteile	3	64	50	19	Spanplatte
3	Klappe	1	133	64	19	Spanplatte
4	Klappe	1	67	64	19	Spanplatte
5	Anschlagleiste	1	200	4	20	Weichholz

Beschläge:

24 Senkkopfschrauben 3,5 × 30 mm
1 Klavierband 133 cm lang
1 Klavierband 67 cm lang
ca. 66 Senkkopfschrauben 2,4 × 10 mm

Nr.	Bezeichnung	Stück	Länge cm	Breite cm	Dicke mm	Material
D	Kasten mit 3 Klappen					
1	Längsteile	2	200	30	19	Spanplatte
2	Querteile	4	64	30	19	Spanplatte
3	Klappen	2	67	64	19	Spanplatte
4	Klappe	1	66	64	19	Spanplatte
5	Anschlagleiste	1	200	4	20	Weichholz

Beschläge:

ca. 30 Senkkopfschrauben 3,5 × 30 mm
2 Klavierbänder 67 cm lang
1 Klavierband 66 cm lang
ca. 66 Senkkopfschrauben 2,4 × 10 mm

C, D Kästen mit Klappen Die vier Seitenteile nach Anreißen der Schraubenlöcher rechtwinklig miteinander verschrauben (wie bei A, B). Anschlagleiste (5) für die Klappen (3, 4) auf die hintere Längswand so aufschrauben, daß ihre Rückseite mit der Rückwand des Kastens ▷bündig abschließt. Vorderkante der beiden Deckel mit Stemmeisen (▷Stemmen) so abschrägen, daß Griffkante (Zeichnung unten b) entsteht. Mit Hobel (▷Hobeln) oder Raspel (▷Feilen) und Schmirgelpapier glätten. Klavierbänder (▷Bänder und Scharniere) zuerst an den beiden Deckeln befestigen. Deckel auflegen und ausrichten. Zuletzt Klavierband an Anschlagleiste anschrauben.

E Podest Die Unterkonstruktion gelingt nur, wenn die Schlitze in den Sockelleisten (1, 2), Detail c, – im Abstand von je 65 cm – vorher peinlich genau angerissen (▷Anreißen, Holz) und genau „am Strich" (▷Sägen) ausgeschnitten werden. Ist der Auflageraster glücklich zusammengefügt, werden die Stirnbretter (3) an den beiden Stirnseiten befestigt; die beiden anderen Seiten können offenbleiben, da sie unmittelbar an höhere Möbel stoßen. Zuletzt die Deckplatten (4) (oder Deckbretter, siehe Stückliste) durch ▷Nageln oder ▷Schrauben auf dem Untergestell befestigen.

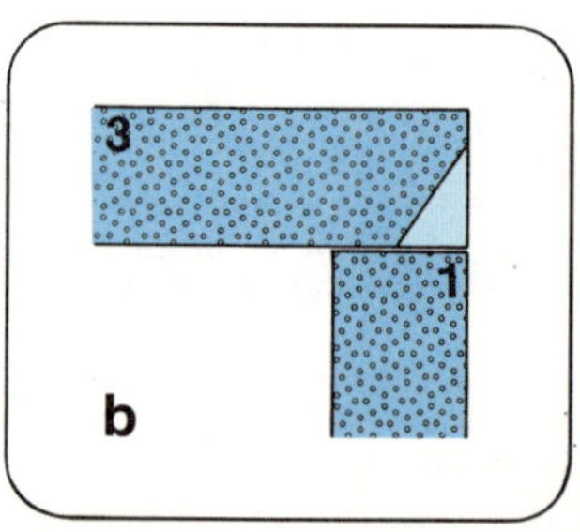

b Schnitt durch die Vorderkante des Deckels mit der zum Greifen erforderlichen Abschrägung.

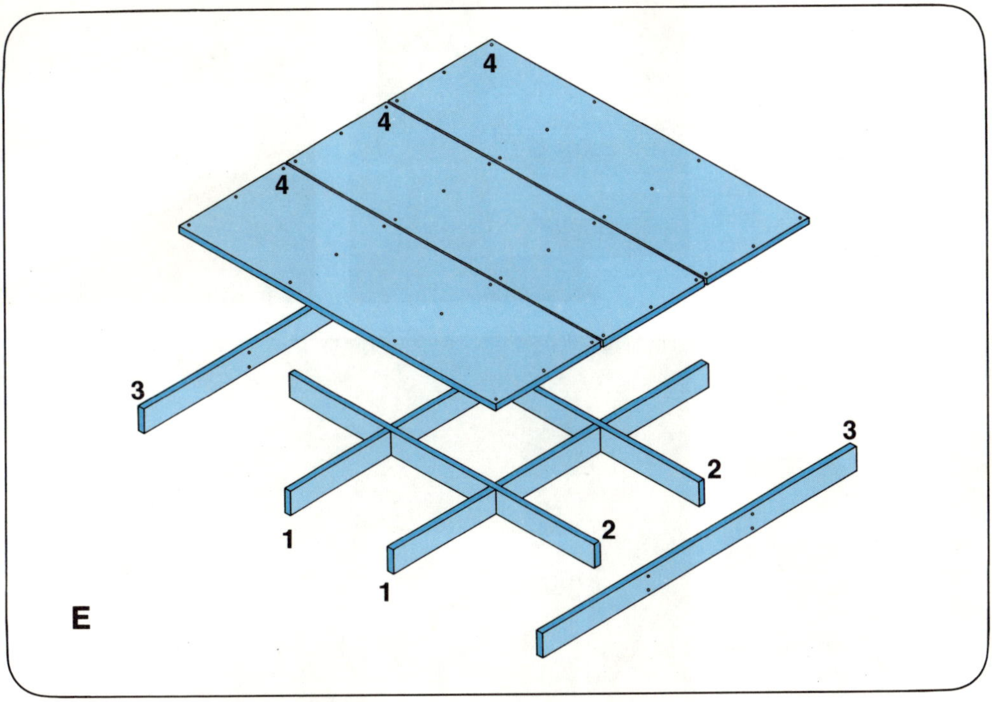

Das Podest (E) in seiner Zusammensetzung.

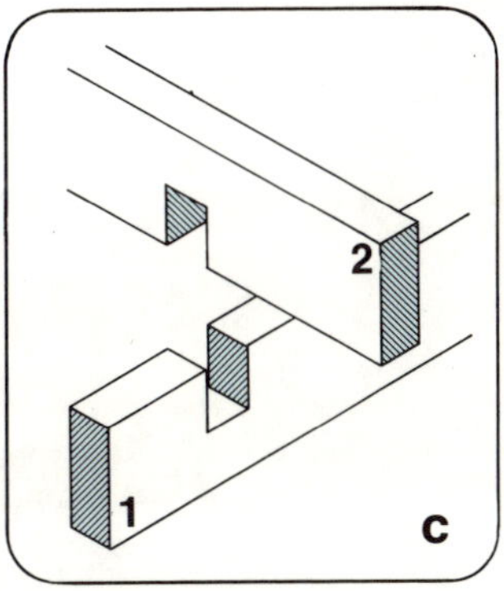

Detail c: So müssen die Auflageleisten eingeschlitzt sein.

Nr.	Bezeichnung	Stück	Länge cm	Breite cm	Dicke mm	Material
E	Podest					
1	Sockelleisten	2	200	8	25	Weichholz
2	Sockelleisten	2	196	8	25	Weichholz
3	Stirnbretter	2	200	8	19	Spanplatte
4	Deckplatten	3	200	66,6	19	Spanplatte
Beschläge: ca. 44 Senkkopfschrauben 3,5 × 30 mm						
alternativ						
	Abdeckbretter	13	200	15,4	20	Weichholz
Beschläge: 104 Senkkopfschrauben 3,5 × 30 mm						

F Bettkasten Die vier Seitenteile (1, 2) wie in den vorhergehenden Beispielen A bis D miteinander verschrauben. Genau rechtwinklig ausrichten! Zuletzt Deckplatte (3) aufschrauben. Die Schraubenköpfe müssen hier unbedingt versenkt werden.

Nr.	Bezeichnung	Stück	Länge cm	Breite cm	Dicke mm	Material
F	Bettkasten					
1	Längsteile	2	200	30	19	Spanplatte
2	Querteile	4	96	30	19	Spanplatte
3	Deckplatte	1	200	100	19	Spanplatte
Beschläge: ca. 36 Senkkopfschrauben 3,5 × 30 mm						

28

Die Wohnlandschaft hat nun ein Sohn allein für sich. Alle Geschwister halfen aber beim Bau mit. Auch wenn es manchmal knifflig wurde, es hat sich gelohnt. Jetzt gibt es einen schönen Arbeitsplatz am Fenster, gemütliche Flächen zum Lümmeln. Das Bett verschwindet tagsüber in den Klappkästen.

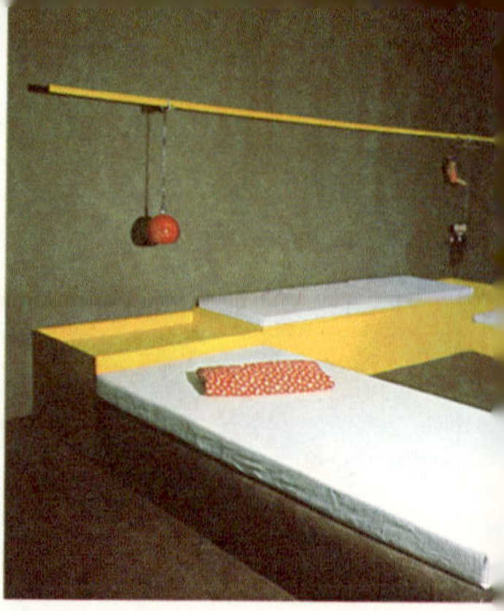

Hier wohnten zwei Kinder. Das alte Zimmer war eine verwirrende Vielfalt von Farben und Möbeln.

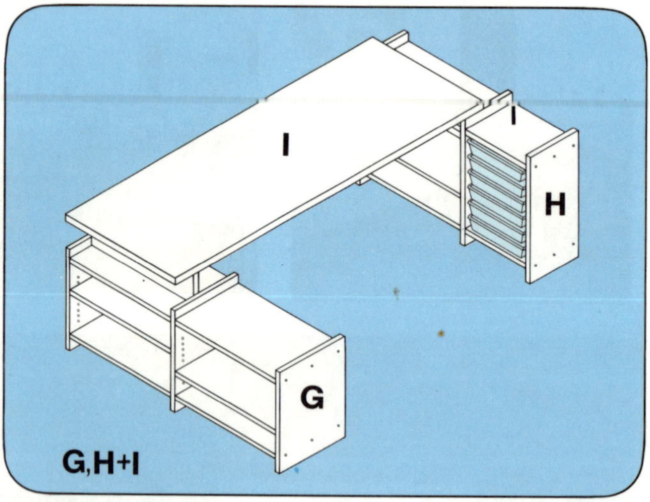

Die beiden Regale G, H mit der auf ihnen liegenden (also abnehmbaren) Arbeitsplatte I. Der Höhenunterschied zwischen beiden Regalen (im Beispiel 12 cm) wird ausgeglichen durch die beiden verschieden hohen Tragleisten der Platte.

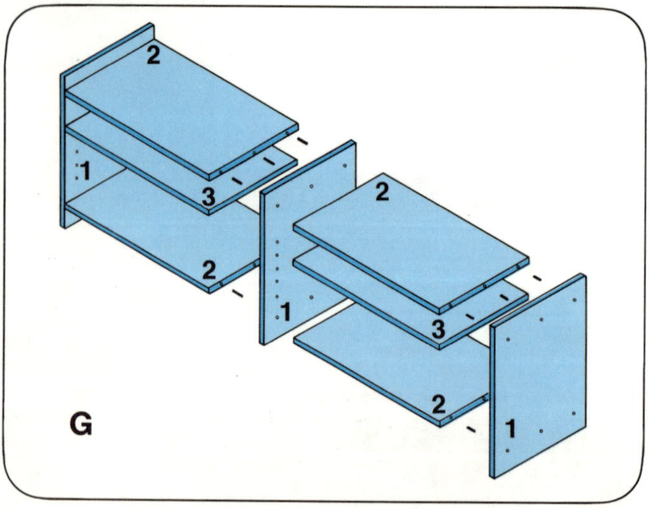

Das niedrige Regal G soll mittels Holzdübel zusammengebaut werden. Die sechs langen Dübeln laufen durch das mittlere Standbrett hindurch.

Nr.	Bezeichnung	Stück	Länge cm	Breite cm	Dicke mm	Material
G	niedriges Regal					
1	Seitenteile	3	58	40	19	Spanplatte
2	feste Böden	4	64	40	19	Spanplatte
3	Einlegeböden	2	64	40	19	Spanplatte

Beschläge:
8 Steckbodenträger

10 mm dickes Dübelholz für 12 Dübel 25 mm lang und 6 Dübel 50 mm lang

G, H Regale Diese beiden verschieden hohen Regale dienen in unserem Beispiel zugleich als Auflage für die Arbeitsplatte. Jedes Regal besteht hier aus zwei Teilregalen, die an den oberen und unteren Böden fest (durch Dübel) miteinander verbunden sind. Die mittleren Fachbretter (bei G zwei, bei H eines) ruhen auf Steckbodenträgern (▷Fachbodenträger), sind also herausnehmbar und – wenn man mehrere Träger bzw. Trägerbuchsen vorsieht – auch verstellbar. Zuerst auf sämtlichen Seitenteilen die Bohrstellen für die Dübellöcher und die Steckbodenträger sowie (im Vorderteil des hohen Regals) für die Laufleisten der Schubladen ▷anreißen, dann ▷bohren. Laufleisten aufschrauben. Anschließend die Seitenteile mit den oberen und unteren Böden mittels Dübeln (▷Holzverbindungen, fest) zusammenbauen.

I Arbeitsplatte Die Tragleisten (2, 3) werden mit je drei Dübeln an der Unterseite der Arbeitsplatte (1) befestigt. Die Tragleisten passen mit 64 cm Länge genau auf die Oberbretter der beiden Regale.

Zur Ausführung Es können Spanplatten (▷Platten) ohne Beschichtung verwendet, die oberen Kanten der stehenden Bretter unabgedeckt gelassen werden. Jedoch sollen sie gut geschliffen sein. Flächen und Kanten können gebeizt werden (die Kanten dunkler), ▷ Beizen. Will man für die stehenden Teile beschichtete Platten verwenden, so ist eine einfarbige Beschichtung vorzuziehen; möglichst Musterung und Holzimitation vermeiden. Die Kanten können bei Verwendung beschichteter Platten durch ▷Umleimer abgedeckt werden, die durch Aufbügeln zu befestigen sind. Die Abdeckung des Podests kann in der Regel, da sie mit Sitzkissen oder Teppichen bedeckt wird, ohne Oberflächenbehandlung bleiben; verwendet man Fichtenbretter, so können sie gebeizt werden.

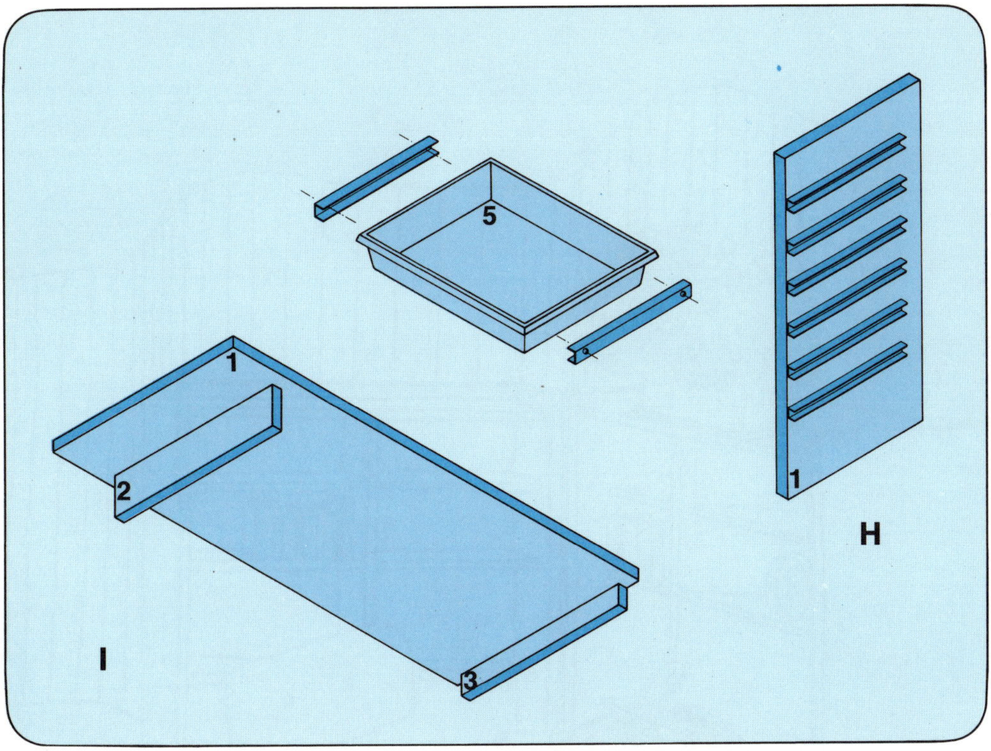

Die Arbeitsplatte I von unten gesehen mit den beiden verschieden hohen Trageisten

▲
Für die Kunststoffschubladen im Vorderteil des höheren Regals H müssen die U-förmigen Tragleisten vor dem Zusammenbau des Regals angeschraubt werden.

Nr.	Bezeichnung	Stück	Länge cm	Breite cm	Dicke mm	Material
H	hohes Regal					
1	Seitenteile	3	70	30	19	Spanplatte
2	feste Böden	2	64	30	19	Spanplatte
3	feste Böden	2	37	30	19	Spanplatte
4	Einlegeboden	1	64	30	19	Spanplatte
5	Plastikschubladen	6	36	29	60	

Beschläge:
4 Steckbodenträger
pro Schublade 2 Tragleisten 25 cm lang mit 4 Schrauben 3 × 13 mm
10 mm dickes Dübelholz für 12 Dübel 25 mm lang
und 6 Dübel 50 mm lang

Besonders hübsch ist es, wenn man das Podest mit Teppichbahnen oder Teppichfliesen (▷Bodenbeläge) belegt, oder wenn ein Teppichboden sich nahtlos vom eigentlichen Fußboden zum Podest hinaufzieht (evtl. weiter bis zu höherliegenden Flächen), so daß der Eindruck einer Terrassenlandschaft entsteht. Um ein Brechen der Teppichbahnen zu vermeiden, müssen in diesem Fall die Kanten des Podests sorgfältig abgerundet werden (▷Kanten).

Nr.	Bezeichnung	Stück	Länge cm	Breite cm	Dicke mm	Material
I	Arbeitsplatte					
1	Tischplatte	1	180	68	25	Spanplatte mit Kunststoff beschichtet
2	hohe Tragleiste	1	64	17	25	Spanplatte
3	niedrige Tragleiste	1	64	5	25	Spanplatte

10 mm dickes Dübelholz für 6 Dübel 25 mm lang

Kosten: aus Spanplatten ca. 410 DM, mit Kunststoff beschichtete Platten sind etwa doppelt so teuer. Der Preis versteht sich ohne Teppichboden und Schaumstoffauflagen.

Das mobile Zimmer

Das mobile Zimmer

Hier ist Action! Täglich, sogar stündlich läßt sich der Raum umwandeln. Wenn hier gefetet, gearbeitet, experimentiert werden soll, ist Platz für 2, 5 oder auch 20 Leute.

In diesen dynamischen Raum paßt alles, was zerlegbar, aufblasbar, falt- oder rollbar ist; alles muß beweglich und anpassungsfähig sein. Dieses Zimmer kann einer Experimentierbühne gleichen, in der Rollos, Sichtschranken, spanische Wände und Paravents die Kulissen bilden. Auch die Beleuchtung läßt sich durch verschiedene Aufhängungsmöglichkeiten den unterschiedlichsten Situationen anpassen.

Vorhandene alte Möbel können, wenn sie sich dafür eignen, durch Unterschrauben von Rollen wieder in Schwung gebracht werden.

Die hier gezeigten Möbel sind alle nach einem ähnlichen Konstruktionsprinzip gestaltet. Es sind offene Kästen, die je nach Verwendungszweck liegend oder stehend, allein oder paarweise auf Rollen gelagert werden.

Durch besondere Einbauten wird aus diesen Kästen sogar ein Bett, ein Tisch, ein Schrank- oder Schreibtisch-Container.

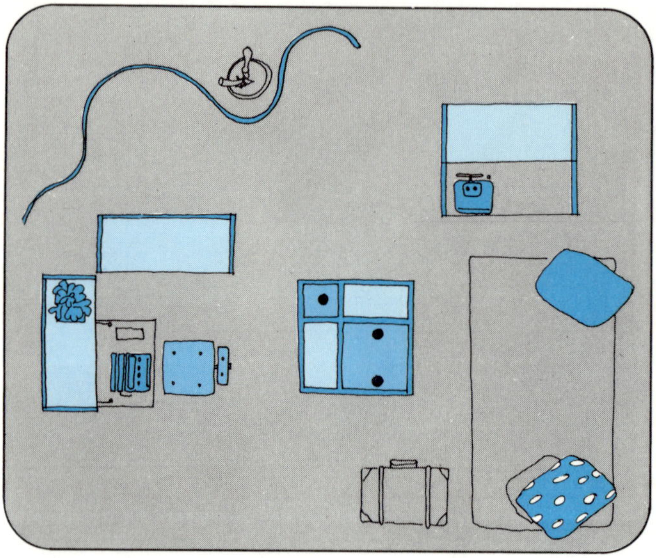

Das mobile Zimmer im Grundriß: Links Container B mit Schreibplatz, rechts oben der Container C für Kleider und Wäsche.

Wenn man freien Raum braucht, klappt man die Container zusammen und stellt sie an die Wand, ebenso den Tisch.

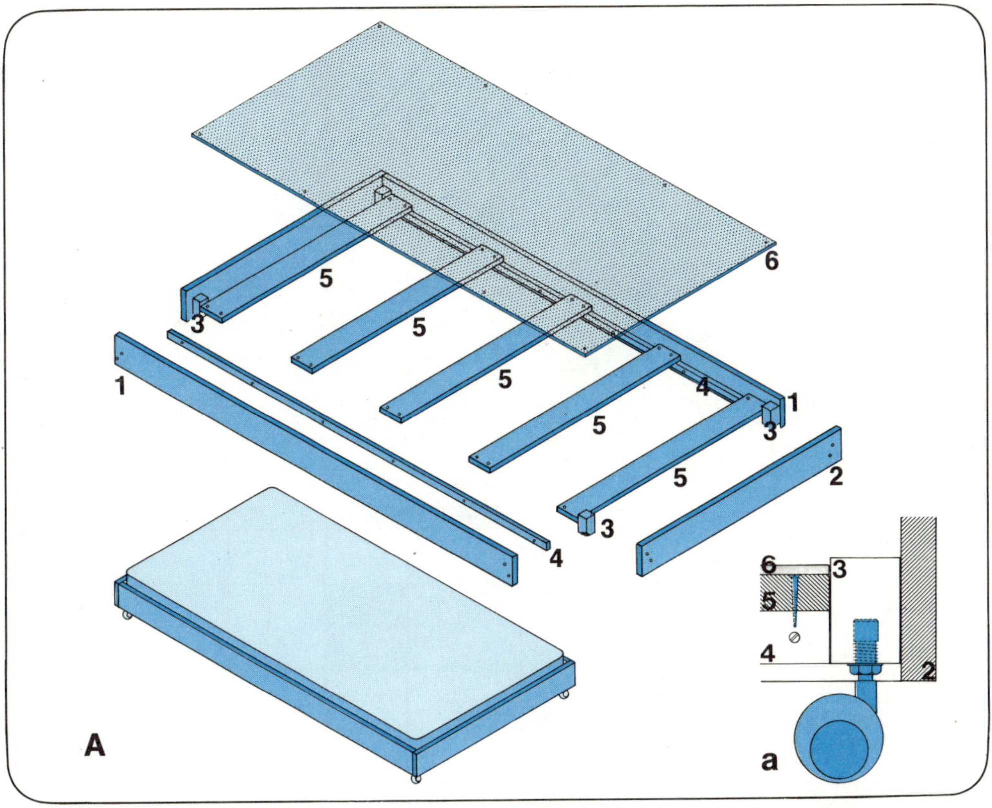

Bett A in seiner Zusammensetzung (oben) und als fertige Liege (unten). Detail a (rechts unten): Anbringen der Kugelmöbelrollen an der Liege.

Arbeitsschritte

A Bett Der Rahmen aus Längs- und Querzargen (1, 2) wird so verschraubt, daß Kopf- und Fußzarge gegen die Stirnseiten der Längszargen liegen. So hat der Rahmen eine lichte Größe von 202 × 102 cm. In die 4 Ecken dieses Rahmens werden die Klötzchen (3) geschraubt; ihre Unterseiten sollen 2 cm höher sitzen als die Unterkanten des Rahmens.
Jetzt werden die beiden Längsleisten (4), 194 cm lang, von innen gegen die Längszargen geschraubt. Die Oberkanten der Leisten sollen 22 mm (= Dicke der 5 Querbretter) tiefer liegen als die Oberseiten der Klötzchen. Auf die Längsleisten kommen die 5 Querbretter (5). Um einen gleichmäßigen Abstand zu erzielen, macht man sich eine kleine ▷Lehre aus einem Abfallbrett: Gesamtlänge der Leisten 194 cm minus 50 cm (5 Bretter zu je 10 cm) ergibt 144 cm, dies geteilt durch 4 ergibt 36 cm für die Lehre.
Sind die Querbretter aufgeschraubt, werden die Möbelrollen von unten mit Einschlag-Schraubhülsen an den 4 Ecklötzchen befestigt (a).
Die gelochte Hartfaserplatte (6), die als Auflager für die Matratze dient, kann aufgeschraubt, aber auch lose eingelegt werden.

Nr.	Bezeichnung	Stück	Länge cm	Breite cm	Dicke mm	Material
A	Bettkasten					
1	Längszargen	2	202	12	22	Tischlerplatte
2	Querzargen	2	106,5	12	22	Tischlerplatte
3	Klötze	4	6	4	40	Weichholz
4	Leisten	2	194	3	20	
5	Bretter	5	102	10	22	Weichholz
6	gelochte Platte	1	202	102	5	Hartfaserplatte

Beschläge:
zur Befestigung der Zargen an den Füßen 16 Senkkopfschrauben 4 × 40 mm
für die Leisten und Bretter 30 Senkkopfschrauben 3 × 30 mm
für die gelochte Platte 8 Senkkopfschrauben 3 × 15 mm
4 Kugel-Möbelrollen zum Einbohren

Kosten: aus Tischler- und Spanplatten ca. DM 100,–, nur aus Spanplatten ca. DM 75,–

B Container für Bücher mit Schreibplatz Die beiden Hälften (hier die linke als Schreibplatz, doch kann man die Teile je nach Raumverhältnissen auch vertauschen) werden erst getrennt hergestellt. Wenn alles Material beschafft und zugeschnitten ist, beginnt die Arbeit mit dem sorgfältigen ▷Anreißen aller Löcher für die Schrauben und Steckbodenträger. Beginnt man mit der linken Hälfte, so wird zuerst der Rahmen zusammengeschraubt, der aus den Seitenteilen (1) sowie dem unteren Brett (2) und dem oberen Brett (3) besteht. Nach genauem rechtwinkeligen Ausrichten des Rahmens wird die Rückwand (5) angepaßt und festgeschraubt. Es folgt der Einbau der senkrechten Mittelwand (4), deren Sitz vorher mit Hilfe der zugeschnittenen Fachböden (7) und (8) zu kontrollieren ist. Hier ist darauf zu achten, daß die Fachböden unterschiedliche Längenabmessungen haben. So ist die rechte Fachbödengruppe (8) 37 × 34 cm mit 3 Fachböden und die linke (7), an der die Schreibplatte (6) befestigt ist, 57 × 32 cm auch mit 3 Fachböden. Die Mittelwand (4) sitzt im rechten Teil genau auf Mitte, so daß alle 7 Fachböden (9) hier gleich groß sind 47 × 34 cm.

Der Fachboden, der die Schreibplatte tragen soll, muß fest eingeschraubt werden. Ebenso sollen auch die beiden Böden über und unter den Plastikschubladen fest montiert sein. Die Laufleisten für die Plastikschubladen müssen angeschraubt sein, *bevor* die Fachböden darüber und darunter montiert werden.

Die übrigen Fachböden können auf Steckbodenträgern liegen und damit herausnehmbar sein; wenn man mehrere Sätze von Trägern anbringt, auch verstellbar. Die 4 Sockelbodenträger, die einen Boden tragen sollen, müssen genau auf gleicher Höhe liegen.

Zwei Klapptischscharniere (b) verbinden den mittleren Fachboden im Schreibteil mit der Schreibplatte, die genau bün-

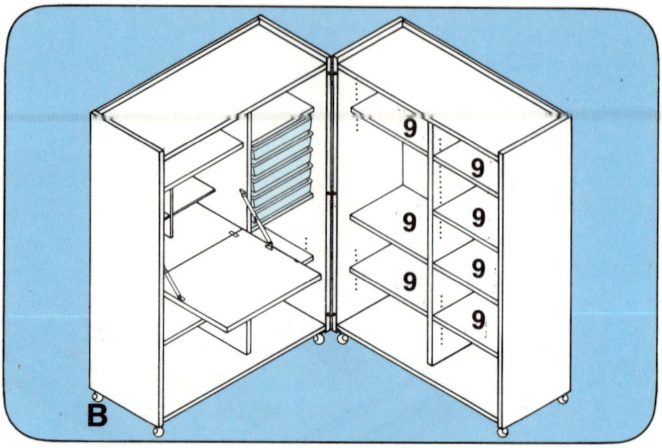

Container B für Bücher und Schreibplatz. Die Schreibplatte ist klappbar. Neben dem Schreibplatz 5 Plastikschubladen in Griffhöhe.

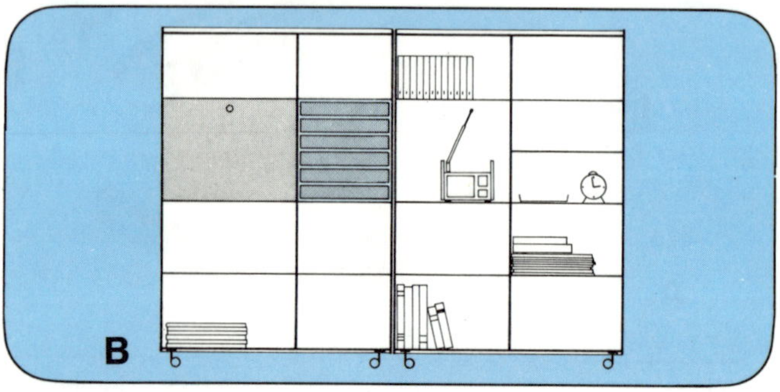

Frontansicht des aufgeklappten Containers B

Nr.	Bezeichnung	Stück	Länge cm	Breite cm	Dicke mm	Material
B	Container für Bücher mit Schreibplatte					
1	Seitenteile	4	140	40	19	Tischlerplatte
2	untere Böden	2	96	39	19	Tischlerplatte
3	obere Böden	2	96	39	19	Tischlerplatte
4	Mittelwände	2	133	34	19	Tischlerplatte
5	Rückwände	2	140	96	10	Sperrholz
6	Schreibplatte	1	57	42	19	Tischlerplatte
7	Fachböden	3	57	32	19	Tischlerplatte
8	Fachböden	3	37	34	19	Spanplatte
9	Fachböden	7	47	34	19	Spanplatte
10	Plastikschubladen	5	36	29	60	

Beschläge:
ca. 50 Senkkopfschrauben 3,5 × 35 mm
für die Rückwände ca. 30 Senkkopfschrauben 3 × 25 mm
3 „ZYSA"-Einbohrbänder ∅ 14 mm
8 Kugel-Möbelrollen mit je 4 Schrauben
2 Klapptischscharniere mit je 6 Schrauben
2 Klappenhalter mit je 4 Schrauben
1 Magnetschnäpper
für alle verstellbaren Fachböden je 4 Steckbodenträger
je Plastikschublade 2 Tragleisten 25 cm lang,
je Leiste 2 Schrauben (also zusammen 20 Stück) 3 × 13 mm

Kosten: aus Tischler- und Spanplatten ca. DM 310,–,
nur aus Spanplatten ca. DM 185,–

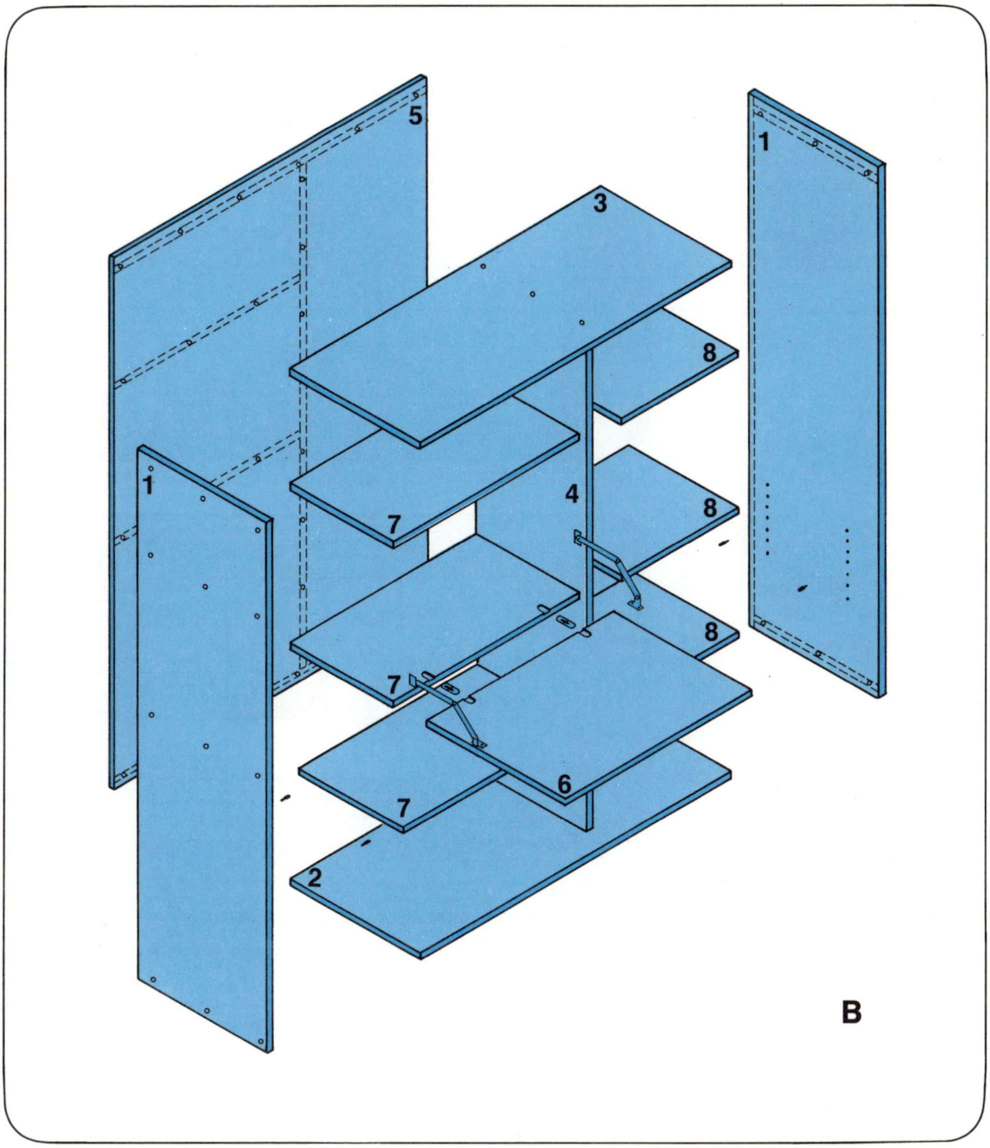

Container B als „Explosion“ dargestellt. Anzahl und Anordnung der Schraubenlöcher ist erkennbar.

Detail b Die Schreibplatte ist durch zwei Klapptischscharniere mit dem dahinterliegenden Fachboden verbunden.

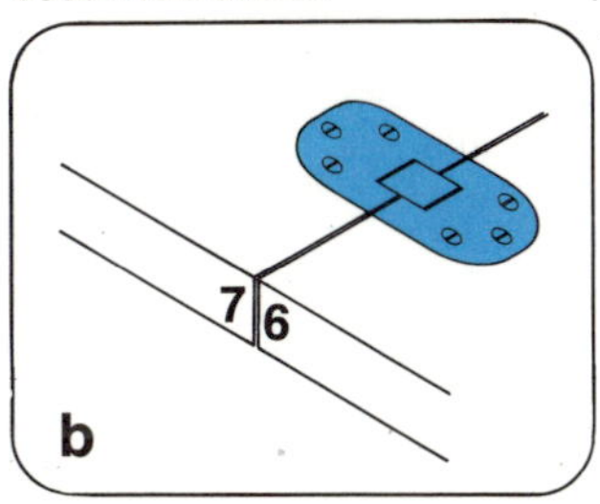

dig ansitzen soll. Ein Klappenhalter auf jeder Seite (fertig zu kaufen) hält die heruntergeklappte Schreibplatte in der waagrechten Stellung und entlastet die Scharniere; man kann das auch mit 2 dünnen Drahtseilen erreichen. Damit die nach oben geklappte Platte nicht herunterkippt, bringt man einen kleinen Magnetschnäpper an, der sie am oberen Fachboden festhält. Unter jede Hälfte des Containers werden 4 Möbelrollen geschraubt (s. S. 38, Abb. c).

Der letzte Arbeitsschritt: An den beiden Seitenwänden, die klappbar verbunden werden sollen, werden je 3 Löcher für die Einbohrbänder gebohrt; sie müssen genau in einer (senkrechten) Flucht und paarweise auf gleicher Höhe sein.

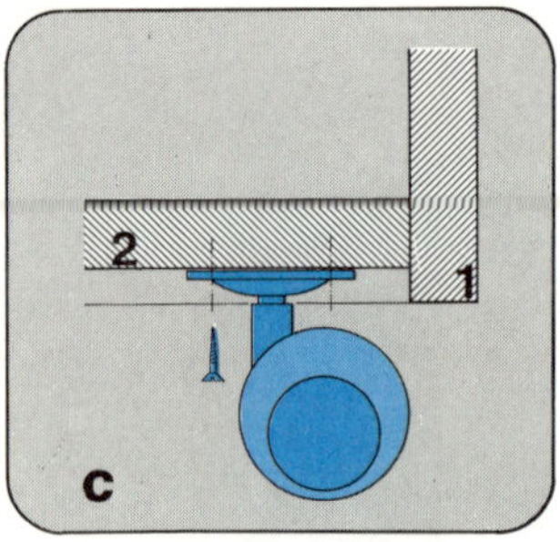

Detail c Die Anbringung der Kugelrolle bei den beiden Containern.

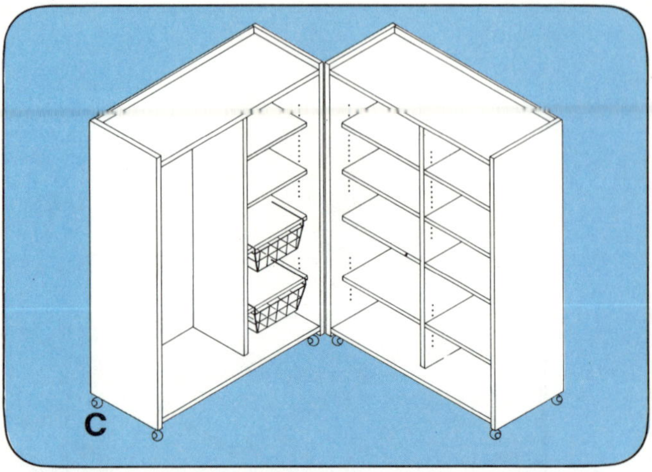

Container C für Kleidung und Wäsche in aufgeklapptem Zustand.

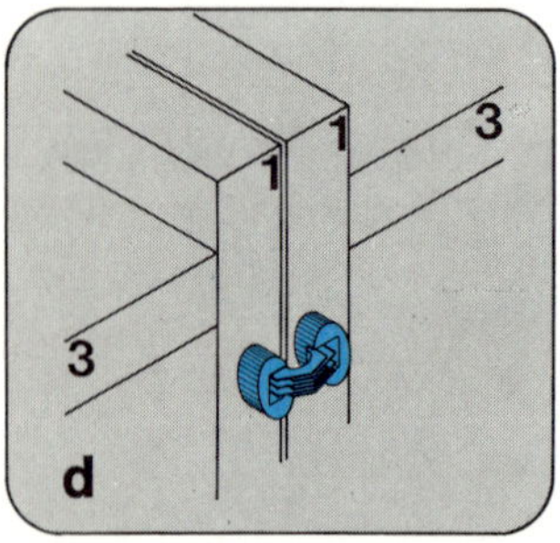

Detail d Bei beiden Containern werden die beiden Schränke durch 3 Einbohrbänder verbunden.

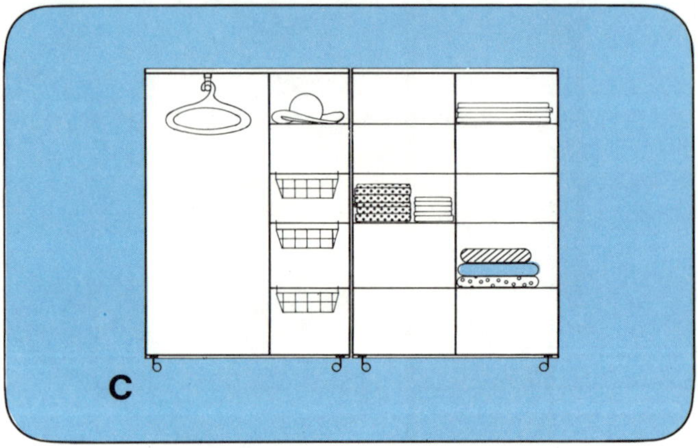

Frontansicht des Containers C: ein Fach für hängende Garderobe, 15 Fächer für Wäsche und Schuhe.

Container C für Kleidung und Wäsche Dieser Container hat die gleichen Abmessungen wie Container B und ist nach demselben Prinzip gebaut. Auch er hat im rechten Teil die Trennwand, mittig eingesetzt, während der linke Teil unsymmetrisch gebaut ist. Es versteht sich, daß man auch hier für Hemden, Strümpfe u. ä. Plastikschubladen einsetzen kann, wie bei Container B beschrieben.

Nr.	Bezeichnung	Stück	Länge cm	Breite cm	Dicke mm	Material
C	Container als Kleiderschrank					
1	Seitenteile	4	140	40	19	Tischlerplatte
2	untere Böden	2	96	39	19	Tischlerplatte
3	obere Böden	2	96	39	19	Tischplatte
4	Mittelwände	2	133	34	19	Tischlerplatte
5	Rückwände	2	140	96	10	Sperrholz
6	Fachböden	4	37	34	16	Spanplatten
7	Fachböden	8	47	34	16	Spanplatten
	ausziehbare Kleiderstange					

Beschläge:
ca. 40 Senkkopfschrauben 3,5 × 25 mm
für die Rückwände ca. 30 Senkkopfschrauben 3 × 25 mm
8 Kugel-Möbelrollen mit je 4 Schrauben
3 „ZYSA"-Einbohrbänder ∅ 14 mm
für alle verstellbaren Fachböden je 4 Steckbodenträger

Kosten: aus Tischler- und Spanplatten ca. DM 285,–, nur aus Spanplatten ca. DM 175,–

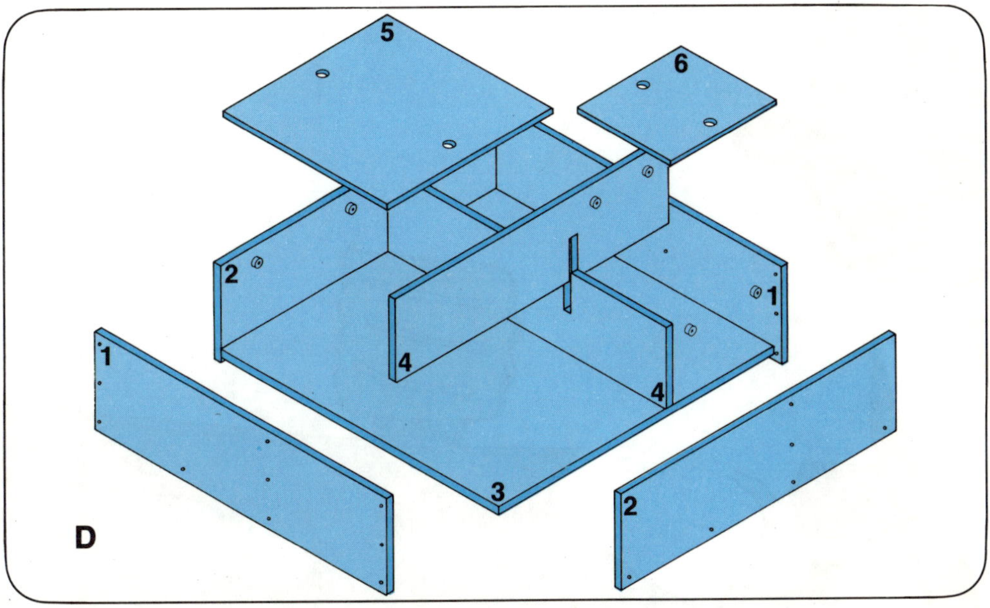

So gehören die Einzelteile des Tisches D zusammen

D Tisch Nach dem Verschrauben der 4 Seitenteile (1, 2) muß ein Rahmen mit 76 × 76 cm lichter Weite vorhanden sein. Der Boden (3) wird so eingesetzt, daß die beiden 21,5 cm hohen Trennwände (4) mit den Oberkanten des Rahmens abschneiden.
In die Mittelteile werden Schlitze gesägt und ausgestemmt, die 19 mm breit und 107,5 mm tief sein müssen, damit die beiden Teile über Kreuz aufeinandergesteckt in den Kasten eingesetzt und (vom Rahmen her) festgeschraubt werden können.
Die Abdeckplatten (5, 6) erhalten Grifflöcher wie im Beispiel „Wohnlandschaft" beschrieben. Jede von ihnen ruht auf 4 Gummipuffern, die genau in gleicher Höhe angebracht sein müssen. Die Abdeckplatten können mit ihrer Oberfläche 1 bis 2 cm unter den Oberkanten des Rahmens liegen.
Unter die Bodenplatte werden die 4 Möbelrollen geschraubt (e).

Zur Ausführung Alle sichtbaren Schrauben sollen versenkt sein (▷Schrauben). Die Oberflächen können je nach Geschmack gestaltet werden (▷Anstreichen, ▷Lackieren, ▷Beizen).

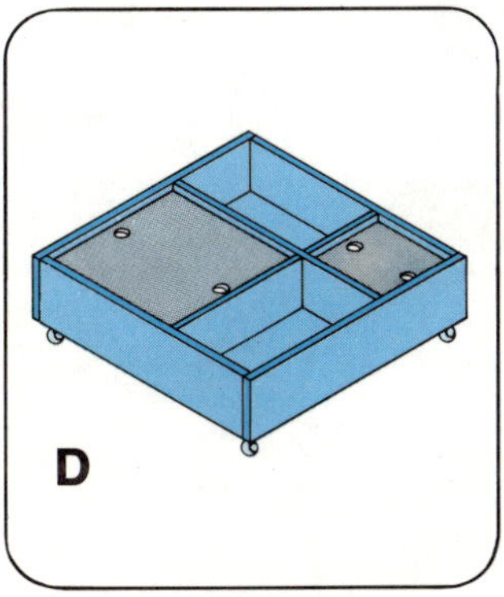

Ansicht des fertigen Tischs D

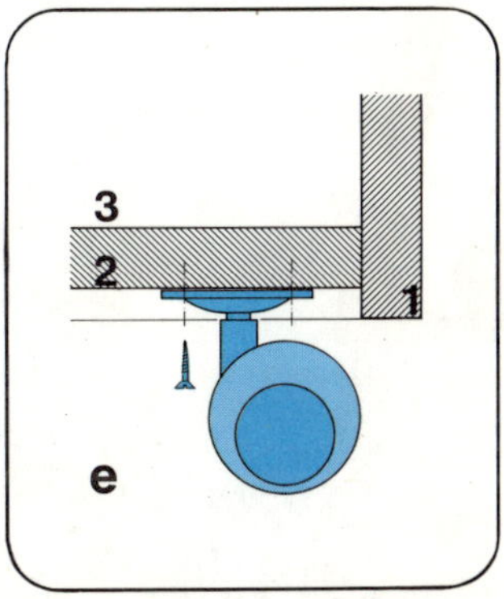

Detail e: 4 Kugelmöbelrollen werden unter die Bodenplatte geschraubt.

Nr.	Bezeichnung	Stück	Länge cm	Breite cm	Dicke mm	Material
D	Tisch					
1	Seitenteile	2	80	25	19	Tischlerplatte
2	Seitenteile	2	76	25	19	Tischlerplatte
3	Boden	1	76	76	22	Tischlerplatte
4	Trennwände	2	76	21,5	19	Tischlerplatte
5	Abdeckplatte	1	45	45	13	Spanplatte
6	Abdeckplatte	1	27	27	13	Spanplatte

Beschläge:
20 Senkkopfschrauben 3,5 × 35 mm
4 Kugel-Möbelrollen
pro Abdeckplatte 4 Gummipuffer (∅ 20 mm) mit Schrauben

Kosten: aus Tischler- und Spanplatten ca. DM 100,–, nur aus Spanplatten ca. DM 60,–

Ple

Das audiovisuelle Zimmer

Das audiovisuelle Zimmer

Dies ist das Zimmer des Musikfans, des Platten-, Cassetten-, Stereo und Fernsehliebhabers. Es ist ein bißchen „verpoppt". Bunte Farben, viel Phantasie und originelle Einfälle gehören dazu: Hier wurde alles in eine Riesenlandschaft verwandelt. Um dieses Multi-Media-Land der Riesen zu bauen, muß man schon ein bißchen handwerkliche Geschicklichkeit mitbringen! Alle Gegenstände versinnbildlichen in stark vergrößerter Form das, was wirklich in ihnen steckt.
Wird der Lautsprecher-Bügel an einer Schiene oder an einem Drahtseil aufgehängt, läßt er sich nicht nur über dem Bett, sondern auch an anderen Stellen des Zimmers nutzen. Der große Kopfhörer, der über dem Bett hängt, enthält die beiden Lautsprecherboxen. Bei dieser Anordnung läßt sich der Verstärker voll aufdrehen, ohne daß die anderen Räume allzuviel davon mithören müssen.
Der große Stecker enthält Plattenspieler, Verstärker, Cassettenrecorder und alles, was an ähnlichen Utensilien vorhanden ist. Zwischen den Steckkontakten lassen sich Platten aufstellen, die gerade gespielt werden sollen. Die Abmessungen dieses Möbelstückes richten sich natürlich nach den vorhandenen oder gewünschten Elektrogeräten. Die Kabelverbindung zwischen „Stecker" und „Kopfhörer" verläuft durch flexible Gummi- oder Plastikschläuche, die am besten gerippt, genoppt oder spiralig gewählt werden.
Die große Tagesdecke, unter die das Bettzeug gerollt wird, verwandelt das Bett tagsüber in einen liegenden Kopf, der ganz auf Musikgenuß eingestellt ist.
Auch das Fernsehgerät ist in die audiovisuelle Landschaft einbezogen: Eine große Haube in Form eines Auges mit aufgenähten Wimpern verbirgt es, wenn es nicht läuft (natürlich erst, wenn es ausgekühlt ist!). Wählt man ein tragbares Gerät, kann man es beliebig im Zimmer aufstellen, je nachdem, wo man gerade sitzen möchte.
Die Beleuchtung versteckt sich hinter einer großen Glühbirne, deren Zuleitung eine Wandleiste verdeckt. Wer ganz geschickt ist, kann die Glühbirne verschiebbar an der Wand befestigen.
In dieser Landschaft ohne Möbel lebt man als Zwerg sozusagen am besten auf dem Boden. Schön wäre es daher, wenn das Zimmer (oder ein Teil davon) mit einem weichen flauschigen Teppich, z. B. einem Hirtenteppich, ausgelegt wäre.

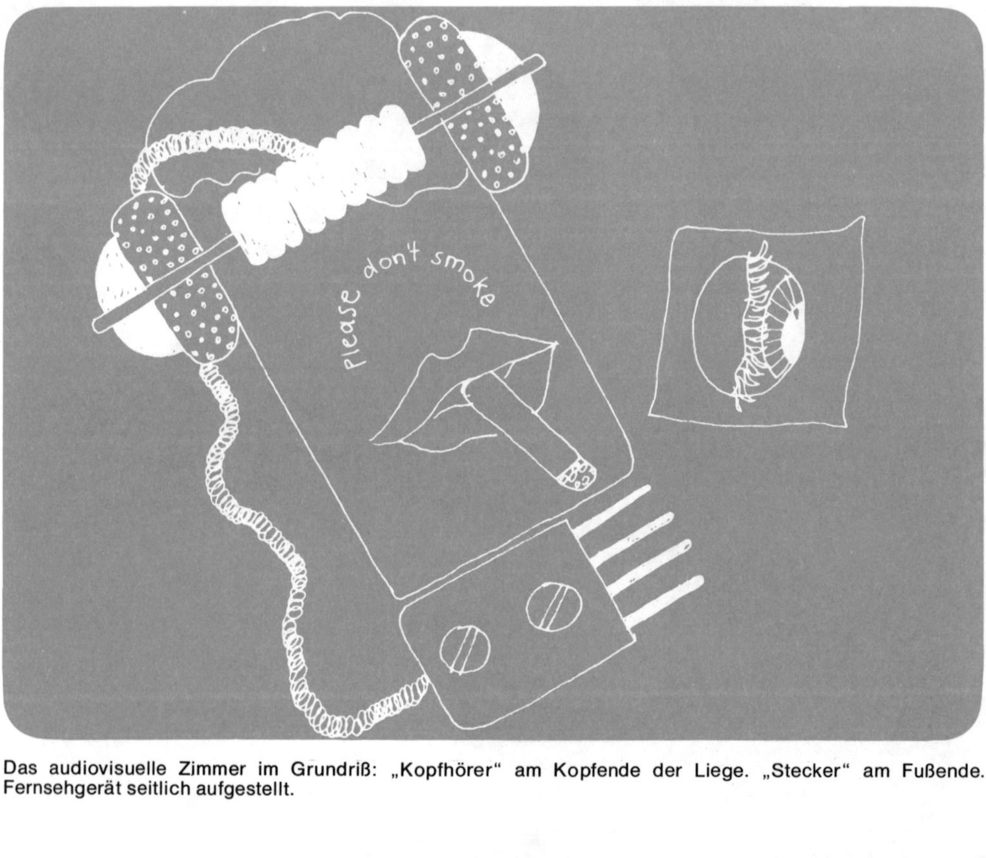

Das audiovisuelle Zimmer im Grundriß: „Kopfhörer" am Kopfende der Liege. „Stecker" am Fußende. Fernsehgerät seitlich aufgestellt.

Arbeitsschritte

A Kopfhörer Bevor Sie mit dem Bau beginnen, müssen Sie sich über die Einteilung des Zimmers definitiv klar sein.
1. Wo steht die Liege? Denn die „Kopfhörer" sollen sich in Höhe des Kopfendes – „in Ohrenhöhe" – befinden.
2. Soll der Kopfhörer immer an derselben Stelle hängen oder verschiebbar sein? Von dieser Entscheidung hängt sowohl die Art ab, wie der Kopfhörer aufzuhängen ist, wie auch die Kabelführung zwischen Kopfhörer und dem Gerät, das sich im „Stecker" verbirgt.
Der Unterschied besteht in folgendem: Bei stationärer Aufhängung des Kopfhörers setzen Sie über dem gedachten Mittelpunkt des Kopfhörers einen kräftigen Dübel mit Ringschraube (wie zum Aufhängen eines Kronleuchters) in die Decke (▷Dübel in Wand und Decke). An diesem Ring wird der Bügel mit der Nylonschnur aufgehängt – erst wenn der Kopfhörer fertig ist, versteht sich. Die Kabel von den beiden Lautsprecher-Boxen, die in den Muscheln der Kopfhörer sitzen, können in diesem Fall durch die kurzen Rohrstücke (6), in die ein Loch zu bohren ist, nach außen geführt und unter dem Bett zum „Stekker" geführt werden. Durch den Bügel (4) verläuft in diesem Fall keine Leitung.
Soll der Kopfhörer verschiebbar sein, so bringen Sie unter der Decke ein Rohr, eine Schiene, Leiste oder ein Stahlseil an, auf dem der Kopfhörer hin und her geschoben werden kann. Die Leitungen von den Lautsprechern zum Gerät können in diesem Fall nicht unter dem Bett verlaufen. Sie werden von beiden Seiten im Bügel nach oben geführt bis zur Bogenmitte und von dort durch eine Öffnung nach draußen. Die so herabhängenden Strippen sehen besser aus, wenn sie in einer „Raupe", also einem spiralig gewundenen Schlauch aus Gummi oder Kunststoff

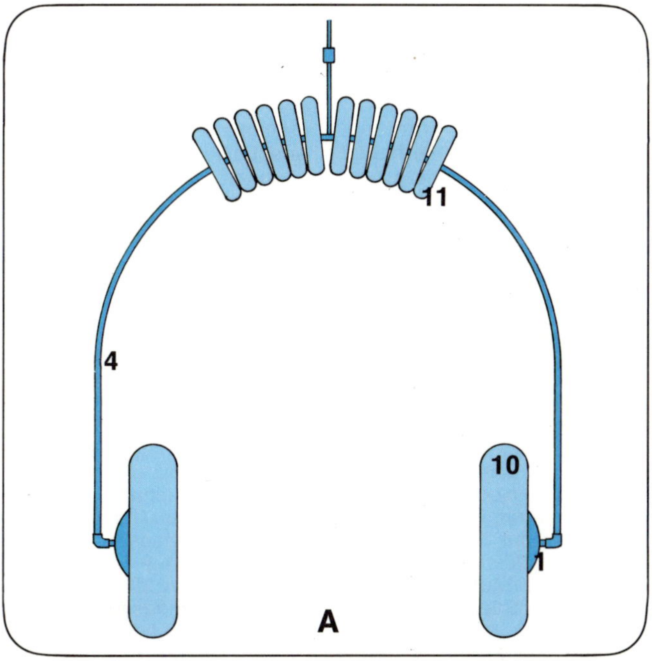

Der Kopfhörer A mit den Styropor-Ringen (11), dem Leitungsrohr (4) und den Schaumstoffrollen (10); über ihn ragt die Styropor-Halbkugel (1) hinaus, die den Lautsprecher aufnimmt.

liegen, wie es das Auftaktbild zeigt.
Der Zusammenbau des Kopfhörers geschieht in folgender Reihenfolge: Kaltwasserleitungsrohr (4) (▷Leitungsrohre) in heißem Wasser in die gewünschte Form biegen. In die Mitte des so entstandenen Bügels Auslaßloch für die Lautsprecherkabel bohren (falls diese durch den Bügel

A Kopfhörer

1 2 Styropor-Halbkugeln, Außendurchmesser 30 cm
2 2 Styropor-Scheiben, ∅ 28 bis 30 cm, 3 cm dick
3 2 Mittelton-Lautsprecher, ∅ ca. 15 cm
4 1 Kaltwasser-Leitungsrohr aus Kunststoff, ∅ 20 mm, ca. 3 m lang
5 2 Winkelmuffen aus Kunststoff, Innendurchmesser 20 mm
6 2 gerade Anschlußstücke aus Kunststoff, ∅ 20 mm, mit Außengewinde und Sechskantscheibe und je 1 Sechskantmutter (mit Zollgewinde)
7 2 Unterlegplatten aus Kunststoff, 1 bis 2 mm dick, ∅ ca. 50 mm, Loch- ∅ 25 mm
8 2 Unterlegplatten aus Kunststoff, 1 bis 2 mm dick, ∅ 10 cm, Loch- ∅ 25 mm
9 4 Styropor-Klötzchen 4 × 3 × 3 cm
10 2 Schaumstoffrollen ∅ ca. 15 cm, ca. 100 cm lang
11 8 bis 12 Styropor-Ringe, ∅ 20 cm, ca. 5 cm dick

Sonstiges:
1 bis 2 m kräftige Nylonschnur (oder Kabel) zum Aufhängen des Kopfhörers
für die Lautsprecher 8 Zylinderkopfschrauben 4 × 40 mm mit Muttern und 8 PVC-Unterlegplättchen
Kabel für Lautsprecher, für jeden Lautsprecher 4 bis 6 m
Spezialkleber (Styroporkleber)
Anmerkung:
Das Rohr (4) muß aus einem Material bestehen, das sich unter Wärmeeinwirkung biegen läßt.

geführt werden sollen) und Kabel einziehen; 20 cm Kabel müssen für die Lautsprecher an den unteren Enden mindestens heraussstehen.

Die Styroporringe (11) (vgl. ▷Wärmedämmung) erhalten alle ein genau auf Mitte sitzendes rundes Loch von 20 mm Durchmesser (oder entsprechend mehr, wenn Ihr Rohr etwas dicker ist) und werden auf den Bügel geschoben.

Jetzt geht die Arbeit an den beiden äußeren Enden des Bügels los:

Die Winkelmuffen (5) auf die beiden Rohrenden setzen. Je nach dem Kunststoff, aus dem Ihr Rohrstück besteht, geschieht das Befestigen durch Aufschrauben oder auch durch Aufstecken mit Kleber (▷Kleben) oder mit Dichtungsring. In der Stückliste sind Rohrstücke und Muffen mit Gewinde empfohlen (vgl. ▷Leitungsrohre).

In die freien Enden der Winkelmuffen (5) gerades Anschluß-Rohrstück (6) einschieben und befestigen (schrauben bzw. kleben).

Auf die Anschlußstücke die Sechskantscheiben (6) aufstecken und befestigen (es können auch Sechskantmuttern sein, wenn das Gewinde lang genug ist), davor die kleineren Unterlegplatten (7) stecken.

Als nächstes werden die beiden Styropor-Halbkugeln (1) über die Kabelenden auf die Anschlußstücke (6) gesteckt, nachdem Sie im Mittelpunkt ein Loch von 20 mm ∅ ausgeschnitten haben. Darauf die größeren Unterlegplatten mit 10 cm Durchmesser (Nr. 8) aufstecken. Jetzt die Sechskantmuttern aufdrehen und festziehen.

Bevor die Lautsprecher in die hiermit vorbereiteten Muscheln eingesetzt werden können, sind sie mit den Styroporscheiben (2) zu verbinden: Jede Scheibe erhält einen runden Ausschnitt in Lautsprechergröße, d. h. von etwa 15 cm Durchmesser. Mit ihrem Außenrand muß die Scheibe in die Öffnung der Halbkugel genau hineinpassen – wenn nötig, entsprechend beschneiden.

Die Scheibe vor den Lautsprecher setzen und an 4 Stellen mit ihm verschrauben. Hierzu dienen die unter „Beschläge“ angegebenen Zylinderkopfschrauben (▷Schrauben); die PVC-Unterlegplättchen sollen versenkt im Schaumstoff sitzen, so daß die Schraubenmuttern nicht hervorstehen. Die Vorderseite der Muschel (also die Lautsprecheröffnung und den sie umgebenden Ring) mit schwarzem Gazestoff überziehen.

Lautsprecher nun an die bisher lose heraushängenden Kabelenden anschließen.

(Anmerkung: Die Kabel führen entweder durch Anschlußstück 6 ins Freie oder durch die Mitte des Bügels oben.)

Das Lautsprecher-Element – also Lautsprecher und Scheibe + Gazeüberzug – in die Halbkugel bündig einsetzen und mit ihr verkleben. Zum Schluß sollen die Muscheln einen Wulst erhalten, der sie schützt. Dazu sollen die unter Nr. 10 aufgeführten Rollen dienen, deren Schnittflächen zusammenzukleben sind, so daß jede einen Ring bildet. Damit sie auf den Halbkugeln gut festsitzen, nehmen Sie zunächst die Klötzchen (9) und schneiden jedes einmal diagonal durch, so daß Sie 8 spitz zulaufende Klötzchen (Dreikante) gewinnen. Je 4 davon werden auf jede Halbkugel geklebt; erst zum Schluß kommen die vorbereiteten Rollen (10) darüber und werden ebenfalls angeklebt.

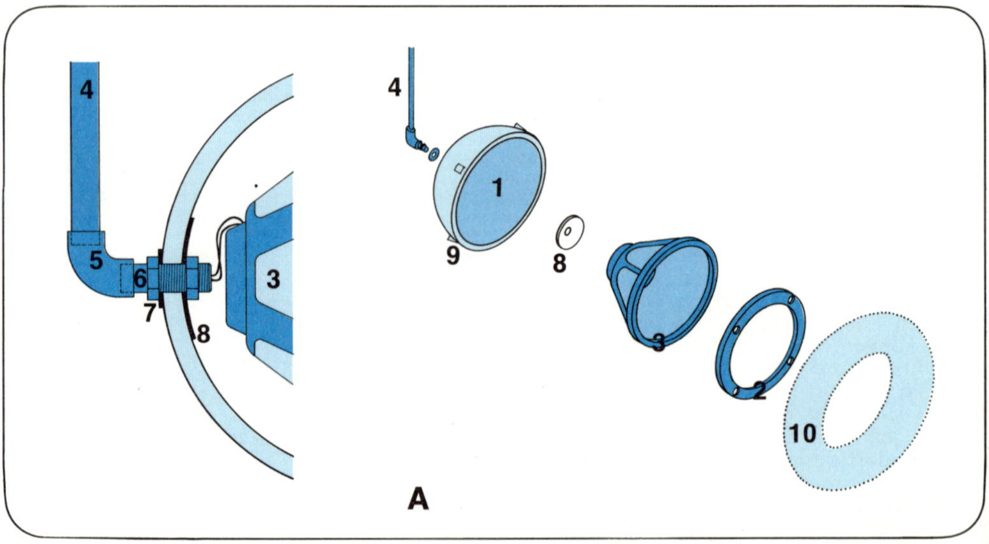

Eine Muschel des Kopfhörers A besteht aus Leitungsrohr (4), Winkelmuffe und Anschlußstück (5, 6), kleiner Unterlegplatte (7), Styropor-Halbkugel (1) mit Klötzchen (9), großer Unterlegplatte (8), Lautsprecher (3), Styroporscheibe (2) und Styropor-Ring (10).

B Stecker (Phonomöbel) Auf den ersten Blick sieht dieses Möbelstück etwas kompliziert aus. Betrachten Sie es zuerst im ganzen: Das Mittelstück bildet ein Kasten, dessen Grundfläche 50 × 50 cm groß ist. Dieser Teil ist sowohl von oben (Klappe 11) wie von einer Seite (Klappe 13) zugänglich. Er soll das Grundgerät (Steuergerät, Plattenspieler, Tuner oder was immer) aufnehmen. In dem halbrunden Teil, der durch Klappe 12 zugänglich ist, finden Schallplatten Platz – oder auch ein weiteres Gerät, z. B. ein Bandrecorder. Die Brettchen im Vorderteil (8) bilden 4 Fächer, in denen Platten aufgestellt werden können.
Vor dem Zusammenbau alle Kanten brechen (▷Kanten), Flächen glatt ▷hobeln und ▷schleifen.

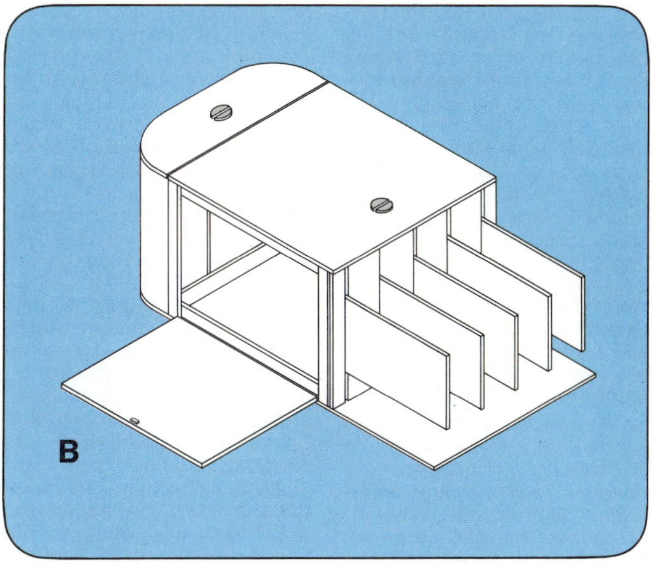

Phonomöbel B, fertig

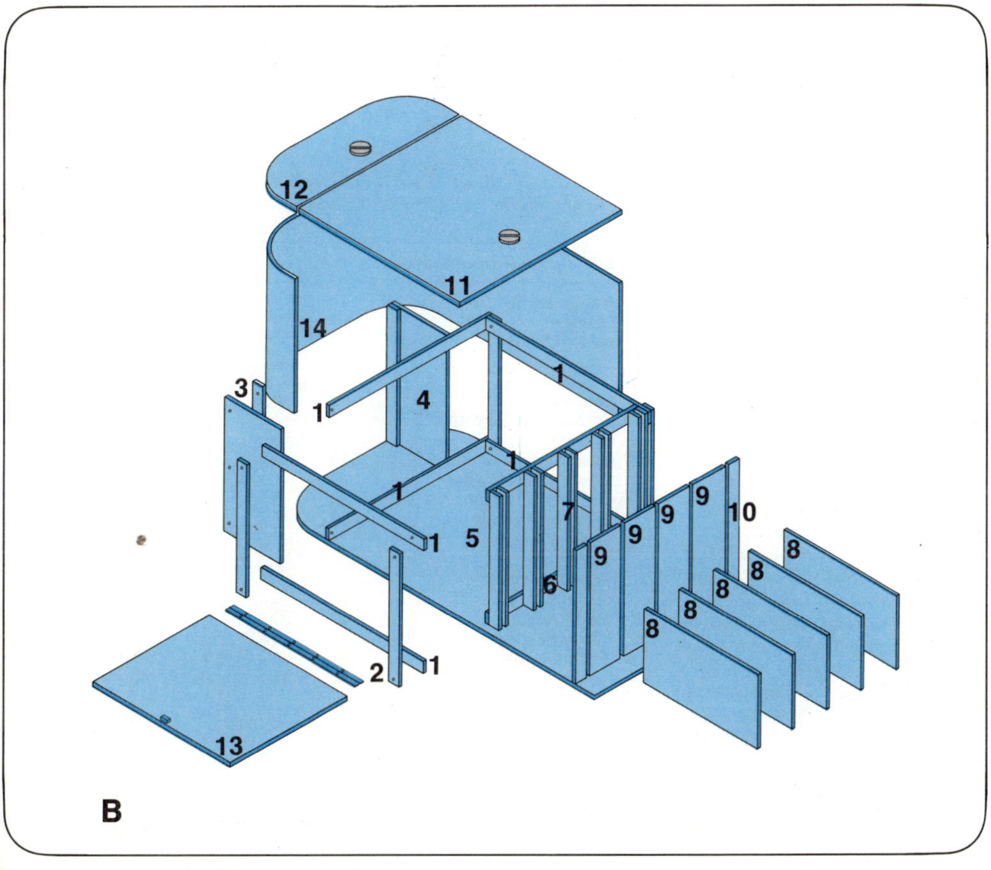

Zusammensetzung des Phonomöbels B

Der Bau beginnt mit der Herstellung des Gerüsts, das die vier senkrechten Eckleisten (2) mit den sechs waagerechten Leisten (1) bilden. Sie können in der Zeichnung erkennen, daß die senkrechten Leisten (2) an beiden Seiten außen sitzen, vier waagerechte Leisten (1) sitzen von innen dagegen, während die beiden in der Querrichtung liegenden waagerechten Leisten (1) wieder von außen aufgesetzt sind. Alle Leisten werden sowohl verleimt wie mit Senkkopfschrauben (▷ Schrauben) verschraubt.

So ist ein dreiseitiges Gestell entstanden, unter das nun die Bodenplatte (5), nachdem die beiden hinteren Ecken abgerundet wurden, so unterzuschrauben ist, daß sie hinten um 17 cm (= Breite der Versteifungsbretter Nr. 4) übersteht.

Je ein Versteifungsbrett (4) mit einer hinteren senkrechten Leiste (3) zusammenfügen, dann diese beiden Trennwände aufsetzen und von unten her festschrauben.

Jetzt wird der vordere Teil (mit den Plattenfächern) in Angriff genommen: Verbinden Sie jedes der 5 Trennbrettchen (8) mit einem Paar Halteleisten (7); die Leisten sollen bündig mit der hinteren Brettkante abschneiden. Von der Innenseite schrauben Sie die Querleisten (6) (oben und unten bündig abschneidend) dagegen. Die richtigen Abstände ergeben sich daraus, daß von den Verkleidungsbrettchen die vier mittleren (9) je 10,4 cm breit sind, die beiden äußeren je 3 cm.

Den so gefertigten Plattenhalter setzen Sie auf die Bodenplatte, schieben ihn an das schon stehende Gerüst heran und verschrauben nun (von außen) die waagerechten Leisten (1) mit den Querleisten (6). Jetzt können Sie die Verkleidungsbrettchen (9 und 10) aufsetzen und anleimen.

Das Gerüst ist jetzt so weit vorbereitet, daß Sie die Außenverkleidung umlegen und festschrauben können.

Es fehlen noch die drei Klappen. Die Seitenklappe ist beweglich an einem (unten anzubringenden) Klavierband (▷Bänder und Scharniere); in verschlossenem Zustand wird sie gehalten durch einen ▷Schnappverschluß. Sie erhält vor dem Befestigen ein Griffloch.

Die beiden Deckel, der rechteckige (11) und der dem Gehäuse entsprechende gerundete kleine Deckel (12) erhalten als gemeinsames „Scharnier" einen Gummistreifen (Detail b). Er ist von unten gegen die beiden Deckel zu nageln, da, wo sie zusammenstoßen, wobei zwischen den beiden Deckelkanten 5 mm Abstand bleiben muß. Der Gummistreifen wird anschließend mit der (freiliegenden) Mitte auf die waagerechte Leiste 1 genagelt. Es versteht sich, daß jeweils nur Klappe 11 oder 12 geöffnet werden kann – nicht beide gleichzeitig.

Die Deckel 11 und 12 erhalten je eine Griffscheibe aus Holz in der Form eines großen Schraubenkopfes.

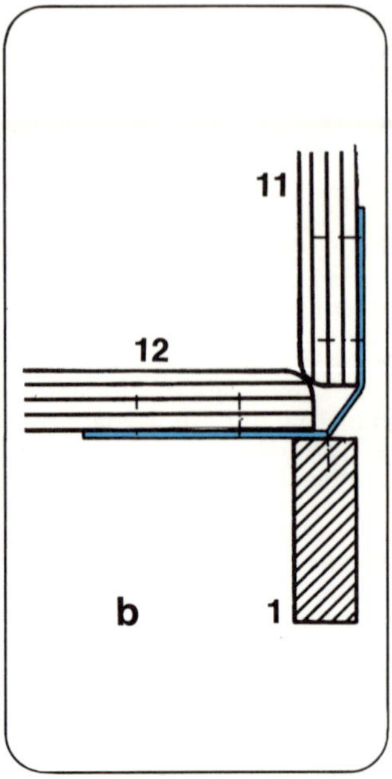

So funktioniert der Gummistreifen als Scharnierband. Klappe 11 ist hier aufgestellt, Klappe 12 kann nicht gleichzeitig geöffnet werden.

Nr.	Bezeichnung	Stück	Länge cm	Breite cm	Dicke mm	Material
B	Steckdose (Phonomöbel)					
1	waagerechte Leisten	6	50	3	10	Weichholz
2	senkrechte Eckleisten	4	36	3	10	Weichholz
3	hintere senkr. Leisten	2	36	3	10	Weichholz
4	Versteifungsbretter	2	36	17	8	Sperrholz
5	Bodenplatte	1	100	50	8	Sperrholz
6	Querleisten	2	46	3	10	Weichholz
7	Leisten zum Halten der Trennbrettchen	10	36	3	10	Weichholz
8	Trennbrettchen	5	32	20	5	Sperrholz
9	Verkleidungsbrettchen	4	36	10,4	5	Sperrholz
10	Verkleidungsbrettchen	2	36	3	5	Sperrholz
11	obere Klappe	1	50	50	8	Sperrholz
12	obere Klappe	1	50	18	8	Sperrholz
13	Seitenklappe	1	44	36	8	Sperrholz
14	Außenverkleidung	1	120	36	2	Modellsperrholz

Beschläge:
1 Klavierband für Seitenklappe, 44 cm lang
1 Scharnierband für die oberen Klappen aus einem Gummistreifen, 45 × 8 cm
1 Schnappverschluß für die Seitenklappe
2 Griffscheiben aus Holz für die oberen Klappen
Senkkopfschrauben 2,4 × 20 mm
Leim

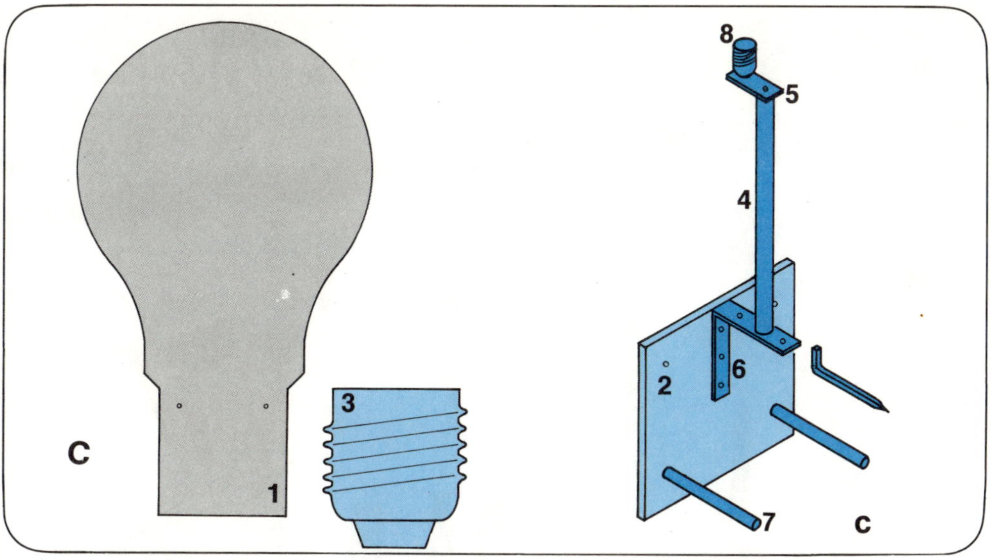

Links: Lampenkörper und Fassung der Superlampe C; Rechts (Detail c): Der Aufbau der Lampe C

C Superlampe Sie haben sicher schon in einem Schaufenster eine wirkliche (das heißt dreidimensionale) Riesenbirne gesehen, eine Stehlampe in Glühlampenform mit 30, 40 cm und mehr Durchmesser. Diese schicken Lampen würden sicher in unser audiovisuelles Zimmer passen. Sie sind aber teuer. Ein ähnlicher Effekt läßt sich mit der hier beschriebenen Lampe erzielen, bei der der Lampenkörper (1) und die „Fassung" nur vorgetäuscht sind.
Aus der Polyesterplatte schneiden Sie die Silhouette einer Glühlampe aus, aus der Abdeckplatte (3) die Silhouette einer Lampenfassung (s. Zeichnung). Zur Montage schrauben Sie den Stuhlwinkel (6) an die Montageplatte (2) – oben bündig abschneidend. In den unteren Teil der Montageplatte setzen Sie die beiden Holzrundstäbe etwa 5 mm tief ein (gut verleimen), die als Abstandhalter zur Wand dienen werden.
Setzen Sie die Lampenfassung (8) auf das kleine Montagebrettchen (5) und schrauben sie fest. Dann setzen Sie den Rundstab (4) auf den Stuhlwinkel und schrauben ihn von unten fest (Detail c).

Legen Sie den Schirm (1) mit seinem Unterteil auf die Montageplatte (2) und darüber die Abdeckplatte (= Fassung), alles unten bündig abschneidend. Verschrauben Sie diese drei Stücke an 4 Stellen.
Die Lampe kann, wie die Zeichnung erkennen läßt, mit dem Stuhlwinkel auf einen Konsolhaken gehängt werden (Alleskönner können Sie auch verschiebbar anbringen).
Bitte beachten Sie, daß jeder Anschluß ans Stromnetz nur von einem zugelassenen Elektriker ausgeführt werden darf.

Zur Ausführung Beim Kopfhörer sollten Sie die Halbkugeln farbig streichen (mit Dispersionsfarbe, nicht mit Lackfarbe, ▷Anstreichen), die Schaumstoffrollen dagegen schwarz.

Der Stecker würde gut aussehen, wenn er ganz in Schwarz gehalten wäre – bis auf die silbernen Griffscheiben.

Bei der Lampe kann man die Schauseite der Fassung silbern anstreichen, die (verdeckten) Holzteile schwarz.

Nr.	Bezeichnung	Stück	Länge cm	Breite cm	Dicke mm	Material
C	Super-Lampe					
1	Schirm	1	100	60	3	Polyesterplatte, milchig, transparent
2	Montageplatte	1	25	25	13	Spanplatte
3	Abdeckplatte	1	31	25	8	Sperrholz
4	Rundstab	1	35		∅ 30	Holz
5	Montagebrettchen	1	6	4	10	Sperrholz
6	Stuhlwinkel	1	120 × 120			
7	Holzrundstäbe	2	125		∅ 10	Dübelholz
8	Lampenfassung					

Kosten: Kopfhörer ca. 115 DM; Steckdose ca. 45 DM; Super-Lampe ca. 35 DM.

Das technische Zimmer

Arbeitsschritte

A und B Werktisch (2 gleiche Elemente) Dieser stabile Werktisch hat eine 2 m hohe Rückwand und eine 1,04 m hoch liegende Arbeitsfläche. Zuerst werden die 4 Winkelprofile (1 und 2) mit den drei unteren (großen) Fachböden und den Knotenblechen verschraubt zu einem freistehenden Gerüst, das, falls notwendig, vertikal ausgerichtet wird. An den langen Winkelprofilen (2) in der gewünschten Höhe die Konsolenbleche (5) anbringen, zunächst nur provisorisch, dann die schmalen Fachböden (4) einlegen, nun Konsolblech und Fachboden zusammen mit dem Winkelprofil verschrauben.
Die ▷Lochplatte (7) in die Winkelprofile (2) einsetzen und mit 6 Schrauben befestigen (Detail a).
Sämtliche Schrauben nachziehen.
Auf den oberen großen Fachboden (in Arbeitshöhe) dünnen Schaumstoff oder Tesa-Krepp legen (80 × 62,5 cm), dann Arbeitsplatte einlegen (Detail b s. S. 52).
Als Behälter für Kleinmaterial kann man die Kunststoffkappen von ausgedienten Spraydosen an die Lochplatte hängen, wie es Detail d zeigt. Die im Bild gezeigten Haken sind im Handel erhältlich. Die Plastikschuhe sollen den Fußboden schonen. Wenn Ihr Eisenwarenhändler keine passenden hat, versuchen Sie's im Klavier-Fachgeschäft, denn derartige Untersetzer werden beim Aufstellen von Konzertflügeln verwendet.

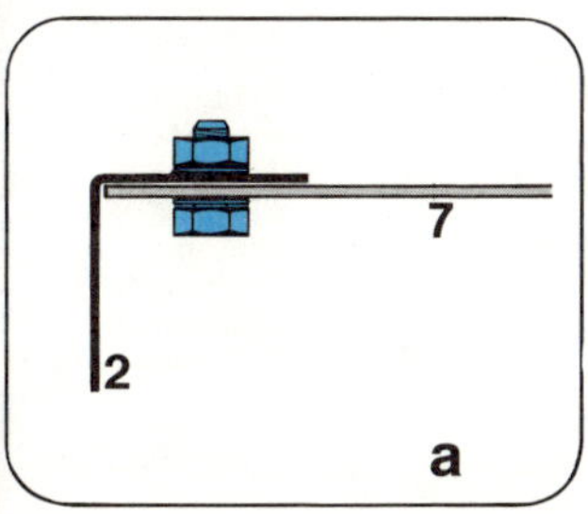

Detail a: Lochplatte in Winkelprofil eingesetzt (von oben gesehen)

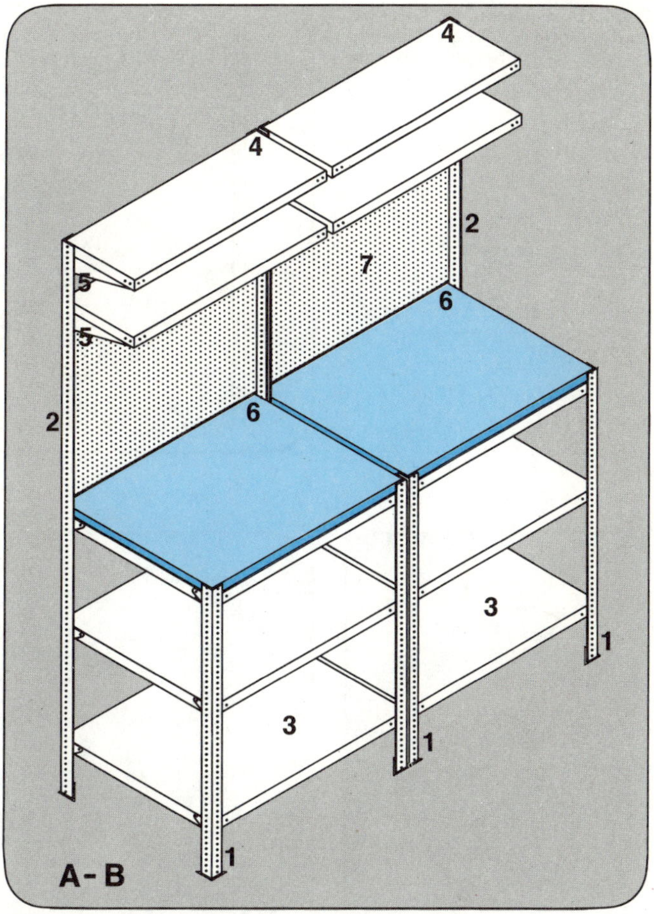

Die beiden Arbeitstische A, B und ihre Bestandteile

Nr.	Bezeichnung	Stück	Länge cm	Breite cm	Dicke mm	Material
A	Werktisch	B	Werktisch (dasselbe Element wie A)			
1	Winkelprofile	2	104	4,2	4,2	Regalbau-winkelprofil
2	Winkelprofile	2	200	4,2	4,2	Regalbau-winkelprofil
3	Fachböden	3	80	62,5	4	System-Fachböden
4	Fachböden	2	80	30,5	4	System-Fachböden
5	Konsolbleche	4		30		Konsolblech
6	Arbeitsplatte	1	80	62,5	2,2	Tischlerplatte
7	Lochplatte weiß besch.	1	100	80		Hartfaserplatte
8	Material-Ablage	1	340	60	6	Wellpappen-karton

Beschläge:

34 M 8 × 15 Schrauben mit Muttern und Unterlegscheiben
12 Knotenbleche
4 Schuhe aus Kunststoff, die zur Schonung des Fußbodens über die Beine gestülpt werden

Detail b: Einlegen der Arbeitsplatte. Vorher dünnen Schaumstoff oder Tesa-Krepp unterlegen

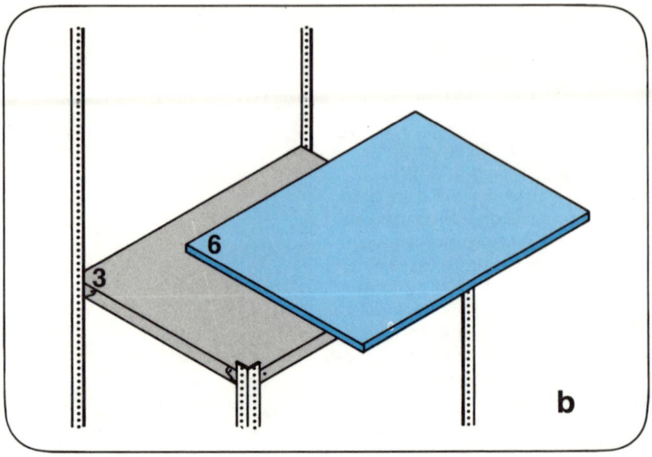

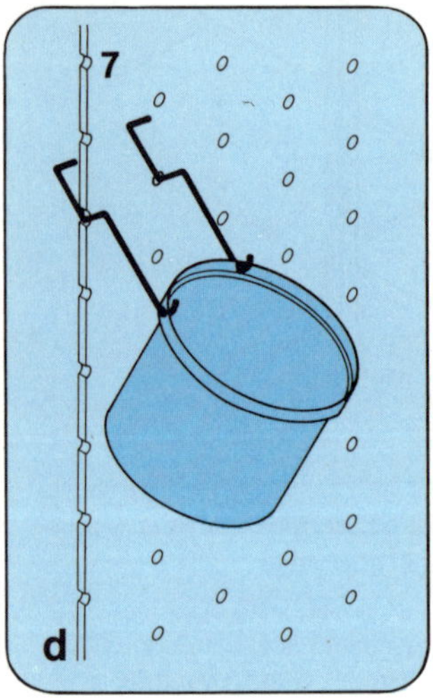

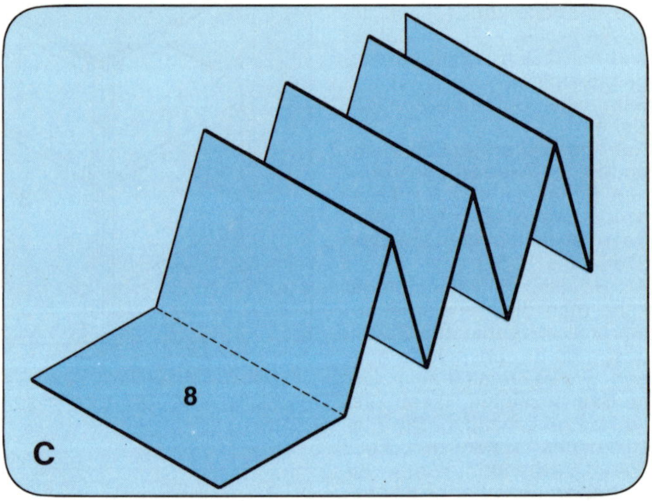

Detail d: Kunststoffkappe von Spraydose als Material-Container vor die Lochplatte gehängt.
Detail c: Als Materialablage stekken wir ein passend gefaltetes Stück Wellpappe zwischen die beiden untersten Fachböden (vgl. Gesamtansicht).

C Universal-Arbeitstisch Das Gerät ist dasselbe wie bei A, doch hat dieser Tisch als Arbeitsplatte eine Glasplatte (die erst recht eine Unterlage aus Schaumstoff braucht) und als Rückwand eine Weichfaserplatte (▷Wärmedämmung), die als Pinwand dienen kann. Plastikschuhe wie bei A.

Nr.	Bezeichnung	Stück	Länge cm	Breite cm	Dicke mm	Material
C	Universalarbeitstisch					
1	Winkelprofile	2	104	4,2	4,2	Regalbau-winkelprofil
2	Winkelprofile	2	200	4,2	4,2	Regalbau-winkelprofil
3	Fachböden	4	80	62,5	4	System-Fachböden
4	Arbeitsplatte	1	80	62,5	8	Glasplatte
5	Pinwand	1	96	80	12	Weichfaserplatte

Beschläge:

38 M 8 × 15 Schrauben mit Muttern und Unterlegscheiben
16 Knotenbleche
4 Plastikschuhe

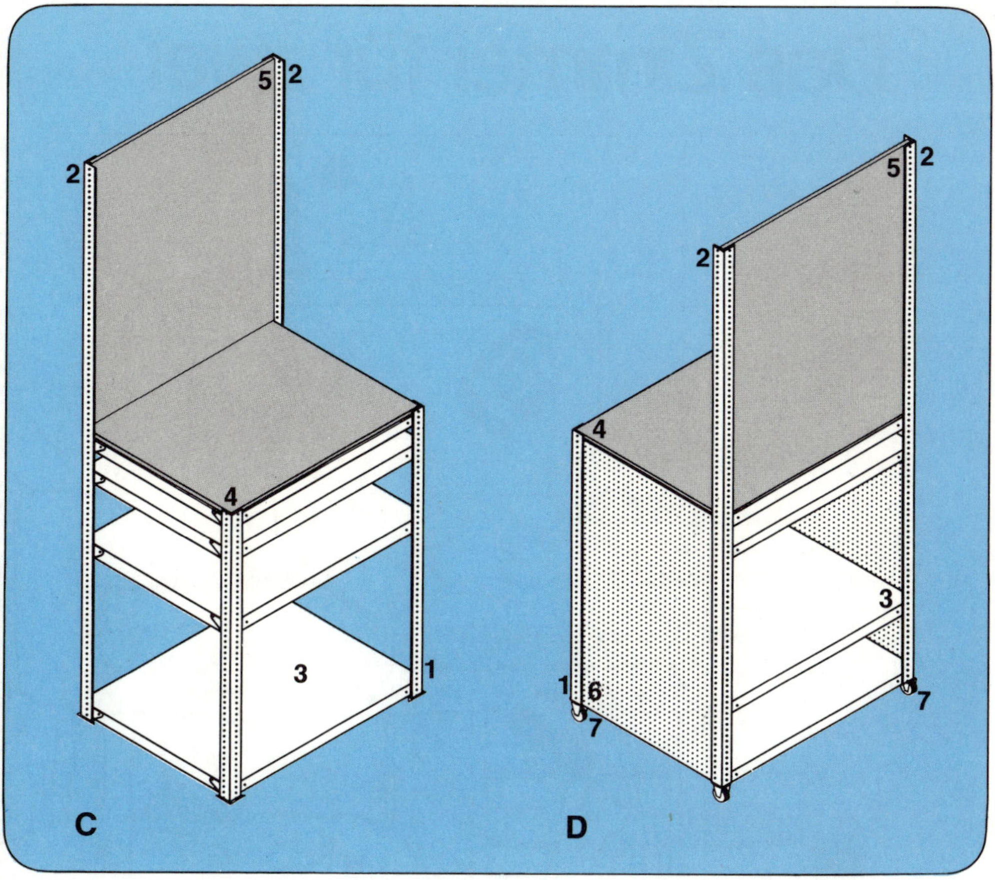

D Beweglicher Universaltisch Die senkrechten Profile sind hier etwas niedriger, weil das Möbel durch untergeschraubte Räder beweglich gemacht wird. Als Rückwand dient eine Dämmplatte wie bei C. Beide Seiten und die Vorderseite werden im unteren Teil durch Lochplatten abgeschlossen. Dieses Möbel kann man vor Waschbecken oder Ausgußbecken stellen.

Zur Ausführung Die Tischlerplatten (▷Platten) sollten nur mit einem Einlaßgrund behandelt werden (▷Holzoberfläche). Die Dämmplatten können unbehandelt bleiben. Wer sie farbig wünscht, kann sie mit Dispersionsfarbe streichen.

Die ▷Lochplatten können mit einem reichhaltigen Sortiment an Lochhaken vielseitig funktionsfähig gemacht werden.

Tisch C: Dämmplatte als Rückwand, Arbeitsplatte aus Glas

Tisch D: vorn und seitlich Lochplatten

Nr.	Bezeichnung	Stück	Länge cm	Breite cm	Dicke mm	Material
D	Mobiler Universaltisch					
1	Winkelprofile	2	97	4,2	4,2	Regalbau-winkelprofil
2	Winkelprofile	2	200	4,2	4,2	Regalbau-winkelprofil
3	Fachböden	4	80	62,5	4	System-Fachböden
4	Arbeitsplatte	1	80	62,5	8	Glasplatte
5	Pinwand	1	96	80	12	Weichfaserplatte
6	Verkleidung	1	97	79		weiße
		2	97	62		Lochplatte
7	Räder	4	Bauhöhe 70 mm			

Beschläge:
38 M 8 × 15 Schrauben mit Muttern und Unterlegscheiben
16 Knotenbleche

Kosten: 2 Werktische à ca. 140 DM; Universal-Arbeitstisch ca. 140 DM; mobiler Tisch ca. 150 DM.

Das Zimmer für zwei

Boom

Das Zimmer für zwei

Hier wohnt man im Duett: ein bißchen abenteuerlich, ein bißchen rustikal, auf jeden Fall urgemütlich.
Wenn man Betten übereinander stellt, gewinnt man Platz. Wenn man die Betten im Winkel anordnet, entsteht ein richtiges Wohnmöbel mit verschiedenen Etagen. Das obere Bett muß gar nicht allzu hoch über dem Boden sein – nur 1,20 m. Wer trotzdem Angst vor dem Herunterfallen hat, kann sich noch ein Geländer um seine Matratze bauen. Die Anordnung im Winkel ermöglicht zwanglose Unterhaltung zwischen „oben" und „unten".
Mittels weiterer Pfosten läßt sich an den Kopf- und Fußenden der Betten leicht ein Schrank oder ein Regal anbauen (wie im Auftaktbild s. S. 54). Dadurch schließen sich einzelne Seitenwände, und es bilden sich Nischen und Höhlen, in die man sich herrlich zurückziehen kann (wie der Hund auf S. 54).
Ein kleines Podest im gleichen Stil erleichtert den Aufstieg in die obere Etage; es kann aber auch als Hocker und als Beistelltisch benutzt werden.
Wer ungestört arbeiten will, braucht unbedingt einen eigenen Arbeitsplatz – möglichst am Fenster. Hier schirmt ein Bücherregal die beiden Arbeitsbereiche voneinander ab, ohne daß der Kontakt völlig unterbrochen ist. An den Seitenwänden neben den Arbeitsplätzen ist je eine Pinwand zum Befestigen von Stundenplänen, Notizzetteln, Fotos, Zeitungsausschnitten u. a.
Verlängert man einzelne Latten des Arbeitsregals – wie im Auftaktbild – so wird der Raum strukturiert, das Zimmer gegliedert; an einer solchen Latte kann man alles mögliche aufhängen, annageln, ankleben, sofern man nur die passenden Haken (verschiebbar) darüberhängt oder Dübelhölzer einsetzt; auch eine verschiebbare Lampe kann hier montiert werden.

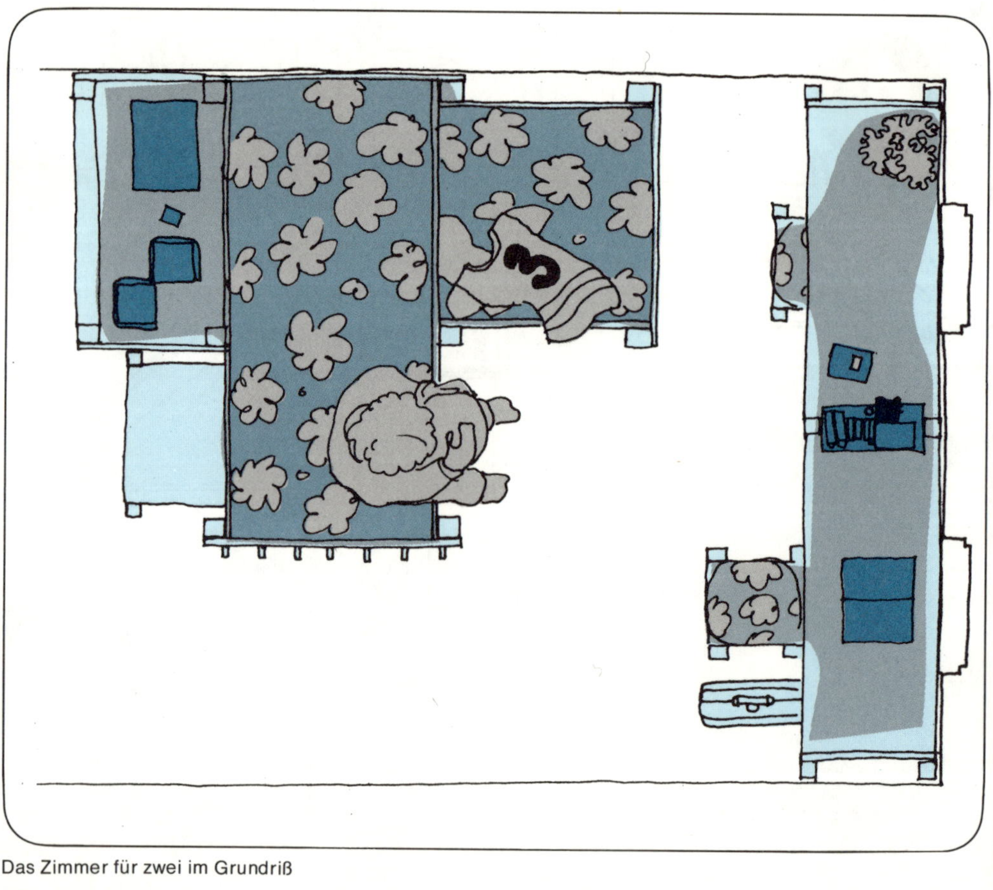

Das Zimmer für zwei im Grundriß

Das fertige Doppelbett mit einer Ablagefläche neben dem Oberbett und einem ins Gestell hineingestellten Beistelltisch

Arbeitsschritte
Der Aufbau dieser Möbel ist einfach, ihre Herstellung vermeidet schwierige Techniken der Holzbearbeitung und kann auch vom Unerfahrenen bewältigt werden.
A Etagenbett Das Gerüst, welches das Ganze trägt, besteht aus den 5 hohen und den 3 niedrigen Vierkantständern sowie den Längs- und Querbrettern. Um einen stabilen Stand zu erreichen, müssen die Bretter durchweg mit je zwei Schrauben an den Pfosten befestigt werden. Diese Verbindung stellen wir her durch Sechskantschrauben (Detail a) mit Rampa-Muffen (▷Holzverbindungen, lösbar). Die Muffen werden in die Pfosten eingesetzt und verleimt, die Schrauben durch die Bretter hindurch in diese Schraubmuffen eingeführt und festgedreht.

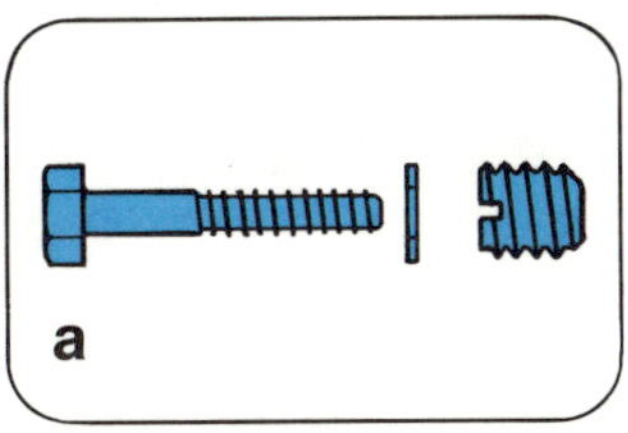

Detail a: Sechskantschraube mit Unterlegscheibe und Rampa-Mutter

Nr.	Bezeichnung	Stück	Länge cm	Breite cm	Dicke mm	Material
A	Etagenbett					
1	Ständer	5	122	5	50	Weichholz
2	Ständer	3	34	5	50	Weichholz
3	Längsbretter	4	192	12	22	Weichholz
4	Längsbrett	1	91	12	22	Weichholz
5	Querbretter	10	106	12	22	Weichholz
6	Leisten für Lattenrost	4	192	3	20	Weichholz
7	Latten	32	95,5	10	20	Weichholz

Sonstiges:
für die Längs- und Querbretter je 4 Sechskantschrauben (also zus. 60 Stück) 6 × 40 mm mit Unterlegscheiben und Rampa-Muffen 12 × 13 mm mit Innengewinde M 6
für die Leisten 20 Senkkopfschrauben 3,5 × 35 mm
für die Latten 128 Senkkopfschrauben 3 × 30 mm

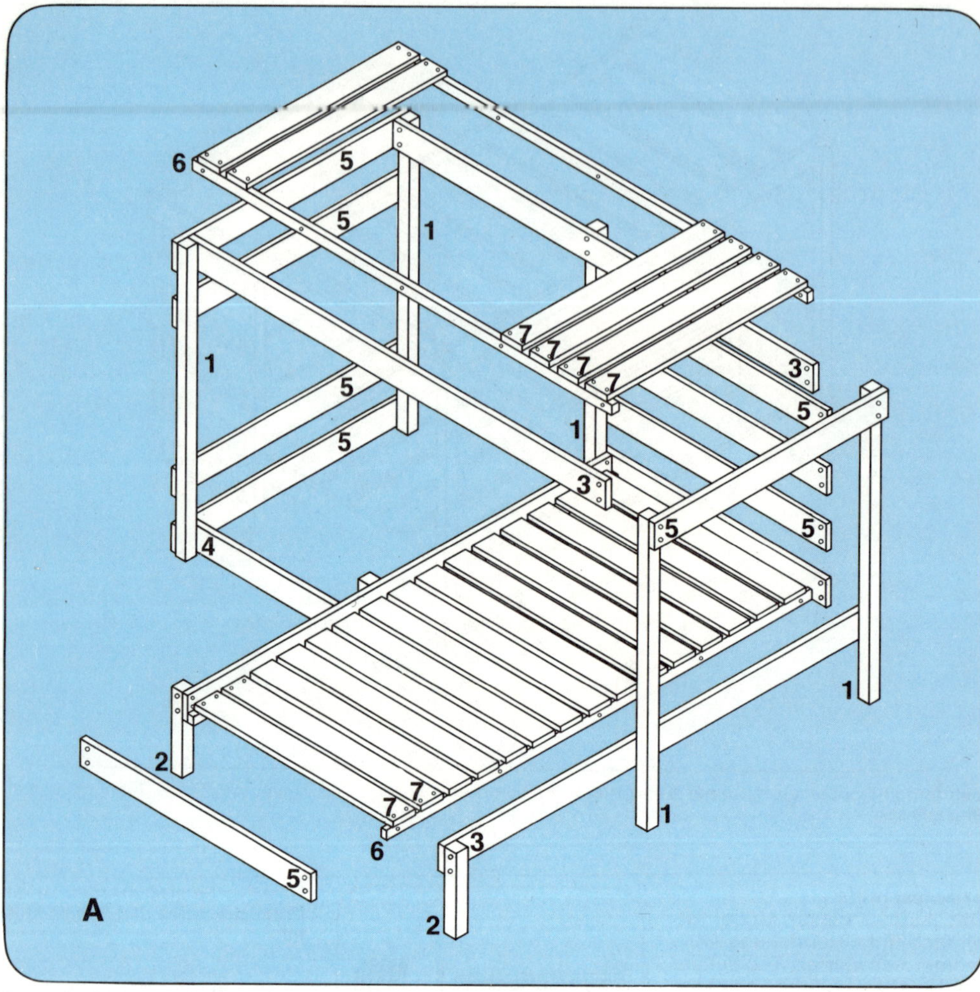

Doppelbett A in seiner Zusammensetzung

Im einzelnen: Zuerst an den Enden aller Längs- und Querbretter (3, 4, 5) je 2 Löcher für die Sechskantschrauben ▷anreißen und ▷bohren. Sind die Löcher durchgebohrt, werden die Bretter auf die Pfosten (1, 2) aufgepaßt und die Bohrlöcher auf die Pfosten übertragen. Das Einsetzen der Rampa-Muffen geschieht so, daß die Muffen in ein genau passend vorgebohrtes Loch eingeleimt werden (Detail b). Jetzt können die Längsbretter (3) des unteren Bettes mit den zugehörigen Pfosten verbunden werden: an der Außenseite 2 lange Ständer und ein kurzer, an der Innenseite 2 kurze und ein langer.

Anschließend werden die eben gebildeten beiden Teilstücke mittels der Querbretter (5) miteinander verbunden: am Fußende des Unterbettes ein Querbrett, am Kopfende aber 4 Querbretter mit entsprechendem Abstand übereinander. Als nächstes Teilstück wird das Fußende des Oberbetts zusammengefügt: 2 lange Pfosten (1), 4 Querbretter (5). Dann Querbrett (5) am Kopfende des Oberbettes anschrauben.

Nun können wir mittels der beiden Längsbretter (3) des Oberbettes die entstandenen Teile miteinander verbinden.

Vorletzter Schritt:

Die Leisten für die Lattenroste (6) werden an die Innenseiten der 4 Längsbretter geschraubt; für jede Leiste rechnet man 5 Schrauben, gleichmäßig verteilt. Am Schluß Latten (7), 16 Stück für jedes Bett, auf die Leisten schrauben.

Wenn Sie dieses Doppelbett bauen wollen und noch keine elektrische Bohrmaschine besitzen, sollten Sie sich für diese Arbeit eine anschaffen (oder ausleihen). Es sind über 200 Bohrungen auszuführen!

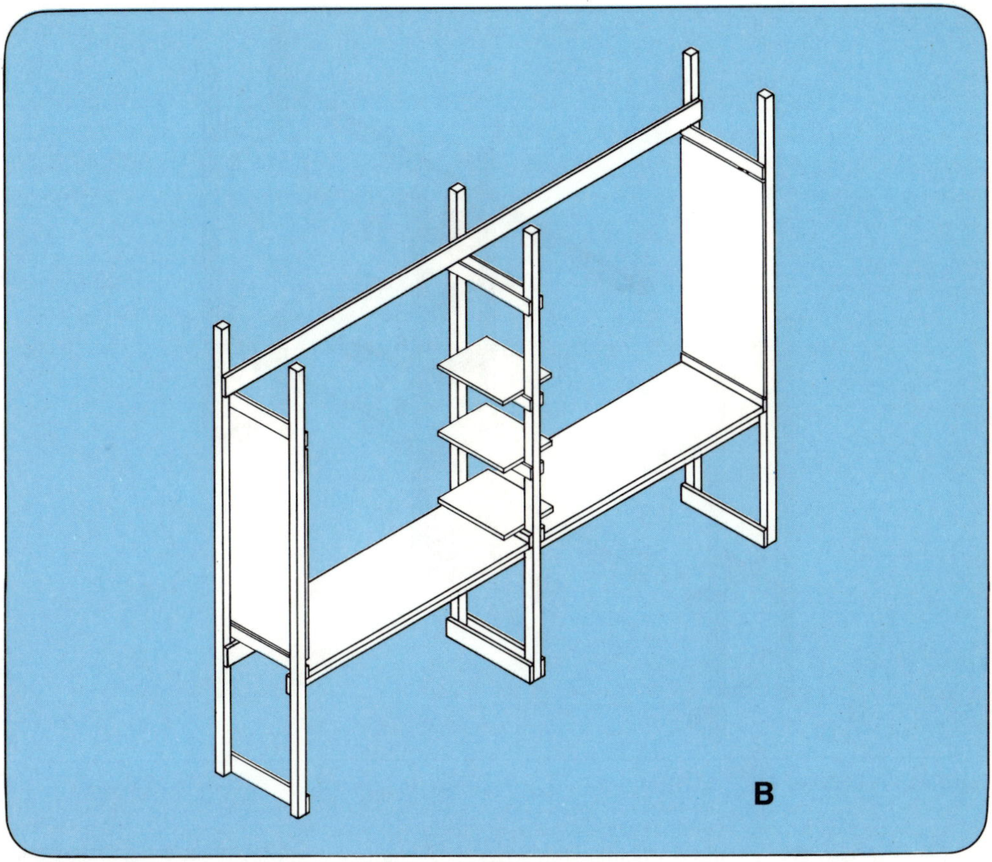

B Wandregal Das Regal ist nach demselben simplen Konstruktionsprinzip angelegt wie das Doppelbett. Die Verbindung der Längs- und Querzargen (2, 3) (▷Zargen) mit den Ständern (1) muß auch hier durch je 2 Schrauben erfolgen, und zwar wiederum durch Sechskantschrauben mit Rampa-Muffen.

Die Arbeit beginnt mit dem ▷Anreißen und ▷Bohren der Löcher in den Längs- und Querzargen, die dann nach genauem Aufpassen auf die Ständer übertragen werden. Die beiden Längszargen unter der Arbeitsfläche sollen mit ihren Unterkanten 70 cm über Fußbodenhöhe liegen, die obere Längszarge mit ihrer Oberkante 200 cm. An den markierten Stellen werden die Rampa-Muffen in die Ständer – nach entsprechendem Vorbohren – eingesetzt und verleimt.

Wandregal B, zusammengebaut

Nr.	Bezeichnung	Stück	Länge cm	Breite cm	Dicke mm	Material
B	Wandregal					
1	Ständer	6	Raumhöhe	5	50	Weichholz
2	Längszargen	3	303	12	22	Weichholz
3	Querzargen	8	50	8	20	Weichholz
4	Arbeitsplatten	2	140	50	25	beschichtete Spanplatte
5	Tragleisten	8	50	5	15	Weichholz
6	Fachböden	3	40	30	19	beschichtete Spanplatte
7	Pinwände	2	130	50	10	Weichfaserplatte

Beschläge:
für die Längszargen je 6 Sechskantschrauben – also 18 Stück – 6 × 40 mm mit Unterlegscheiben und Rampa-Muffen 12 × 13 mm mit Innengewinde M 6
für die Querzargen je 4, für die Tragleisten je 2 Linsenkopfschrauben 4 × 30 mm – zusammen 48 Schrauben
für die Pinwände 12 Halbrundkopfschrauben 3 × 25 mm mit Unterlegscheiben
6 Arretierungsklötze für die Fachböden 5 × 5 × 3 cm mit Senkkopfschrauben 3 + 40 mm
8 Anschraubwinkel mit Langloch für die Arbeitsplatten mit je 4 Senkkopfschrauben 2,4 × 15 mm
6 Patentdubel (Spreizdübel) mit Schrauben

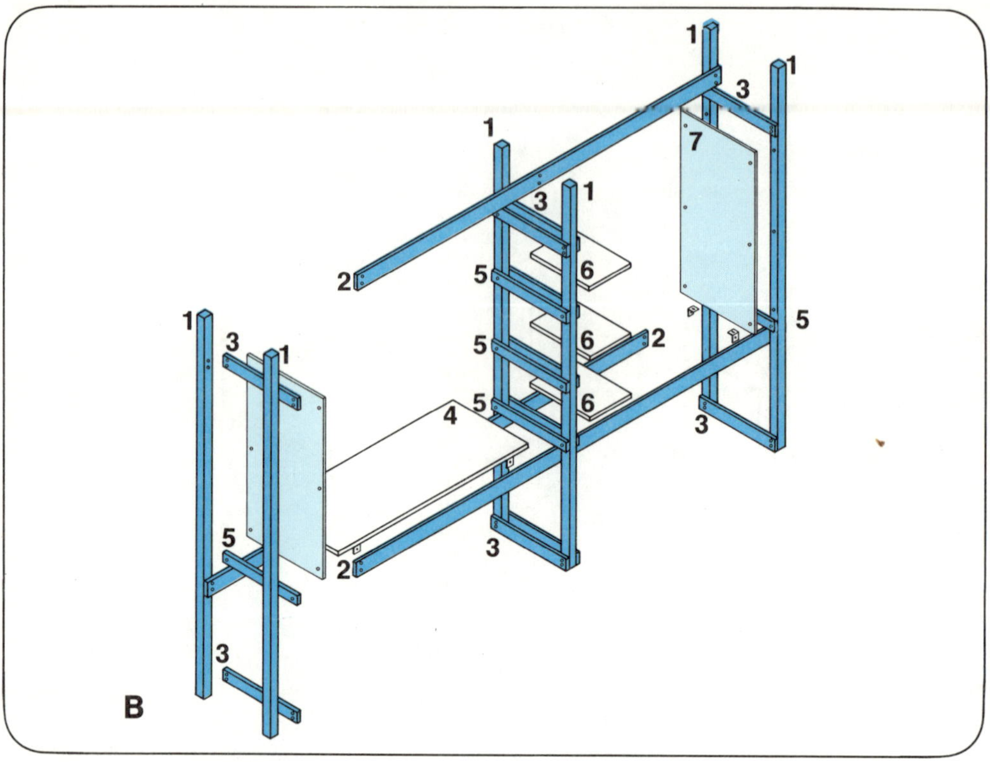

Wandregal B, Einzelteile

Die Längszargen werden aber nicht sofort angeschraubt. Vielmehr werden zuerst die drei Rahmen, die aus Ständern (1) und Querzargen (3) bestehen, nach entsprechendem Aufmessen, Anreißen und Bohren zusammengeschraubt. Die beiden äußeren Rahmen haben oben und unten am Boden je eine Querzarge, der mittlere Rahmen hat je 2.

Jetzt werden die beiden äußeren Ständer mit Dübeln (▷ Dübel in Wand und Decke) und ▷Schrauben an der Wand befestigt; sie müssen genau im richtigen Abstand sitzen – im Beispiel 303 cm von Außenkante zu Außenkante – damit die Längszargen mit ihren vorgebohrten Löchern auf die Rampa-Muffen passen. Nun wird der mittlere Rahmen aufgestellt, die Längszargen werden mit allen drei Rahmen verschraubt (Detail b).

An dieses nunmehr stabile Gestell schrauben wir die Tragleisten (5) an. Die unteren vier liegen direkt über den beiden unteren Längszargen, die beiden anderen Tragleistenpaare für die Fachböden sitzen im Abstand von je etwa 30 cm darüber am mittleren Rahmen.

An die beiden äußeren Rahmen (an den Ständern) werden mit je 6 Schrauben (Unterlegscheibe wegen des weichen Materials erforderlich) die Pinwände geschraubt.

Die beiden Arbeitsplatten (4) liegen zwischen den Tragleisten auf den Längszargen. Jede Platte ist durch 4 Anschraubwinkel mit den Längszargen fest verbunden.

Die drei Fachböden (6) werden nicht auf die Tragleisten geschraubt. Sie erhalten vielmehr an ihrer Unterseite je 2 Arretierungsklötze (Detail c), die mit 5 × 5 cm Größe genau zwischen die Tragleisten passen. Die Fachböden sind also herausnehmbar.

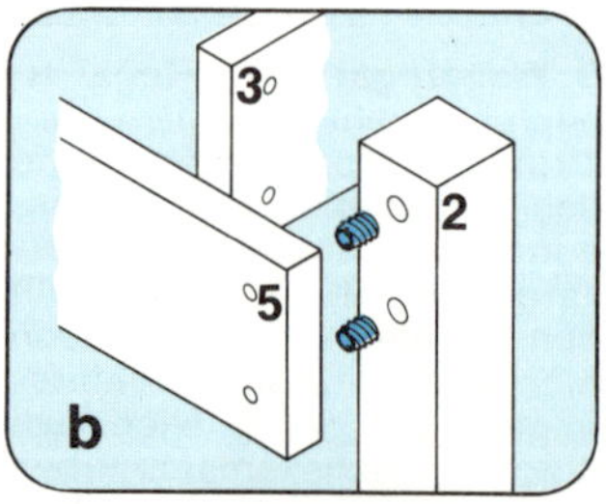

Detail b: Die Rampamuffen werden in die vorgebohrten Löcher in den Pfosten eingesetzt und dort verleimt.

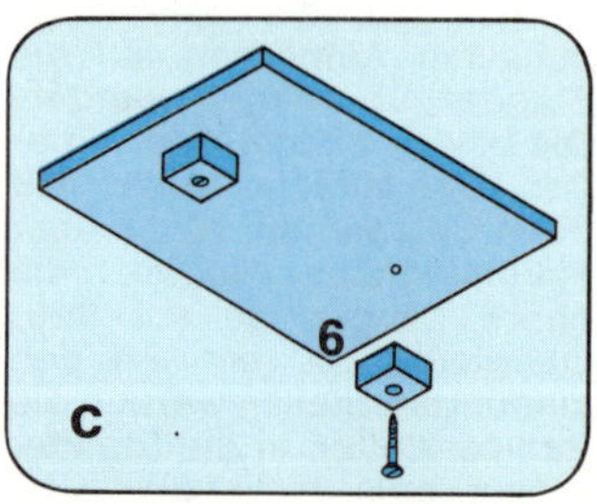

Detail c: Sitz der Arretierungsklötze unter den Fachböden

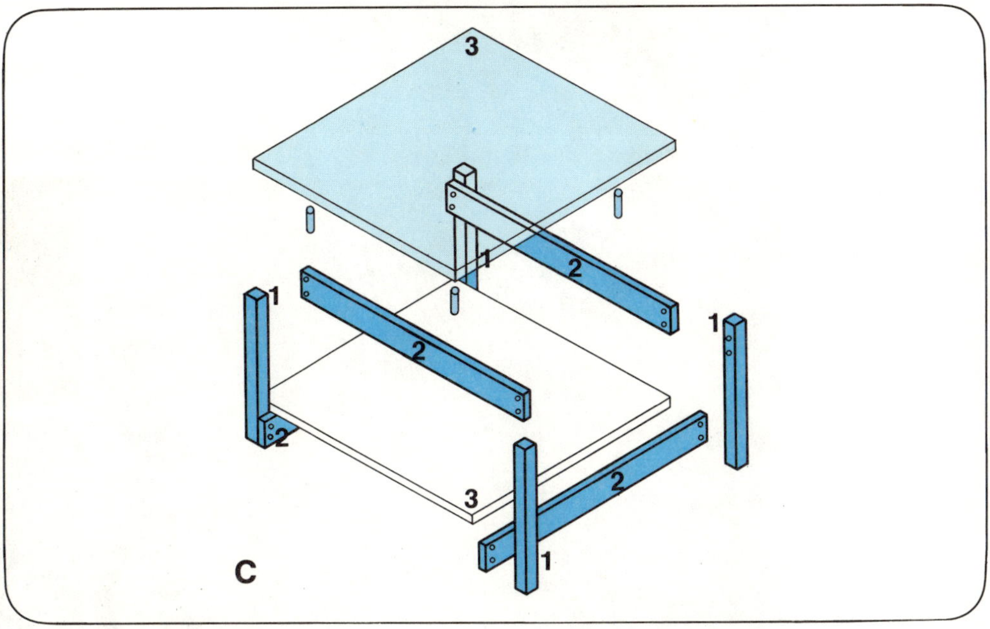

Zusammensetzung des Beistelltischs C

C Beistelltisch Der Aufbau dieses einfachen Möbelstücks kann fast schon aus der Zeichnung allein abgelesen werden: Zwei Zargen (2) werden unten mit je einem Paar Beine verschraubt, Unterkanten bündig auf dem Fußboden. Wiederum müssen die Bohrlöcher erst angerissen und ausgebohrt, dann auf die Beine übertragen werden. Zum Verbinden brauchen wir hier keine Schrauben mit Rampa-Muffen; es genügen einfache Linsenkopfschrauben.

Die beiden anderen Zargen kommen jetzt rechtwinklig dazu gegen die Innenseite der Beine, und zwar müssen ihre Oberkanten um die Dicke der Tischplatte 2 (19 mm) unter der Oberkante der Beine liegen.

Die beiden Tischplatten (3) werden nicht festgeschraubt, sondern lose ein- bzw. aufgelegt. Sie müssen jedoch in ihrer richtigen Lage fixiert werden. Das wird erreicht durch 4 Dübel (▷Holzverbindungen, fest), die in jede Platte von unten eingesetzt werden, und zwar so, daß sie an den Innenseiten der Zargen liegen, wenn die Platte aufgelegt ist.

Zur Ausführung Alle Holzteile sollen nach Brechen der ▷Kanten und Glattschleifen der Flächen lasiert (▷Holzoberfläche) oder farbig gebeizt (▷Beizen) werden. Die Kanten der Tischplatten und der Fachböden sollen im gleichen Ton wie die übrigen Flächen gehalten sein oder dunkler, aber nicht heller. Es kann auch ein weißer ▷Umleimer aufgebügelt werden.

Die Pinwände können angestrichen werden: entweder weiß oder in einem Pastellton (z. B. grau, braun, oliv), nicht zu leuchtend, weil das beim Arbeiten und Lesen stören kann.

Arbeits- und Leseleuchten können an der Decke wie auch am Gestell angebracht oder einfach auf die Arbeitsplatten gestellt werden.

Nr.	Bezeichnung	Stück	Länge cm	Breite cm	Dicke mm	Material
C	Beistelltisch					
1	Beine	4	45	4	40	Weichholz
2	Zargen	4	78	8	20	Weichholz
3	Tischplatten	2	78	68	19	beschichtete Spanplatte

Beschläge:

für jede Zarge 4 Linsenkopfschrauben 4 × 40 mm, zus. 16 Stück
10-mm-Dübelholz für 8 Dübel von je 15 mm Länge

Kosten: Etagenbett ohne Matratze ca. 275 DM; Wandregal ca 160 DM; Hocker-Tisch ca. 40 DM.

Zimmer aus Bauelementen

Zimmer aus vorgefertigten Bauelementen

Dieses Zimmer ist so einfach zu bauen, daß sich auch Leute mit „zwei linken Händen" daran versuchen können.

Als Konstruktionshilfen dienen Stahlwinkel in Eck-, T- und Kreuzform (Bild). Die fertig zugeschnittenen Bretter lassen sich mit diesen Winkeln zu Regalen, Tischen, sogar Betten und Stühlen zusammenbauen.

Praktisch sind die kleinen offenen Kästen, die man nebenoder aufeinander stellen, die man als Block frei im Raum plazieren oder auch mit versetzten Öffnungen als Regal oder Truhenstange anordnen kann. Wie der Kubus A besteht auch das Beistelltischchen B aus jeweils gleichen Brettern; das vereinfacht den Einkauf und verhindert Verwechslungen beim Zusammenbau. Natürlich ist darauf zu achten, welche Bretter stumpf stoßen und welche überlappen müssen. Sehr praktisch ist das Beistelltischchen mit einer oben aufgelegten Glasplatte aus billigem Drahtglas, deren Kanten vom Glaser vorher gebrochen worden sind. Als Unterlage leimt man einfach Gummischeiben auf.

Das Sitzmöbel F ist auf verschiedenen Ebenen zu benutzen: auf der unteren Platte als gemütlicher Sessel, auf der oberen als Stehhocker an Arbeitstisch oder Bücherregal.

Das halbhohe Regal E steht entweder an der Wand oder frei im Raum. Einzelne Fächer lassen sich durch einen vom Hersteller der Verbinder-Elemente mitgelieferten Türbeschlagsatz mit Türen versehen. Wird das Bett mit in das Regal eingebaut, sollte es links und rechts mit je zwei Schrauben befestigt werden.

Ein Vorteil dieser Bauweise: Alle Möbelstücke sind in sich standfest; man braucht nicht in Wände zu bohren und Dübel einzusetzen; man kann die Einzelstücke jederzeit verschieben oder umstellen.

Ein zweiter Vorteil: Als Werkzeug werden hier nur Bohrer, Schraubenzieher, Hammer und Zollstock benötigt.

Auch können Regale, die in dieser Bauweise hergestellt wurden, jederzeit erweitert werden.

Zum Verschrauben der Bretter mit den Verbindern dienen einheitlich Zylinderkopfschrauben 3,9 × 16 mm (DIN 7971), vermessingt oder vernickelt, die zu dem System angeboten werden.

Bezugsmöglichkeiten bestehen im Eisenwaren-Fachhandel sowie in Heimwerker-, Bastler- und Hobbyläden.

Prospektunterlagen und einen Bezugsquellennachweis erhalten Sie von: Stanley Werke GmbH, 562 Velbert.

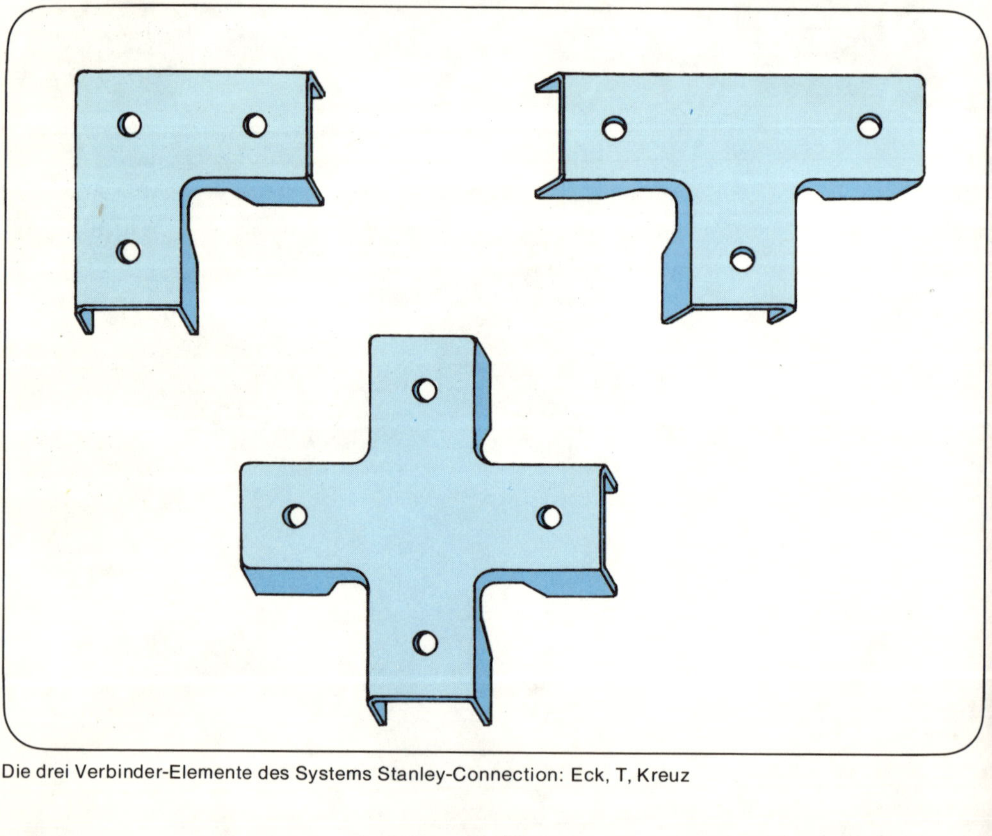

Die drei Verbinder-Elemente des Systems Stanley-Connection: Eck, T, Kreuz

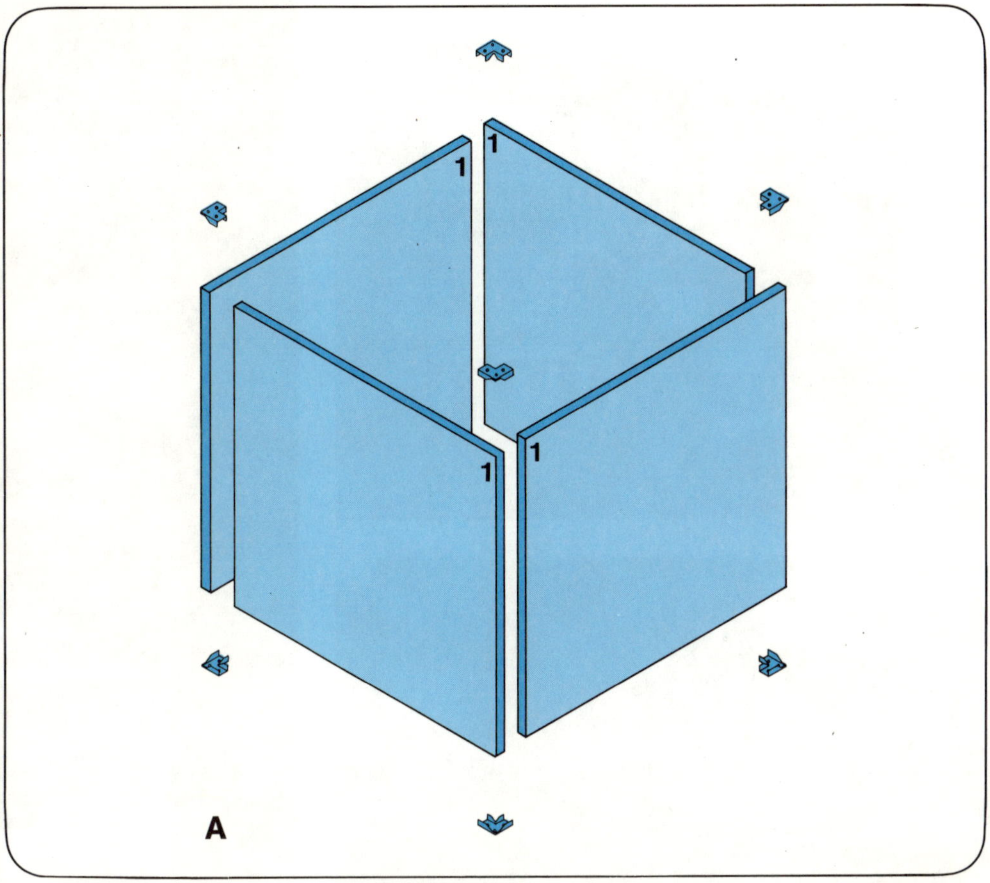

▲ Kubus A, Zusammensetzung

Arbeitsschritte

Im wesentlichen sind die Arbeitsschritte bei allen Möbeln dieser Bauweise die gleichen: Die benötigten Bretter (hier 19 mm stark vorgesehen; doch sind die Verbinder-Elemente auch für 16 mm Brettstärke lieferbar) beschaffen und am zweckmäßigsten gleich zuschneiden lassen. Die Oberfläche muß vor dem Zusammenbau fertig behandelt sein (▷Holzoberfläche); man wird für Keller-Regale unbehandelte Platten nehmen, für Möbel beschichtete, furnierte, gebeizte (▷ Platten). Die benötigten Verbinder-Elemente bereitlegen, einschließlich der zugehörigen Zylinderkopfschrauben, 3,9 × 16 mm. Für Verbinder in Eck- oder T-Form braucht man je 3 Schrauben, für die Kreuzform 4.

Die Teile werden zusammengesteckt und fest zusammengedrückt, nötigenfalls durch leichte Hammerschläge. Dann die Schraubenlöcher leicht anbohren (durch die Löcher in den Verbindern hindurch), Schrauben eindrehen, festziehen.

A Kubus Die Zeichnung läßt erkennen, wie die vier Bretter zusammenzusetzen sind. Hier werden nur Verbinder in Winkelform benötigt. Wer Kuben lose zu Regalen übereinanderschichten will, sollte zur Verbesserung der Stabilität eine Rückwand (48 × 48 cm) einsetzen.

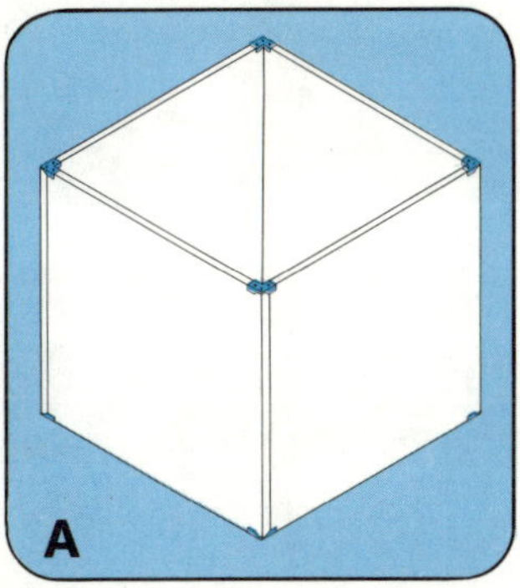

Kubus A in fertigem Zustand

Nr.	Bezeichnung	Stück	Länge cm	Breite cm	Dicke mm	Material
A	Kubus					
1	Platten	4	50	48	19	Spanplatten

Beschläge: 8 Eck-Verbinder „Stanley-Connection“ 19 mm

Hier noch weitere Anregungen mit dem Regalverbinder-System. Bauanleitungen zu beziehen bei Stanley Werke GmbH, 562 Velbert.

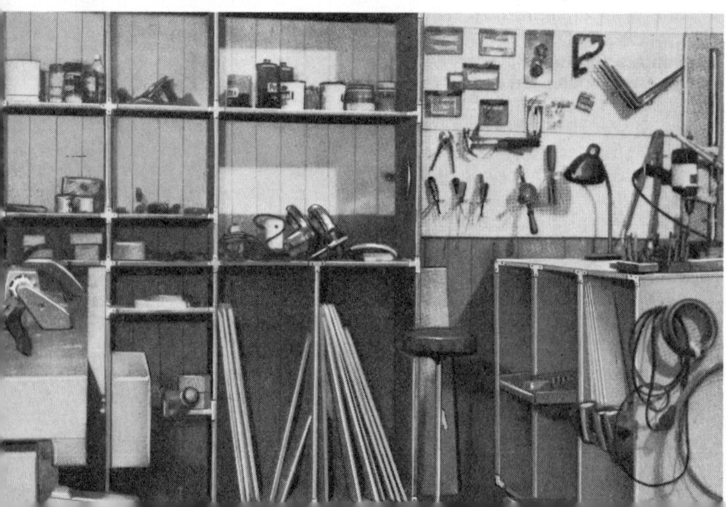

Beistelltisch B, Zusammensetzung

Beistelltisch B in fertigem Zustand

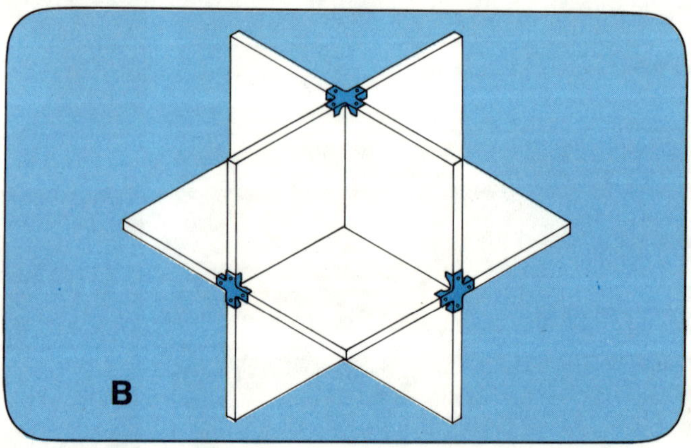

B Beistelltisch Einfacher geht's nicht! Und doch kann dieser einfache Tisch aus 6 gleichformatigen Platten durchaus gut aussehen. Zu diesem Stück werden nur Verbinder in Kreuzform benötigt.

Nr.	Bezeichnung	Stück	Länge cm	Breite cm	Dicke mm	Material
B	Beistelltisch					
1	Platten	6	50	24	19	Spanplatten

Beschläge:
6 Kreuz-Verbinder „Stanley-Connection" 19 mm

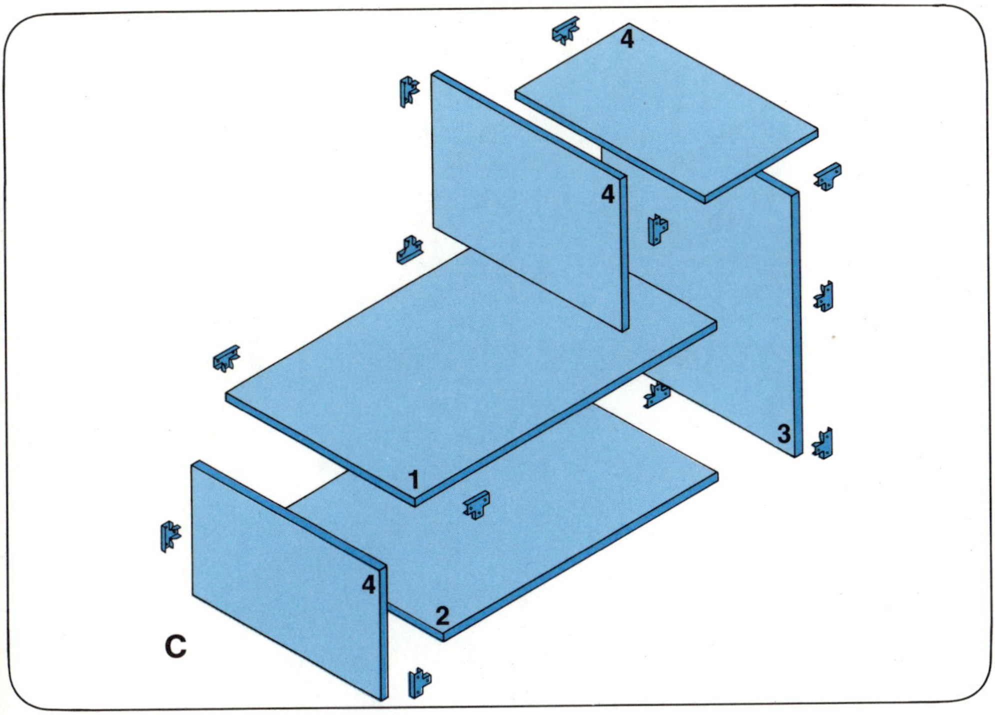

Sitzmöbel C, Zusammensetzung

Sitzmöbel C in fertigem Zustand (Polster auflegen)

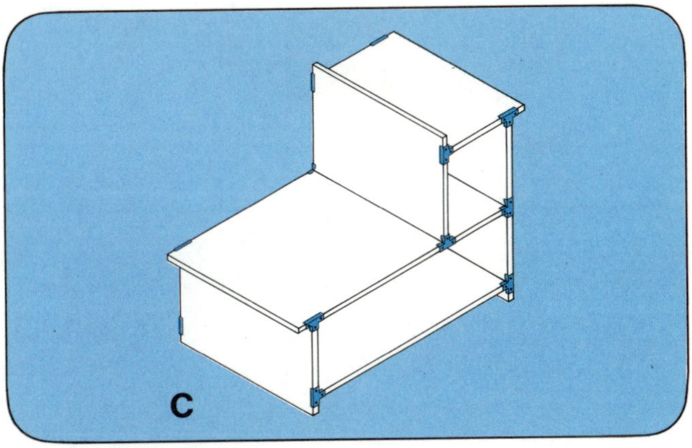

C Sitzmöbel Dies ist sicher eine der einfachsten Arten, einen Sessel selber zu bauen. Schaumgummikissen, hübsch bezogen, sind zu empfehlen. Zum Bau werden nur Verbinder in T-Form benötigt. Der Sessel kann durch untergeschraubte ▷Möbelrollen beweglich gemacht werden.

Nr.	Bezeichnung	Stück	Länge cm	Breite cm	Dicke mm	Material
C	Sitzmöbel					
1	Platte	1	80	50	19	Spanplatte
2	Platte	1	73	50	19	Spanplatte
3	Platte	1	56	50	19	Spanplatte
4	Platten	3	50	30	19	Spanplatte

Beschläge:
14 T-Verbinder „Stanley-Connection“ 19 mm

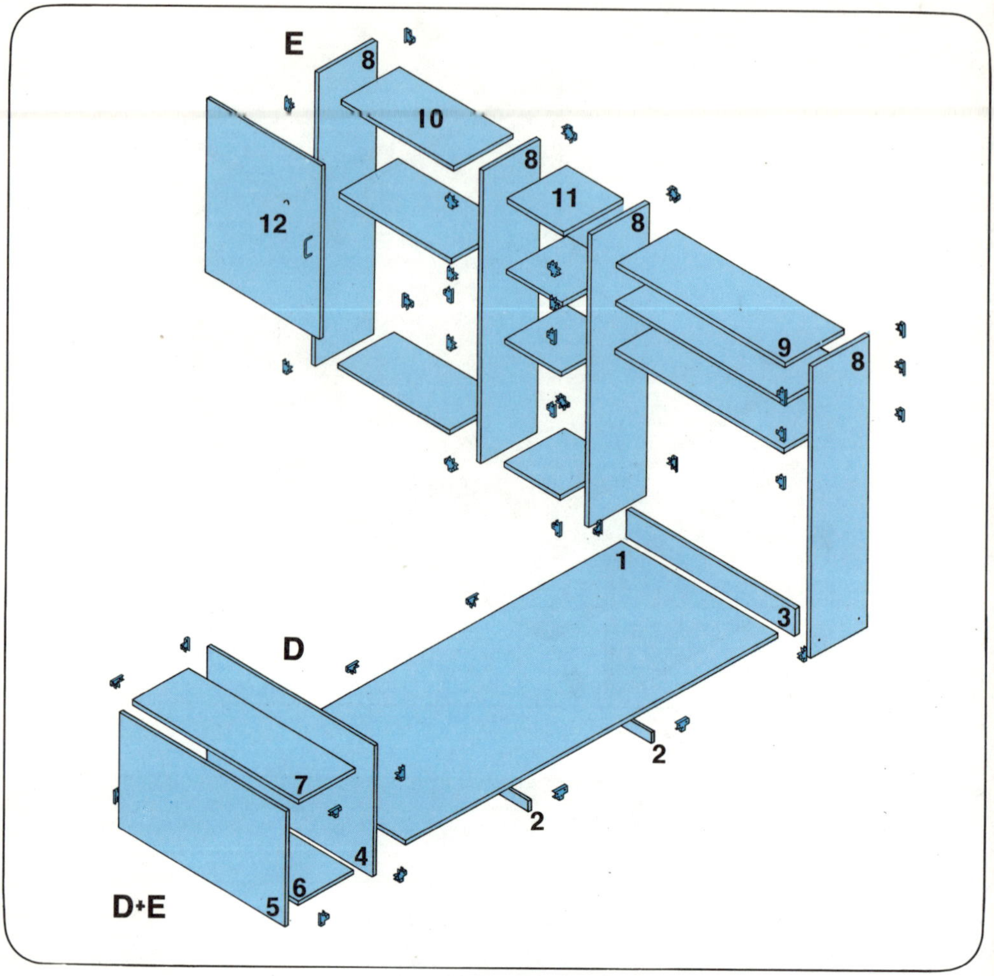

Bett D und Regal E, Zusammensetzung

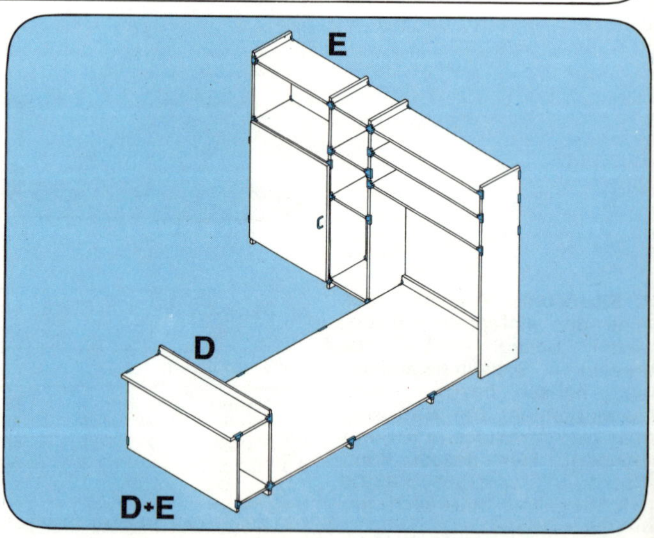

Bett D und Regal E in fertigem Zustand

D Bett Auf dieser Liege ruht man wenige Zentimeter über dem Fußboden (natürlich auf einer auf die Bodenplatte aufzulegenden Schaumgummimatratze).
Der Kasten ist groß genug, tagsüber das Bettzeug aufzunehmen.
E Regal Der Zusammenbau derartiger Regale beginnt von unten. Zuerst die senkrechten Seitenbretter mit den unteren, dann mit den oberen Bodenplatten zusammenfügen. Die Schraubenlöcher an den senkrechten Brettern gleich bohren, Schrauben einziehen. Bevor dasselbe für die waagerechten Teile erfolgt, das Gestell seitlich fest zusammendrükken.
Wie immer: Rückwände verbessern die Stabilität (vgl. ▷Entwerfen und Planen).
Im linken Teil des Regals ist hier eine Tür vorgesehen. Die Tür sitzt vor dem Gestell. Dafür gibt es einen fertigen Türbeschlagsatz. Er besteht aus 2 Scharnierunterteilen mit Stift, die an das Regal angesetzt werden (vgl. Detail a), zwei Scharnieroberteilen (Winkellappen) (▷Bänder und Scharniere), die seitlich am Türblatt zu befestigen sind, einem ▷Magnetverschluß, einem Türgriff sowie den dazugehörenden Schrauben.
Beim Montieren ist folgender Arbeitsgang einzuhalten:
1. Die Scharnieroberteile (Winkellappen) seitlich (im Beispiel links) am Türblatt ansetzen; sie haben ein Langloch, durch das zunächst nur mit einer Zylinderkopfschraube (13 mm) eingeschraubt wird, damit man den Sitz noch nachstellen (justieren) kann.
2. Türblatt aufpassen, so daß seine Kanten zwischen den Schraubköpfen der Verbinder verlaufen. Unterkanten beider Winkellappen auf Vorderseite des senkrechten Bretts übertragen.
3. Türblatt abnehmen. Auf dem senkrechten Brett die beiden Stiftteile so ansetzen, daß die Oberkante mit der eben angerissenen Linie abschneidet. Stiftteile festschrauben (16 mm Zylinderkopf-Schrauben).
4. Türblatt einhängen; wenn nötig, einen oder beide Winkellappen nachstellen. Türblatt abnehmen; Winkellappen jetzt mit je einer weiteren Zylinderkopfschraube 13 mm endgültig festschrauben.
5. Magnetschnäpper anbringen; er soll etwa der Höhe nach in der Mitte der senkrechten Wand sitzen, die Löcher 15 mm von der Stirnseite nach hinten versetzt. Schließblech von der Türkante ausreichend nach innen versetzen (Detail a).
6. Türgriff anbringen (etwas oberhalb der Türmitte).
7. Tür einhängen.

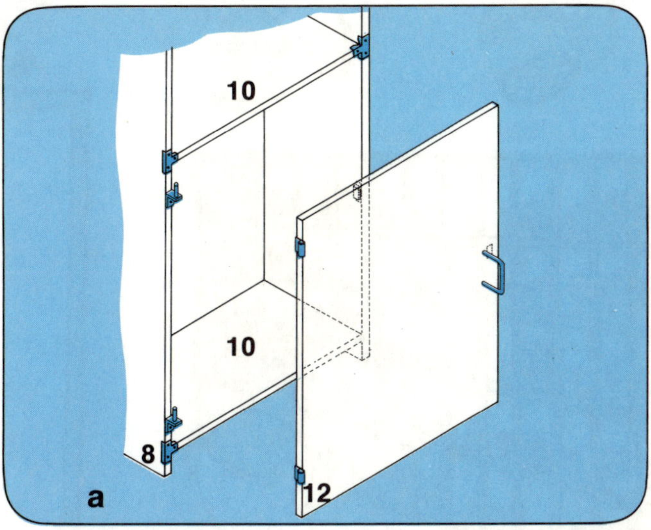

Detail a: Das Anbringen der Tür am Regal E mit dem fertig zu beziehenden Tür-Beschlagsatz.

Nr.	Bezeichnung	Stück	Länge cm	Breite cm	Dicke mm	Material
D	Bett					
1	Bodenplatte	1	195	90	19	Spanplatte
2	Sockel	2	90	5	19	Spanplatte
3	Randsockel	1	90	11	19	Spanplatte
4	Kastenrückwand	1	90	60	19	Spanplatte
5	Kasten-Vorderplatte	1	90	50	19	Spanplatte
6	Bodenplatte	1	90	30	19	Spanplatte
7	Abdeckplatte	1	90	24	19	Spanplatte

Beschläge:
12 T-Verbinder „Stanley-Connection" 19 mm
2 Kreuz-Verbinder „Stanley-Connection" 19 mm

Nr.	Bezeichnung	Stück	Länge cm	Breite cm	Dicke mm	Material
E	Regal					
8	Seiten	4	135	35	19	Spanplatte
9	Fachböden	4	90	35	19	Spanplatte
10	Fachböden	3	60	35	19	Spanplatte
11	Fachböden	4	30	35	19	Spanplatte
12	Tür	1	73,8	60,8	19	Spanplatte

Beschläge:
26 T-Verbinder „Stanley-Connection" 19 mm
6 Kreuz-Verbinder „Stanley-Connection" 19 mm
1 Tür-Beschlagsatz 19 mm

Kosten: aus Spanplatten ca. 277 DM.

Der Naturfreund

Der Naturfreund

Hier ist Platz für mich und meine Freunde aus Bach, Wald und Hoido, und wenn es sein muß, auch aus dem Pazifischen Ozean. Als Tarzan oder Liane lebt man natürlich auf dem Boden, der hier wirklich der Clou ist. Der größte Teil des Zimmers wird als Kieslandschaft gestaltet, in die sich Aquarien, Käfige, Blumentöpfe und einzelne dekorative Findlinge einbauen lassen. Die eigentliche Wohnterrasse ist, wie am Strand, mit Brettern gedeckt; besonders zünftig ist es, wenn der restliche Boden des Raumes mit einem grünen Kunststoffrasen oder einem langflorigen Teppich belegt wird.

Eine lange Arbeitsfläche mit untergehängten Schubladen dient dem Umgang mit der Mineraliensammlung, den Schmetterlingen, den Schneckenhäusern u. a. Nach Lust und Laune können die Schubladen als Wechselausstellung an den Wänden aufgehängt werden.

PS. Wer schon einen wertvollen Bodenbelag in seinem Zimmer hat, diskutiere diese Lösung lieber vorher mit seinem Vermieter.

Das Zimmer des Naturfreundes im Grundriß

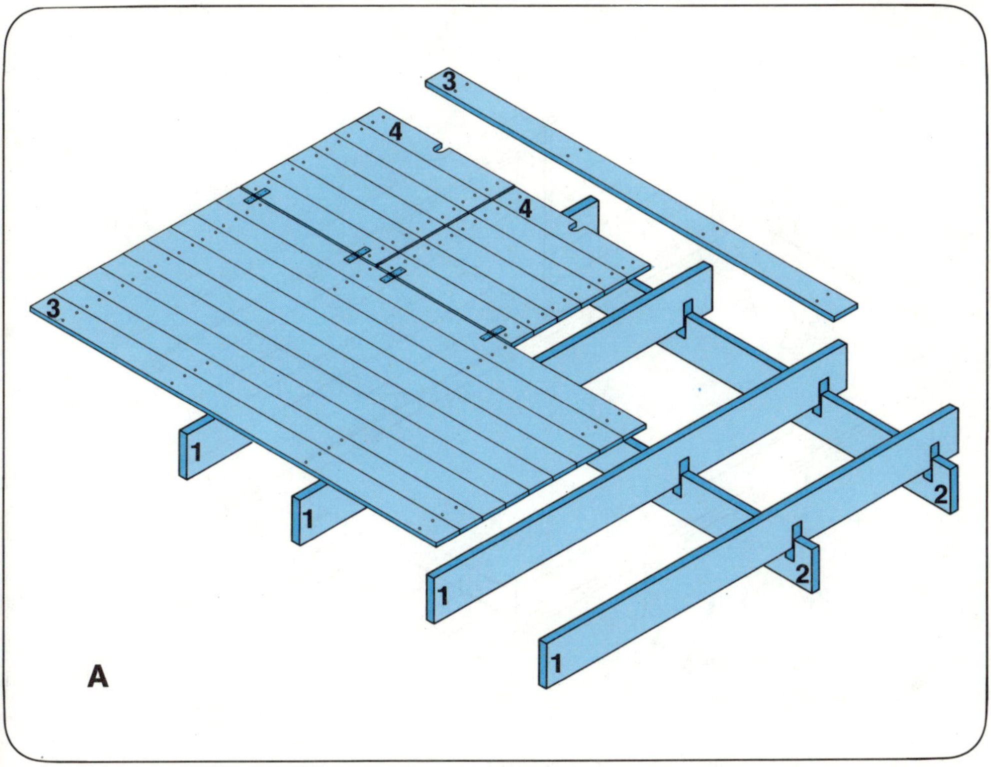

Zusammensetzung des Podests A

Arbeitsschritte

A Podest Die Arbeit beginnt mit dem Ausklinken der Sockelhölzer. Jede Ausklinkung ist 4 cm breit und 10 cm tief (vgl. ▷Holzverbindungen, lösbar).

Die Längshölzer (1) erhalten je 2 davon: Abstand vom Brettende 10 cm, Abstand zwischen den beiden Nuten 68 cm.

Die Querhölzer (2) müssen je viermal ausgeklinkt werden. Abstand zwischen Nut und Brettende 10 cm, Abstand zwischen den äußeren und inneren Nuten 54,5 cm, zwischen den inneren Nuten 66 cm. Bitte rechnen Sie nach: 2 × 10 cm = 20 cm. 2 × 54,5 cm = 109 cm. Hierzu den inneren Abstand mit 66 cm und viermal die Breite der Nut, also 16 cm – ergibt alles zusammen 211 cm. Wenn Sie für Ihren Fall die Abmessungen variieren: Bitte machen Sie immer diese Kontrollrechnung.

Das ▷Anreißen für die Ausklinkungen muß unbedingt für die Längs- und für die Querhölzer zusammen gemacht werden. Die Sockelhölzer werden nun ineinander gesteckt und verleimt (▷Kleben).

Die Podestbretter (3) werden auf den so entstandenen Sockel geschraubt. Ihre Kanten müssen ▷bündig mit den Enden der Längs- und Querhölzer sitzen.

Jetzt zu den abklappbaren Podestbrettern (4)! Jeder der drei Deckel besteht aus 6 Brettern. Für jeden Deckel

Nr.	Bezeichnung	Stück	Länge cm	Breite cm	Dicke mm	Material
A	Podest					
1	Sockelhölzer längs	4	192	20	40	Weichholz
2	Sockelhölzer quer	2	211	20	40	Weichholz
3	Podestbretter	10	211	12	20	Weichholz
4	Podestbretter zum Klappen	18	70	12	20	Weichholz
5	Tragleisten	6	66	5	25	Weichholz
6	Matratze	1	195	90	10	Schaumgummi

Beschläge:
pro Klappe 2 Tischbänder 60 × 25 mm
mit Senkkopfschrauben 2,7 × 15 mm
pro Klappe 2 Tischbänder 60 × 25 mm
mit Senkkopfschrauben 2,7 × 15 mm
Senkkopfschrauben 4 × 35 mm

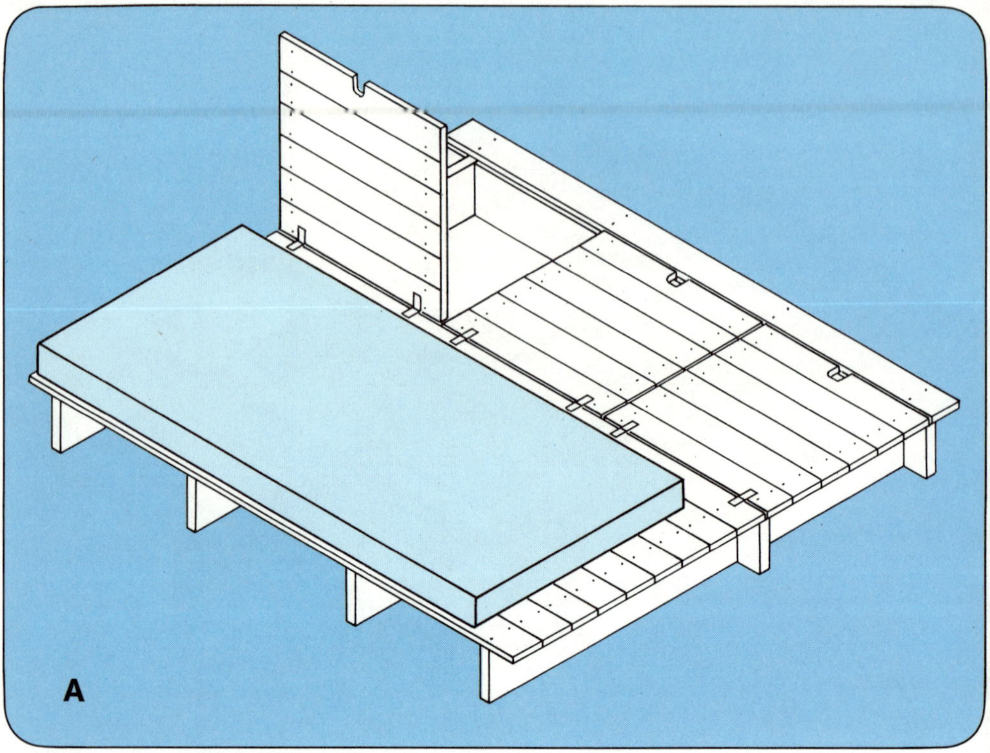

Podest A mit aufgelegter Matratze, eine Klappe geöffnet

muß aus einem Brett ein Griffschlitz ausgeschnitten werden (Detail a).
Beim Zusammensetzen der Deckel werden jeweils 6 Podestbretter (4) auf ein Paar Tragleisten (5) geschraubt (Detail b). Der Abstand der Tragleisten von den Enden der Bretter beträgt 3 cm.
Jetzt werden 2 Tischbänder an jede der drei Klappen geschraubt, die Klappen aufgelegt und die Tischbänder auf das durchgehende Podestbrett geschraubt (▷Bänder und Scharniere).

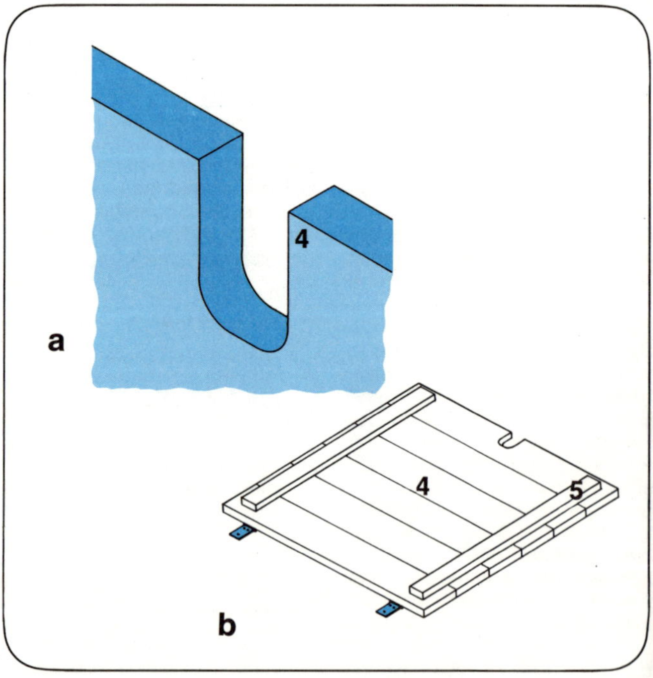

Detail a: Griffschlitz im aufklappbaren Bett des Podests

Detail b: Ein klappbarer Podestdeckel von der Unterseite gesehen

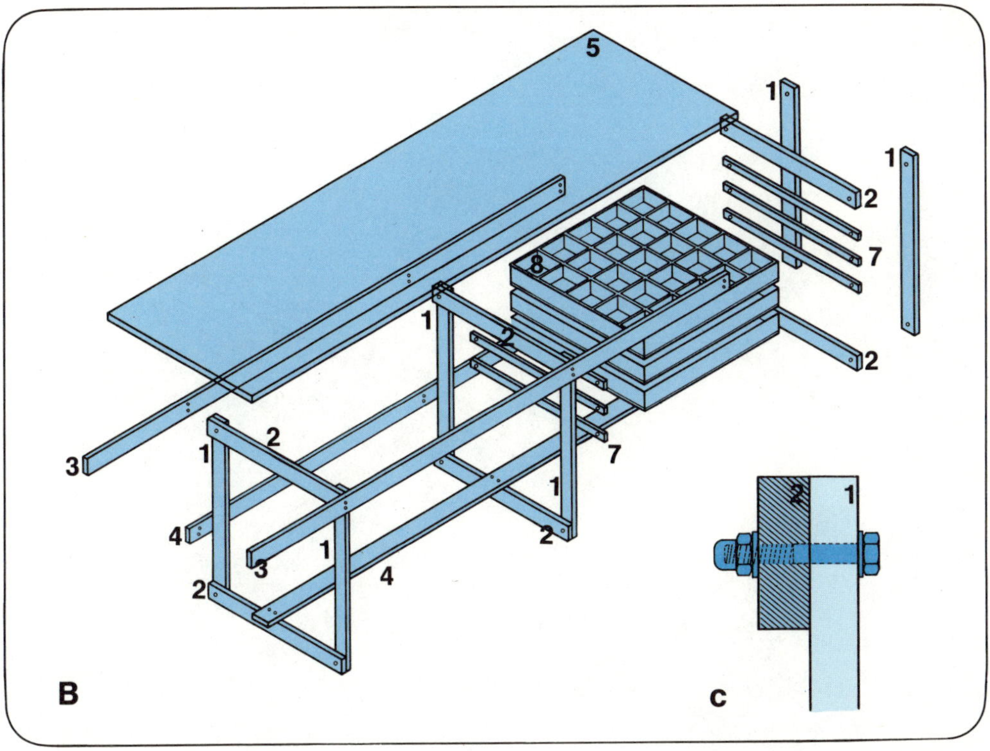

Zusammensetzung des Arbeitstisches B

Detail c: So werden Beine und Querzargen kantenbündig zusammengefügt und durch Sechskantenschraube verbunden

B Arbeitstisch Zuerst die drei Rahmen zusammenbauen, deren jeder aus 2 Beinen (1) und 2 Querzargen (2) besteht. Zusammenschrauben gem. Detailzeichnung c mit Sechskantschrauben (vgl. ▷Zarge).

An zwei Rahmen (an den einander zugekehrten Seiten) werden Laufleisten (7) angeschraubt. Sie müssen einen lichten Abstand von 6 cm haben, denn die Schubladen (8) sind 5,7 cm hoch.

Die beiden Längszargen (3) werden jetzt an die Rahmen geschraubt, Oberkanten bündig abschneidend. Der lichte Abstand zwischen den beiden Rahmen, zwischen denen die Schubladen sitzen sollen, beträgt 63 cm (Breite der Schubladen 62,5 cm).

Am freien Ende können die Längszargen etwa 40 cm herausragen, sofern die freien Enden gegen eine Wand stoßen und dort befestigt wer-

Nr.	Bezeichnung	Stück	Länge cm	Breite cm	Dicke mm	Material
B	Arbeitstisch					
1	Beine	6	72	6	20	Weichholz
2	Querzargen	6	60	6	20	Weichholz
3	Längszargen	2	200	6	20	Weichholz
4	Längsleisten zum Aussteifen	2	165	6	20	Weichholz
5	Tischplatte	1	200	64	25	Spanplatte
6	Umleimer	2	200	2,5	5	Weichholz
7	Laufleisten	6	60	3	12	Hartholz
8	Schubkästen	3	62,5	62,5	57	„Pagolux" Decken-Rasterelement aus Spanholz, weiß
9	Böden für Schubkästen	3	62,5	62,5	3	Hartfaserplatte

Beschläge:

für jede Querzarge 2 Sechskantschrauben 8 × 60 mm
mit Hutmuttern und Unterlegscheiben
für die Längszargen und -leisten Senkkopfschrauben 4 × 35 mm
für die Tragleisten 3 × 20 mm
für die Schubkasten-Böden Senkkopfschrauben 2 × 13 mm
für die Tischplatte 4 Befestigungswinkel mit Langloch
mit je 2 Schrauben

Arbeitstisch B, zusammengebaut

den. Soll dieses Ende des Arbeitstisches frei stehen, wird es durch einen weiteren Rahmen abgeschlossen – in diesem Fall brauchen Sie also 8 Beine und 8 Querzargen.
Anmerkung: Der Tisch kann auch nach der anderen Seite erweitert werden, z. B. um ein weiteres Element mit Schubladen, wie im Auftaktbild angedeutet.

Die eine Längsleiste zum Aussteifen (4) wird flach auf Mitte auf die unteren Querzargen geschraubt. Die zweite Längsleiste (4) wird auf halber Tischhöhe gegen die hinteren Beine geschraubt.
Die beiden ▷Umleimer aus Weichholz (6) werden gegen die Längskanten der Tischplatte (5) geleimt. Die Platte wird dann aufgelegt und mit 4 Befestigungswinkeln an den Längszargen befestigt. Die Platte soll an der Wandseite mit der Zarge abschneiden, an der Vorderseite des Tisches überstehen, wie im Detail d unten zu sehen.
Die Schubladen bestehen je aus einem fertig käuflichen Rasterelement, unter das eine Hartfaserplatte (▷Platten) geschraubt wird.

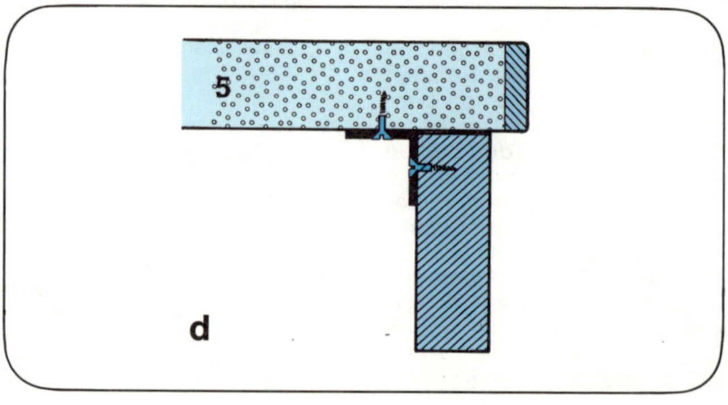

Detail d: Tischplatte und vordere Längszarge, durch Befestigungswinkel verbunden

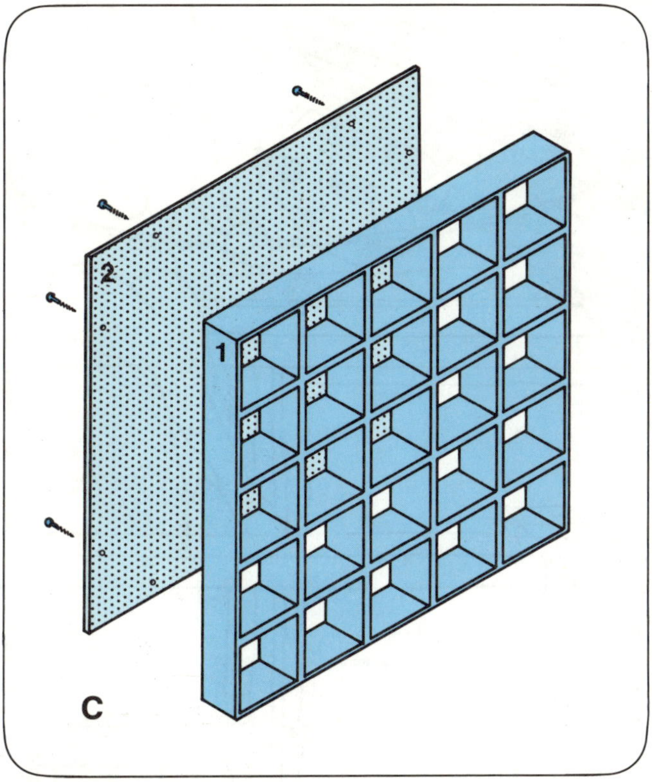

Wandvitrine aus Rasterelement und Lochplatte

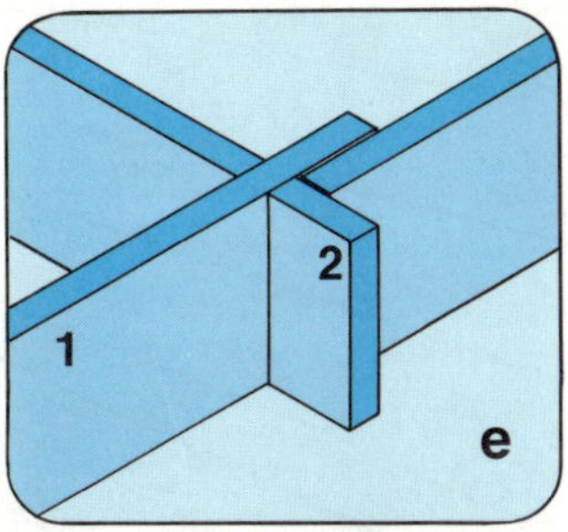

Detail e: Anschluß der Umfassungsbretter des Kiesbetts an die Sockelhölzer des Podests

Detail f: Die Folie wird durch eine Abdeckleiste gehalten

C Vitrinen Die Vitrinen gleichen den eben beschriebenen Schubladen, haben jedoch als Rückwand eine gelochte Platte (▷Lochplatte). Sie werden mit Dübeln, Schrauben und Unterlagscheiben an der Wand befestigt.

Nr.	Bezeichnung	Stück	Länge cm	Breite cm	Dicke mm	Material
C	Vitrinen					
1	Rasterelemente	3	62,5	62,5	57	„Pogolux"-Decken-Rasterelement aus Spanholz, weiß
2	Rückwände	3	62,5	62,5	3	Hartfaser-Lochplatte

Beschläge:
Zum Zusammenbau Senkkopfschrauben 2 × 13 mm, für die Wandbefestigung je 2 Dübel, Rundkopfschrauben 4 × 40 mm und Unterlegscheiben

D Kiesbett

Folie zum Abdecken des Fußbodens (reißfest)
Leisten 18 × 38 mm zur Befestigung der Folie mit Senkkopfschrauben 3 × 30 mm
Sockelholz zum Eingrenzen der Kiesfläche aus Weichholz 20 × 4 cm

Kosten: ca. 560 DM

D Kiesbett Die Umfassungshölzer müssen einen festen Rahmen bilden, der an den Sockel des Podests angeschlossen wird (Detail e). Die Folie wird ausgelegt und an den Sockelhölzern mit kleinen Stiften angeheftet; dann wird die Abdeckleiste aufgeschraubt (Detail f) oder aufgenagelt; Kies und Steine vorsichtig einlegen!

Zur Ausführung Beim Podest die Sockelhölzer farblos lasieren (▷Holzoberfläche). Die gehobelten Podestbretter an den ▷Kanten brechen und ▷schleifen, dann ebenfalls farblos lasieren.
Beim Arbeitstisch alle Beine, Zargen und Leisten schleifen, Kanten brechen, Holz farblos lasieren.

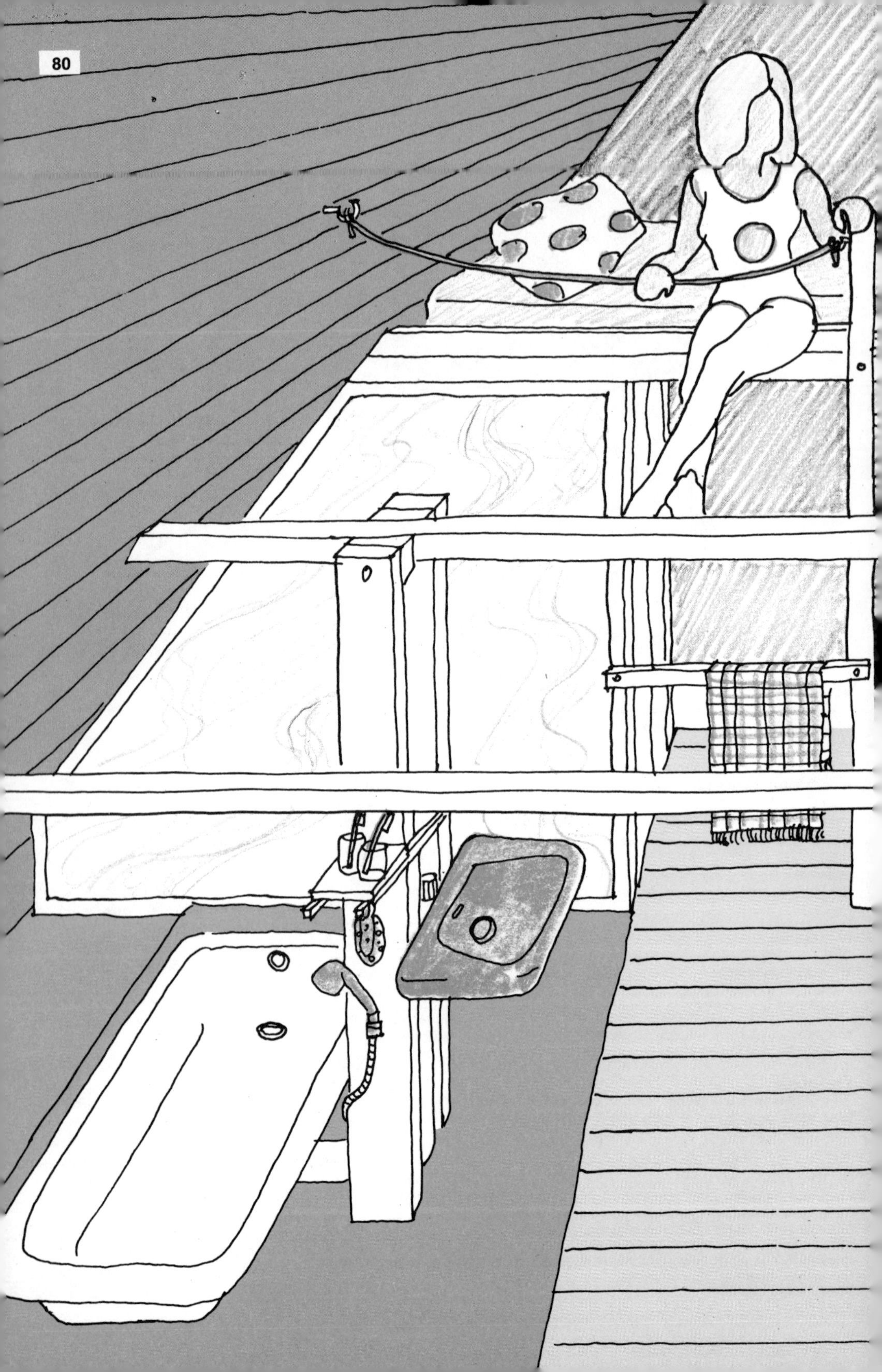

Ausbau eines Dachzimmers

Ausbau eines Dachzimmers

In manchem Haus, in dem die großen Kinder beengt in zu kleinen Zimmern leben, gibt es auf dem Dachboden noch Platz. Einen Dachraum auszubauen, das ist gar nicht so aufwendig und schwer, wie es zu Beginn scheinen mag. Allerdings, in Mehrfamilienhäusern muß die Feuerschutzpolizei ein Wort mitreden, und da wird der Eigenbau in vielen Fällen zu schwierig werden.
Natürlich nutzen wir den Dachraum in seiner vollen Höhe und Breite. Die Dachschräge wird innen von der Giebelspitze bis ganz unten zum Boden mit einer wärmegedämmten Holzkonstruktion verkleidet. Einen tollen Effekt ergibt es, wenn man aluminiumverkleidete Wärmeisolationsmatten oder -platten zwischen den Sparren befestigt und die spiegelnde Folie sichtbar läßt. Für das Bett bauen wir auf den Kehlbalken (vgl. ▷Dachkonstruktion) ein Podest, das je nach Dachneigung und Hausbreite eine schmale Koje oder eine großzügige zweite Wohnebene bilden kann. Sind keine Kehlbalken vorhanden, kann man selber ein Gerüst in diesen Dachraum einbauen, an dem man alle möglichen Gegenstände aufhängen kann.
Wer kein Geld für einen Fußboden hat, streicht zuerst einfach den Blindboden (▷Fußböden) mit Ölfarbe. Man kann den Fußboden auch farbig beizen.
Tische und Regalbretter hängen an Schnüren von der Dachschräge herunter. Werden die Schnüre ausgehängt, verschließen diese Platten einen Teil der untersten Dachschräge. Die Regalbretter werden von oben nach unten immer breiter.
Eine besonders lustige Konstruktion, die sich nicht zu verstecken braucht, bilden Waschbecken und Badewanne. Sie werden in der Nähe der von unten ankommenden Fallstränge aufgestellt. Vielleicht macht sich jemand auf die Suche nach besonders originellen oder schönen Objekten. Wenn der Raum für ein WC ausreicht, stellt man es möglichst nahe an den Fallstrang und umgibt es mit einem Zelt aus aufgespannter Folie, die in der Nähe des Waschbeckens am besten verspiegelt wird. Der Anschluß an das Wasserleitungsnetz muß durch einen Fachhandwerker vorgenommen werden.
Wegen der begrenzten Kopfhöhe des Raumes sitzt man am besten auf dem Boden. Sehr gemütlich sind mit Styropor gefüllte Säcke, große Kissen und Schaumgummiwülste (s. Polster und Decken und Ausgefallene Materialien).

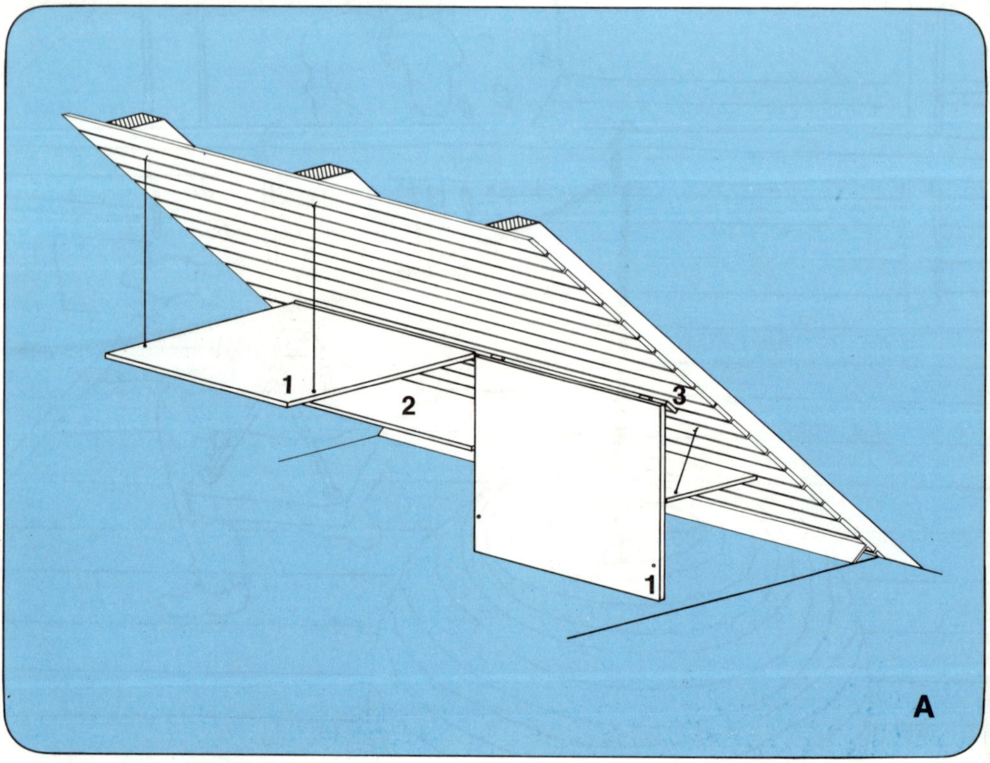

Klapptisch A, rechte Platte heruntergelassen

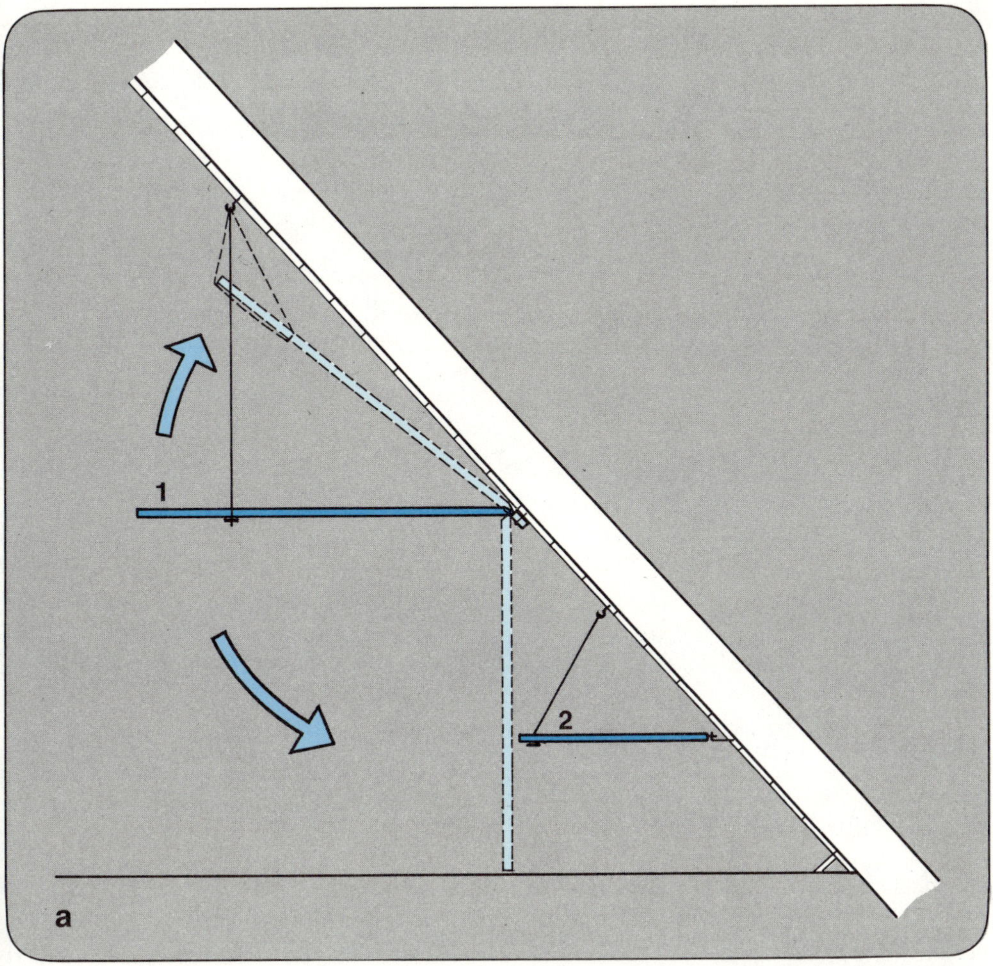

Detail a: Klapptisch A im Schnitt, gestrichelt die Tischplatte in hochgezogener und heruntergelassener Stellung

Arbeitsschritte

A Klapptisch Dieser Tisch besteht aus zwei quadratischen Tischplatten, nebeneinander angeordnet, deren Hinterkanten mit einem Klavierband (▷Bänder und Scharniere) an einer durchgehenden Leiste (3) unter der Dachschräge befestigt sind, während die Tischplatten an der Vorderseite mit Seilen an Ringhaken aufgehängt sind. Unter jedem Tisch sitzt ein Regalfach. Die Tischplatten können, jede für sich, nach Wunsch und Bedarf heraufgezogen werden (dann liegen sie an der Dachschräge an) oder heruntergelassen (dann stehen sie senkrecht vor dem Regal, Detail a). Runde Holzstücke, die sich durch die Bohrungen der Tischplatten schieben lassen, halten diese

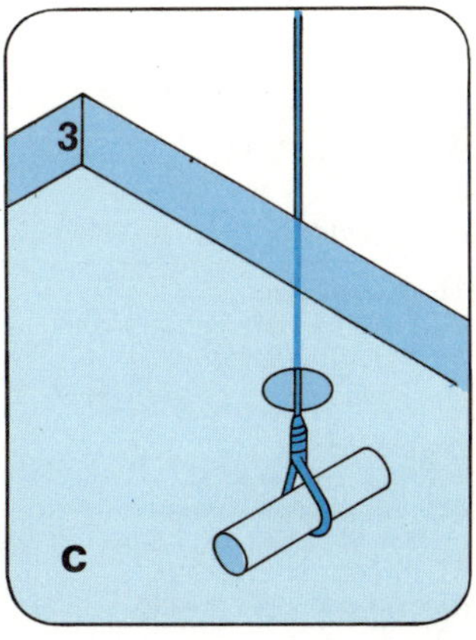

Detail c: Der Knebel hält die Tischplatte in ihrer Arbeitsstellung fest.“

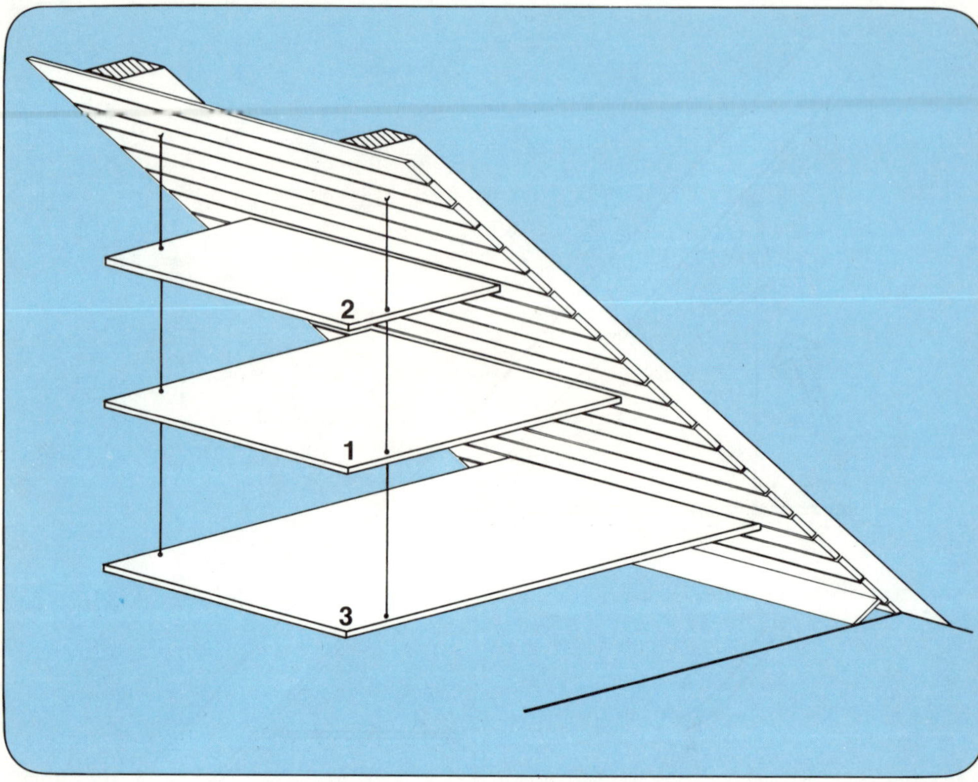

Dieses Klappregal mit 3 Fachbrettern, eine Variante zum Klapptisch, ist nach demselben Prinzip gebaut. Alle Fachböden können an ihrer Rückseite mit Haken gem. Detail b befestigt werden.

als Knebel in der Arbeitsstellung fest (Detail c). Die Regalbretter haben hinten keine Scharniere, sondern sind mit Ring- und Schraubhaken eingehängt (Detail b).

Als Variante stellt eine Zeichnung ein nach demselben Prinzip gebautes Regal mit 3 Fächern vor. Mit ihm läßt sich die Dachschräge gut als Stauraum ausnutzen.

Nr.	Bezeichnung	Stück	Länge cm	Breite cm	Dicke mm	Material
A	Klapptisch					
1	Tischplatten	2	79	79	19	Spanplatte
2	Regalfächer	2	79	42	19	Spanplatte
3	Scharnierleiste	1	160			Holzleiste 20 × 40 mm

Beschläge:
4 Ringhaken 20 × 8
8 Schraubhaken 40 mm
ca. 5 m Stahlseil ca. 1,5 mm ∅ oder starkes Nylonseil
6 Schraubhaken 70 mm
Klavierband 160 cm lang

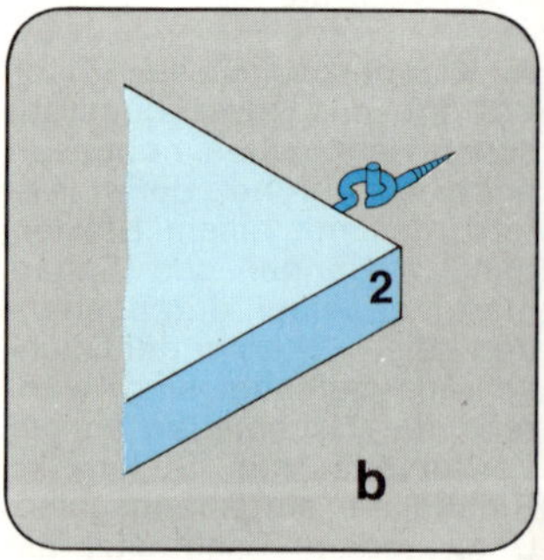

Detail b: Die Regalfächer sind an ihrer Rückseite mit Ringhaken auf Schraubhaken gehängt.

Schlafbühne B mit Leiter C. Am vorderen Abschluß sind aus Sicherheitsgründen zwei Seilstücke von den Leiterholmen zur Dachschräge gezogen.

B Schlafbühne Die Fläche der Schlafbühne soll zum Raum hin durch ein hochkant gestelltes Stirnbrett abgeschlossen werden. Die Dicke dieses Stirnbretts muß berücksichtigt werden, wenn Sie die Bodenbretter (1) auf Länge zuschneiden. Wenn die Schlafbühne über drei Balkenfelder reicht (ca. 2,60 m), kann man keine über die ganze Länge durchgehenden Bodenbretter verwenden, und die Bretter müssen gestoßen werden. Die Stoßfuge zwischen zwei Brettern muß auf der Mitte eines tragenden Balkens liegen. Wenn es möglich ist, sollen die Stoßfugen abwechselnd auf zwei verschiedenen Balken liegen, so daß keine durchgehende Stoßfuge entsteht.

Die Bretter werden nach genauem Einpassen mit Senkkopfschrauben (▷Schrauben) auf die Balken geschraubt.

Das Stirnbrett (2) soll bündig mit der Vorderkante des Balkens abschließen. Es wird gegen die Stirnseiten der Bodenbretter geschraubt. Ist eine fest montierte Leiter vorhanden, lassen Sie im Leiterbereich das Stirnbrett weg.

Die Oberkanten des Stirnbretts müssen gebrochen werden (▷Kanten). Auf die Schlafbühne werden am besten Schaumgummi-Matratzen gelegt.

Nr.	Bezeichnung	Stück	Länge cm	Breite cm	Dicke mm	Material
B	Schlafbühne					
1	Bodenbretter	je nach Raum		12	19	gehobelte Bretter
2	Stirnbrett	je nach Raum		12	19	gehobelte Bretter

Beschläge:
Senkkopfschrauben 4 × 35 mm

Leiter C; oben keine Sprossen, da die Holme um ca. 60 cm über die Schlafbühne hinausreichen sollen.

C Leiter Die Holme sollen oben etwa 60 cm über die Schlaffläche hinausragen. Die Löcher für die Sprossen müssen an den Holmen sehr genau angerissen werden. Sprossenabstand 25 bis 30 cm. Die Löcher für die rechteckigen Sprossen vorbohren, dann ausstemmen (▷Stemmen). Vor dem Einsetzen und Verleimen der Sprossen alle ▷Kanten an Holmen und Sprossen brechen.

D Sanitär-Ecke Der Abstand zwischen den beiden Ständern (2) muß so gewählt werden, daß das Waschbecken an ihnen befestigt werden kann. Also zuerst das Waschbecken beschaffen und feststellen, welchen Abstand die Befestigungslöcher haben, die entweder in der Rückwand des Beckens oder, falls das Waschbecken ▷Konsolen hat, in diesen sitzen.

Aus dem so ermittelten Abstand der Ständer ergeben sich die Maße für die beiden Futterhölzer (1), die oben an beiden Seiten des Kehlbalkens sitzen (siehe Auftaktbild), und ebenso die Abmessungen für den mittleren Teil des Fachbodens (4), der zwischen den Ständern sitzen soll.

Die Ständer werden oben an die Futterhölzer geschraubt, die ihrerseits vorher von beiden Seiten an den Kehlbalken geschraubt wurden. Unten werden die Ständer – nach sorgfältigem senkrechtem Ausrichten mittels ▷Wasserwaage oder ▷Lot – mit den Winkeleisen am Fußboden angeschraubt.

Die Fachböden (man kann je nach Raumhöhe einen oder auch mehrere anbringen) bestehen aus den Tragleisten (3), die von vorn und hinten gegen die Ständer zu schrauben sind, und den Fachböden (4), die aufgelegt und mit den Leisten verschraubt werden.

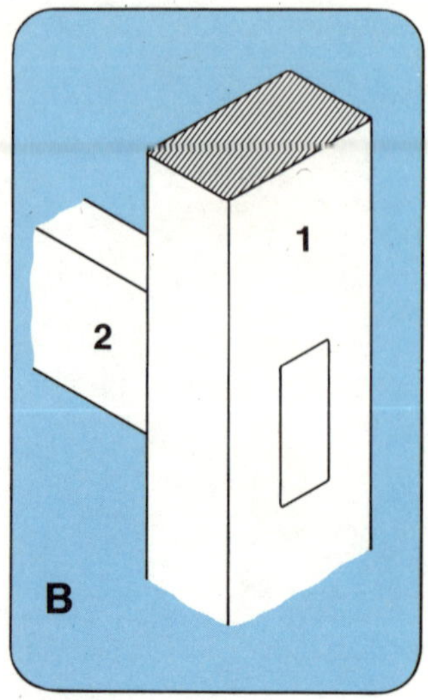

Leiterholm mit eingesetzter Sprosse

Ein Wort zu den Armaturen. Praktisch (und in der Zeichnung angedeutet) ist ein Brausekopf, der auf Strahl umzuschalten ist; mit ihm kann Wanne und Waschbekken versorgt werden. Die Badewanne braucht wegen des Geruchverschlusses eine bestimmte Höhe über dem Boden; das kann durch Unterlegen von Holzbalkenabschnitten erreicht werden.

Die Rohrleitungen kann man offen liegen lassen (evtl. bunt anstreichen). Man kann sie auch mit einem Stück Ofenrohr oder Kunststofflüftungsrohr verkleiden.

Bitte beachten Sie, daß der Leitungsanschluß Sache des Installateurs ist!

Nr.	Bezeichnung	Stück	Länge cm	Breite cm	Dicke mm	Material
C	Leiter					
1	Holme	2	ca. 300	4,8	38	Buchenlatten
2	Sprossen	8–9	40	3,8	18	Buchen-Rechteckleisten

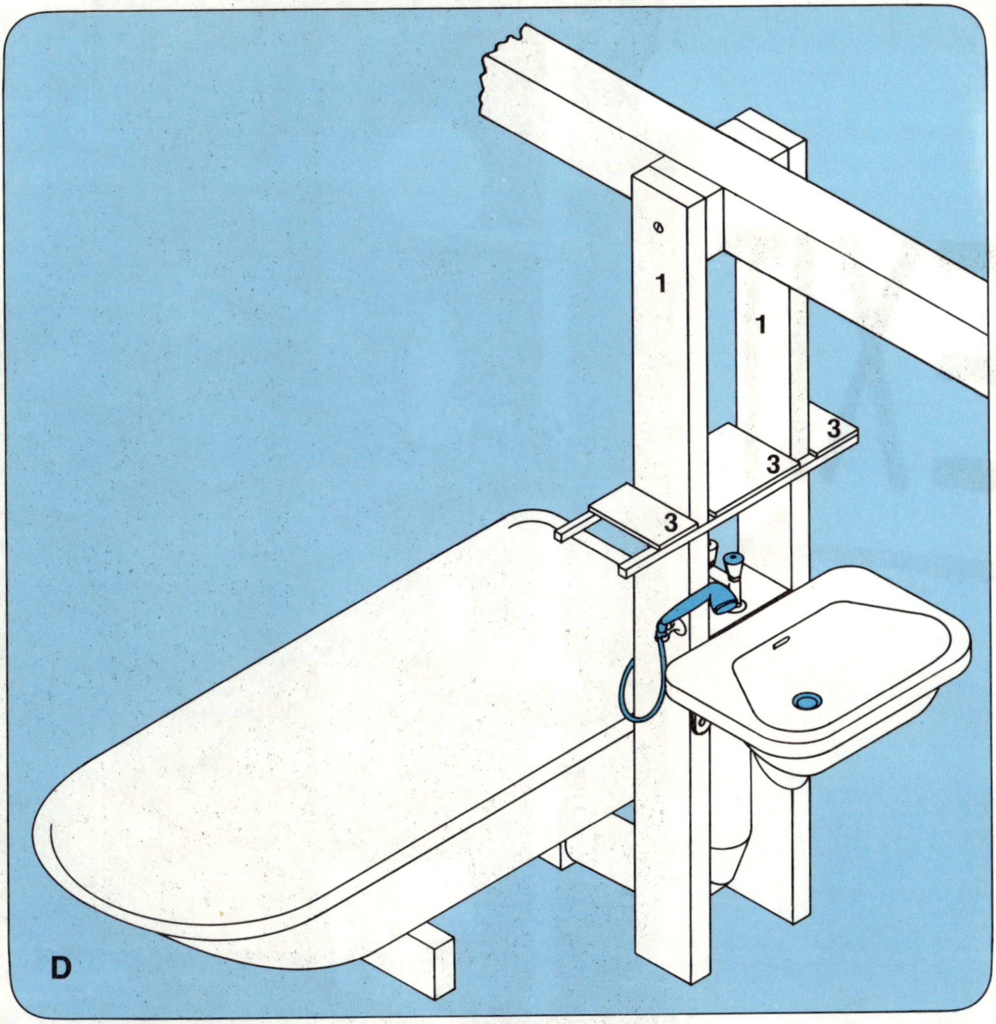

Sanitärecke D

Zur Ausführung Sämtliche Holzkonstruktionen in diesem Raum unter dem Dach können, wenn die Kanten gebrochen und die Flächen glattgehobelt sind (▷Hobeln), ohne weitere Behandlung bleiben. Wer es jedoch schöner – oder auch bunter – haben will, der orientiere sich im Abc-Teil unter den Stichwörtern ▷ Holzoberfläche, ▷Anstreichen, ▷Beizen.

Nr.	Bezeichnung	Stück	Länge cm	Breite cm	Dicke mm	Material
D	Sanitär-Ecke					
1	Futterhölzer	2	je nach Abstand und Balkenstärke			Weichholz
2	senkrechte Ständer	2	ca. 250	12	40	gehobelte Bohlen
3	Tragleisten	je 2	ca. 90	3	15	Weichholz
4	Fachböden	je 3	je nach Abstand der Ständer	15	14	gehobelte Bretter

Beschläge:
zur Befestigung der Ständer 2 Winkeleisen-Abschnitte $40 \times 40 \times 2$ mm, 12 cm lang, in jedem Schenkel 3 Schraubenlöcher Senkkopfschrauben 4×30 mm
für die Tragleisten und Fachböden Linsenkopfschrauben 3×30 mm

Kosten: Klappregal ca. 50 DM.

EXIT
super
20

Ein Gruppenraum

Ein Gruppenraum

Im Gruppenraum ist immer etwas los! Hier kann man sich treffen, Tischtennis spielen, abends auch einmal feiern. Zu den Diskussionsabenden sind Eltern und Freunde eingeladen. Vielleicht läßt sich auch ein Kommunalpolitiker für Vortrag und Diskussion gewinnen.
Die Möblierung muß vielseitig verwendbar sein. Als Grundelement dienen einfache Kästen, die (mit oder ohne Schaumgummikissen) als Hocker fungieren. Auf zwei solchen Kästen ruht der Tisch (eine zusammengelegte Tischtennisplatte). Zwei Kästen übereinander ergeben eine 70 cm hohe Säule; auf zwei dieser Säulen läßt sich die Tischtennisplatte auflegen. Man kann die Elemente, Öffnung nach vorn, zu offenen Regalen aufeinanderstellen. Man kann sie, Öffnung nach unten, zu einer Kletterlandschaft auftürmen. Man kann sie, wenn man freien Raum braucht, an der Wand (Öffnung verdeckt) hoch aufeinanderstapeln.
Als Ergänzung gibt es einen Schrank, in dem sich eine kleine Bordküche verbirgt. Die einfache Schiebetür läßt sich aushängen und als Bartresen verwenden.
Zum Malen, Kritzeln und Informieren konstruieren wir eine Malwand. Hier können Restpapierrollen verbraucht werden, die vielleicht eine Zeitungs- oder Zeitschriftendrukkerei kostenlos zur Verfügung stellt. Unter der Decke hängen Baustahlmatten, damit an jeder beliebigen Stelle Lampen, Poster, Jalousien u. a. befestigt werden können.

Grundriß des Gruppenraums, Bartresen ausgelegt, übrige Kastenelemente in einer Ecke zum Sitzen zusammengefaßt; neben der Eingangstür Garderobenschrank aus Kastenelementen.

Grundriß, Schiebetür am Schrank eingehängt, Sitzgruppe mit niederem Tisch.

Arbeitsschritte

A Kastenelement Wenn die Kästen als Regalelemente aufeinandergestellt werden, kommen die vordere und hintere Platte (2) nach oben und unten. Um die Kästen dann in ihrer Lage fixieren zu können, sollen in diese beiden Platten (2) je 4 Dübellöcher gebohrt werden: ⌀ 15 mm, Tiefe 5 mm, Randabstand überall 3 cm (▷Holzverbindungen, fest, ▷ Bohren). Zum Übereinanderstellen der Kästen werden die Dübelabschnitte hineingesteckt (Detail e s. S. 92).

Der Zusammenbau beginnt damit, daß Vorder- und Hinterplatte (2) auf die beiden Seitenplatten (1) geleimt und genagelt werden, und zwar so, daß die Seitenplatten oben 5 cm überstehen. (Detail a).

Die obere Platte (3) wird zwischen die Seitenplatten aufgelegt, liegt also auf Vorder- und Hinterplatte auf. Sie wird ebenfalls durch Leim (▷Kleben) plus ▷Nageln befestigt.

Um die Kästen auch in ihrer Lage fixieren zu können, wenn sie flach übereinandergestellt werden sollen, werden an den Innenseiten der Vorder- und Hinterplatte, im Bereich des unteren Überstandes, je 2 ▷Fachbodenträger aus Kunststoff angebracht – flache Seite nach außen (Detail b, c).

Nr.	Bezeichnung	Stück	Länge cm	Breite cm	Dicke mm	Material
A	Kastenelement					
1	Seitenplatten	2	55,5	35	22	Spanplatte
2	vordere und hintere Platte	2	60	33	22	Spanplatte
3	obere Platte	1	60	55,5	22	Spanplatte
für Doppelregal mit Garderobe:						
4	Verbindungsbrett	1	100	33	22	Spanplatte
für Verwendung als Regal mit Zwischenboden:						
5	Fachboden		55	30	22	Spanplatte
zum Verschließen der Öffnung:						
6	Klappe		60	52	3	gelochte Hartfaserplatte, Oberfläche weiß

Beschläge:
Spanplatten, Nägel, Leim, Fachbodenträger
pro Klappe 2 Schraubhaken und 2 Schlüsselringe aus Kunststoff
zum Fixieren der Kästen übereinander
Dübelabschnitte 15 × 15 mm

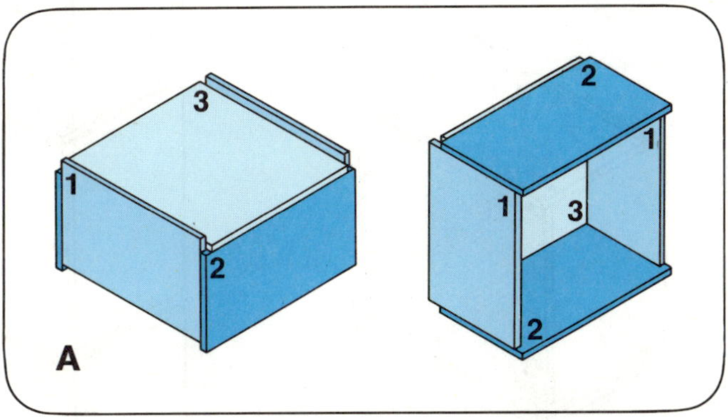

Das Kastenelement: links als Hocker, „obere Platte" obenliegend; rechts als Regalelement, vordere und hintere Platten oben und unten, „obere Platte" dient als Rückwand.

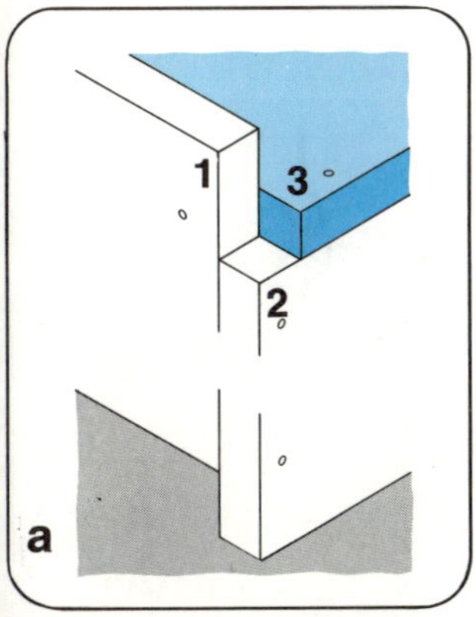

Detail a: Zusammenbau des Kastenelements: Seitenplatten (1) stehen am oberen Rand 5 cm über Vorder- und Hinterplatte (2) hinaus.

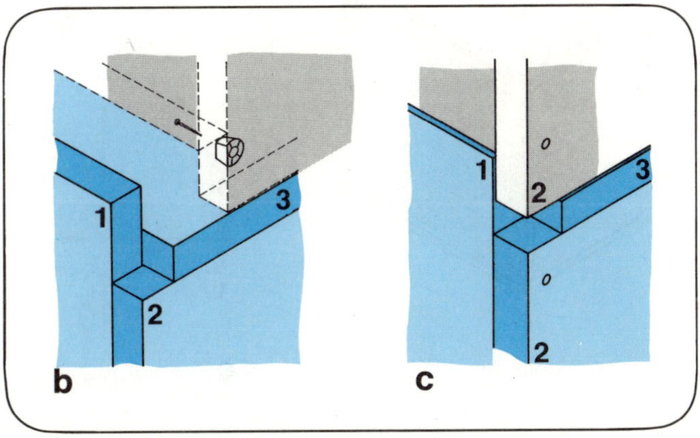

Detail b und c: Durch Fachbodenträger an den Innenseiten der vorderen und hinteren Platte werden die Kästen bei flachem Übereinanderstellen in ihrer Lage fixiert.

Wer ein großes Regal mit Garderobe dazwischen (Bild) bauen will, muß jetzt das Verbindungsbrett (4) ebenfalls mit Dübellöchern versehen – wie oben: ∅ 15 mm, Tiefe 5 mm, Randabstand 3 cm. Bevor das Verbindungsbrett aufgelegt wird, kann man Garderobehaken einschrauben.
Wer Kästen mit Zwischenböden haben will, bringt die Fachböden mittels Fachbodenträgern aus Kunststoff an; die Fachböden werden auf die Träger lose aufgelegt.

Die Kästen können bei dieser Art der Verwendung durch eine vorgehängte ▷Lochplatte (6) abgeschlossen werden. 2 Schraubhaken werden in die obere Platte (2) gedreht, 2 Schlüsselringe in Löcher der Lochplatte gesteckt (Detail d).

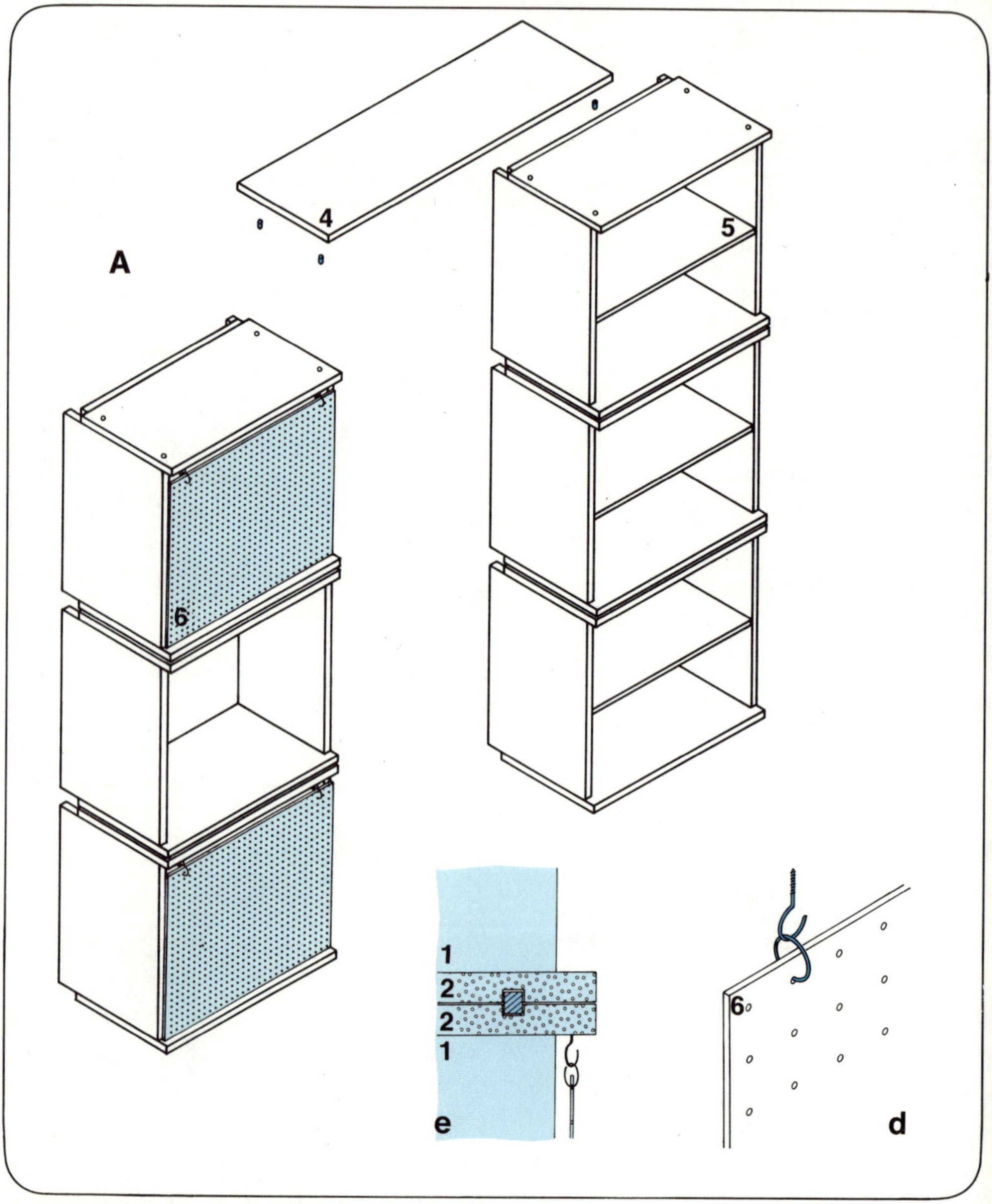

Regal, gebildet aus je 3 Kastenelementen mit daraufgelegtem Verbindungsbrett für Garderobe.
Detail d: Die vorgehängte Lochplatte.
Detail e: Schnitt durch 2 aufeinanderstehende Regalteile mit dem Dübel zwischen den beiden Platten (2); am unteren Kasten Klappe vorgehängt.

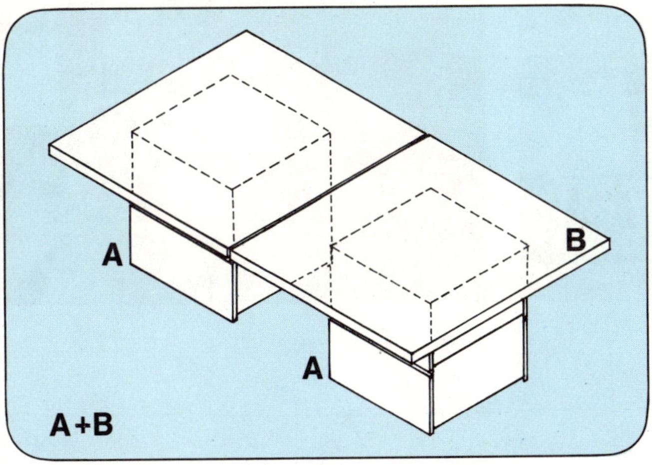

Tischtennistisch: jeder Pfeiler aus 2 übereinandergestellten Kastenelementen.

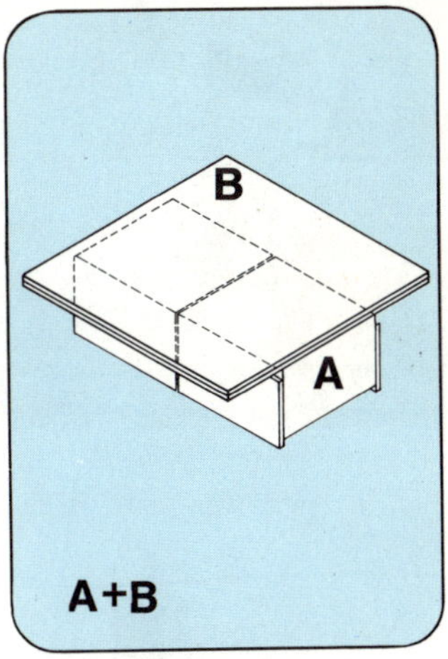

Niedriger Tisch aus 2 Kastenelementen, flach aufgestellt und der zusammengelegten Platte.

B Tischtennisplatte Die beiden Tischlerplatten werden (auf der Unterseite) entweder durch ein über die ganze Breite gehendes Klavierband oder durch 3 Klapptischscharniere miteinander verbunden (vgl. ▷Bänder und Scharniere). Die Einteilung der Spielfläche nach den internationalen Regeln zeigt die Zeichnung.

Nr.	Bezeichnung	Stück	Länge cm	Breite cm	Dicke mm	Material
B	Tischtennisplatte					
1	Platten	2	152,5	137	25	Tischlerplatte

Beschläge: 1 Klavierband 152,5 cm lang (alternativ: 3 Klapptischscharniere)

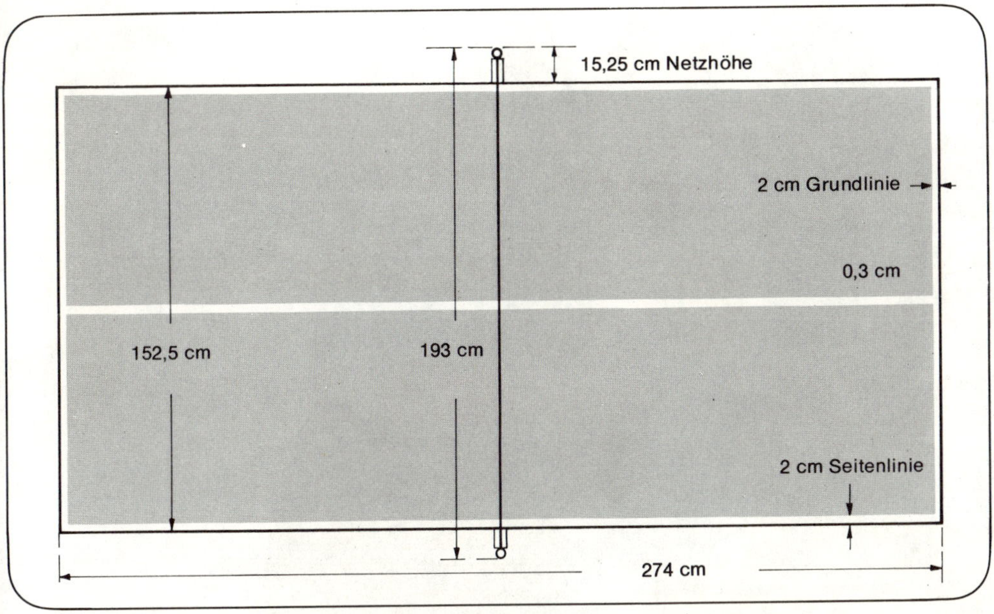

Die genauen Abmessungen für eine Tischtennisplatte nach den internationalen Regeln.

Jeder denkt an sich,
nur ich denk' an mich!
29. 2. 20⁰⁰ Uhr
JNFO BAR
1
2
3
ZIELE

Der Zusammenbau dieser Kästen ist recht einfach, man muß nur darauf achten, daß die Überstände der Bretter gleich groß und rechtwinklig sind.

Mit der zusammengeklappten Tischtennisplatte und den bunten Kästen läßt sich der Raum schnell für die Geburtstagsparty herrichten. Sind die Kissen mit einem robusten Material (Leder, Sky oder grobes Leinen) bezogen, kann man sie bei größeren Veranstaltungen als Bodenpolster verwenden.

C Schrank Zuerst die obere Platte (4) mit den Seitenwänden (1) und der Mittelwand verschrauben; letztere muß genau mittig eingesetzt worden. Es folgt das Anschrauben der Rückwand (3), weiße Seite nach innen, und der Bodenplatte (5). Auf die als Schiebetür gedachte Platte (6) die beiden Halbrundstäbe aufleimen, ▷bündig mit den Seitenkanten, zusätzlich von innen (von der Platte her) verschrauben.
Zwei Schraubhaken von oben in die Schiebetür schrauben (im Bereich der aufgesetzten Halbrundstäbe) (Detail f). Rundstab (8) auf die obere Abdeckplatte (4) vorn so aufsetzen, wie es Detail f zeigt, und von innen her anschrauben. Auf die beiden Enden des Rundstabs oben je einen ▷Fachbodenträger (oder Klötzchen) als Stopper aufschrauben, damit die Schiebetür, die mit ihren beiden Schraubhaken auf diesem Rundstab gleiten soll, nicht seitlich herausrutschen kann.
Gegen die vordere Kante der Bodenplatte (5) den Halbrundstab (9) schrauben; an ihm gleitet die Schiebetür unten entlang.
Jetzt in den rechten Teil zwischen Mittel- und Seitenwand oben das Springrollo (11) (▷Rollo) einsetzen. Damit die Schiebetür nicht behindert wird, darf das Rollo an keiner Stelle über die Schrankvorderkanten vorragen.
In das linke Abteil die beiden Tragleisten (7) für das Koch- und Spülelement (12) einschrauben, Höhe über Boden etwa 85 cm.
Bevor das Koch-Spül-Element an das Strom- und Wasserleitungsnetz angeschlossen wird – was ein Handwerker besorgen muß –, die beiden kleineren Drahtkörbe an der oberen Seitenwand befestigen (am besten abnehmbar) und die 4 Rundholzzapfen (in der Stückliste unter „Sonstiges" aufgeführt) von innen an Mittel- und linke Seitenwand schrauben. Sie dienen als Auflage für das eine Ende der Schiebetür, sobald diese ausgehängt und als Bartresen verwendet wird. Man sollte zwei Zapfen in 74 cm Höhe (über Fußboden) und zwei in 108,5 cm Höhe anbringen.

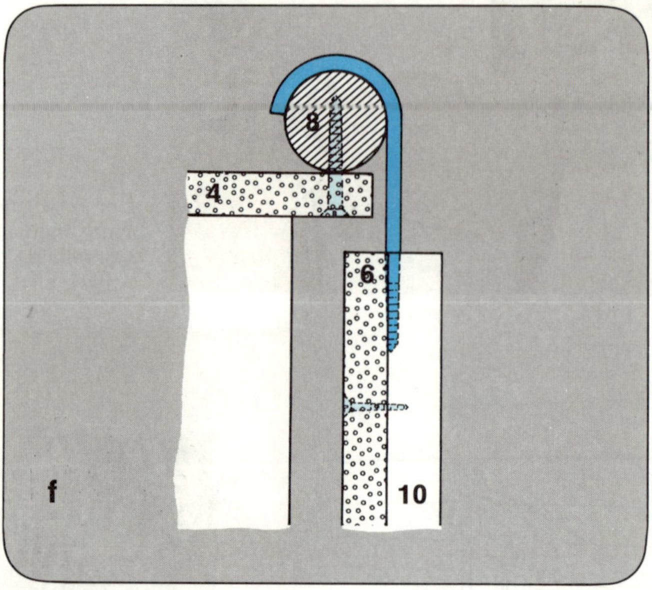

Detail f: Die Schraubhaken sitzen in der Oberkante der Schiebetür (6). Sie bewegen sich auf dem Rundsteg (8), der auf die obere Abdeckung des Schrankes (4) von innen her aufgeschraubt ist.

Nr.	Bezeichnung	Stück	Länge cm	Breite cm	Dicke mm	Material
C	Schrank					
1	Seitenwände	2	180	60	16	Tischlerplatte
2	Mittelwand	1	180	60	16	Tischlerplatte
3	Rückwand	1	180	125	3	gelochte Hartfaserplatte mit weißer Oberfläche
4	obere Platte	1	125	62,5	13	Tischlerplatte
5	Bodenplatte	1	125	60,5	3	Hartfaserplatte
6	Schiebetür	1	178	63	13	Tischlerplatte
7	Leisten für Koch- und Spülelement	2	50	5	30	Dachlatte
8	1 Rundstab ∅ 30 mm, 125 cm lang					
9	1 Halbrundstab ∅ 30 mm, 125 cm lang					
10	2 Halbrundstäbe ∅ 30 mm, 178 cm lang					
11	1 Springrollo, 56 cm breit, ca. 180 cm lang, mit seitlichen Halterungen					
12	Koch-Spül-Element 60 × 60 cm					

Sonstiges:
1 Drahtkorb 55 × 50 × 30 cm
2 Drahtkörbe 45 × 12 × 10 cm
4 Rundholzzapfen ∅ 30 mm, 4 cm lang

Beschläge:
für die Schrankwände Senkkopfschrauben 3 × 25 mm
für die Schiebetür Senkkopfschrauben 3 × 20 mm und 2 Schraubhaken zum Aufhängen
für den oberen Rundstab und unteren Halbrundstab Senkkopfschrauben 3,5 × 30 mm
für die Holzzapfen Rundkopfschrauben 3,5 × 50 mm

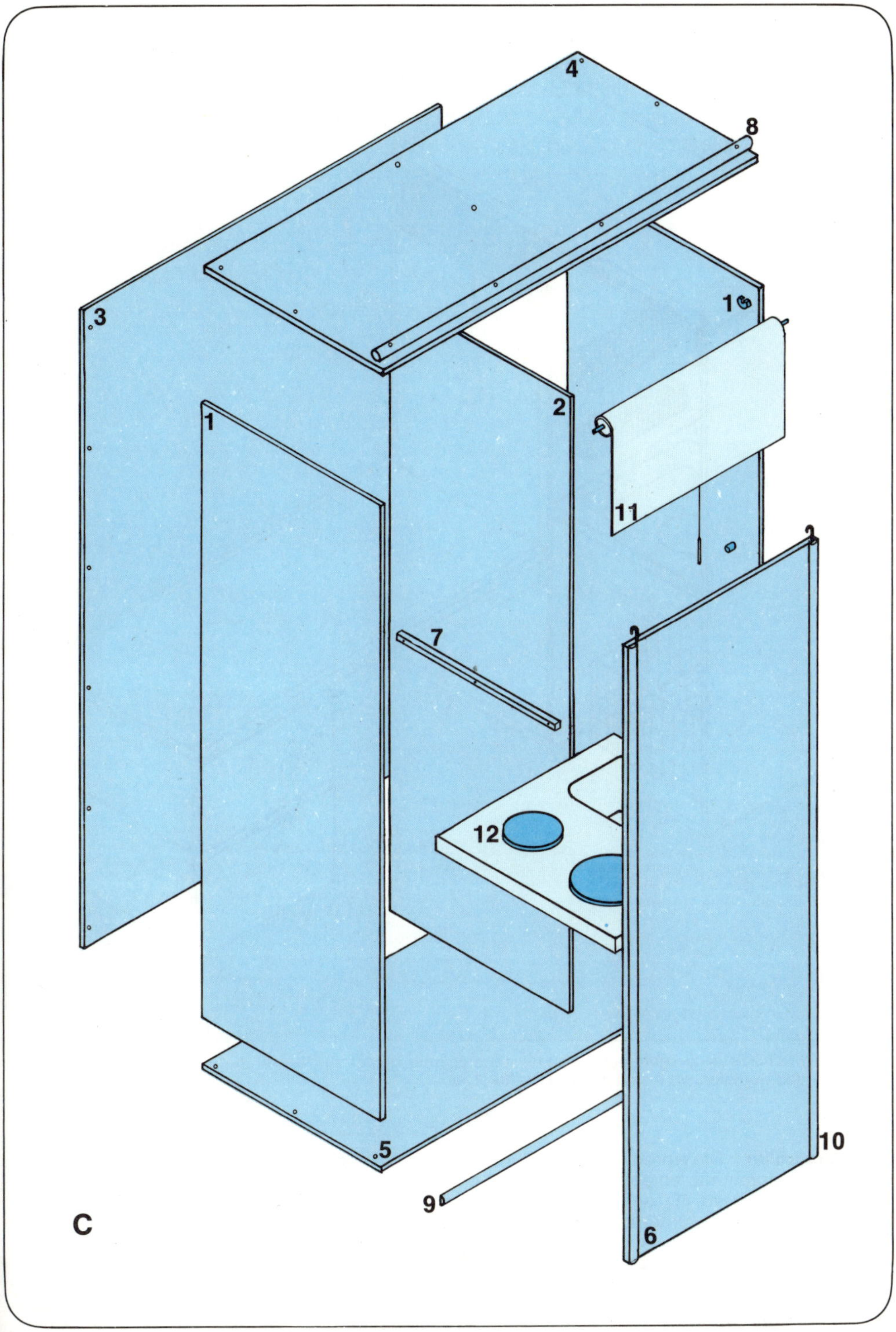

Zusammensetzung des Schrankes C (vgl. Stückliste)

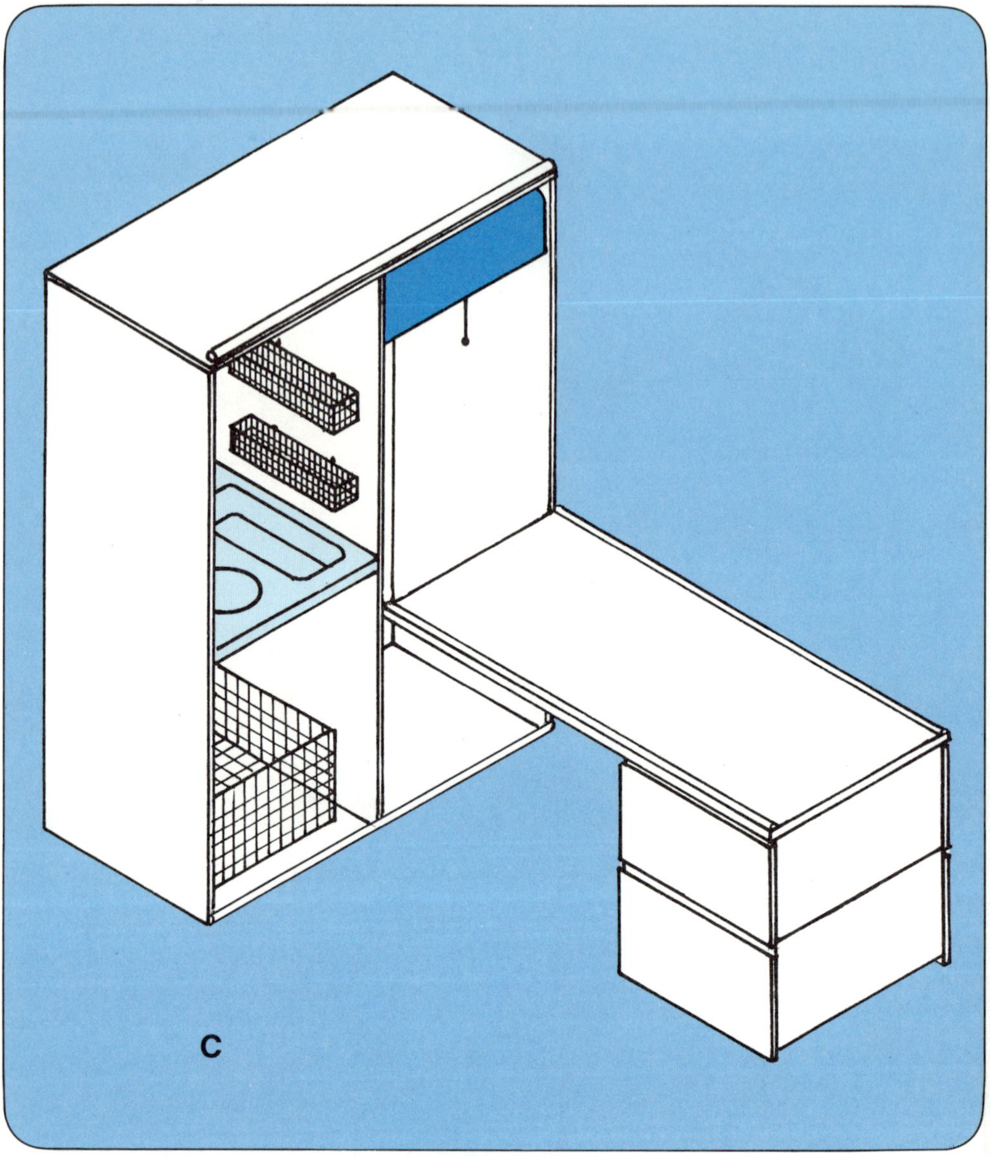

Schrank C, Schiebetür ausgehängt, auf 2 Kastenelemente gelegt zur Verwendung als Bartresen; im linken Teil Koch- und Spülelement sowie die drei Drahtkörbe.

D Papierabroller Die Abreißleiste (2) zwischen die beiden senkrechten Leisten (1) setzen, 10 cm von deren unteren Enden entfernt, und von außenher festschrauben. Die Abreißleiste soll etwa 1 mm nach vorn überstehen, damit die Papierbahn unter ihr hindurchlaufen kann. Die 3 cm breiten Kanten aller Leisten zeigen nach vorn (zum Betrachter). Das so entstandene Gestell mit der Rückwand (3) verschrauben.
Durch die beiden senkrechten Leisten, 10 cm vom oberen Ende entfernt, je ein Loch für eine Schloßschraube (▷Schrauben) bohren. (Die Schloßschrauben werden später mit den Köpfen außen eingesteckt.)
Jetzt kann das so entstandene Werkstück an der Wand befestigt werden: 3 Dübel (▷Dübel in Wand und Decke) und drei Schrauben auf jeder Seite, jeweils am oberen Ende, in der Mitte und am

unteren Ende der senkrechten Leiste. Die Schraubenköpfe etwa 10 mm tief in die Leisten hinein (die je 50 mm Tiefe aufweisen) versenken.
Schloßschrauben von außen einstecken. Die beiden Rundeisenstäbe, die die Papierrolle halten sollen, müssen oben zu einer Öse (für die Schraube) und unten zum rechten Winkel gebogen sein. Ösen auf die Schrauben stecken, mit den Muttern festziehen (Detail g).
In die beiden Stirnseiten des 130 cm langen Holzrundstabs je ein Loch bohren, ∅ 8 bis 9 mm. Holzrundstab in Papierrolle schieben und das Ganze in die Haken einhängen. Damit die Rolle nicht auf dem Rundstab seitlich verrutschen kann, über die freien Enden Plastikkappen schieben. Ende der Papierbahn unter der Abreißleiste durchstecken. Auf zum fröhlichen Malen!

Nr.	Bezeichnung	Stück	Länge cm	Breite cm	Dicke mm	Material
D	Papierabroller					
1	senkrechte Leisten	2	200	5	30	Weichholz
2	Abreißleiste	1	125	5	30	Weichholz
3	Rückwand	1	200	131	10	Dämmplatte

Sonstiges:
Papierrolle ca. 100 cm breit
1 Holzrundstab ∅ 30 mm, 130 cm lang
2 Plastikkappen für Möbelfüße, Innendurchmesser 30 mm

Beschläge:
2 gebogene Rundeisenstäbe ∅ 8 mm
2 Schloßschrauben 8 × 50 mm mit Sechskantmutter
Senkkopfschrauben 4 × 45 mm
Senkkopfschrauben 3 × 25 mm
für die Wandbefestigung 6 Dübel mit Senkkopfschrauben 6 × 80 mm

Kosten: aus Spanplatten ca. 350 DM.

Zur Ausführung Bei den Kastenelementen die Schnittkanten der Spanplatten gut ▷schleifen, eventuell spachteln. Kästen innen wie außen farbig streichen (▷Anstreichen), ebenso Fachböden und Verbindungsbrett – oder ▷beizen (das ist robuster).
Die Oberfläche der Tischtennisplatte grün streichen, Kanten und Mittelstreifen weiß; Abmessungen siehe Zeichnung.
Beim Schrank die Kanten der Mittel- und Seitenwände schleifen und spachteln. Schrank und Schiebetür innen und außen farbig streichen (nicht die Rückwand). Auf den Boden einen PVC-Bodenbelag (Rest) legen.
Beim Papierabroller Leisten und Holzrundstab schwarz streichen.

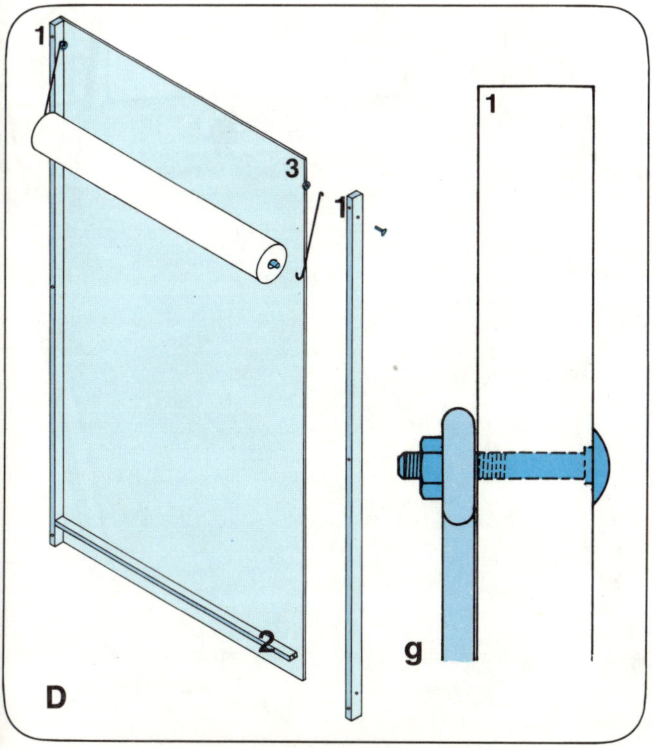

Zusammensetzung des Papierabrollers D.

Detail g: Die Schloßschraube sitzt (Kopf außen) in der senkrechten Leiste, die Mutter hält den gebogenen Rundeisenstab.

Hobbyraum und Werkstatt

Hobbyraum und Werkstatt im Keller

Man sollte unbedingt einen Raum haben, in dem man sich rühren kann. Vielleicht läßt sich irgendein Kellerraum freimachen?
Damit wir und unsere Freunde uns hier wohlfühlen, muß zuerst das Raumklima verändert werden. Nicht allzu teuer und dabei sehr robust ist eine hinterlüftete Holzverschalung aus Fichtenbrettern. Sie macht den Raum wärmer und verbessert die Akustik.
Ein einfacher Schwingboden aus Styroporplatten, die mit Spanplatten geschützt sind, liegt dort, wo wir springen, sitzen oder barfußlaufen wollen. Aus alten Seegrasmatratzen lassen sich einfache Matten zum Bodenturnen und zum Sitzen anfertigen. Sie brauchen dazu nur neue, unempfindliche Bezüge.
Leitern und Kletterwände gibt es preisgünstig fertig zu kaufen. Wir können sie aber auch selbst bauen. Eine Leiter, unter der Decke befestigt (vor der Benutzung bitte Belastungsprobe machen), dient zum Hangeln und zum Befestigen von Ringen, Punching-Bällen, Lampen u. a.
Wenn wir richtig planen, können wir Schienen für Wandregale zwischen den Holzbrettern der Wandverkleidung an der Unterkonstruktion befestigen; sie liegen dann flächenbündig in der Wand, und man kann sich nicht an ihnen verletzen.
Der große Klapptisch kann nach oben geklappt und so als Wurfscheibe oder als Pinwand benutzt werden. Man kann auch ein Foto oder Plakat vollflächig aufziehen. Die Konsolen für die Platte können ebenfalls an die Wand geklappt werden. Aufgeschraubte Gummipuffer arretieren die Konsolen sowohl an der Wand als auch, in ausgeklapptem Zustand, in Bohrungen der Tischplatte. Wenn wir in diesem Raum Musik machen wollen, sollten wir die Decke akustisch entschärfen: Einfach ist es, sie mit Styroporplatten zu bekleben; sie mit Eierbehältern aus Papiermaché zu tapezieren, ist wirksamer und sieht raffiniert aus.

Der Kellerraum im Grundriß. Rechte Hälfte zum Springen, Bodenturnen, Sitzen. Links oben der Klapptisch

Detail a: Befestigen der Rahmenhölzer für das Podest.

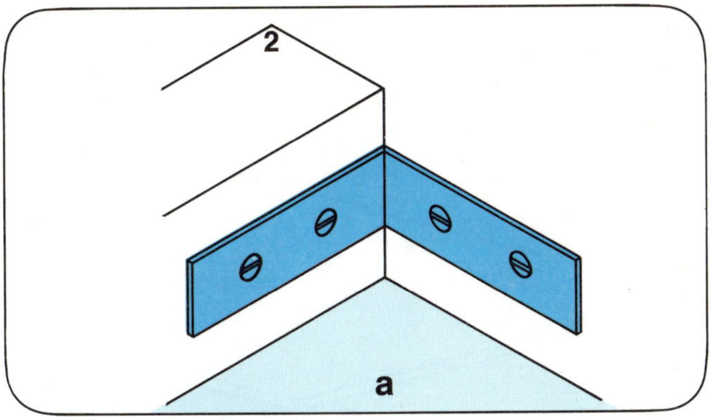

Detail b: Einlegen der 12 Styroporplatten zwischen die Rahmenhölzer.

Detail c: So liegen die Spanplatten (3) auf der Schaumstofflage.

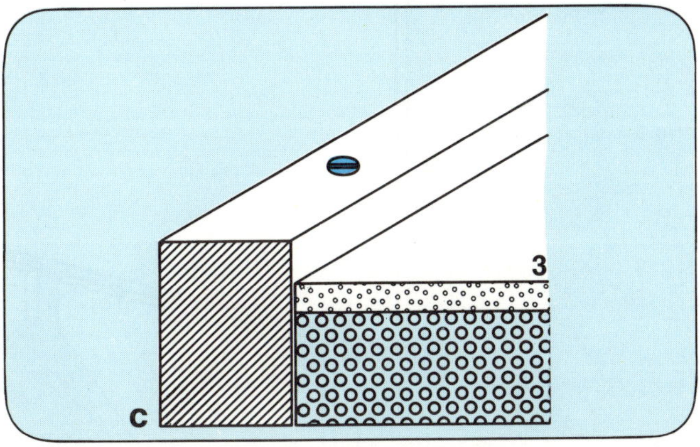

Arbeitsschritte

A Podest Das Podest hat keinen vollständigen Rahmen. An den Längsseiten liegen zwei Rahmenhölzer (2), die Schmalseiten stoßen unmittelbar gegen die Wand. Zuerst die Rahmenhölzer vorbehandeln: ▷Kanten brechen, Flächen ▷schleifen. Dann diese beiden Hölzer mit Dübeln und Stuhlwinkeln (▷Holzverbindungen, lösbar) an der Wand befestigen (Detail a). Nachdem die Styroporplatten (1) eingelegt sind (Detail b), werden die beiden Spanplatten (▷Platten) lose daraufgelegt (Detail c).

Nr.	Bezeichnung	Stück	Länge cm	Breite cm	Dicke mm	Material
A	Podest					
1	Styroporplatten	12	90	50	30	Styropor
2	Rahmenhölzer	2	300	5	35	Weichholz
3	Podestplatten	2	182	150	8	Spanplatten

Beschläge:
4 Stuhlwinkel 60 × 60 mm

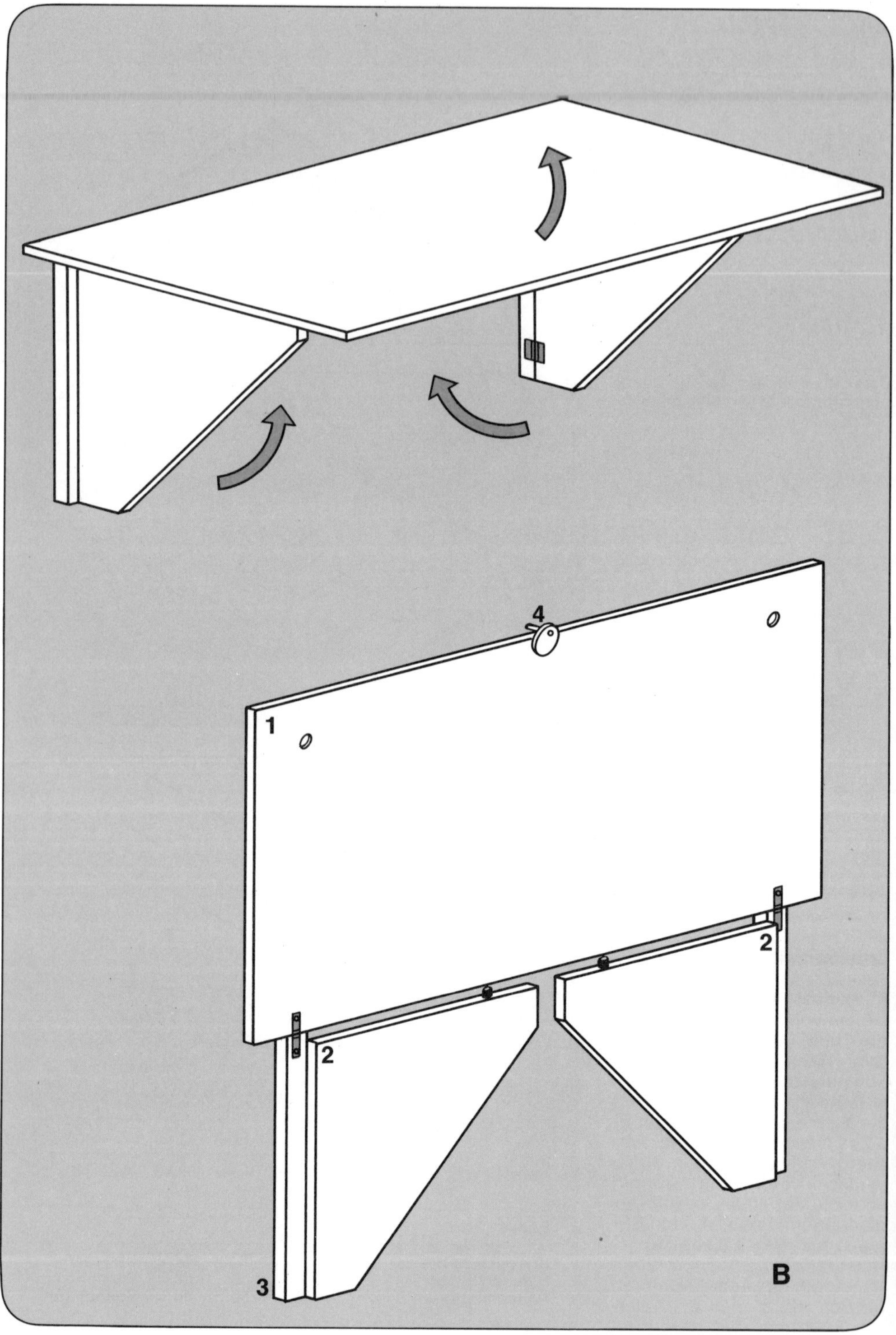

Klapptisch B in herunter- und hochgeklapptem Zustand

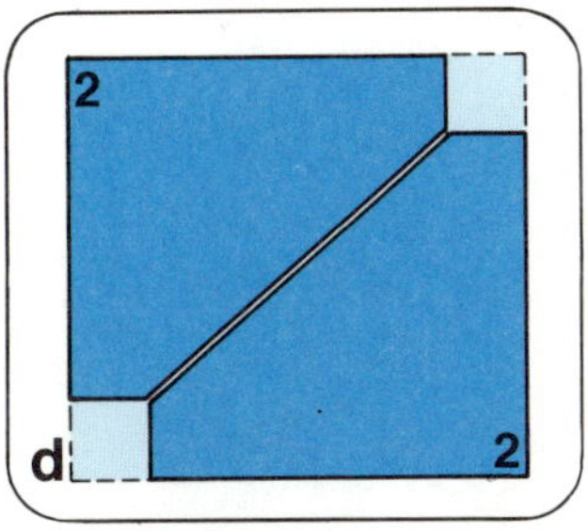

Detail d: Aussägen der beiden Tragplatten für den Klapptisch aus einer Spanplatte.

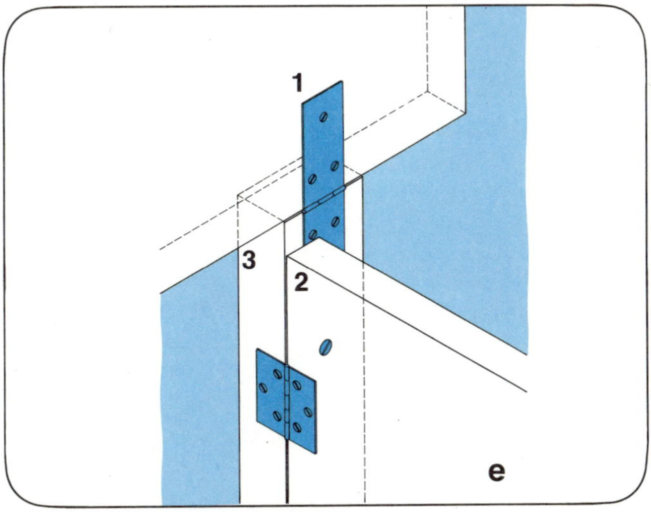

Detail e: Anbringung der Tischbänder für die Platte an den Tragleisten

B Klapptisch Die beiden Wandleisten (3) mit ▷Dübeln an der Wand befestigen: Höhe der Oberkante 74 cm – also Unterkante 11 cm über Fußboden, Abstand der beiden Leisten voneinander ca. 130 cm; genau senkrecht anbringen (▷Wasserwaage oder ▷Lot).
Aus einer Spanplatte 65 × 70 cm lassen sich bei richtiger Einteilung (Detail d) die beiden Tragplatten (2) sägen, deren Schnittkanten anschließend glattzuschleifen sind. Die Tragplatten werden mit je 2 Möbelscharnieren (▷Bänder und Scharniere) an den Innenseiten der Tragleisten befestigt. Oberkanten der Tragleisten und der Tragplatten müssen in einer Ebene liegen (Detail e).
Die Tischplatte auf drei Seiten mit ▷Umleimern versehen. Sie wird mit den beiden Tischbändern ans obere Ende der Tragleisten gesetzt, so daß sie in heruntergeklapptem Zustand auf den ausgeklappten Tragplatten liegt.
Hochgeklappt wird die Platte durch eine Arretierungsscheibe gehalten, die drehbar auf einem 3 cm langen Dübelabschnitt sitzt (Detail f). Es ist auch möglich, sie durch einen Haltebügel für Toilettenpapier zu arretieren (vgl. Auftaktbild).

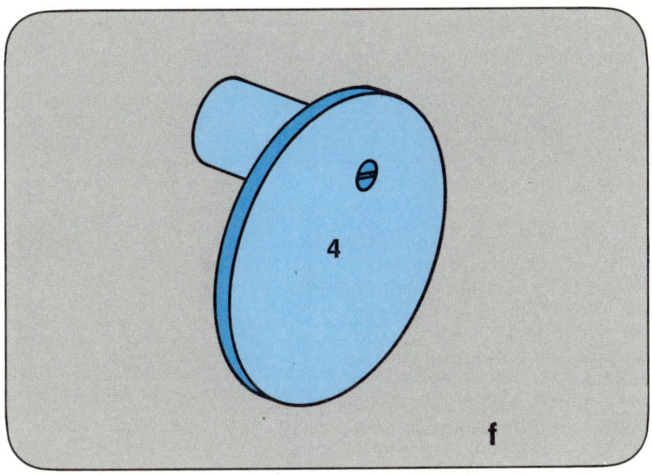

Detail f: Arretierung für die hochgeklappte Tischplatte

Nr.	Bezeichnung	Stück	Länge cm	Breite cm	Dicke mm	Material
B	Klapptisch					
1	Tischplatte	1	150	80	25	Spanplatte mit Holzumleimer
2	Tragplatten	2	63	55	20	Spanplatte
3	Wandleisten	2	63	5	30	Weichholz
4	Arretierungsscheibe	∅ 6 cm			5	Sperrholz

Beschläge:
für die Tischplatte 2 Tischbänder 60 × 25 mm
für die Tragplatten 4 Möbelscharniere
Senkkopfschrauben 5 × 60 mm mit Dübeln
Senkkopfschrauben 2,7 × 20 mm
für die Arretierungsscheibe Dübelabschnitt ∅ 20 mm, 3 cm lang, mit 1 Rundkopfschraube 5 × 60 mm mit Dübel
für Tischauflage 2 Dübelabschnitte ∅ 20 mm, 1,5 cm lang, mit Senkkopfschrauben

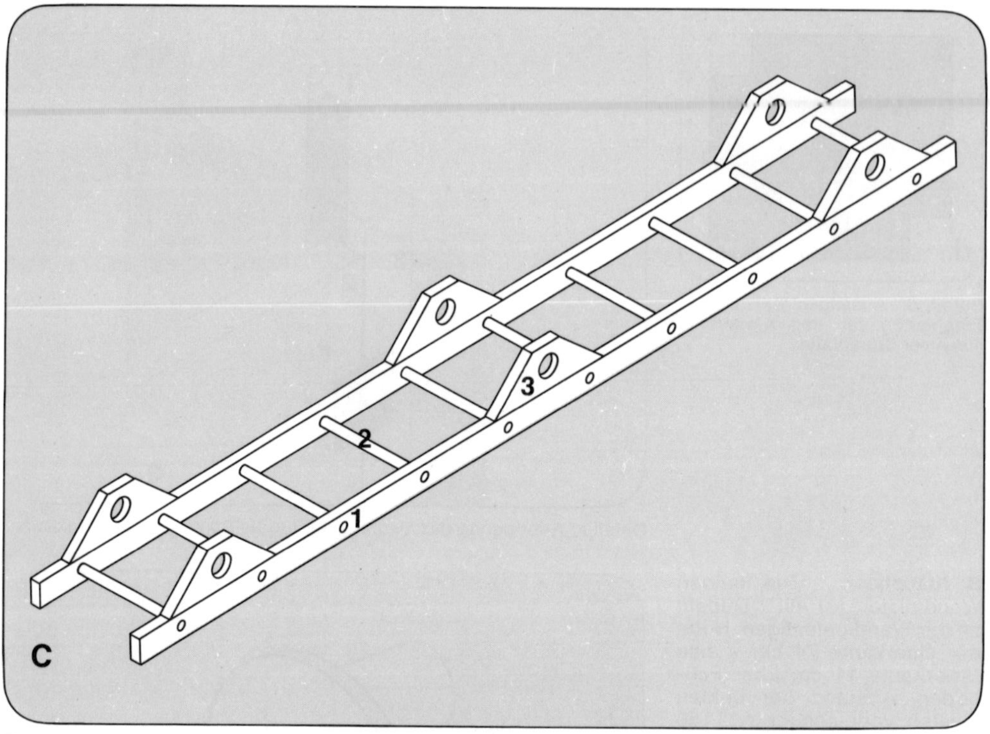

Zusammensetzung der Leiter C

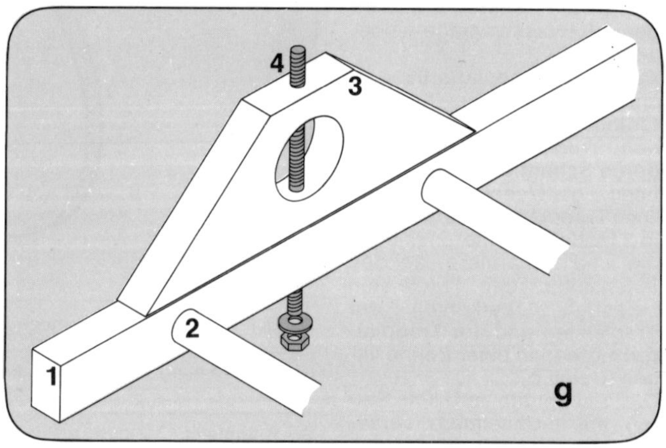

Detail g: Führung des Gewindestabs durch Holm und Abstandsholz

C Leiter Hier die Anleitung für diejenigen, die eine Leiter nicht fertig kaufen, sondern selber bauen wollen: Die Holme (1), im Beispiel 3 m lang, erhalten in je 30 cm Abstand die Bohrungen (30 mm) für die Sprossen. Zusammen ▷anreißen! Die Sprossen werden eingeleimt.

Jedes der 6 Abstandshölzer (Form siehe Zeichnung) erhält einen kreisrunden Ausschnitt von 7 cm Durchmesser.

Detail g zeigt, wie die Gewindestäbe, die das Ganze an der Decke halten sollen, durch Holm und Abstandsholz zu führen sind. Entsprechend muß vorgebohrt werden.

Sehr sorgfältig müssen 6 Dübel mit Innengewinde (den Gewindestäben entsprechend 8 mm) in die Decke eingesetzt werden.

Gewindestäbe in Dübel einschrauben, Leiter aufstecken, mit Sechskantmuttern fest anziehen.

Nr.	Bezeichnung	Stück	Länge cm	Breite cm	Dicke mm	Material
C	Leiter					
1	Holme	2	300	6	35	Weichholz
2	Sprossen	10	40	30	∅	Dübelholz
3	Abstandshölzer	6	40	15	35	Tischlerplatte
4	Gewindestäbe	6	26	∅	8	

Beschläge:
6 Dübel mit Innengewinde M 8
6 Sechskantmuttern M 8 mit Unterlegscheiben

D Wandverkleidung mit Holzpaneelen Wenn Sie nur eine Wand – oder zwei gegenüberliegende Wände – verkleiden wollen, kommen Sie mit der folgenden Anleitung aus:
Wandbretter werden niemals unmittelbar auf die Wand gesetzt, sondern stets auf eine Unterkonstruktion – gewöhnlich aus Holzlatten –, damit Luft zirkulieren kann und sich keine Feuchtigkeit zwischen Täfelung und Wand ansammelt.
In unserem Beispiel sollen die Tragleisten (Dachlatten) waagerecht auf Dübeln an die Wand geschraubt werden. Die unteren Enden der Bretter sollen nicht an den Fußboden stoßen, sondern etwa 3 cm über dem Boden enden. Wer vorhat, zwischen die Bretter hie und da Regalschienen einzusetzen, auf deren Konsolen dann Regalbretter aufgelegt werden können, muß den Abstand zwischen oberer und unterer Latte so wählen, daß die Schraublöcher der Schienen auf Lattenmitte treffen.
Die Bretter der Täfelung werden senkrecht nebeneinander angeordnet, zwischen ihnen bleibt je 1 cm frei. Abstandsklötzchen verwenden! Da die Schrauben sichtbar bleiben, müssen die Schraubenlöcher ganz genau in einer Flucht und in gleichmäßigen Abständen sorgfältig angerissen werden.
Wer einen ganzen Raum verkleiden will, stößt bei Ecken, Nischen, Fenstern, Türen auf Probleme. Hierzu Näheres im Abschnitt „Wand“ s. S. 118.
Zur Ausführung Beim Podest wird man die Rahmenhölzer farbig streichen (▷Anstreichen). Die ▷Spanplatten bleiben unbehandelt.
Beim Klapptisch kann die Tischplatte unbehandelt bleiben. Dagegen sollten Tragplatten und Wandleisten farbig gestrichen werden. Die Arretierungsscheibe erhält am besten eine kräftige Farbe, z. B. Rot.

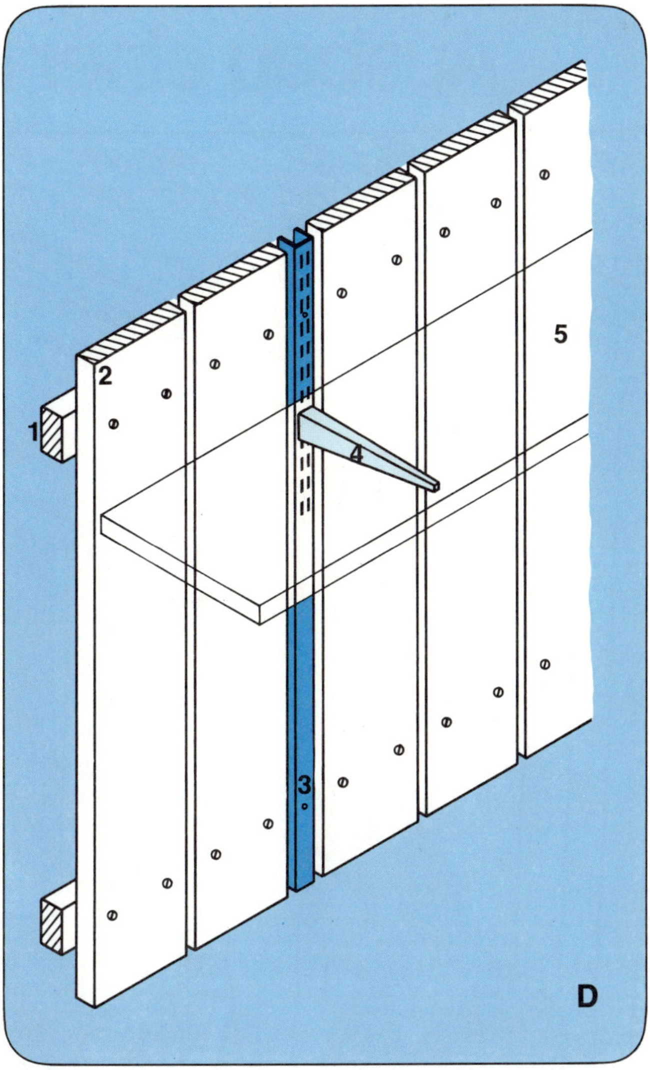

Wandverkleidung D. Zwischen zwei Brettern ist eine Regalschiene eingesetzt

Nr.	Bezeichnung
D	Wandverkleidung mit Holzpaneelen
1	Unterkonstruktion aus Dachlatten 5 × 3 cm
2	Paneelbretter (ohne Nut und Feder)
3	U-förmige Regalschienen
4	Konsolen
5	Regalbretter aus Spanplatten 20 mm stark

Beschläge:
Dübel und Schrauben für die Unterkonstruktion
Linsenkopfschrauben für die Paneele
Senkkopfschrauben für die Regalschienen

Kosten ca.: Podest 85 DM; Klapptisch 50 DM; Leiter 100 DM.

Ausbau einer Hütte

Ausbau einer Hütte

Wer eine leerstehende Badehütte, eine Laube, einen Lagerschuppen oder ähnliches findet, kann sich hier, wenn nichts und niemand dagegen spricht, sein privates Paradies, sein Nirwana, seine Oase, seine Teestube einrichten.
Die Möbel sind billig und lassen sich nötigenfalls leicht wieder zerlegen. Als stabile Füße dienen aufrechtstehende, zum Flitzebogen gespannte Hartfaserplatten, auf die Platten aufgelegt werden. Soll der Raum winterfest werden, muß natürlich zuerst eine Wärmeisolierung der Außenwände erfolgen (▷Wärmedämmung). Wenn man das Dämm-Material sauber aufbringt und farbig anstreicht, kann man auf eine Überdekkung verzichten. Sehr angenehm ist eine weitere Verkleidung mit einfachen Holzpaneelen, die auch die Wärmedämmschicht vor Beschädigung schützt.
Das nächste Problem: die Heizung. Ein alter Kanonenofen wird auf eine Betonplatte gestellt und zum Strahlenschutz teilweise mit einem Betonfertigteil umgeben. Dieses Teil ist nicht ganz leicht, bietet aber den Vorteil, daß es sich langsam aufheizt und dann wie ein Kachelofen stundenlang weiterhin milde Wärme abstrahlt. An diesem Betonring, den man sich vom Baustoffhändler liefern läßt, kann man sehr gut die Tischplatte einhängen. Vor der Inbetriebnahme läßt man sich die ganze Sache vom Kaminkehrer begutachten.
Das Beste an dieser Hütte aber ist das große Matratzenlager mit verschiedenen Ebenen. Aus Kanthölzern wird ein Gerüst zusammengeschraubt, auf dem unterschiedliche Ebenen ausgelegt werden können. Überall, wo sich ausreichende Höhe ergibt, lassen sich Matratzen auslegen. Die flacheren Hohlräume können als Stapel- und Stauräume für Material, Rucksäcke, Kleidung u. a. genutzt werden. Hier ist man nahe beieinander und kann sich unterhalten, ohne daß man sich wie bei den Ölsardinen fühlt. Wer frühzeitig schlafen gehen will, verzieht sich ganz nach oben in den hintersten Winkel.

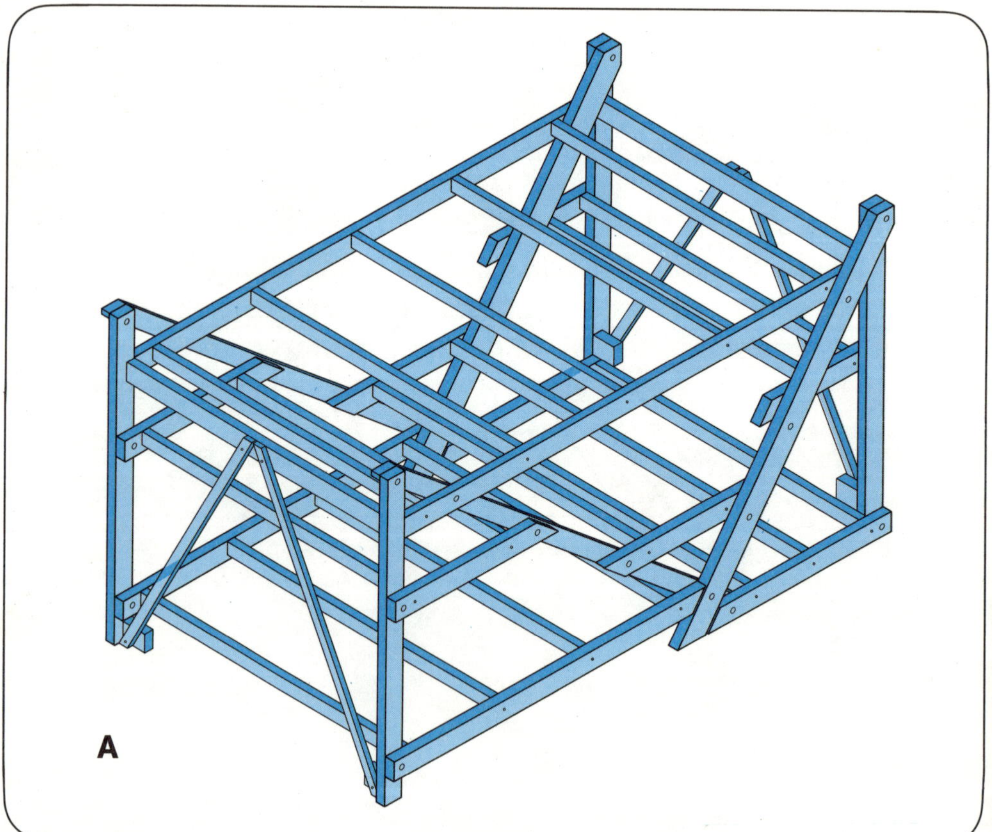

Das große Wohn- und Schlafgestell A sieht auf den ersten Blick ziemlich kompliziert aus. Der Zusammenbau ist aber nicht schwer, wenn man systematisch zu Werke geht.

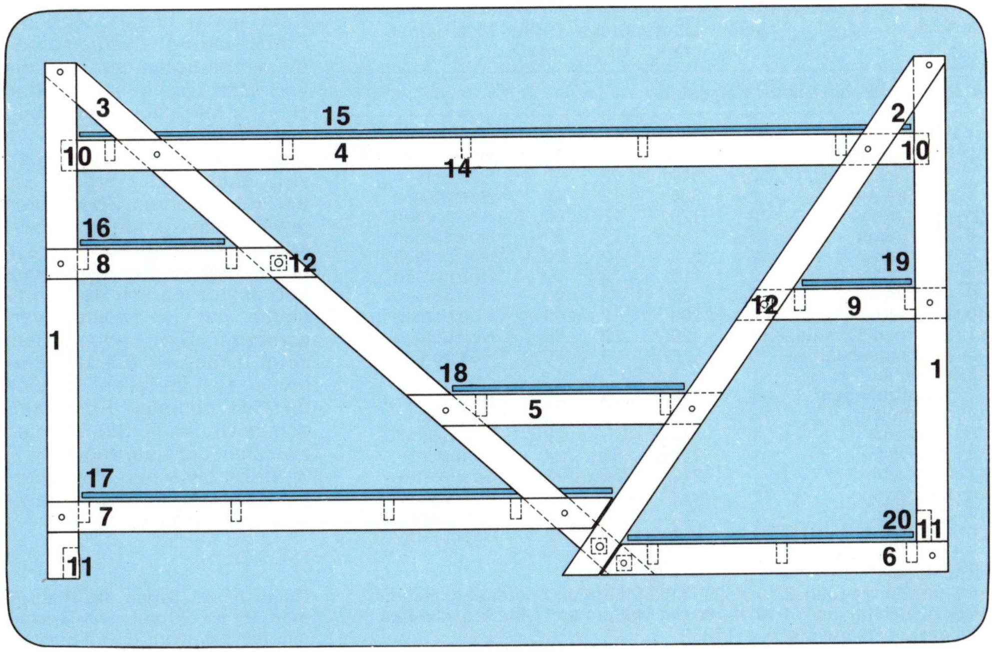

Das Gerüst ist Seitenansicht. Aus dieser maßstabsgerechten Zeichnung lassen sich auch die Winkel für das Abschrägen der Schrägstützen und Querträger entnehmen.

Arbeitsschritte

A Großes Wohn- und Schlafgestell Im Unterschied zu den meisten anderen hier zum Selbstbau vorgeschlagenen Werkstücken besteht dieses Gestell aus vielen Teilen (genau 62, ohne Beschläge). Es ist unbedingt nötig, daß Sie die Teile komplett beschaffen, zuschneiden, die Flächen glatthobeln, die Kanten brechen und sie dann in tadelloser Ordnung komplett bereitlegen, die Beschläge dazu. Sonst gibt's Unordnung und Ärger. Markieren Sie jedes Stück mit seiner Nummer aus der Stückliste (mit Kreide, die sich abwischen läßt).

In der Seitenansicht erkennen Sie, daß die Vertikalstützen (1) mit den Schrägstützen (2 und 3) ein „M" bilden. Diese Teile müssen Sie zuerst verbinden, und zwar mittels der kürzeren Schloßschrauben 10 × 160 mm (▷Schrauben). Zwischen 2 und 3 muß eine 6 cm dicke Holzscheibe liegen, an dieser Stelle müssen die längeren Schloßschrauben verwendet werden.

Wenn die beiden M-förmigen Außenseiten fertig sind, schrauben Sie die Querträger (4 bis 9) in dieser Reihenfolge an. Für die Querträger 6 bis 9 benutzen Sie wiederum die längeren Schloßschrauben 10 × 200 mm, denn hier ist – wie zwischen den Schrägstützen 2 und 3 – wieder eine 6 cm dicke Abstandsscheibe (12) einzubauen (Detail a).

Vor dem Verbinden der nunmehr hergestellten Seitenteile ist noch am Fuß jeder der 4 Vertikalstützen (1) je ein Bohlenabschnitt (11) anzubringen. Die Abschnitte sitzen mit der Unterkante ▷bündig (am Boden), ebenso an der Innenseite; Sie erkennen die richtige Position in der ersten Zeichnung. Die Anbringung erfolgt mittels Leim (▷Kleben) und zusätzlich mit Senkkopfschrauben 6 × 100 mm.

Das Verbinden der beiden Seitenteile beginnt mit dem Einsetzen der stabilen (12 × 6 cm) Querverbinder (10), deren Oberkante 170 cm über dem Boden liegen soll. Sie sind mit den Vertikalstützen durch Verleimen und Verschrauben (Senkkopfschrauben 6 × 100) zu verbinden.

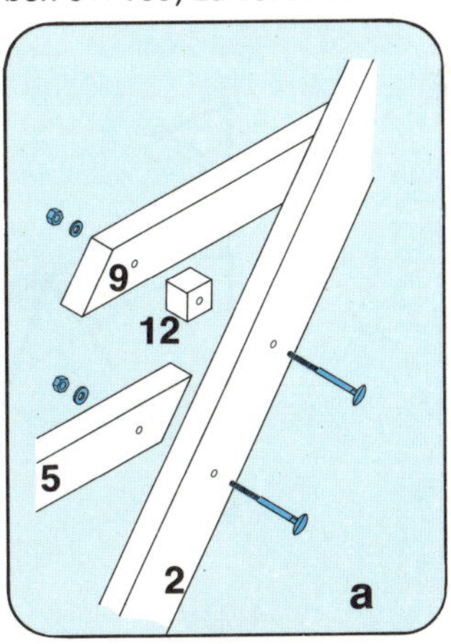

Detail a: Der Querträger 5 wird mit der Schrägstütze 2 direkt verschraubt (Schloßschraube M 10 × 160), während zwischen Querträger 9 und Schrägstütze eine 6 cm dicke Abstandsscheibe (12) einzusetzen ist.

Nr.	Bezeichnung	Stück	Länge cm	Breite cm	Dicke mm	Material
A	Großes Wohn- und Schlafgestell					
1	Vertikalstützen	4	200	12	60	Holzbohlen
2	Schrägstützen	2	250	12	60	Holzbohlen
3	Schrägstützen	2	310	12	60	Holzbohlen
4	Querträger	2	325	12	60	Holzbohlen
5	Querträger	2	120	12	60	Holzbohlen
6	Querträger	2	135	12	60	Holzbohlen
7	Querträger	2	220	12	60	Holzbohlen
8	Querträger	2	115	12	60	Holzbohlen
9	Querträger	2	83	12	60	Holzbohlen
10	Querverbinder	2	200	12	60	Holzbohlen
11	Bohlenabschnitte	4	20	12	60	Holzbohlen
12	Abstandsscheiben	8	6	6	60	Holzbohlen
13	seitliche Verstrebungen	4	200	5	30	Holzleiste
14	Querhölzer	18	200	8	40	Kantholz
15	Plattform	1	212	325	22	Spanplatte
16	Plattform	1	212	58	22	Spanplatte
17	Plattform	1	212	205	22	Spanplatte
18	Plattform	1	212	92	22	Spanplatte
19	Plattform	1	212	45	22	Spanplatte
20	Plattform	1	212	110	22	Spanplatte

Beschläge:
10 Schloßschrauben M 10 × 200 mit Muttern und Unterlegscheiben
16 Schloßschrauben M 10 × 160 mit Muttern und Unterlegscheiben
72 Senkkopfschrauben 6 × 100
1 Packung mit Senkkopfschrauben 3,5 × 40

Das Gerüst bedarf noch der Stabilisierung. Dafür sorgen die 4 Verstrebungen (13), die von den Bohlenabschnitten (11) zur Mitte der Querverbinder (10) führen.
Jetzt können die Querhölzer (14) eingesetzt werden. Sie müssen mit ihren Oberkanten jeweils bündig mit den Oberkanten der Querträger (4 bis 9) liegen. Sie werden eingeleimt und zusätzlich von den Stirnseiten her je zweimal verschraubt. Die Seitenansicht zeigt Ihnen, wie die 18 Querhölzer sich verteilen: 5 Stück für den obersten Rost (zwischen Nr. 4), 4 Stück unten zwischen die Querträger Nr. 7, 3 Stück zwischen die Querträger Nr. 6, je 2 Stück zwischen Nr. 5, 8 und 9.

Detail b: So liegen die Plattformen 15 bis 20 auf dem Gestell, mit dem sie an einzelnen Punkten verschraubt werden.

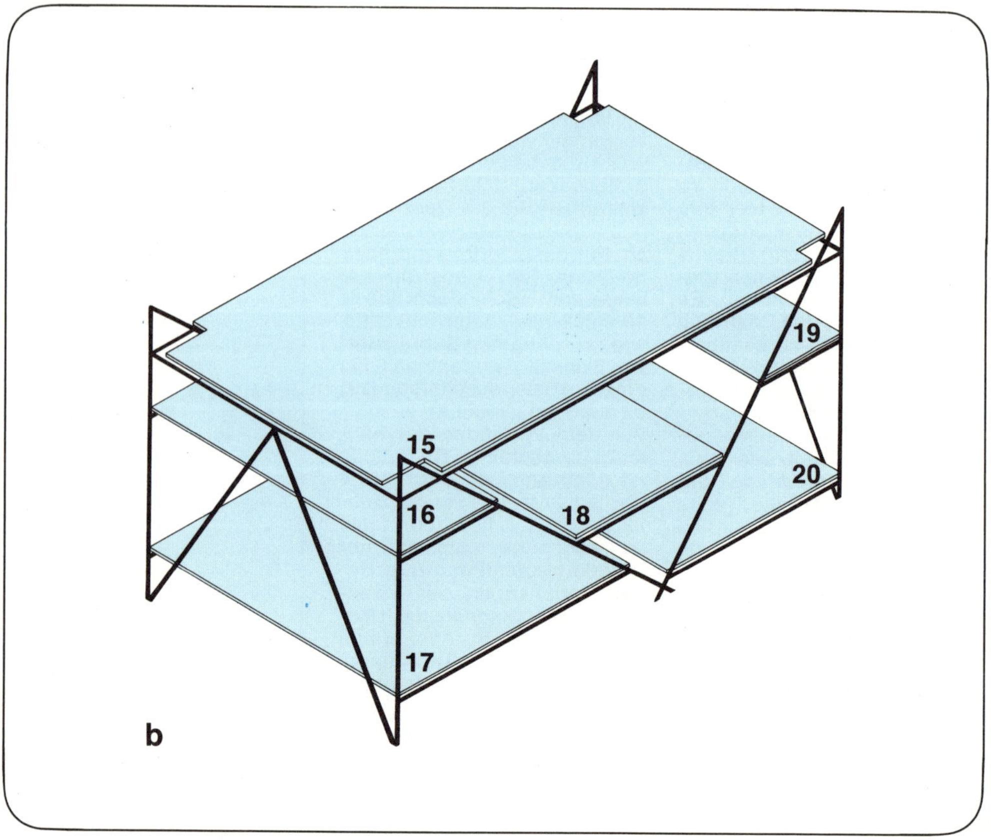

Ofentisch B. 1 = Platte, 2 = Sockel, 3 = Verstärkungsleiste, 4 = gebogene Rundeisen, 5 = Betonschirm für den Ofen

Die ▷Spanplatten (15 bis 20) auf die so entstandenen Roste auflegen (Detail b) und punktuell mit dem Gerüst verschrauben.

B Ofentisch Übertragen Sie die äußere Rundung des Betonfertigteils auf die Tischplatte (1) und sägen diese entsprechend aus.
Befestigen Sie an jedem Ende der Hartfaserplatte (2), die als Tischsockel dienen wird, eine Verstärkungsleiste (3) durch Kleben. Bohren Sie 4 Löcher (neben den Leisten) für die Nylonschnur durch die Platte. Biegen Sie die Platte zum Halbkreis und halten Sie sie in dieser Stellung durch die beiden Nylonschnüre fest (Detail c), die durch Lüsterklemmen gehalten werden (Detail e s. S. 114).
Biegen Sie die Rundeisenstäbe (4) zu Haken, die auf den Betonring (5) gehängt die Tischplatte tragen. Die Platte muß mit der Unterkante 42 cm (Höhe des Sockels) über dem Boden liegen. Damit die Platte nicht rutscht, kleine Schaumstoffstücke zwischen Sockel und Platte legen (Detail d).

Nr.	Bezeichnung	Stück	Länge cm	Breite cm	Dicke mm	Material
B	Ofentisch					
1	Tischplatte	1	150	150	22	Tischlerplatte
2	Tischsockel	1	200	42	3	Hartfaserplatte
3	Tischsockel-verstärkungen	2	42	20	10	Holzleiste
4	Tischplattenhalter	5	24		∅ 8	Rundeisen ∅ 8, gebogen
5	Ofenschirm	1				Betonfertigteil: Heizkanal-Abdeckhaube Höhe 50 cm ∅ 60 cm

Beschläge:
4 Lüsterklemmen
ca. 3 m Nylonschnur ca. 2 mm dick

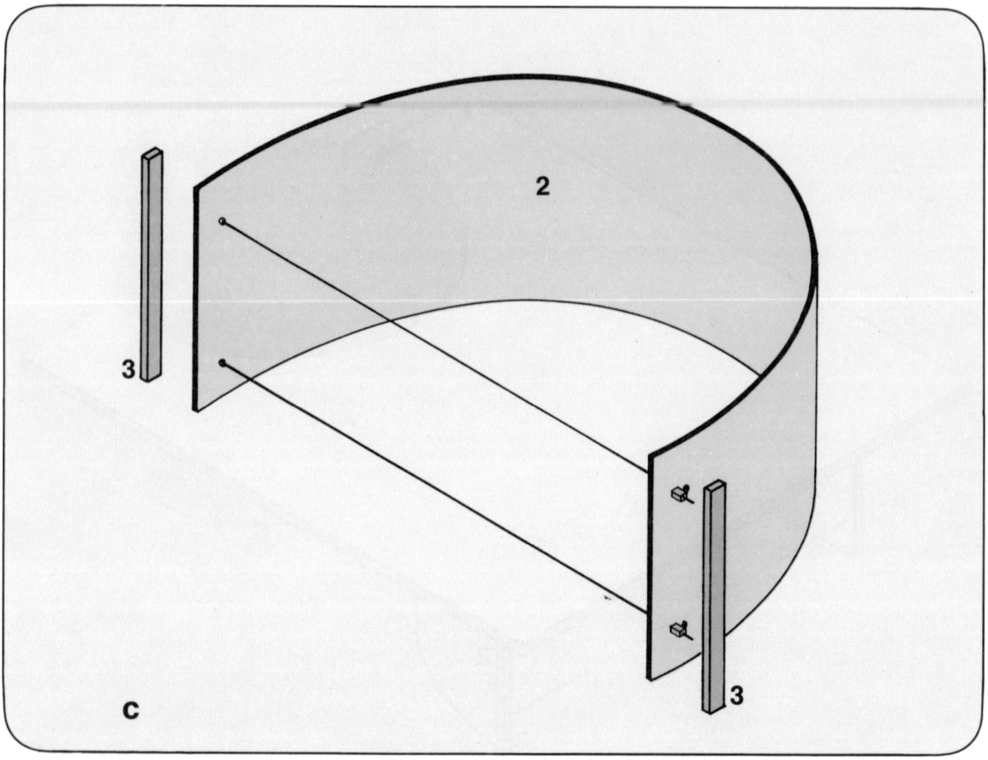

Detail c: Die Konstruktion des Tischsockels. Die gebogene Hartfaserplatte (2), an den Enden durch Leisten verstärkt, ist zum Halbkreis gebogen und wird in dieser Stellung durch 2 Nylonschnüre gehalten.

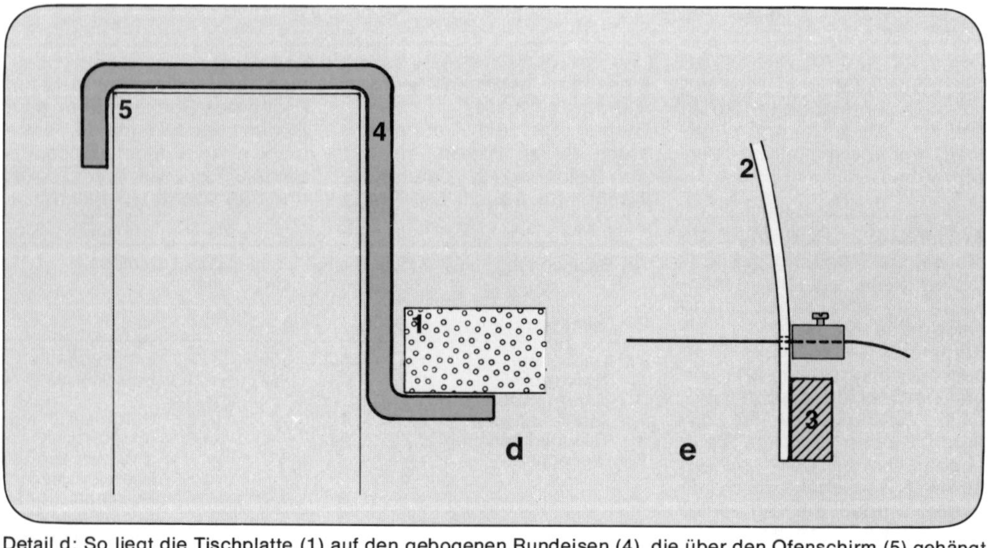

Detail d: So liegt die Tischplatte (1) auf den gebogenen Rundeisen (4), die über den Ofenschirm (5) gehängt sind.

Detail e: Befestigung der Nylonschnur mittels Lüsterklemme.

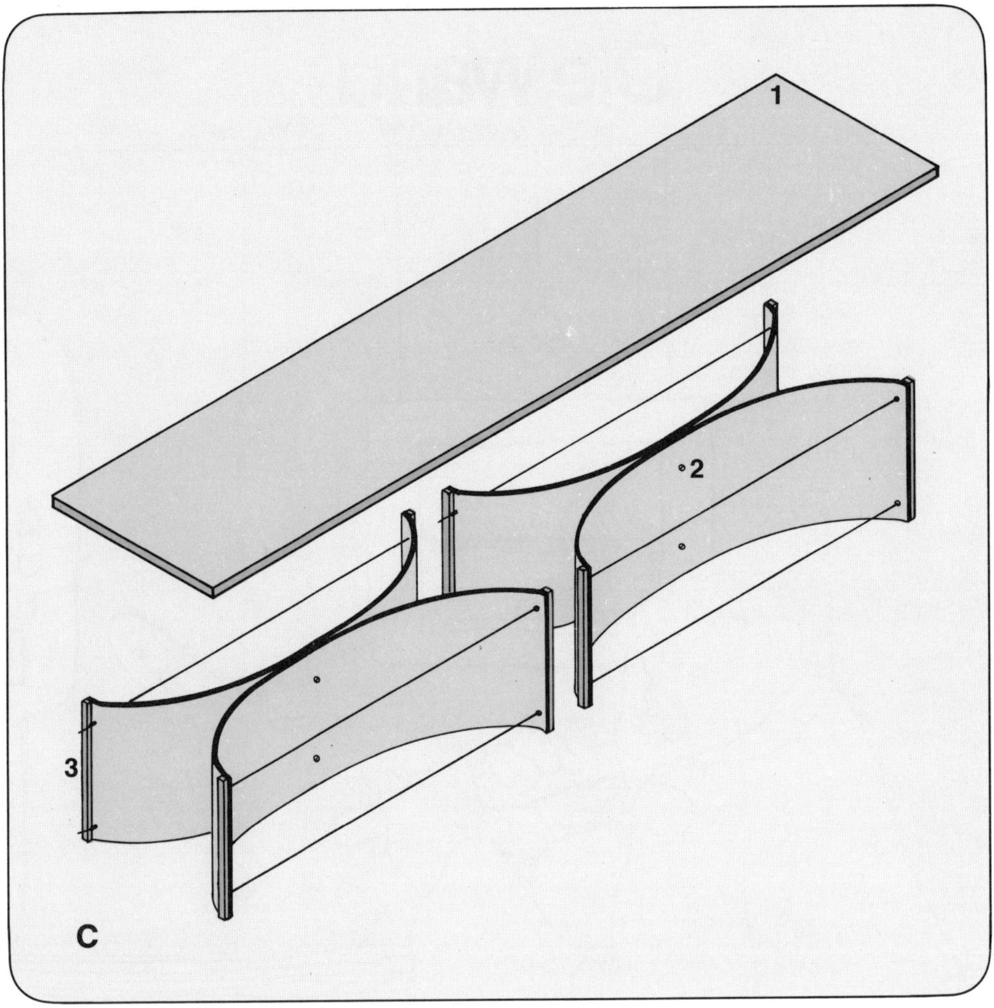

Sitzbank C: Jede Hälfte der Eckbank wird getragen von 4 gebogenen Hartfaserplatten (2), die an den Enden durch Leisten (3) verstärkt sind.

C Eckbank Die Sockel sind auf dieselbe Weise herzustellen wie der Sockel zu Tisch B, nur daß hier je 2 gebogene Platten mit ihrer Rundung aneinanderstoßen (Bild), wo sie durch leichte Schrauben mit Muttern verbunden werden. Die Sitzplatten (1) werden lose aufgelegt.
Zur Ausführung Sämtliche Holzteile des Wohngestells können farbig gebeizt (▷Beizen) oder lackiert werden (▷Anstreichen).

Die Tischplatte des Ofentischs kann mit Farbe behandelt werden, ebenso die Sitzfläche der Eckbank (Sitzmöbellack verwenden, ▷Anstreichen).

Nr.	Bezeichnung	Stück	Länge cm	Breite cm	Dicke mm	Material
C	Eckbank					
1	Sitzplatte	1	190	40	22	Tischlerplatte
	Sitzplatte	1	210	40	22	Tischlerplatte
2	Sockel	8	120	30		Hartfaserplatte 3,2 mm dick
3	Sockelverstärkungen	16	30			Leiste 10 × 20

Beschläge:
16 Lüsterklemmen
ca. 10 m Nylonschnur ca. 2 mm dick

Kosten ca.: Wohngestell 425 DM; Ofentisch 158 DM; Eckbank 87 DM.

Die Wand

Die Wand

Eine einfache weißgestrichene Wand wirkt oft kalt und langweilig. Wer etwas mehr Wärme oder Farbigkeit haben möchte, kann die Wände (oder eine Wand) mit Dispersionsfarbe streichen (▷Anstreichen) oder mit Tapete bekleben (▷Tapezieren). Hier werden drei weitere Möglichkeiten vorgestellt: Pinwand · Befestigungsleiste · Täfelung.

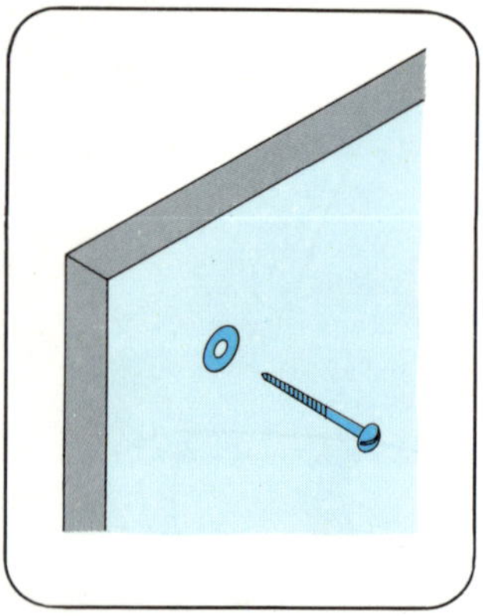

Pinwand: Weichfaserplatte (auch Kork, Styropor) wird mittels Schrauben (Unterlegscheiben erforderlich) an vorher in die Wand gesetzten Dübeln befestigt.

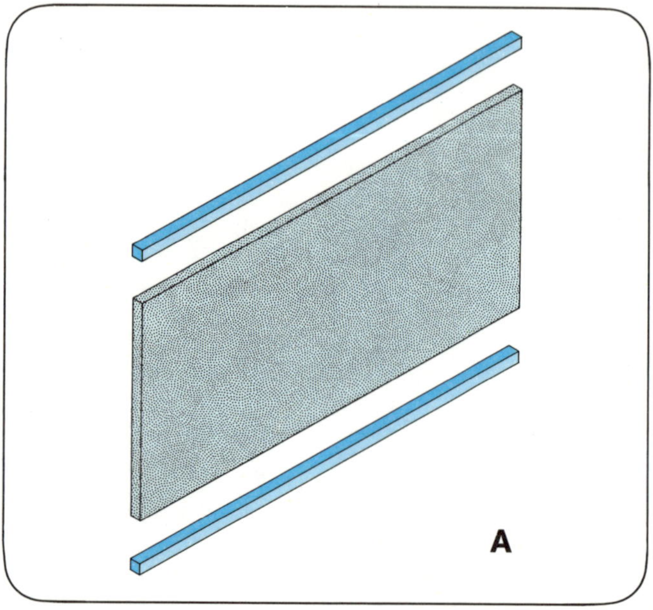

Pinwand, Variante: Die Platte sitzt zwischen Leisten. Da die Platte nur eingeschoben wird, müssen die Leisten sehr genau sitzen

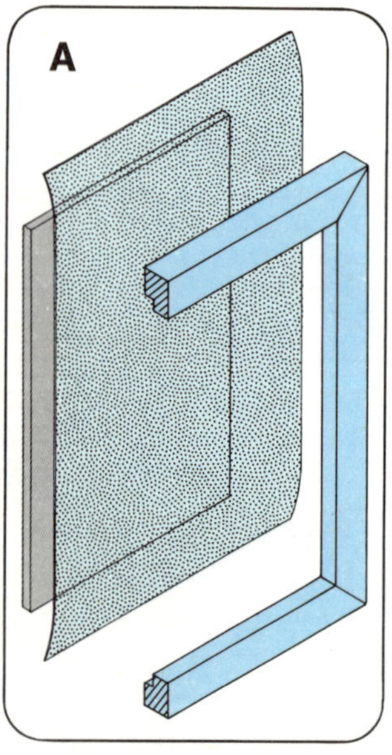

Steckbild: Die mit Stoff überzogene Platte wird in einen Bilderrahmen eingesetzt.

A Pinwand Die einfachste Möglichkeit: Eine weiche Platte von 8 bis 20 mm Stärke (Styropor-, Weichfaser- oder Korkplatte, ▷Wärmedämmung) wird direkt auf die Wand gesetzt. Befestigung kann durch Nägel erfolgen; besser ist: Platte an die Wand halten, durch die Platte hindurch Dübellöcher in die Wand bohren, Platte wegnehmen, Dübel setzen (▷Dübel in Wand und Decke), Platte befestigen mit Schrauben, unter deren Köpfe größere Unterlegscheiben oder Rosetten gelegt werden.

Variante I: Die Platte kommt zwischen zwei waagerechte Leisten. Diese werden mit Dübeln auf die Wand geschraubt, die Platte wird ohne weitere Befestigung eingeschoben. Stärke der Leisten ca. 20 × 20 mm.

Variante II (Steckbild): Dies ist eine Platte, als Pinwand zu benutzen, in einem Bilderrahmen, der je nach Geschmack alt oder neu sein kann. Einen alten Rahmen kann man natürlich neu lackieren, die Gehrungsfugen (▷Gehrung) wenn nötig neu verleimen.

Die Platte, die etwa 10 mm dick sein soll, wird mit Stoff überzogen – Umschlag an allen vier Rändern mindestens 2 cm – und dann in den Rahmen eingesetzt (mit Drahtstiften sichern).

Zur Ausführung: Man kann alle Materialien (Platte, Leisten, Rahmen) naturfarben belassen, kann sie aber auch streichen (mit Dispersionsfarbe, ▷Anstreichen). Die Pinwand – ob mit oder ohne Rahmen – sieht immer erst richtig aus, wenn sie ihrer Bestimmung entsprechend durch Notizzettel, Postkarten, Fotos, Kalenderblätter, Stundenpläne oder mahnende gute Vorsätze (die man immer vor Augen haben möchte) belebt ist.

Befestigungsleiste mit rechteckigem Querschnitt, daran käuflicher oder selbstgebogener Haken

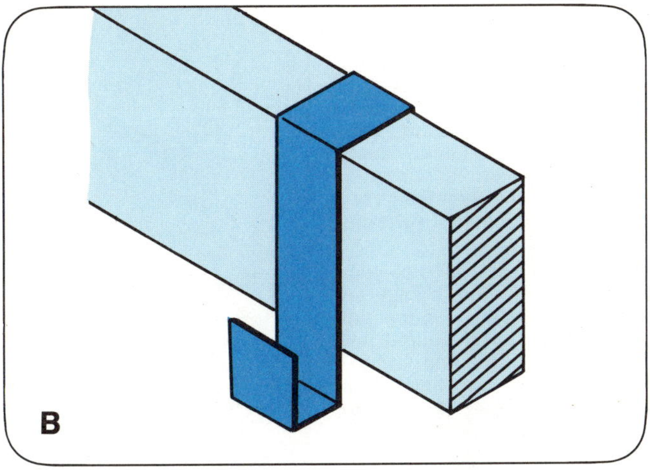

Runde Befestigungsleiste (Rundstab oder Rohr), befestigt mit Rohrschellen

B Befestigungsleiste Bilder kann man natürlich einfach an die Wand hängen. Man verwende keine Nägel, sondern Stahlstifte oder Bilderhaken (sogenannte X-Haken). Der Nachteil solchen Aufhängens: Will man etwas verändern, läßt sich der Stahlstift oder Haken häufig nicht mehr entfernen, ohne deutliche Spuren zu hinterlassen, oder es bricht gar der Putz aus.

Variables Aufhängen, sowohl von Bildern als von allen möglichen anderen Dingen – Garderobe, Lampen, Sportgeräten – ermöglicht eine vor der Wand sitzende Leiste, die möglichst hoch, aber in Reichweite angebracht sein soll.

Falls Sie die verschiebbaren Haken nicht selbst zurechtbiegen wollen: Sie sind im Handel erhältlich, u. a. zum Aufhängen von Blumenkästen an Balkongittern und Brüstungen. Auch Fleischerhaken lassen sich verwenden; das freie Ende muß aber stumpf sein, um Verletzungen vorzubeugen.

Für rechteckige Leisten nehmen Sie als Material Holzleisten mit etwa 10 × 45 mm Querschnitt. Die Leisten werden mit Dübeln und Schrauben befestigt. Damit sie etwas Abstand von der Wand haben, so daß man Haken aufhängen und verschieben kann, schieben Sie zwischen Leiste und Wand kleine Rohrstücke von 10 bis 15 mm Länge (alle gleich lang zugeschnitten) auf die Befestigungsschrauben.

Als Material für runde Leisten können Rundstäbe aus Holz oder Rohrstücke aus Metall oder Kunststoff dienen (▷Leitungsrohre). Die Schellen zur Befestigung an der Wand müssen im Durchmesser dem gewählten Rohr entsprechen.

C Wandtäfelung Vertäfelungen mit Naturholzbrettern (▷Holz), Span- oder Sperrplatten (▷Platten) geben dem Raum eine warme, gemütliche Atmosphäre und verbessern die Akustik; auch überdecken sie schadhafte Putzstellen und eventuell vorhandene schlecht verlegte Leitungen.

Wichtig ist, ob es sich um Innenmauern in trockenen Räumen handelt – oder um Innenmauern von Feuchträumen (Bad, Küche) und Außenmauern. Nur bei unbedingt trockener Mauer kann die Hinterlüftung vernachlässigt und die Täfelung direkt auf die Wand gebracht werden. In allen anderen Fällen ist die gute Hinterlüftung eine Grundbedingung. Vgl. hierzu den Abschnitt ▷Wärmedämmung im Abc-Teil.

Beschrieben wird hier eine einfache, jedoch sehr gut aussehende Verbretterung aus senkrecht angeordneten Kiefernholzbrettern.

Als Unterkonstruktion dienen Dachlatten, die in Abständen von ca. 70 cm waagerecht an der Wand angebracht werden, auf einfachste Weise durch Nageln, dauerhafter durch Dübel und Schrauben (▷Dübel in Wand und Decke). Dabei sind verzinkte Nägel bzw. Schrauben zu verwenden. In Neubauten sollen die Latten außerdem sicherheitshalber imprägniert werden (▷Holzoberfläche).

Das Aufnageln der Bretter auf die Latten beginnt an einer Tür oder einem Fenster. Unbedingt mit ▷Wasserwaage oder ▷Lot ausrichten. Gleichmäßigen Sitz der Unterkanten sichert eine (zuerst, also vor den Brettern) anzubringende Sockelleiste oder ein Brett, das als ▷Lehre dient und das nach dem Verlegen entfernt wird.

Wenn Sie Dielenbretter aus Kiefernholz (wahlweise aus Pitchpine, Oregon u. a.) kaufen, so sind diese mit Nut und Feder versehen. Das ermöglicht ein Befestigen der Bretter auf den Tragleisten, ohne daß Schrauben- oder Nagelköpfe

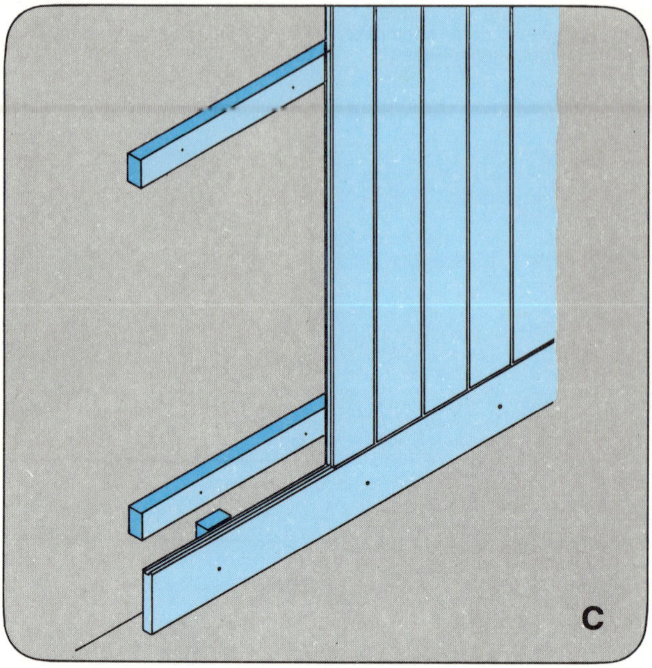

Verbretterung aus stehenden Kiefernholzbrettern, auf waagerechten Dachlatten angebracht. Abstand der Latten ca. 70 cm.

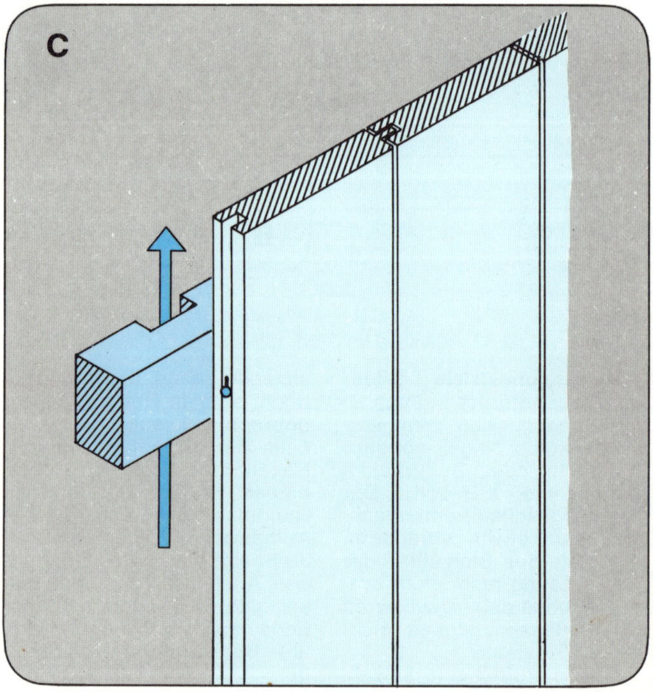

Verdecktes Nageln: Der Nagel wird vor dem Einschieben des nächsten Brettes schräg eingetrieben, der Kopf versenkt. Bei Außenmauern müssen die Dachlatten alle 70 cm angeschnitten werden, damit die Luft zirkulieren kann.

sichtbar bleiben. Das verdeckte Nageln, wie es die Zeichnung darstellt, ist nicht ganz einfach, man kann dabei die Brettkante beschädigen. Die Köpfe müssen, bevor die Feder des nächsten Brettes in die Nut eingeschoben wird, mit dem Versenker versenkt werden (▷Nageln). Einfacher ist die ebenfalls gezeigte Befestigung mit Vilinhaken und Nägeln.

Hat man einfache rechtkantige Bretter ohne Nut und Feder, so kann zwischen den Brettern ein kleiner Abstand (2 bis 8 mm) gelassen werden. Die Leisten der Unterkonstruktion sollen in diesem Fall glatt gehobelt sein, die Kanten der Bretter leicht gebrochen (▷Kanten). Die Befestigung kann durch Schrauben erfolgen, deren Köpfe (evtl. Linsenköpfe, ▷Schrauben) sichtbar bleiben; doch müssen die Köpfe in diesem Fall genau gleiche Abstände haben und in einer Flucht liegen.

Wo die Verkleidung an eine Fensternische stößt, ist zu entscheiden, ob die Täfelung an der Kante aufhören oder ob die Verkleidung auch die Innenseite der Fensternische einbeziehen soll. Dazu müssen Sie feststellen, ob der in der Zeichnung sichtbare „Abstand a" groß genug ist, d. h., ob vollständiges Öffnen des Fensters noch möglich bleibt, wenn die seitliche Wand der Fensternische (Laibung) verkleidet wird. Ist er nicht ausreichend (Fall A der Zeichnung), lassen Sie die Verkleidung wie dort gezeigt abschließen. Ist Abstand a groß genug, können Sie die Fensternische ringsum mit einer Spanplatte auskleiden (Fall B der Zeichnung), die eine Oberflächenbehandlung passend zur übrigen Täfelung erhält.

Zur Ausführung Lose Äste kann man durch Holzdübel ersetzen (vgl. ▷Holzverbindungen, fest). Die Bretter können gebeizt werden (▷Beizen), auch Lasieren (farblos oder leicht getönt) und Wachsen ist zu empfehlen (▷Holzoberfläche).

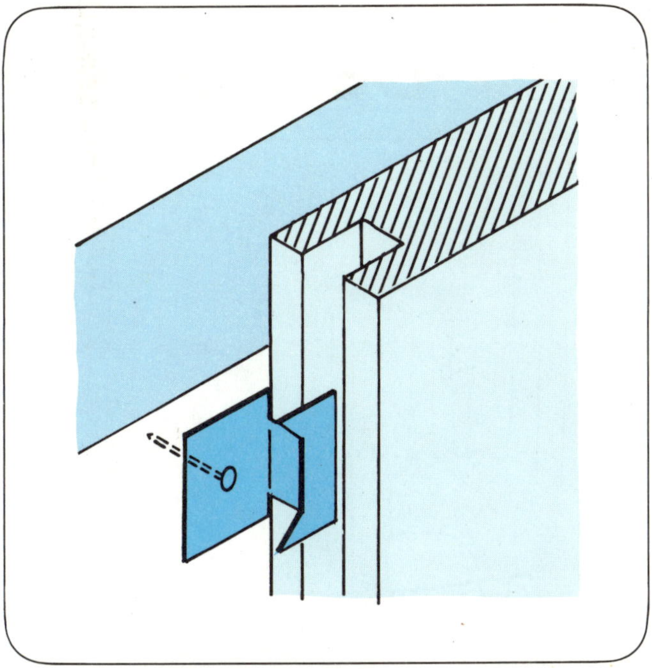

Befestigen der genuteten Bretter mit Vilinhaken und Nägeln

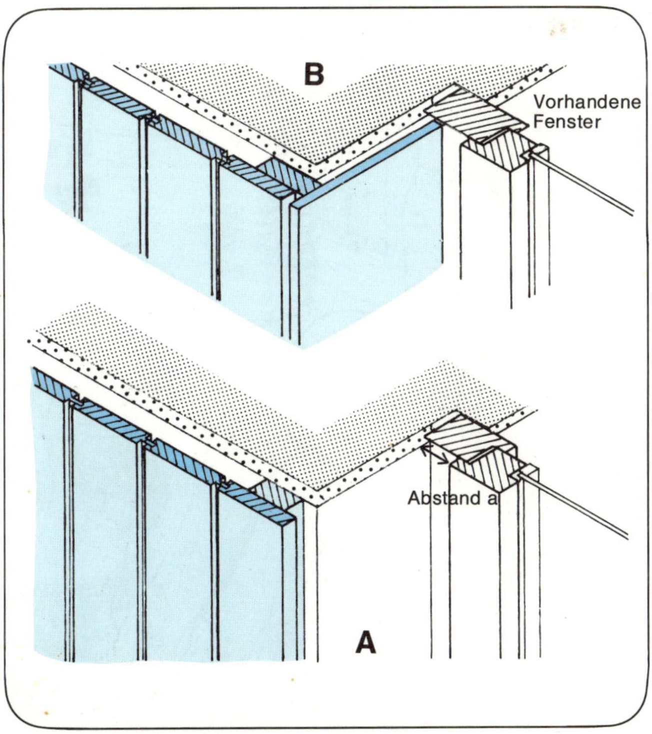

Abschluß der Verbretterung an einer Fensternische. Fall A: „Abstand a" ist klein. Fall B: „Abstand a" ist ausreichend, erlaubt Verkleiden der Laibung mit Spanplatte.

Der Fußboden

Der Fußboden

Etwa die Hälfte unseres Lebens verbringen wir stehend, gehend, sitzend auf den Fußböden von Innenräumen. Es lohnt sich deshalb, dem Fußboden Aufmerksamkeit zu schenken: Er soll nicht zu hart sein, elastisch, fußwarm, in einem Wort: bequem zu begehen; er soll gut zu pflegen und zu reinigen sein; er soll einen guten Anblick bieten, je nach Raumausstattung zurückhaltend oder lebhaft. Hier werden vier Möglichkeiten kurz beschrieben: Sanieren eines alten Bodens · Teppichbelag · Schachbrett · Podest.

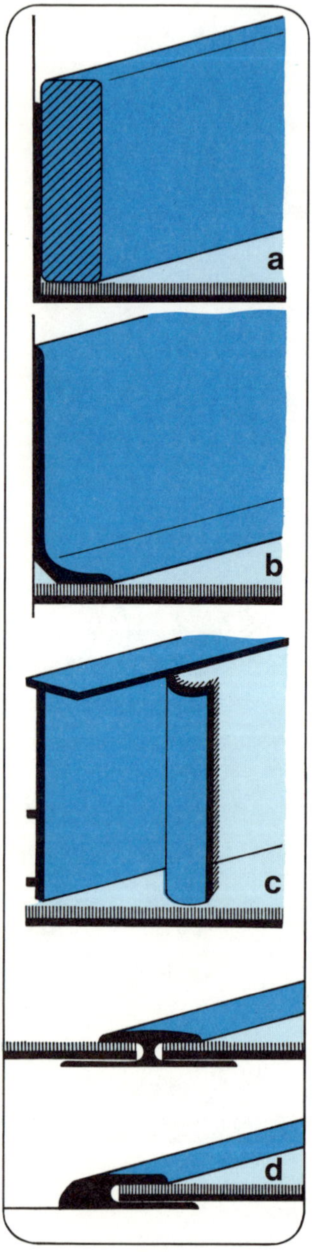

Detail a: Wandabschluß für einen Teppichboden mit Holzleiste, ca. 9 × 38 mm, die mit Dübeln und Linsenkopfschrauben an der Wand befestigt wird.

Detail b: Wandabschluß mit Profilleiste aus PVC, die gegen die Wand geschraubt oder geklebt werden kann

Detail c: Wandabschlußleiste (angenagelt), innen mit passend zugeschnittenen Streifen aus dem Grundbelag, der mittels doppelseitigen Klebestreifen an die Leiste geklebt wird.

Detail d: Profilleisten (aus Holz, PVC), die am Boden zu befestigen sind. Die Teppichkanten werden eingeschoben und verklebt.

A Sanieren eines alten Bodens
Alte Dielenböden sehen häufig unschön aus, besonders wenn die Bretter rissig werden und wenn breite Ritzen entstanden sind, in denen sich Schmutz sammeln kann. In solchen Räumen, ebenso wenn ein richtiger Bodenbelag überhaupt fehlt, kann man den Fußboden relativ einfach selber sanieren — vorausgesetzt, der Boden ist trocken.
Als Material dienen Spanplatten, etwa 10 mm stark, mit Nut und Feder (▷Holzverbindungen, fest). Ferner brauchen Sie Keile aus Holz, Nägel, ca. 25 mm lang, und eine Sockelleiste (Fußleiste). Messen Sie den Raum aus und kaufen Sie zuerst alles Material ein.
Beim Zuschneiden der Platten sind zwei Dinge zu berücksichtigen: 1. Die Stöße zwischen den Platten müssen gegeneinander versetzt sein, so daß keine Kreuzfugen entstehen, sondern nur T-förmige Stöße. Schneiden Sie die Platten erst zu, wenn Sie eine maßstabgerechte Zeichnung der Bodenfläche gemacht und die Maße auf die Platten übertragen haben! 2. Zwischen Belag und Wand soviel Abstand lassen, daß die Sockelleiste gerade eingepaßt werden kann.
An den Außenrändern der belegten Fläche sind Nut bzw. Feder mit der Säge wegzuschneiden. Beim Auslegen werden Nut und Feder jeweils verleimt.
Liegen alle Platten, treiben Sie entlang den Wänden Keile so zwischen Wand und Belag, daß die Platten fest gegeneinander gedrückt werden. Anschließend können die Platten auf den Unterboden genagelt werden. Nagelabstand an den Rändern ca. 20 cm, sonst etwa 30 cm.
Der so zubereitete Boden kann jetzt einen Teppichbelag bekommen (siehe B Teppichbelag) oder auch mit Fliesen aus PVC belegt werden. Die Sockelleiste wird zum Schluß eingefügt. Sie kann genagelt, geklebt oder auch mit Schrauben auf Dübel gesetzt werden (▷Nageln, ▷Kleben, ▷Schrauben, ▷Holzverbindungen, fest).

B Teppichbelag Das Verlegen des Stoffes in Form von Bahnen oder Fliesen bereitet wenig Schwierigkeiten. Fliesen haben manchmal einen Kleberauftrag auf der Rückseite. Bahnen werden am einfachsten mit Hilfe eines doppelseitigen Klebebands befestigt: Belag auslegen. Unter den Rändern – die solange hochgeschlagen werden – den Klebestreifen auf den Boden kleben, Schutzstreifen obenauf. Streifen mit Lappen fest andrücken. Dann Schutzstreifen abziehen – vorsichtig und waagerecht abreißen (nicht nach oben). Teppich paßgerecht auflegen. Mit Hammer festklopfen. Am einfachsten ist dieses Verfahren, wenn Sie nicht Bahnen einkaufen, sondern ein raumgroßes Teppichstück. Beläge werden in Breiten bis zu 5 m geliefert. Achtung: Der Boden muß vor dem Aufbringen der Klebestreifen sauber, trocken und fettfrei sein.

Teppichfliesen bieten den Vorteil, daß man sie auswechseln kann.

Etwas mehr Kopfzerbrechen als das Verlegen bereitet gewöhnlich die Behandlung der Abschlüsse, d. h. der Stellen, an denen der Belag an die Wand stößt. Hier gibt es mehrere Möglichkeiten, s. Detailzeichnungen a bis d (vgl. ▷Bodenbeläge).

C Schachbrettboden Ein Boden aus quadratischen, kontrastfarbig überzogenen Platten wirkt nicht nur wie ein Schachbrett, sondern kann auch als Schachbrett benutzt werden, wenn Sie ausreichend große Figuren besitzen, kaufen (oder selbst herstellen?).

Sie benötigen quadratische Spanplatten, etwa 50 × 50 oder 60 × 60 cm groß, etwa 10 mm dick. Wenn Sie ein echtes Schachbrett herstellen wollen, müssen es natürlich 64 Felder sein. Sie können diesen Teil des Bodens in zwei Farben halten, den Rest dann einfarbig.

Als Bezugsstoff kommt Möbelvelours in Frage – auch Segeltuch kann man verwenden. Der Stoff soll nicht zu dick sein. Wir brauchen zwei deutlich voneinander abstechende, aber miteinander harmonierende Farben, z. B. Kaffeebraun und helles Beige. Der Stoff wird allseitig 4 bis 5 cm umgeschlagen. Beispiel für den Stoffbedarf für ein Schachbrett mit Feldern 50 mal 50 cm, also 4 × 4 m Grundfläche: 64 Felder haben 16 qm Oberfläche, von jeder Farbe brauchen wir also 8 qm, mit Zuschuß für Umschlagen ca. 9 qm.

Quadratisches Stoffstück von ca. 60 × 60 cm Größe flach auslegen, Rückseite nach oben. Spanplatte auflegen. Stoff von den 4 Ecken her diagonal bis zur Plattenecke einschneiden. Stoffecken rechtwinklig nach innen einklappen und gegen den überstehenden Stoffrand kleben. Dann Stoffränder um die Platte klappen und mit Heftklammern oder Reißnägeln oder Blauköpfen befestigen.

Die so vorbereiteten Platten können mit doppelseitigen Klebestreifen auf den Unterboden aus Holz oder PVC geklebt werden (▷Fußboden).

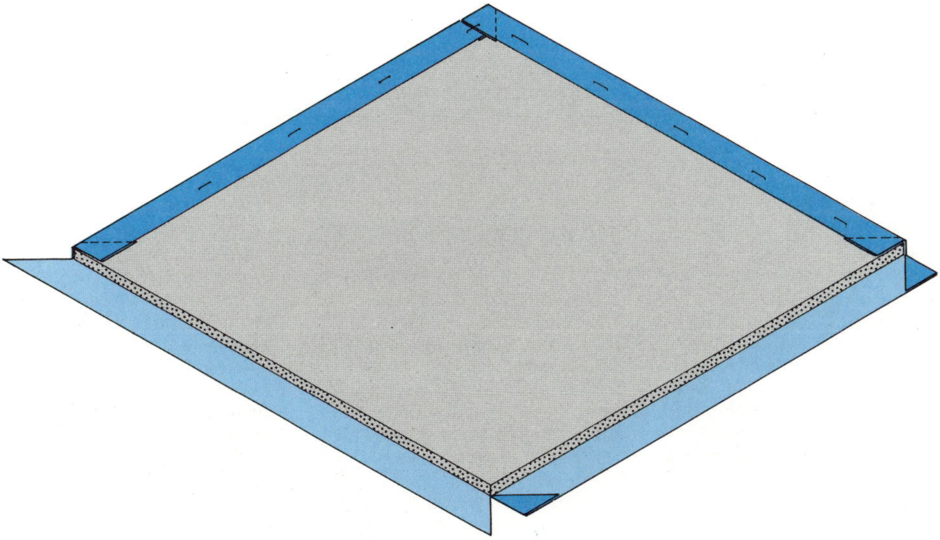

C

Platte für Schachbrettboden: Einschlagen und Umklappen der Stoffkanten

Handelsübliche Palette, die als Grundlage für ein Fußbodenpodest dienen kann.

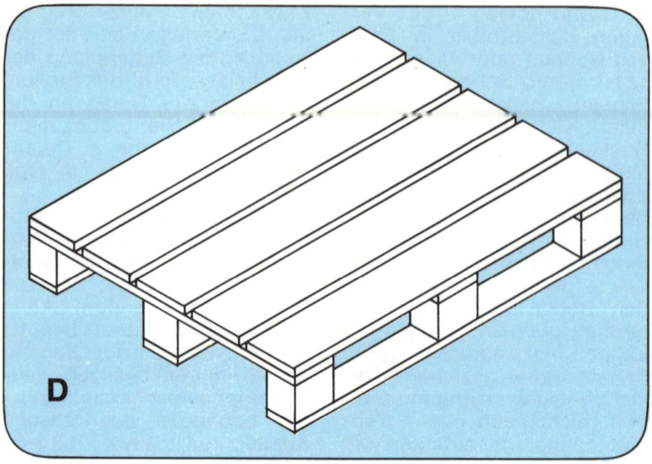

Aufbringen von Spanplatten auf ein Podest: Stoßfugen der Abdeckbretter nicht auf Stoßfugen der Palette. Kreuzfugen vermeiden.

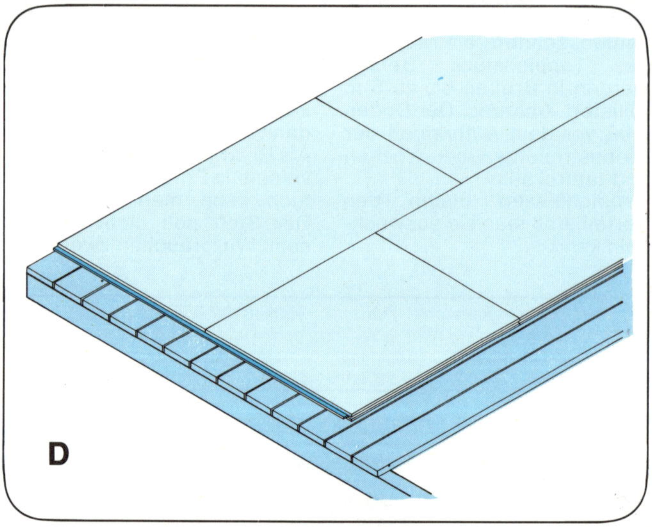

D Podest Ein Selbstbau-Podest ist im Abschnitt „Wohnlandschaft" beschrieben. Denken Sie aber auch einmal daran, daß im Speditionsgewerbe, z. B. für den Transport von Druckbögen und Büchern, sogenannte Paletten verwendet werden, die sehr billig sind, weil sie serienmäßig hergestellt werden. Die standardisierten Paletten haben die Abmessungen
 80 × 100 cm
 80 × 120 cm
100 × 120 cm
Vielleicht kann man auch ein paar gebrauchte Paletten ergattern.
Der Zusammenbau eines Podestes aus solchen Paletten geht folgendermaßen vor sich:
2. Abdeckung aus Spanplatten, 16 mm dick, aufbringen (▷Nageln). Die Stoßfugen der Abdeckbretter sollen nicht über den Stoßfugen der Palette liegen.
3. Die sichtbaren Stirnseiten verkleiden. Dazu eignen sich entweder Weichholzbretter, 14 bis 19 mm dick, oder ebenfalls Spanplatten (16 mm). Die Stirnbretter werden angeschraubt. Verwenden Sie Linsenkopfschrauben, wenn die Köpfe sichtbar bleiben dürfen, jedoch Senkkopfschrauben, wenn Sie das Bauwerk anschließend anstreichen.
4. Oberseite, wenn gewünscht, mit PVC oder mit Teppich belegen. Den Belag müssen Sie vor dem Bau beschaffen, weil die Höhe der Stirnbretter = Palettenhöhe + Dicke der Abdeckplatten + Dicke des Belags sein muß.
5. Stirnbretter, wenn gewünscht, ▷anstreichen oder ▷beizen.
Die Stirnbretter können auch mit Teppichstreifen beklebt werden. In diesem Fall zuerst die Stirnseite bekleben, dann Kantenschutzprofil ankleben (s. Detail e), am Schluß muß noch der horizontale Belag eingeschoben und festgeklebt werden.

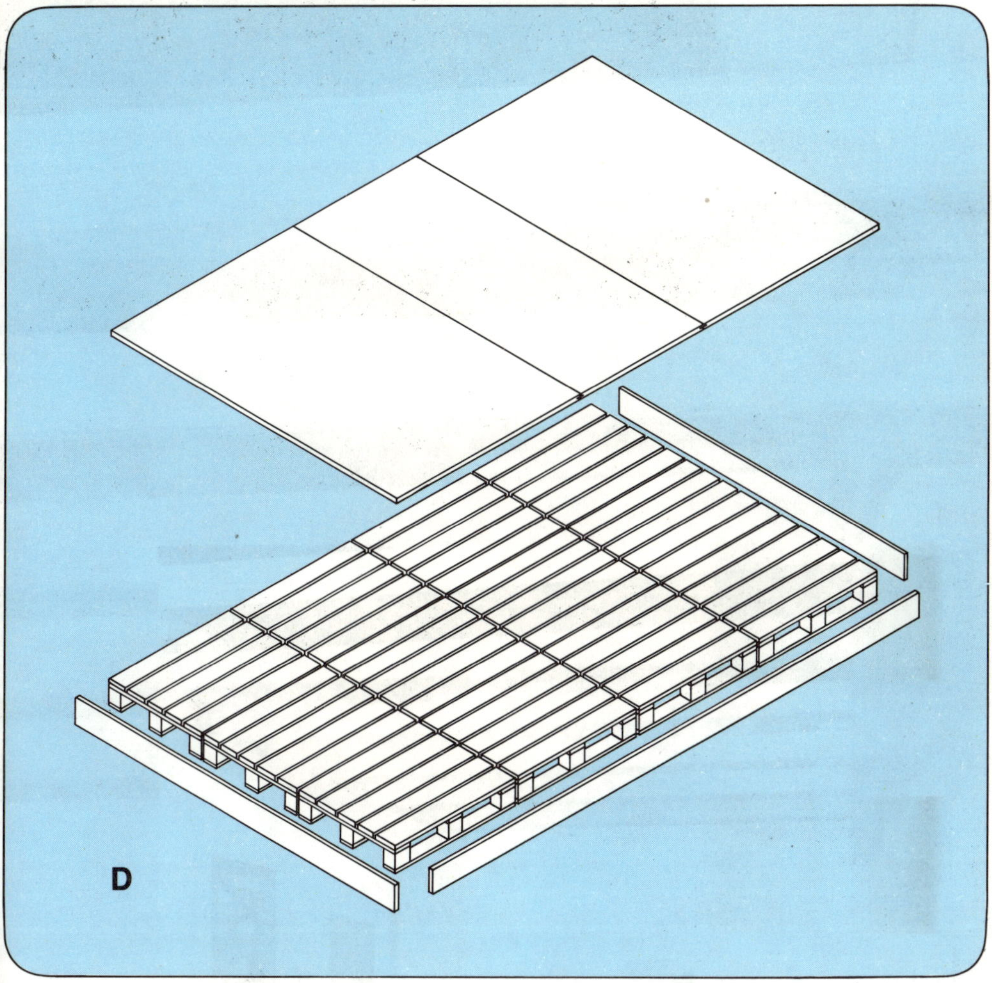

Podest aus 12 Standardpaletten mit Stirnbrettern und Abdeckung

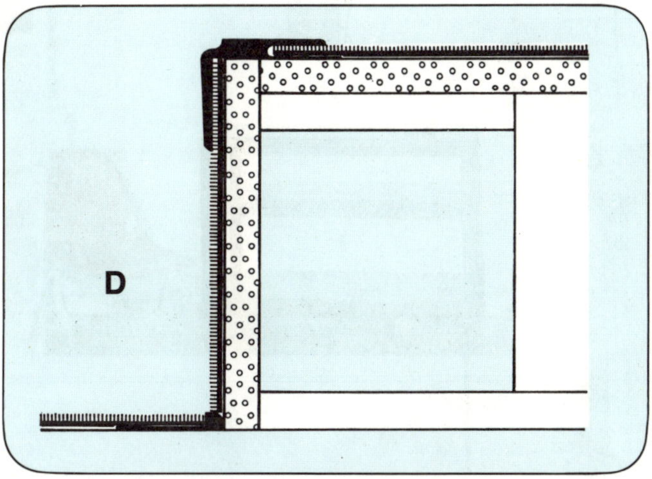

Podest mit Teppichbelag an Stirnseite und Oberfläche. Kantenschutzprofil aus PVC.

Die Decke

Die Decke

Der Zimmerdecke wird meistens wenig Aufmerksamkeit geschenkt. In Neubauräumen, bei Zimmerhöhen von 2,50 bis 2,70 m, ist es weder möglich noch erforderlich, besondere Operationen vorzunehmen. Man streicht sie weiß oder in einem hellen Pastellton. Anders in hohen Räumen, ebenso dort, wo offenliegende Rohrleitungen o. ä. das Auge stören. Hier können die folgenden Anregungen nützlich sein.

A Dunkler Anstrich Der Raum wirkt niedriger, wenn die Decke in einem dunkleren Farbton gehalten ist als die Wände. Überlegen Sie, ob Sie den dunklen Ton noch ein Stück (30 bis 40 cm) an der Wand fortsetzen!

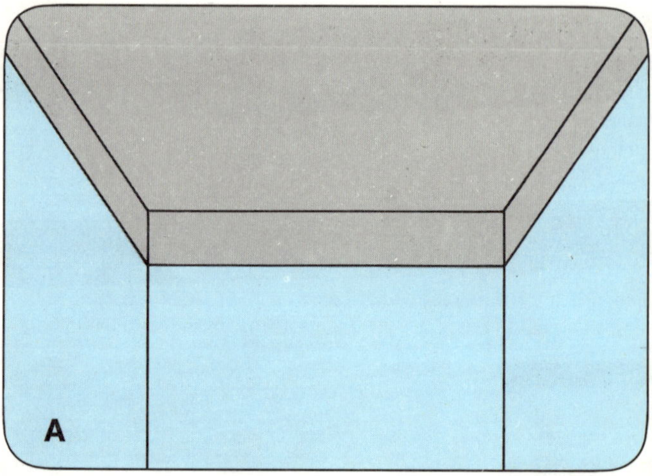

Decke und oberster Teil der Wand in dunklem Farbton gestrichen

B Stoffbaldachin Dieser Baldachin besteht nur aus Stoff (oder Vliseline). Da Stoffe bei Feuchtigkeitsschwankungen etwas arbeiten (sich zusammenziehen oder ausdehnen) können, werden die Bahnen immer ein wenig durchhängen; sie dürfen auch nicht extrem straff gespannt werden.
Jede Bahn erhält an beiden Enden ein Stück Plastikrohr eingenäht, so lang wie die Breite einer Stoffbahn. Man kann auch entsprechend starke Taue verwenden.
An beiden Längswänden des Raumes sind Leisten mit C-förmigem Profil anzubringen. Die Befestigung auf in die Wand gesetzten Patentdübeln (▷Dübel in Wand und Decke) muß sehr solide sein, weil die Stoffbahnen einen beträchtlichen Zug ausüben (Detail a). So weit, so gut. Aber wie bringen wir die letzte Stoffbahn an? Am besten ist folgendes Vorgehen:

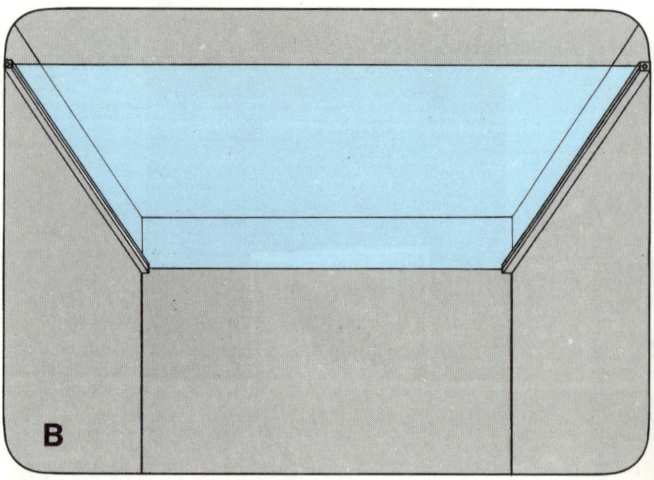

Stoffbaldachin unter der Decke

Die Tragleisten werden auf beiden Seiten fest angeschraubt mit Ausnahme eines letzten Stückes von (angenommen) 60 cm Länge.
Soweit die Leisten reichen, werden sie „gefüllt“. Für das noch fehlende Stück der Tragleisten setzen Sie die Dübel, dicht gegen Ende der Leisten, und bohren die Schraubenlöcher durch die Leiste.
Befestigen Sie jetzt zuerst das Ende, das gegen die Querwand des Raumes stößt. Vom freien Ende her führen Sie die Stoffbahn ein. Sie – und vor allem das eingenähte Rohrstück – soll 1 cm kürzer als die Leiste sein, sodaß Sie nach Einführen des Stoffs noch mit dem Schraubenzieher hineinfahren und das bisher lose Ende der Tragleiste anschrauben können.
Die 1 cm breite Lücke im Baldachin verteilen Sie durch leichtes Verschieben der anderen Bahnen so, daß sie nicht mehr auffällt.

C Bespannte Holzrahmen
Diese Lösung ergibt eine straffere Stoffspannung. Wir brauchen entlang der beiden Längswände des Raumes diesmal Tragleisten aus Holz (etwa 2 × 3 cm), ebenfalls sorgfältig auf Dübel gesetzt (▷Dübel in Wand und Decke), denn sie sollen das Gewicht der Holzrahmen tragen.
Jeder Rahmen ist so lang wie die Entfernung von Wand zu Wand und zwischen 40 und 80 cm breit (je nach Stoffbreite und Raumgröße). Alle Rahmen sollen gleich groß sein.
Als Holz für die Rahmen dienen Leisten von 10 × 38 mm bis 15 × 48 mm Querschnitt – je nach Raumbreite. Die Rahmen werden geleimt und geschraubt und dann an der Unterseite mit Stoff oder Vliseline bespannt, Befestigung mit Klammern (Heftpistole, Detail b). Man kann auch Ölpapier nehmen, besonders dann, wenn an der Decke anzubringende Leuchtstofflampen ein milde durchscheinendes, den Raum gleichmäßig erhellendes Licht erzeugen sollen.

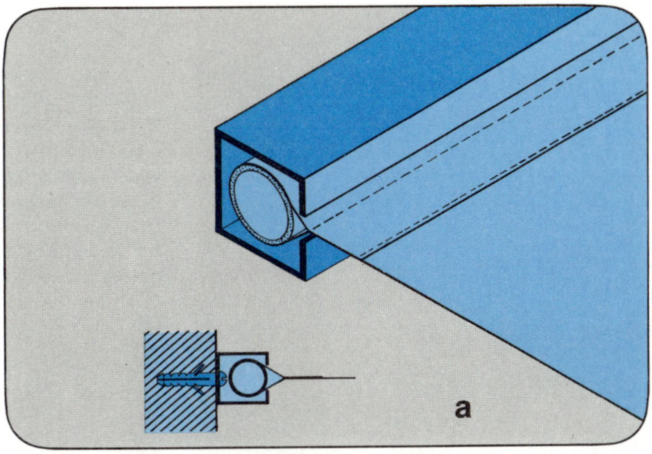

Detail a: So sitzen die Stoffbahnen, in deren Enden Plastikröhrchen eingenäht sind, in den Halteschienen mit C-förmigem Profil.

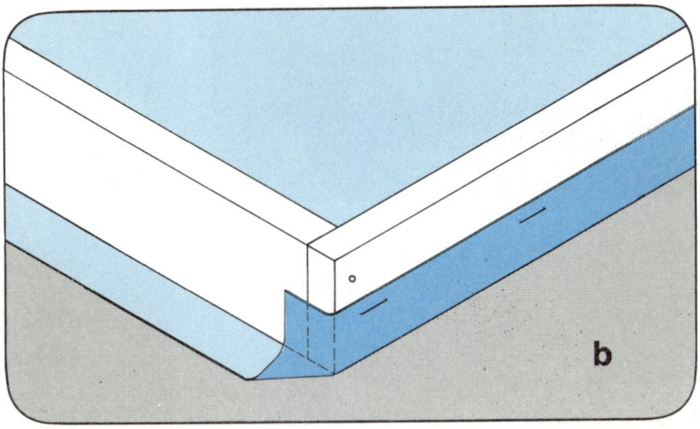

Detail b: Ecke des Holzrahmens; die Bespannung wird mit Klammern (Heftpistole) befestigt.

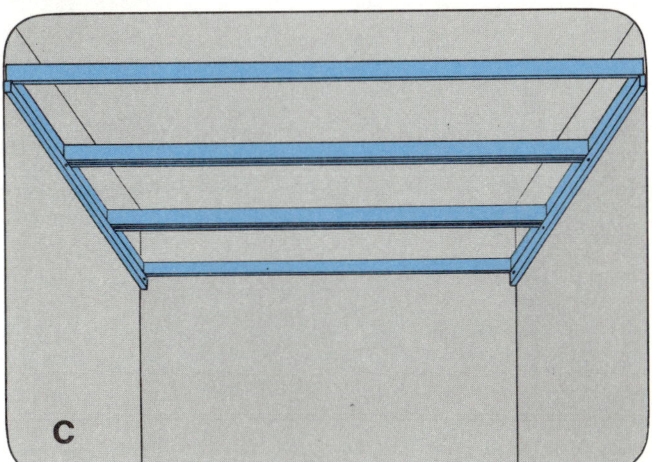

Zwischendecke als bespannten Holzrahmen

Eine noch einfachere Lösung:
Die Deckenelemente sind federleicht wie Drachen. Sie bestehen aus einem dünnen Leistenrahmen, der mit heller Vliseline bespannt ist, damit die Deckenbeleuchtung durchscheinen kann.
Die Rahmen werden aus 1 cm starken geraden Fichtenleisten zusammengenagelt und geleimt.

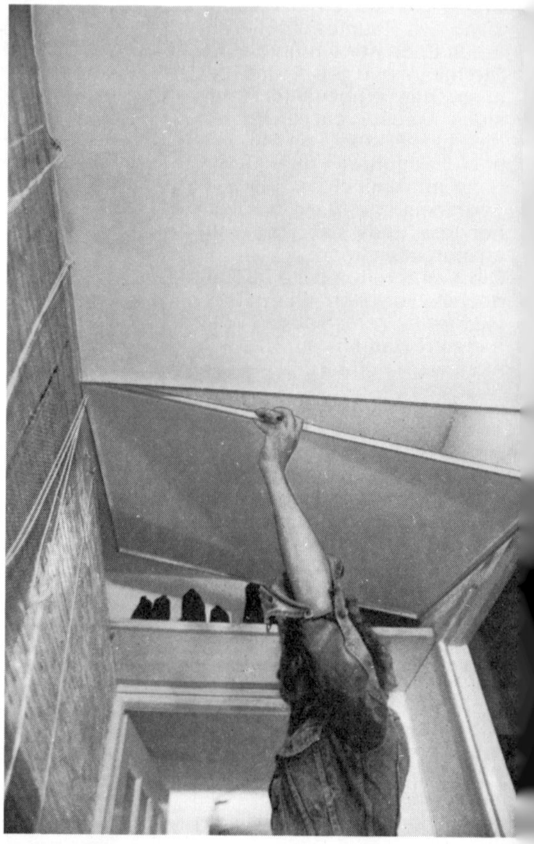

Die Vliseline (Pergament oder Seidenpapier gehen auch) wird geklebt oder mit Heftklammern befestigt.

Die Elemente liegen auf der einen Seite auf dem Schrank und auf der anderen auf zwei Nägelchen auf. Regalbretter kann man auf die gleiche Art auflegen.

D Baustahlgewebe Ein unter die Decke gehängtes Baustahlgewebe kann gut aussehen, auch läßt sich allerlei daran aufhängen. Bitte beachten Sie folgende Punkte:

1. Decke muß dunkel, in stumpfem Ton gestrichen werden.
2. Wegen des beträchtlichen Gewichts brauchen Sie eine größere Anzahl sorgfältig gesetzter Dübel (Detail c). Die Dübel dürfen auch deswegen nicht zu weit auseinander sitzen, weil das Gewebe sich sonst durchbiegt.
3. Das Gewebe soll einen Anstrich in nicht zu grellem Farbton erhalten, z. B. dunkelblau, dunkelgrün, dunkelbraun, auch Schwarz-Weiß-Kombinationen sind möglich.
4. Keine Lampen im Raum zwischen Gewebe und Zimmerdecke anbringen.

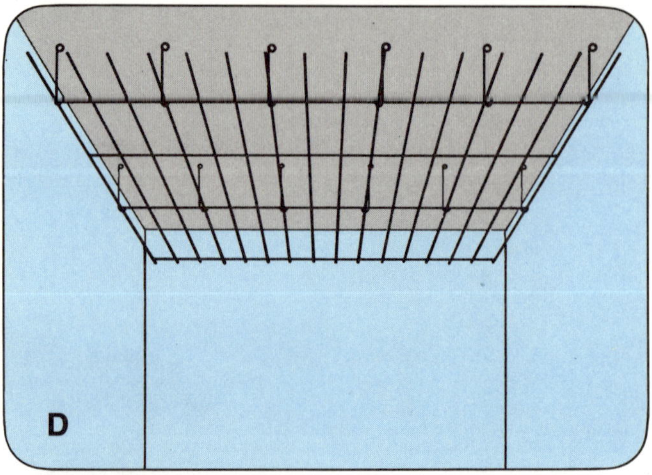

Untergehängtes Baustahlgewebe

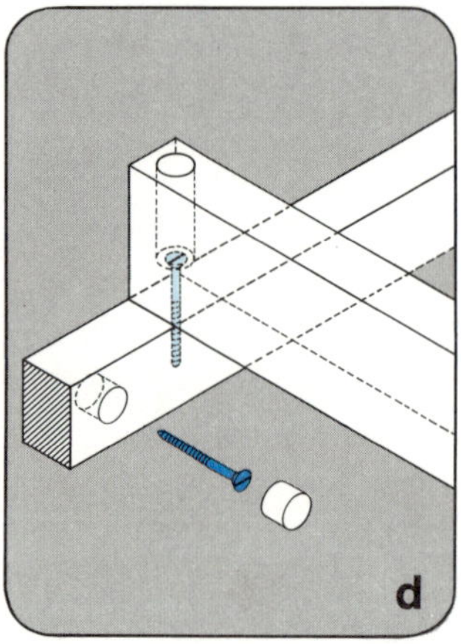

Detail c: Ringhaken in die Decke gedübelt; an diesem Haken ist das Baustahlgewebe mittels zu Ösen gebogenen Rundeisenstükken aufgehängt.

Detail d: Die Schraubenlöcher für das Befestigen der Tragleisten an der Wand und des Rostes auf den Tragleisten sind tief vorgebohrt. So können kurze Schrauben verwendet, die Bohrlöcher mit Dübelabschnitten geschlossen werden.

E Lattenrost Auch ein Lattenrost läßt einen schmalen, hohen Raum niedriger erscheinen. Für einen Gang bildet er oft die angemessene Lösung.

Die Wandleisten können bis 4 × 8 cm stark sein. Die Latten selbst – von etwa gleichem Querschnitt – stehen mit der Schmalseite nach unten.

Man kann alle Schraubenköpfe sichtbar lassen, sollte sie allerdings dann peinlich genau in einer Flucht und mit gleichen Abständen setzen. Die Latten können auch mit Nägeln auf den Wandleisten befestigt werden.

Detailzeichnung d zeigt, wie man alle Schraubenköpfe versenken kann.

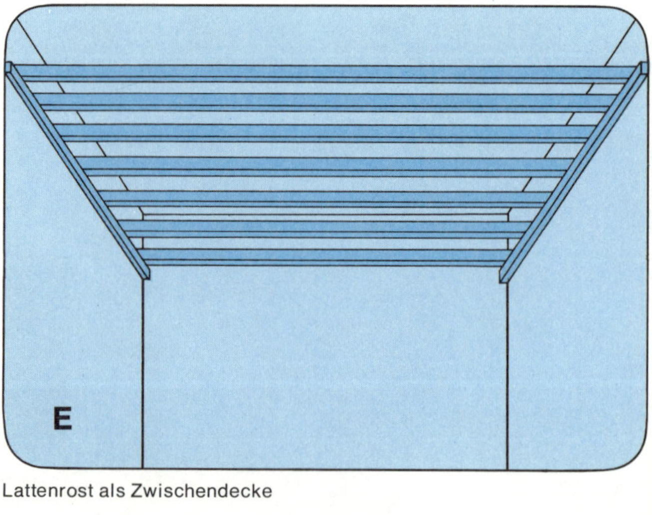

Lattenrost als Zwischendecke

F Paneeldecke Hier braucht man ein bißchen mehr schreinerisches Können! Die Paneeldecke soll aus beiderseits genuteten Brettern bestehen (s. Zeichnung).
Tragleisten werden an die Längswände gesetzt wie in den vorigen Beispielen. An die Unterseite der Leisten setzen wir Vilinhaken (Detail e), die sorgfältig angeschraubt werden müssen, denn sie sollen das ganze Gewicht der Paneelbretter tragen. Zwischen die Bretter wird je ein schmales Federbrett gesteckt, das den Raum von Nut zu Nut überdeckt (vgl. ▷Holzverbindungen, fest).

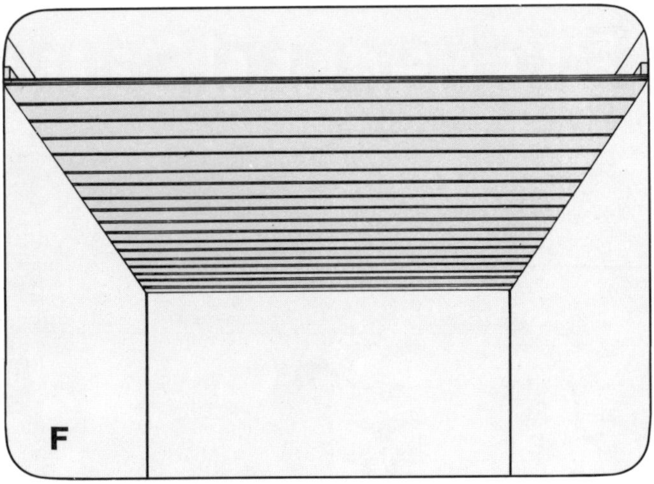

Paneel-Zwischendecke

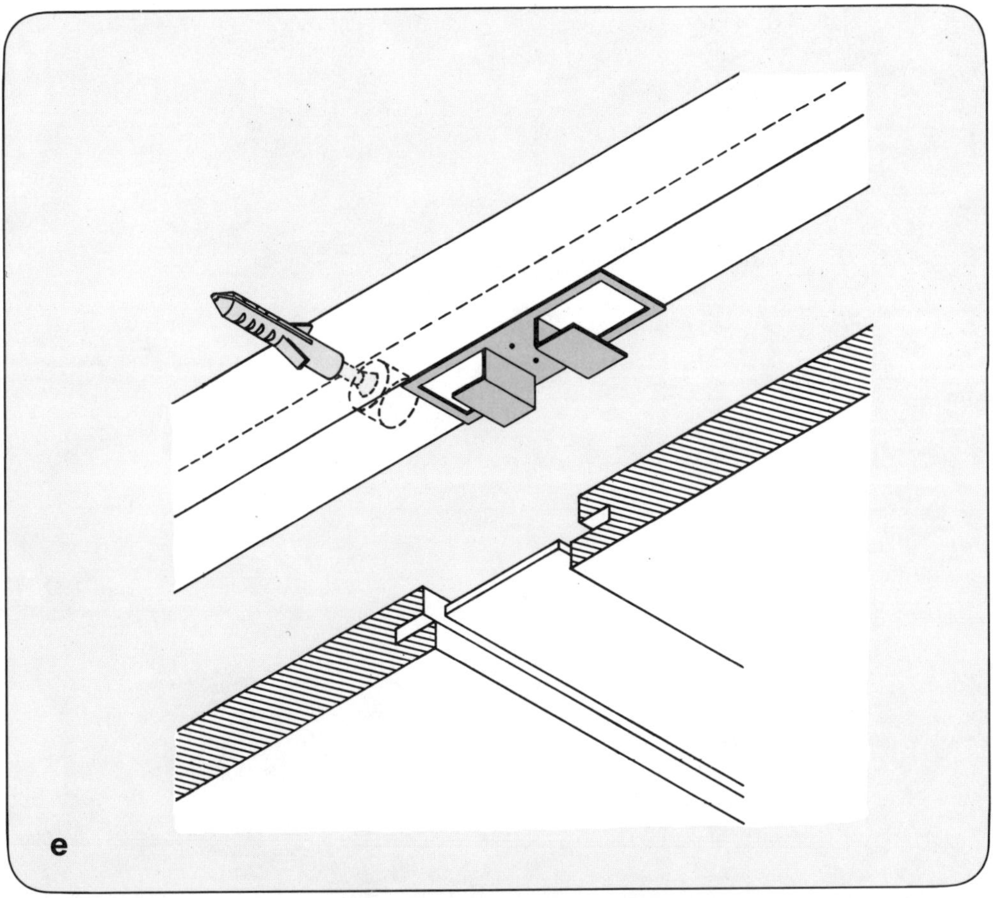

Detail e: Tragleiste (oben), mit Dübeln und Schrauben gegen die Wand gesetzt, unter ihr die Vilinhaken, welche die Bretter (unten, mit zwischengesetztem Federbrett) aufnehmen und halten.

Bücher und Sammlungen

Bücher und Sammlungen

Die schönsten Dinge wollen keine rechte Freude machen, wenn man sie in dem Augenblick, da man sie braucht, nicht zur Hand sind, wenn man sie vielmehr erst nach längerem Herumsuchen findet. Das gilt für Bücher, aber vielleicht noch stärker gilt es für Malutensilien und schließlich auch für Sammelgegenstände aller Art. Jedes Ding sollte darum seinen festen Aufbewahrungsort haben. Nur so läßt sich Ordnung bewahren, nur so lassen sich auch kostbare Sammelstücke von Staub, Licht und Beschädigungen schützen.

In diesem Abschnitt werden vier Selbstbaumöbel beschrieben, die speziell für das Verwahren von Büchern und Sammelgegenständen entworfen wurden: ein Schubladenschrank, ein Regal aus Tischlerplatten, ein Regalelement aus Leisten und eine Vitrine.

Allerdings sind Vorschläge zum Thema „Bücher und Sammlungen" auch noch in anderen Teilen dieses Buches enthalten. Sie finden sie beim Durchblättern – oder anhand der Hinweise, die im Abc-Teil unter dem Stichwort ▷Regale stehen – oder mit Hilfe des Registers am Schluß des Buches.

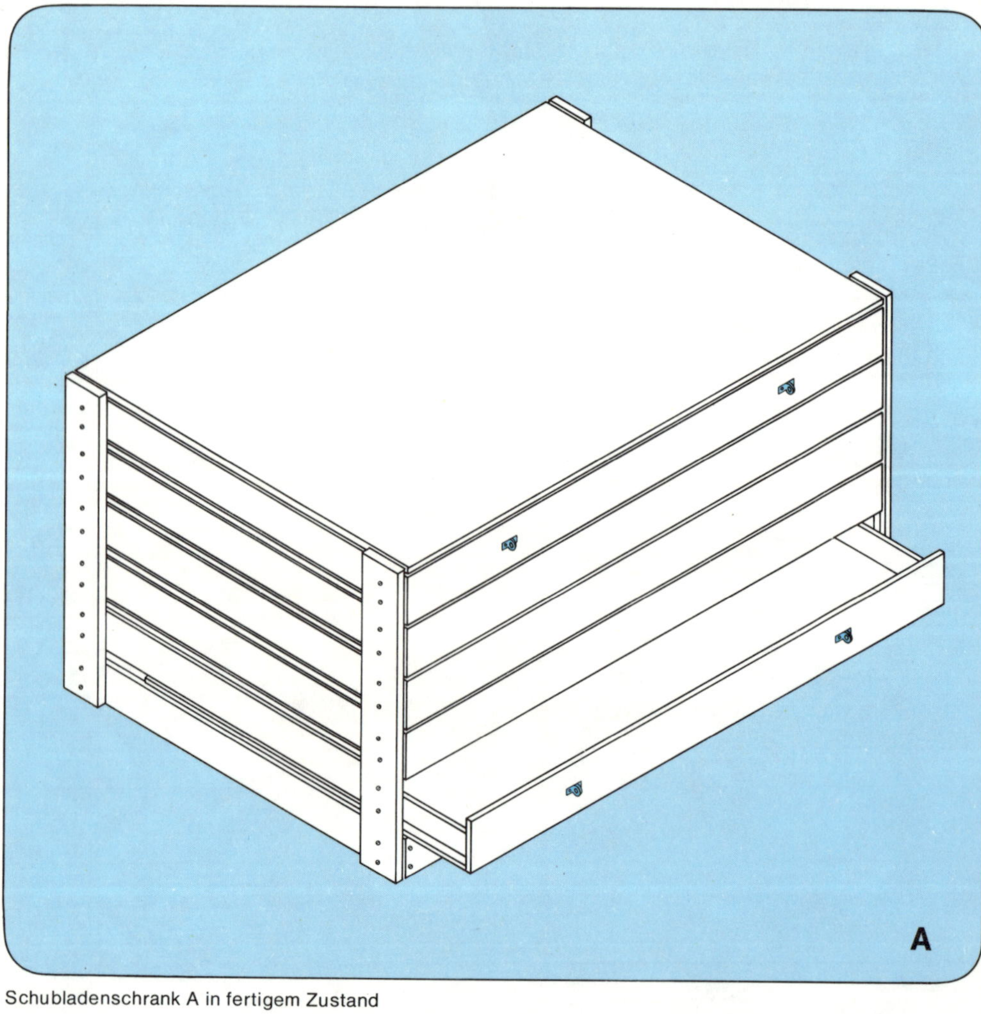

Schubladenschrank A in fertigem Zustand

A Schubladenschrank Dieser Schrank ist für Grafiken, Poster, eigene Zeichnungen und ähnliches Sammelgut bestimmt – kurz für alles, was flach und lichtgeschützt verwahrt werden muß. Er ähnelt einem sogenannten Planschrank, wie ihn u. a. Architekten und Baubehörden verwenden.
Wenn man die Fächer entsprechend unterteilt, kann er auch andere Objekte wie Mineralien, Versteinerungen, Muscheln, Kronkorken, Zündholzschachteln, Bierdeckel, Münzen, Urkunden aufnehmen. Und natürlich Schreib- und Zeichenmaterial.

Nr.	Bezeichnung	Stück	Länge cm	Breite cm	Dicke mm	Material
A	Schubladenschrank					
1	senkrechte Leisten	4	49	7	12,5	Weichholz
2	Querleisten	12	65,5	7	12,5	Weichholz
3	vordere Sockelleiste	1	94,5	7	12,5	Weichholz
4	Rückwand	1	94,5	48	10	Spanplatte
5	Abdeckplatte	1	94,5	68	10	Spanplatte mit Holz-Umleimer
6	Schubladenböden	5	94	64,5	10	Spanplatte
7	Seitenleisten	10	64,5	5	8	Spanplatte
8	hintere Leisten	5	90	5	8	Spanplatte
9	Blenden	5	94	8	12,5	Weichholz

Beschläge:
zum Verschrauben der Leisten Linsenkopfschrauben 3 × 20 mm
für Rückwand und Abdeckplatte Nägel
für die Schubladen Nägel und je 2 Ringgriffe

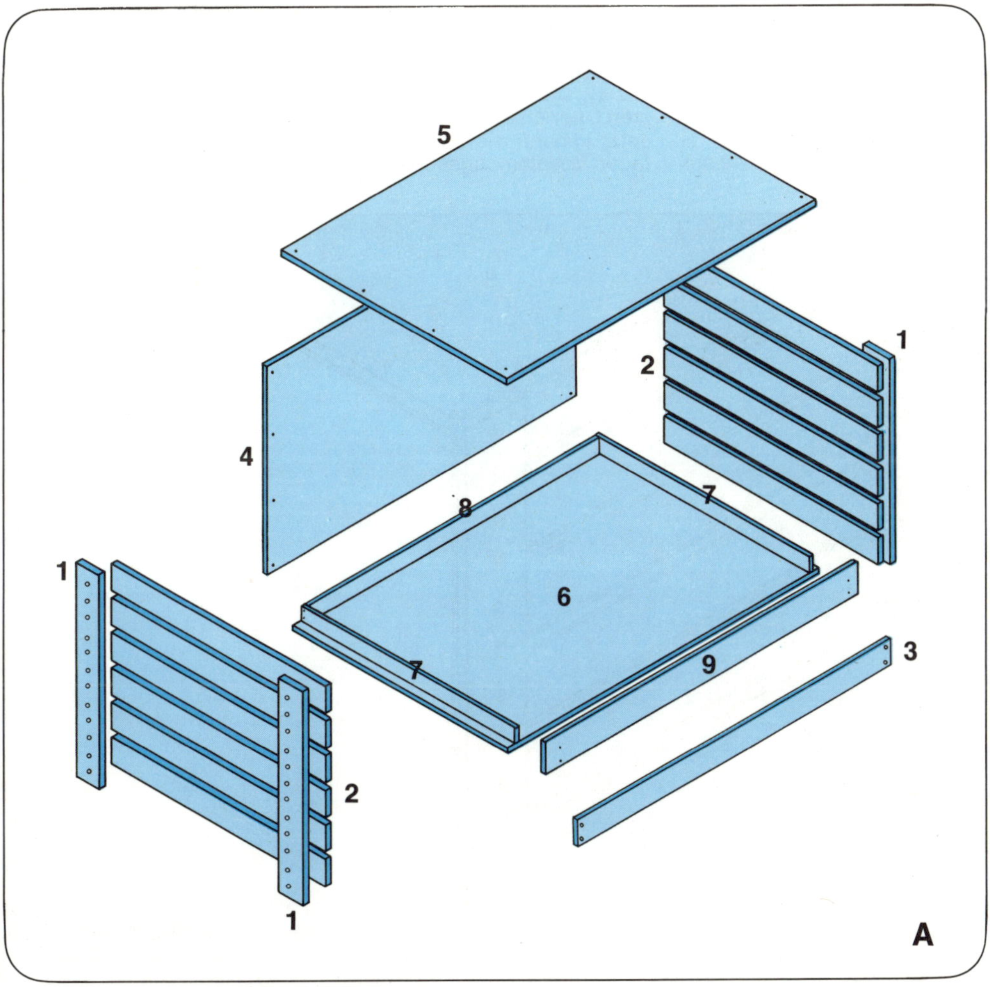

Zusammensetzung des Körpers für Schrank A

Arbeitsschritte
Zuerst werden die beiden Seitenwände zusammengesetzt. Jede besteht aus 2 senkrechten Leisten (1) und 6 Querleisten (2). Die senkrechten Leisten werden von außen gegen die Querleisten geschraubt. Dabei ist folgendes zu beachten:

Der Höhe nach: Die unterste Querleiste schneidet am Fußboden ▷bündig mit dem Ende der senkrechten Leiste ab. Zwischen den Querleisten je 12 mm Zwischenraum lassen zum Einschieben der Schubladenböden. So ergibt sich als Höheneinteilung:

6 Querleisten je 7 cm	= 42 cm
5 Zwischenräume je 1,2 cm	= 6 cm
Dicke der Abdeckplatte	= 1 cm
Länge der senkrechten Leiste	= 49 cm

Der Seite nach: An der Rückseite die Enden der Querleisten um 1 cm (= Stärke der Rückwand) zurücksetzen. An der Vorderseite die Querleisten um 1,2 cm (= Stärke der Blenden und der Sockelleiste) zurücksetzen.

Die beiden so entstandenen Seitenwände werden miteinander verbunden: hinten durch Aufsetzen der Rückwand (4), vorn unten durch Anschrauben der Sockelleiste (3). Rückwand und Sockelleiste werden gegen die Enden der Querleisten gesetzt, sitzen also zwischen den senkrechten Leisten (Detail a). Die Sockelleiste wird geschraubt, die Rückwand kann genagelt werden (▷Schrauben, ▷Nageln). Die Abdeckplatte (5) nun auflegen (bündig mit den senkrechten Leisten, s. Detail a); sie wird auf die obersten Querleisten genagelt.

Jetzt können die fünf Schubladen zusammengesetzt werden: Die hintere Leiste (8) zuerst aufsetzen, bündig mit dem hinteren Rand des Bodens (6). Seitlich bleiben je 2 cm frei. Die Befestigung geschieht durch Leimen plus Nageln (von unten). Wenn Sie jetzt die Seitenleisten (7) aufsetzen, steht der Schubladenboden beiderseits noch 1 cm über, so daß er zwischen die Querleisten eingeschoben werden kann. Die Blenden (9) werden vorn gegen die Schubladen gesetzt. Sie müssen oben und unten um 5 mm überstehen; genaues Arbeiten – wie stets bei Schubladen – ist unbedingt erforderlich.

Jede Schublade erhält zwei Griffe.

Ausführung Die Teile müssen alle gut glattgehobelt sein, die Kanten leicht gebrochen. Der Schrank wird in der Regel am besten aussehen, wenn er entweder farblos lackiert oder in einem dunklen Ton gebeizt wird.

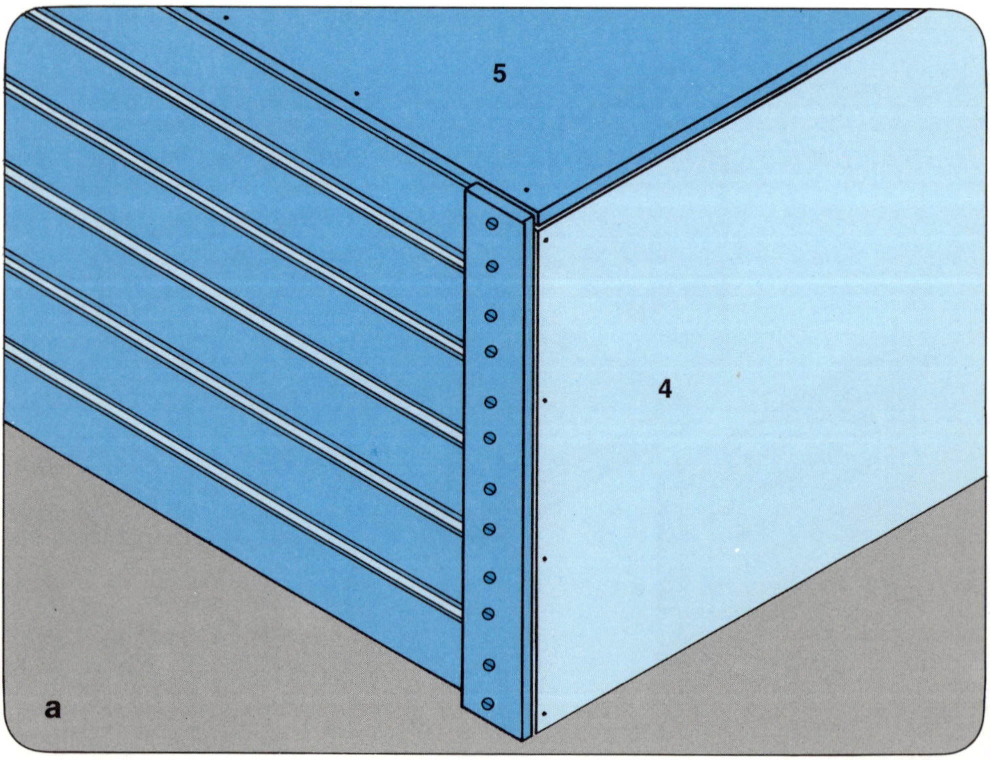

Detail a: Hintere Ecke des Schrankes A. Rückwand und Abdeckplatte schneiden bündig mit der senkrechten Leiste ab.

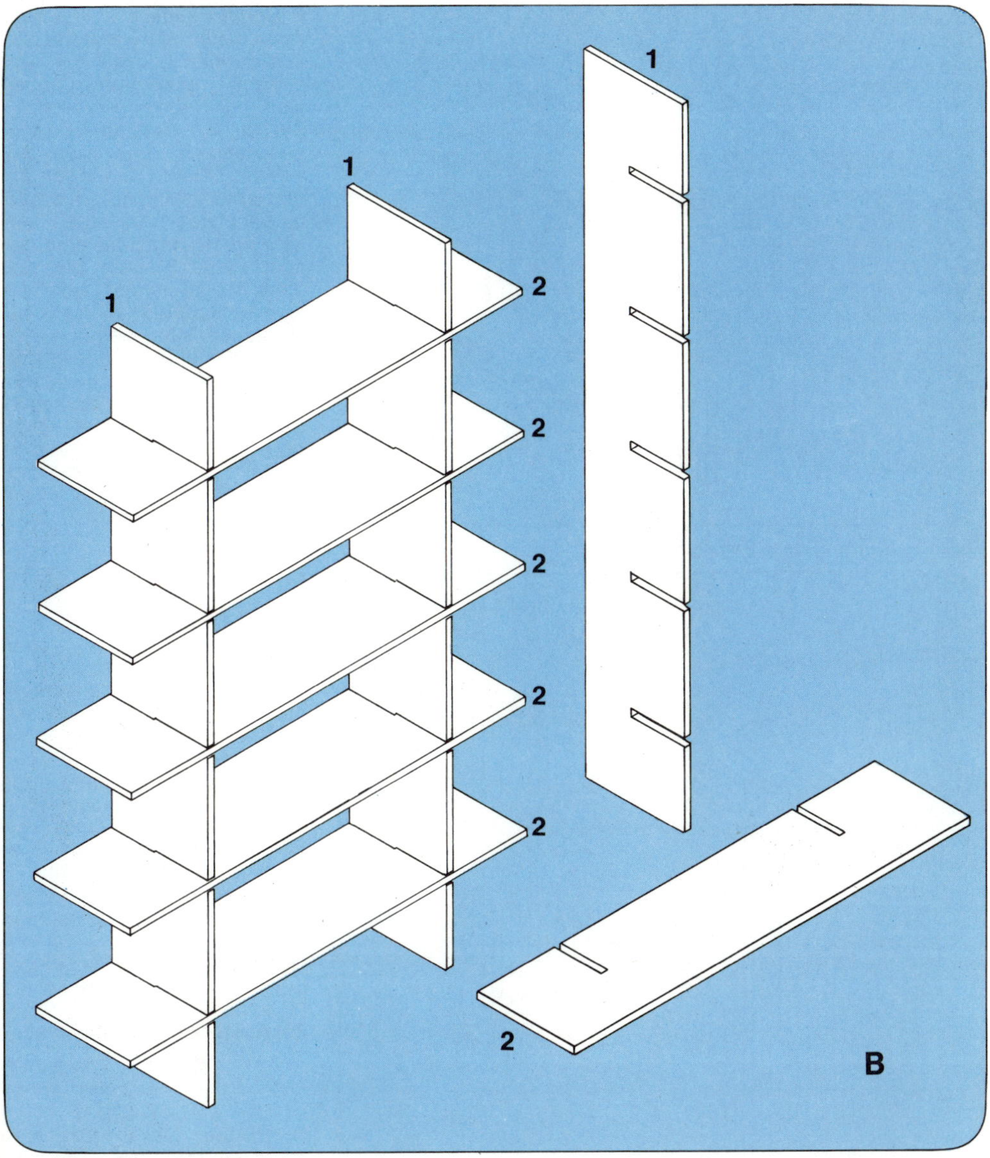

Das Regal aus Tischlerplatten (B)

B Regal aus Tischlerplatten
Für das Regal aus 13 mm starker Tischlerplatte (▷Platten) brauchen wir zwei Seitenteile und 5 Fachbodenbretter. Die Schlitze sind 13 mm breit (am besten vom Schreiner ausschneiden lassen), der Randabstand der Schlitze ist jeweils 20 cm, die Seitenteile schlitzt man entweder in regelmäßigen Abständen oder aber so, wie man es für seine Aufbewahrungsgegenstände am günstigsten findet. Beim Zusammenbau werden die Einschnitte innen mit Leim eingestrichen, dann werden Seiten und Fachböden ineinandergeschoben (▷Kleben).

Nr.	Bezeichnung	Stück	Länge cm	Breite cm	Dicke mm	Material
B	Regal aus Tischlerplatten					
1	Seitenteile	2	160	25	13	Tischlerplatte
2	Fachbodenbretter	5	100	25	13	Tischlerplatte

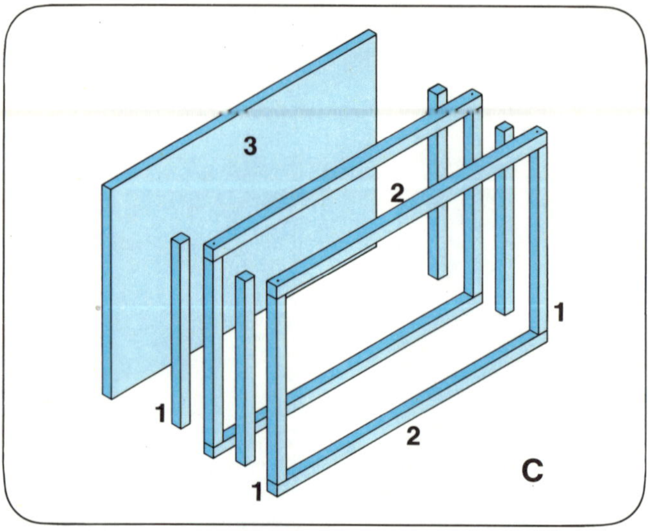

Zusammensetzung eines Regalelements C

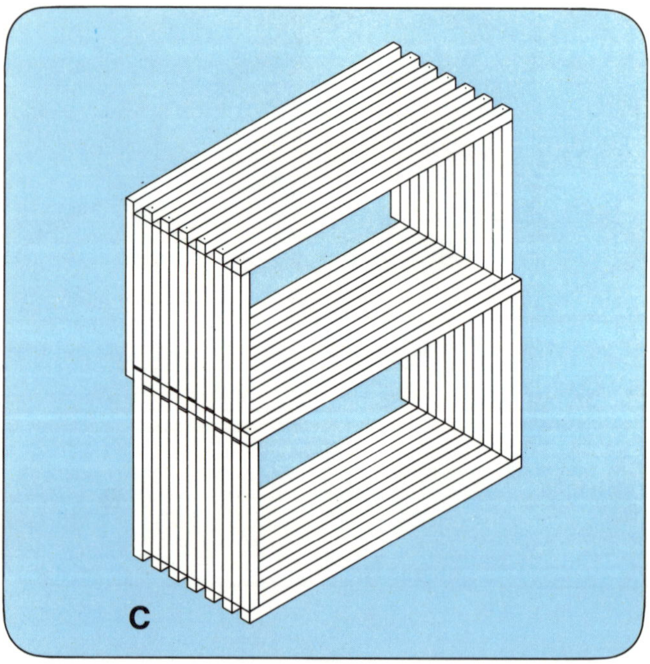

Zwei Regalelemente C aufeinandergestellt

Nr.	Bezeichnung	Stück	Länge cm	Breite cm	Dicke mm	Material
C	Regal-Element					
1	senkrechte Leisten	24	32	1,9	19	Quadratholz
2	waagerechte Leisten	12	60	1,9	19	Quadratholz
3	Rückwand	1	60	35,8	19	Tischlerplatte

Beschläge: Nägel

C Regal-Element Hier handelt es sich um offene Kästen aus dünnen Leisten, die sehr einfach zusammenzubauen sind (nur Nageln erforderlich). Sie lassen sich so übereinandersetzen, daß sich die oberen Leisten des einen mit den unteren Leisten des daraufgesetzten Kastens verzahnen; so entsteht eine geschlossene Fläche. Ein solches Regal nimmt auf, was sich in Schubladen nicht gut verstauen läßt: Keramik, Dosen, Flaschen, Modellautos, aber auch Bücher und Alben. Die Kästen eignen sich auch dazu, ihren jeweiligen Inhalt bei Umzug oder Umräumen gleich zu transportieren – soweit ihre Tragfähigkeit dabei nicht überfordert wird.

Arbeitsschritte

Sie brauchen 6 Rahmen, jeden aus zwei senkrechten Leisten (1) und zwei waagerechten Leisten (2) so zusammengesetzt, wie es die Zeichnung „Zusammensetzung eines Regal-Elements" deutlich macht. Zwischen zwei derartigen Rahmen ist jeweils ein Paar senkrechte Leisten (1) zu setzen, wobei diese Leisten mit ihren Enden und Kanten bündig mit den senkrechten Leisten sitzen, die die Rahmen bilden.
Gegen das letzte Paar dieser Leisten wird die Rückwand (3) genagelt.
Zur Ausführung: Farblos wachsen oder dunkel beizen.

D Vitrine Der Holzrahmen stellt eine kleine, sehr einfache – auch stapelbare – Box dar. Mit eingesetzter Glasscheibe entstehen Elemente, aus denen sich eine Vitrine zusammensetzen läßt. Für das Aufbewahren empfindlicher Gegenstände kann man den Boden polstern, z. B. mit Schaumgummi oder Styropor.

Arbeitsschritte

Alle 4 Seitenteile (1) für eine Box haben die gleichen Ab-

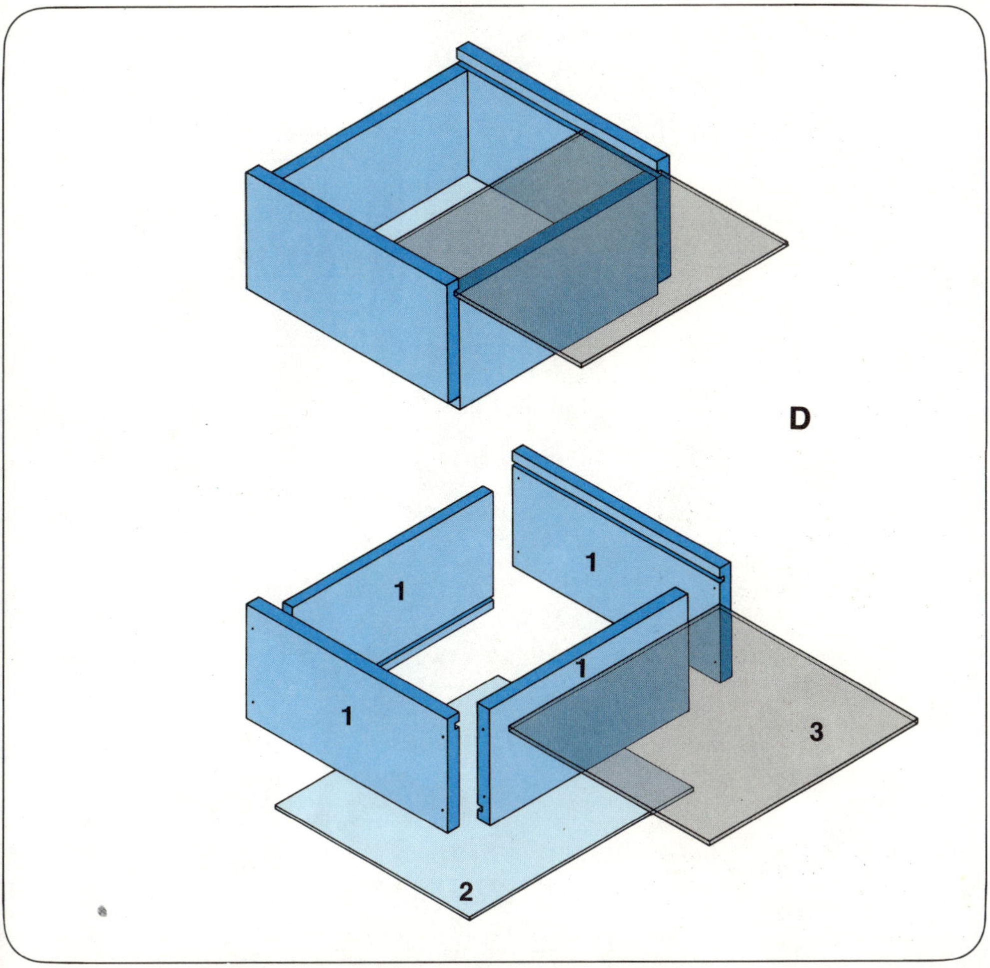

Oben: Vitrine D, Glasscheibe halb herausgezogen; Unten: Zusammensetzung der Vitrine D

messungen. Sie müssen vor dem Zusammenbau mit einer Nut versehen werden, die 5 mm tief und 4 mm breit und vom Brettrand 8 mm entfernt ist. Das Anbringen der Nut geschieht am besten, bevor die Bretter auf Länge geschnitten werden (▷Holzverbindungen, fest, ▷Sägen). Beim Zusammensetzen der Seitenteile durch Leimen (▷Kleben) und ▷Nageln) müssen zwei Seitenteile nach oben – und damit die beiden anderen nach unten – so weit überstehen, daß die Nut gerade freiliegt. So können Sie auf der einen Seite den Boden (2), auf der anderen die Glasplatte einschieben.

Zur Ausführung Folgende Ausführung wird gut aussehen: Die Schnittflächen ▷schleifen, die äußeren ▷Kanten leicht brechen. Naturfarben belassen oder die Schnittflächen spachteln und matt lackieren (▷Anstreichen). Die Bodenplatte, die auf einer Seite weiß ist, auf der anderen Seite schwarz streichen – oder in einem dunklen Farbton. So ist sie von beiden Seiten verwendbar.

Nr.	Bezeichnung	Stück	Länge cm	Breite cm	Dicke mm	Material
D	Vitrine					
1	Seitenteile	4	20	10	15	Weichholz
2	Boden	1	23	17,5	3	Hartfaserplatte mit weißer Oberfläche
3	Glasplatte	1	20,6	20	3	Fensterglas (Kanten geschliffen)

Beschläge: kleine Nägel

Tricks mit der Beleuchtung

Tricks mit der Beleuchtung

Wirklich sagenhaft, was sich mit einer richtigen Beleuchtung alles zaubern läßt! Wie wär's mit einem leuchtenden Blickpunkt für die nächste Fête im Gruppenraum oder für Stunden mit exotischer Musik in der eigenen Bude? Das Geheimnis der leuchtenden Maske, die das Auftaktbild zeigt, besteht in einer Lampe bzw. Röhre, die UV-Licht (ultraviolette Strahlung) abgibt und bestimmte Materialien (z. B. Nylonhemden und -blusen) damit zu einem phosphoreszierenden Leuchten bringt. Man kann selber ausprobieren, welche Stoffe und Farben die besten Effekte ergeben. Es gibt auch Poster, die in Leuchtfarbe gedruckt sind, sowie spezielle für diesen Zweck entwickelte Farben, mit denen man Bilder malen oder Gegenstände bemalen kann.

Für unseren eigenen Raum sollten wir Klemmlampen bevorzugen, wie sie die Fotos rechts zeigen. Wenn sich der Schirm bewegen läßt und der Stiel ein Schwenken der Lampe erlaubt, können wir das Licht genau da einsetzen, wo wir es brauchen: beim Lesen, am Schreibtisch, im Sessel, im Bett, zum Anleuchten von Bildern und Postern, als indirektes Licht gegen Decke oder Wand gerichtet, zur Allgemeinbeleuchtung. Die billigste Klemmlampe besteht nur aus Klemmfuß und Lampenfassung. Dazu wählt man eine verspiegelte Glühlampe, die den fehlenden Schirm ersetzt.

Leuchtstoffröhren sind im Betrieb billig (geben gegenüber Glühlampen bei gleichem Stromverbrauch sehr viel bessere Lichtausbeute). Es gibt sie in verschiedenen Farben, auch warmen Farbtönen. Wem ihr Licht gleichwohl zu direkt ist, der kann die Wirkung mit einer selbstgebauten Blende verändern, wie es die beiden letzten Zeichnungen zeigen.

Ein lebenswichtiger Hinweis: Nur Lampen mit vorgeschriebenem Stecker (Schuko-Stekker in Schuko-Dose) verwenden. Das Anschließen einer Lampe über Lüsterklemme an das Stromnetz darf nur ein Elektriker besorgen.

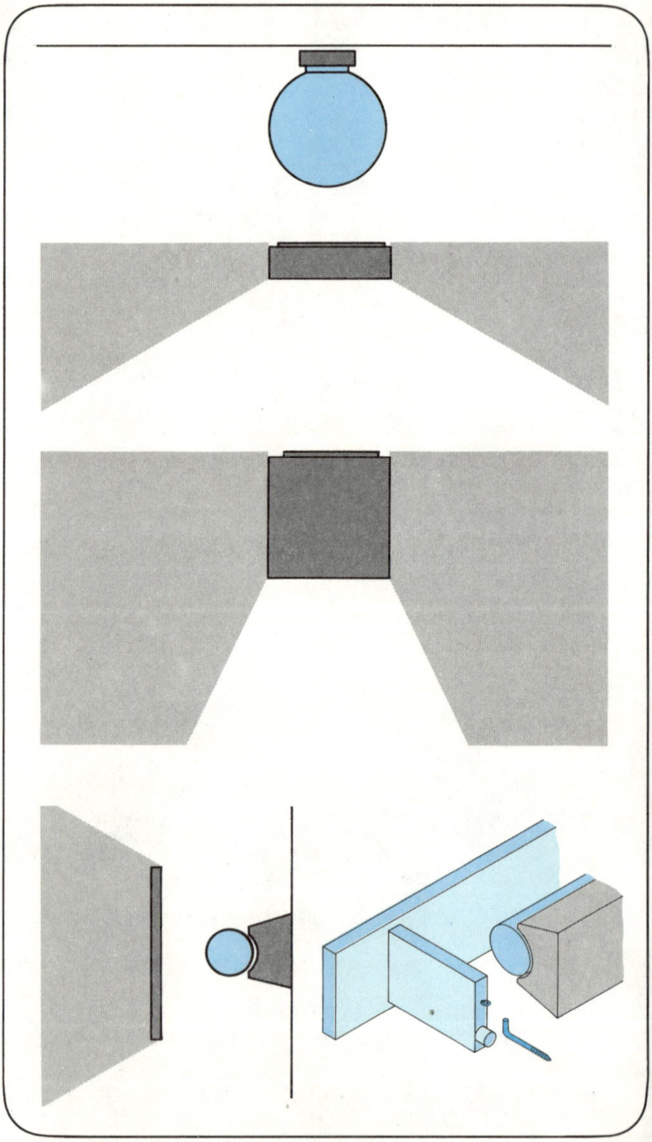

Die Lichtquelle ohne Schirm – billig, aber langweilig. Mehrere Kugeln nebeneinander sehen schon hübscher aus.

Leuchte mit flachem Schirm, geeignet zur Allgemeinbeleuchtung

Der gerichtete Lichtkegel ergibt interessante und gemütliche Wirkung, er schafft Lichtinseln im Raum. Die von ihm getroffenen Objekte sollten natürlich attraktiv sein!

Die Blende vor der Röhre beseitigt den Blendeffekt und schafft indirektes Licht.

Die Blende wird mit Ringösen auf Schraubhaken gehängt. Unter der Öse ist ein Abstandhalter angebracht.

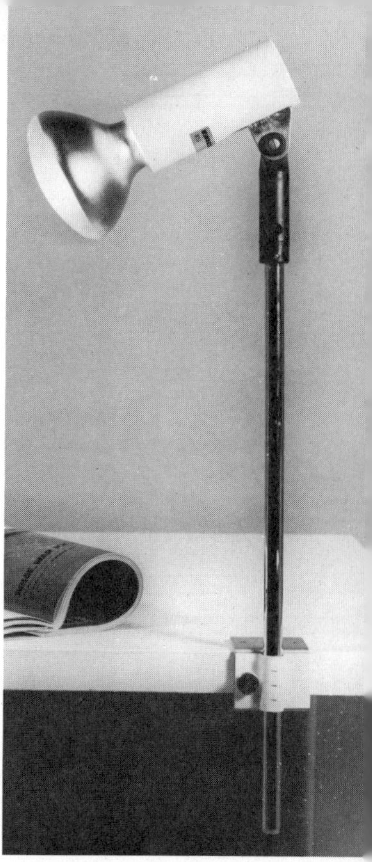

Abb. oben: Lichtschiene mit drei Strahlern. Diese Art der Beleuchtung findet immer stärker Eingang in den Wohnbereich: Hobby-, Wohnräume, Jugendzimmer, Dielen.
Abb. rechts oben: Durch das Befestigungsrohr wird der Einsatzbereich dieser Klemmleuchte zusätzlich vergrößert.
Abb. rechts unten: Klemmleuchte mit Halogenglühlampe. Gerade Klemmleuchten erfreuen sich, bedingt durch ihre vielseitigen Anwendungsmöglichkeiten, großer Beliebtheit.
Abb. unten: Arbeits- und Studierleuchte mit 15 W Leuchtstofflampe. Leuchtkopf dreh- und schwenkbar.
Fotos: ERCO-Leuchten GmbH, Lüdenscheid.

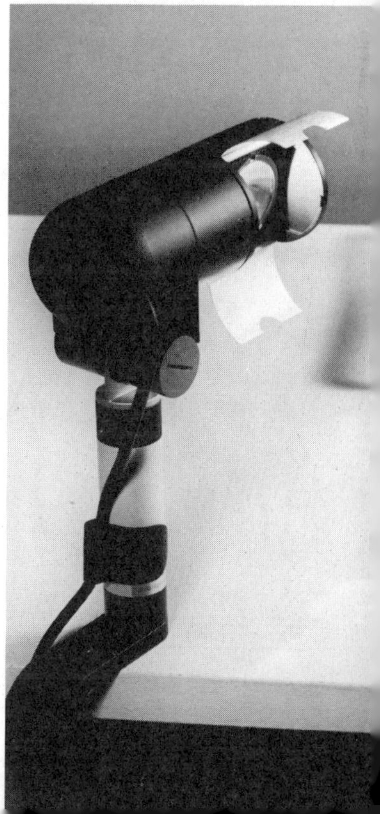

Neue Möbel - einfacher geht's nicht

Neue Möbel – einfacher geht's nicht

Eine reiche Auswahl von Selbstbau-Möbeln ist schon in den Raumbeispielen des ersten Buchteils enthalten. Hier werden darüber hinaus „klassische" Möbel vorgestellt: Tisch – Bett – Regal, alle nach dem Prinzip „Die einfachste Lösung ist die beste", schnell, billig, ohne großen Aufwand nachzubauen, sogar von Leuten, die „zwei linke Hände" haben. Bauteile, im Handel fertig angeboten, werden auf einfache Weise zu funktionsgerechten Gegenständen zusammengefügt und anschließend gebeizt, lackiert oder sonstwie behandelt.

Besonders günstig sind Türblätter, auch gebraucht oder beschädigt. Sie sind sehr stabil und tragfähig und haben die Maße von Bett, Schreibtisch, Podest. Als Unterstützung, als Sockel für Regale, Podeste eignen sich Ziegelsteine (Mauerziegel), die manchmal sogar auf Baustellen übrigbleiben. Tischlerplatten als Konstruktionselemente sind zwar etwas teurer als Spanplatten, dafür aber leichter, und Sie haben saubere Schnittkanten.

Arbeitstisch A aus Türblatt und zwei Böcken

A Tisch Ein Arbeitstisch, der nur aus einem Türblatt und zwei Böcken besteht.

Ein gebrauchtes Türblatt wird freilich Schraubenlöcher für das Schließblech und ein oder zwei größere Bohrungen (Schlüssel, Türklinke) aufweisen. Sie lassen sich mit Holzkitt (▷Kitt) verschließen.

Die Oberseite des Türblatts muß anschließend neu behandelt werden: ▷Anstreichen, ▷Kunststoffe ▷Holzoberfläche. Die Böcke gibt es in Holz und in Stahlrohr fertig zu kaufen.

geben sich vielseitige Gestaltungsmöglichkeiten.
Durch ein Druckknopfsystem werden die Kästen miteinander verbunden. Dieses Baukastensystem mit dem Namen „la caja“ wird in Einzelteile zerlegt und in einem Karton mit Tragegriff in handlichen Maßen vom Handel angeboten. Die Möbel können über den Ladentisch hinweg mitgenommen werden.
Diese Art Möbel spricht besonders diejenigen an, die bewußt beweglich wohnen wollen und deshalb eine Einrichtung benötigen, die sie bei unterschiedlichen Wohngegebenheiten begleitet. Mit la caja-Möbeln wird diese Forderung erfüllt, da sie sich in wenigen Minuten wieder völlig zerlegen lassen.
Beimöbel, ebenfalls zerlegt und in handlichen Kartons verpackt, wie Kleiderschränke, Liegen und Schreibplätze, ergänzen das schicke und praktische Programm.

Fotos: OMNIA-Möbel, Detmold

Fenster und Türen

Fenster und Türen – einmal anders

Fenster und Türen sind Blickpunkte und Grundelemente in jedem Wohnraum. Wer mit ihnen ein wenig unkonventionell verfahren will, muß als Grundsatz beachten: Fenster und Türen dürfen niemals rein dekorativ betrachtet und behandelt werden. Man muß immer die Funktion im Auge behalten, die einerseits im Durchgang (Durchgehen von Personen, Durchlassen von Licht, Luft, Sonne) besteht, andererseits in der Möglichkeit des Abschließens, des Abdunkelns, Abschirmens gegen Licht, Einblick, Lärm, Kälte, Staub.

Hier werden drei Anregungen gegeben: Fenster, unkonventionell – Neugestaltung von Türen – Türnischen ausnützen.

A Fenster – unkonventionell

Fensterrahmen kann man nicht nur wie üblich weiß streichen, sondern auch farbig. Allerdings: Die Farbe soll hell sein, leuchtend, nicht zu schwer. Sie wirken dann wie Bilderrahmen. Allerdings: Das Bild, das sie einfassen, soll auch einigermaßen schön, der Ausblick hell sein. Blickt das Fenster auf einen engen oder tristen Hof, sollten Sie bei weißen Rahmen bleiben.

Wer für sein Zimmer auf die traditionellen Stores und Übergardinen mit Vorhangschienen keinen Wert legt, kann statt dessen ein Schnapprollo anbringen, wie es im Abschnitt Gruppenraum“ (S. 96) beschrieben ist – oder eine Jalousie (Jalousette) aus Kunststoff – oder, wie hier beschrieben, Raffstores, die sich eng zusammengelegt zur Decke hinaufziehen lassen. Es versteht sich, daß man bei allen Operationen am Fenster zuerst darauf achten muß, daß es sich weiterhin ohne Schwierigkeiten drehen oder kippen läßt.

Als Material können Sie sowohl Vorhangstoff wie Kunststoff-Folie verwenden (▷ Kunststoffe). Beim Nähen von Folie verwendet man Garn aus Perlon oder Nylon und näht mit weiten Stichen.

In die Bahn werden in gleichen Abständen – etwa 20 cm – Taschen für Rundstäbe eingenäht. Die hölzernen Rundstäbe können 2 bis 4 mm nach jeder Seite herausstehen.

Jeder Rundstab, auch der unterste (Detail a), wird an beiden Enden mit einer Ringschraube versehen. Auf jeder Seite der Bahn läuft eine Kordel von der untersten Leiste (wo sie durch eine Holzkugel oder einen Knebel arretiert ist) durch die Ösen nach oben. Beide Kordeln werden gemeinsam durch eine in die Wand gesetzte Ringschraube nach unten geführt.

Als obere Befestigung dient eine rechteckige Holzleiste. Sie wird nicht in die Bahn eingenäht, vielmehr wird die Bahn mit kleinen Nägeln (Blauköpfen) an ihr befestigt. Die Leiste wird mit Dübeln oder Haken oberhalb der Fensternische an der Wand befestigt – so hoch, daß das Fenster bei oben zusammengerolltem Vorhang unbehindert geöffnet werden kann.

Die in der Hand geführte Kordel wird nach dem Aufziehen des Vorhangs an einer Klampe (wie sie im Bootsbau verwendet wird) oder an zwei in die Wand gesetzten Schrauben durch Herumschlingen befestigt.

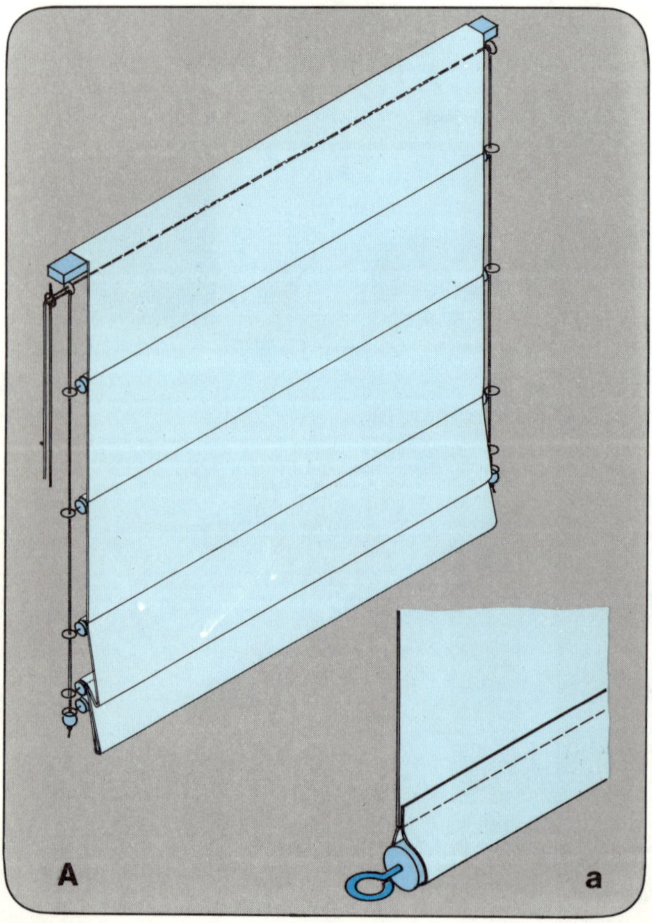

Raffstore mit eingenähten Rundstäben aus Holz
Detail a: Der unterste Rundstab mit eingesetzter Ringschraube

B Türen – neugestaltet Wie kann man eine Tür verändern, die alt ist oder unansehnlich und nicht zum übrigen Raum paßt? Abgesehen von neuem, evtl. andersfarbigem oder mehrfarbigem Anstrich kommt für das Türblatt hauptsächlich das Aufsetzen einer Platte (Hartfaserplatte, Sperrholz, ▷ Platten), das sogenannte Aufdoppeln, in Frage (für Schließblech Ausschnitt gemäß Abbildung erforderlich). Das eröffnet eine ganze Reihe von Möglichkeiten der Gestaltung:
1. Die aufgesetzte Platte ▷tapezieren (wie die Zimmerwände), freibleibenden Teil des Türblattes dazu passend (bzw. kontrastierend) ▷anstreichen.
2. Die aufgesetzte Platte mit einer einfarbigen oder gemusterten Folie überspannen: Die Platte soll an den Rändern etwas schräg zugeschnitten sein. Folie (nicht zu schwach wählen) so zuschneiden, daß überall 4–6 cm zum Umschlagen um die Platte überstehen. Umschläge umlegen und auf der Rückseite der Platte mit Blauköpfen befestigen, zuerst an den Längsseiten, und zwar von der Mitte beginnend nach oben und unten, dann unter leichter Spannung an den beiden anderen Seiten. Nach dem Aufsetzen der Platte auf die Tür (mit Kleber) Polsterziernägel ringsum einschlagen, Abstände 2–3 cm.
3. Dieselbe Arbeit mit Dekorationsstoff statt mit Folie.
4. Bekleben des Türblatts mit Weich-PVC oder Linoleum. Man kann Material in zwei, auch drei Farben verwenden und zu Mustern ordnen. Man kann in einfarbiges Material mit dem Geißfuß Muster einschneiden.
Allgemein gilt: Türblatt, Türrahmen und Beschlag sollen in Stil und Charakter übereinstimmen. Sollten Sie also z. B. eine alte Tür modernisieren, so versuchen Sie, etwaige Rillen am Rahmen wegzuhobeln und diesen uni zu streichen, ein etwa vorhandenes Türsims abzunehmen – und ersetzen Sie den Beschlag durch einen neuen, evtl. aus Kunststoff. Bei Umgestaltung in anderer Stilrichtung gilt das Entsprechende. Achten Sie einmal darauf, wie stark Türbeschläge, obwohl die meisten Leute sie kaum bewußt wahrnehmen, doch die Gesamtwirkung eines Raumes mitbestimmen.

C Türnischen ausnützen Die Nische einer unbenützten Tür läßt sich als Stauraum ausnützen.
Wegen der meist geringen Tiefe kommt in erster Linie ein Regal in Betracht, insbesondere ein Bücherregal. Ein Regal für andere Dinge, die weniger dekorativ sind als Bücher, können Sie durch einen Vorhang verdecken.
Gleich zu Beginn der Planung muß entschieden werden: Soll die Tür drinbleiben oder herausgenommen und durch eine neu einzusetzende Bücherwand ersetzt werden? Sollen die Fachböden fest oder verstellbar angebracht werden?

1. Tür bleibt drin. In diesem Fall erhebt sich als weitere Frage: Soll die Tür sichtbar bleiben? In der Regel wird es besser aussehen, wenn sie nicht sichtbar bleibt. Das erreichen Sie, indem Sie die Tür entweder tapezieren (im Wandton) oder sie bespannen (mit Stoff oder Folie, auch gefältelt) oder eine Lochplatte davorsetzen. Lochplatte oder sichtbar bleibendes Türblatt sollen in jedem Fall mit den

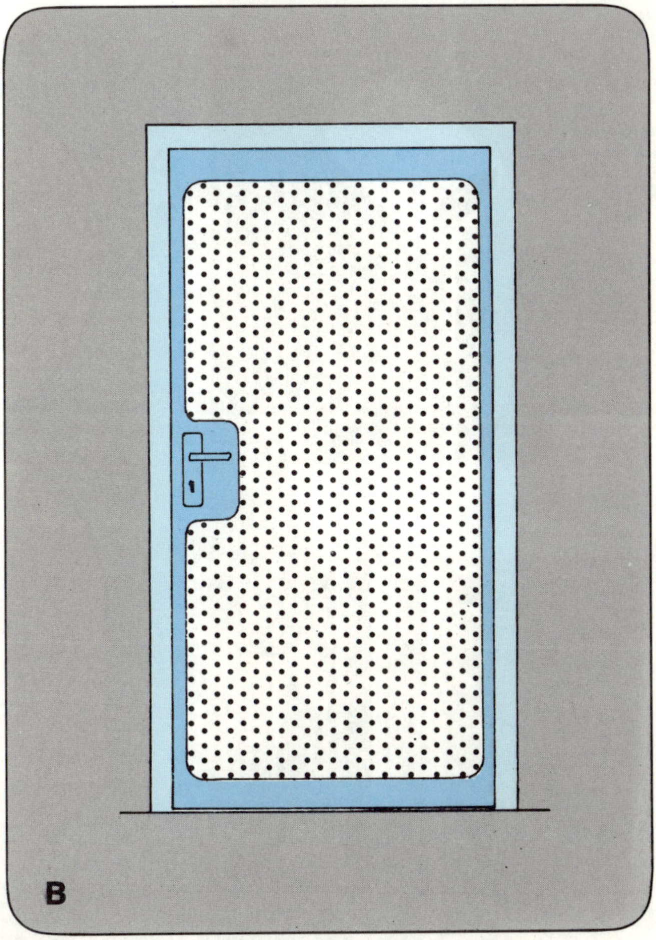

Tür mit aufgesetzter Platte, die mit Folie überspannt wurde

So sieht's aus . . .

Türposter sind auch von Laien einfach anzubringen. Man braucht weder Werkzeug noch Leim, denn das Türposter ist auf der Rückseite vorgeklebt. Zur Montage wird die Tür ausgehängt, hingelegt und gesäubert.

Die Türklinke wird abmontiert und die Größe der Tür gemessen.

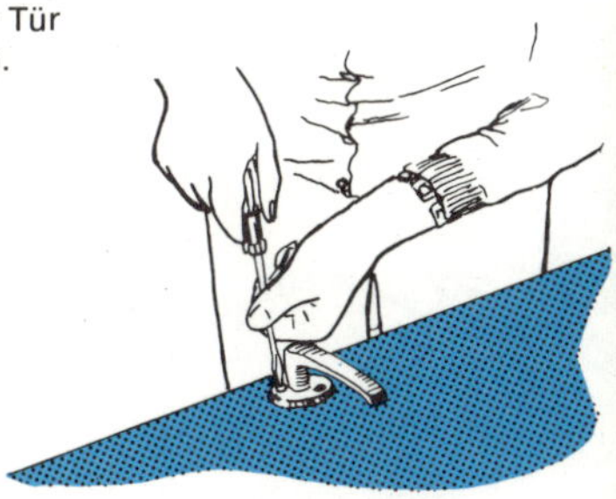

Das Türposter mit einer Schere so beschneiden, daß es etwa 1 cm an allen 4 Seiten übersteht.

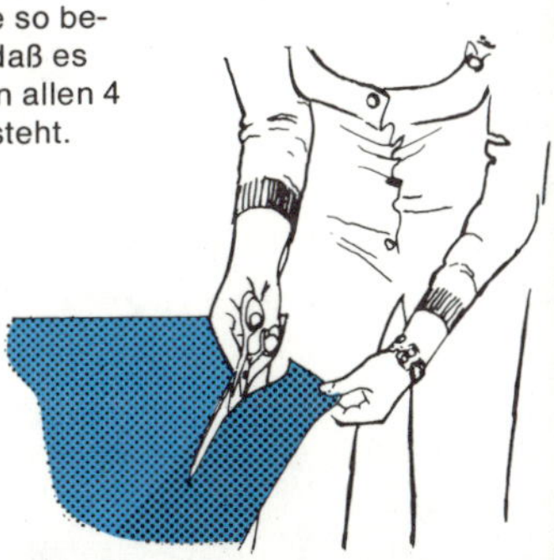

Eine Wanne (evtl. Badewanne) mit Wasser füllen und zuerst den oberen Teil des Decors ca. 25 Sek. im Wasser weichen lassen.

Den Teil mit den Rückseiten gegeneinander aus dem Wasser nehmen und kurz abtropfen lassen. Danach an der Tür anbringen und mit einem Lappen vorsichtig glattreiben. (Kleinere Blasen verschwinden beim Trocknen.) Zu beachten: die Teile vergrößern sich im Wasser etwas!

Der untere Teil wird in der gleichen Weise angefeuchtet (4 + 5) und Kante an Kante mit dem oberen Teil angebracht

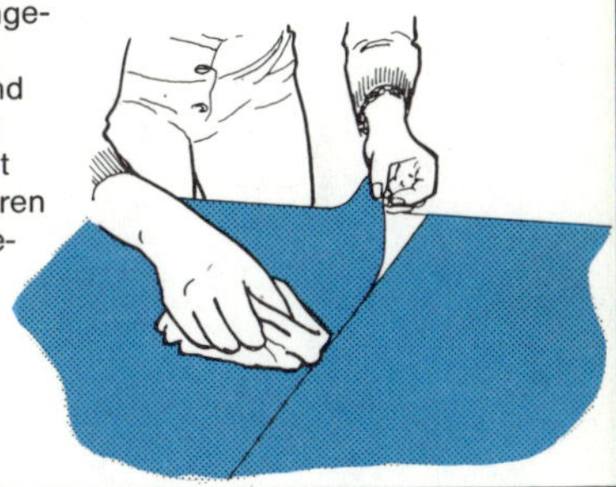

Leim auf der Vorderseite kann vorsichtig mit einem feuchten Lappen abgewischt werden.

Das Trocknen dauert ca. 5 Stunden. Danach werden die Kanten mit einem Tapetenmesser geradegeschnitten. Damit das Decor beim Öffnen und Schließen der Tür nicht schmutzig wird, können Sie es während es noch feucht ist mit einem Tapetenmesser auch etwas kleiner schneiden als die Tür. Nach der Montage wird die Klinke angebracht und die Tür wieder eingehängt.
Danach treten Sie zurück und . . . aaahhh!

Foto: Scandecor GmbH, Langen

Fachbrettern farblich übereinstimmen oder harmonieren. Schließblech und Türklinke werden natürlich in jedem Fall abgenommen.

2. Tür wird herausgenommen. In diesem Fall kommt die Tür in Speicher oder Keller – vielleicht wird sie später doch einmal wieder benötigt. In den Rahmen kommt als neue Rückwand eine 16 bis 20 mm starke Platte. Die Rückwand soll gleich zu Beginn der Arbeit eingepaßt werden, dann aber wird sie zunächst wieder herausgenommen und erst (evtl. nach Anstrich, Tapezieren, Bespannen) eingefügt und festgeschraubt, wenn die Fachböden eingebaut sind. Die Schraubenlöcher der Rückwand werden vor dem Anstreichen oder Bespannen angerissen und vorgebohrt (Abstand 15 bis 30 mm je nach Dicke der Platte). Die dem Regal abgewandte Seite der Rückwand kann überstrichen oder übertapeziert werden.

3. Fachbretter fest. Die Fachbretter müssen, da Bücher schwer sind, in Anbetracht der durchschnittlichen Türbreite von 90 cm eine Stärke von 20 bis 24 mm haben, damit sie sich nicht durchbiegen. Länge der Fachbretter: Abstand zwischen den Türlaibungen minus 5 mm.

Eine Tür paßt farblich oft nicht zum Zimmer; mit Scandecor-Türdecor kann man sie oft zu einem dekorativen Eingang umgestalten, Verarbeitungsweise s. S. 159.

Zum Befestigen der Fachböden können Sie kleine Eisenwinkel verwenden, die schon vorgebohrt sind und deren Schenkellänge der Stärke der Fachböden (20 bis 24 mm) gleicht – für jedes Fachbrett werden 4 Winkel benötigt (b).
Das Einmessen nehmen Sie so vor, daß Sie einen Fachboden in der gewünschten Höhe in die Nische halten, die waagerechte Lage mit der darauf gelegten Wasserwaage prüfen und dann die Unterkanten des Fachbodens an der Türnische anreißen. Die Winkel sollen so sitzen, daß die senkrechten Schenkel nach oben weisen. Erst alle Schraubenlöcher anreißen, dann vorbohren oder vorstechen (je nach Härte des Holzes), dann Winkel anschrauben, Brett auflegen, waagerechte Lage erneut kontrollieren, wenn nötig Winkel nachrichten. Die Vorderkante der Regalbretter kann man mit Folie umkleben.

4. Fachbretter verstellbar. 4 Regalschienen (Lochschienen), an jeder Innenseite zwei, ermöglichen das Verstellen der Fachbretter. Da sie sichtbar bleiben, müssen sie sehr sorgfältig eingemessen und angeschraubt werden. Statt Schienen zu verwenden, kann man auch Hülsen für Fachbodenträger aus Kunststoff einsetzen. Hier ist erst recht peinlich genaues Arbeiten erforderlich, damit die eingelegten Fachböden nicht wackeln.

5. Schalldämmung. Die Türnische ist eine Schallbrücke. Soll der Raum möglichst gut schallisoliert sein, können Sie alle Ritzen und das Schlüsselloch mit Tesakrepp o. ä. verkleben, auch sie mit Kitt verschließen. Ferner können Sie zwischen Türblatt und Bespannung noch eine schalldämmende Matte legen. Übertapezieren der Rückseite (zum anderen Raum hin) hilft ebenfalls. Schließlich läßt das Regal auch, wenn es mit Büchern gefüllt ist, viel weniger Schall durch als in leerem Zustand.

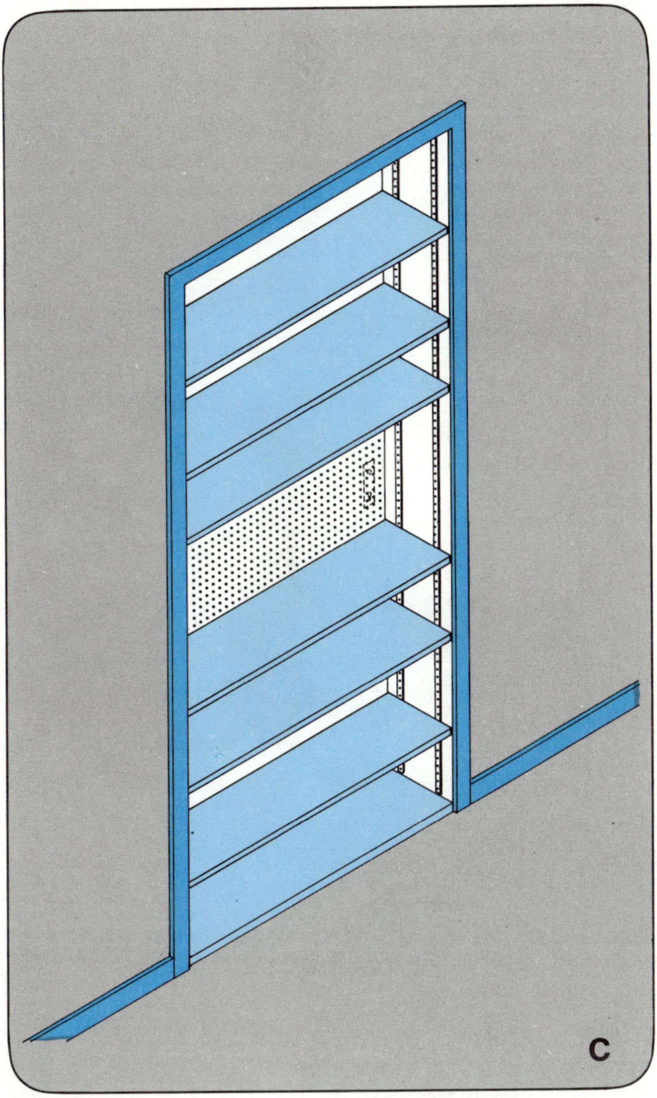

Türnische mit Bücherregal

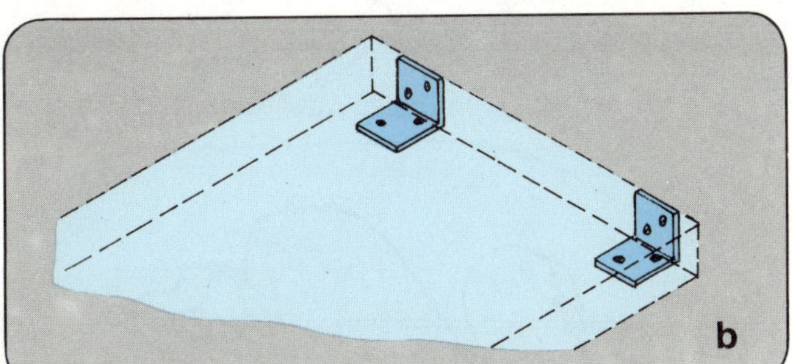

So müssen die Winkel für feste Fachböden in der Türnische sitzen

WR

Verkleidungen

Verkleidungen

Aus unattraktiven Wasserleitungen, Heizkörpern, Öfen, Waschbecken werden manchmal mit ein bißchen bunter Farbe lustige Gegenstände, die sich nicht zu verbergen brauchen. Wenn es nicht anders geht, können wir natürlich auch ein Tarnschild aufstellen, hinter dem wir unsere Probleme verbergen. Eine „Spanische Wand“, aus gekanteten Winkelblechen, durch Magnete zusammengehalten, läßt sich in ihrer Form den unterschiedlichsten Erfordernissen anpassen, auch ganz beiseiterücken.
Heizkörperverkleidungen sind am sinnvollsten, wenn sie selbst Wärme abstrahlen, wie z. B. Blech. Sie sollten nicht gelocht sein, sondern nur über und unter dem Heizkörper genügend große Zu- und Abluftöffnungen freilassen, damit die Luft ungehindert zirkulieren kann. Um die Wärme besser auszunützen, empfiehlt es sich, das Mauerwerk hinter der Heizung mit glänzender Aluminiumfolie zu verkleiden. Wenn wir den Heizkörper nur im Sommer verkleiden wollen, hängen wir einfach eine mit Dispersionsfarbe gestrichene Styroporplatte davor.
Das billigste Material für Stellwände ist farbig gestrichene, im Zickzack gefaltete Pappe. Wer Glück hat, findet in Abbruchhäusern alte Holzrollos, die neu lackiert und in Schlangenlinien aufgestellt werden können (s. S. 32 f.).

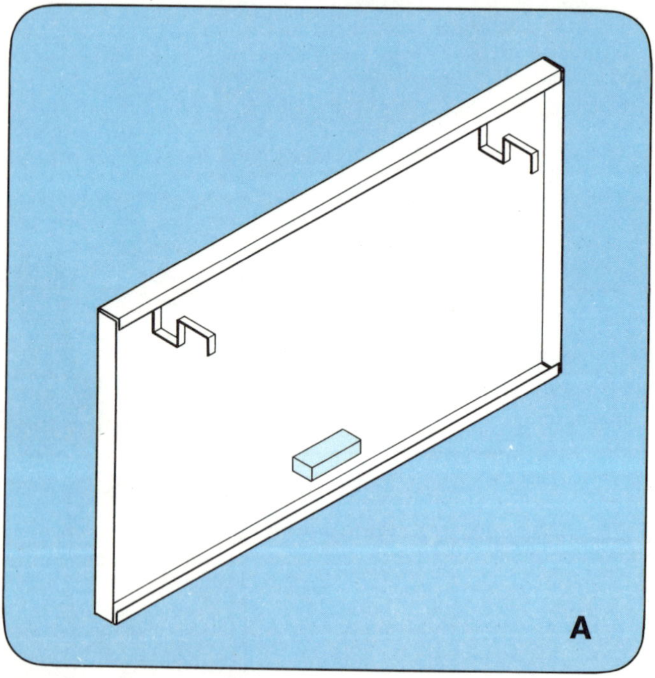

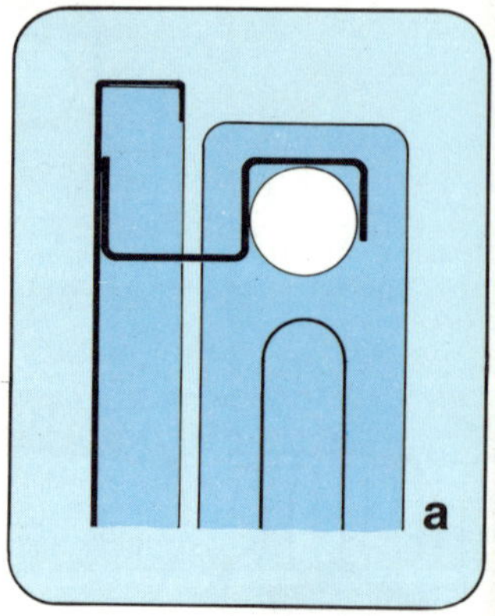

Detail a: Heizkörper und Verkleidung mit Aufhänger im Schnitt.

Die Heizkörperverkleidung A von der Innenseite gesehen: oben und unten abgewinkelte Kanten des Hauptblechs; an der Seite aufgeklebte gewinkelte Blechstreifen. Oben zwei Doppelwinkel zum Aufhängen; unten Abstandhalter aus Holz.

A Heizkörperverkleidung aus Metall Messen Sie zuerst den Heizkörper aus und bestimmen die Größe der Abdeckplatte so, daß Längsseite gleich Länge des Heizkörpers ist (Drehgriff zum Bedienen muß frei zugänglich bleiben) und daß oben und unten freier Raum für die Luftzirkulation bleibt.
Wenn Sie als Hauptbestandteil einen Stahlblechboden aus einem Leichtbau-Regalsystem verwenden, ist die Sache sehr einfach, denn diese Böden sind an den Längsseiten schon zweimal rechtwinklig abgekantet. Man kann ein Stück Stahlblech (Größe je nach Heizkörper) auch selbst ▷abkanten, erster Umschlag ca. 2 cm, zweiter Umschlag 5 mm.
Die beiden Schmalseiten dieser Platte erhalten einen Besatz aus Blechstreifen, der zweimal abgekantet wird (20 mm breit). Die Schmalseite wird auf die Abdeckplatte gesetzt und mit einem Zweikomponenten-Metallkleber (▷Kleben) befestigt. Gebrauchsanweisung beachten, insbesondere beachten, daß eine etwa vorhandene Lackierung am Fachbodenträger an der Klebestelle entfernt werden muß. Die Schauseite der Abdeckplatte kann einfarbig oder auch phantasievoll angestrichen werden (▷Anstreichen).
Die Platte erhält an der Rückseite zwei in S-Form, jedoch rechtwinklig gebogene Haken, die über den Heizkörper gehängt werden, und einen Abstandhalter aus Holz (Detail a). Auch diese Teile können mit Zweikomponenten-Metallkleber befestigt werden.

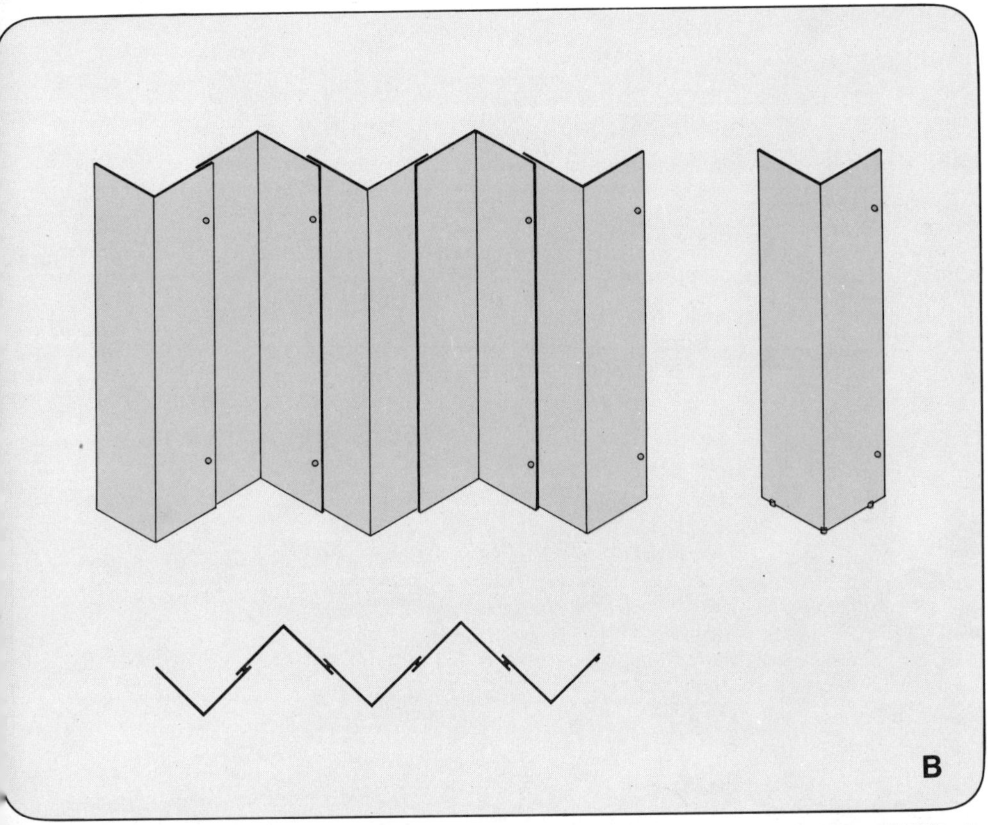

B

Wandschirm B aus 6 gewinkelten Stahlblechen. Rechts: Sitz der Bohrungen für Magnete und Sitz der Puffer. Unten: Draufsicht.

B Wandschirm aus Stahlblech

Wir brauchen Platten aus 0,6 mm starkem verzinktem Stahlblech, je 100×40 cm groß. Sie sind in Längsrichtung in der Mitte einmal zu kanten (▷Abkanten, Blech), so daß die Öffnung etwas größer ist als ein rechter Winkel.

Die Ränder der Blechplatten sollen, um Verletzungen auszuschließen, mit der Feile entgratet und eventuell mit einem Selbstklebeband eingefaßt werden. Jede Platte bekommt an einer Längsseite, ca. 18 cm von oben bzw. unten und ca. 3 cm vom Rand, eine Bohrung für das Anbringen eines Magneten.

Die Magnete – im Eisenwarenhandel zu kaufen – sollen für zentrale Schraubbefestigung eingerichtet sein. Jedes Blech bekommt also zwei Magnete, beide an derselben Seite. Das Nachbarelement wird auf diese Weise gut festgehalten, läßt sich aber auch leicht abnehmen (seitwärts abziehen). Die Bleche sollen nicht unmittelbar auf dem Fußboden stehen. Setzen Sie je Blech drei geschlitzte Gummipuffer unter (Detail b – oder Rundstababschnitte von ca. 15 mm Durchmesser, die Sie mit einem 0,6 mm breiten Schlitz versehen.

b

Detail b: Untere Ecke eines Wandschirm-Elements: Anbringung des Magneten und des Fußpuffers.

Polster und Decken

Polster und Decken

Lose Polster kann man immer brauchen! Mit ihnen kann man sich's auf Hockern, Podesten oder auf dem Fußboden bequem machen; wenn der Bezug aus unempfindlichem Kunstleder ist, sogar auf der Wiese und am Strand.
Neben der Herstellung von Polstern wird hier noch eine andere dekorative Kunst erläutert: das Herstellen sogenannter Patchwork-Decken, die aus Stoffresten zusammengenäht werden.

Sitzkissen A · Vorlage für das Zuschneiden: 1 = Bodenplatte 60×60 cm · 2 = umlaufende Seitenstreifen 60×10 cm · 3 = dreieckige obere Abdeckungen · 4 = Randverstärkung, ca. 3 cm breit · 5 = Zwickel.

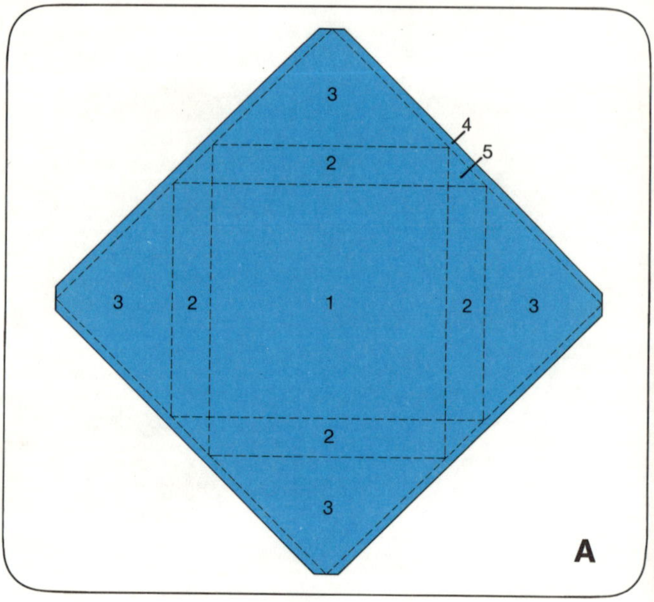

A Sitzkissen Für ein Sitzkissen der Größe 60×60×10 cm brauchen wir:
Schaumgummiplatte 60×60 ×10 cm
Bezugstoff 105×105 cm
Metallösen
Lederband oder Kordel zum Verschnüren
Kleber
Als Material eignet sich für Innenverwendung ein Dekorationsstoff, für Außenverwendung Kunstleder oder Segeltuch.
Zeichnen Sie das Schnittmuster, wie es die erste Zeichnung erläutert, auf die Rückseite des Bezugsstoffes und schneiden diesen maßgerecht zu. (An den vier Ecken wird ein Stück weggeschnitten.)
Klappen Sie die 3 cm breiten Randverstärkungen nach innen ein und kleben Sie sie fest.
Falten Sie den Stoff gemäß Detailzeichnung a zusammen – links herum, also spätere Außenseite innen liegend. Nähen Sie beide Zwickel (Pfeile in der Zeichnung) unter 45° ab (es ergibt sich eine 10 cm lange Naht).
Falten Sie den Stoff jetzt nochmals zusammen, und zwar in der anderen Richtung, so daß Sie die beiden anderen Zwickel abnähen können.

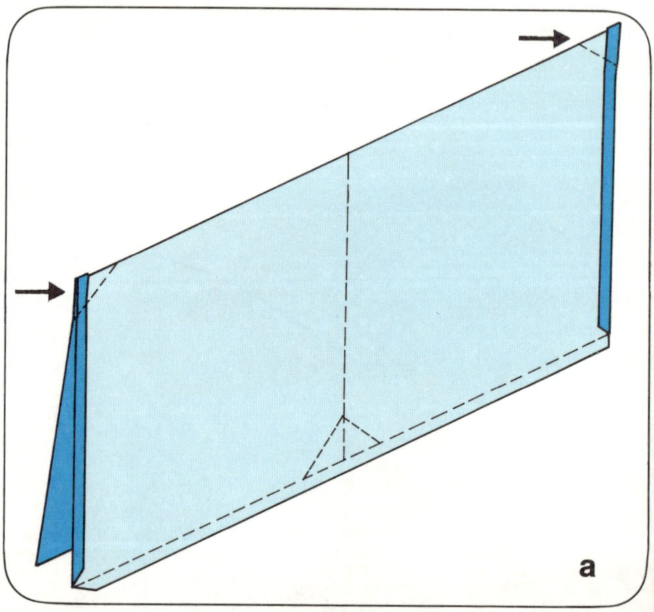

Detail a: Stoff linksseitig zusammengelegt. Die beiden mit Pfeil bezeichneten Zwickel abnähen.

Jetzt krempeln Sie das Kissen um (richtige Seite nach außen). Das sieht etwa so aus, wie in Detailzeichnung b dargestellt. Klappen Sie die Zwickel an die Seite und befestigen Sie sie mit einer Öse (oder auch mit einem Bürohefter) am Seitenstreifen. Anschließend werden die Ränder mit Ösen versehen. Die benötigten Metallösen und ein dazugehöriges Werkzeug bekommt man fertig abgepackt zu kaufen. Zuletzt wird der Polsterkern eingelegt und das Ganze mit Lederband oder Kordel verschnürt.

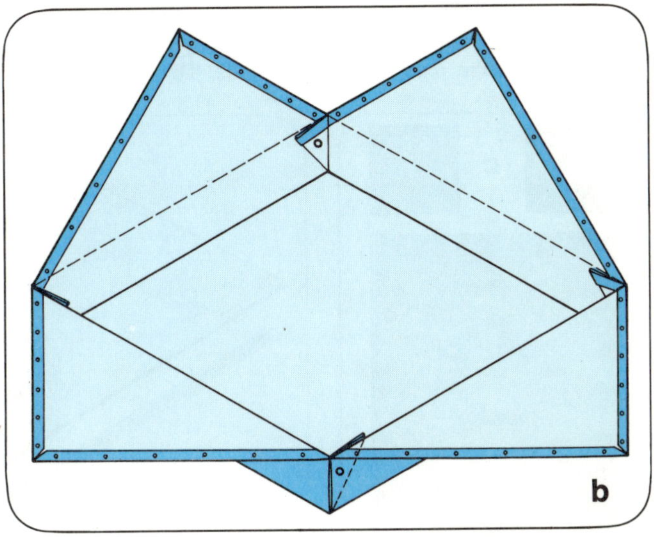

Detail b: Nach dem Abnähen der Zwickel – Kissen umgekrempelt · Die Zwickel werden zur Seite gelegt und befestigt.

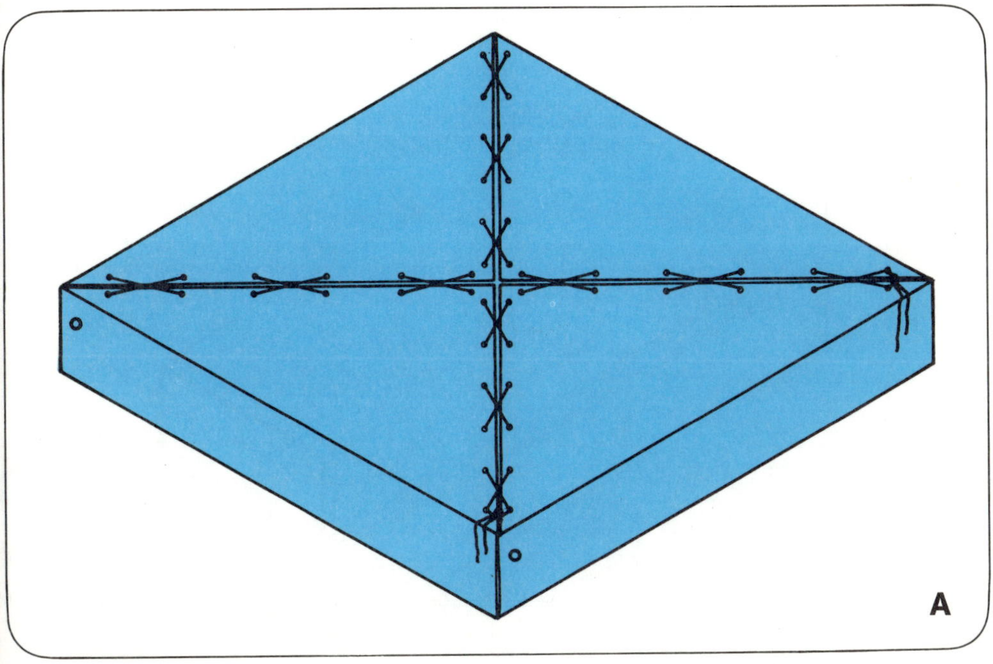

Das Bodenkissen, gefüllt und verschnürt

B Rückenpolster Das Rükkenpolster soll 60 × 25 × 25 cm groß werden und einen Reißverschluß bekommen, damit man den Schaumgummi leicht herausnehmen und den Bezug waschen oder reinigen lassen kann.
Sie brauchen (Detail c) ein Stück von 60 × 100 cm Größe (plus 1 cm Nahtzugabe ringsum) sowie zwei Stücke von 25 × 25 cm Größe plus Nahtzugabe. Es läßt sich leicht errechnen, daß man bei einer Stoffbreite von 65 cm rund 1,30 m für ein Rückenkissen braucht, bei einer Stoffbreite von 90 cm nur 102 cm. Als Polsterkern dient ein Stück Schaumgummi, 60 × 25 × 25 cm groß. Außerdem brauchen wir einen Reißverschluß, 45 cm lang.
Nach dem Zuschneiden der 3 Stoffteile (Detail d) wird das große Stück gemäß Detailzeichnung d zusammengelegt, und zwar links, also spätere Außenseite innenliegend. So wird der Reißverschluß eingenäht; der Rest der aufeinanderliegenden Kanten (an jedem Ende 7,5 cm) wird zusammengenäht.
Ebenfalls von links werden die Seitenteile eingesetzt. Zum Schluß Bezug umkrempeln, Polsterkern einlegen.

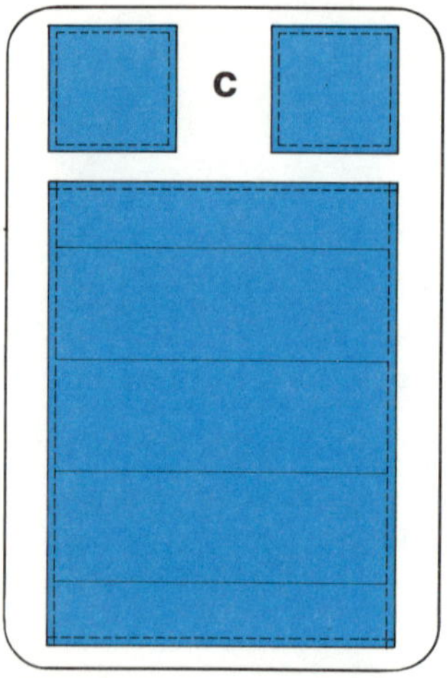

Detail c: Die drei Stoffteile nach dem Zuschneiden. Nahtzugabe ringsum 1 cm.

Detail d: Zusammenlegen des Bezugs zum Einnähen des Reißverschlusses (von links!).

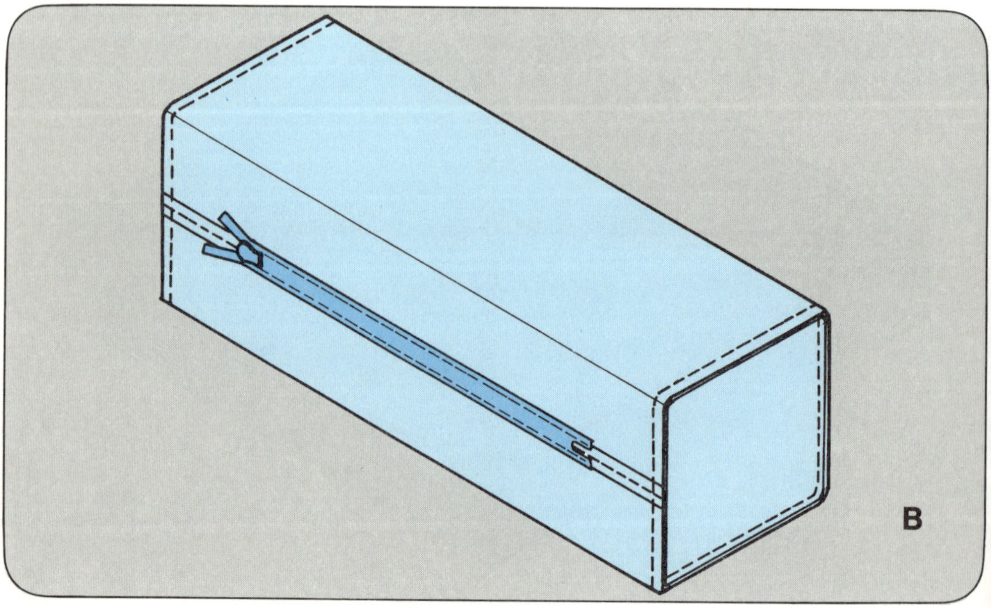

Rückenpolster B, fertig, an der Vorderseite der Reißverschluß

Patchworkdecke aus 24 Feldern, 160 × 240 cm groß

Patchworkdecke aus 39 Feldern, 170 × 255 cm groß, Felder schräg angeordnet

C Patchwork - Decke Die Kunst, aus Stoffresten dekorative Decken zu nähen, ist alt; besonders schöne Exemplare werden heute schon als Kunstwerke gehandelt. Am wichtigsten für das Gelingen ist der Geschmack: der Blick für das, was miteinander harmoniert oder reizvoll kontrastiert – in der Farbe, eventuell auch in der Struktur des Materials. Und nicht nur untereinander sollen die Farben gut zusammenklingen, sondern auch mit den Möbeln und der sonstigen Ausstattung des Raumes.

Für eine Patchwork-Decke 160 × 240 cm, die als Tagesdecke für Bett und Schlafcouch dienen kann, brauchen wir 24 Quadrate aus bunten Stoffresten, jedes 42 × 42 cm groß. Da man ringsum 1 cm Nahtzugabe braucht, sind die Felder der Decke dann je 40 × 40 cm groß.

Schneiden Sie die Quadrate zu und legen sie alle auf dem Boden aus, möglichst nicht in einem zu kleinen Raum, denn jetzt kommt es darauf an, durch immer neues Umlegen und Probieren aus Farben, Mustern, Strukturen den besten Gesamteffekt zusammenzustellen.

Ist die Auswahl getroffen, nähen Sie (ja, nähen muß man natürlich können – oder eine Freundin haben, welche . . .) zunächst 6 Streifen zu je 4 Quadraten zusammen, dann die Streifen untereinander, wobei auf genau schachbrettartigen Sitz der Einzelfelder zu achten ist.

Zum Schluß Saum nähen. Wenn die verwendeten Stoffe dünn sind, die ganze Decke mit einem Futterstoff (eine billige Lösung: Nessel) unterfüttern.

Eine Variante bildet die zweite schematisch abgebildete Dekke, bei der die Felder gegenüber der ersten um 45° gedreht sind. Für eine Decke dieser Art, 170 × 255 cm groß, brauchen Sie 39 Quadrate der Größe 30 × 30 cm (mit Nahtzugabe 32 × 32 cm). Auch hier gehen Sie so vor, daß Sie nach dem Schneiden der Quadrate zunächst alles ausbreiten und die wirkungsvollste Zusammenstellung herausfinden. Auch hier werden zuerst die Streifen genäht – sie verlaufen hier diagonal. Die Streifen, die an den Schmalseiten enden, bekommen hier gleich das erforderliche halbe Quadrat mit angenäht.

Dann Streifen untereinander zusammennähen und die ganze Decke säumen.

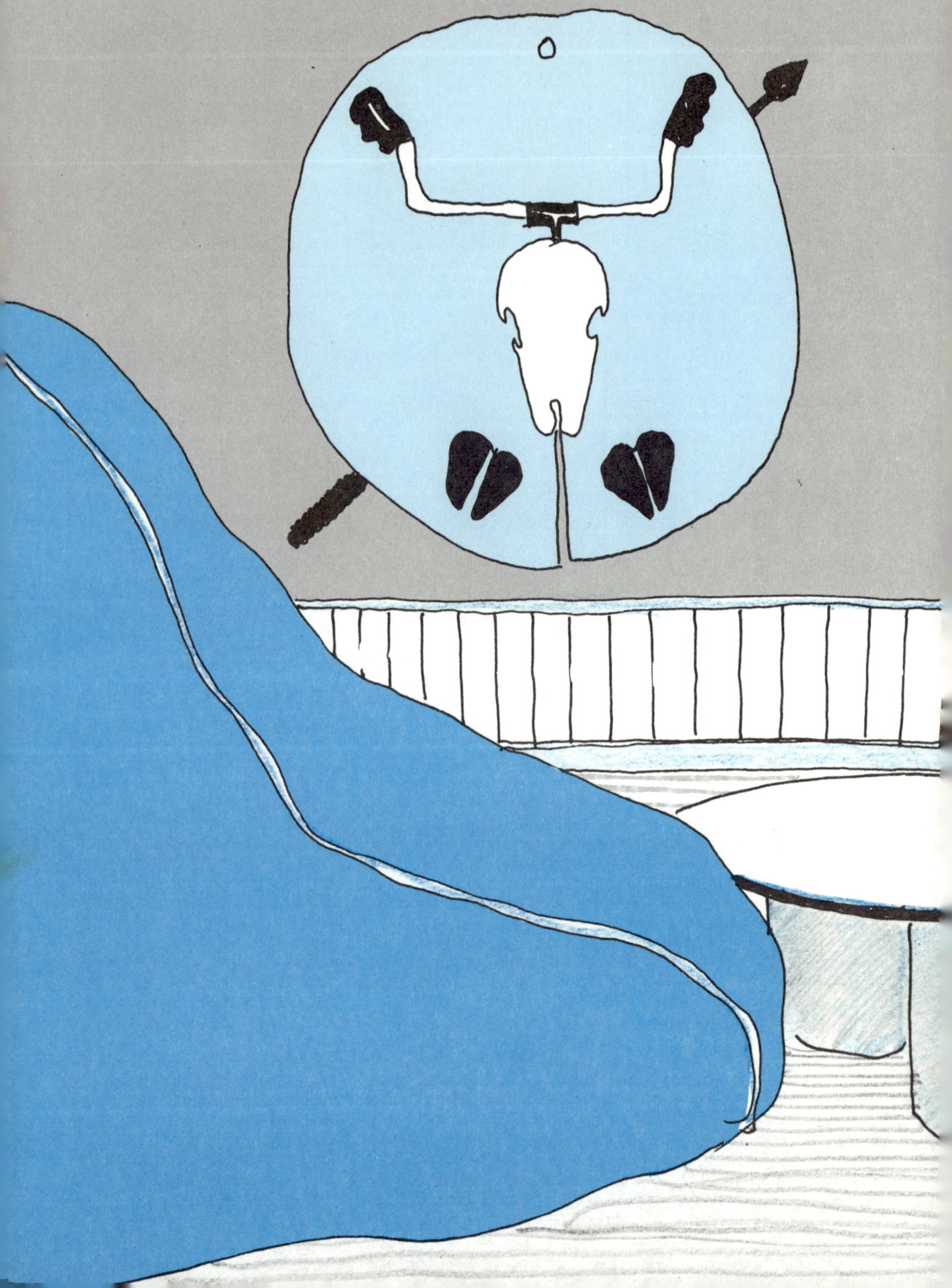

Ausgefallene Materialien

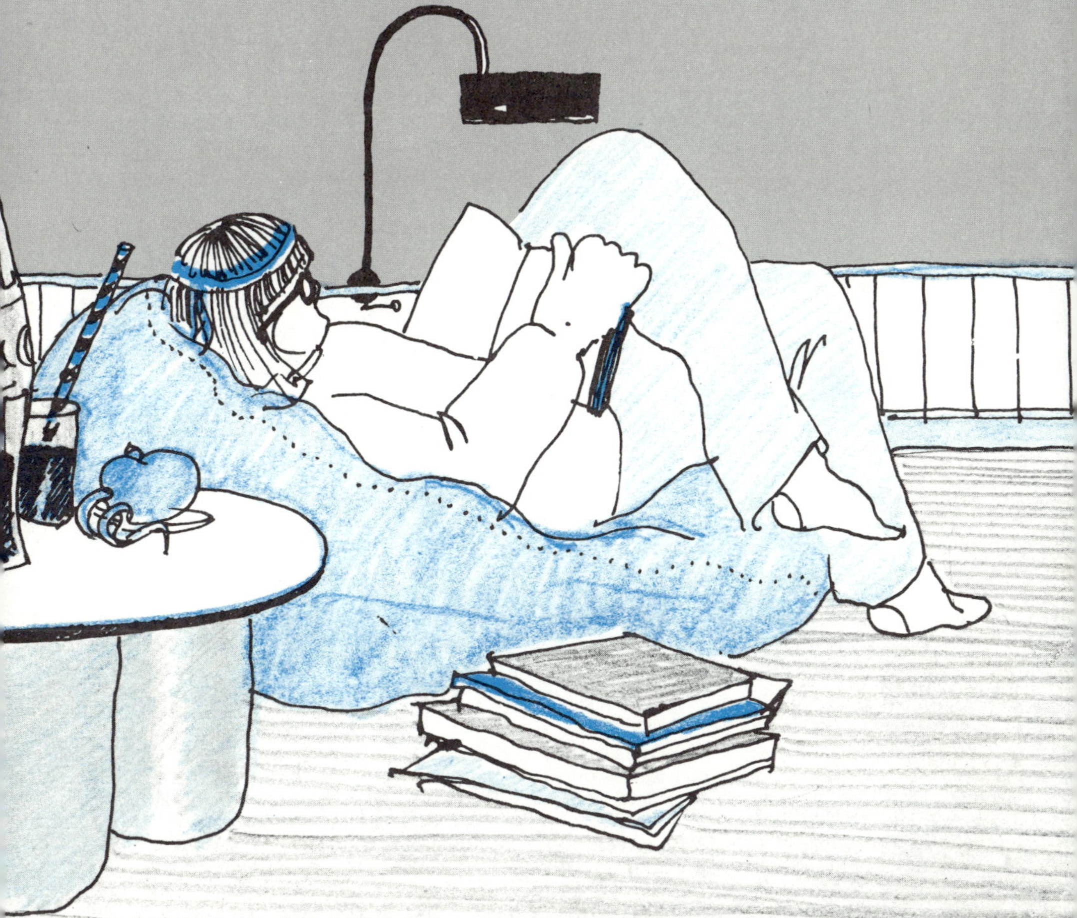

Ausgefallene Materialien

Wer mit Intelligenz, Wachsamkeit und Witz seine Umgebung betrachtet, findet immer wieder Dinge, die zwar für irgendeinen anderen Zweck entworfen, produziert oder verkauft wurden, die sich aber ihrem ursprünglichen Zweck entfremden und für die eigene Bude verwenden lassen – zum Aufbewahren, zum Sitzen und Liegen, als Schmuck und Dekoration, vielleicht sogar als Spiel- oder Kunstobjekt. Hat nicht Picasso aus einem alten Fahrradsattel und einer Lenkstange einen berühmten Stierkopf gezaubert?
Ein paar Anregungen finden sich in den Raumbeispielen: Eierschachteln für die Decke, Wellpapier für Regale, Rollos als Wandschirme. Oft sind es Abfallprodukte, Restposten, Ausschußware, industriell hergestellte Massenprodukte, die sich verwenden lassen. Wo suchen? Auf Baustellen, in Baustoffhandlungen, in abbruchreifen Gebäuden, auf Schrottplätzen, bei Entrümpelungsaktionen, auf den Abfallplätzen von Großmärkten und Kaufhäusern, wo sich Kisten, Kartons, allerlei Füll- und Verpackungsmaterial sammeln.
Als Beispiel zwei Dinge, die sich herstellen lassen, ohne daß der Geldbeutel spürbar strapaziert wird: ein bequemer Sessel mit Styroporfüllung, ein Tisch aus Eimern oder Dosen.

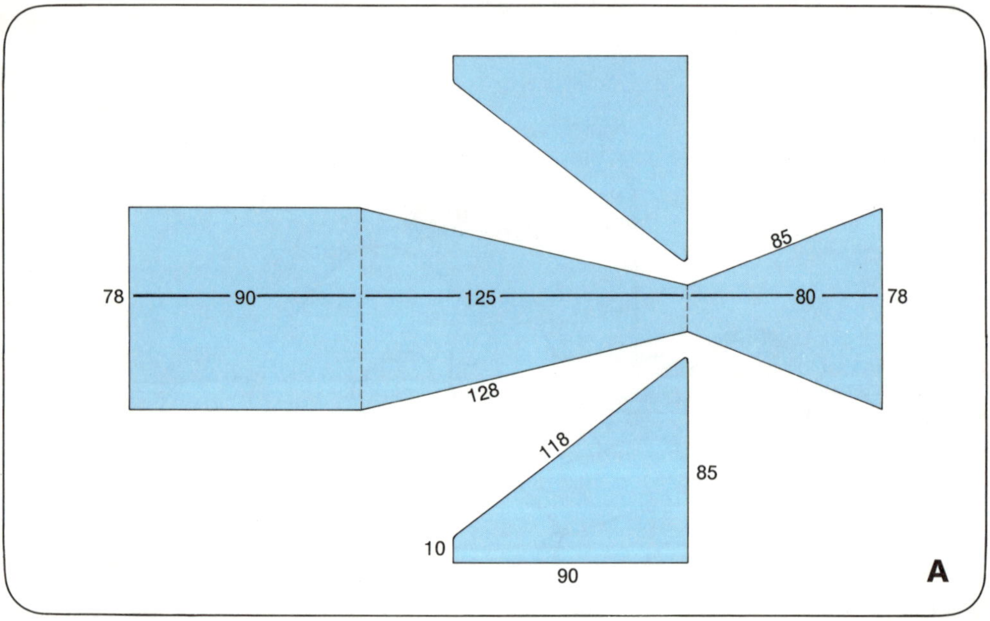

Sitzsack A, Zuschnitt · Zu den angegebenen Maßen ist ringsum 1 cm Nahtzugabe zu rechnen

A Sitzsack Ein originelles, bequemes Sitzmöbel in konischer Form. Als Material sind erforderlich:
Bezugsstoff (Segeltuch, grobes Leinen, Cord) in der Größe ca. 4,80 × 0,90 m
ein Stück Nessel gleicher Größe als Futterstoff
2 Reißverschlüsse, je 55 cm lang
Styroporkügelchen (wie sie als Füll- und Verpackungsmaterial dienen) als Füllung.

Arbeitsschritte: Stoff flach am Boden auslegen. Umrisse gemäß Zeichnung auftragen (1 cm Nahtzugabe ringsum). Der Hauptteil (rechteckige Bodenplatte mit zwei Trapezen) bleibt in einem Stück. Zuschneiden.
Futterstoff in derselben Weise mit denselben Maßen zuschneiden.
Das Hauptteil umlegen (Detail a), jedoch das kleine Trapez nicht mit dem Rechteck zusammennähen – hierher kommen die Reißverschlüsse! Eingenäht werden vielmehr die beiden Seitenteile, wobei an der unteren hinteren Kante des Sessels 15 cm offen bleiben (Detail b). Dies gilt für das Futter wie für den Bezug selbst.
Jetzt das Futter von dieser Öffnung her mit Styroporkügelchen füllen; das Volumen muß etwa zu $^3/_4$ ausgefüllt sein. Futter anschließend ganz zunähen.
In den Bezug jetzt die beiden Reißverschlüsse einnähen, und zwar so, daß sie in der Mitte der Kante (nicht in den Ecken) zusammenstoßen.
Anschließend den Bezugstoff über das gefüllte Futter ziehen (keine Angst, das geht!) und Reißverschlüsse schließen.

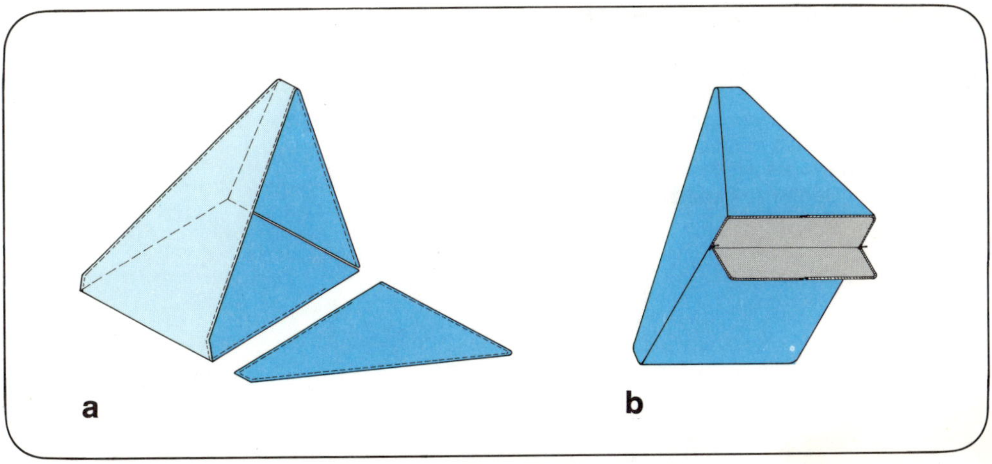

Detail a: Sitzsack in aufrechter Stellung. Einsetzen des Seitenteils.
Detail b: Sitzsack von hinten/unten gesehen. Sitz der beiden Reißverschlüsse.

B Röhrentisch

Stückliste:

6 Blechbüchsen oder Waschpulvertrommeln, ca. 20 cm ∅ und 30 cm Höhe
1 rund gesägte Spanplatte ∅ ca. 100 cm
1 aufbügelbarer Umleimer ca. 3,50 m lang
3 Gummipuffer
ca. 20 Gewindeschrauben M 3/10 mm mit dazugehörigen Beilagscheiben und Muttern

Arbeitsschritte: Büchsen lt. Zeichnung zusammenstellen, Berührungslinien markieren.
Auf jeder Berührungslinie 2 Löcher für die Verbindungsschrauben anreißen und bohren.
Büchsen lackieren. Nach dem Trocknen alle Büchsen zusammenschrauben.
Die gesäuberte Spanplatte lackieren, Umleimer ringsum aufbügeln.
Die drei Gummipuffer unter die Platte schrauben. Die Platte kann lose auf das Untergestell aufgelegt werden.
Die Wirkung hängt von der Farbgebung ab!

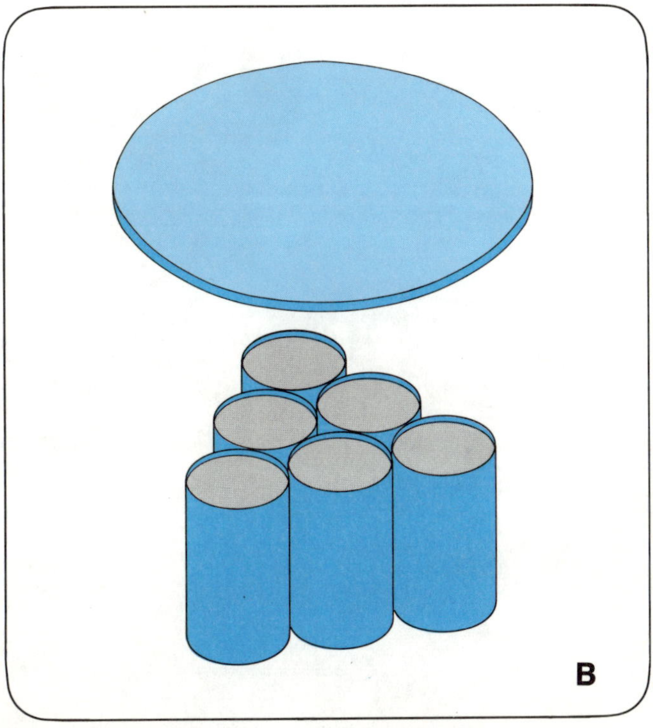

Tisch B mit Fuß aus Rohrstücken oder Büchsen

Die Platte ist abnehmbar, für Schachfreunde trägt sie auf der Rückseite ein Spielbrett. Ebenso läßt sie sich für andere Zwecke ausrüsten, z. B. wasserfest beschichten, damit Gläser keine Ränder hinterlassen. In den Röhren des Fußes kann man alles mögliche unterbringen. Die Platte ist auch als großes Tablett oder als Platte auf dem Boden zu benutzen.

Die lockere Füllung aus Styroporkügelchen paßt sich allen Situationen an. Hocken, Sitzen oder Liegen, alles ist sehr bequem.
Je weniger der Sack gefüllt wird, um so stärker kann man ihn verformen. Von Zeit zu Zeit muß man etwas Material nachfüllen.

Teil 2

Material - Werkzeug - Arbeitstechniken

Abbeizen

Entfernen alter Anstriche auf Holzgründen mittels Abbeizmittel.
Lösende Abbeizmittel lösen praktisch alle Anstriche, sind besonders geeignet für lackierte Naturholzflächen. Mittel mit altem Borstenpinsel auftragen. Nach etwa 10 Minuten kann die Farbschicht mit ▷Spachtel abgenommen werden.
Alkalische Abbeizmittel sind billiger als lösende Mittel und vorwiegend geeignet zum Entfernen alter Ölfarben und Öllacke. Wurzelpinsel verwenden. Mit Handschuhen und Schutzbrille arbeiten. Vorsicht vor Spritzern ins Auge! Vgl. ▷Unfall.

Abbrennen

Entfernen alter (rissiger, verwitterter) Anstriche auf Holzgründen durch Erweichen mit der Lötlampe. Anschließend Farbschicht mit ▷Spachtel abheben. Holz nicht versengen, Brandgefahr beachten!

Abdichten von Fenstern und Türen

Fugen an Fenstern und Türen kann man mittels Dichtungsstreifen weitgehend gegen Lärm und Zugluft abdichten.
Im Handel sind hauptsächlich drei Arten:
Filzstreifen 10 mm breit, 3 mm dick, bis 6 m lang, die mit kleinen Stiften am Rahmen befestigt werden;
Schaumstoffstreifen selbstklebend, bis 25 mm breit, 3 mm dick, 4 bis 6 m lang, die nach Entfernen des Schutzstreifens einfach auf die (sauberen!) Rahmen angedrückt werden;
selbstklebende gefalzte Streifen aus *durchsichtigem* Kunststoff, ebenso zu handhaben.
Beim Befestigen ist zu beachten, daß die Abdichtestreifen am Anschlag anzubringen sind, also an dem Teil des Falzes, gegen den Tür oder Fenster beim Schließen schlagen. Die Lüftungsschlitze in den Türen innenliegender Bäder, Küchen, Toiletten dürfen nicht durch Dichtungsstreifen verschlossen werden.

Abkanten (Blech)

Das Biegen von Blech – in jedem Winkel, sowohl mit nahezu eckiger wie mit runder Kante – wird Abkanten genannt. Es erfordert nur einfache Hilfsmittel. Eine ganz herumgezogene, leicht zugeschlagene Kante heißt Umschlag.

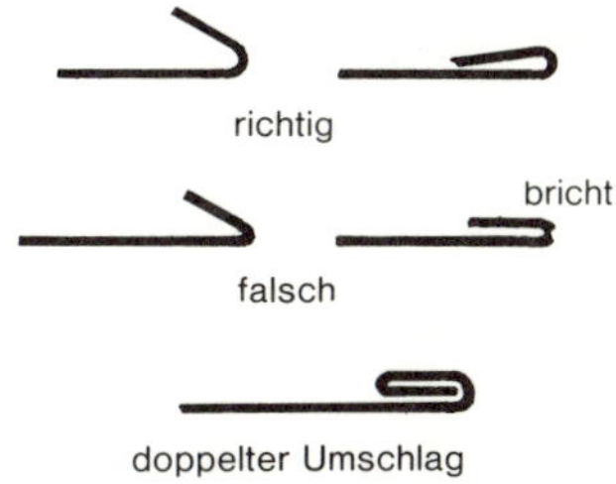

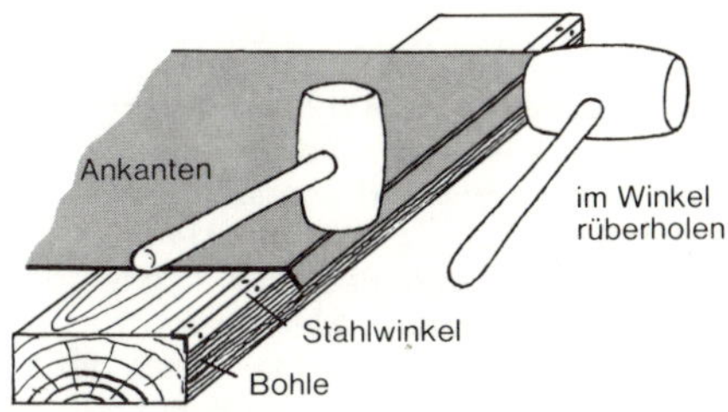

Abkanten (behelfsmäßig) auf einer Bohle, die mit Stahlwinkel beschlagen ist

Wenn Sie den im Bild dargestellten Arbeitsgang ausführen wollen, beachten Sie bitte folgendes:
1. Wandern Sie nicht mit den Hammerschlägen auf dem Werkstück entlang, schlagen Sie vielmehr immer auf die gleiche Stelle der Unterlage, während Sie das Werkstück langsam mit der linken Hand weiterschieben, und zwar stets vom Körper weg.
2. Unebenheiten, die beim Kanten entstehen, werden durch leichte Schläge mit dem Schlichthammer (▷Blech und Blechbearbeitung) entfernt.
3. Bei kleineren Blechen ist die Arbeit des Abkantens und Umschlagens nicht schwer. Bei großen Längen ist es recht schwierig, eine ganz gleichmäßige und saubere Kante zustande zu bringen. Man geht dann besser zum Spengler oder Schlosser, dessen Maschinen eine gleichmäßige Abkantung oder Rundung herstellen.

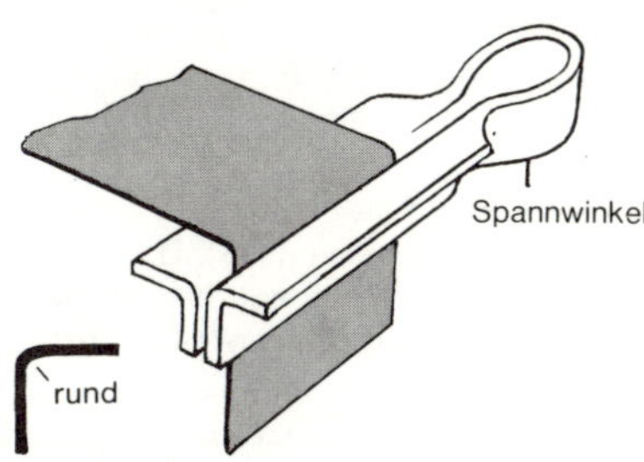

Gerundete Abkantung mittels Spannwinkel (Bild) oder 2 entsprechenden Winkeleisen. Biegevorrichtung in den Schraubstock spannen.

Ablaugen

Entfernen alter Anstriche von Wänden und Dekken mittels Laugen. Beratung durch Fachgeschäfte zu empfehlen. Wegen der ätzenden Wirkung mit Handschuhen und Schutzbrille arbeiten. ▷Unfall.

Anreißen (Holz)

Nach Planung und Materialeinkauf beginnt jede Arbeit an einem Werkstück mit dem Aufreißen, Zusammenzeichnen und Anreißen der Holzteile. Diese drei Begriffe bedeuten:

Aufreißen Aufzeichnen der Umrisse auf das rohe Brett, um es danach zuzuschneiden.

Zusammenzeichnen Markieren der „Winkelkante" an jedem Stück, Markieren der Stücke nach ihrer Zusammengehörigkeit und Lage.

Anreißen endgültiges und genaues Reißen der Arbeitskanten, Schnittlinien, Bohr-, Nagel-, Schraubenlöcher usw.

Werkzeug

Zum Anreißen brauchen wir Meterstab oder Stahlbandmaß sowie zwei Bleistifte: einen mittelharten (2 HB) und einen harten (2 H); dieser kann ersetzt werden durch die bei ▷Anreißen (Metall) gezeigte Reißnadel.

Ferner sind erforderlich:

Streichmaß (Verstellbares Anschlagmaß) Mit dem Streichmaß werden alle Linien gezogen, die parallel zur Außenkante laufen. Ein Streichmaßriß ist wesentlich genauer als ein Bleistiftriß. Das Streichmaß hat zwei verstellbare Stäbe, die Anreißstifte tragen. Da die Spitzen sich verbiegen können oder auch nachgefeilt werden, soll man sich nicht auf die Skala verlassen, sondern durch einen Proberiß prüfen, bevor man das ganze Stück anreißt.

Streichmaß

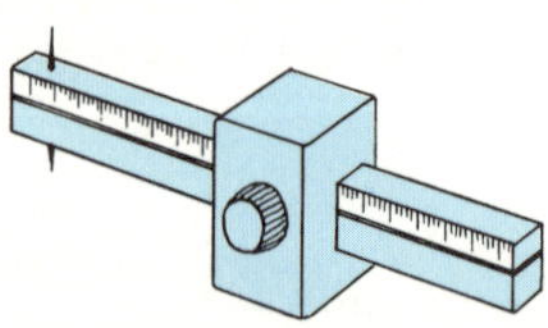

Gehrmaß Echte ▷Gehrung nennt der Schreiner einen Winkel von 45°. Das Gehrmaß dient zum Anreißen eines solchen Winkels. Es kann behelfsmäßig ersetzt werden durch die auf 45° eingestellte Winkelschmiege.

Gehrmaß

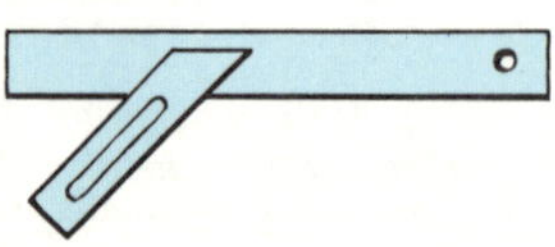

Winkelhaken (Anschlagwinkel) Dieses rechtwinklige Maß dient zum Anreißen aller rechten Winkel sowie zur ständigen Kontrolle der Arbeit. Der Winkelhaken soll aus Metall sein.

Winkelhaken

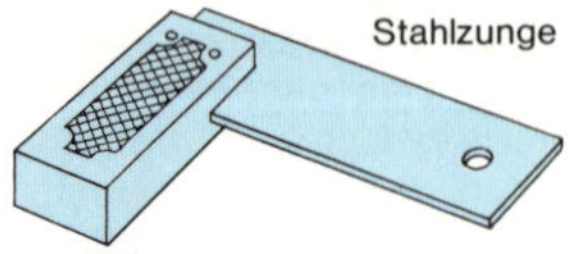

Winkelschmiege Winkel zwischen Holzverbindungen von anderer Größe als 45° nennt der Schreiner „falsche" Gehrung. Solche Winkel werden mit der Winkelschmiege gemessen.

Winkelschmiege

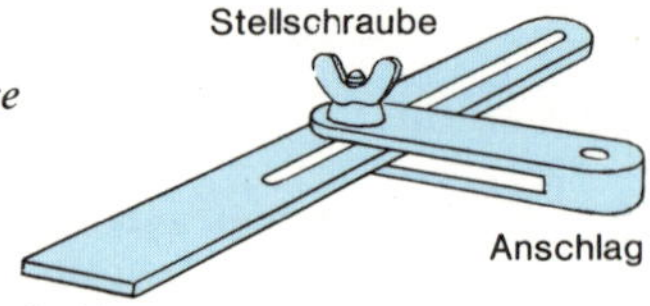

Feststellbarer Zirkel Zum Anreißen von Kreisen oder Kreisstücken dient der Reißzirkel (Spitzzirkel). Für größere Kreise nimmt man am besten eine Holzleiste, in die man an dem einen Ende einen spitzen Nagel als Drehpunkt einschlägt. Im erforderlichen Abstand wird eine Kerbe geschnitten, in ihr werden Bleistift oder Reißnadel geführt.

Selbstgebauter Stangenzirkel

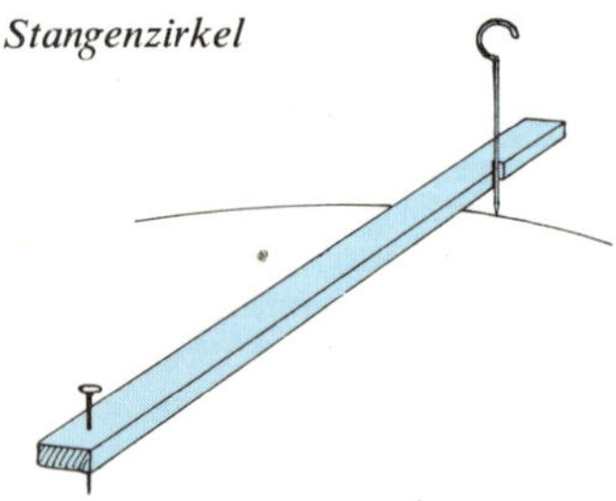

Spitzzirkel

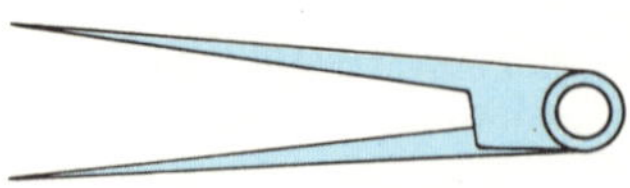

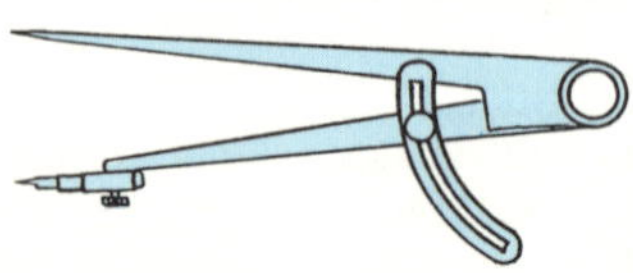

Spitzzirkel mit Bleistifteinsatz

Aufreißen
Das Aufreißen erfolgt mit kräftigem Bleistiftstrich. Niemals mit Kopierstift, Tintenstift, Kugelschreiber! Jede falsche oder ungenaue Linie wird sofort entfernt oder durch Überschlängeln ungültig gemacht.
Beim Aufreißen auf Massivholz wird mit Zugabe gearbeitet: man gibt bei den Längen ganz wenig, bei den Breiten etwas mehr zu. Beim Sägen wird dann nicht nochmals nach Augenmaß zugegeben, sondern genau am Riß gearbeitet.
Bei Sperrplatten wird beim Aufreißen und Zuschneiden nichts zugegeben. Man nimmt an, daß man das endgültige Maß einhalten kann – solange man nicht in den Riß hineinsägt oder -hobelt.
Beim Aufreißen fehlerhaftes Holz möglichst wegfallen lassen.

Zusammenzeichnen, Winkelkante
Jedes zugerichtete Holzstück muß eine Winkelkante aufweisen. So nennt man die markierte Eckkante zwischen zwei genau rechtwinklig zueinander liegenden Seitenflächen. Diese Winkelkante zuerst herstellen und mit Winkelzeichen markieren. Alle weiteren Maße werden von dieser Kante aus angewinkelt und gemessen. Der Winkelhaken wird stets hier angeschlagen. Vom Beachten der Winkelkante hängt die Exaktheit des ganzen Stückes ab.

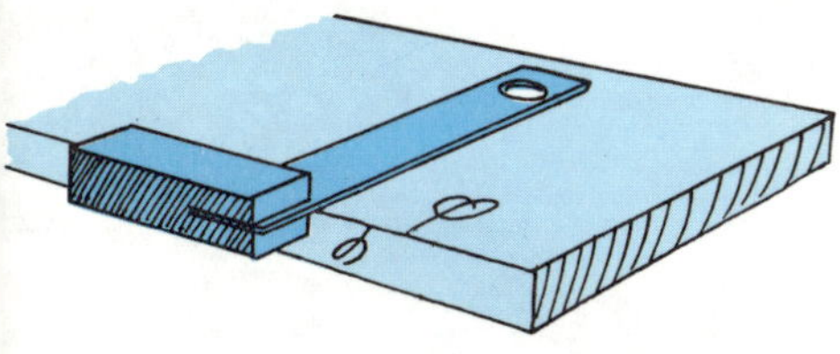

Das Winkelzeichen φ markiert die Winkelkante

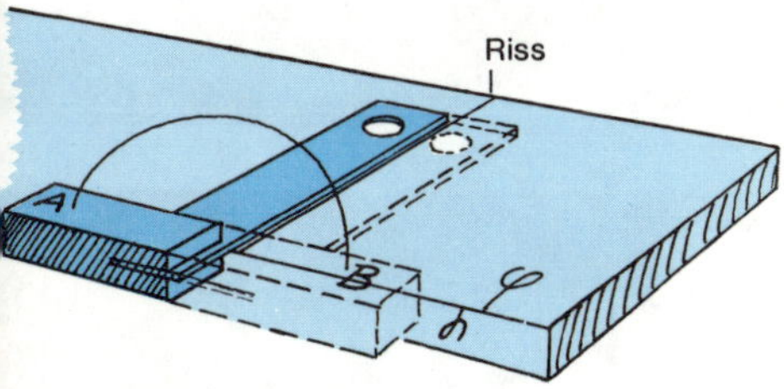

Zum Prüfen der Winkelhaltigkeit wird der Winkel umgeschlagen

Zum Anzeichnen der Zusammengehörigkeit werden die Stücke zuerst unter Berücksichtigung der Jahresringe, der rechten und linken Seite (▷Holz) sinnvoll zusammengeordnet, dann mit Dreieckszeichen markiert, so daß spätere Verwechslungen ausgeschlossen sind. Im Kopf behalten kann man das nicht!

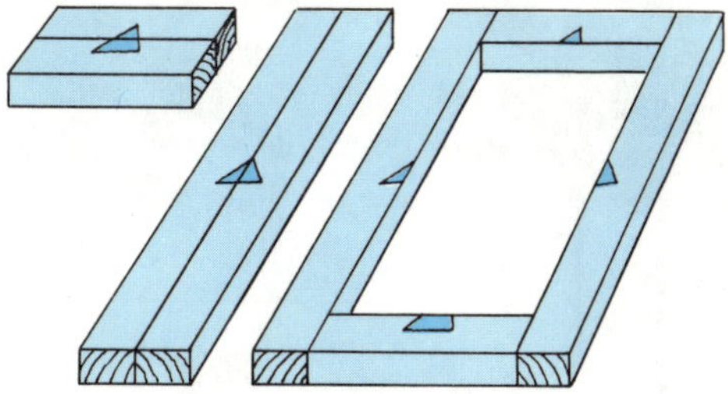

Das Dreieckszeichen △ markiert die Zusammengehörigkeit

Anreißen
1. Zum genauen Anreißen dient der harte, scharf gespitzte Bleistift oder eine Reißnadel. Risse sollen nicht in das Holz hineingraviert sein.
2. An der Kante reißen, nicht vor der Kante.
3. Alle zu einer Kante parallelen Risse ausschließlich mit Streichmaß ziehen. Der Riß wird ziehend geführt, also nicht senkrecht ins Holz drücken. Ohne Streichmaßriß keine exakte Arbeit.
4. Kleine Risse im Holz oder schräger Faserverlauf leiten den Riß gern in eine falsche Richtung.

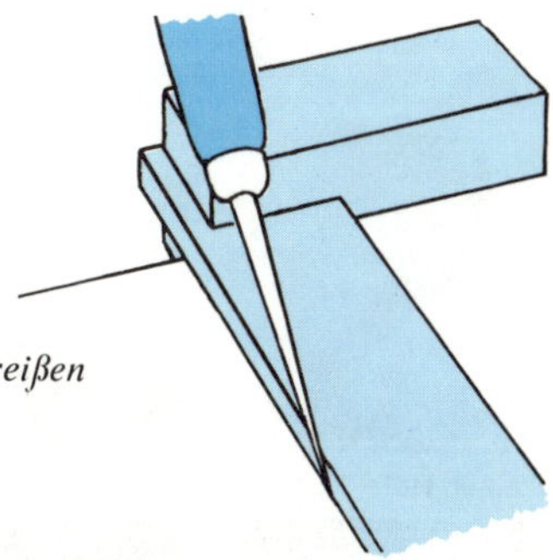

An der Kante reißen

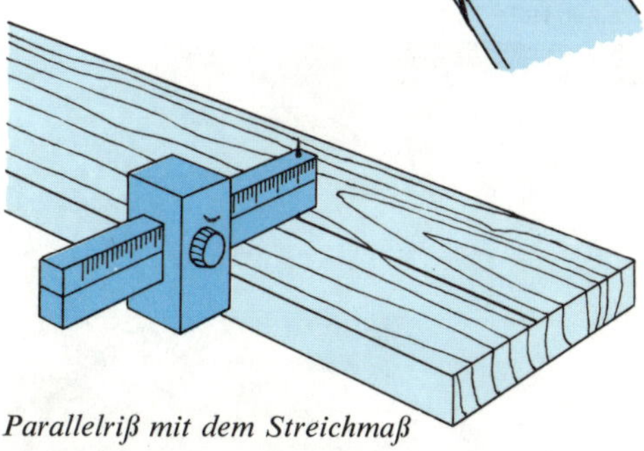

Parallelriß mit dem Streichmaß

Anreißen Holz

Verhältnisteilung

Häufig ist es erforderlich, eine Strecke in gleichmäßige Teile zu teilen, z. B. beim Nageln oder Schrauben. Nehmen wir an, ein Brett von 13 cm Breite soll in 6 gleiche Abschnitte geteilt werden – so daß 5 Schrauben in gleichem Abstand untereinander und von den Kanten gesetzt werden können:

1. Meterstab oder Lineal mit Nullmarke an eine Kante anlegen. So drehen, daß die andere Kante gerade mit einer durch 6 leicht teilbaren Zahl angeschnitten wird, z. B. 18.

2. Strecke bei 3 · 6 · 9 · 12 · 15 cm mit Spitzbohrer markieren.

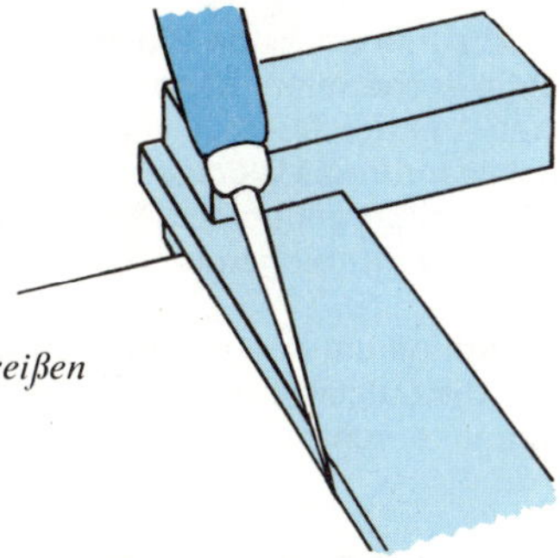

An der Kante reißen

3. Durch jeden dieser Punkte Parallele zur Längskante ziehen.

Anreißen (Metall)

Werkzeug

Benötigt werden stets: Bandmaß oder Meterstab, Reißnadel, Winkel oder Winkelschmiege (▷Anreißen, Holz); darüber hinaus von Fall zu Fall die ▷Wasserwaage, ein einfaches Senklot sowie folgende Spezialwerkzeuge:

Schublehre Zum genauen Messen von Durchmessern, Dicken, Bandstärken.

Auf dem Schenkel mit dem Schieber ist eine Millimetereinteilung. Der Schieber mit dem sogenannten Nonius ermöglicht das Ablesen von Zehntelmillimetern; auf dem Nonius ist die Strecke von 9 mm in 10 gleiche Teile geteilt.

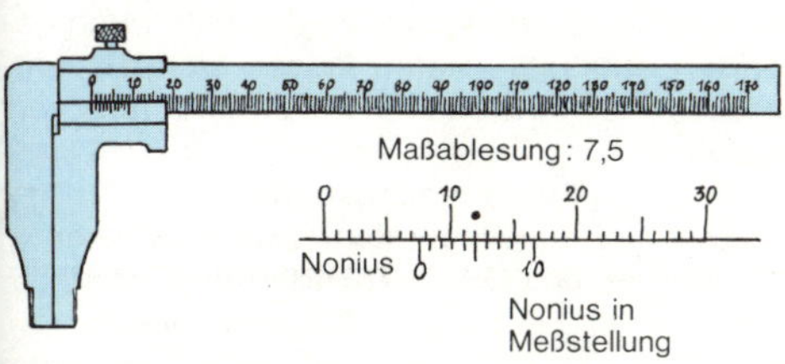

Schublehre

Mikrometer Zum genauen Feststellen der Stärke bei Blechen. Man dreht an der Hülse, bis die beiden Backen das Blech berühren. Durch die Gefühlsschraube wird ein zu festes Anziehen vermieden.

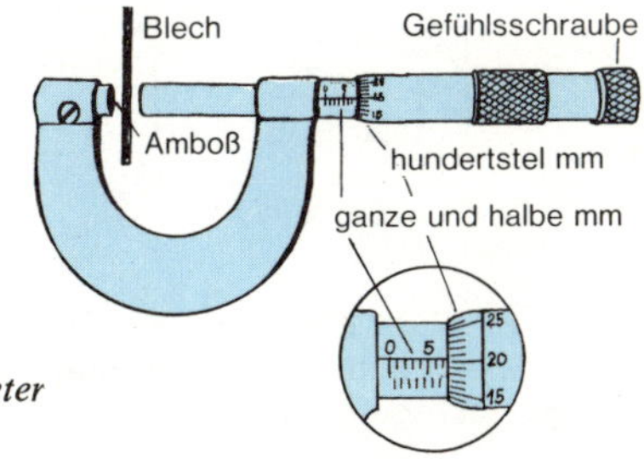

Mikrometer

Zirkel Zum Zeichnen von Kreisen, Kreisbögen, zur Kreisteilung, zum Übertragen von Maßen.

Stangenzirkel Die Zirkelspitzen sind auf der Stange verschiebbar und feststellbar. Für große Kreise.

Stangenzirkel

Innentaster Zum Messen und Vergleichen von Rohr-Innendurchmessern, Bohrungen und Hohlräumen. Schenkel gerade, Tastlippen stumpf und gehärtet.

Außentaster Zum Messen von Dicken und Rohr-Außendurchmessern. Gebogene Schenkel. Die Schenkel dürfen beim Messen nicht federn. Ablesen mit Maßstab oder Schublehre.

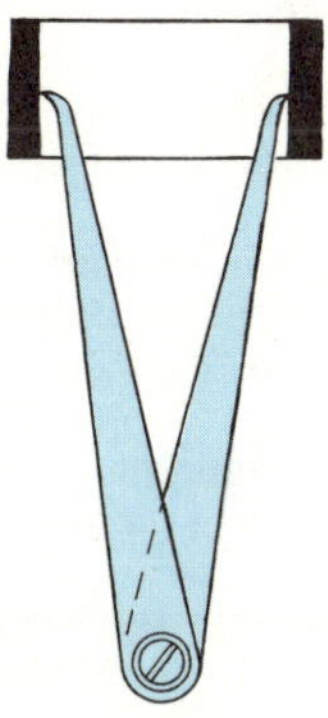

Innentaster

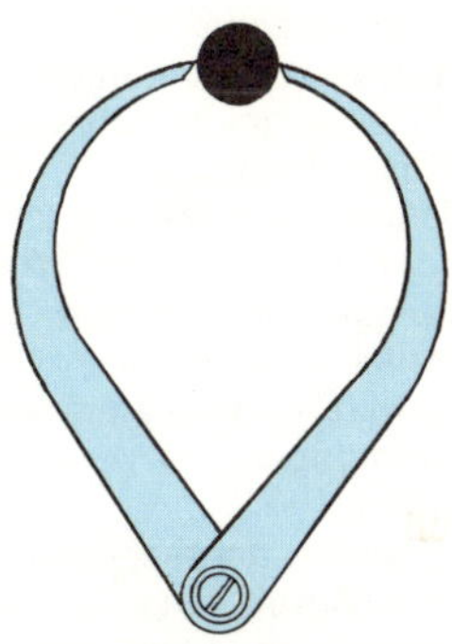

Außentaster

Anreißschablone Zum genauen Anreißen von Umschlägen und Falzen.

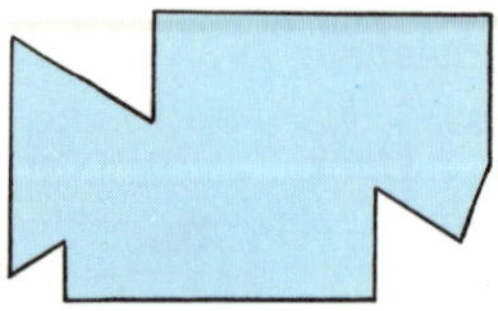

Anreißschablone

Reißnadel Zum Anreißen von Blechen. Auf Schwarzblech nimmt man Messingnadeln, die einen gut sichtbaren Strich hinterlassen.

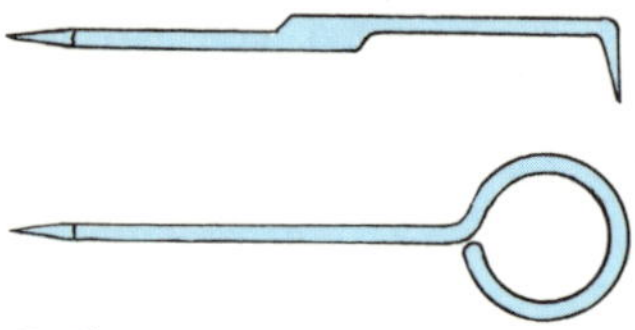

Reißnadeln

Körner Zum Ankörnen (Markieren) wichtiger Punkte.

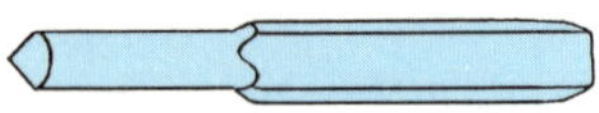

Körner

Beim Anreißen zu beachten
1. Vorher überlegen, maßgerechte Zeichnung anfertigen.
2. Messen und Anreißen nur auf glatter Unterlage: Tisch, Werkbank, Reißbrett.
3. Oberfläche nicht verkratzen.
4. Auf Leichtmetall keinen Kopierstift benutzen (Zerstörungsgefahr).
5. Linien zum Abkanten von Blechen nicht mit der Reißnadel ausführen, sondern nur mit Bleistift (Graphitstift).
6. Bei schwierigen Zuschnitten erst ein Papiermodell in natürlicher Größe herstellen, dieses auflegen, beschweren oder ankleben, dann anreißen.
7. Zugaben für Verstärkungen, Versteifungen, Abkantungen und Verbindungsnähte nicht vergessen.
8. Darauf achten, daß entweder möglichst wenig Abfall entsteht, oder daß die Abfallstücke noch verwendbar sind.
Vgl. den Abschnitt ▷Anreißen (Holz).

Anstreichen

Mit Farbe und Pinsel läßt sich die eigene Welt erneuern – jedenfalls die Oberfläche! Wer anstreichen will, sollte
1. sich vorher eine Übersicht über Anstreicharten und Arbeitsgänge verschaffen, d. h. diesen Artikel durchlesen;
2. sich im Fachgeschäft beraten lassen, dabei die Art und Größe des zu streichenden Gegenstandes genau bezeichnen: Gartenmöbel (aus Holz oder Metall?), Wand, Fenster, Heizkörper usw.; stets angeben, ob es sich um Innen- oder Außenverwendung handelt;
3. die zu streichende Fläche für den Anstrich richtig vorbereiten, besonders wenn sie schon einen Anstrich trägt;
4. einwandfreies Werkzeug verwenden;
5. Leitern sorgfältig auf Standfestigkeit prüfen;
6. nicht zu streichende Teile durch Abdecken schützen;
7. wenn es um das Renovieren ganzer Räume geht, die aufzuwendende Zeit und Anstrengung nicht unterschätzen.

Übersicht über die Anstricharten

Jede streichfertige Farbe besteht (mindestens) aus drei Bestandteilen:
1. einem Farbstoff (Pigment), der weiß sein kann (z. B. Kalk, Kreide) oder bunt (z. B. Ocker) und den der Fachmann „Körperfarbe" nennt;
2. dem Bindemittel, und nach dem Bindemittel werden die Anstricharten eingeteilt:

Leimfarben	Bindemittel: Leim
Kalkfarben	Bindemittel: Kalk
Dispersionsfarben	Bindemittel: Emulsionen (d. h. Mischungen von wässerigen mit ölhaltigen, harzartigen u. ä. Stoffen)
Ölfarben, Öllacke	Bindemittel: Leinöl, Leinölfirnis
Kunstharzfarben, Kunstharzlacke	Bindemittel: Harzlösungen;

3. dem Verdünnungsmittel, mit dem die Mischung aus Körperfarbe und Bindemittel verdünnt werden muß, um streichfähig zu sein. Mit dem Verdünnungsmittel, das man auch gesondert einkaufen kann, lassen sich die entsprechenden Farben z. B. für Voranstriche verdünnen.
Es dienen als Verdünnungsmittel
für Kalk-, Leim-, Dispersionsfarben: Wasser,
für Ölfarben und Öllacke: Terpentinöl oder Terpentinersatz,
für alle Kunstharzfarben und -lacke: spezielle Verdünnungsmittel.

Leimfarbenanstrich
Nur für Innenräume, nicht wetterfest. Vor allem für Putzuntergrund (Wand und Decke), auch auf Leichtbauplatten und Tapete haltbar. Mit Rollstreichbürste leicht aufzutragen.
Alte Leimfarbenanstriche erkennt man daran, daß sie beim Anfeuchten deutlich dunkler werden und sich mit Wasser abwaschen lassen.

Kalkfarbenanstrich
Nur für Putzgründe. Wird hauptsächlich verwendet für Küchen, Bäder, Arbeitsräume, da er starken Temperaturschwankungen und dem Niederschlag von Feuchtigkeit widersteht. Bei guter Ausführung mit abgelagertem Sumpfkalk auch für Fassaden geeignet.
Wegen der ätzenden Wirkung mit Gummihandschuhen und Schutzbrille arbeiten. Vgl. ▷Unfall.
Alter Kalkanstrich – zu erkennen an der körnigen, porösen Oberfläche – ist mit Wasser nicht abzuwaschen.

Dispersionsfarbenanstrich
Innen und außen verwendbar sowohl für Putzuntergründe wie auf Holz und Metall. Sehr haltbar, nicht billig. Bei guter Ausführung wischbis scheuerfest. Die Haltbarkeit wird erhöht, wenn die gestrichene Fläche nochmals mit Bindemittel (gesondert käuflich) überzogen wird, das zunächst milchig aussieht, aber nach dem Auftrocknen durchsichtig ist. Es verleiht der Fläche, die sonst matt, ja „tot" aussieht, einen Glanz.
Alte Dispersionsanstriche sind mit Wasser nicht zu entfernen.

Klarlack und Lackfarbe
Bevor von einzelnen Lacken gesprochen wird, muß man sich folgenden Unterschied einprägen, der unabhängig vom Lösungsmittel gilt: Klarlack ist Lack ohne Farbstoffzusatz, also (fast) wasserhell und z. B. zum Lasieren zu benützen. Lackfarbe ist Lack mit zugesetzter (weißer oder bunter) Körperfarbe.

Ölfarben, Öllacke
Als Anstrichfarbe ist Ölfarbe heute durch Farben auf Kunstharzbasis verdrängt, man braucht sie aber unbedingt, wenn man alte Ölanstriche neu überstreichen will — denn ein Kunstharzanstrich könnte die alte Ölfarbschicht auflösen.
Öllacke werden heute im Handel nach Verwendungszwecken (also nicht nach Zusammensetzung) differenziert angeboten. Hauptsächlich kommen für unsere Zwecke in Frage:
Luftlack Sehr ölhaltig. Für Außenverwendung geeignet, besonders für Fenster, Haustüren, Balkonbrüstungen u. ä.
Bootslack Wasserbeständig. Härtet sehr schnell.
Dekorationslack Für Innenverwendung, besonders Türen und Möbel.
Sitzmöbellack Trocknet schnell; wird sehr hart und durch Körpertemperatur nicht erweicht.
Schleiflack Kann nach ein bis zwei Tagen mit Wasser und wasserfestem Schleifpapier mattgeschliffen werden. Eine nicht einfache Arbeit! Als Schleiflack wird sowohl der Lack wie auch diese besondere Oberflächenbehandlung bezeichnet.
Fußbodenlack Trocknet hart, wird trittfest.
Heizkörperlack Hält 70 bis 80°C aus und bleibt elastisch, so daß er den Volumenänderungen des Heizkörpers folgen kann.

Kunstharzfarben, Kunstharzlacke
Kunstharzfarben wie -lacke werden für Außen- und Innenverwendung angeboten. Man kann für den gesamten Anstrich auch ausschließlich Kunstharzlack verwenden („Lack auf Lack"). Kunstharzlacke eignen sich gut zum Lasieren von Naturholz. Sie sind universell verwendbar, der Name „Schlagfestlacke" kennzeichnet ihre Widerstandsfähigkeit. Teurer als Öllacke. Verdünnen (je nach Vorschrift) mit Terpentinersatz oder Kunstharzverdünnung.

Speziallacke in Auswahl
Aus dem Angebot der Farbenindustrie, das für den Laien schwer übersehbar ist, hier eine Auswahl:
Spirituslack (auch Schellack genannt), bestehend aus in Spiritus gelösten Harzen (Verdünnungsmittel deshalb: Spiritus), trocknet besonders schnell (30 bis 60 Minuten). Er wird deshalb u. a. für Handläufe von Treppengeländern verwendet, allgemein als Schutzanstrich für Naturholz. Auch zum Isolieren von Ästen und harzhaltigen Stellen im Holz.
Zaponlack Ein wasserheller Lack, dient zum Schutz von blanken Metallteilen (Messing, Kupfer, Silber) gegen Oxydation.
Chlorkautschuklack Widerstandsfähig besonders gegen chemische Einwirkungen. Im privaten Bereich hauptsächlich verwendet für Schwimmbäder sowie Zementplatten und Zementfußböden. Nur mit Spezialverdünnungsmittel.
Chemisch härtende Lacke Sammelbezeichnung für Lacke, die in zwei oder drei getrennten Bestandteilen (Komponenten) geliefert werden (deshalb auch Mehrkomponentenlacke genannt); die Durchmischung beim Anstrich führt zu einer chemischen Reaktion, die einen äußerst widerstandsfähigen, nahezu unverletzlichen Lackfilm entstehen läßt. Verwendet u. a.

Mit zunehmender Technisierung wird der Pinsel immer mehr durch die Spritzpistole ersetzt. Mit ihr lassen sich Anstrichfarben und Lacke leichter, gleichmäßiger und schöner auftragen. Besonders schnelltrocknende Lacke können so ansatzfrei und schnell verarbeitet werden.

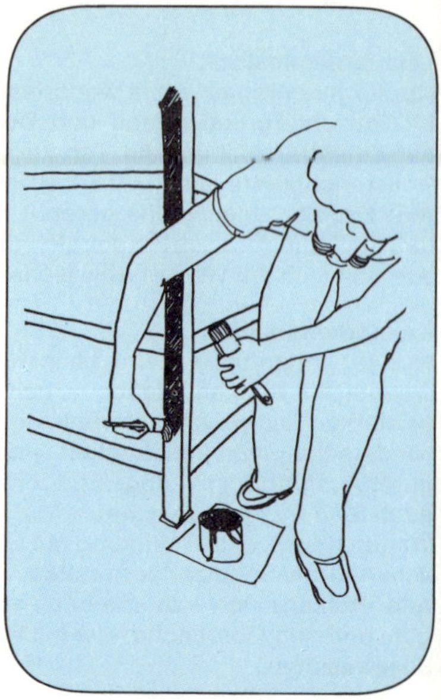

für Bootslackierungen und zum Versiegeln von Parkettböden und Tischplatten. Der Umgang mit diesen Lacken – die auch als Reaktionslacke, DD-Lacke, Polyesterlacke, Versiegelungslacke bezeichnet werden – ist gefährlich und erfordert besondere Vorsichtsmaßregeln, besonders Schutz der Hände und Augen. Die Gebrauchsanweisungen müssen peinlich genau befolgt werden. Im flüssigen Zustand (nicht mehr nach dem Durchtrocknen) sind die Lacke auch feuergefährlich. Nur mit Spezialverdünnungsmittel. Nur mit diesen können die Pinsel gesäubert werden, und zwar sofort nach dem Anstrich.

Asphaltlack Nur schwarz. Zum Lackieren von Eisenteilen (Rohren, Gittern). Verdünnungsmittel Testbenzin oder Benzol.

Alak (innen) Für Innenräume ein universell verwendbares Mittel sowohl für Anstriche wie für ▷Grundierungen, Zwischenanstriche und Lasuren.

Beim Farbenkauf zu beachten

Vor dem Streichen größerer Flächen (Decken, Wände, Türen) müssen Sie die zu streichende Fläche überschlägig berechnen (in Quadratmetern). Die ermittelte Zahl ist zu multiplizieren mit der Anzahl der Anstriche (= Farbschichten); meist sind zwei, manchmal drei erforderlich. Hierzu rechnen Sie einen Zuschlag für kleine Ausbesserungen.

Wieviel Quadratmeter man mit 1 kg Farbe streichen kann, sagt manchmal der Hersteller, in jedem Fall der Händler. Die Menge liegt meist zwischen 4 qm pro 1 kg (Dispersionsfarben) und 12 qm pro 1 kg (chemisch härtender Lack als Klarlack).

Wer sich mit handelsüblichen Farbtönen nicht zufriedengibt, kann selbst Farbtöne mischen, d. h. Farbtöne aufhellen (durch Zugaben von Weiß) oder Buntfarben mischen.

Beratung durch den Händler ist zu empfehlen.

Beim Ausprobieren einer Mischung diese auf einen Papierbogen auftragen, mit dem Urteil warten, bis der Anstrich trocken ist, denn die Farben verändern sich meist beim Tocknen: Kalk- und Leimfarben werden beim Trocknen wesentlich heller.

Dispersionsfarben werden etwas dunkler.

Öl- und Lackfarben in dunklen Tönen werden nach dem Trocknen noch dunkler.

Klarlacke lassen die Fläche nach dem Trocknen frischer, „tiefer“ und meist etwas dunkler erscheinen.

Da es kaum möglich ist, einen einmal ermischten Farbton aus zwei oder mehr Buntfarben noch einmal genau zu treffen, soll man die benötigte Menge auf einmal mischen.

Pinsel

Anstreichbürste Zum Anstreichen von Dekken und Wänden mit Leim- oder Binderfarben. Neue Bürsten haaren, das ist unangenehm. Man lege sie einige Stunden vor Gebrauch in ein Gefäß mit Wasser.

Alte Deckenbürsten mit kurz abgestrichenen Borsten eignen sich gut zum Abwaschen alter Anstriche.

Bürsten sind nicht billig. Damit sie lange halten, muß man sie nach Gebrauch sorgfältig abwaschen, möglichst in warmem Wasser. Ein Zusatz eines lösenden Reinigungsmittels („Imi“ oder dgl.) ist von Vorteil, nach dem Anstreichen mit Binderfarben sogar nötig. Die Bürste wird nach dem Auswaschen gut ausgeschwenkt und zum Trocknen aufgehängt.

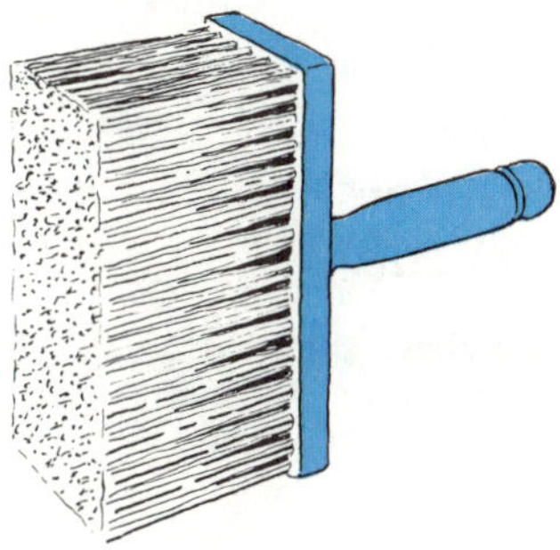

Anstreich- oder Deckenbürste

Kalkbürste Für Kalkfarbenanstrich auf großen Flächen. Hierfür keine Anstreichbürste (Deckenbürste) verwenden, weil Kalk die Borsten schädigt.

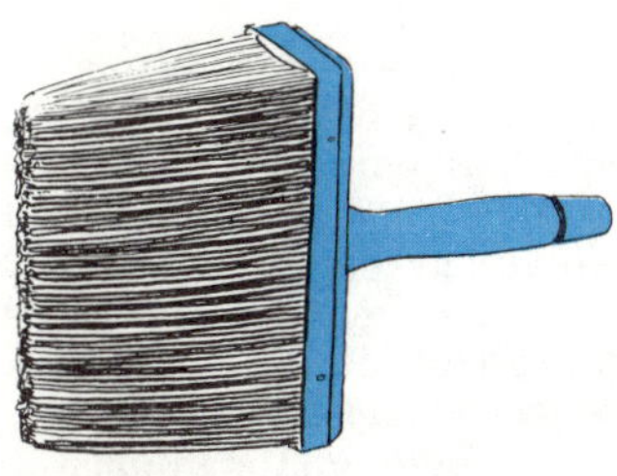

Kalkbürste

Rollstreichbürste Eine mit Naturlammfell („Lammfellroller“) oder einem Perlonpelz überzogene Walze mit Bügel und Griff. Mit ihr arbeitet man besonders leicht und zügig. Die Rollstreichbürste wird vor dem Gebrauch eingeweicht oder in leichter Seifenlösung ausgewaschen. Nach dem Eintauchen in die Farbe wird sie zuerst an einem Gitter ausgestrichen. Das Auftragen der Farbe geht so vor sich, daß man, nachdem Ecken und schlecht zugängliche Stellen mit einem Pinsel vorgestrichen wurden, die mit Farbe getränkte Rolle in ausholenden Bewegungen über die Anstrichfläche führt. Man braucht nicht in einer bestimmten Richtung zu rollen, Ansätze sind kaum zu befürchten. Der Anstrich erhält durch die Struktur des Lammfells ein angenehmes Korn und ein tuchartiges Aussehen.

Mit der Rollstreichbürste lassen sich auch Ölfarben und Lackfarben auf Holz und auf Putzuntergründe auftragen.

Für schwer zugängliche Stellen, besonders an Heizkörpern, gibt es kleine Spezialroller.

Rollstreichbürste (Lammfellroller)

Flächenstreicher Dient ebenfalls zum Anstreichen größerer Flächen, insbesondere auch Fußböden, mit Ölfarbe.

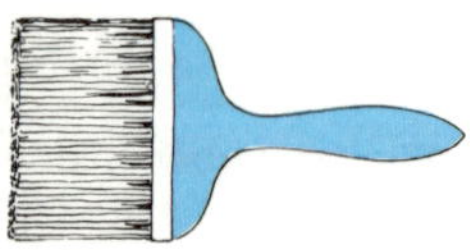

Flächenstreicher

Ringpinsel Neben den Streichbürsten sind Ringpinsel die gebräuchlichsten Anstreichwerkzeuge. Man unterscheidet Pinsel für Ölfarbenanstriche, für Lackierungen, für Anstriche mit wässerigen Farben und für Leimfarben, letztere mit längerer Borste, die stärkeren Farbauftrag ergibt.

Die Lebensdauer eines Ringpinsels läßt sich dadurch verlängern, daß man nach und nach die Schnurwicklung verkürzt und schließlich ganz entfernt.

Ringpinsel für Ölfarben

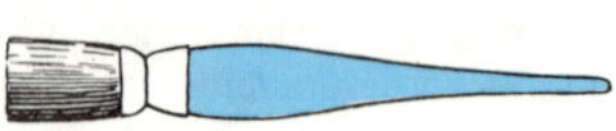

Ringpinsel für wässerige Farben

Heizkörperpinsel Mit diesen Pinseln kann man an alle Stellen eines Heizkörpers herankommen.

Heizkörperpinsel

Flachpinsel Flachpinsel dienen zum Anstreichen schwer zugänglicher Teile, zum Anstreichen von Ecken und Winkeln, auch zum Anlegen kleinerer Flächen und zum Abfassen von Leisten.

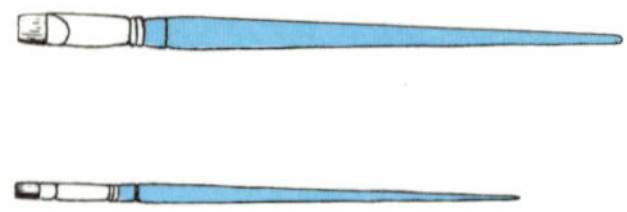

Flachpinsel

Schaumstoffpinsel Bei diesen Pinseln sind die herkömmlichen Borsten durch ein Stück Kunststoffschwamm ersetzt. Ebene Flächen lassen sich mit ihnen gut streichen. Die Schwämme können meist ausgewechselt werden.

Ausleihen

Alle Bürsten und Roller kann man im Fachgeschäft in der Regel ausleihen.

Andere wichtige Werkzeuge und Geräte

Einwandfreies Werkzeug ist Voraussetzung des Gelingens. Verdorbenes und schmutziges Werkzeug ist ungeeignet.

Spachtel Die Spachtel ist ein vielseitig verwendbares Handwerkszeug. Untergründe werden mit ihr abgekratzt, vergipst, verkittet, geglättet. Weiter dient sie zum Mengen von Kitt und Spachtelmasse und zum Schöpfen von Trockenfarben.

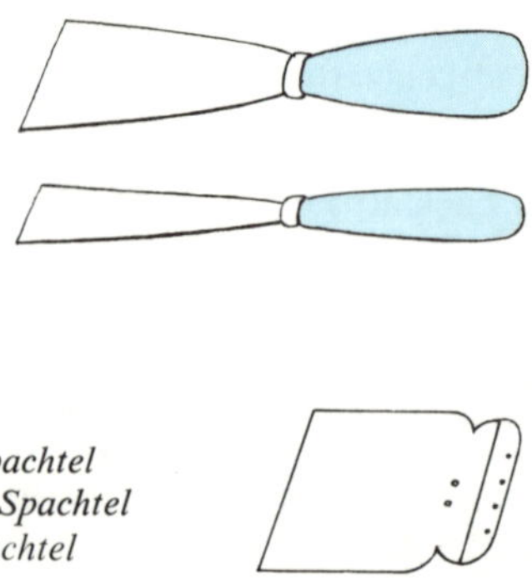

Breite Spachtel
Schmale Spachtel
Japanspachtel

Schlagschnur Zum Festlegen von Linien an Wand und Decke dienen diese dünnen, gedrehten Schnüre mit einer Länge von 10 bis 15 m. Für die Verwendung auf hellem Grund wird die Schnur mit Papierasche gefärbt, für dunklen Grund mit Gips oder Kreide. Sie wird dann zwischen zwei Punkte gespannt und gegen die Wand geschnellt. Um senkrechte Linien genau festlegen zu können, kann man an einem Ende ein Lot (Schlüssel, Schraubenmutter o. ä.) befestigen.

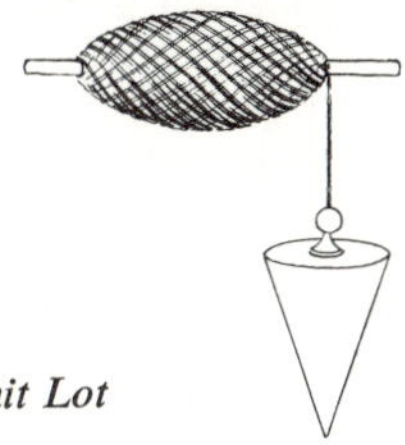

Schlagschnur mit Lot

Rührholz Rührwerkzeuge – flache Hölzer mit möglichst scharfen Kanten – zum Anteigen und Anrühren von Farben jeder Art kann man selbst zurechtschneiden. Sie sind auch zum Abstreichen der Topfränder und zum Durcharbeiten von Pinseln gut zu benutzen.

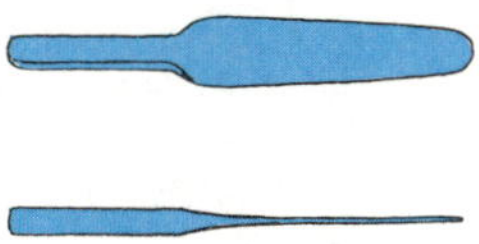

Ansicht

Schnitt

Rührholz

Gefäße Wer Malerarbeiten macht, braucht viele Gefäße. Um eine größere Fläche einheitlich zu streichen, soll man eine möglichst große Farbmenge auf einmal bereiten. Zubereitung in kleinen Etappen beeinträchtigt die Gleichmäßigkeit des Farbtons, des Bindemittelzusatzes und der Konsistenz (Grad der Dickflüssigkeit). Ölfarben streicht man möglichst aus Gefäßen mit Henkel, damit man sie auf der Leiter sicher halten kann. Farbkessel mit Henkel gibt es einzeln und satzweise zu kaufen. Verschmutzte und verhautete Ölfarbtöpfe werden zur Reinigung in einem größeren Gefäß mit verdünnter Kalilauge eingeweicht. Die Ölfarbschicht wird durch die Lauge verseift und löst sich dann leicht ab.

Der Amateurstreicher kann in der Küche anfallende Konservenbüchsen stets gut brauchen. Sie müssen tadellos gereinigt, die Ränder sauber weggeschnitten werden. Ebenfalls als Gefäße brauchbar sind Lackbüchsen, in denen fabrikfertige Ware geliefert wird.

Eimer und Farbtöpfe werden mit s-förmigen Kübelhaken an die Leiter gehängt. Farbtöpfe auf Unterlagen stellen: Holz, Blech, Pappe. Ein Pappdeckel, unter dem Farbtopf befestigt, fängt überlaufende Farbe auf.

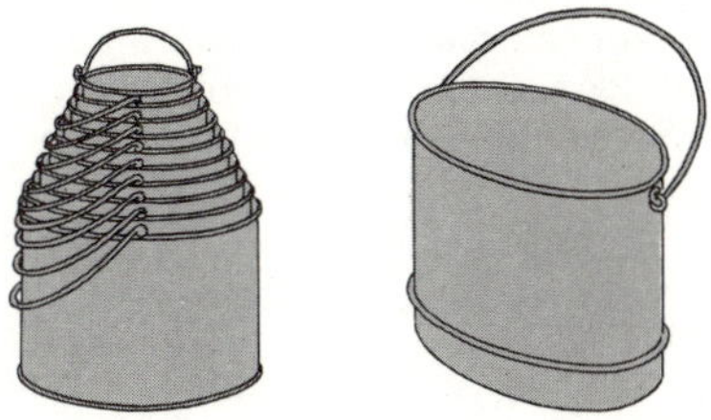

Farbeimer aus Kunststoff

Ziehklinge Mit der Ziehklinge entfernt man alte, rissig gewordene Farbschichten, die nicht abgebeizt zu werden brauchen, und Flecken in Naturhölzern. Ein feiner Grat an der Schneide der Klinge zieht einen feinen Span von der Oberfläche ab. Es gibt gerade, gebogene, runde Ziehklingen.

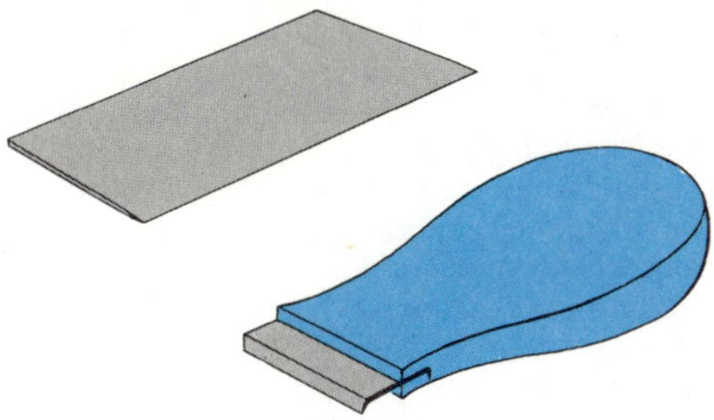

Zwei Formen der Ziehklinge

Vorarbeiten

Die Vorarbeiten sind ebenso wichtig – manchmal schwieriger und zeitraubender – wie das eigentliche Anstreichen.

Schutzmaßnahmen

1. Fußboden und Möbel mit Papier, besser Folien, schützen, die mit Tesakrepp befestigt werden. Abtreter und feuchte Lappen an der Zimmertür bereitlegen. Während der Arbeit ab und zu kehren, evtl. aufwischen.

2. Pinselstiel trocken halten – sonst entstehen Blasen. Pinsel nicht zu tief in die Farbe tauchen. Pinsel nicht am Dosenrand abstreifen, sondern an quergespanntem Draht oder Stock über der Dosenöffnung. Pinsel, die mit Wasser oder Lösungsmittel in Berührung kommen, vor weiterer Benutzung gut ausschleudern.

3. Bei Arbeiten an der Decke Mütze aufsetzen.
4. Besondere Vorsicht beim Arbeiten mit ätzenden (z. B. Kalk), brennbaren (z. B. Lösungsmittel) und giftigen Stoffen.
5. Gebrauchsanweisungen der Hersteller genau befolgen. Gebrauchsanweisungen, die auf der Dose stehen, vor dem Öffnen lesen, da sie hinterher manchmal verklebt oder zerrissen sind.

Frischer Putz
Wollen Sie in einem Neubau Putzflächen streichen, die vorher weder Anstrich noch Tapete getragen haben, so fragen Sie in jedem Fall vorher den Fachmann, schon deshalb, weil es verschiedene Arten von Putz (Kalkputz, Gipsputz, Putz auf Kunststoffbasis) gibt und weil eventuell besondere Vorarbeiten (Isolieren) erforderlich sind.

Putz mit altem Anstrich
Die zu streichende Fläche soll eben, trocken und sauber sein.
Unebenheiten sind mit einem Bimssteinklotz glattzuschleifen. Risse und Löcher müssen vergipst werden (▷Gips).
Staub muß durch Abwaschen entfernt werden, desgleichen ein alter Leimfarbenanstrich: Mit Streichbürste anfeuchten, dann abwaschen, wo nötig mit Spachtel abschaben.
Rußflecken müssen vor dem Anstrich isoliert werden, d. h. es muß zwischen Untergrund und Neuanstrich eine Sperrschicht gelegt werden. Der neue Anstrich ist sonst nicht haltbar. Man verwendet dazu Isoliersalz, das man im Farbengeschäft erhält. Der Inhalt einer Packung wird in Wasser aufgelöst (Gebrauchsanweisung beachten), mit der Lösung wird die zu isolierende Stelle einmal, nötigenfalls mehrmals eingestrichen. Muß jedesmal erst völlig trocken sein.

Tapete
Sitzt die alte Tapete noch fest, kann sie – nach Abwischen oder trockenem Abbürsten – mit Leim- oder Dispersionsfarbe überstrichen werden. Schlecht haftende Tapete ist dagegen zu entfernen, und zwar durch mehrmaliges Benetzen mit Wasser und Abkratzen mittels Spachtel. Im Handel gibt es auch Heißdampf-Tapetenentferner.

Frisches Holz
Imprägnieren Holz, das im Freien Verwendung finden soll, muß vor dem ersten Anstrich mit einem Holzschutzmittel imprägniert werden, damit es gegen Fäulnis, Pilz- und Insektenbefall geschützt ist.
Das Imprägnieren kann durch Streichen, Spritzen oder Eintauchen erfolgen. Holzschutzmittel auf verschiedenster chemischer Basis sind in Holz- und Farbenhandlungen erhältlich.
Sperrholz und Spanplatten brauchen keine Imprägnierung.
Das imprägnierte Holz kann ohne weiteren Anstrich belassen werden, doch muß der Holzschutzanstrich in diesem Fall jedes Jahr wiederholt werden.
Isolieren Harzige Stellen und Äste vor dem Anstrich mit Schellack überstreichen.
Verkitten Risse und Löcher (z. B. von Nägeln oder Schrauben) vor dem Anstreichen ausfüllen mit Fensterkitt, „Flüssigem Holz" oder Moltofill (▷Gips).
Spachteln Ist die Fläche nicht eben und glatt genug, kann man sie mit Spachtelkitt glätten, d. h. sie mehrmals mit einer dünnen Schicht aus Spachtelkitt überziehen. Dieses Spachteln ist eine schwierige Arbeit, für größere Flächen setzt es Übung und Erfahrung voraus.
Säubern Jede Holzfläche vor dem Anstreichen mit sauberem Besen oder Bürste bzw. Staublappen säubern, Ecken und Winkel ausblasen.

Schon gestrichenes Holz
Aufrauhen Ist der alte Anstrich gut erhalten, genügt es, ihn durch Abschleifen mit Glaspapier oder Abwaschen mit verdünntem Salmiakgeist (ein Teil Salmiakgeist auf acht Teile Wasser) aufzurauhen, damit der neue Anstrich gut haftet.
Entfernen des Anstrichs Verwitterter Anstrich wird entfernt, und zwar durch ▷Abbeizen, nötigenfalls durch ▷Abbrennen.
Für die Behandlung von Rissen und Löchern im Holz gilt das oben unter „Frisches Holz" Gesagte.
Gebeiztes Holz Mit lösendem Abbeizmittel behandeln (▷Abbeizen), mit Nitroverdünnung nachwaschen.

Neues Metall
Hier gelten für verschiedene Metalle verschiedene Regeln.
Eisen Dünne Rostflecken können mit Petroleum, starke Rostschichten müssen mit einer Drahtbürste entfernt werden. Damit sich bis zum Anstreichen kein neuer Rost bildet, kann man das Metall für kürzere Zeit mit Leinölfirnis einreiben.
Vor dem eigentlichen Anstrich streicht man Eisenuntergründe ein- oder zweimal mit *Bleimennige,* einem speziellen Rostschutzanstrich von orangeroter Farbe. Bleimennige braucht etwa eine Woche zum Durchtrocknen, vorher

darf ein zweiter Anstrich weder mit Bleimennige noch mit Öl- oder Kunstharzfarbe folgen. Andererseits muß aber das mit Bleimennige vorbehandelte Eisen unbedingt einen weiteren Anstrich bekommen. Bleimennige ist ungeschützt nicht wetterbeständig.

Aluminium Anstriche auf Aluminium gelingen nur unter zwei Voraussetzungen. Zuerst muß die Oberfläche durch Abreiben mit Testbenzin oder dem Fleckentfernungsmittel Trichloräthylen von allen Fettspuren gesäubert werden. Dann ist sie aufzurauhen durch Einstreichen mit verdünnter Salzsäure (ein Teil Salzsäure auf acht Teile Wasser); diese Mischung wird nach kurzem Einwirken mit klarem Wasser wieder abgewaschen.

Eloxiertes Aluminium bedarf keines Anstrichs.

Zink Wie beim Aluminium: Entfetten – hier mit Waschbenzin oder Nitroverdünnung, dann absäuern wie eben geschildert.

Wash-Primer, Haftgrund Unter diesen Bezeichnungen werden universelle Untergrundanstriche angeboten, die bei allen Metallen eine gute Anstrichgrundlage ergeben. Gebrauchsanweisungen beachten.

Schon gestrichenes Metall

Gut erhaltenen Anstrich mit Glaspapier aufrauhen. Alte, abblätternde Anstriche abkratzen (Drahtbürste) oder abschleifen mit runder Stahlbürste, die in eine Elektro-Bohrmaschine einzuspannen ist. Dann Vorgehen wie bei neuem Metall.

Die Arbeitsgänge beim Anstreichen

Bitte fangen Sie nicht an dieser Stelle an, zu lesen und zu handeln. Orientieren Sie sich erst über Anstricharten und vorbereitende Arbeitsgänge!

Decke

Beim Anstreichen eines ganzen Zimmers beginnen Sie mit der Decke. Zu den Vorbereitungen gehört: Fußboden und Möbel schützen. Sicherung herausdrehen – auch wenn die Lampen hängen bleiben.

Regelmäßig beginnt man an der Fensterwand. Die Farbe wird in Streifen von etwa 50 cm aufgetragen. Wenn Sie eine Streichbürste verwenden: Bürste etwa zu einem Drittel in die Farbe tauchen, am Eimerrand abpressen oder an einem über den Eimer gespannten Draht abstreifen. Bei jedem Streifen soll die Farbe „verschlichtet" werden: Erst Bürstenstriche parallel zur Fensterwand, dann senkrecht dazu, dann wieder parallel.

Gewöhnlich werden zwei Anstriche nötig sein, manchmal sogar drei, wenn der alte Anstrich wesentlich dunkler ist als der neue. Beim zweiten Anstrich sollen die Streifen senkrecht zu denen des ersten Anstrichs geführt und wiederum in sich verschlichtet werden. Deckenanstriche lassen sich gut mit einer

Streichen der Decke mit der Lammfellrolle

Streichrolle ausführen – wenn man den Rollenstiel verlängert (mit einem Besenstiel), sogar vom Boden aus. Die Rolle wird ganz in die Farbe getaucht und am Gitter so abgestreift, daß nichts mehr von der Rolle abtropft. Auch hier gilt: erst parallel zur Fensterwand, dann senkrecht dazu. Farbe gut verschlichten. Die Ecken werden Sie mit der Rolle schlecht erreichen: Streichen Sie sie mit dem Pinsel vor.

Die vorstehenden Hinweise – ebenso bei der Wand – gelten unabhängig von der verwendeten Anstrichfarbe (Kalk-, Leim-, Dispersionsfarbe).

Wand

Was nicht mitgestrichen werden soll (Holzleisten, Steckdosen), mit Folie und Tesakrepp abdecken. Beginnen Sie bei einem Fensterrahmen und arbeiten dann Wand für Wand durch.

Umgang mit Bürste und Roller wie bei der Decke beschrieben.

Allgemeines zum Lackieren

Für alle Arbeiten mit Lack gelten – unabhängig vom Objekt – folgende Grundsätze:

Der Raum Der Arbeitsraum soll beim Lackieren mäßig warm und möglichst staubfrei sein.

Der Lack Häute und Verunreinigungen absieben (Damenstrumpf). Zu kalten Lack im Wasserbad leicht anwärmen. Lack gut aufrühren.
Der Pinsel Nur gute Pinsel verwenden. Am besten für Lackierungen besondere Pinsel reservieren. Pinsel vor der Arbeit in reinem Terpentinersatz ausspülen, dann ausschwenken (zwischen den Handflächen quirlend hin und her drehen). Es soll kein Terpentinersatz im Pinsel zurückbleiben. Der Lack läuft sonst eventuell rückwärts aus dem Pinsel heraus.
Der Untergrund Die zu lackierende Fläche muß völlig sauber sein. Staub ist der Todfeind des Lackierers. Holzflächen mit Besen, feuchten Lappen und durch Abblasen säubern. Nicht staubende Arbeitskleidung und Kopfbedekkung tragen.
Das Durcharbeiten Nicht einfach Pinsel eintauchen und zu streichen beginnen! Vielmehr am Rührholz wieder ausdrücken und erneut eintauchen – auch mehrmals – bis er ganz gleichmäßig Lack aufgenommen hat.
Der Farbauftrag Lack muß dünn und gleichmäßig aufgetragen werden – nicht „schwemmen" und nicht zu dünn auftragen.
Das Verschlichten Verschlichten heißt: einen gleichmäßigen Farbauftrag dadurch erzielen, daß man die Fläche erst in einer Richtung streicht, dann senkrecht dazu, dann nochmals in der ersten Richtung.
Aber – Achtung: Während man bei Anstrichen an Wand und Decke jedesmal das Trocknen des vorhergehenden Anstrichs abzuwarten hat, folgen die Anstriche hier hintereinander weg, also auf den noch frischen, nassen Lack. Auf diese Weise kann man nur eine kleine Fläche (etwa 60×60 cm) verschlichten und muß deshalb größere Flächen abschnittweise lackieren.
Der krönende Abschluß des Verschlichtens besteht darin, daß Sie nochmals mit dem Pinsel über die ganze Fläche gehen – einmal in der einen Richtung, dann senkrecht dazu – aber diesmal, ohne noch neue Farbe mit dem Pinsel aufzunehmen.
Auch Lackierarbeiten können mit der Rollstreichbürste ausgeführt werden. Ein gleichmäßiger Farbauftrag gelingt damit leichter.

Glatte Türen
Große Flächen lassen sich am besten lackieren, wenn sie waagerecht liegen. Türen deshalb aushängen und flach lagern, z. B. auf Stühlen. Das Verschlichten muß bei einem Türblatt normaler Größe in 6 Abschnitten durchgeführt werden.
Tür entweder erst einhängen, wenn der Lack durchgetrocknet ist oder bis zum Durchtrocknen offen lassen, damit die Falze nicht verkleben können. Nach dem Trocknen Falze mit Talkum einreiben. Wenn man für die Falze Mattlack verwendet, kleben sie kaum.

Füllungstüren
Erst die Füllungen lackieren, dann die Rahmen; von diesen zuerst die Querteile, dann die Längsteile.

Türrahmen
Da man den Türrahmen nicht herausnehmen kann, muß man hier senkrechte Flächen lackieren. Man nimmt am besten einen nicht zu großen Flachpinsel und arbeitet mit wenig Farbe, damit sich keine „Tränen" oder „Girlanden" bilden.

Fenster
Prüfen Sie zuerst, ob die Scheiben noch fest im Kitt sitzen. Losen Kitt entfernen und erneuern, vgl. ▷Fensterscheiben. Dann die Scheiben abdecken, Papier oder Folie mit Tesakrepp festkleben.
Erst die schmalen Trennleisten – sofern vorhanden – streichen, dann die äußeren Rahmen. In der Regel sind zwei Anstriche erforderlich. Beide müssen gut durchtrocknen.
Achtung: Fenster nur mit Lack streichen, der für Außenverwendung geeignet ist – auch die Innenseiten, denn sie kommen, sobald das Fenster geöffnet ist, ebenfalls mit der Außenluft in Berührung.
Für Rahmen und Falze gilt das oben unter „Türen" Gesagte.

Sitzmöbel
Zwei Anstriche sind erforderlich. Sitzmöbellack ist am besten, da er der Erwärmung auf Körpertemperatur und der Beanspruchung durch Reibung am besten widersteht. Bei Gartenmöbeln darauf achten, daß alle verwendeten Farben für Außenverwendung geeignet sind. Beim Anstreichen von Verzierungen und feinen Profilen nur wenig Farbe in den Pinsel nehmen, damit sie nicht in Streifen oder Girlanden herunterläuft. Dies gilt für alle Möbel.

Holzböden
Für Holzböden kommen drei Behandlungen in Frage: farbiger Anstrich, Lasieren, Versiegeln.
Farbiger Anstrich Hat der Boden noch keinen Anstrich, zuerst – nach gründlichem Säubern – Äste und Harzstellen durch Überstreichen mit Schellack isolieren. Trägt der Boden schon einen Anstrich, so ist er wahrscheinlich auch gewachst worden. Die Wachsschicht muß vor

dem neuen Anstrich entfernt werden. Das geschieht mit heißer Sodalauge (750 g Soda auf ½ Eimer Wasser) oder mit heißer Waschmittellauge (2 Päckchen auf ½ Eimer Wasser). Die Lauge soll eine halbe Stunde einwirken, dann mit klarem Wasser nachwaschen. Das Ablaugen soll zweimal stattfinden.
Das weitere Vorgehen ist für ungestrichene und schon gestrichene Böden gleich. Man macht in der Regel drei Anstriche: den ersten mit Grundierfarbe, den zweiten mit Deckfarbe (Kunstharzfarbe), den dritten mit Kunstharzlack oder Fußbodenlack. Alle drei Farben kann man fertig einkaufen. Jeder Anstrich muß gut durchtrocknen.

Drei Dinge sind noch zu beachten:
1. Grundierfarbe nur dort auftragen, wo die alte Farbe abgetreten ist oder sonst entfernt wurde. Grundierfarbe also nicht auf den alten Anstrich bringen.
2. Löcher und Fugen kann man mit Glaserkitt ausfüllen. Dies soll erst nach dem Grundieranstrich erfolgen. Spachtelkitt und Gips sind ungeeignet.
3. Jeder Anstrich soll nach dem Trocknen (nach 1 bis 2 Tagen) mit grobem Glaspapier geschliffen und anschließend sauber abgekehrt werden.
Sie sehen, ein farbiger Fußbodenanstrich ist nicht ohne Mühe herzustellen.

Lasieren Beim Lasieren überzieht man Naturholz mit einer klaren, wasserhellen (oder ganz leicht getönten) Lackschicht, so daß das Holz geschützt ist, aber sein natürliches Aussehen bewahrt. Lasieren empfiehlt sich nur bei sauberem, neuem Holz. Bei Fußböden sind drei Anstriche zu empfehlen: Zum ersten Anstrich (= Voranstrich oder Grundierung) verwendet man Leinölfirnis, bei Kunstharzlack Kunstharz-Grundieröl, für die beiden folgenden unverdünnten Lack. Die Lasur soll mit einem breiten Flächenstreicher gleichmäßig aufgetragen werden.
Wie beim farbigen Anstrich soll jeder Anstrich nach dem Trocknen mit Glaspapier geschliffen werden.

Versiegeln Holzböden (Dielen und Parkett) werden durch Versiegeln auf Jahre gegen das Eindringen von Feuchtigkeit und Schmutz geschützt. Versiegelte Böden sind leicht zu pflegen. Das Versiegeln ist schwierig, wird meist Spezialfirmen übertragen. Wer es selber probieren will, muß Sorgfalt und Zeit aufwenden:
1. Boden abschleifen. Das gelingt perfekt nur mit einer Schleifmaschine, die man sich ausleihen kann.
2. Schleifstaub sorgfältig entfernen.
3. Versiegelungsmittel zügig auftragen (mit Flächenstreicher). Es gibt Versiegelungsmittel auch in Form von 2 Komponenten, vgl. „Chemisch härtende Lacke".
4. Einen Tag trocknen lassen.
5. Boden abschleifen. Wenn Sie diesen Arbeitsgang auslassen, können Sie keine einwandfreie Versiegelung erzielen.
6. 2 bis 4 wiederholen.
7. Boden mit sehr feiner Stahlwolle abschleifen.
8. Einlassen mit Hartwachs.
Der Raum soll während der ganzen Arbeitsdauer unbenutzt bleiben; keinesfalls dürfen irgendwelche anderen Arbeiten in ihm ausgeführt werden.

Metalluntergründe

Bitte beachten Sie, was unter „Vorarbeiten" über Entrosten und weitere Vorbehandlungen ausgeführt ist. Will man prüfen, ob ein Rostschutzanstrich z. B. auf einem Heizkörper (der in der Regel mit Rostschutzanstrich versehen angeliefert wird) noch gut hält, so führt man mit dem Taschenmesser einige parallele Schnitte und ein paar Schnitte senkrecht darüber aus, Abstand je 1 mm. Platzt die Farbe bei einem solchen Gitterschnitt stellenweise aus, erfüllt sie ihren Zweck nicht mehr einwandfrei.
Heizkörper Für weißen Anstrich Heizkörperlack nehmen. Wird ein farbiger Anstrich gewünscht, etwa gelb oder schwarz, kann man Kunstharzlack nehmen. Mit Heizkörperrolle arbeiten.
Ofenrohre Ofenrohre kann man nicht im Wandton streichen. Es gibt nur wenige Farben, die die Temperaturen eines Ofenrohrs in Betrieb aushält. Sie haben die Wahl: entweder schwarzes Rohr, mit Graphit gestrichen, anschließend blankgebürstet – oder silberfarben, gestrichen mit Aluminiumbronze.
Balkonmöbel, Eisenteile Ein oder zwei Rostschutz-Voranstriche mit Kunstharz-Bleimennige oder „Metallgrund rotbraun". Zwei Anstriche mit Kunstharzlack.

Aufbewahren von Farben und Pinseln

Farben

Alle Farben in einem trockenen Raum verwahren, nach Arten deutlich getrennt. Trockenfarben in verschlossenen Büchsen mit deutlicher Aufschrift; giftige und feuergefährliche Stoffe abseits und besonders gekennzeichnet. Ölfarben und Lacke verschlossen.

Ein Tip: Stellt man angebrochene Farbdosen gut verschlossen auf den Kopf, kann sich auf der „Oberfläche" keine Haut bilden.

Leimfarben nicht lange aufbewahren: sie gären nach 8 bis 10 Tagen, sind dann unbrauchbar.

Pinsel
Bei kurzer *Arbeitsunterbrechung:* Pinsel nicht an der Luft trocknen lassen, sondern eintauchen. Im übrigen: Alle Pinsel müssen nach Gebrauch gereinigt und trocken aufbewahrt werden. Im einzelnen: Pinsel, die in wässerigen Bindemitteln benutzt wurden, wäscht man mit Wasser aus; Ölfarbenpinsel mit Terpentin; Pinsel von Speziallacken mit dem jeweiligen Spezial-Verdünnungsmittel. Nach dem Auswaschen werden die Pinsel gut ausgespritzt und zum Trocknen aufgehängt. Luft muß dabei frei zutreten können.
Zur Aufbewahrung werden die trockenen Pinsel niemals auf die Borsten gestellt. Man legt sie in eine Schachtel; bei längerer Liegezeit eingewickelt in Seidenpapier oder mit einem Mottenpulver bestäubt. Öfters benutzte Ölfarbenpinsel verwahrt man in einem Gefäß mit Wasser; bei Lackpinseln tritt Halböl (1 Teil Firnis, 1 Teil Terpentinersatz) an die Stelle des Wassers. Man nimmt ein Gefäß mit Deckel, bohrt ein Loch in den Deckel, ein kleines Loch durch den Pinselstiel und hängt den Pinsel an einem lose durch den Stiel gesteckten Nagel in das Gefäß.
Ein Tip: Stark verhärtete bis steinharte Pinsel lassen sich in ▷Abbeizmittel aufweichen. Farbe mit Spachtel abheben, mit heißem Seifenwasser nachspülen.

Rolle *(Rollstreichbürste)*
Alsbald nach Gebrauch reinigen, Farbe trocknet manchmal schnell! Farbe zuerst auf Zeitungspapier ausrollen; dann Rolle auseinandernehmen, alle Teile reinigen wie oben bei den Pinseln angegeben; Rolle gut ausdrücken. Zum Trocknen nicht legen (verzieht sich sonst), sondern aufhängen.

Rollstreichbürste (Lammfellroller)

Bänder und Scharniere

Bänder und Scharniere gehören neben Schlössern (▷Möbelschlösser) zu den wichtigsten Beschlägen. Es sind Drehgelenke zwischen zwei Bauteilen, z. B. zwischen Tür und Rahmen (Seitenteil), zwischen Fenster und Fensterstock, zwischen Deckel und Truhenkörper. Jedes Drehgelenk besteht also aus 2 Teilen.
Als **Bänder** bezeichnet man Drehbeschläge, die sich durch einfaches Auseinanderziehen lösen lassen. Man findet sie vor allem an Türen und Fenstern.

Band

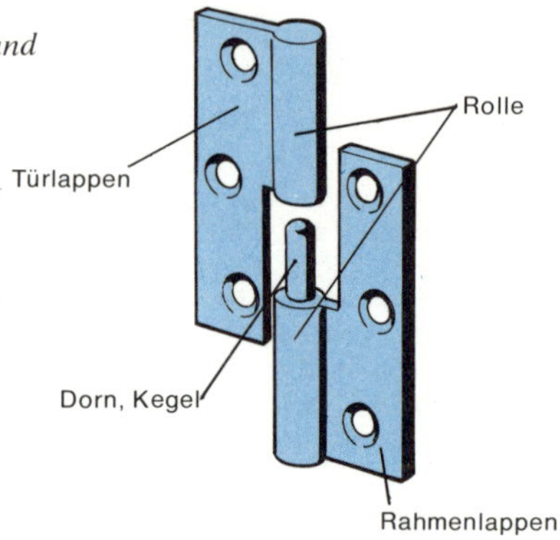

Scharniere sind Drehbeschläge, bei denen die beiden Lappen zahnartig ineinandergreifen. Man kann sie nur dadurch lösen, daß man den Steckstift (die Drehachse) herauszieht. Scharniere müssen immer dann verwendet werden, wenn die Drehachse waagrecht liegt, z. B. bei Deckeln oder Klappen an Möbelstük-

Scharnier

ken. Sie verhindern ein seitliches Verschieben.
Die für den Möbelbau wichtigsten Drehbeschläge sind: Aufsatzband · Einbohrband · Klavierband · unsichtbares Scharnier.

Aufsatzband

Wird sichtbar am Holz „aufgesetzt“. Bei geschlossener Türe bleibt nur die Rolle sichtbar. Aufsatzbänder gibt es auch in Zierformen für Stilmöbel.

Die beiden Lappen werden in das Holz „eingelassen“ und dann festgeschraubt.

Für *stumpfe Türen* benötigt man ein *gerades*, für *Falztüren* ein *gekröpftes Aufsatzband*.

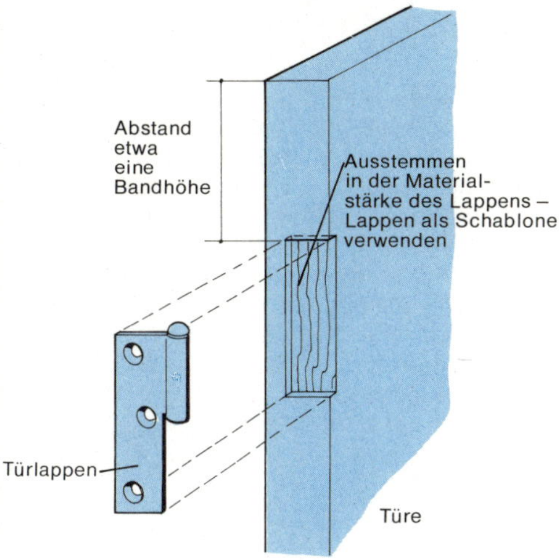

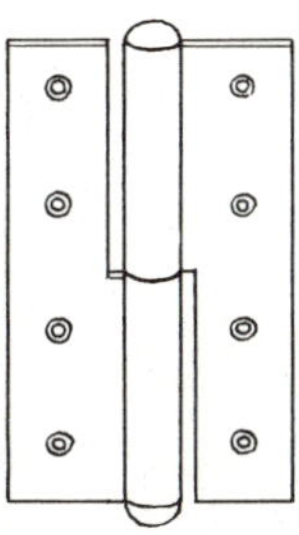

Gerades Aufsatzband

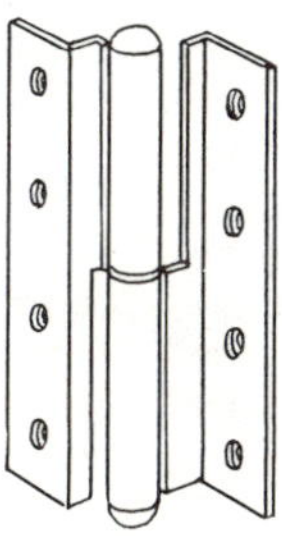

Gekröpftes Aufsatzband

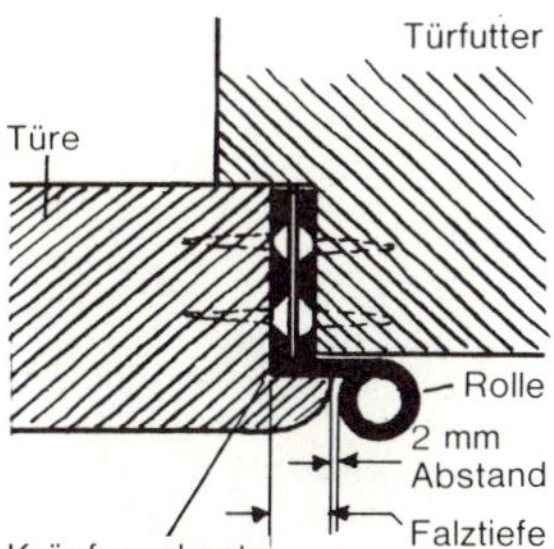

Sitz des gekröpften Aufsatzbandes (gefalzte Tür)

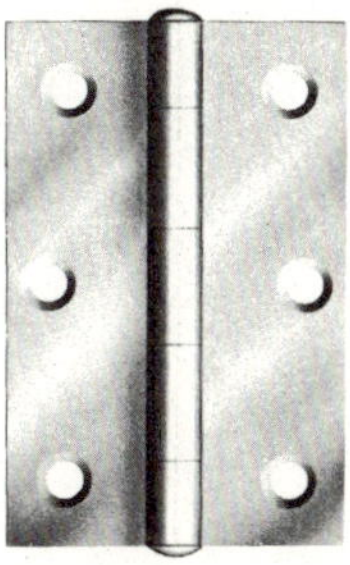

Gerolltes schmales Scharnier von Stanley

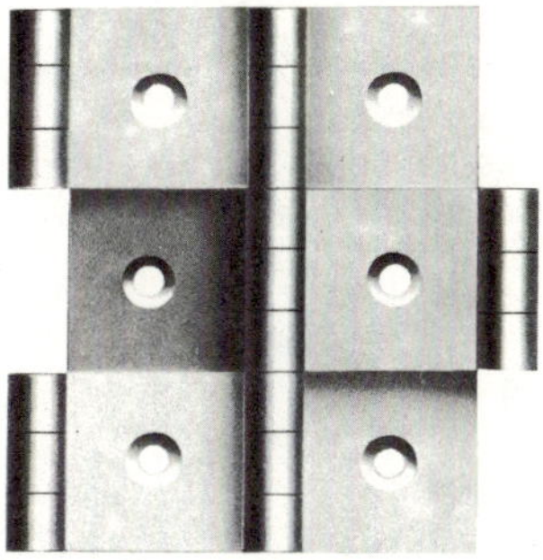

Paravent-Scharnier von Stanley

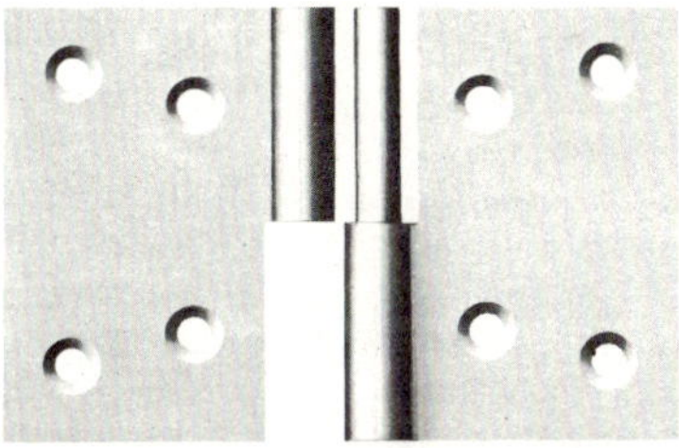

Gerolltes aushebendes Scharnier von Stanley

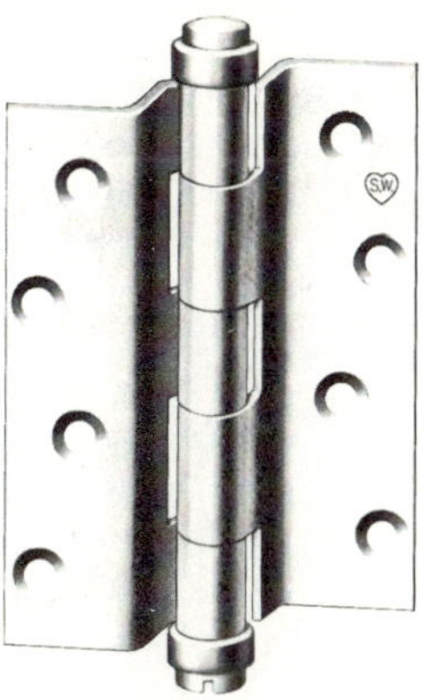

Gekröpftes schweres Türscharnier von Stanley

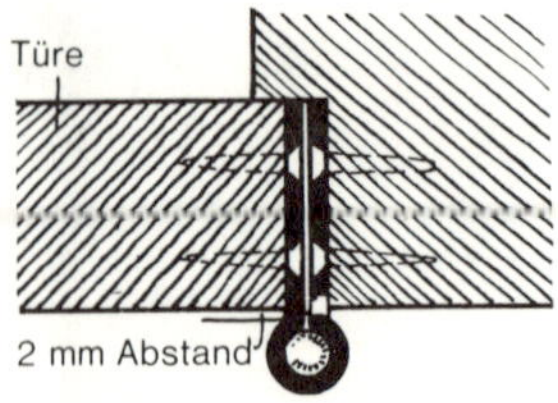

Sitz des geraden Aufsatzbandes (stumpfe Tür)

Linksband – Rechtsband Bei Aufsatzbändern muß man zwischen Linksband und Rechtsband unterscheiden. Öffnet sich eine Türe zum Betrachter hin und liegt die Drehachse links, dann benötigt man ein Linksband. Entsprechendes gilt für das Rechtsband.
Einbohrbänder und Scharniere sind dagegen links wie rechts gleichermaßen verwendbar.

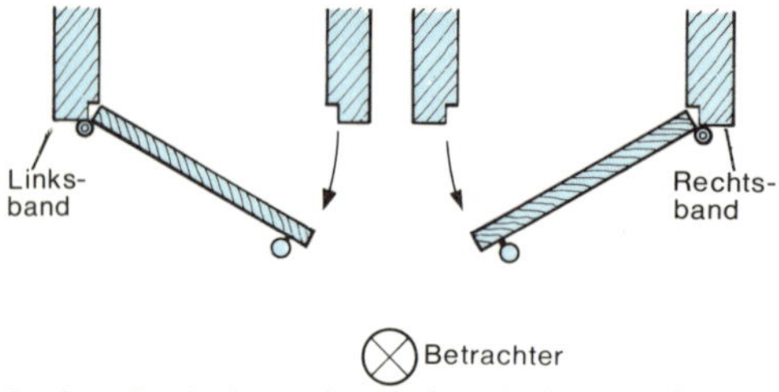

Links-, Rechtsbezeichnung bei Aufsatzbändern

Einbohrband
Wird außer im Möbelbau auch für Zimmertüren und Fenster verwendet. Anstelle des Tür- und Rahmenlappens hat das Einbohrband Gewindezapfen, die in das Holz der Türe und des Rahmens eingedreht werden. Der Durchmesser des Bohrloches muß etwas kleiner sein als der Gewindezapfen, damit sich die Gewindegänge des Zapfens in das Holz eindrücken können. Um eine gute Haltbarkeit zu erreichen, muß das Bohrloch möglichst tief in das Holzinnere geführt werden. Das Einbohrband hat den Vorteil, daß es nachstellbar ist, d. h., man kann durch Drehen an den Gewindezapfen die Lage der Türe noch nachträglich korrigieren.

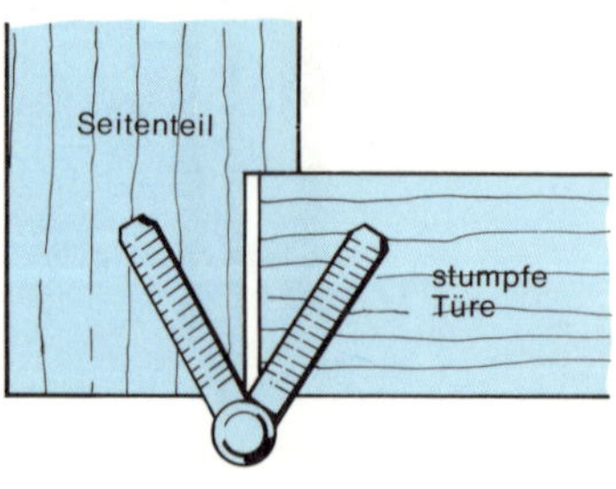

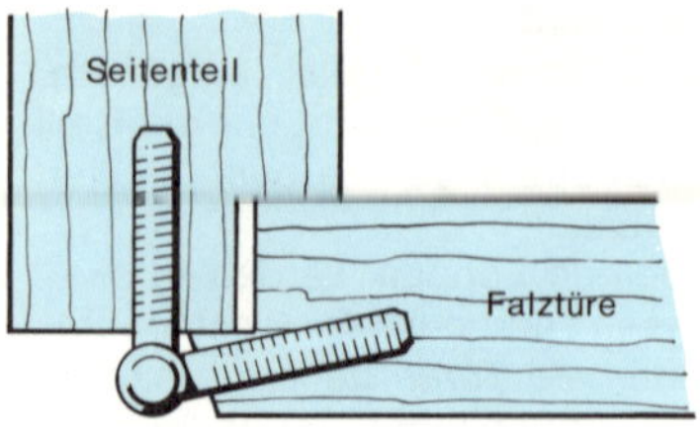

Einbohrbänder können links und rechts verwendet werden

Klavierband
Der Sprachgebrauch ist nicht konsequent, denn nach eingangs gegebener Definition gehört dieser Beschlag zu den Scharnieren. Die beiden Lappen greifen zahnartig ineinander. Das Klavierband gibt eine gute Führung, ist aber nur für stumpfe Türen (auch Deckel oder Klappen) geeignet. Es reicht über die ganze Drehfuge und wird auf beiden zu verbindenden Teilen aufgeschraubt. Die Rolle bleibt in ganzer Länge sichtbar.
Klavierbänder kauft man nach Länge.

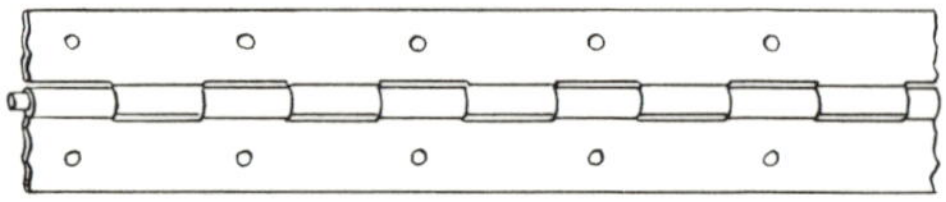

Klavierband

„Unsichtbare" Scharniere
Im modernen Möbelbau herrschen die von außen unsichtbaren Scharniere vor. In die Türe wird mit einem entsprechend großen Bohrer (Scharnierlochbohrer oder -raspel) das Loch gebohrt (35 oder 26 mm). Auf die Einlaßtiefe und den Abstand des Bohrloches von der Türkante muß geachtet werden. Nach dem Einbau kann die Türe noch nachträglich mit Hilfe von Stellschrauben ausgerichtet werden.

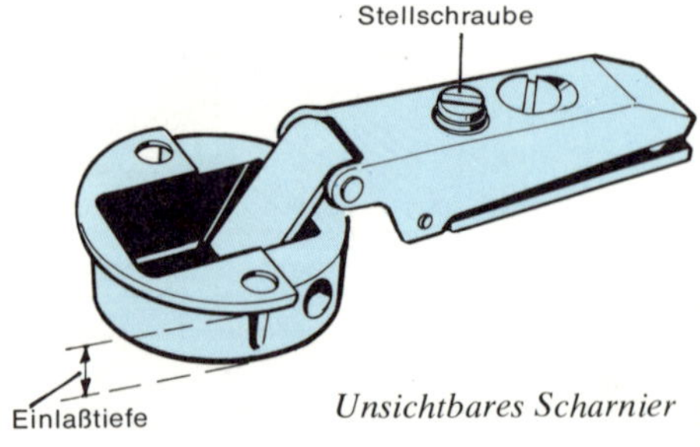

Unsichtbares Scharnier

Dachkonstruktion

Es gibt ganz verschiedene Bauweisen für Dachstuhl und Dachhaut. In diesem Rahmen muß ein Beispielfall genügen. Das Kehlbalkendach ist bei Einfamilienhäusern häufig. Die schrägstehenden Sparren sind hier durch Riegel oder Zangen-Balkenpaare versteift.

Wer selbst an einen Dachausbau herangehen will, muß unbedingt beachten:

1. Feststellen, ob die Veränderung einer behördlichen Genehmigung bedarf (Architekt, Baufirma oder Baubehörde fragen).
2. Tragende Teile nicht beschädigen, schwächen oder entfernen.
3. Nur leichte Bauteile verwenden. Vgl. Raumbeispiel „Ausbau eines Dachraumes" S. 82f.

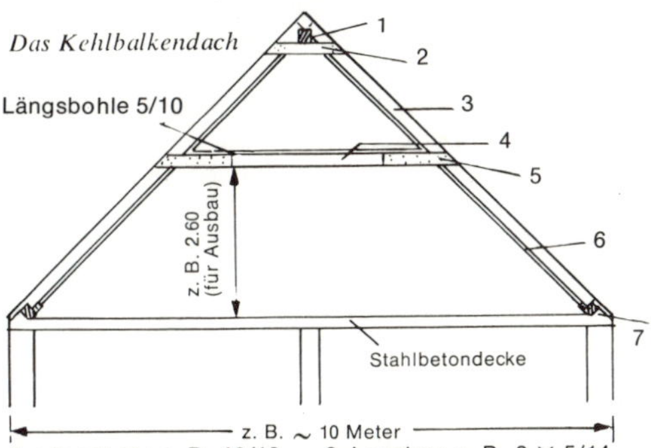

1 Längsholz z. B. 10/10 · 2 Laschen z. B. 2 × 5/14 · 3 Sparren z. B. 10/18 Abstand 80 cm · 4 Riegel z. B. 10/14 (Kehlbalken) · 5 Anschluß des Riegels am Sparren durch 2 Laschen 6/14 · 6 Windrispen an der Sparrenunterseite 3/10 schräg verlaufend vom Fußpunkt bis zum Firstpunkt · 7 Schwelle z. B. 10/16

Dübel in Wand und Decke

Wer Lampen, Regale, Wandschränke, auch schwerere Bilder aufzuhängen hat, muß wissen, daß man Schrauben, die belastet werden sollen, nicht einfach in den Putz drehen kann. Wir brauchen eine feste Verankerung: Die Schraube soll in einem Dübel sitzen und der Dübel fest in tragfähigem Material.

Wer richtig vorgehen will, muß sich folgendes klarmachen: *Was* ist aufzuhängen? Wie ist die *Wand* beschaffen? *Wo* ist der richtige Platz? Womit und wie *bohren? Welcher Dübel* ist der richtige? Welche *Schraube* ist die richtige? (Hierzu ▷Schrauben).

Der Gegenstand

Es kommt auf zwei Dinge an: Wie schwer ist der aufzuhängende Gegenstand? Wird der Dübel zusätzlich belastet durch Bewegen? Dies ist vor allem der Fall bei Handtuchhaltern und bei Wandschränken mit Türen.

Als Faustregel gilt: Je schwerer der Gegenstand, um so stärker muß der Dübel sein. Ein Fischer-Dübel S hält in Mauerstein folgender Kraft stand, ohne herausgezogen zu werden:

Dübeldurchmesser	5 mm = 180 kg
Dübeldurchmesser	6 mm = 390 kg
Dübeldurchmesser	8 mm = 650 kg
Dübeldurchmesser	10 mm = 940 kg

Für einen Küchen-Hängeschrank, dessen Befestigung durch Bewegen der Türen, Aus- und Einräumen zusätzlich belastet wird, werden Dübel von 8 bis 10 mm Durchmesser benötigt.

Die Wand

Die Beschaffenheit der Wand ist wichtig, weil verschiedenes Material verschieden gut hält. So leistet z. B. der erwähnte Fischer-Dübel S bei 10 mm Durchmesser dem Herausziehen bis zu folgender Kraft Widerstand:

in Beton	1090 kg
in Ziegel-Vollstein	940 kg
in Wabenziegel	460 kg
in Schwemmstein	240 kg
in Porenbeton	190 kg

Wichtig ist auch, ob der Dübel in einem Mauerstein fest verankert wird oder ob er in eine weichere Fuge gerät.

Um die Beschaffenheit der Wand festzustellen, können Sie an einer später verdeckten Stelle ein Probeloch bohren. Das Bohrmehl von Putz ist fast immer weißlichgrau oder grau-gelblich. Wird das Bohrmehl rot, so haben Sie Mauerziegel vor sich. Bei grauem Bohrstaub handelt es sich um zementgebundene Materialien, z.B. Beton, Zement-Hohlblocksteine, Bimssteine, Gasbeton oder ähnliches. Aus Gipsdielen besteht die Wand, wenn sich der Staub rein weiß zeigt. In diesem Material müssen Sie mit überlangen Dübeln arbeiten.

Faustregel: Je weicher die Wand, desto größer der Dübel!

Der richtige Platz

Bei Hängeschränken in der Küche sollte der Abstand zwischen den Unter- und Oberschränken 50 cm betragen, sonst stößt man sich beim Vorbeugen den Kopf. Oberkante ca. 2,10 m, dann können Sie das obere Brett mit ca. 1,85 m gut erreichen. Für Regalbretter gilt Entsprechendes. Regale über Betten nicht so hoch. Durch das Bett können Sie nicht so nahe herantreten und deshalb auch nicht so hoch reichen.

Mindesthöhe über dem Bett aber 1,00 m, damit sich jemand, der sich im Bett aufrichtet, nicht den Kopf stößt.

Frei hängende *Garderoben* mit ihrem Hutbrett ca. 1,85 m hoch hängen. In Nischen können sie wesentlich niedriger sein: ca. 1,40 m bis 1,50 m. Bei *Spiegeln* sollten Sie die genaue Lage und Höhe mit einer zweiten Person ausprobieren.

Küchenhängeschrank

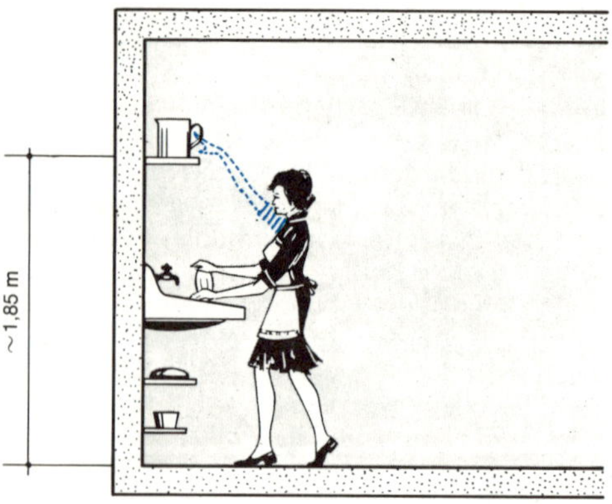

Freies Regal

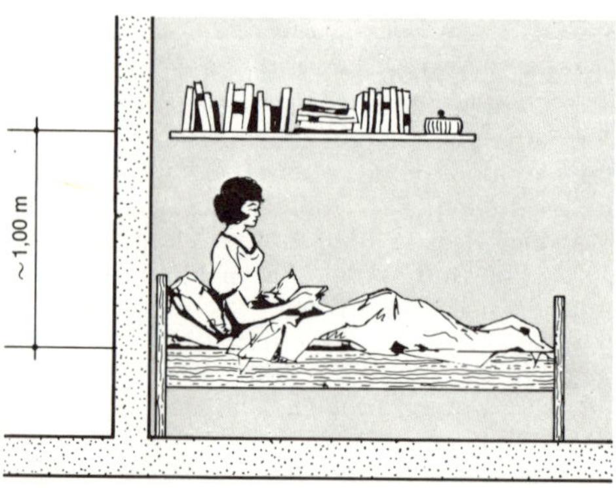

Regal über dem Bett

Anzeichnen

Die Bohrstelle wird durch zwei sich kreuzende Bleistiftstriche – einer senkrecht, einer waagerecht genau nach Wasserwaage – bezeichnet. Die Striche müssen so lang sein, daß die Enden sichtbar bleiben, wenn das Loch gebohrt ist.

Sollen mehrere Dübel in einer Flucht sitzen, macht man mit Hilfe der Wasserwaage einen genau senkrechten oder waagerechten Strich und teilt dann die Abstände ein. Für senkrechte Striche kann man statt der Wasserwaage auch ein einfaches ▷Lot verwenden (schwerer Gegenstand wie Schraubenmutter an Bindfaden hängend).

Bohren

Bei Dübelungen in Beton und Mauerwerk ist das Schlagen des Dübelloches die Hauptarbeit. Man verwendet hierzu entweder einen Steinbohrer, der mit dem Hammer geschlagen wird, oder eine Schlagbohrmaschine. Beim Schlagen des Dübelloches von Hand ist darauf zu achten, daß der Steinbohrer nach jedem Hammerschlag leicht gedreht wird. Bei der Schlagbohrmaschine sind für Beton und Mauerwerk Widia-Steinbohrer zu verwenden; hat die Maschine Zweiganggetriebe, ist mit der niedrigeren Umdrehungszahl zu bohren. Wichtig ist, daß Dübelabmessung, Bohrloch und Schraubenabmessung aufeinander abgestimmt sind. Die Dübelabmessung richtet sich natürlich in erster Linie nach der Größe der Belastung.

Der Bohrlochdurchmesser soll dem Dübeldurchmesser entsprechen, bei Steinbohrern, die mit dem Hammer geschlagen werden, genau; arbeitet man mit der Schlagbohrmaschine, kann man den Bohrerdurchmesser, besonders bei weicherem Mauerwerk, um einen halben Millimeter kleiner wählen als der Dübeldurchmesser ist, weil hier das fertige Bohrloch meist geringfügig weiter wird als der Durchmesser des Bohrers.

Das Bohrloch soll geringfügig tiefer als der Dübel sein.

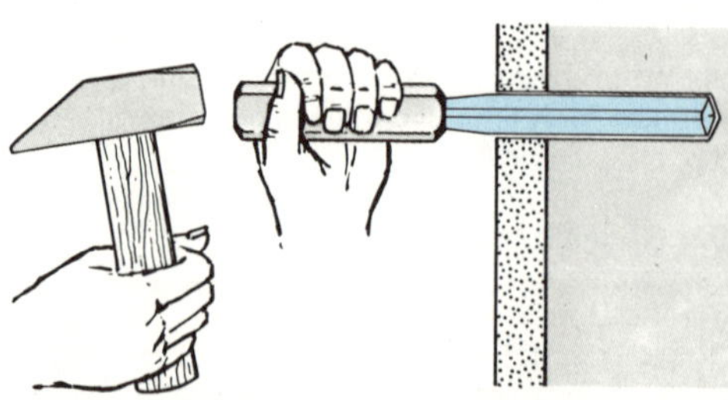

Schlagen eines Dübelloches mit Steinbohrer

Bohren mit Schlagbohrmaschine

Bohren immer mit dem *langsamsten Gang.* Um Maschinen mit Pistolengriff sicher handhaben zu können, halten Sie diese Maschinen nicht am Griff, sondern umfassen den rückwärtigen Teil des Gehäuses so, daß die rechte Hand in der Ausrundung des Gehäuses liegt. Die linke Hand umfaßt den Vorderteil der Maschine oder den Zusatzhandgriff. Setzen Sie den Bohrer genau auf den angezeichneten Punkt. Maschine einschalten und mit leichtem Druck zu bohren beginnen. Wenn der Bohrer im Loch eine gewisse Führung hat, können Sie stärker drükken. Aber keine Gewalt anwenden! Ist der Putz brüchig, können Sie ein Ausbrechen verhindern, wenn Sie ein Stück Klebestreifen vorher über die Bohrstelle kleben.
In Küchen und Badezimmern muß manchmal durch Wand- oder Bodenfliesen gebohrt werden. Nie mit dem Schlagbohrwerk anbohren! Keramik- und Vinylfliesen am besten mit einem Spiralbohrer, Glas mit einem Glasbohrer durchbohren. Dann mit Steinbohrer und Schlagbohrwerk tiefer bohren.
Beim Bohren fräsen Sie Material aus der Wand; Mörtel-, Beton- oder Ziegelmehl. Besonders der rote Staub von Mauerziegeln ist von hellen Wänden nur schlecht zu entfernen. Deshalb: Größere Bohrarbeiten, wie das Anbringen von Schienenregalen, vor der Renovierung des Raumes durchführen, denn Sie können viel unbekümmerter anzeichnen und bohren. In die Dübel stecken Sie Streichhölzer, damit Sie die Stellen nach dem Streichen oder Tapezieren wiederfinden. Keine Nägel: Rostgefahr!
Wenn Sie im fertig eingerichteten Raum arbeiten müssen, sorgen Sie dafür, daß der Staub sofort aufgefangen wird. Im Handel gibt es die Auffanghülse *Bohrflex*. Sie können auch unter dem Bohrloch mit Kreppklebestreifen einen kleinen Plastikbeutel ankleben. Probieren Sie in einer unauffälligen Ecke, ob sich der Klebestreifen ohne Beschädigung der Tapete wieder lösen läßt. Beim Bohren an der Decke schützen Sie den Raum und Ihre Augen vor Bohrstaub, indem Sie auf den Maschinenschaft die Hälfte eines alten *Gummiballs* oder eine kleine Plastikdose (Joghurtbecher) aufsetzen und mit Klebeband befestigen.

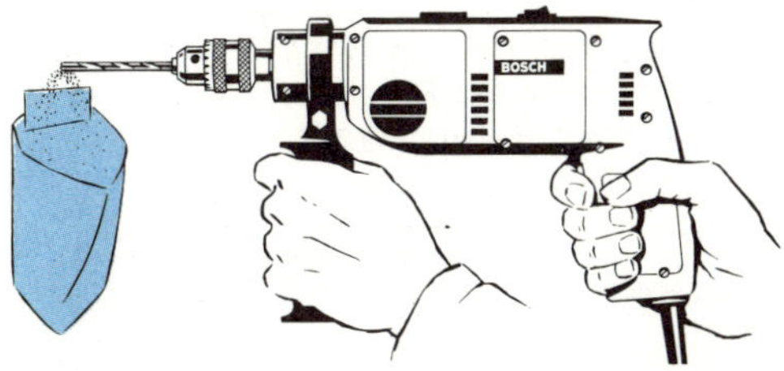

Kunststoff-Spreizdübel
Für den „Selbermacher" ist der Kunststoff-Spreizdübel, auch Patentdübel genannt, am besten zu verwenden (Upat-Ultra, Fischer S, Tox-Combi u. a.). Diese Dübel, der Länge nach gespalten, spreizen sich beim Eindrehen der Schraube auseinander und pressen ihre verzahnten Außenflächen gegen das Bohrloch. Angearbeitete Sperrzungen oder Flossen verhindern das Drehen. Sie sind brauchbar für fast alle Mauerarten, vom Beton und Ziegelmauerwerk bis zum Gasbeton. Bei Mauerwerk mit Hohlräumen sind sie meistens noch ausreichend.

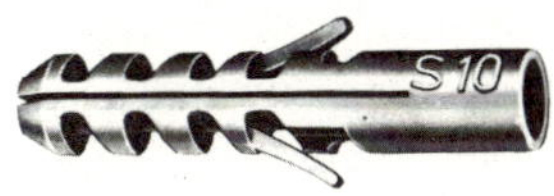

Fischer-Dübel S

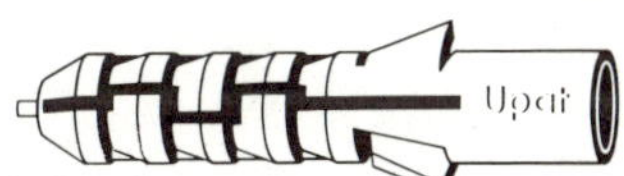

Upat-Ultra-Dübel

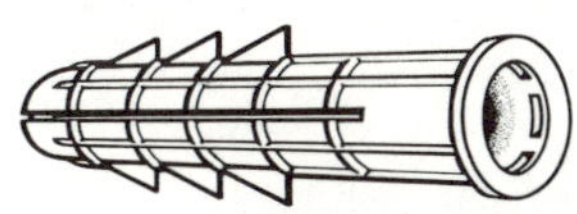

Combi-Dübel

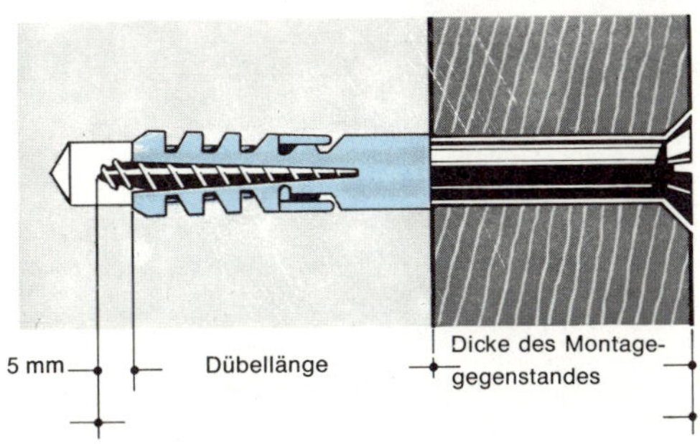

Schraubenlänge bei normal sitzendem Dübel

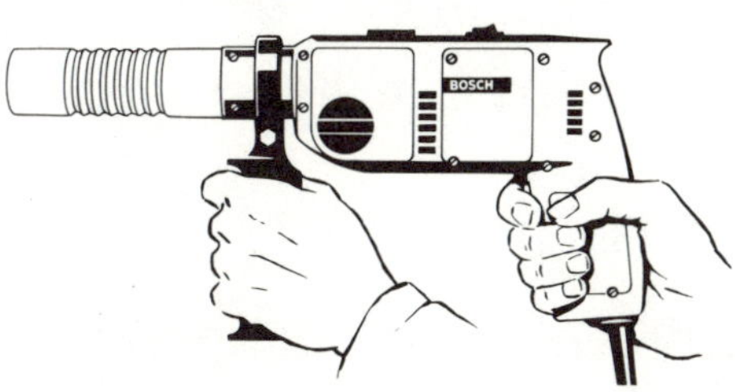

Auffanghülse „Bohrflex"

Dübel mit Faserstoffeinlage

Die runde Metallhülse dieses Dübels ist mit einem imprägnierten Faserstoff gefüllt, welcher durch die eingedrehte Schraube auseinandergedrückt wird. Der Dübel wird aufgewölbt und fest gegen die Wand des Bohrloches gepreßt. Bei diesem Dübel ist es notwendig, die Schraube mit dem Hammer leicht vorzuschlagen, damit sich der Faserstoff spreizt. Am besten geeignet in harten Wänden.

Upat-Faserstoffdübel

Knetdübel

Patentdübel verlangen ein gut gebohrtes Loch, in welches der Dübel genau paßt. Sie werden jedoch auch Wände finden, in denen es nicht möglich ist, ein genaues und sauberes Loch zu bohren. Natursteinmauerwerk, grobkörniger Beton oder auch zu weiche Mörtelschichten lassen den Bohrer aus der Richtung laufen, so daß das Loch groß, unregelmäßig und oft schief wird. Hier hilft der Knetdübel. Eine Spezialdübelmasse wird in Form kleiner Röllchen verkauft. Man legt sie ins Wasser, bis keine Bläschen mehr aufsteigen, und kann sie dann kneten. Man drückt die Masse mit einem kleinen Stückchen oder Nagelkopf fest in das vorher gesäuberte und angefeuchtete Loch. Eine kleine Gummispritzflasche ist für das Ausblasen und Anfeuchten gut. Wenn die Masse eines Dübels nicht ausreicht, nehmen Sie mehrere. Sie können die Schraube sofort ein paar Windungen eindrehen und nach fünf Minuten fest einschrauben.

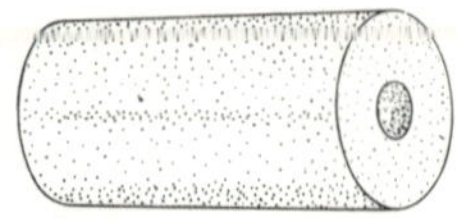

Knetdübel

Dübel vertieft einsetzen

Bei Wänden, deren Putz weich und bröcklig ist, ebenso bei Wänden, die mit weichen Isolierplatten verkleidet sind, muß man das Loch so tief bohren, daß man den randlosen Dübel hineinstecken kann, bis er im festen Mauerwerk sitzt. Die Schraube muß dann entsprechend länger sein.

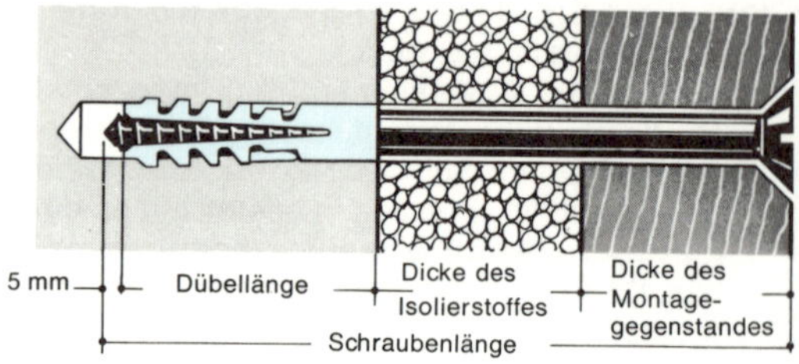

Vertieft sitzender Dübel

Sonderfälle

Es gibt zahlreiche Spezialdübel für Sonderfälle, über die man sich im Fachgeschäft informieren kann, im besonderen für dünne Platten Spreiz-, Klapp- oder Kippdübel, die sich hinter der Platte aufspreizen.

Einsetzen eines Kunststoffspreizdübels 1

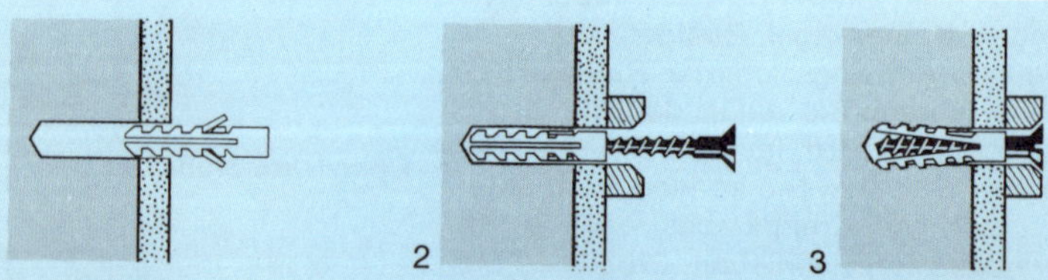

So wird ein Faserstoffdübel eingesetzt 1

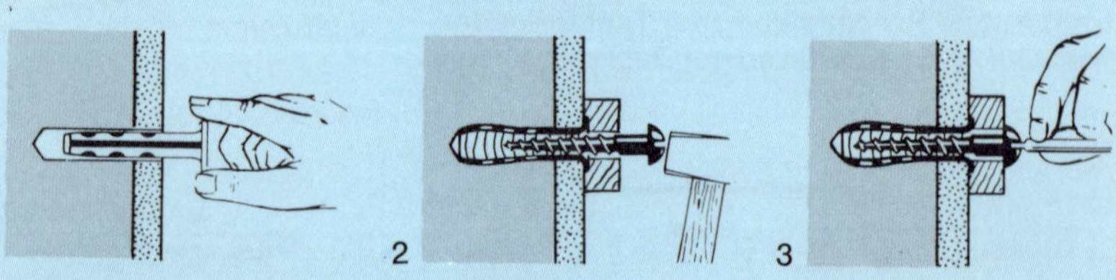

Arbeitsgang beim Knetdübel 1

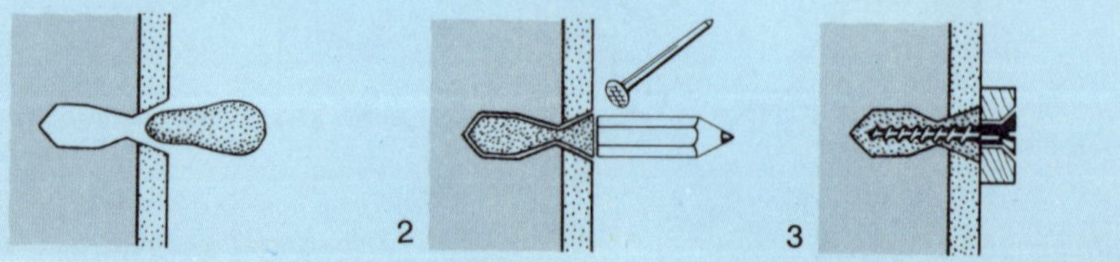

Einspannen

Ein Werkstück, das bearbeitet werden soll, muß eingespannt sein. So hat man beide Hände frei zum Arbeiten und vermeidet Pannen und Verletzungen.
Zum Einspannen von Werkstücken aus Holz benützt der Fachmann in der Regel die ▷Hobelbank. Der Amateur wird häufig mit einem Satz Schraubzwingen auskommen und mit

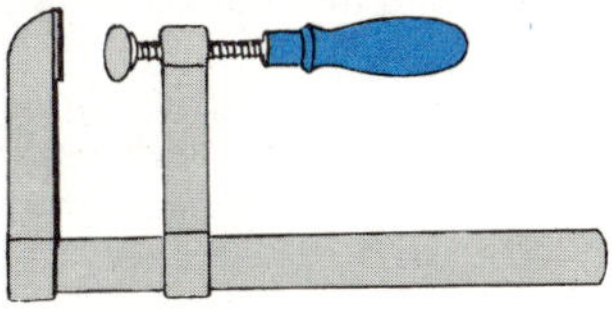

Schraubzwinge

einem zum Arbeitstisch ernannten Tisch, der in jedem Fall stabil sein sowie fest und sicher stehen muß.
Zum Einspannen bei Metallarbeiten dient der ▷Schraubstock.
Grundsätzlich soll beim Einspannen das zu bearbeitende Werkstück möglichst eben aufliegen. Beim Hobeln, Stemmen, Bohren, Feilen oder Sägen soll es sich nicht verdrehen können. Bei der Holzbearbeitung soll an der Druckstelle zwischen Holz und Spannwerkzeug ein sauberes glattes Holzstück als Zulage beigelegt werden.
Bei jedem Einspannen, sei es mit Parallelschraubstock oder Hobelbank, soll nur mit Handkraft eingespannt werden. Es ist falsch, ein Rohr auf den Knebel zu stecken, um schärfer anziehen zu können; ebenso falsch ist es, etwa mit dem Hammer auf den Knebel zu schlagen. Schraubstock und Hobelbank sind so konstruiert, daß sie mit der Handkraft ausreichend festgezogen werden können.

Elektrowerkzeuge

Elektrowerkzeuge sparen Zeit und Kraft; man kann mit ihnen auch wesentlich genauer arbeiten als mit reinen Hand-Werkzeugen.
Als Antrieb dient stets der Motor einer Handbohrmaschine. Die Drehung der Arbeitswelle läßt sich nicht nur für Bohrarbeiten ausnützen, sondern auch zum Sägen, Fräsen, Hobeln Schleifen und Polieren, Rasenmähen. Man muß nur statt des Bohrers entsprechend andere Vorsatzgeräte auf die Arbeitswelle schrauben. Technisch bereitet es außerdem keine Schwierigkeit, die Drehbewegung der Antriebswelle in eine Hin- und Herbewegung umzusetzen, wie es z. B. notwendig ist für Stichsägen, Schwingschleifer, Rasen- oder Heckenscheren.

Welche Maschine ist die richtige? Aus dem großen Angebot an Heimwerkermaschinen die richtige herauszufinden, mag für den Augenblick schwierig erscheinen. Die wichtigste Entscheidung ist die Wahl der Maschine. Vorsatzgeräte und Einsatzwerkzeuge kann man nach Bedarf anschaffen.

Motorenleistung

Die Wattzahl am Typenschild gibt Auskunft über die Leistungs*aufnahme.* Die untere Grenze für Ein-Gang-Maschinen liegt um oder knapp unter 300 W. Starke Maschinen mit großem Anwendungsbereich haben 450 W und mehr.
Die für die Beurteilung einer Maschine wichtigere Leistungs*abgabe* ist etwa um die Hälfte niedriger als die Leistungsaufnahme. Ein Teil der zugeführten Energie wird nämlich in der Maschine selbst verbraucht, vor allem durch die Reibung und durch die Bewegung der Maschinenteile. Je leichtgängiger eine Maschine ist, desto mehr Leistung steht an der Arbeitsspindel zur Verfügung.
Gute Pflege macht sich immer bezahlt. Ein Tropfen Öl oder ein bißchen Fett wirken oft Wunder.
Ob die zur Verfügung stehende Leistung auch voll genutzt wird, hängt auch vom Benützer ab. Wer der Maschine zu viel zumutet, kann den Motor „abwürgen". Bei einem Elektromotor wirkt sich das so aus, daß die Motorwicklungen zu heiß werden und durchbrennen. Deshalb haben gute Maschinen einen Überlastungsschutz.

Drehzahl

Am Typenschild der Maschine findet man auch die Drehzahl angegeben: die Umdrehungen der Arbeitsspindel pro Minute im Leerlauf (U/min). Wenn die Maschine arbeitet, geht die Drehzahl zurück. Das ist normal. Sie darf aber nicht unter einen kritischen Punkt sinken. Das Maschinengeräusch verrät dem erfahrenen Heimwerker, ob er die Maschine richtig handhabt. Eine falsch gewählte Drehzahl oder ein zu großer Druck bei Bohr- oder Sägearbeiten überlasten die Maschine. Wenn aus dem hellen singenden Ton im Leerlauf ein gleichmäßiges Brummen bei voller Belastung wird, dann ist noch alles in Ordnung. Wenn der Ton aber immer dumpfer klingt, dann ist es höchste Zeit, den Arbeitsdruck zu vermindern oder die Maschine überhaupt abzusetzen.

Mechanische Getriebe

Für Kraftfahrer ist es nichts Neues, daß man Gänge braucht, um sich unterschiedlichen Verkehrsverhältnissen anpassen zu können. Heimwerkermaschinen mit großem Anwendungsbereich haben ebenfalls eine Gangschaltung. Für Werkstoffe, die der Bearbeitung verhältnismäßig wenig Widerstand entgegensetzen (Holz), braucht man hohe Drehzahlen (um 3000 U/min). Auch für Schleif- und Polierarbeiten an allen Werkstoffen sind hohe Drehzahlen nötig. Harte oder zähe Werkstoffe (Metall, Stein) erfordern jedoch niedere Drehzahlen (um 1000 U/min). Um so verschiedene Drehzahlen zur Verfügung zu haben, sind die meisten Antriebsmaschinen mit mechanischen Zweiganggetrieben ausgestattet. Der große Gang bringt eine hohe Geschwindigkeit, aber nur eine verhältnismäßig geringe Drehkraft („Drehmoment"), der kleine Gang bei niedriger Geschwindigkeit eine hohe Drehkraft. Ein-Gang-Maschinen haben infolgedessen nur einen begrenzten Anwendungsbereich. Sie reichen aus für Holzarbeiten und zum Herstellen kleinerer Bohrlöcher in Stein und Metall.

Elektronische Umschaltung und Regelung

Um die Drehzahl noch besser verschiedenen Arbeitsvorhaben anpassen zu können, kann sie mit Hilfe der Elektronik verändert werden.
Durch *elektronische Umschaltung* kann die Grunddrehzahl des Zahnradgetriebes um einige 100 U/min reduziert werden. So stehen statt einer Ganggeschwindigkeit zwei zur Verfügung, bei einem Zweiganggetriebe also insgesamt 4 Geschwindigkeiten. Die durch elektronische Umschaltung erzielte geringere Geschwindigkeit bringt jedoch keinen Zuwachs an Drehkraft. Die Drehkraft (das Drehmoment) kann nur durch ein mechanisches Getriebe erhöht werden.
Maschinen mit *stufenloser elektronischer Drehzahlregelung* (Steuerelektronik) erlauben jede beliebige Geschwindigkeit zwischen 0 und der Leerlaufdrehzahl. Man braucht nur mit dem Schalter mehr oder weniger „Gas" zu geben. Auch hier gilt, daß die volle Drehkraft nur bei „Vollgas", d. h. bei der höchsten Drehzahl zur Verfügung steht. Die freie Wahl der Geschwindigkeiten läßt sich vielfach nützen.
Bei niedriger Geschwindigkeit kann man die Maschine für manche Arbeitsvorhaben oft leichter ansetzen und handhaben. So lassen sich z. B. dann Schrauben maschinell eindrehen, und das Ankörnen bei Bohrarbeiten kann entfallen.

Schlagbohren

Zum Bohren von Dübellöchern in Wand und Decke ist eine Maschine mit einer Schlagbohreinrichtung notwendig. Der Bohrer führt hier gleichzeitig eine drehende und eine hämmernde Bewegung aus und „frißt" sich so in den Stein oder Beton. Die Schlagbohreinrichtung darf nur zum Bohren in Stein oder Beton verwendet werden, nicht bei der Metall- oder Holzbearbeitung.
Bei ausgeschalteter Schlagbohreinrichtung ist die Maschine eine normale Bohrmaschine.
Für Maschinen ohne Schlagbohreinrichtung gibt es einen Schlagbohrvorsatz.

Die wichtigsten Vorsatzgeräte

Das Angebot an Zusatzgeräten ist bei den verschiedenen Herstellern recht unterschiedlich. Wer seine Heimwerkstatt motorisieren will, tut gut daran, zu vergleichen, ehe er sich entscheidet.

Bohren

Mit dem *Bohrständer* lassen sich genaue Bohrlöcher an Werkstücken anfertigen. Der *Schlagbohrvorsatz* wird bei Maschinen ohne Schlagbohreinrichtung auf die Antriebsspindel aufgeschraubt.

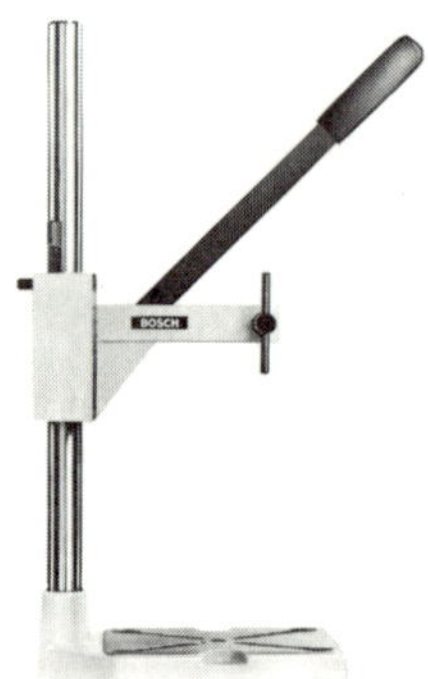

Tischbohrständer S 5 „de Luxe"

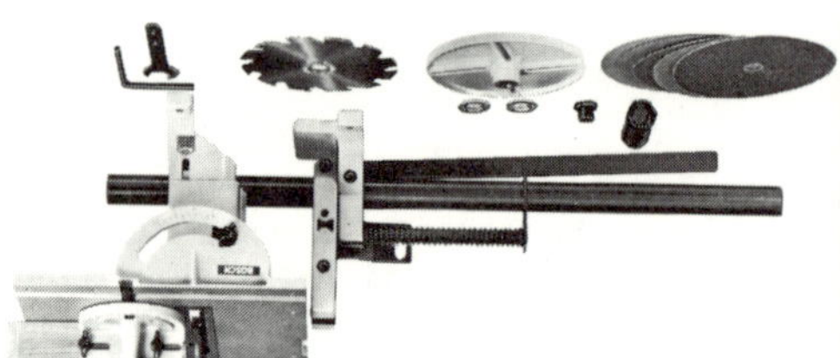

Grundgerät S 1

Sägen

Die *Vorsatzkreissäge* schneidet Holz und Kunststoff, mit besonderem Sägeblatt auch Weichstahl oder Leichtmetall. Am *Sägetisch* wird die Vorsatzkreissäge für stationären Betrieb befestigt. Die *Vorsatzstichsäge* sägt in Auf- und Abbewegung Holz, Kunststoff, auch Bleche aus Weich- oder Leichtmetall.

Vorsatz-Kreissäge S 43

Vorsatz-Schwingschleifer S 29 „de Luxe“

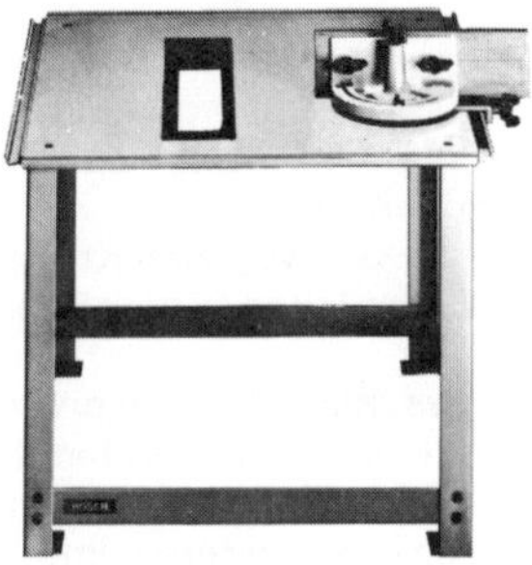

Sägetisch S 6

Vorsatz-Stichsäge S 31 „de Luxe“

Schleifen
Der *Schleifbock* dient zum Schleifen von Werkzeugen, der *Vorsatzschwingschleifer* („Rutscher“) zum Schleifen von Holz, Metall, Lackanstrichen.

Vorsatz-Schleifbock S 55

Hobeln
Der *Vorsatzhobel* ermöglicht maschinelles Hobeln.

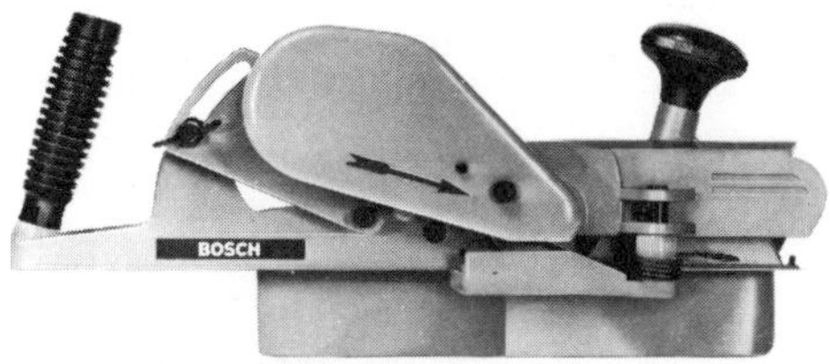

Vorsatz-Hobel S 34

Besondere Zusatzgeräte
Der *Aufspannbock* erlaubt stationären Gebrauch der Bohrmaschine. Das *Vorsatz-Winkelgetriebe* wird für Bohr- oder Schleifarbeiten an schwer zugänglichen Stellen benützt.

Aufspannbock S 54

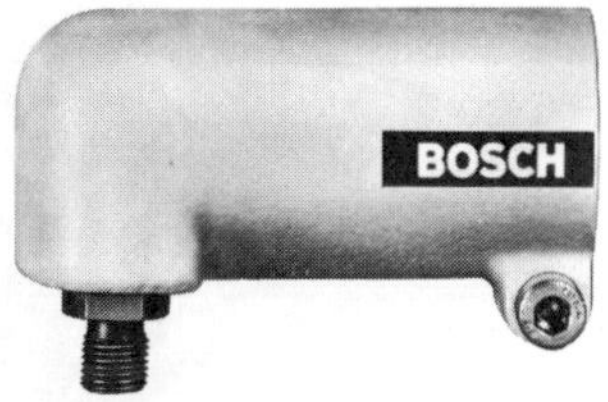

Winkelgetriebe S 32

Einzweckmaschinen

Heimwerkermaschinen haben ihre Leistungsgrenzen – gerade weil sie für möglichst viele Arbeitstechniken und für die Bearbeitung unterschiedlicher Materialien konstruiert sind.
Wer für umfangreiche Arbeiten eine Maschine von hoher Dauerbelastbarkeit braucht und wie ein Profi arbeiten will, der kann Einzweckmaschinen wie z. B. Schwingschleifer, Bandschleifer, Stichsägen, Handkreissägen, Bandsägen, Tischbohrmaschinen anschaffen. Sie sind speziell für eine Aufgabe konstruiert, jede hat ihren eigenen Motor. Für große und sich häufig wiederholende Arbeiten kann die Anschaffung einer Einzweckmaschine neben der üblichen Heimwerkerausrüstung durchaus lohnend sein. Sie erspart das Umrüsten entsprechender Vorsatzgeräte.

Motor-Schwingschleifer P 20 „Perfect“

Motor-Stichsäge P 10 „Perfect“

Motor-Handhobel P 400 „Perfect“

Motor-Kreissäge P 300 „Perfect“

Vorsicht, Unfallgefahr!

Wer mit Maschinen arbeitet, sollte sich der Gefahren bewußt sein, denen er ausgesetzt ist.
Die gefährlichste Maschine ist die Kreissäge. Leichtsinn im Umgang mit ihr kann böse Folgen haben. Ein Kreissägeblatt mit beispielsweise 50 Zähnen dreht sich in der Sekunde etwa 50mal. Das bedeutet, daß pro Sekunde 2500 scharf schneidende Zähne an den Fingern vorbeirasen.
Deshalb:
Immer die Schutzvorrichtung benutzen!
Zähne sollen nur eine halbe Zahnhöhe über das Werkstück herausragen.
Finger möglichst weit weg vom Kreissägeblatt, bei kleinen Werkstücken einen Schiebestock benutzen.
Auf Äste und wechselnden Faserverlauf achten. Das Werkstück nur mit sanftem Druck und Gefühl gegen das Sägeblatt schieben.
Vor allem: Nie hastig, sondern immer ruhig und überlegt arbeiten!
Besondere Gefahren treten auch beim Bohren auf. Das Werkstück muß festsitzen oder festgespannt sein, sonst kann es vom Bohrer herumgeschleudert werden. Lange Haare sollten zudem vor der Bohrspindel in Sicherheit gebracht werden (Haarnetz!) Sie könnten sich nämlich herumwickeln.
Bei Schleifarbeiten (Werkzeugschleifen) unbedingt eine Schutzbrille tragen! Absplitternde Metallteile wirken auf das Auge wie winzige Geschosse.
Wichtige Fingerzeige für die Handhabung und Wartung der Maschinen und Geräte sowie Hinweise auf Unfallgefahren enthalten die Betriebsanleitungen. Sie sollten nicht nach dem ersten Lesen beiseite gelegt werden, sondern am besten über dem Arbeitsplatz in einer Plastikhülle im Blickfeld bleiben und bei Bedarf zu Rate gezogen werden.

Entrosten und Reinigen von Metall

Die meisten Gebrauchsmetalle setzen unter Lufteinwirkung eine Oxidhaut an, die sie vor Zerstörung schützt. Rost jedoch geht keine feste Verbindung mit dem blanken Metall ein. Er „frißt“ weiter bis zur völligen Zerstörung.

Eisen und Stahl

Rost kann mechanisch entfernt werden mit Stahlbürste, Feile, Schaber, Schleifmaschine, Schmirgelpapier, Sand und Vim. Starker (abblätternder) Rost wird zuerst mit einem Schlosserhammer (evtl. Spitzhammer), unter Umstän-

den auch unter Zuhilfenahme eines Meißels, bis zur Grundschicht abgeklopft. Dann folgt die restliche Entrostung mit den obengenannten Mitteln. Gründlicher als die mechanische Entrostung wirkt die Entrostung durch Säureeinwirkung. Sie wird angewandt, wenn für die Weiterverarbeitung ein völlig reiner Metalluntergrund erforderlich ist, wie z. B. beim Verzinken, Verzinnen oder Galvanisieren von Werkstücken aus Stahl. Dazu werden die Werkstücke in schwache Säurebäder gelegt, der Rost wird dabei von der Säure (Salzsäure) „aufgefressen“. Diese Art der Entrostung wird im wesentlichen für industrielle Zwecke angewendet.
Vgl. hierzu auch ▷Anstreichen, ▷Metall.

Aluminium
reinigt man am besten mechanisch mit Vim; ist Glanz erwünscht, mit Polierpaste nachreiben oder mit käuflichem Aluminiumputzmittel behandeln.

Kupfer
Kupfergegenstände, die angelaufen sind, kann man mechanisch mit dem Universalmittel Vim naß oder trocken kräftig abreiben, dann abspülen. Der Glanz wird erhöht durch ein Metallputzmittel oder eine Polierpaste, wie sie auch der Autofahrer zur Lackpflege verwendet. Ein sehr leicht herzustellendes Hausmittel, um stark angelaufenes Kupfer (auch Messing) wieder auf Hochglanz zu bringen, ist eine Lösung aus etwa 1 Eßlöffel unverdünntem Essig und 1 Teelöffel Salz.
Diese Lösung wird mit einem Lappen auf das Metall aufgetragen. Einwirken lassen, dann gründlich abspülen. Mit Vim nachreiben (die alkalische Wirkung des Vim ist hierbei sehr günstig), eventuell auch wieder mit Metallputzmittel oder Polierpaste.
Soll stark angelaufenes Kupfer (auch patiniertes) blank gemacht werden, verwendet man verdünnte Schwefelsäure: 2 Drittel Wasser, 1 Drittel konzentrierte Schwefelsäure. Im Glasoder irdenen Gefäß ansetzen, die Säure vorsichtig dem Wasser zugeben (es tritt Erwärmung ein); nicht umgekehrt!
Je nach Größe kann das Werkstück entweder eingetaucht oder mit einem getränkten Lappen bestrichen werden. Lappen nicht mit der Hand, sondern mit Holzklammer oder säurefestem Handschuh halten (Achtung auf Kleider). Beize einige Minuten einwirken lassen, Werkstück gründlich abspülen, am besten mit Sägespänen trocken reiben.

Messing
wird mechanisch wie Kupfer gereinigt, auch die Essig-Salz-Lösung ist wirksam wie bei Kupfer.

Zink
kann mit verdünnter Salzsäure (1:1) gereinigt werden.
All diese Maßnahmen können es allerdings nicht verhindern, daß das Metall sofort wieder mit der Oxydation beginnt. Abhilfe schafft nur der vollständige Abschluß vom Luftsauerstoff durch einen Lack- oder Fett-(Wachs-)überzug oder Lackieren mit Zaponlack (▷Anstreichen).

Entwerfen und Planen

Wer durch die Vorschläge im ersten Teil dieses Buches inspiriert ist, etwas selbst zu tun, sollte sich gleichwohl nicht unmittelbar auf die gewünschte Arbeit stürzen! Planung und Entwurf müssen vorhergehen. Entweder macht man eine Skizze, baut ein kleines Modell aus Pappe oder zeichnet erst einmal die Konturen geplanter Umbauten und Umgestaltungen auf den Boden, indem man Fäden mit Nägeln absteckt, Papier auslegt oder einfach mit Kreide zeichnet.
Will ich etwas aus dem Buch nachbauen oder eigene Ideen mit Hilfe der im Buch beschriebenen Techniken realisieren? Beim Nachbauen ist zu bedenken, daß nur selten die Maße und Abmessungen der Vorschläge identisch sind mit den eigenen Voraussetzungen. Wer eigene Ideen realisieren will, sollte erst überlegen, ob er alle dafür notwendigen Techniken beherrscht, Werkzeuge besitzt und Materialien bekommt. Ferner müssen bei allen Werkstükken, die man bauen will, die Anforderungen hinsichtlich der Festigkeit, Steifigkeit, Tragfähigkeit, Steifheit gegen Verformung bedacht werden.

Festigkeit und Steifheit
Einer der wichtigsten Punkte, die vor dem Arbeitsbeginn stets zu überlegen sind, ist die Stabilität des Werkstücks. Es handelt sich um die gleiche Überlegung, die Architekt und Bauingenieur für jedes Bauwerk anstellen müssen.

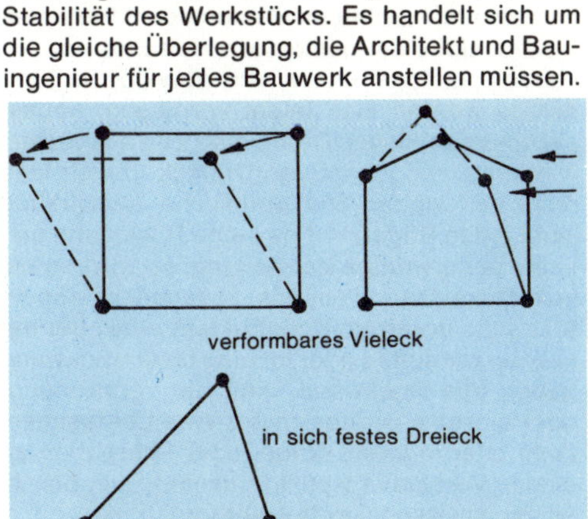

Tragfähigkeit

Die Tragfähigkeit eines Bauteiles aus Holz, das Druck auszuhalten hat, ist ganz verschieden je nach seiner Lage. Betrachten Sie die Zeichnungen: Es handelt sich in beiden Beispielen um ein Holzstück von 120 qcm Querschnitt. Eine fachmännische Berechnung (und ebenso die praktische Probe) ergibt, daß das flachliegende Brett nur 240 kg trägt, das hochkant stehende Brett aber 800 kg.

Wer sich mit dem Bau von Segelflug-Modellen befaßt hat, weiß, wie man unter Berücksichtigung der statischen Zusammenhänge oft mit unwahrscheinlich geringen Holzstärken auskommt.

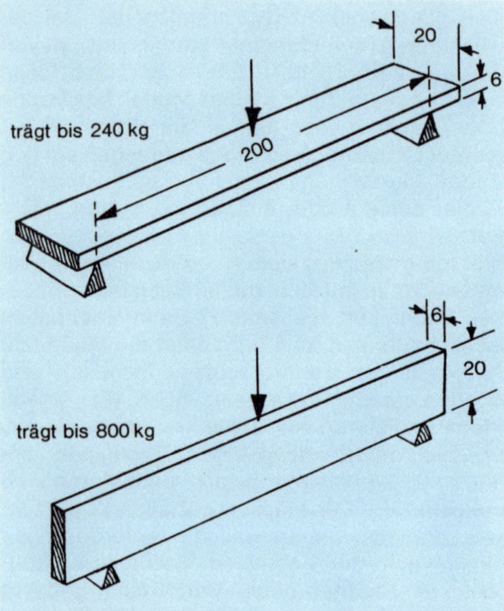

Tragfähigkeit

Steifheit gegen Verformung

Den zweiten wichtigen Gesichtspunkt ersehen Sie ebenfalls am besten aus den Bildern: Die viereckige Konstruktion und ebenso die fünfeckige werden sich leicht verbiegen, sobald sie einem seitlichen Druck oder Zug ausgesetzt werden. Dagegen ist das Dreieck in sich fest, nicht verformbar. Die praktische Auswirkung zeigt jedes Regal. Hat es keine Rückwand und keine anderweitige Versteifung, so wird es bei seitlichem Druck einfach zusammenklappen. Also jede derartige Konstruktion entweder mit Leisten versteifen oder ihr eine feste Rückwand geben (die Rückwand wirkt als Verstrebung) oder einzelne Bretter an der Wand befestigen. Leim oder mehrere Nägel oder Schrauben an einem Verbindungspunkt machen sie bis zu einem gewissen Grade standfest.

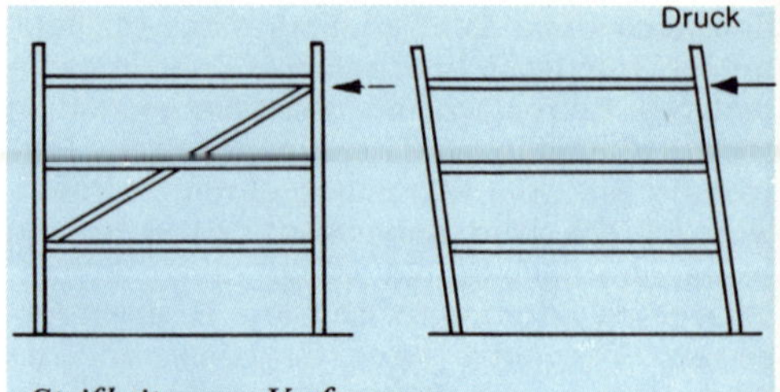

Steifheit gegen Verformung

Grundfragen

Vor Arbeitsbeginn muß geklärt sein:

- Was will ich bauen?
- Läßt sich das bauen (mit den von mir beherrschten Techniken)?
- Wie stabil muß mein Werkzeug sein?
- Zeichnung oder Modell schaffen.
- Vollständige Materialliste anlegen, die sowohl die Bauteile (Bretter usw.) enthält wie alle benötigten Beschläge, Verbindungsmittel, Zubehörteile – alles mit Stückzahl und Maßangaben.
- Werkzeug überprüfen, wenn nötig richten und schärfen.
- Bei Einbaumöbeln Boden, Decken und Wände zunächst auf waagerechte und senkrechte Lage sowie Winkel prüfen.
- Platz für die Arbeit schaffen, gefährdete Umgebung abdecken oder entfernen.

Zum vorletzten Punkt noch einige Erläuterungen:

Kaum jemals stehen Mauern und Wände genau im rechten Winkel zueinander. Die Putzschicht ist unregelmäßig, die Raumhöhe ist an verschiedenen Punkten unterschiedlich. Wenn wir Möbel exakt einbauen wollen, müssen wir vorher genau nachmessen, welcher Raum zur Verfügung steht. Wir sollten uns zur Gewohn-

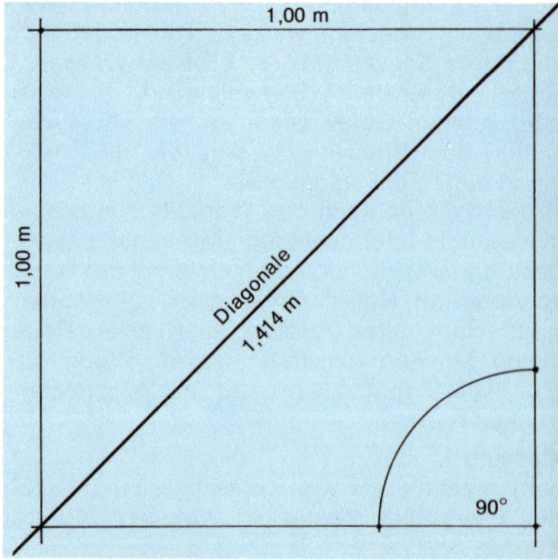

heit machen, stets an mehreren Stellen und in mehreren Höhen zu messen. In welchem Winkel einzelne Bauteile stehen, sieht man, wenn man die Diagonale mißt. Die Ergebnisse werden auf Millimeterpapier aufgetragen.
Als Anhalt kann man sich merken: Bei genau rechtwinkligen Verhältnissen mißt die Diagonale in einem Quadrat von 1 m Seitenlänge 1,414 m.

Werkzeichnung
Einfache Werkstücke können mit ihren Maßen direkt auf den Hölzern oder sonstigen Bauteilen angerissen werden. Bei schwierigeren Vorhaben ist eine Zeichnung unumgänglich. Am besten geht es mit Reißschiene und zwei Zeichenwinkeln (einen 45°-Winkel und einen mit 30° und 60°). Sie können dann auf einem Tisch zeichnen: Papier mit Tesafilm an der Tischplatte befestigen; die Reißschiene nur an einer Seite anlegen, sonst stimmt die Zeichnung nicht. Um einen Überblick über das Werkstück zu bekommen, zeichnen wir es von vorn, von oben und von der Seite im Maßstab 1:10 (10 cm des fertigen Stückes entsprechen 1 cm auf dem Papier). 1 m entspricht demnach 10 cm in der Zeichnung. Nun zeichnen wir in die Ansicht auch die Innenteile ein und machen Schnitte daraus: Horizontalschnitt waagerecht durch das Stück. Querschnitt, wenn nötig Längsschnitt.
In diesen Plan schreiben Sie die Maße ein: die Zwischenmaße (Holzstärken, Zwischenabstände), die Gesamtaußengrößen (Höhe, Tiefe, Länge).
Aus Platzgründen sind die Zeichnungen in diesem Buch nicht im Maßstab 1:10 gezeichnet. Es ist nicht schlimm, wenn die Zeichnung nicht schön wird; nur die Maße sollten genau errechnet werden.
Wenn Sie sich überlegt haben, welche Eckverbindungen Sie anwenden wollen bzw. können (▷Holzverbindung), reißen Sie diese Verbindungen in natürlicher Größe 1:1 als Schnitt auf. Das können Sie auf dem Papier machen, oder aber, wie es der Schreiner tut, mit dem Anschlagwinkel auf einem Stück Holz. Nur von der Winkelkante aus zeichnen.

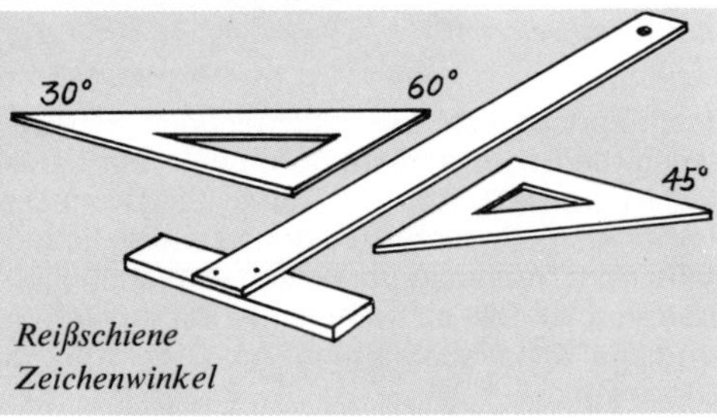

Reißschiene
Zeichenwinkel

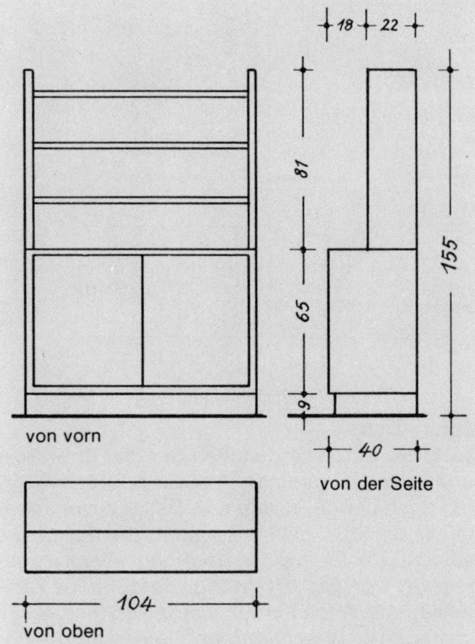

Anlage einer Werkzeichnung

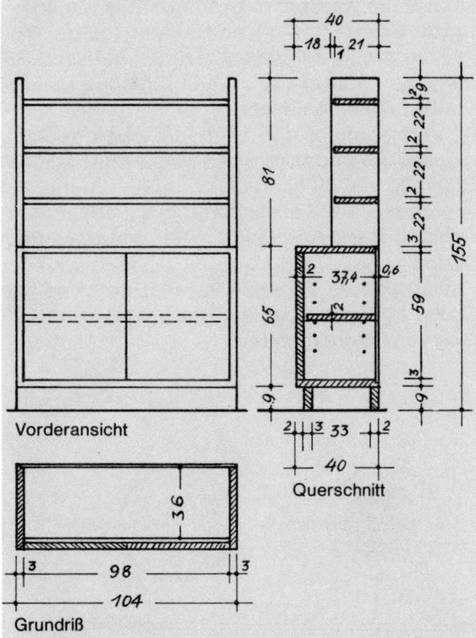

Die Werkzeichnung mit eingezeichneten Innenteilen und -maßen

Detailzeichnung mittels Anschlagwinkel

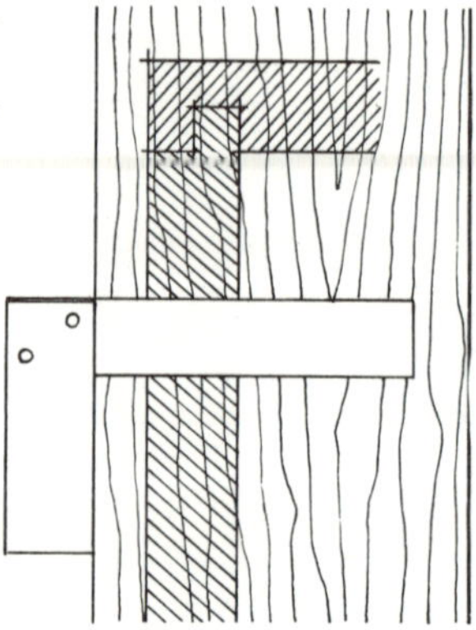

Materialliste

Nach der Zeichnung stellen Sie nun Ihren Materialbedarf zusammen. Alle Einzelbretter werden nach Länge, Breite und Dicke zusammengefaßt, die Stückzahl festgestellt. Bei der Länge müssen Sie für die Bearbeitung etwas zugeben. Je weniger Erfahrung, desto mehr Längenzugabe. Auch Platten werden so festgelegt, ebenso die Beschläge und die Nägel oder Schrauben. Erst wenn alles Material beisammen ist, beginnt die Arbeit.

Einkauf von Massivholz

Massivholz sollte nur in Breiten bis etwa 15 cm verarbeitet werden. In größeren Breiten arbeiten die Bretter zu stark und können reißen. Wollen Sie breitere Flächen erzielen, müssen Sie mehrere Bretter zu einer entsprechenden Platte zusammenleimen.

Ist Verbindung durch Leimen/Kleben geplant, müssen Sie bedenken, daß Massivholz in jeder Richtung verschieden stark arbeitet (quillt und schrumpft), Teile deshalb nur in gleicher Faserrichtung fest durch Leimen verbunden werden dürfen.

Platten gibt es dagegen in jeder notwendigen Größe im Handel, so daß das schwierige Leimen von Flächen entfällt.

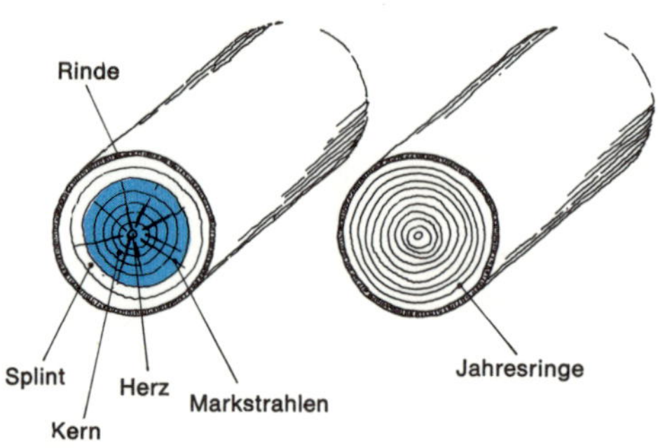

Splintholzstamm

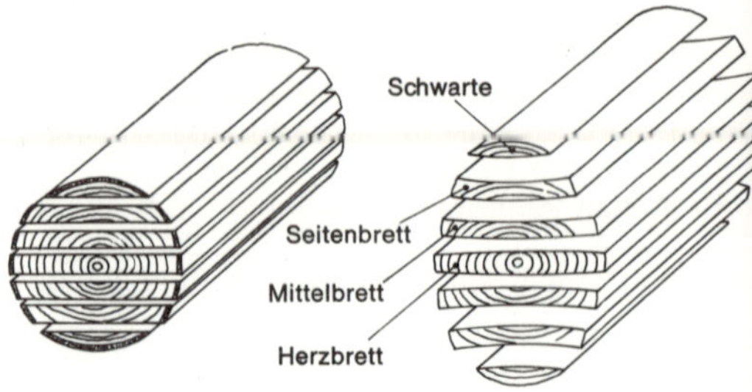

Gatterschnitt

Estrich

Ein Fußbodenbelag aus einer zusammenhängenden Masse, die nach Erstarren eine fugenlose Bodenfläche ergibt. Aus Zement, Asphalt, Gips oder Kunststoff. Gleicht Unebenheiten des Unterbodens aus, dient gewöhnlich als Unterlage für den eigentlichen Gehbelag aus Kunststoff, Textilien, Linoleum u. a.

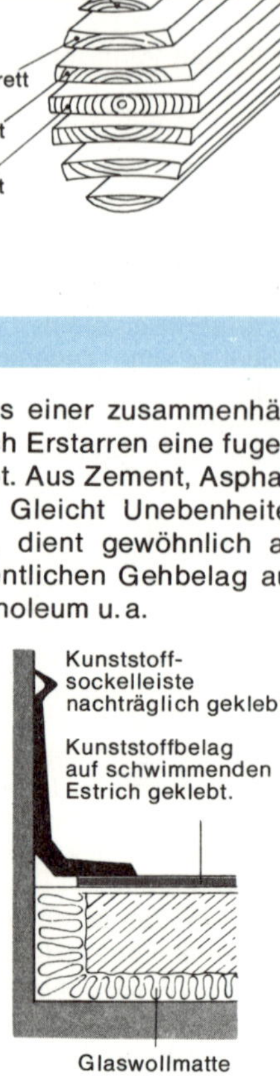

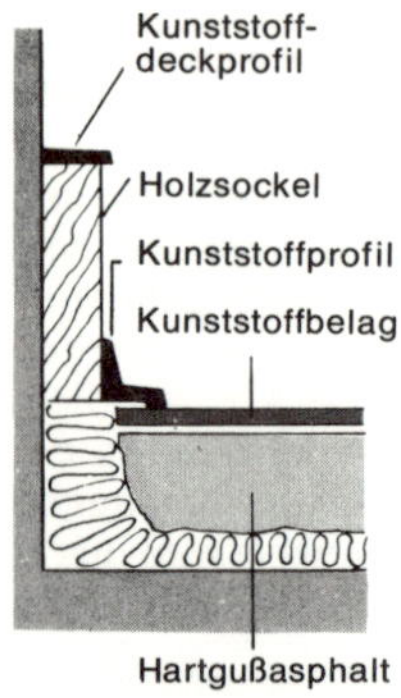

Der schwimmende Estrich ist durch eine Isolierschicht vom Unterboden wie von der Wand getrennt.

Man spricht von „schwimmendem Estrich“, wenn die Estrichschicht durch eine elastische Unterlage (z. B. Kork, Styropor, Filz) vom Unterboden und auch von den Mauern (jedenfalls den Trennmauern zwischen Wohnungen) getrennt ist. Der schwimmende Estrich verhindert die Schallausbreitung von Stockwerk zu Stockwerk.

Fachbodenträger

Träger für Zwischenböden in Regalen und Schränken, leicht einzubauen, gibt es in vielen Ausführungen. Das wichtigste beim Einbauen: Die Bohrlöcher für die Hülsen genau maßgerecht anreißen, sonst sitzen die Träger „windschief" zueinander. Zum Einbohren der Hülsen nimmt man am besten Forstner- oder Spiralbohrer. Tiefensteller bzw. Bohrhülse benützen! Die Hülsen werden mit dem Hinterende eines Versenkers in das Bohrloch eingeschlagen. An Stelle der einzeln einzulassenden Steckstifte können ganze Lochschienen eingelassen oder aufgeschraubt werden.

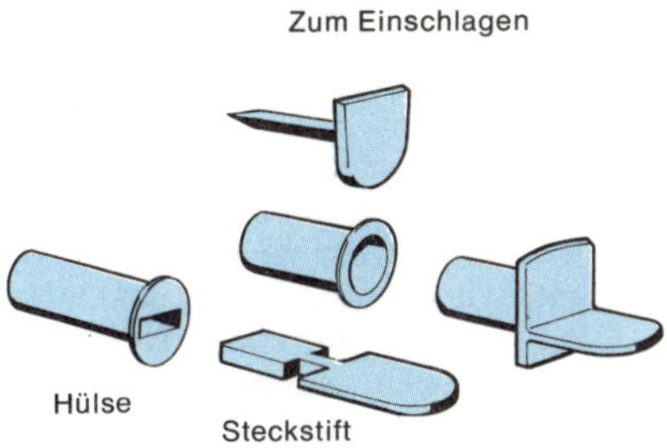

Fachbodenträger

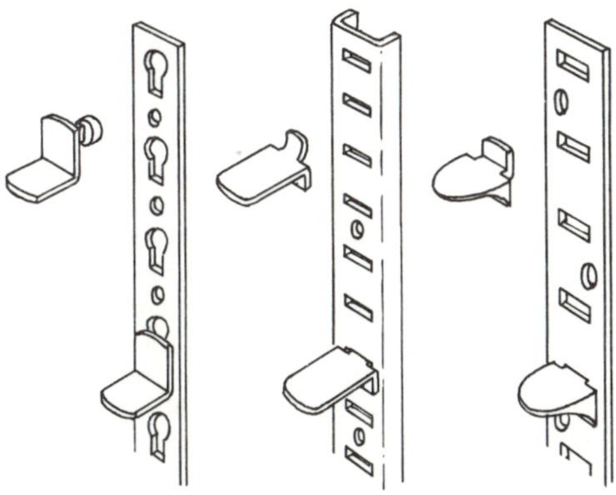

Lochschienen

Falz

Gehobelte, gefräste, auch zusammengesetzte Profilform, die das Einlegen von Platten (z. B. Glas, Kunststoff) oder das Anschlagen von Fenstern und Türen ermöglicht. Mehrere Falze ergeben eine gute Dichtungswirkung. Vgl. ▷Fensterscheiben.

Fase

Abgeschrägte Kante an Werkstücken aus Holz, auch an Metallteilen, besonders Schneid- und Stemmwerkzeugen. Vgl. ▷Werkzeugpflege.

Feilen (Holz und Metall)

Feilen dienen zum spanabhebenden Bearbeiten, zum Entgraten von Kanten, zum Abrunden und Ausschweifen. Sie sind ideale Werkzeuge zum Nachbearbeiten von Schnittflächen und Verfeinern von Oberflächen.
Wenn wir Feilen bei der Holzbearbeitung verwenden, vor allem die Raspel für größere Arbeiten, lassen sich die Werkstücke so exakt bearbeiten, daß wir auf den klassischen Hobel verzichten können. Man braucht dann nur noch mit Schleifpapier nachzuarbeiten. Raspeln sind nur für die Holzbearbeitung bestimmt. Alle anderen Feilen sind sowohl für Holz wie für Kunststoffe zu verwenden. Die Raspel hat einen größeren Hieb als alle anderen Feilentypen.
Jede Feile besteht aus dem Feilenblatt und dem Griff, in der Fachsprache „Heft" genannt. Niemals ohne Heft arbeiten, weil das sehr gefährlich ist! Auch nicht mit locker sitzendem Heft arbeiten; es ist ohne Schwierigkeiten möglich, mit einem einfachen Klebstoff das Heft festzukleben.

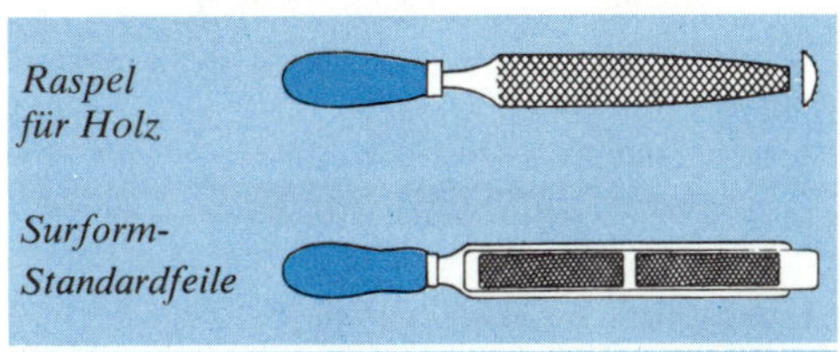

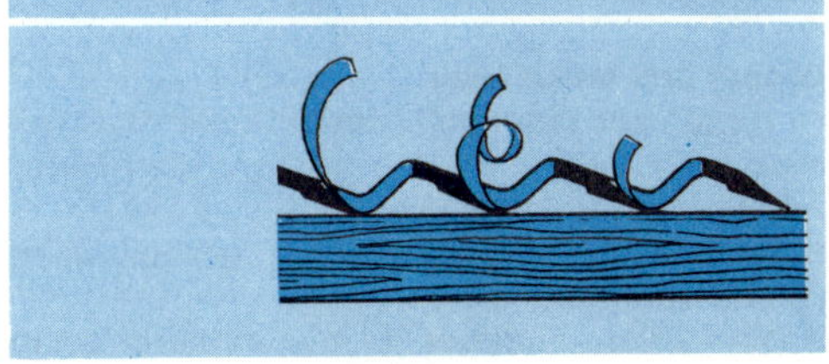

Schneidkanten der Surform-Feile, vergrößert, im Schnitt

Der Feilenhieb

Das Feilenblatt trägt schräg zur Achse Einkerbungen, die man „Hieb" nennt. Ein Feilenblatt mit nur einem Hieb nennt man „einhiebige" Feile; solche Feilen braucht man für Feilarbeiten an weichen Werkstoffen (Zinn · Blei · Aluminium). Feilen für harte Werkstoffe erhalten gekreuzt zum ersten Hieb (Unterhieb) einen zweiten Hieb (Oberhieb). Dadurch ist die Oberfläche in kleine, meißelartige Zähnchen aufgeteilt.

Schlosserfeilen

Schlosserfeilen, auch Dutzendfeilen genannt, gibt es in den im Bild gezeigten Formen. Gebräuchliche Längen bis 40 cm.

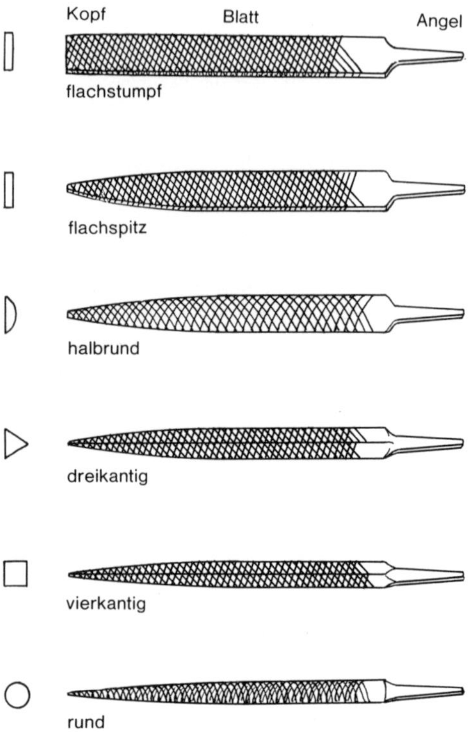

Sechs Formen der Schlosserfeile

Grober und feiner Hieb

Je härter der Werkstoff, desto feiner muß der Hieb sein. Feilen werden in folgenden Hiebarten hergestellt:
Schruppfeilen: großer Hieb · grober Span (grobe Bearbeitung);
Bastardfeilen: mittlerer Hieb · mittlerer Span (mittelfeine Bearbeitung);
Schlichtfeilen: feiner Hieb · feiner Span (Feinbearbeitung, Glätten).
Bei den Schlichtfeilen unterscheidet man Halbschlicht-, Schlicht- und Feinschlichtfeilen.

Schlüsselfeilen

Kleine Feilen, etwa 10 cm lang, nennt man Schlüsselfeilen oder Raumfeilen. Die Formen entsprechen denen der Dutzendfeilen.

Zinnfeilen

Diese einhiebigen Feilen sind für weiche Werkstoffe bestimmt. Längen 20 bis 30 cm.

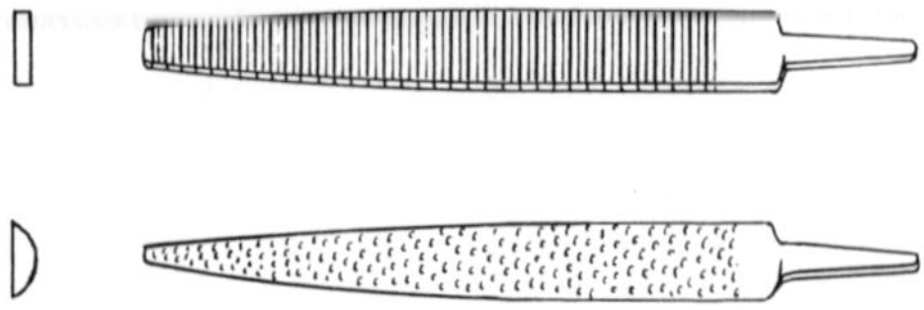

Zinnfeile (Zinnraspel)

Feilenhobel

Für die Holzbearbeitung werden heute vielfach Feinhobel (Fabrikat SURFORM u. a.) verwendet – eine Vereinigung von Feile und Hobel. Die Schneide ist ähnlich geformt wie ein Küchen-Reibeisen, die Späne werden abgeleitet, die Arbeitsfläche bleibt frei. Vgl. ▷Hobeln.

Richtiges Einspannen

Werkstück am besten im Parallelschraubstock einspannen, so daß die zu befeilende Fläche etwa 6 mm über den Schraubstockbacken steht. Das Werkstück darf beim Befeilen nicht federn! Schutzbacken aus Blech nicht vergessen! Die Feile trifft sonst beim Abgleiten auf die gehärteten Schraubstockbacken.

Handhaltung

Diese Hinweise sind beim Feilen von Werkstücken aus Metall unbedingt zu beachten. Die rechte Hand umfaßt das Feilenheft. Daumen liegt oben, sonst Verletzungsgefahr beim Abgleiten. Der Ballen der linken Hand liegt am Feilenende auf. Bei kleineren Feilen wird das Feilenende mit Daumen und Zeigefinger der linken Hand gehalten. Gleichmäßigen Druck auf beide Enden der Feile ausüben. Die Spanabnahme geschieht beim Vorstoßen. Bei Zurückziehen daher Druck vermindern.
Die Feile wird im Winkel von etwa 45° über das Werkstück geführt, dabei erfolgt eine seitliche Verschiebung um etwa eine halbe Feilenbreite. Die Feilrichtung wechselt ständig um etwa 90°. An den Schattierungen (Feilstrich) erkennen Sie, ob Sie die ganze Fläche des Werkstücks erfassen. Wo Genauigkeit erforderlich, häufig kontrollieren durch Auflegen einer Winkelkante, Darüberstreichen und Visieren gegen das Licht.
Zur Feinbearbeitung mit der Schlichtfeile wird die Feile anders gefaßt: Daumen und Finger beider Hände greifen das Feilenblatt und führen die Feile senkrecht zur Feilenachse über das Werkstück.
Man kann dabei die Feile mit Kreide überziehen, damit sich keine Feilspäne festsetzen.

Die rechte Hand umfaßt das Feilenheft. Daumen liegt oben, sonst Verletzungsgefahr beim Abgleiten. Der Ballen der linken Hand liegt am Feilenende auf. Bei kleineren Feilen wird das Feilenende mit Daumen und Zeigefinger der linken Hand gehalten. Gleichmäßigen Druck auf beide Enden der Feile ausüben. Die Spanabnahme geschieht beim Vorstoßen. Bei Zurückziehen daher Druck vermindern.

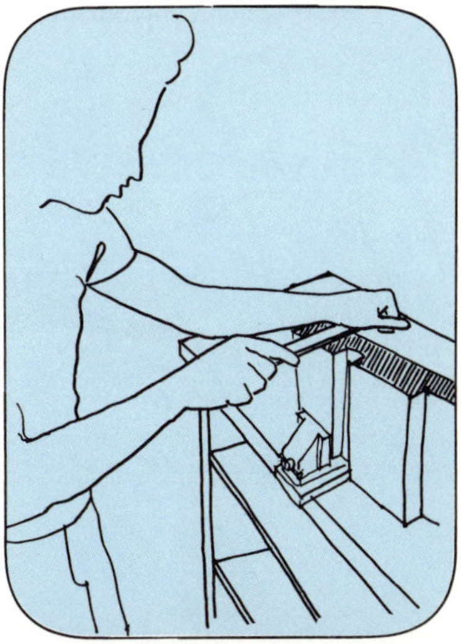

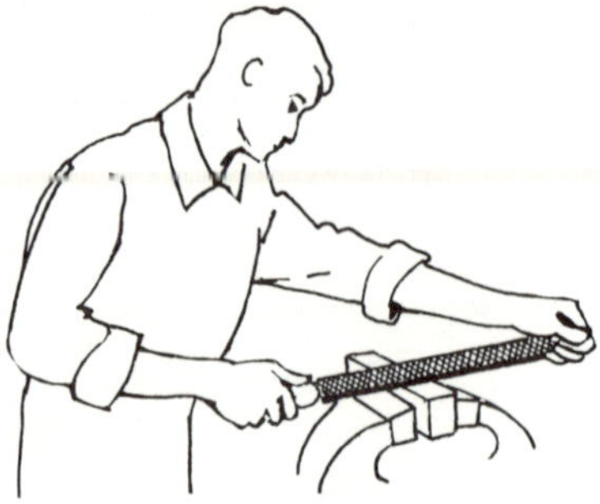

Haltung beim Feilen

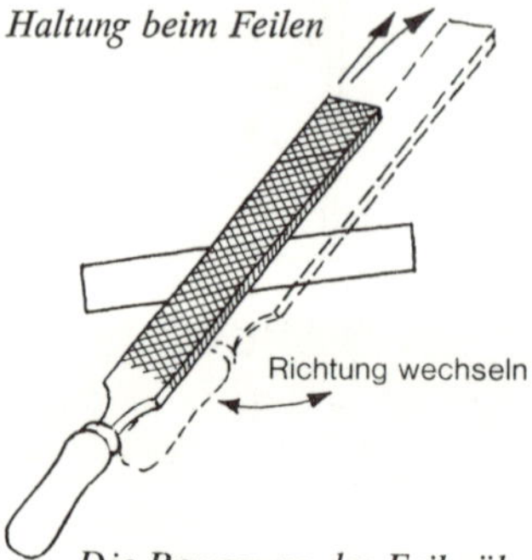

Die Bewegung der Feile über dem Werkstück

Behandlung von Feilen

Nicht mit den Fingern auf die Feilfläche fassen! Das Hautfett „schmiert", die Feile greift schlecht an. Feilen nie durcheinander und aufeinander werfen. Beim Gebrauch sollen die Feilen geordnet rechts neben dem Schraubstock liegen.

Haben rohe, noch nicht bearbeitete Werkstücke eine Zunderschicht, die ersten Striche mit einer alten Feile abnehmen. Neue Feilen werden sofort stumpf, weil die Zunderschicht äußerst hart ist. Gehärtete Werkstücke nicht feilen!

Feilspäne aus der Feile mit einer Feilbürste oder einem angeschärften Messingblech entfernen.

Fensterscheibe einsetzen

Es ist zu empfehlen, die benötigte Scheibe beim Glaser fertig zugeschnitten zu kaufen. Wer das Schneiden selber probieren will: ▷Glas.

Beim Einsetzen ist wie folgt vorzugehen:

1. Fenster aushängen und auf eine waagerechte Unterlage legen.

2. Den Falz des Rahmens von allen Scherben, Stiftchen und Kittresten säubern. Bei neuen Rahmen auf Grundierung achten, denn sonst fällt der Kitt heraus.

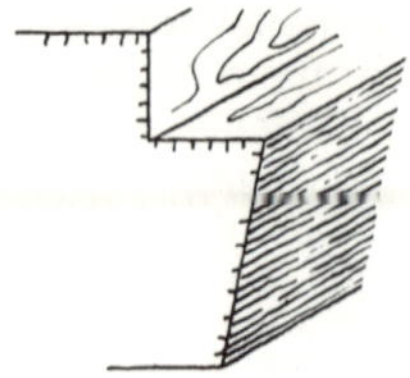

Falz säubern

3. Kitt (Glaserkitt) in den sauberen Falz streichen.

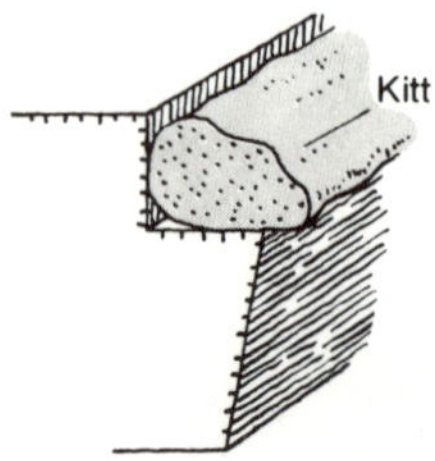

Kittstreifen einlegen

4. Scheibe leicht in den Kitt eindrücken.

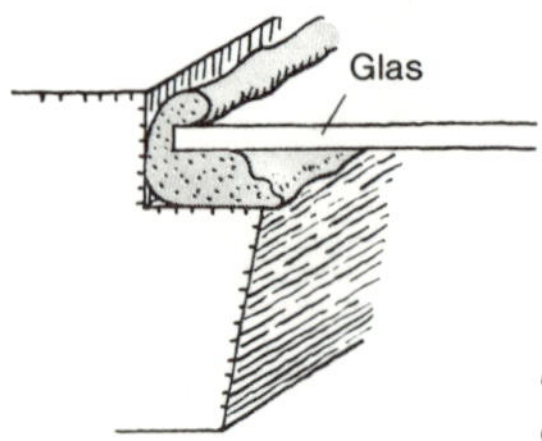

Scheibe in Kitt eindrücken

5. Scheibe mit Glaserstiftchen befestigen (bei Holzrahmen). Statt eines Hammers benutzt man die Seite eines breiten Stemmeisens, die auf der Scheibe entlanggleiten kann. Eisenrahmen (Kellerfenster) haben gewöhnlich Löcher, durch die man kleine Befestigungsstifte treiben kann.

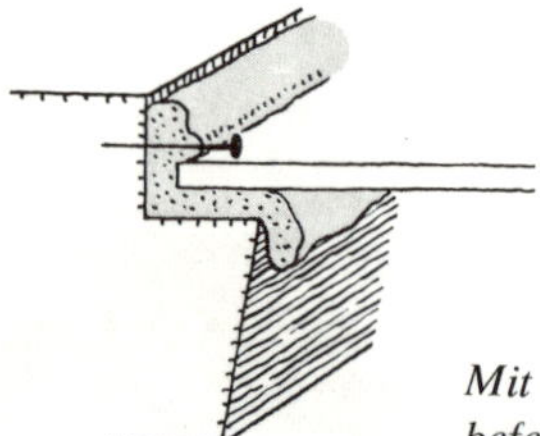

Mit Glaserstiftchen befestigen

6. Restlichen Falz mit Kitt füllen und mit dem Messer zu einer schrägen Fläche glattziehen. Auf der Gegenseite herausgequollenen Kitt abstreifen.
Die Oberfläche des Kittstreifens kann man mit Kreidepulver fein überpudern. Fettspuren auf dem Glas mit trockener Schlämmkreide entfernen.

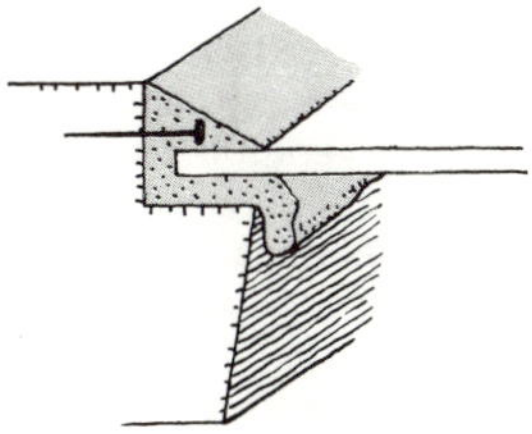

Kitt nachfüllen und glattziehen

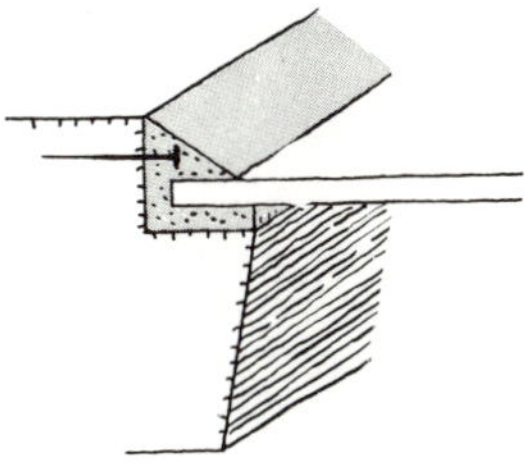

Unten herausquellenden Kitt wegnehmen

Fleckentfernung

Mit wertvollen Stoffen gehe man zum Fachmann, denn das Fleckentfernen ist eine Kunst, die auch im Reinigungsgewerbe einem besonders geschulten und erfahrenen Personal vorbehalten ist. Der Fachmann hat andere praktische Möglichkeiten, da sein Arbeitsplatz eher einem Chemielabor gleicht als Großmutters Waschküche. Die folgenden Hinweise sind für die Fleckentfernung aus unempfindlichen Stoffen wie Leinen, Wolle, Baumwolle und Kunstfasern gedacht. Bei anderen Stoffen lohnt sich das Risiko nicht.

1. Zunächst prüft man den Stoff an einer nicht sichtbaren Stelle, ob er gegen das gewählte Reinigungsmittel beständig ist (ob er sich z. B. auflöst oder entfärbt). Hierbei können auch die in manchen Kleidern angebrachten Pflegesymbole weiterhelfen: ein P bedeutet, daß nur mit Perchloräthylen („Per"), und ein F, daß nur mit Benzin gereinigt werden darf. Bei einem durchkreuzten Kreis ist jegliche chemische Behandlung unmöglich.

2. Die Fleckstelle wird mit einem sauberen weißen Baumwolltuch unterlegt, das den Schmutz beim Entfernen aufsaugen soll. Es wird während der Behandlung mehrmals verschoben oder ausgewechselt.

3. Der Fleck wird mit einem feuchten weichen Bürstchen oder Naturschwamm entfernt. Der Stoff wird nicht gerieben, sondern schonend betupft oder beklopft.

4. Starke Reinigungsmittel wie Aceton, Benzol, Trichloräthylen („Tri") oder Tetrachlorkohlenstoff („Tetra") hinterlassen oft Ränder, die man mit schwachen Reinigern wie Alkohol oder Benzin entfernt.

5. Fast alle Reiniger sind gefährlich. Die Dämpfe von Aceton, Bleichlauge, Per, Tri, Tetra, Benzol, Benzin, Ammoniak und Salmiakgeist sind giftig, daher arbeitet man mit ihnen bei geöffnetem Fenster. Alkohol, Aceton, Benzol und Benzin sind feuergefährlich (Zigaretten!). Ammoniak, Salmiakgeist, Bleichlauge und Wasserstoffsuperoxid sind ätzend, daher müssen Haut (und Kleider) sofort mit viel Wasser abgespült werden.

Bier 1%ige Salmiakgeistlösung.

Blut Wenn noch frisch, mit Wasser entfernen und eventuell mit 3%igem Wasserstoffsuperoxid nachbleichen. Alte Flecken zuerst mit 1%igem Salmiakgeist, dann mit Wasser und anschließend mit 1%igem Wasserstoffsuperoxid behandeln.

Brandflecken Bleichen mit 1–3%igem Wasserstoffsuperoxid.

Eier Waschbare Stoffe mit handwarmem (nicht heißem!) Wasser waschen. Andere Stoffe zuerst mit Tri, dann mit Benzin behandeln.

Eis Zuerst Benzin, dann 1%ige Ammoniaklösung. Eventuell mit 3%iger Bleichlauge und Antichlor nachbleichen, bei Wolle mit 3%igem Wasserstoffsuperoxid.

Fette (Butter, Margarine, Schmieröl, Ölfarbe) Tri, Tetra, Per, Benzin oder Benzol.

Grasflecken, Spinat Wasser, mit 3%iger Bleichlauge und Antichlor nachbehandeln.

Harz wie Fette.

Kaffee Wasser, Baumwolle mit Bleichlauge und Antichlor, Wolle mit Wasserstoffsuperoxid nachbehandeln (jeweils 5%ige Lösungen). Seide in jedem Fall zum Fachmann.

Kakao Zunächst Benzin, dann 2%ige Ammoniaklösung.

Kaugummi Tri, Tetra, Per, Benzol oder Benzin.

Lippenstift, Rouge Tri oder Tetra, dann mit warmem Alkohol und eventuell mit Bleichlauge und Antichlor (je 3%ig) nachbehandeln.

Mayonnaise wie Fette.

Milch Benzol oder Tri.

Nagellack Aceton, Nagellackentferner, Tri oder Benzin.

Obstflecken gelbbraune Farbe: Wasser, eventuell mit Bleichlauge und Antichlor nachbehandeln; rote und blaue Farbe: bald entfernen, da bei alten Flecken meist zwecklos! Zuerst mit Tri oder Benzin, danach mit 3%igem Wasserstoffsuperoxid, dem man einige Tropfen Ammoniaklösung zusetzt.

Rost Die Entfernung gelingt nur dem Fachmann (Reinigung).

Rote Rüben, Blaukraut (Rotkohl) Wasser, mit 3%iger Ammoniaklösung nachbehandeln.

Rotwein Möglichst bald mit Wasser behandeln, eventuell mit Bleichlauge und Antichlor oder mit Wasserstoffsuperoxid (je 3%ig) nachbleichen. Ältere Flecken sind kaum noch zu beseitigen. Sofortmaßnahme: Dick mit Salz bedecken, dann abbürsten. Salzreste bald mit Wasser entfernen.

Ruß Wenn Waschen nichts nützt, kann nur noch der Fachmann helfen.

Schokolade Benzin, eventuell mit 2%iger Ammoniaklösung nachbehandeln.

Schuhcreme Benzin, anschließend Alkohol, eventuell mit Bleichlauge und Antichlor oder Wasserstoffsuperoxid (je 3%ig) nachbleichen.

Soßen Erst Benzin, dann Tri oder Tetra, schließlich wieder Benzin zur Entfernung von Rändern.

Tabak Alkohol, eventuell nachbleichen wie bei Schuhcreme.

Tee Frische Flecken: 1%ige Ammoniaklösung. Alte Flecken: zunächst mit warmer 2%iger Ammoniaklösung, danach mit 10%iger Zitronensäurelösung behandeln. Bei farbigen Stoffen: zuerst 10%ige Boraxlösung, dann 5%ige Zitronensäurelösung, eventuell nachbleichen mit 3%igem Wasserstoffsuperoxid, dem man einige Tropfen Ammoniaklösung zusetzt.

Teer Tri, Tetra, eventuell nachbleichen wie bei Schuhcreme.

Tinte, Kugelschreiber, Schreibmaschinen-, Stempelfarbe Benzin, dann mit 3%iger Bleichlauge bleichen, anschließend Antichlorlösung und viel Wasser.

Wachs Benzol, Tri oder Tetra.

Fußboden

Meist hat der Heimwerker nur mit dem Bodenbelag zu tun, der zu erneuern oder neu zu verlegen ist. Um Fehler bei Umbaumaßnahmen zu vermeiden und Schäden zu erkennen, sollte man aber eine Vorstellung von der Konstruktion unserer Fußböden haben. Vielleicht ergibt sich einmal die Aufgabe, einen einfachen Fußboden, z.B. in einer Hütte oder einem Kellerraum, selbst herzustellen.

Aufbau

Ein Fußboden besteht aus einer *Tragschicht*, z.B. Holz(balken), Beton; (meist) einer *Zwischenschicht*, die für Wärmedämmung und Schallschutz sorgen und eine saubere Auflage bilden soll für die zuoberst liegende *Gehschicht*, die aus Holz, Stein, Kunststoff oder einem textilen Material bestehen kann.

Holzbalkendecke

In der Regel in Altbauten und Holzhäusern vorhanden. Erkennbar am Schwingen beim Gehen und Springen. Es ist zu beachten, daß Holzteile gegen Sand, Erde, Mauerwerk durch eine Isolierschicht geschützt werden müssen, weil sie sonst verrotten. Aus demselben Grunde dürfen Holzbalkendecken auch nicht mit luftdichten Anstrichen versehen oder mit Belägen verkleidet werden. Der Blindboden ist, wie die Schnittzeichnung erkennen läßt, nicht durch Nägel mit den tragenden Balken verbunden. Das würde nämlich die schallisolierende Wirkung der Decke stark mindern.

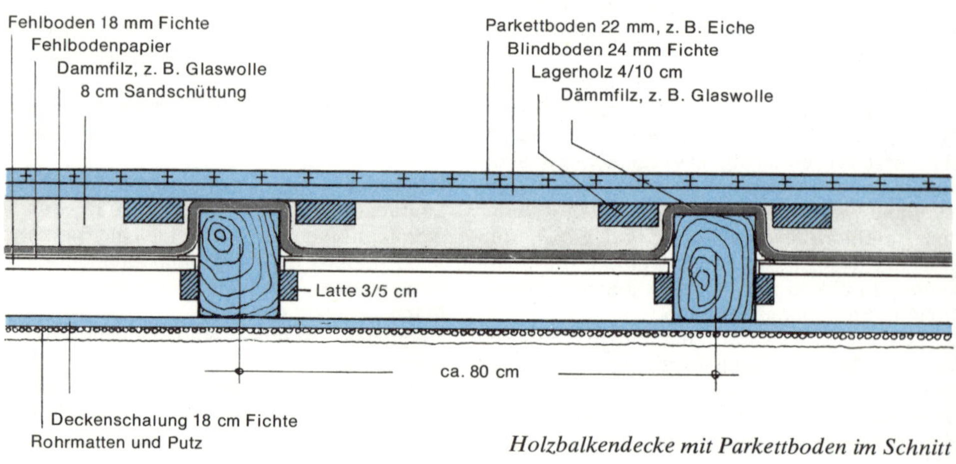

Holzbalkendecke mit Parkettboden im Schnitt

Betondecke
Im einfachsten Fall eine Rohdecke aus Beton mit einem in Estrich (Feinbetonschicht) verlegten Stein- oder Kunststoffbelag. Für Wohnräume braucht man federnde und isolierende Zwischenschichten.

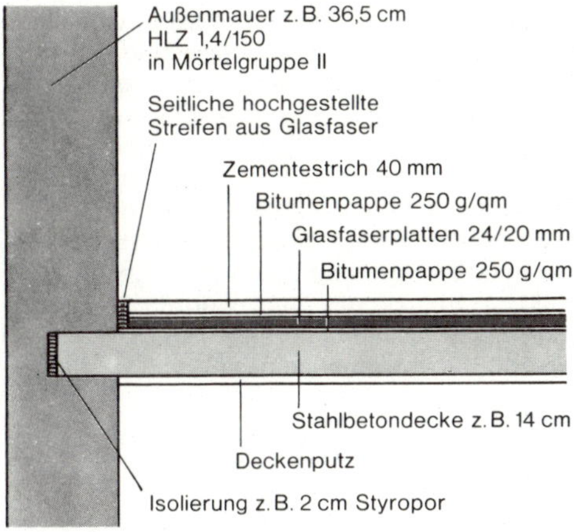

Betondecke

Herstellung eines einfachen Fußbodens aus Zementestrich
Zementestrichboden für Keller oder Hütte verlangt eine tragfähige Kiesschicht (ca. 15 cm) als Unterlage. Auf den Kies kommt eine etwa 10 cm dicke Schicht Rauhbeton, darauf die etwa 2 cm starke Oberschicht aus Feinbeton. Sofern aber der Baugrund aus Kies besteht, kann der Unterbeton unmittelbar darauf aufgebracht werden.
Vor Arbeitsbeginn ist die Oberfläche des fertigen Bodens festzulegen. Die in den Raum führende Tür ist dabei zu berücksichtigen. Soll das Türblatt in den Raum aufschlagen, muß der fertige Boden hier 2 cm tiefer liegen als der Boden im Vorraum. Die dadurch entstehende 2 cm hohe Kante ergibt den unteren Anschlag für die Tür.
Die Unterschicht aus Rauhbeton muß mit ihrer Oberfläche 2 cm tiefer liegen als die Oberschicht. In dieser Höhe sind vor dem Aufbringen des Unterbetons Festpunkte zu markieren: Einschlagen kurzer Pflöcke oder auch eingelegte Ziegelsteine, deren Oberkanten mit der Wasserwaage ausgerichtet werden.
Der Rauhbeton ist zu mischen aus Portlandzement und Kiessand im Verhältnis 1:10 bis 1:12 (Raumteile), die Masse soll nur so viel Wasser enthalten, daß sie erdfeucht ist.
Der Beton wird in etwa 60 cm breiten Streifen aufgebracht, mit der Schaufel gleichmäßig verteilt und festgestampft. Die Oberfläche muß im ganzen genau waagerecht, sie braucht aber im einzelnen nicht völlig eben zu sein. Die Oberfläche braucht man nicht mit Latte oder Reibbrett glattzuziehen. Sie bleibt rauh, damit die nachfolgende Schicht gut haftet. Die Festpunkte (Pflöcke, Steine) werden im Zuge der Arbeit entfernt.
Der Feinbeton besteht aus reinem Sand mit Korngröße bis zu 3 mm und Portlandzement im Mischungsverhältnis 1:3. Die Masse soll nur erdfeucht sein.
Zum Aufbringen werden in Abständen von 2 m Latten auf den Unterbeton gelegt, 2 cm stark, und mit der Wasserwaage ausgerichtet, so daß ihre Oberkanten die spätere Oberfläche markieren. Der Beton wird aufgebracht, mit der Maurerkelle auf Streifen von etwa 80 cm Breite verteilt und abgezogen mit einem Brett oder einer Latte, die auf den ausgelegten Latten entlanggleitet.
Die Latten bleiben liegen, bis der Belag hergestellt ist. Dann zieht man sie zurück, füllt die Rillen, die sie hinterlassen, nachträglich mit Feinbeton und reibt nun die ganze Fläche mit dem Reibbrett glatt. Das Aufbringen der Feinbetonschicht soll an einem Arbeitstag beendet werden.
Soll der Boden fußwarm sein, gehören auf den (hierfür eben und möglichst glatt abgezogenen) Rauhbeton nach einwöchigem Abbinden zunächst zwei Lagen Bitumenpappe (▷Bitumen), miteinander verklebt; auf diese eine ca. 3 cm dicke Schicht aus gepreßter Mineralwolle oder Glaswolle, die mit Bitumenpapier abzudecken ist. Die dann aufzubringende Feinbetonschicht braucht in diesem Fall nur etwa 1 cm stark zu sein. Vgl. ▷Bodenbeläge.

Fußleiste

Die Fußleiste (Sockelleiste, Lamperie) schützt die Wand gegen Beschädigung durch Besen, Staubsauger, Möbelfüße und schließt den (oft konstruktiv nicht zu vermeidenden) Raum zwischen Bodenbelag und Wand sauber ab.
Für Holzböden verwendet man in der Regel rechtkantige oder abgeschrägte Leisten aus Holz. Sie sind manchmal nur angenagelt, sitzen aber besser (und sind gleichwohl abnehmbar), wenn Dübel in die Wand gesetzt und die Leisten gegen sie geschraubt werden (▷Dübel in Wand und Decke).
Für Kunststoffböden gibt es Leisten aus PVC, die bei haftfähigem Untergrund einfach geklebt werden können (▷Kunststoffe, ▷Kleben und Leimen).

Gehrung

Zwei rechtwinklig zusammenstoßende Holzteile kann man grundsätzlich auf zweierlei Art zusammenfügen: Entweder läuft das eine Holz vor dem andern vorbei, dann entsteht der „stumpfe Stoß"; der Schreiner spricht auch von „stumpf gestoßener" Verbindung. Oder beide Holzteile werden auf 45° abgeschrägt und mit den so entstandenen Schrägen zusammengefügt. Einen Winkel von 45° bezeichnet man in der Fachsprache der Holzbearbeitung als (echte) „Gehrung", einen anderen Winkel (aber nicht den rechten) als falsche oder unechte Gehrung.
Wichtig ist, daß der stumpfe Stoß sich nur für unprofilierte rechtkantige Hölzer eignet. Handelt es sich aber um halbrunde, dreieckige oder sonstwie profilierte Leisten, dann muß man die Gehrung wählen, weil nur so die Profile am Winkel – z. B. beim Bilderrahmen – richtig zusammentreffen.

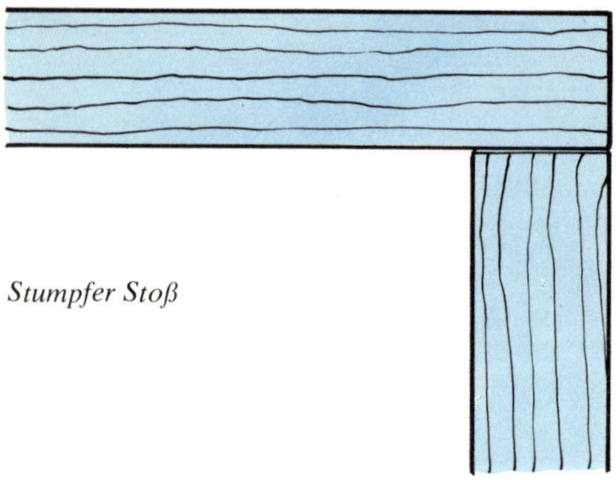

Stumpfer Stoß

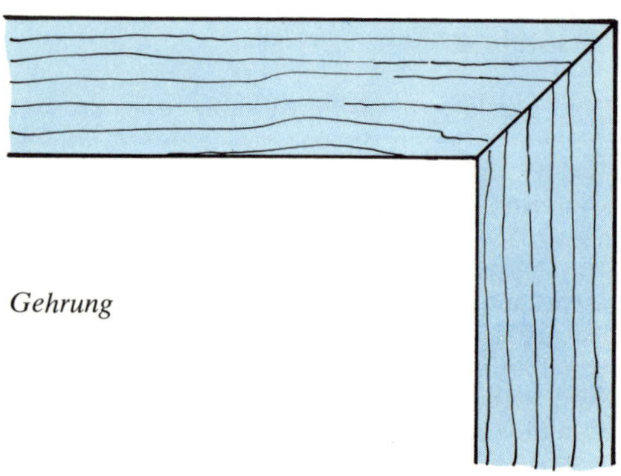

Gehrung

Da Gehrungsschnitte große Präzision verlangen, brauchen wir eine Schneidlade, die man fertig kaufen oder auch selber bauen kann: An ein Hartholzbrett, etwa 30 cm lang, 5 bis 7 cm breit, das genau parallele Kanten haben muß, werden die beiden Wangen, ebenfalls Hartholz, geleimt und geschraubt. Die Führungsschnitte – ein Winkelschnitt und ein Gehrungsschnitt – müssen haargenau angerissen und eingesägt werden.
Dünne Leisten können ohne Vorzeichnen direkt abgelängt, dickere Leisten müssen unbedingt angerissen und in der Schneidlade festgespannt werden. Beim ▷Anreißen trägt man auf der Rückseite die beiden 45°-Winkel an. Dabei muß man, da die fertige Glasscheibe (oder das Bild) etwas in den Rahmen hineingreift, die Länge am Falz abtragen. Mit der ersten fertig beschnittenen Leiste zeichnet man die zweite Leiste vor, damit jeweils ein Leistenpaar exakt zusammenpaßt. Dann werden die Leisten probeweise zusammengelegt und die Ecken mit dem Winkeleisen ausgerichtet.

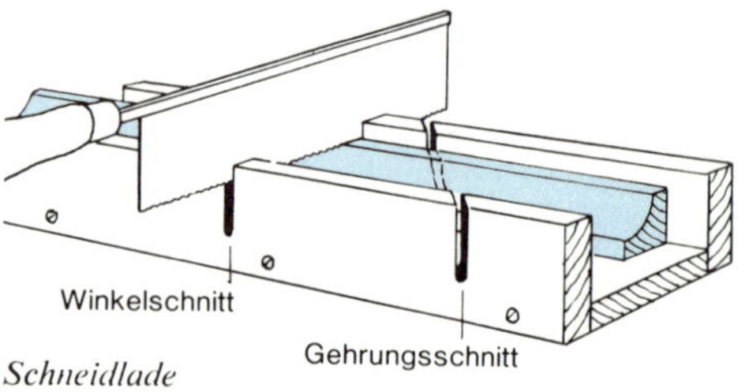

Schneidlade

Verbinden Feine Leisten werden geleimt, nicht genagelt oder geschraubt. Starke Leisten können zusätzlich vorgebohrt und geschraubt werden. Auch ein Verstärken der Haltbarkeit mittels Nut und Feder ist empfehlenswert (▷Holzverbindungen).
Steht eine Gehrung nach dem Zusammenfügen leicht über, kann sie mit Schleifklotz und Glaspapier etwas abgeschliffen werden.
Sind die Sägeschnitte nicht exakt geraten, so daß die Gehrung auseinanderklafft, kann in leichteren Fällen mit etwas Holzkitt ausgebessert werden.

Gewinde (Innengewinde)

Probleme mit Gewinden treten meist auf, wo ein altes Gewinde ausgeleiert ist, und wo bei einem neuen Werkstück keine durchgehende Bohrung (für eine Schraube mit Mutter) angebracht werden kann, wo also ein „Sackloch" gebraucht wird. In beiden Fällen muß man ein Gewinde in das Metall schneiden. Das ist nicht so schwer, wie es klingt. Man muß nur Geduld haben und das richtige Werkzeug,

nämlich ein Windeisen und einen Satz von 3 Gewindebohrern.
Mit diesem Satz lassen sich Gewinde schneiden, die an der Innenwand einer Bohrung sitzen, sog. Innengewinde. ▷Außengewinde kommen hauptsächlich bei Leitungsrohren vor und sind gesondert behandelt: ▷Gewinde (Außengewinde).

Maßangaben für Gewinde
Gewöhnlich hat man es bei Innengewinden mit „metrischen Gewinden" zu tun; Gewinde an Rohren haben dagegen Zollmaße (1 Zoll = 25,4 mm). Metrische Gewinde werden in mm gemessen, das Maß bezeichnet den Bolzendurchmesser der Schraube (oder den Innendurchmesser der Gewindebohrung). „M 5" bedeutet: metrisches Gewinde, 5 mm Bolzendurchmesser. Die Schraubenlänge kann verschieden sein. Sie richtet sich nach dem Verwendungszweck. Deswegen wird für jede Schraube auch noch die Schaftlänge angegeben, z. B. 5 × 20.

Vorbohren des Kernlochs
Vor dem Schneiden der Gänge mit dem Gewindebohrer muß zuerst das Kernloch mit dem entsprechenden Spiralbohrer vorgebohrt werden (Kern = zylindrischer Teil des Schraubenbolzens ohne Gewindeprofil) (▷Bohren). Nachstehende Tabelle mit häufig vorkommenden metrischen Gewinden gibt die zu verwendenden Spiralbohrer an:

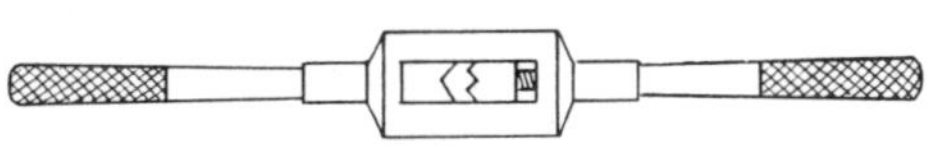

Windeisen

Gewindebohrersatz:
1 Ring: Vorschneider,
2 Ringe: Mittelschneider,
3 Ringe: Fertigschneider

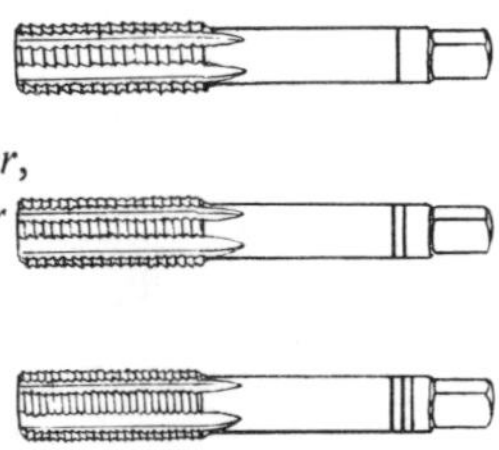

Gewindedurchmesser in mm	Spiralbohrer für Kernloch in mm	Gewindedurchmesser in mm	Spiralbohrer für Kernloch in mm
3	2,5	6	5
3,5	2,9	8	6,7
4	3,3	10	8,4
5	4,2	12	10

Für Gußeisen und Messing sind die Spiralbohrer um 0,1–0,2 mm kleiner zu wählen.

Das Schneiden
Die Gewindegänge werden mit einem Satz Gewindebohrer (3 Stück) in die Wandung der Bohrung geschnitten. Die Bohrer sind nach der Reihenfolge ihrer Anwendung gekennzeichnet: Vorschneider (1 Ring), Mittelschneider (2 Ringe), Fertigschneider (3 Ringe). Jeder dieser kegelförmig zugeschliffenen Bohrer tritt ein Stück weiter in die Wandung ein, bis der Fertigschneider endgültig das Gewindeprofil formt. Wenn die Gewindetiefe nicht größer ist als $1\frac{1}{2}$ Gewindedurchmesser (also für dünnere Werkstücke geeignet), kann man einen längeren Einzelbohrer verwenden, der alle drei Gewindebohrer in sich vereinigt: den Muttergewindebohrer.
Das Kernloch wird etwas angesenkt, damit der Vorschneider eine bessere Anfangsführung erhält. Beim Schneiden muß ausgiebig mit Öl geschmiert werden, am besten eignet sich dazu Schneidöl (Bohröl), auch Petroleum oder Terpentinöl. Gewinde in Gußeisen werden trocken geschnitten.
Zur Führung des Bohrers dient das Windeisen, das über den Vierkant des Bohrers gesteckt wird. Nimmt man statt dessen Schraubenschlüssel oder Zangen, besteht die Gefahr des Verkantens: das Gewinde wird schief, oder der glasharte Bohrer bricht ab.
Gewindebohrer senkrecht ansetzen, eventuell durch Anlegen eines Winkels prüfen! Hat der Bohrer gegriffen, dann wird er ohne Druck, aber mit Gefühl gleichmäßig – nicht ruckweise – weitergedreht. Ab und zu wird der Bohrer etwas zurückgedreht, damit die Spanlocken abbrechen, die Späne durch die Nuten des Bohrers abgeführt werden und das Schmiermittel an die Schneidstellen gelangt. Mittel- und Fertigschneider werden zuerst mit der Hand in das Gewindeloch eingeschraubt, ehe das Windeisen angesetzt wird.
Bei nicht durchgehenden Gewindelöchern, sogenannten Sacklöchern, muß darauf geachtet werden, daß der Gewindebohrer nicht auf dem Grund aufsitzt, weil er sonst leicht abbricht. Solche Sacklöcher müssen also tiefer ausgebohrt werden als das benötigte Gewinde. Die beim Bohren abgeführten Späne sammeln sich am Grund und müssen des öfteren entfernt werden.
Wenn ein ausgeleiertes Gewinde neu geschnitten werden muß, dann vergleichen Sie den bisherigen Gewindedurchmesser mit dem nächsthöheren Kernlochdurchmesser. Mit dem entsprechenden Spiralbohrer ist das neue Kernloch zu bohren. Ist also z. B. ein 4-mm-Gewinde zerstört, dann auf 4,2 mm aufbohren. Das neu zu schneidende Gewinde wird dann das Maß M 5 haben.

Entfernen eines abgebrochenen Gewindebohrers

Steht der Bohrerschaft über das Werkstück hinaus, kann er mit der Zange durch Linksdrehung entfernt werden. Wenn er zu fest sitzt, kann man ihn durch leichte seitliche Schläge mit Hilfe eines Durchschlags etwas lockern.

Ist der Bohrerschaft im Bohrloch abgebrochen, können die Nuten zur Spanabführung als Angriffsfläche für den Ansatz einer Spitzzange oder eines Durchschlages dienen. Durch Linksdrehung, nötigenfalls unterstützt durch leichtes Klopfen mit dem Hammer, wird der Gewindebohrer herausgedreht. Mißlingt das, dann kann nur ein Mechaniker oder Schlosser mit einem speziellen Gewindebohrer-Auszieher helfen.

Gewinde (Außengewinde)

Wollen wir Leitungsrohre miteinander verbinden, so benötigen wir dazu fertige käufliche Fittings (▷Leitungsrohre), die stets schon ein Gewinde (Innengewinde) haben. Wir brauchen uns also nur mit der Aufgabe zu befassen, das Ende eines Rohrs mit einem Außengewinde zu versehen.

Zum Gewindeschneiden dient die *Schneidkluppe.* Die auf den Zeichnungen erkennbaren Hauptteile sind das Gehäuse, in ihm die Schneidbacken (austauschbar für verschiedene Rohrstärken), eine Führung sowie ein oder zwei Hebel. Wer keine Kluppe hat und auch keine leihen kann, kann die Gewinde beim Fachmann schneiden lassen, alle übrigen Arbeiten trotzdem selbst ausführen.

Zum Schneiden wird die Kluppe genau nach Bedienungsanweisung eingestellt. Die Stellschraube wird festgedreht, die Kluppe auf das Rohr gesteckt. Damit kein schiefes Gewinde entsteht, muß die Führung leicht am Rohr anliegen, die Kluppe muß im rechten Winkel zur Rohrachse angesetzt sein, die Schneidbacken müssen an das Rohrende stoßen. Das Schneiden beginnt, indem die beiden Hebelarme gleichmäßig angedrückt werden und das

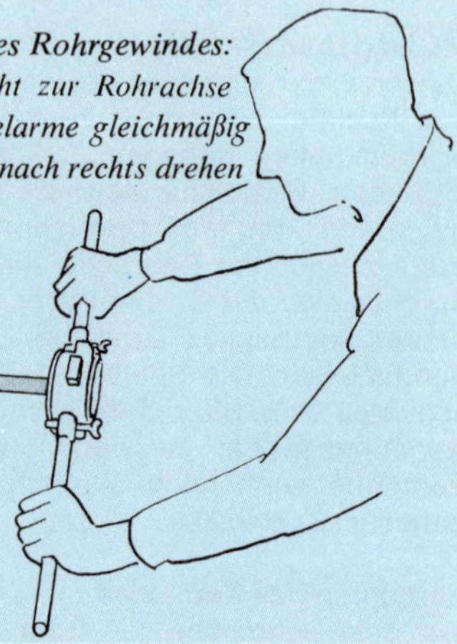

Schneiden eines Rohrgewindes: Kluppe senkrecht zur Rohrachse ansetzen, Hebelarme gleichmäßig andrücken und nach rechts drehen

Gerät nach rechts gedreht wird. Dann wird unter etwas stärkerem Druck auf die Hebelarme weitergedreht, bis das Gewinde die richtige Länge hat. Vor dem Schneiden und zwischendurch wird die Gewindestelle mit Öl bestrichen (mit Pinsel).

Ist die richtige Länge erreicht, wird die Gewinde-Feststellschraube (wenn vorhanden) gelöst und nochmals eine halbe Umdrehung gemacht, um den beim Schneiden entstandenen Grat zu entfernen. Um die Kluppe abzunehmen, muß man sie bei älteren Modellen wieder über das Gewinde zurückdrehen. Neuere Formen lassen sich öffnen und abheben. Anweisung beachten!

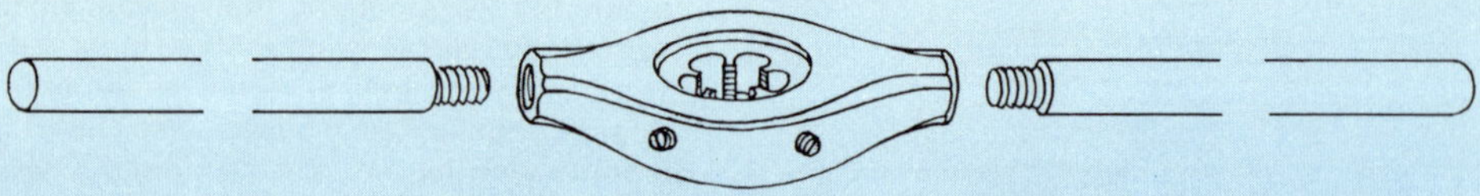

Billigste Rohrgewinde-Schneidkluppe mit einteiligen Schneidbacken

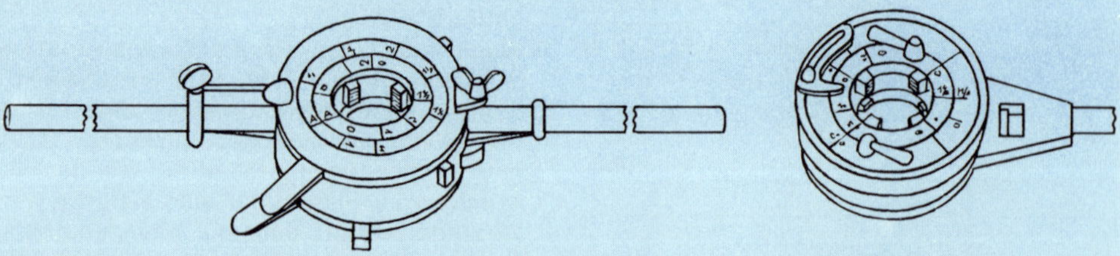

Schneidkluppe mit verstellbaren Schneid- und Führungsbacken *Ratschenkluppe*

Das Außengewinde soll so geschnitten sein, daß das zugehörige Formstück mit Innengewinde bis auf ⅔ des Außengewindes mit der Hand aufgedreht werden kann. Läßt es sich nicht oder zu wenig aufdrehen, muß das Außengewinde nachgeschnitten werden. Sitzt es dagegen nicht fest (schlottert), so ist das Gewinde zu tief geschnitten. Dann bleibt keine Wahl, als das Gewinde abzuschneiden und neu anzufangen.

Maße für Außengewinde ▷Leitungsrohre.

Schneiden eines Rohrgewindes: Unter gleichmäßigem Druck auf die Hebelarme weiter nach rechts drehen

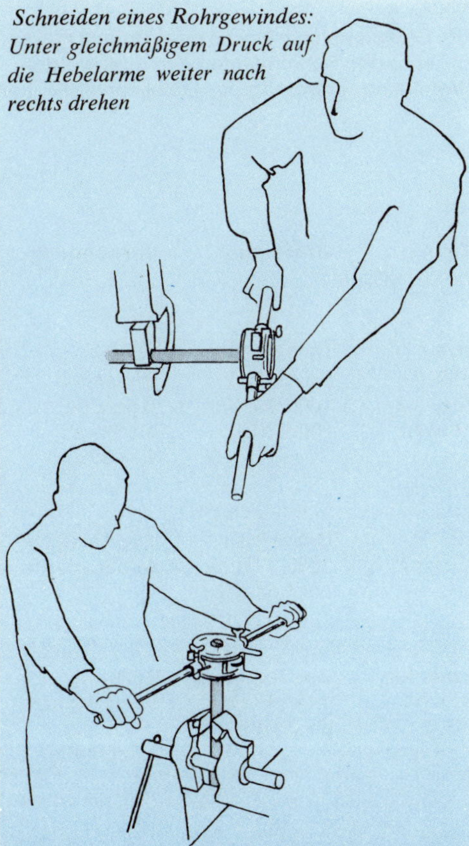

Rohrgewindeschneiden, behelfsmäßig im Schraubstock, von oben

Gips

Universeller, billiger Werkstoff zum Modellieren, wichtig zum Ausbessern von Schadstellen an Decken und Wänden.

Ansetzen

Wir verwenden feinen, weißen Stuckgips. Er wird langsam in ein Gefäß mit Wasser gestreut (niemals Wasser auf den Gips gießen), so daß er sich gleichmäßig verteilt. Das wird fortgesetzt, bis das Wasser keinen Gips mehr annimmt. Man nimmt so viel Wasser, wie man fertige Gipsmasse braucht.

Als Gefäße eignen sich Joghurtbecher, Konservendosen, die man anschließend wegwirft, halbierte Gummibälle oder spezielle Gipspfännchen aus Gummi, aus denen der Gips nach dem Trocknen abspringt.

Der Gipsbrei soll einige Minuten ruhig stehen und dann innerhalb der nächsten Viertelstunde verarbeitet werden. Möglichst nicht umrühren.

Verarbeitung

Die Schadenstelle wird ausgekratzt, angefeuchtet, dann mit der ▷Spachtel zugegipst; nach dem Festwerden abgewaschen und glattgerieben. Über die Schadenstelle hinaus soll keine dünne Gipsschicht stehenbleiben, sie platzt ab.

Moltofill

Dieses gipsartige Material ist teurer als Gips, bietet uns aber Vorteile: Es ist besonders haftfähig und elastisch, bleibt länger offen, d. h. bindet erst in 20 bis 30 Minuten ab. Moltofill wird wie Gips mit Wasser angerührt. Man läßt es nicht ziehen, sondern rührt es einfach zu einem Brei von der gewünschten Konsistenz an. Gut durchschlagen, damit der Brei glatt wird. Er ähnelt dann einem Spachtelkitt und eignet sich nicht nur zum Ausbessern von Putzschäden, sondern z. B. auch zum Spachteln von ▷Holzoberflächen.

Glas

Glas wird aus verschiedenen Mineralien zusammengeschmolzen, dann gewalzt (Tafelglas) und eventuell poliert (Spiegelglas) oder in Formen gegossen (Gußglas).

Es ist immer zweckmäßig, sich beim Glaser über Dicke und Qualität benötigten Glasmaterials beraten zu lassen. Über das Einsetzen einer ▷Fensterscheibe siehe diesen Artikel.

Für Tischplatten sollten wir an die Möglichkeit denken, billiges Drahtglas zu verwenden, das auch bei Bruch nicht gefährlich splittert. Die Verwendung von Doppelgläsern sollten wir dem Fachmann überlassen.

Glas schneiden

die Arbeit wird zwar so genannt, aber Glas wird nicht geschnitten, sondern mit Diamanten oder Stahlrädchen geritzt und dann gebrochen. Man braucht dazu einen „Glasschneider", der vorn mit einem Diamanten oder verschiedenen Stahlrädchen bestückt ist.

Das Glas muß beim Schneiden auf einer festen, ebenen Unterlage, z. B. auf einem Küchentisch,

liegen, den man mit Filz, einem Tuch oder einer Lage Zeitungspapier bedeckt hat. Die Endpunkte der Schnittlinie werden an den Scheibenrändern mit dem Glasschneider vorher markiert. Strukturglas wird auf der glatteren Seite markiert und geschnitten.
Zum Schneiden legt man ein Lineal an die Markierungen, hält es mit einer Hand fest, nimmt in die andere den Glasschneider und ritzt damit, ohne abzusetzen und mit nur mäßigem Druck, das Glas am Linieal entlang ein.
Beim Schneiden hält man den Griff zwischen Zeige- und Mittelfinger, ohne das Glas mit der Hand zu berühren. Man führt den Glasschneider bei stillgehaltenem Körper durch Zurückziehen des Arms über das Glas oder den Spiegel. Der Schnitt gelingt besser, wenn man das Schneidrädchen vorher in Terpentin oder Öl eintaucht.
Man muß hören, wie das Stahlrädchen ins Glas schneidet. Vor dem Wegnehmen des Lineals überzeugt man sich, daß die Ritzspur ganz durchläuft; wo nicht, muß nachgeritzt werden. Sofort nach dem Ritzen wird das Glas gebrochen; ließe man es liegen, so würde es beim späteren Brechen splittern. Man legt die Scheibe mit der Ritzlinie auf das Lineal und zerbricht sie durch leichten Druck auf beide Seiten.
Bei Glasplatten für Tische oder Regale müssen die scharfen Schnittkanten geglättet werden.
Wer keine Erfahrung im Glasschneiden hat,

Glasarten und ihre Verwendung

Glasart	Oberfläche	Dicke mm	Größe mm	Verwendung
Tafelglas (Bauglas) DIN 1249	Durchsichtig, klar, je nach Gütesorte (1, 2, 3) mit einzelnen Wellen und Schlieren	E. D 1,9–2,2 4/4 2,2–2,5 6/4 2,8–3,3 8/4 3,6–4,2	1500/2000 1400/2000 1600/2500 2000/3000	Fenster Bilder 4/4 genügt bis etwa 50 × 80 cm
Dickglas	Wie Tafelglas	Von 4 bis 7, extradick bis 14	Breite bis 2500, Fläche bis 4,65 qm	Wie Tafelglas Abdeckplatten
Spiegelglas	Durchsichtig, klar, ohne Verzerrung	Standard: 4–6 Dünnkristall: 1–4 Polierte Platten: 5,5–40	Wie Tafelglas; dicke Platten bis 20 qm	Spiegel Schaufenster Tischplatten
Gußglas	**Gartenklarglas:** Klar, rauhe Oberfläche, wenig durchsichtig	2,3–5	Wie Rohglas	Treibhäuser Frühbeete
	Rohglas: Klar, rauhe Oberfläche, wenig durchsichtig	3–10	bis 1300/4500	Für Verglasungen, die nicht durchsichtig sein sollen
	Ornamentglas: Klar, Ornamentoberfläche mit verschiedenen Mustern, nicht durchsichtig	2,5–4	bis 1250/3300	

Andere Glasarten wie Drahtglas, Verbundglas, Isolierglas, Sekuritglas und ähnliche können vom Heimwerker nicht bearbeitet werden.

sollte sich die benötigten Scheiben beim Glaser zuschneiden lassen. Er macht das auf den Millimeter genau.

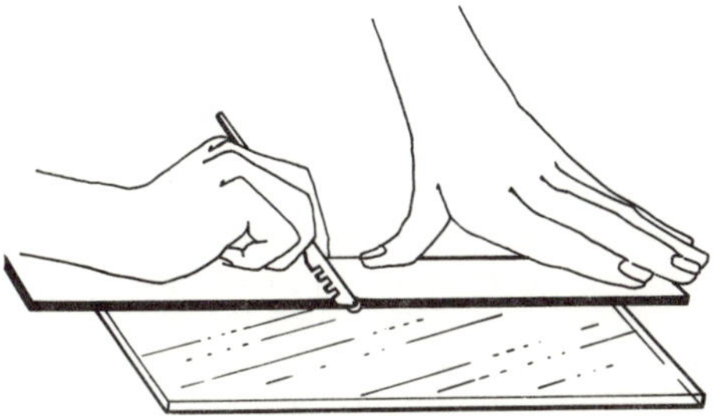

Glas „schneiden“

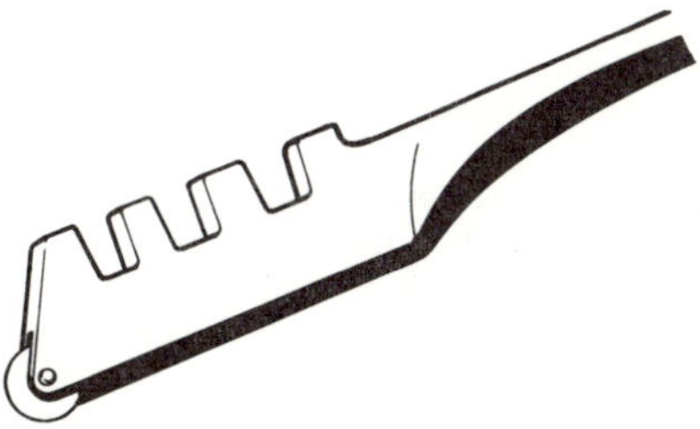

Glasschneider

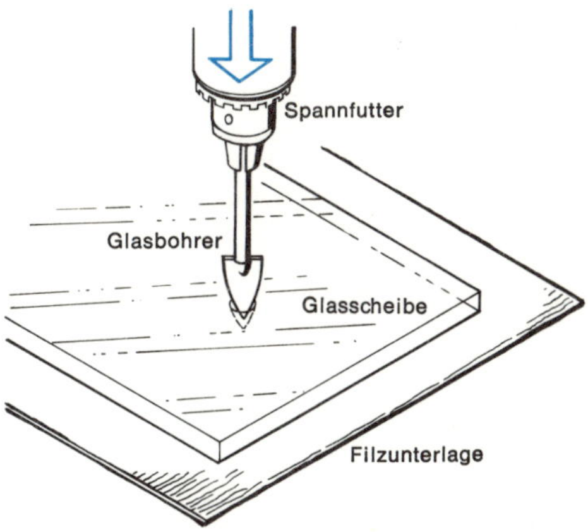

Bohren in Glas

Glas bohren

Das Bohren in Glas geht ziemlich langsam – mit Druck nachzuhelfen hat gar keinen Zweck! Mit Hilfe von Schrauben und Winkeln lassen sich aus Glasplatten mit gebohrten Ecklöchern hübsche und nützliche Gegenstände wie Pflanzkästen und Laborschränke fertigen. In Stärken von 3 Millimetern ist Glas nicht teuer und auch recht bruchsicher. Schrauben und Muttern immer mit Gummi- oder Kunststoffunterlegscheiben vom Glas trennen!
Der Glasbohrer aus Hartmetall mit einer pfeilartigen Schneidspitze wird wie ein Wendelbohrer in das Bohrfutter der Bohrmaschine eingespannt. Die Bohrstelle soll exakt mit einem gehärteten Stahlstift angeritzt werden. Dazu können Sie einen feinen Schraubenzieher benutzen, dessen Spitze zunächst rotgeglüht und dann in Wasser abgeschreckt werden soll.
Mit wenig Druck den Glasbohrer nun auf die angeritzte Stelle aufsetzen und die Maschine einschalten. Nun frißt sich der Bohrer langsam in das Glas ein. (Achtung: Den Bohrer dabei kühlen; er muß in einer Wasserpfütze rotieren. Andernfalls erzeugt die Reibungswärme Sprünge im Glas.) Glas ist sehr hart und der Bohrer raspelt nur feinste Glassplitterchen ab. Wenn man nachdrückt, um die Arbeit zu beschleunigen, riskiert man, daß das Glas springt. Glasplatten sollten auf jeden Fall für das Bohren auf eine weiche, ebene Unterlage, beispielsweise auf Filz, gelegt werden.

Glas kleben

Da Glas keine Poren hat, läßt es sich nur mit Spezialklebern verkleben. Vgl. Tabelle unter „Kleben und Leimen“.

Glas biegen

Das ist nicht unmöglich! Das Glas muß nur erwärmt werden. Bei kleinen Stücken kann man es durchaus selber versuchen, indem man die Biegestelle mit Gas- oder Spiritusflamme erwärmt und vorsichtig biegt. Größere Stücke haben ihre Tücken, weil das Erwärmen um die Biegestelle herum ganz gleichmäßig erfolgen muß, damit sich keine Spannungen im Material bilden können. In jedem Fall: Langsam abkühlen lassen!

Grundieren

Bezeichnung für den ersten Anstrich auf einem noch nicht gestrichenen Untergrund. Die Grundierung bezweckt im allgemeinen ein besseres Haften des nachfolgenden eigentlichen Anstrichs; sie kann auch besonderen Zwecken, z.B. dem Rostschutz, dienen. Vgl. ▷Anstreichen.

Hirnholz

Die Stirnseite, die zutage tritt, wenn man einen Baumstamm durchsägt. Die Jahresringe sind sichtbar. Die Faserstränge sind durchtrennt.
Im Hirnholz, auch von Brettern und Balken, halten Nägel und Schrauben nicht gut. Auch Kleber haften schlecht. Da an dieser Seite Feuchtigkeit eindringen kann, sollten Hirnholzflächen immer imprägniert und abgedeckt werden.

Hobelbank

Die ideale Werkfläche für Schreinerarbeiten. Zu empfehlen ist eine mittelgroße Bank von 1,50 bis 1,80 m Plattenlänge. An der Vorderseite links und an der rechten Seite sind zwei Spanneinrichtungen, Zangen genannt, die auf einer mit Gewinde versehenen Spindel hin und her laufen. Sie halten jedes Werkstück rasch und bequem fest.
Die linke Zange nennt man Vorderzange, die rechte Hinterzange.

Bankhaken

Diese eisernen Kloben werden in die Aussparungen der Bankvorderseite und in diejenigen der Hinterzange eingesetzt. Zwischen die leicht oben herausstehenden Bankhaken wird das Werkstück eingespannt.
Die wichtigste Forderung an die Platte der Hobelbank: sie muß eine völlig ebene Fläche bilden. Das kann man nachprüfen, indem man zwei Latten genau parallel auf die Platte legt und dann darüber visiert.
Das Bankgestell darf nicht wackeln. Keile und Schrauben nachziehen.
Wohin mit dem Werkzeug? Der Platz unter der Werkbank sollte nur in Ausnahmefällen als Werkzeugplatz dienen. Das Werkzeug ist richtig untergebracht in einem an der Wand hängenden Werkzeugkasten, so daß man es ohne Verrenkung und ohne sich bücken zu müssen greifen kann. Auch eine gelochte Hartfaserplatte an der Wand ist praktisch. An Drahthaken oder -bügeln hängen Sie das Werkzeug übersichtlich auf.
Die Platte soll von Zeit zu Zeit mit Leinöl eingelassen werden (mit einem gut getränkten Lappen überwischen). Das bietet Schutz gegen Verziehen der Platte; auch lassen sich Leim- und Farbflecke dann leichter entfernen. Arbeiten, welche die Platte verschinden können, z. B. das Geradeklopfen von Nägeln, wird man nicht auf der Platte, sondern auf einem beigelegten Hartholz- oder Eisenstück ausführen.
Tischhobelbank Eine vorhandene Werkbank kann durch eine auflegbare Tischhobelbank für Schreinerarbeiten brauchbar gemacht werden. An dieser Bank fehlt die Vorderzange; verkröpfte Bankhaken ermöglichen das Einspannen.
Werktisch Für die Heimwerkstatt wird im allgemeinen ein Werktisch oder eine Werkbank genügen. Wenn Sie etwas Dauerhaftes haben wollen: Die Platte sollte aus etwa 4 cm starken Bohlen bestehen. Sie wird auf einem Bockunterbau stabil befestigt. Einfacher und für den Anfang genügend ist es, einen stabilen Tisch von entsprechender Größe durch Querverstrebungen zu versteifen.
Ein solcher Werktisch, ergänzt durch Schraubzwingen oder andere Spannvorrichtungen, reicht für die meisten einfachen Schreinerarbeiten aus. Zum Hobeln darf er nicht zu hoch sein. Die Handgelenkhöhe des Arbeitenden, wenn er aufrecht mit zwanglos hängenden Armen vor dem Werktisch steht, ist am besten.
Der Tisch soll fest stehen: Legen Sie auf zwei

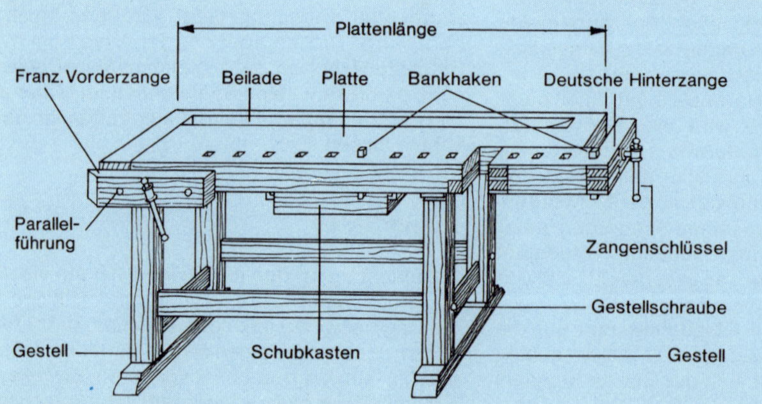

Die Hobelbank und die Benennungen ihrer wichtigsten Teile

zwischen dem Gestell befestigte Querbretter einen kräftigen Steinbrocken oder ein Stück Eisenschiene.
Der Tisch soll auch auf glattem Boden nicht rutschen: Da helfen unter die Füße genagelte Gummiplatten oder Lederflecken. Es ist unzweckmäßig, ihn an der Wand zu befestigen oder am Fußboden zu verschrauben.

Hobeln

Hobeln ist schwierig. Es verlangt Materialgefühl und Übung. Der Anfänger soll sich beschränken auf Bestoßen oder Brechen (Abschrägen) von Kanten und Verputzen kleiner Flächen – im übrigen vorbereitetes Material vom Schreiner oder Heimwerkermarkt kaufen. Wichtig ist es, einem geübten Schreiner (oder erfahrenen Heimwerker) einmal bei der Arbeit zuzusehen, bevor man selber zu hobeln versucht.
Dem Laien sind am ehesten die heute verbreiteten *Feilenhobel* (Marke SURFORM u. a.) zu empfehlen, eine Kreuzung aus Feile und Hobel, einfach und ungefährlich zu handhaben (▷Feilen).

Aufbau

Alle Hobel haben gemeinsam einen Hobelkörper, eine Nase zum Führen, ein Hobeleisen, das mit Hilfe eines Keiles verspannt wird. Die Unterseite des Hobels wird als Sohle bezeichnet; der Schlitz, aus dem das Hobeleisen heraustritt, als Maul. Die Klappe deckt das Hobeleisen und trägt zur Führung des Hobeleisens bei.

Arten von Hobeln

Es gibt viele verschiedene Hobel: Schropphobel, Simshobel, Grathobel, Schabhobel, Rauhbank. Für den Laien ist der *Doppelhobel*

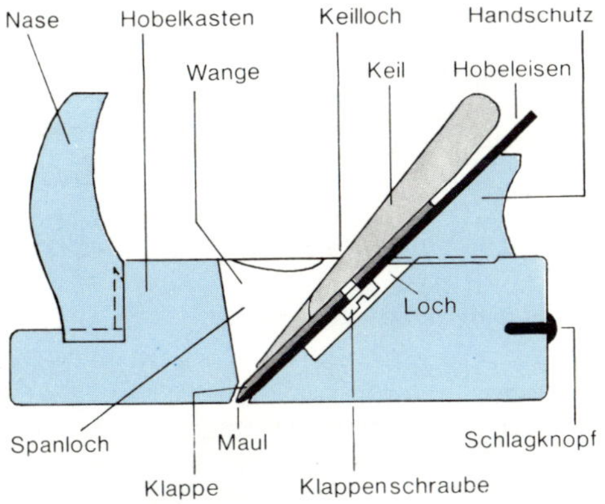

Doppelhobel im Schnitt

zu empfehlen. Er hat auf dem Eisen noch ein zweites (die Klappe), die ein Einreißen des Holzes verhindert.
Das Eisen muß scharf sein. Nicht der scharfe, sondern der stumpfe Hobel birgt die meisten Verletzungsmöglichkeiten. Die Sohle des Hobels sei stets rein, völlig eben und leicht geölt. Ohne ebene Hobelsohle bekommt man keine ebene Hobelfläche.
Neben der Schärfe des Eisens ist beim Doppelhobel die richtige Lage der Klappe Voraussetzung für den Erfolg. Steht sie zu weit vor, „stopft" der Hobel. Steht sie zu weit zurück, verfehlt sie ihren Zweck, und das Holz reißt ein. Liegt sie nicht eben und fest auf dem eigentlichen Hobeleisen, zwängen sich Späne zwischen Eisen und Klappe, und bald ist das Hobelmaul verstopft.
Das Hobeleisen soll 1 mm über die Unterseite des Hobels herausragen und genau parallel mit der Fläche sein. Sitzt das Eisen schief, so muß man es lockern, geraderichten und wieder festkeilen. Das Lockern des Eisens geschieht durch einen Schlag auf das Hinterende des Hobelkastens – häufig befindet sich dort ein besonderer Schlagknopf.
Der Anfänger richte die Klappe so, daß sie 1 mm hinter der Schneide des Hobeleisens beginnt. Bei feineren Arbeiten und bei hartem Holz läßt man das Eisen nur Bruchteile eines Millimeters vor der Klappe stehen. Bei gleichmäßigem Kiefernholz kann sie weiter zurückliegen.

Einspannen

Werkstück vor dem Hobeln sorgfältig einspannen. Wird mit Zwingen festgespannt, muß man erst die eine Hälfte des Brettes vornehmen, dann nach dem Umspannen die andere. Zulage nicht vergessen.

Handhaltung

Den Hobel so mit der rechten Hand fassen, daß der Daumen links am Keil, die übrigen Finger rechts am Keil und an der Kastenwand aufliegen. Die linke Hand faßt den Hobel

Handhaltung beim Hobeln

an der Nase. Der Hobel muß fest und sicher gehalten werden. Je lockerer der Griff, desto leichter verletzt man sich. Am meisten ist der kleine Finger der linken Hand gefährdet.

Achtung!
Niemals feuchtes Holz hobeln. Es zieht Fäden und reißt bei Gegenfaser leicht ein. Niemals Farbe oder Lack mit dem Hobel entfernen, dafür gibt es Abbeizmittel! (▷Abbeizen). Hobeln Sie immer in der Richtung der Holzfaser – niemals quer dazu.

Kanten bestoßen und brechen
Bestoßen ist das Abhobeln der Kante eines Brettes oder einer Leiste zu einer ebenen Fläche. Brechen heißt, einer Kante durch leichtes Darüberfahren mit Hobel oder Schleifpapier die Schärfe nehmen. Eine gebrochene Kante ist reißfester. Die Kanten an den Unterflächen von Stuhlbein, Tischbein usw. müssen unbedingt gebrochen (abgeschrägt) sein; sonst reißen sie, z. B. wenn das Möbelstück verschoben wird, leicht ein.
Beim Kantenbrechen wird der Hobel schräg entlang der Kante geführt, um die Fasern des Holzes ziehend abzuschneiden.
Kanten, besonders an schwachen Brettern und Platten, werden am besten an der Fügelade bearbeitet.

Fügelade (Stoßbrett)
Ein wichtiges Hilfsgerät zum Bestoßen von Brettkanten und zum Anhobeln von ▷Gehrungen. Sie besteht aus einem Auflagebrett mit zwei aufgeleimten Brettstücken, gegen die das zu brechende Brettstück angeschlagen wird: eines mit rechtem Winkel, eines mit Gehrung. Man kann die Fügelade im Werkzeuggeschäft kaufen. Man kann auch selber eine bauen.
Das Auflagebrett ist 70 bis 90 cm lang, 10 bis 12 cm breit und 18 bis 22 mm stark. Beim Aufleimen der Stoßbretter mit gleichlaufender Faser kommt es hauptsächlich auf das genaue Einhalten der Winkel an. Das rechteckige Stoßbrett wird zuerst mit einem nicht zu tief eingetriebenen Heftnagel befestigt, die Lage mit dem Winkelhaken genau eingestellt, dann ein zweiter Heftnagel eingeschlagen, die Lage mit dem Winkelhaken nochmals nachgeprüft. Dann Auflagebrett abnehmen, Leim aufstreichen, aufsetzen, Heftnagel in die vorhandenen Löcher schlagen. Zwingen ansetzen. Holzzulagen nicht vergessen. Etwa herausgetretenen Leim entfernen.
Beim zweiten Auflagebrett kommt es auf die genaue Lage der Gehrung an. Nach dem zweiten Aufleimen alle Kanten noch einmal sauber hobeln. Zum Schluß erhält das Stoßbrett an einem Ende ein Loch, damit es handgerecht an der Wand aufgehängt werden kann.
Die Fügelade wird auf der Hobel- oder Werkbank festgespannt, das zu fügende Brettstück wird mit der linken Hand fest daraufgepreßt. Bei Brettern, die anschließend zusammengeleimt werden sollen, werden die beiden zu fügenden Kanten jeweils zusammen behobelt, so daß immer die gleiche Hirnseite am Anschlagklotz der Fügelade angelegt wird.

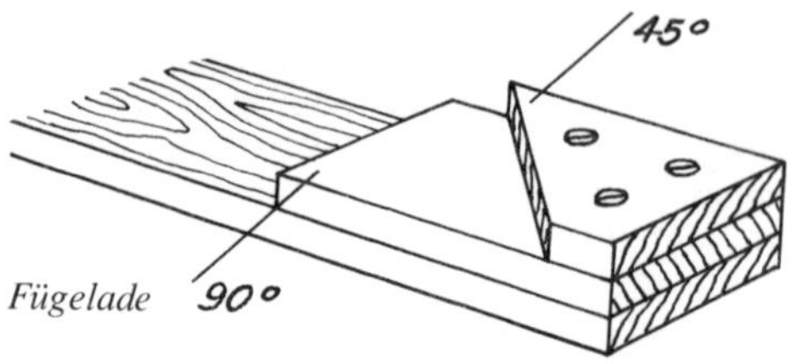

Fügelade

Zusammengehöriges zusammen bearbeiten
Stücke, die gleichartig und von gleichen Abmessungen sein müssen, damit das fertige Werkstück „sitzt", werden stets zusammen bearbeitet.

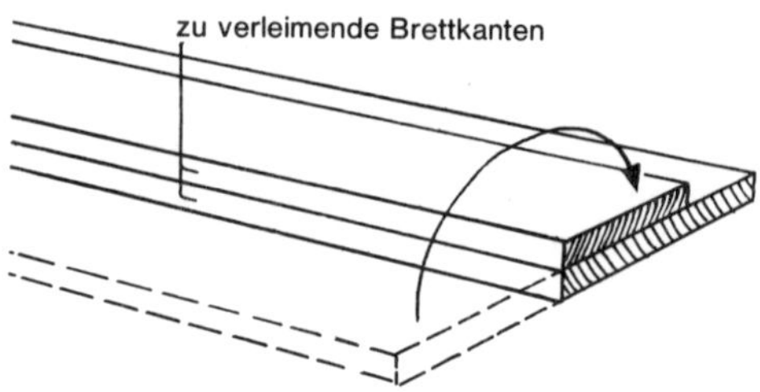

Kanten zusammennehmen ...

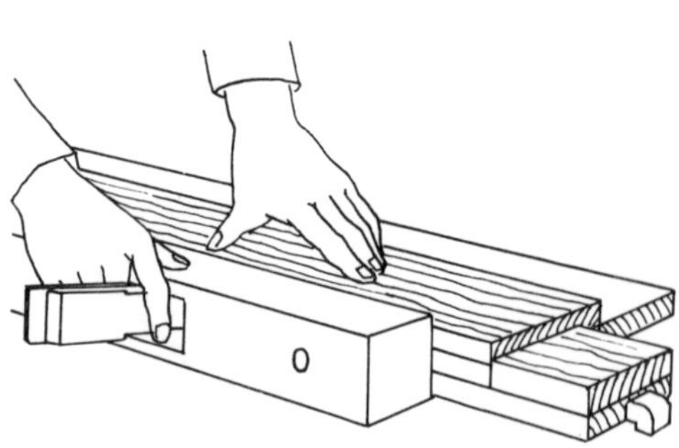
... und in der Fügelade bestoßen

Verputzen
Verputzen nennt man das Sauberhobeln von Flächen. Es geschieht mit dem Doppelhobel, es sei denn, es ist bereits ein Putzhobel vorhanden.

Bestoßen von Hirnholz
Nur von der Seitenkante her bis zur Mitte arbeiten, denn wenn man über die Kante hinaus hobelt, splittert das Langholz.
Kleine Querschnitte spannt man mit einer Zulage in die Bank, oder man hobelt an der Fügelade.

Falsch! Nur von der Kante nach innen hobeln!

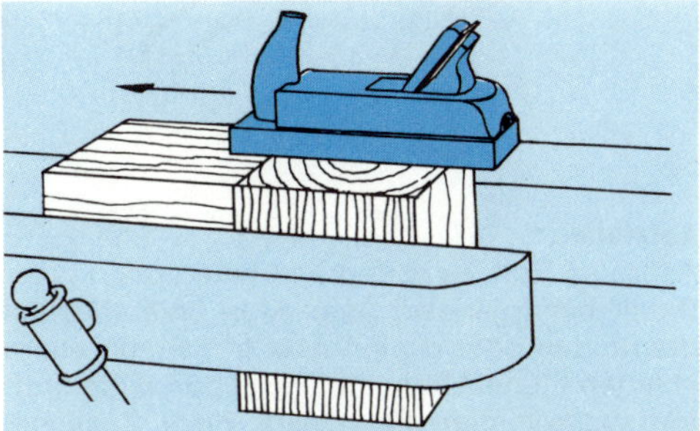

Kleine Hirnholzflächen mit Zulage bestoßen

Holz

Holz ist für die meisten Arbeiten des Bastlers und Heimwerkers der ideale Werkstoff. Es läßt sich mit einfachen Mitteln verarbeiten, ist angenehm im Gebrauch, wird durch Abnützung nicht unansehnlich. Holz eignet sich für Möbel, Geräte, als Boden-, Wand-, Deckenverkleidung und Konstruktions-Bauteil. Es läßt sich sowohl im Innen- wie im Außenbereich verwenden.
Ein Querschnitt durch den Baumstamm zeigt die Struktur des organischen Werkstoffes: Außen liegt die Rinde oder Borke; unter ihr, durch den Bast getrennt, die eigentliche Wachstumsschicht, das Kambium. Das Holz ist durch Jahresringe gegliedert. Im allgemeinen werden – in unseren Breiten – im Frühjahr die helle, im Spätherbst die dunkle Zone gebildet. Die äußere Zone des Stammes – Splint genannt – ist wasserhaltiger und damit weicher als der verfestigte Kern in der Mitte.

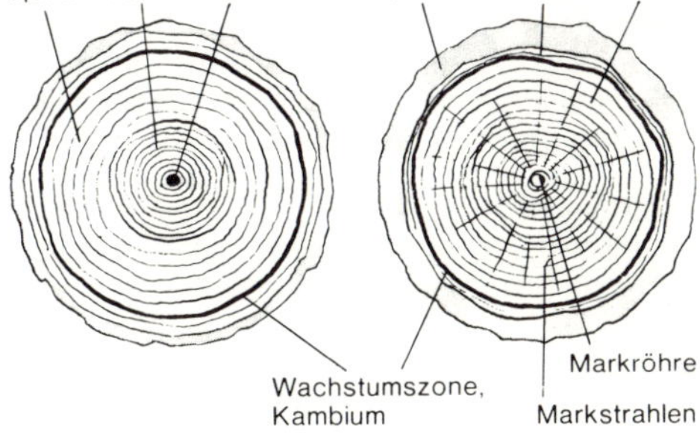

Splintholz- und Kernholzstamm

Die wichtigsten Holzarten

Für die meisten im ersten Teil dieses Buches beschriebenen Arbeiten kann man einheimisches Nadelholz (Weichholz) verwenden. Hier eine Übersicht, die die gebräuchlichsten Hölzer umfaßt:

Fichte
Das Holz der Fichte, auch Rottanne genannt, ist billig und leicht zu bearbeiten. Fichtenholz sieht gelblichweiß aus, ist leicht, weich, elastisch, sehr tragfähig, gut spaltbar und harzhaltig. Es ist ziemlich dauerhaft, solange es entweder ganz im Wasser oder ganz an der Luft bleibt. Im Wechsel von naß und trocken wird es bald stockig.
Dem Fichtenholz sehr ähnlich ist das der **Tanne** (Weißtanne).

Kiefer
Das Holz der Kiefer, auch Föhre, Forche, Kiene genannt, hat ähnliche Eigenschaften wie das der Fichte, es ist jedoch härter, fetter (knieniger) und wetterbeständiger.

Lärche
Die Lärche, ein Kernholzbaum wie die Kiefer, hat breiten Kern und schmalen Splint. Das Holz ist wertvoll, von schöner, gelborange getönter Farbe und äußerst wasserbeständig.

Buche
Buchenholz ist schwer, hart, fest, gut spaltbar. Es arbeitet jedoch sehr stark. Im Wasser und unter Feuchtigkeit wird es rasch schwarz und verdirbt. Buche läßt sich gut dämpfen und dann biegen.

Eiche
Die Eiche ist ein Kernholzbaum. Der Splint, schmal und grauweiß, vermorscht in kurzer

Zeit. Das gelblichbraune Kernholz dagegen ist äußerst dauerhaft, hart, fest und zäh, im Wasser von fast unbegrenzter Beständigkeit. Eiche ist stark gerbsäurehaltig und empfindlich gegen Eisen (Nägel, Schrauben).

Sapeli
Dunkelrotbraun, mittelschwer, mit meist gewundenen Fasern, gut zu bearbeiten.

Abachi
Das einheitlich hellgelbe, sehr leichte Holz ist sehr elastisch und ähnlich zu verarbeiten wie andere Weichhölzer. Schrauben und Nägel halten nicht gut; besser leimen.

Makoré
Ein rötliches Hartholz, das im Möbelbau starke Verbreitung als preiswertes Furnierholz gefunden hat.

Limba
Mittelschweres Holz, hellgelbbraun mit olivfarbenem Schimmer, zeigt interessante Strukturen. Vorsicht beim Bohren und Drechseln, das Holz springt leicht.

Teak
Goldbraunes, hartes Holz. Die Struktur ist der Eiche ähnlich. Der starke Ölgehalt verhindert das Rosten der Nägel, erlaubt jedoch keine Politur. Pflegen mit Teaköl.

Balsaholz
Das „leichteste Holz der Welt" ist wegen seiner geringen Druckfestigkeit nur für den Modellbau geeignet. Es kann kaum gehobelt werden. Verarbeitung mit scharfem Messer und Schleifpapier. Es hält keine Nägel oder Schrauben, leimt sich aber gut.

Holz zum Schnitzen
Vor allem eignen sich feste, kurzfaserige Hölzer, ganz besonders das weiche Lindenholz. Es zeigt keine ausgesprochene Faserrichtung. Wenn man jedoch beim Arbeiten die Faserrichtung beachtet, sind auch andere Hölzer wie Eiche und einige Harthölzer geeignet.

Beim Einkauf zu beachten

Kaufen Sie gut abgelagertes, trockenes Holz – am besten beim Schreiner oder in einem Heimwerkermarkt. Eine Holzgroßhandlung kann billiger sein, doch wird man sich dort nicht gern auf Beratung und Sonderwünsche einlassen.
Der Laie, der nicht von einem Fachmann beraten wird, läuft Gefahr, einen Fehler des Holzes zu übersehen, der es für die gedachte Verwendung ungeeignet machen kann.
Die wichtigsten Holzfehler sind:

Drehwuchs
Das Brett ist „windschief" verzogen. Ein solches Brett wird sich immer wieder verziehen. Es ist für Schreinerarbeiten wertlos.

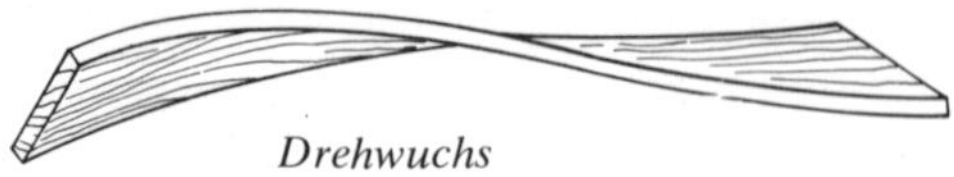

Drehwuchs

Trockenrisse
Die meist durch falsches Trocknen entstandenen Risse sind unangenehm, machen jedoch nicht das ganze Brett unbrauchbar. Kleine Risse verleimt man, größere schneidet man heraus und setzt in den Ausschnitt Brettstücke ein.

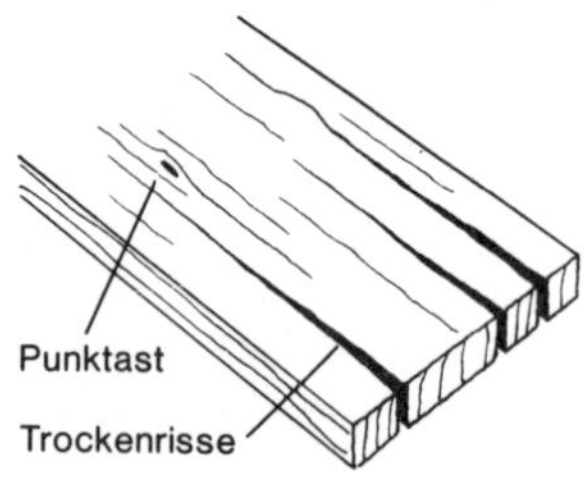

Aststellen
Astfreies Holz ist selten und teuer, denn jeder Baum hat irgendwo Äste. Man unterscheidet die runden oder ovalen Äste in Seitenbrettern von den Flügelästen, die nur in den Mittelbrettern vorkommen. Flügeläste beim Zuschnitt herausfallen lassen. Unter den runden Ästen gibt es fest eingewachsene und durchfallende. Die letzteren haben einen schwarzen Rand und sitzen locker. Kleine Äste beläßt man, größere wird man ausbohren und ausstopseln.

Harzgallen
Eingewachsene und mit Harz gefüllte Hohlräume nennt man Harzgallen. Sie stören bei der weiteren Verarbeitung. Einzelne Harzgallen kann man auskratzen oder ausbrennen. Harzgallen nie überstreichen!

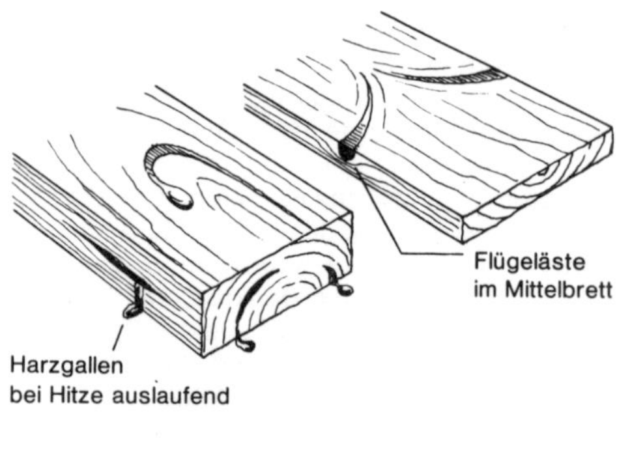

Krummer Wuchs
An sich gesundes Holz, doch meistens voller Spannungen und sehr schwer zu bearbeiten.

Krankes Holz
Auch wer nicht Holzfachmann ist, kann im allgemeinen gesundes und krankes Holz unterscheiden. Gesundes Holz ist fest, normal gefärbt, klingt hell, darf keinen modrigen Geruch haben. Krankes Holz ist meist verfärbt, klingt dumpf, läßt sich mit dem Fingernagel wesentlich leichter ritzen als gesundes.

Bei der Verarbeitung zu beachten

Holz als lebendiger Werkstoff verändert sich unter Temperatur- und Feuchtigkeitsschwankungen – es arbeitet – auch lange, nachdem es in irgendein Werkstück eingebaut ist. Es arbeitet in der Querrichtung seiner Zellen am stärksten, und es arbeitet verschieden, je nachdem, aus welchem Teil eines Baumes es stammt.

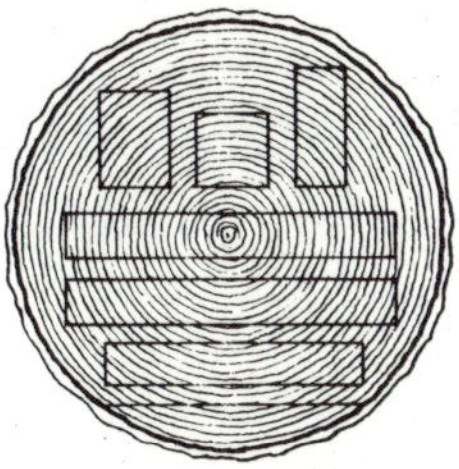

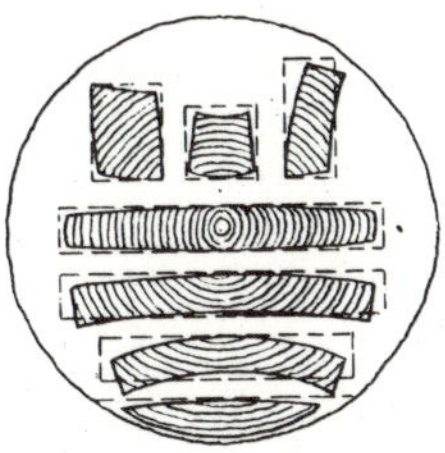

So arbeitet Massivholz

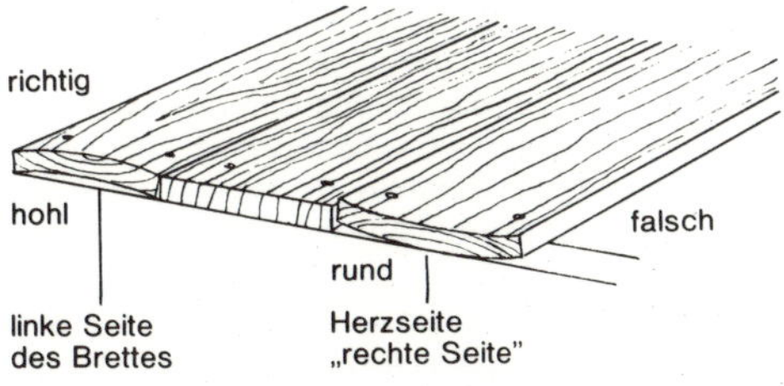

Nach dem Trocknen hat sich das falsch genagelte rechte Brett rinnenförmig aufgeworfen

Für die Verarbeitung ergeben sich eine Reihe von Forderungen, die unbedingt beachtet werden müssen:

Nicht Längs- auf Querholz leimen
Weil Holz in verschiedener Richtung verschieden stark arbeitet, darf man niemals ein längeres Stück Querholz auf Längsholz leimen, ebensowenig umgekehrt. Werden Längsholz und Querholz verbunden, muß die Verbindung arbeiten können, also einen kleinen Bewegungsspielraum behalten. Man wird also nageln, schrauben, durch Beschläge oder Sonderkonstruktionen verbinden, aber nicht leimen.

Breite Bretter sind bedenklich
Bretter über 15 cm Breite arbeiten manchmal so stark, daß es besser ist, solche Breiten aus mehreren Teilen (Leisten) zusammenzusetzen.

Luftzutritt
Holz immer so einbauen, daß es atmen kann: Luft soll von allen Seiten zutreten können.

„Rechte Seite oben"
Rechte Seite nennt man bei Brettern die Seite, die zur Mitte des Stammes zu gelegen hat. Bei einem Brett, das auf einer Unterlage angenagelt oder sonst befestigt wird, legt man die „rechte Seite nach oben" – ein Merksatz! Dann wird es sich kaum aufwerfen, jedenfalls aber an den Rändern fest aufliegen bleiben.

Holzoberfläche

Übersicht

Die Oberfläche aller Werkstücke aus Holz sollte noch eine abschließende Behandlung erfahren. Sie schützt das Holz und schmückt das Werkstück.
Die Behandlung richtet sich nach dem Verwendungszweck und nach der Art des Materials. Massivholz und Platten verlangen verschiedene Arten der Behandlung.
Platten werden im allgemeinen nicht hergestellt, um sie als Naturholz sichtbar zu lassen. Man kann sie, sofern sie nicht schon mit Schichtstoff oder Furnier versehen sind, auch beizen und lackieren. Schnittkanten von Platten kann man dunkel beizen oder mit Spachtelkitt schließen oder mit ▷Umleimern versehen.
Eine furnierte Fläche benötigt zum Abschluß noch eine weitere Oberflächenbehandlung, ähnlich wie die Oberfläche von Massivholz.
Hier zunächst eine Übersicht über die möglichen Oberflächenbehandlungen:

Mögliche Behandlungen der Holzoberfläche
(■ = Behandlungsart möglich)

	Massivholz Weichholz	Hartholz	**Platten** Sperrpl.	Tischler-platten	Span-platten	Hartfaser-platten	Weichfaser-platten
Schleifen	■	■	■	■	■		
Abziehen mit Ziehklinge		■					
Imprägnieren	■						
Färben	■	■	■	■			
Beizen	■	■	■	■			
Ölen		■					
Wachsen	■	■	■	■			
Bleichen	■	■	■	■			
Streichen mit Dispers.-Farbe	■	■	■	■	■	■	■
Mattieren	■	■	■	■	■		
Lackieren	■	■	■	■	■		
Polieren		■					
Furnieren			■	■	■		
Lasieren	■	■					
Bekleben mit Kunststoff-Folie	■	■	■	■	■	■	

Schleifen
Das Säubern und Glätten der Oberfläche mit Schleifpapier, immer durchzuführen als Grundlage einer weiteren Oberflächenbehandlung – etwas mühsam, aber Vorbedingung eines einwandfreien Ergebnisses.
Das Glattschleifen einer Fläche kann oft das schwierige Hobeln (Putzen) ersetzen. Besonders Platten und Flächen mit gewelltem Faserverlauf wird man statt des Hobelns lieber schleifen. Eine gut geschliffene Fläche ist die Grundlage jeder weiteren Oberflächenbehandlung.

Wässern
Fast jede Holzfläche hat Druckstellen, entstanden durch die Bearbeitung mit der Maschine oder durch Stöße und Schläge aller Art. Sie müssen vor dem Schleifen hochquellen. Dazu wird die Fläche „gewässert".
Mit einem sauberen Schwamm oder Lappen wird die Fläche mit heißem Wasser gut angefeuchtet. Das Holz muß ausreichend heiße Feuchtigkeit bekommen, damit sich die Druckstellen ausgleichen können; aber nicht mehr: Anfeuchten heißt nicht baden. Alles überschüssige Wasser ist unverzüglich mit einem fast trockenen Schwamm wieder abzunehmen.

Bevor das Schleifen beginnt, muß das Holz wieder völlig getrocknet sein.
Unterläßt man das Wässern, so drücken sich die Preßstrellen später beim Anbringen eines Überzuges, z. B. einer Lackierung, hoch; es entstehen häßliche Buckel, die kaum mehr zu beseitigen sind.
Vor dem Schleifen müssen Fehlstellen und Harzgallen ausgebessert sein (▷Anstreichen).

Der Schleifvorgang
Das Schleifen beginnt mit einem groben Schleifpapier (Nr. 80), das man über einen Schleifklotz aus Holz spannt. Die Körnung muß sauber und scharf sein. Verschmutztes Papier ist zum Schleifen von Holz ungeeignet. Von Zeit zu Zeit wird das Papier an der Werktischkante ausgeklopft. Stumpf gewordenes Papier ersetzen. Alle groben Schleifstriche quer zur Holzfaser drücken sich besonders stark ein. Deshalb sind alle Striche in dieser Richtung mit Vorsicht auszuführen, wie überhaupt das Schleifen „mit Gefühl" gemacht werden muß. Immer wieder nachsehen, ob sich etwa an der Unterseite des Klotzes Harz- oder Leimteilchen festgesetzt haben! Zum Abschluß wird stets mit feinem Papier (Nr. 120 oder 150) längs der Holzfaser geschliffen.

Abziehen mit Ziehklinge

Glätten von Hartholzflächen und Furnieren mit der Ziehklinge. Dieses Werkzeug, mit dem man bei einiger Übung spiegelglatte Oberflächen erreichen kann, ist wenig bekannt. Das feine Stahlblech hat an der Kante einen scharfen Grat, mit dem wie beim Hobel Späne abgeschabt werden, allerdings viel feinere. Es wird meist für Furnieroberflächen gebraucht und ist nur auf Hartholz wirksam.
Man faßt die Ziehklinge am besten mit beiden Händen und hält sie leicht geneigt zur Arbeitsfläche. Der Grat der Klinge liegt schräg zur Holzmaserung, die Ziehrichtung ist allerdings parallel zur Maser. Eine scharfe Klinge schneidet feine Späne. Schabt sie Holzmehl ab, dann ist sie stumpf.

Haltung der Ziehklinge

Imprägnieren

Anstreichen oder Tränken mit einem Schutzmittel gegen Feuchtigkeit und Schädlinge. Imprägnieren zum Schutz gegen Schädlinge ist erforderlich bei allen Werkstücken, die an die freie Luft kommen und dem Wetter ausgesetzt bleiben; ebenso bei solchen, die in Räume wie Waschküche oder feuchte Keller kommen. Bauholz ist stets zu imprägnieren.

Möbel
Die Imprägnierungsflüssigkeit muß beim Innenausbau stets geruchlos und wasserhell sein; sie darf die Weiterbehandlung des Stückes mit Anstrich, Lack oder anderen Überzügen nicht beeinträchtigen. Kleinere Imprägnierungsarbeiten an Möbelstücken kann man ohne weiteres selbst machen.

Holzwurm
Kleine Bohrlöcher oder herausbröselndes Bohrmehl deuten auf die Tätigkeit des Holzwurms. Man bekämpft solchen Befall wirksam mit „Xylamon LX-härtend“ oder einem entsprechenden gleichwertigen Mittel. Dieses Mittel wird in Spritzkännchen geliefert. Man spritzt es in die Bohrlöcher ein.

Färben
Das Tönen der Holzoberfläche mit einer Farblösung, nicht zu verwechseln mit dem Anstrich, aber auch nicht mit dem Beizen: Die beiden Begriffe „Färben“ und „Beizen“ werden im Sprachgebrauch des Alltags oft nicht klar geschieden. Es handelt sich aber um zwei ganz verschiedene Prozesse.
Färben heißt: eine Holzfläche mit einer Farblösung (Erdfarben · Teerfarben · Lasurfarben) behandeln. Die Fläche nimmt dabei im wesentlichen (Einzelheiten gleich unten) den Farbton an, den die angesetzte Farblösung zeigt.
Beizen heißt: eine Holzfläche behandeln mit einem chemischen Mittel, das im Holz einen Farbton hervorruft. Hier kann die Beize fast wasserhell sein oder als Lösung einen ganz anderen Farbton haben, als der am Schluß auf dem Holz entstandene Farbeffekt. Noch ein wesentlicher Unterschied: Beim Färben kehrt sich die Hell-Dunkel-Wirkung der Jahresringe des Holzes um. Die hellen, weichen Streifen eines Brettes nehmen viel Farbstoff auf und werden dadurch besonders dunkel. Beim Beizen dagegen bleiben gewöhnlich die hellen Stellen hell, die dunklen dunkel; die Wirkung ist natürlicher. Eine sauber geschliffene Holzfläche im Naturton, nur mit einem Schutzüberzug versehen, wirkt gewöhnlich schöner als eine gefärbte.

Erst Farbprobe!
Der Farbton auf dem Holz ist ohne eine sorgfältige Farbprobe reine Glückssache. Dazu gehört ein Probebrettchen aus dem Holz des Werkstücks, wie dieses vorbereitet. Die angesetzte Farblösung kann man durch Zugabe von Wasser und nötigenfalls Salmiakgeist verdünnen, bis man den gewünschten Farbton zu haben glaubt. Dann auf das Probebrettchen aufstreichen und völlig trocknen lassen – erst am trockenen Stück zeigt sich der endgültige Farbton.
Ein etwaiger späterer Schutzüberzug (Lack, Mattierung) verändert die Farbwirkung; deshalb muß das Probestück den Überzug erhalten, der für das Werkstück vorgesehen ist.
Außerdem ist zu beachten: Weiches Holz saugt mehr Farbe auf als Hartholz. Ferner ist die Hirnseite saugfähiger als Längsholz. Zum Ausgleich die Hirnseite vor dem Farbanstrich mit klarem Wasser anfeuchten. Stets erst nach völligem Trocknen an den nächsten Arbeitsvorgang gehen; es können sonst kaum zu entfernende Flecken entstehen.

Beizen

Abtönen mit einem Mittel, das im Holz durch chemische Reaktion einen Farbton hervorruft. ▷Artikel „Beizen".

Ölen

Nicht für Möbel u. a., sondern Schutzbehandlung für Werkbank und Werkzeugteile aus Holz (Hammerstiel). Leinöl oder Leinölfirnis werden mit Lappen oder Pinsel aufgetragen. Wenn sie eingetrocknet sind – was einen bis mehrere Tage dauern kann – bilden sie einen wasserabstoßenden Schutzüberzug. Häufig auch als *„Einlassen"* bezeichnet.
Möbel aus Teakholz werden zur Pflege mit Teaköl eingelassen.

Wachsen

Überziehen von Holzoberflächen mit Wachspaste. Zum Wachsen nimmt man gutes Bohnerwachs oder Schuhcreme, farblos oder weiß. Das trockene Holz wird gut abgebürstet, dann wird eine möglichst dünne Schicht aufgerieben. Dickes Auftragen verklebt die Poren, gibt Schmutzecken und weiße Flecken. Eine zweite dünne Schicht, nach völligem Trocknen der ersten aufgetragen, ist dagegen sehr zu empfehlen. Nach dem Trocknen nachbürsten mit einer festen Roßhaarbürste. Spätere Pflege der gewachsten Fläche durch Abreiben mit einem weichen wollenen Lappen.

Bleichen

Aufhellen der Holzoberfläche mit chemischen Mitteln (Bleichmitteln), besonders zum Beseitigen von Flecken im Holz.

Anstreichen, Lackieren ▷Anstreichen

Mattieren

Das Überziehen einer Holzoberfläche mit Mattlack.

Der Lack

Am meisten zu empfehlen ist ein guter Kunstharz-Mattlack oder Hartgrund, verarbeitungsfähig verdünnt; dazu kauft man eine kleine Flasche der zugehörigen Verdünnung. Niemals mische man mehrere Lacke miteinander, auch wenn sie ganz ähnlich aussehen und riechen; statt einer flüssigen Mischung wird eine milchige, gallertartige Masse entstehen.

Arbeitsgang

1. Werkstück wässern, trocknen lassen, sauber schleifen; Staub durch Ausbürsten in Längsrichtung entfernen.
2. Nur in einem temperierten Raum arbeiten.
3. Erst Probestücke lackieren!
4. Nur auftragen mit einem breiten Lackpinsel oder einem Bausch weißer Putzwolle. Man kann rasch Strich neben Strich setzen oder mit dem nachfolgenden Strich jeweils warten, bis der vorhergehende etwas angezogen hat. Wenig Druck ausüben. Zwei oder auch drei schwache Schichten sind besser als eine dicke. Etwa seitlich herablaufende Lacktränen müssen unverzüglich weggenommen werden. Die fertige Fläche darf keine Flecken oder Streifen zeigen; sie muß einen gleichmäßigen matten Glanz haben. Hirn-Enden mehrmals mit Lack einlassen.
5. Nicht rauchen! Lack und Lacklösungsmittel sind feuergefährlich, manchmal sogar explosiv.
6. Lackpinsel in Lösungsmittel auswaschen und sorgfältig verwahren.

Stahlwolle

Die lackierte Fläche wird weiter verfeinert und geglättet, wenn man die völlig getrocknete Fläche mit Stahlwolle abzieht. Stahlwolle ist ein ausgezeichnetes Schleifmittel zum Abziehen lackierter oder polierter Flächen (auf Rohholz soll sie nicht verwendet werden). Stahlwolle nicht verwechseln mit den Stahlspänen, mit denen man Parkettböden abzieht. Sie ist besonders für den hier beschriebenen Zweck hergestellt, ist weich, langfaserig, nicht gekräuselt, scharfkantig. Man kann sie in verschiedenen Feinheitsgraden kaufen. Man schneidet das Paket der Länge nach mit einer Schere auf. Die in sauberen Lagen darin liegende Stahlwolle wird nicht einfach herausgerissen. Man wickelt vielmehr einen etwa 50 cm langen Streifen um die vier Finger der linken Hand und schneidet diesen dann mit der Schere ab. Nicht abreißen: Dabei verletzt man sich leicht, auch wird der benötigte „Ballen" nicht gleichmäßig. Gute Stahlwolle darf nicht rostig werden.

Das Abziehen

Der abgenommene Bausch wird von den Fingern gestreift und flach (nicht als rundes Knäuel) zusammengenommen. Dann arbeitet man mit mäßigem Druck über die Fläche, Strich neben Strich setzend. Dabei muß die Längsrichtung der Stahlfasern stets quer stehen zur Holzfaser und zur Schleifrichtung. Mit Gefühl und etwas Übung erlangt man eine wunderbar glatte und gleichmäßige Fläche. Mit Ge-

fühl – denn tut man zuviel des Guten, schleift man Streifen in die Lackschicht oder schleift sie gar gänzlich durch.
Zum Abziehen größerer Flächen kann man die Stahlwolle um einen Schleifklotz wickeln.

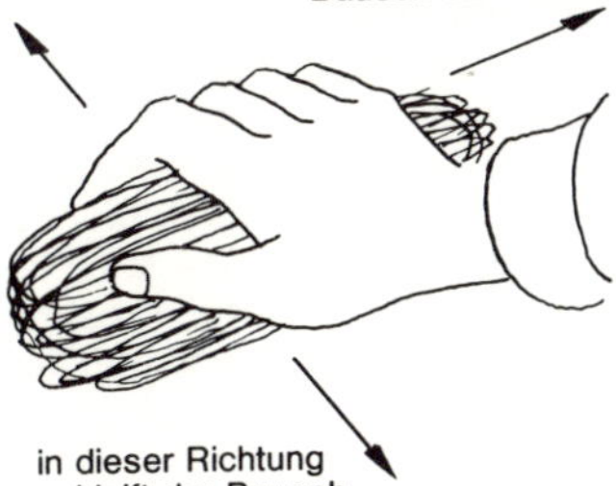

Abziehen mit Stahlwolle

Polieren

Behandeln mit verschiedenen Polituren. Beim Polieren nach Schleifvorgängen werden erst alle Poren geschlossen, dann wird die Fläche mit einer spiegelnden, glasklaren Deckschicht überzogen.
Da diese Arbeit viel Erfahrung und genaue Kenntnis der einzelnen Poliermittel verlangt, ist sie vom Laienhandwerker kaum durchzuführen. In jedem Fall den Rat des erfahrenen Fachmanns einholen, da jedes Holz andere Poliermittel verlangt.
Das (Nach)polieren von Möbelstücken und Naturholztüren mit käuflicher Möbelpolitur (z.‹B. „Clou“) kann dagegen der Laie unbedenklich selber durchführen.

Furnieren

Überleimen mit einer schwachen Deckschicht aus Holz, neuerdings auch Kunststoff („Kunststoff-Furnier“). Besonders zum Veredeln von Tischler-, Span-, Sperrplatten. Fast alle Möbel, die man kauft, sind furniert; doch gibt es auch Massivholzmöbel ohne Furnierung.
Wer selber furnieren will, muß wissen, daß das keine einfache Arbeit ist, und bedenken, 1., daß man fertig furnierte Platten kaufen kann, 2., daß eine gut lackierte oder gebeizte Platte länger hält und anständiger aussieht als eine schlecht furnierte.

Einige Regeln für Holzfurniere
Massivhölzer nur in Ausnahmefällen furnieren; stets muß das Furnier dieselbe Faserrichtung aufweisen wie das Unterholz.
Bei Sperrplatten immer die Furnierfaser senkrecht zur Faserrichtung der letzten Deckschicht aufkleben.
Bei Spanplatten ist die Furnierrichtung gleichgültig.
Immer auf beiden Seiten mit dem gleichen Material furnieren. Für Unterflächen und Rückseiten kann man vielleicht Furnierabfälle nehmen.

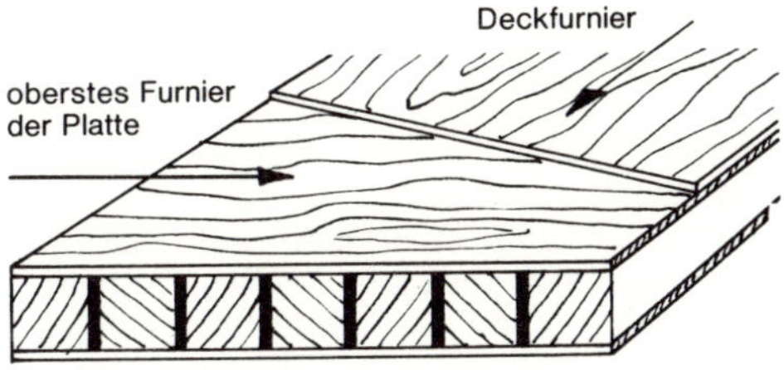

Tischlerplatte mit Deckfurnier

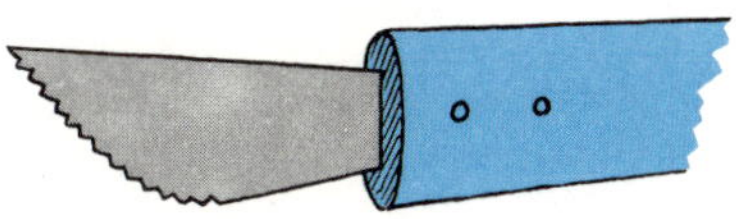
Furniermesser

Arbeitsgang
1. Stellen Sie die Größe der Fläche fest, die Sie furnieren wollen.
2. Bedenken Sie beim Einkauf, daß Sie höchstwahrscheinlich einigen Verschnitt haben. Je mehr Sie auf gutes Zusammenpassen der Maserung Wert legen (Spiegelfurnier, Kreuzfugenfurnier), um so mehr Abfall werden Sie haben. Nehmen Sie kein zu breites Furnier.
3. Nun legen Sie die Furnierstreifen mit der rechten Seite so zusammen, wie sie später aneinandergesetzt werden sollen. Schneiden Sie die Kanten mit dem Furniermesser (Sägemesser) gerade, am besten an einem Stahllineal oder an einer geraden Latte. Vorher entlangvisieren!
4. Nach dem Schneiden die einzelnen Blätter nochmals zusammenlegen und zusammenzeichnen.
5. Um die Kanten genau passend zu bekommen, müssen wir sie noch richten. Wir legen in der Mitte der Werkbank das Furnier zwischen zwei abgerichtete Bretter, so daß die Kante etwa 2 cm vorsteht. Nun fahren wir mit dem auf die Seite gelegten, fein eingestellten Hobel (am besten mit der Rauhbank) an der Kante entlang. Vorsicht, das Blatt ist dünn!
6. Nun endgültig zusammenpassen. Am besten kleben Sie die Furnierstreifen auf der rechten Seite mit einem Papierklebestreifen zusammen, dann können sie sich nicht verschieben.

7. Die sauber abgerichtete und sauber geschliffene Oberfläche des Werkstückes wird mit grobem Glaspapier aufgerauht.

8. Jetzt beide Flächen (das Furnier von links) dünn mit Kleber einstreichen.

9. Hat der Kleber angezogen, dann das Furnierblatt passend – auf einer Seite beginnend – auf das Werkstück auflegen.

10. Nun das Furnier fest anreiben, damit keine Blasen entstehen.

11. Das überstehende Furnier wird mit dem Stecheisen bis auf 1 bis 2 mm vom Rand abgestochen. Der Rest wird mit dem Hobel sauber beigehobelt.

Wenn Sie eine Tischlerplatte oder Sperrholz furnieren wollen, sollten Sie vorher die unschönen Kanten ebenfalls verdecken. Das geschieht am besten mit einem Umleimer, der aus dem gleichen Holz besteht wie das Furnier; falls es sich um gebogene Flächen handelt, mit einem etwas stärkeren Kantenfurnier.

Hirnholz vorher mit Leim tränken, bei Tischlerplatten eventuell ausspachteln; sonst klebt das Kantenfurnier nicht. Die Kanten müssen vor der Fläche furniert werden. Kleben wie gebogenes Holz.

Kleinere Flächen kann man auch mit Tischlerleim verleimen. In diesem Fall vorher Platte und Furnier mit einem Bügeleisen aufwärmen; das Furnierblatt mit einem dazwischengelegten Papier warm aufbügeln.

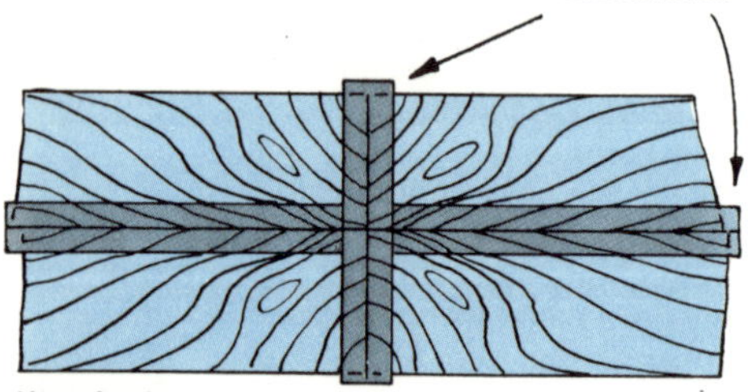

Zusammensetzen der Furnierstreifen

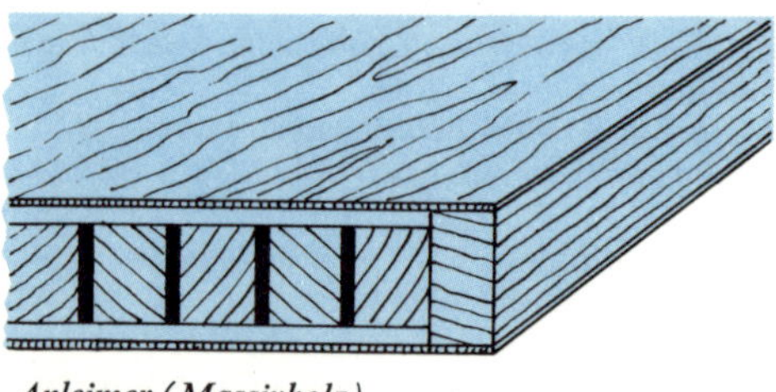

Anleimer (Massivholz)

Kunststoff-Furniere

Das Beschichten mit Kunststoff-Furnieren ist etwas einfacher. Sie schützen besonders gut gegen Feuchtigkeit. Auf guten Spanplatten können Kunststoff-Furniere auch einseitig aufgebracht werden, wenn man wasserfreie Klebstoffe verwendet.

Da man bei Kontaktklebern die Lage der Werkstücke nach einer Berührung nicht mehr verändern kann, also beim Auflegen sehr sorgfältig vorgehen muß, sollte man den Belag nicht zu kleinlich bemessen einkaufen.

Eine Hilfe bieten Trennpapiere, das sind imprägnierte Papiere, die nicht festkleben können. Man legt sie zwischen die mit Klebstoff bestrichenen Werkstücke, richtet den Belag genau aus und zieht vorsichtig das Papier darunter weg. Dabei kann man die Lage noch korrigieren. Stattdessen kann man auch mehrere Holzstäbe zwischenlegen und nach dem Ausrichten nacheinander entfernen.

Lasieren (Naturholzlackierung)

Sollen Türen, Fensterläden u. ä. aus Naturholz ohne Deckanstrich bleiben, erhalten sie eine schützende Lasur. Es gibt farblose und farbige Imprägnierlasuren. Sie bieten meistens gleichzeitig einen Holzschutz. Wachs- oder Kunstharzzusätze machen sie wasserabweisend.

Lasuren lassen sich wie Wasser mit einem Pinsel auftragen. Sie reißen nicht, blättern nicht ab und bilden keine Blasen. Alle Lasuren sind transparent. Die Holzmaserung wird also nicht verdeckt.

Für die Anwendung bei den verschiedenen Holzarten gibt der Hersteller von Xyladecor-Holzschutzlasur folgende Hinweise:

Allgemein: Es sind mindestens 2 Arbeitsgänge notwendig. Um die Holzoberfläche vor der ungünstigen Einwirkung des Sonnenlichts zu schützen, ist ein Mindestanteil an Pigmenten erforderlich. Die Pigmente werden an der Holzoberfläche wirksam und verhindern ein Vergrauen.

Nadelholz (Holz mit unterschiedlicher Saugfähigkeit): Vor der farbigen Lasur mit Xyladecor farblos oder Xylamon-Imprägniergrund grundieren.

Hartholz (z. B. tropische Holzarten): Es sind 3 Arbeitsgänge mit farbigem Xyladecor notwendig, dagegen keine farblose Vorbehandlung.

Harzreiches Holz (z. B. Pitchpine): Vor dem Anstrich mit Nitroverdünnung entharzen.

Vergrautes Holz: dunkle Farbtöne wählen.

Holz mit Eigenfärbung: Probeanstrich machen.

Bekleben mit Kunststoff-Folie

▷Folien, ▷Kleben und Leimen, ▷Kunststoffe.

Holzverbindungen (fest)

Verbinden von Holzteilen durch Techniken, die ein nachträgliches Lösen ohne Beschädigung im allgemeinen nicht mehr erlauben; besonders ▷Nageln, ▷Kleben und Leimen sowie eine Reihe besonderer Techniken des Schreiners und des Zimmermanns, bei denen kein Metall verwendet wird, die Holzteile vielmehr so geformt werden, daß (meist mit zusätzlicher Leimung) haltbare Verbindungen entstehen. Manche dieser Verbindungen, besonders die verschiedenen Zinken („Schwalbenschwanzverbindung" u. a.), können nur durch den Fachmann, andere nur mit Hilfe von Maschinen einwandfrei hergestellt werden. Hier eine Auswahl von einfacheren Verbindungen, die der Laie ausführen kann. Wir unterscheiden: 1. Verbinden mittels Dübeln, 2. Verbindungen, die Stemmarbeiten an beiden Werkteilen erfordern; zu diesen gehört auch das bekannte Verbinden durch „Nut und Feder" (es sei denn, man kauft fertig genutete Bretter), 3. Verbindungen für Balken und starke Bohlen, wie sie der Zimmermann braucht.

Dübeln

Verbinden zweier Holzteile durch runde Dübel aus Hartholz, die in genau passend vorgebohrte Löcher eingesetzt und eingeleimt werden. Bohrmaschine unbedingt erforderlich.
Die Dübelstangen haben Durchmesser von 3 bis etwa 20 mm. Gewöhnlich wird man Dübel von 6, 10 oder 14 mm Durchmesser verarbeiten. Dübel bestehen aus Buchenholz. Weichholz ist nicht verwendbar.

Quelldübel
Werden bei der Herstellung stark gepreßt. Im Bohrloch quellen sie unter der Feuchtigkeit des Leims wieder auf. Auch in einem zu großen Bohrloch sitzen sie nach dem Aufquellen sehr fest.

Durchdübeln und Zusammendübeln
Wird eines der beiden zu verbindenden Werkstücke von außen durchgebohrt, so spricht man von „Durchdübeln", dagegen von „Zusammendübeln", wenn die Dübelung von außen unsichtbar bleibt.

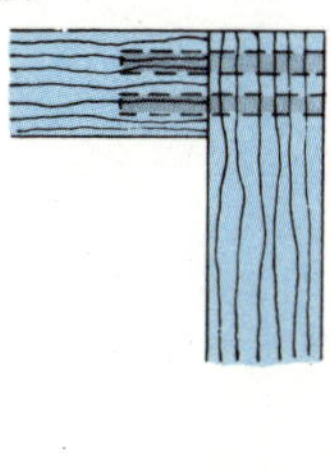

Durchgedübelte Ecke

Zusammengedübelte Ecke

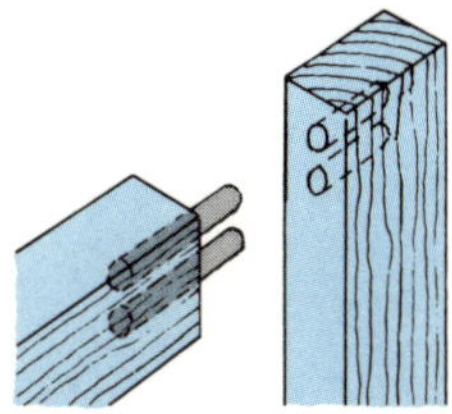

Markieren der Dübellöcher durch Furnierstift
Beim Zusammenfügen von Möbelstücken wird häufig ein einfaches Zusammenspannen nicht möglich sein. Man verfährt dann wie folgt:
1. Dübelpunkte an einem Werkteil vorreißen. In jeden Dübelpunkt ein kleines Stiftchen (Furnierstift) einschlagen und so abzwicken, daß es etwa 2 mm vorsteht.
2. Werkteil mit Stiftchen auf das Gegenstück passend aufsetzen. Ein leichter Hammerschlag treibt die Stiftchen in das gegenüberliegende Brett und markiert die dortigen Dübelpunkte.

Durchgedübelte Eckverbindung
1. Die beiden Holzteile in ihrer endgültigen Lage fest zusammenspannen (Zwingen, Heftnägel).
2. Dübelmittelpunkt sauber anreißen (Winkelhaken und Streichmaß).
3. Bohrpunkt mit Spitzbohrer markieren, genau dort mit Schlangenbohrer von der Stärke des Dübels einsetzen. Bohrrichtung genau einhalten. Dazu gehören Augenmaß und etwas Übung. Tiefe des Bohrlochs durch Tiefensteller, Bohrmanschette oder Nachprüfen mit Stift einhalten (▷Bohren; Bohrschablone s. rechts oben). Beide Holzteile werden gemeinsam gebohrt.
4. Bohrspäne aus dem Loch sorgfältig entfernen.
5. Nicht zu dickflüssigen Leim in das Dübelloch geben. Dübel einschlagen, bis er aufsitzt. Rechtzeitig aufhören! Zuviel Leim sprengt das Langholz, oder er spritzt unter hohem Druck heraus.
6. Wenn der Leim trocken ist, etwa überstehendes Dübelstück mit Feinsäge absägen und sauber verschleifen.

Bohrschablone
Da bei vielen Werkstücken, die zusammengedübelt werden, die gleiche Dübelarbeit mehrfach vorkommen kann, baut man sich in diesem Fall eine Bohrschablone aus Hartholz. Mit ihrer Hilfe können viele Ungenauigkeiten vermieden werden. Sie wird mit ihrem

Anschlag an das Werkstück geklemmt und führt in ihren Bohrlöchern den Bohrer genau. Bohrlöcher mit Wachs oder Talkum glätten.

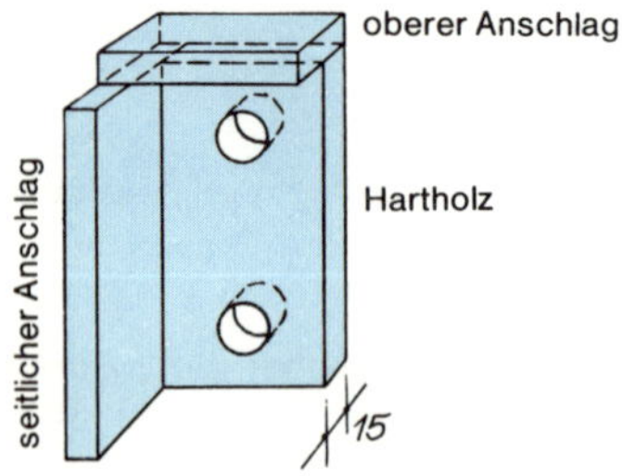

Bohrschablone

Zusammendübeln

Eine Dübelung, die von außen unsichtbar bleibt – eine schwierige Arbeit. Die Werkteile müssen getrennt gebohrt werden.

1. Brettflächen mit Winkelzeichen nach außen zusammenspannen. Mit Streichmaß, Winkelhaken und Spitzbohrer die Kreuzpunkte für die Mitte der Dübellöcher markieren.

2. Dübellöcher mit Bohrwinde genau senkrecht einbohren. In Längsholz Tiefe nicht über zwei Dübeldurchmesser, bei 10-mm-Dübel also nicht über 20 mm. In Hirnholz tiefer dübeln – bis vier Dübeldurchmesser.

3. Ränder der Dübellöcher mit Ausreiber etwas ausreiben, damit Holzfasern oder Leimteilchen Platz haben und die Fuge gut dicht werden kann.

4. Dübel von Länge schneiden: 2 mm kürzer als die Tiefe der Bohrlöcher zusammen. Die Dübel dürfen auf keinen Fall zu lang sein, sonst schließt die Fuge nicht!

5. Dübel einsetzen wie oben. Unter Pressung trocknen lassen.

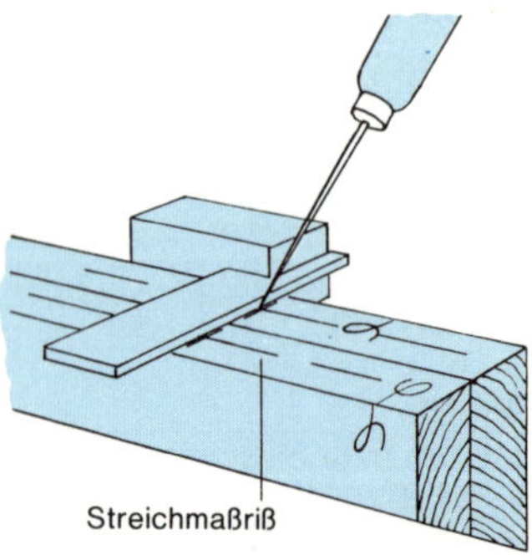

Mit Streichmaß und Winkelhaken werden die Dübellöcher markiert

Nut und Feder

Feder nennt man ein in Nuten gestecktes und dort eingeleimtes Brettchen. Fertig genutete Bretter einkaufen oder Nut beim Schreiner machen lassen! Die Feder muß in der Dicke genau in die Nuten passen, in der Breite ist die Feder ca. 3 mm schmaler.

Dübel und Federn sind auch mit einseitiger Verleimung möglich. Dadurch gut lösbare Verbindung.

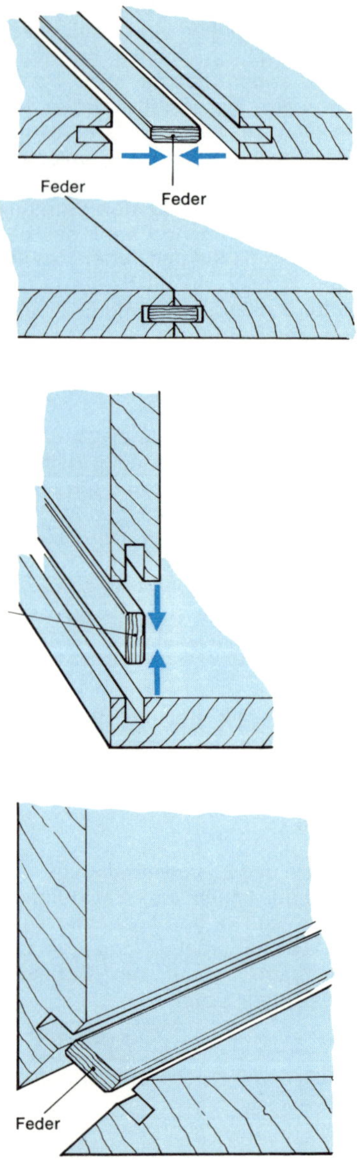

Verbinden mittels Nut und Feder

Andere Verbindungen mit Stemmarbeit

Alle diese Verbindungen werden beim Zusammenfügen außerdem geleimt.

Stumpfer Stoß
Es ist unzweckmäßig, zwei Holzteile so zusammenzufügen, daß eines mit seiner Stirnseite auf das andere stößt. Im Hirnholz halten Nägel und Schrauben schlecht, auch Kleber haftet nicht gut. Durch Einleimen eines Dübels (besser „Nimm zwei") wird jedoch die Verbindung gut haltbar.

Stumpfer Stoß

Überplattung der Ecke
Von beiden Holzteilen wird die Hälfte der Stärke weggenommen, „abgesetzt". Die Verbindung ist einfach und gut, wird aber schief, wenn man nicht genau am Riß sägt.

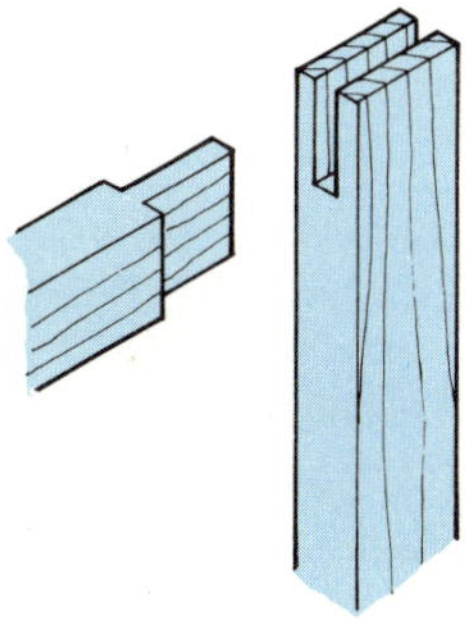

Überplattete Eckverbindung

Schlitz und Zapfen
Ebenso wie die Überplattung durch Nägel, Schrauben oder Dübel gut zu verstärken.

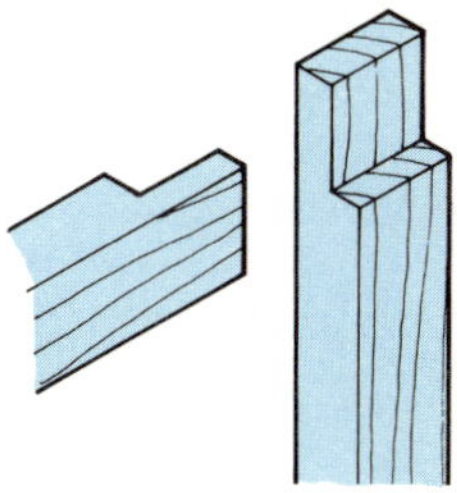

Schlitz und Zapfen

Stemmloch und Zapfen
Zum Verbinden von Füßen oder Stegen bei Möbeln. Hier wird der Schlitz (Stemmloch) für den Zapfen nicht gesägt, sondern muß gebohrt, gestemmt oder gefräst werden. Durch Verdübeln oder Verkeilen können diese Verbindungen noch haltbarer gemacht werden.

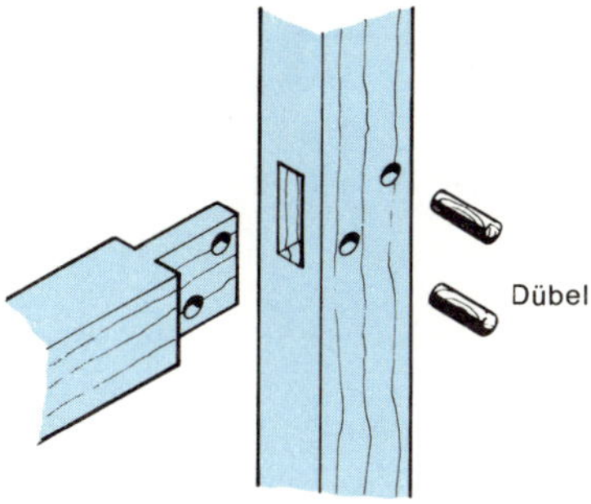

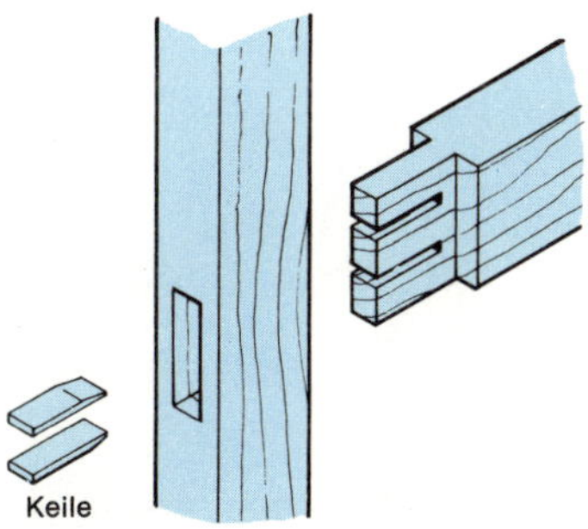

Stemmloch und Zapfen, oben verdübelt, unten verkeilt

Ausklinken
Sollen Holzteile kreuzförmig zusammengefügt werden, werden beide an der Kreuzungsstelle bis zur Hälfte ausgeklinkt. Die Verbindung hält zusammengesteckt, besonders bei gitterartiger Anordnung; durch Leimen wird sie unlösbar.

Balken und Bohlen

Der Heimwerker wird sich in der Regel damit begnügen, schwere Teile aus Bauholz durch entsprechend starke Bolzenschrauben mit Muttern zu verbinden.
Zwei der einfachsten Zimmermannsverbindungen sind hier im Bild gezeigt.

Doppelter Kamm Ähnlich dem oben gezeigten Ausklinken. Ergibt eine unverschiebliche Kreuzverbindung zweier Balken.

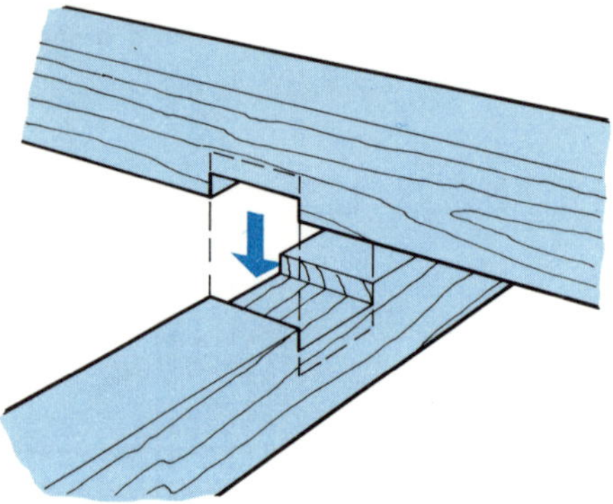

Doppelter Kamm

Zapfen Verbindung zwischen einem Balken und seiner Stütze. Der Zapfen verhütet ein Verschieben. Die beigenagelten Bretter sorgen für Stabilität.

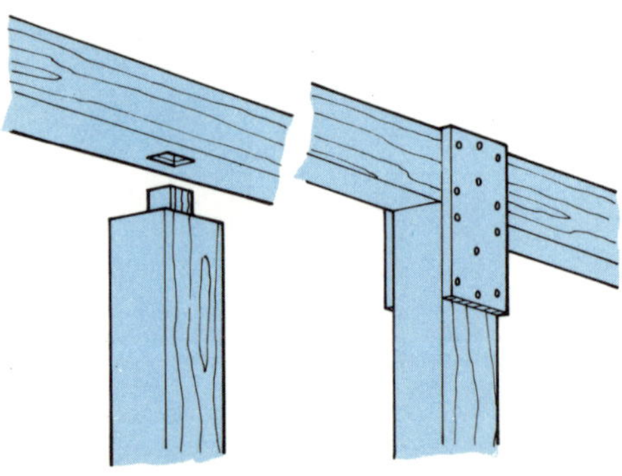

Zapfen und Beinagelung

Gehrung
Eine stumpfe Gehrung hält nicht. Die Haltbarkeit kann hergestellt werden durch Nagelung, Einleimen einer Feder aus Sperrholz oder Überplattung.

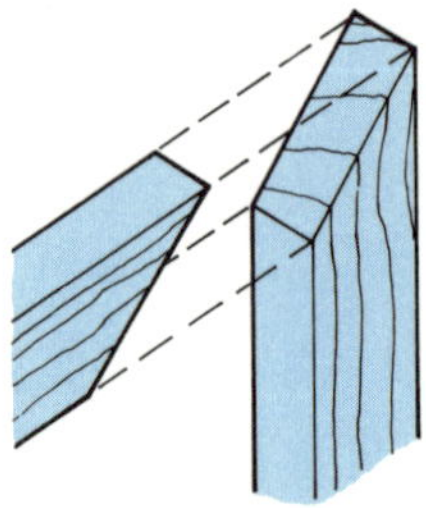

Stumpfe Gehrung

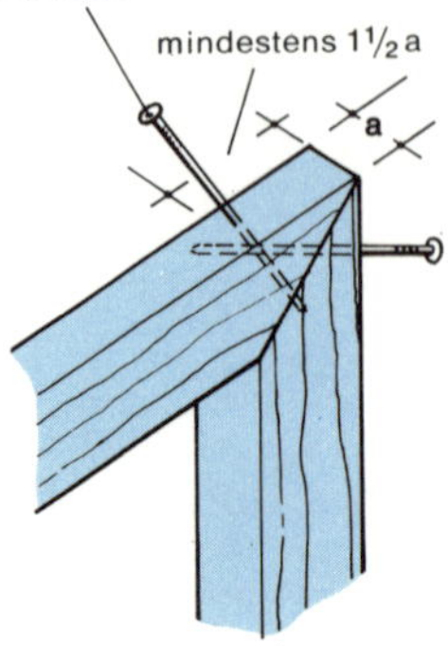

Gehrung mit zusätzlicher Nagelung

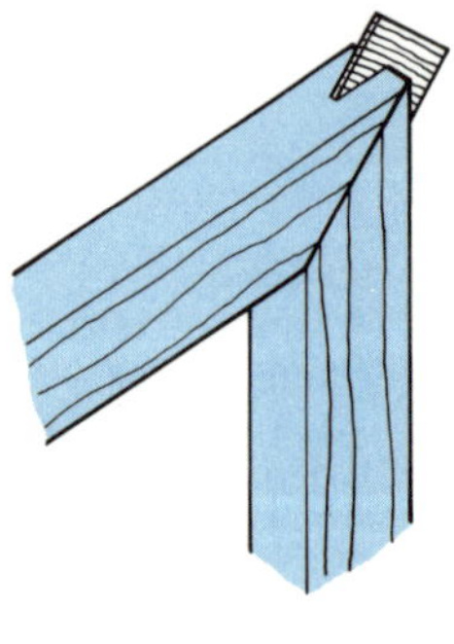

Gehrung mit eingeleihmter Feder (vor dem Abschneiden)

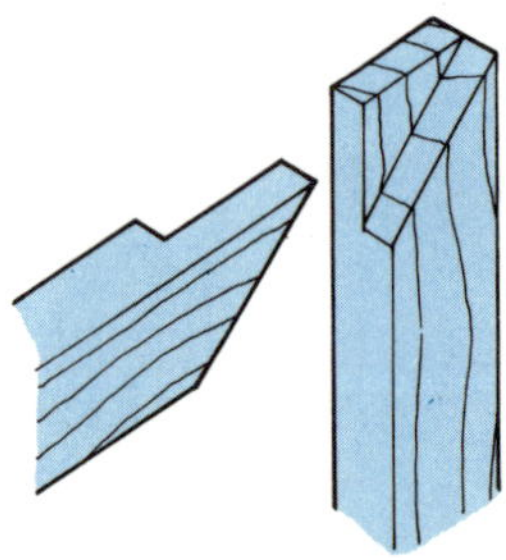

Überplattete Gehrung

Nutverbindung Zwei senkrecht zueinander stehende Bretter werden so verbunden, daß das eine mit der Stirnseite in eine Nut im anderen Brett eingreift.

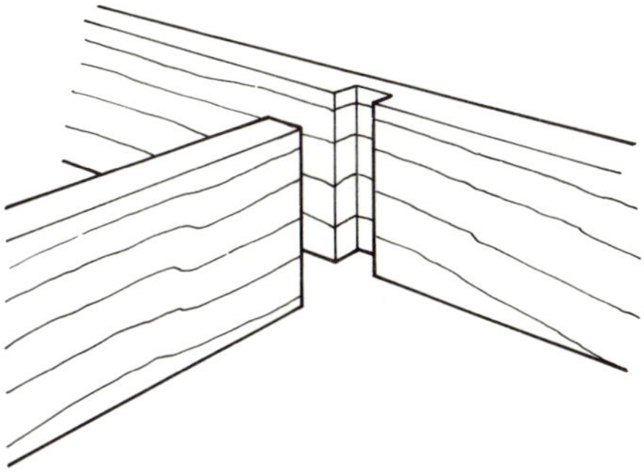

Nutverbindung

Eckenverstärkungen
Durch Beilagen kann man die Leim- und die Schraubfläche vergrößern und damit die Haltbarkeit verbessern. Stark beanspruchte Ecken kann man auch durch das Einschrauben von Metallwinkeln versteifen. Für Tisch- und Stuhlbeine gibt es spezielle Eckenverbinder.

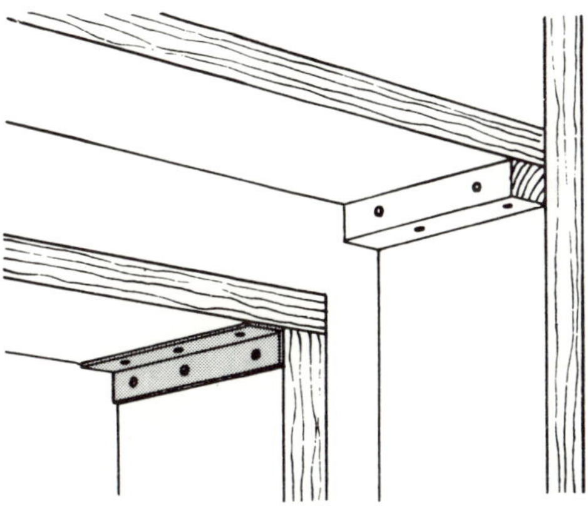

Eckenverstärkung mit Metallwinkel und Holzbeilage

Holzverbindungen (lösbar)

Lösbare Verbindungen zwischen Holzteilen werden durch ▷Schrauben und/oder die im folgenden beschriebenen Metallbeschläge hergestellt.

Keilverschluß
Die beiden Teile sind augenblicklich lösbar. Häufig bei älteren Schränken. Fixierung der beiden Teile durch Dübel oder Feder ist erforderlich.

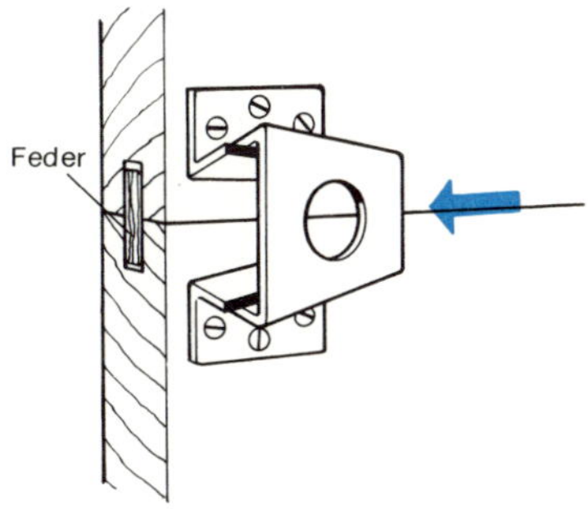

Keilverschluß

Schrankbeschlag zum Schrauben
Zwei Metallbeschläge, durch gut lösbare Schraube verbunden. Verschiedene Ausführungen.

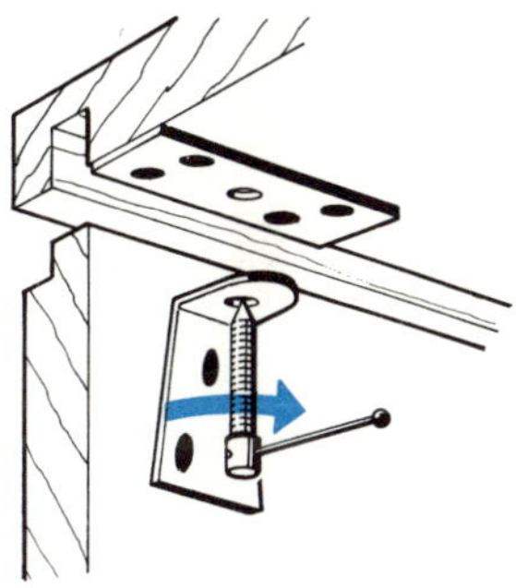

Schrankbeschlag zum Schrauben

Drehhaken
Sehr schnell zu betätigen.

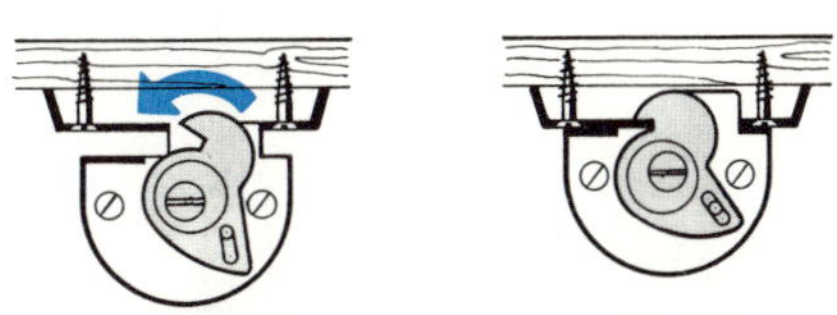

Spannhaken geöffnet Spannhaken geschlossen

Schrankbeschlag mit Drehhaken (Spannhaken)

Bettbeschlag
Einfach, gut lösbar. Die Teile müssen an den zugehörigen Werkstücken gemeinsam angerissen werden.

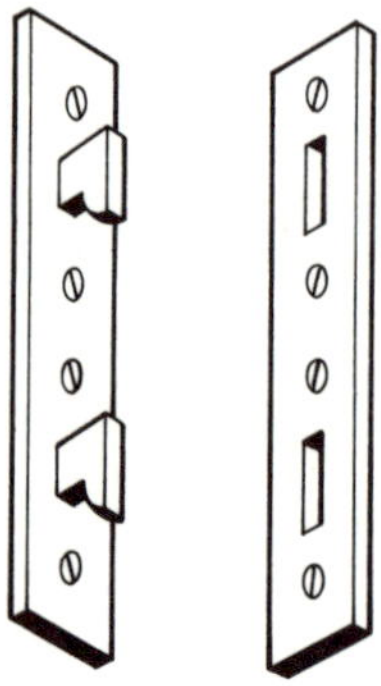

Bettbeschlag

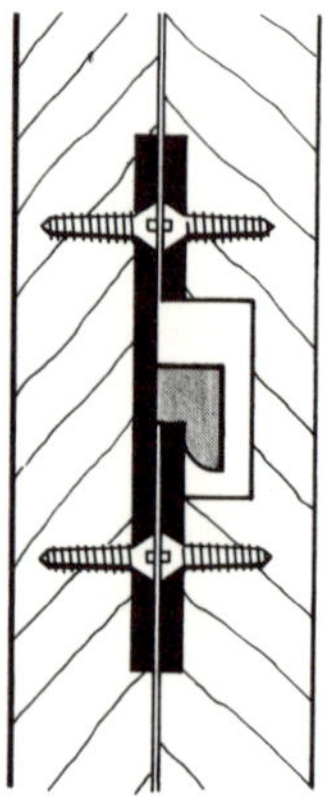

Montageschrauben
Das eine der beiden Werkstücke trägt eine Mutter, die außen und innen ein Gewinde hat. Das Außengewinde hält die Mutter im Holz fest. In das Innengewinde wird die Gegenschraube geschraubt. Ähnlich funktionieren Rampa-Einschlagmuttern, die nicht eingeschraubt, sondern eingeschlagen werden.

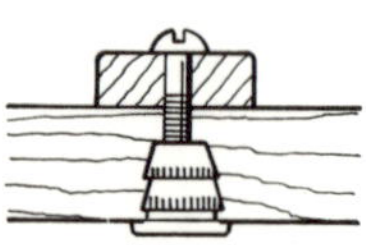

Rampa-Schraube

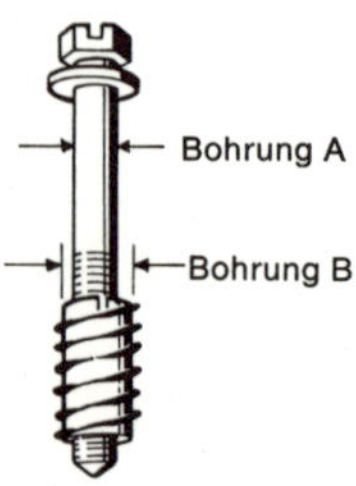

Montageschraube

Schlüssellochbeschlag
Als Aufhänger für Wandschränke, Spiegel, auch an Holzbetten. Vorn sind nur die Halteecken sichtbar.

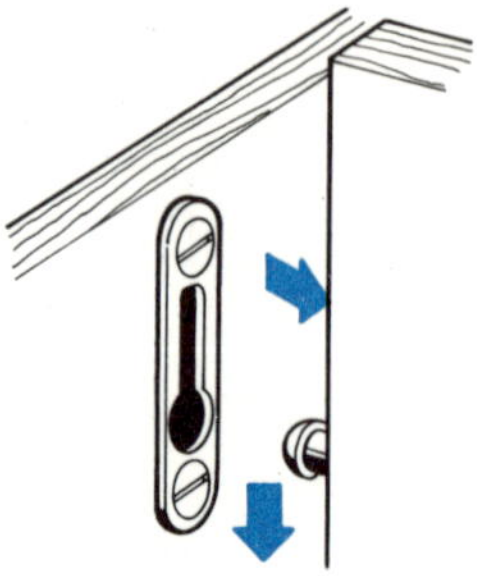

Schlüssellochbeschlag

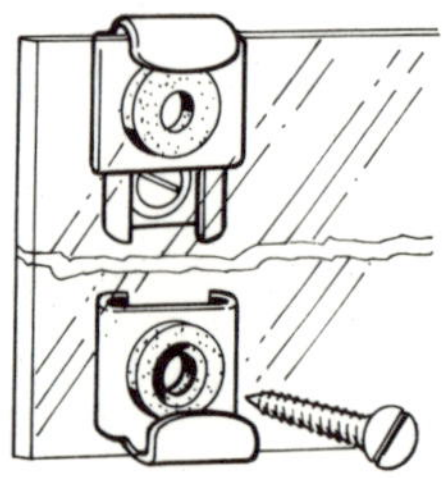

Spiegelhaken

Tischklammern
Zum Verbinden von Platten und Gestellen bei Tischen, Stühlen und Bänken. Mit Quer- oder Längsschlitzen. Der Schlitz muß bei Massivplatten immer quer zur Holzfaser stehen.

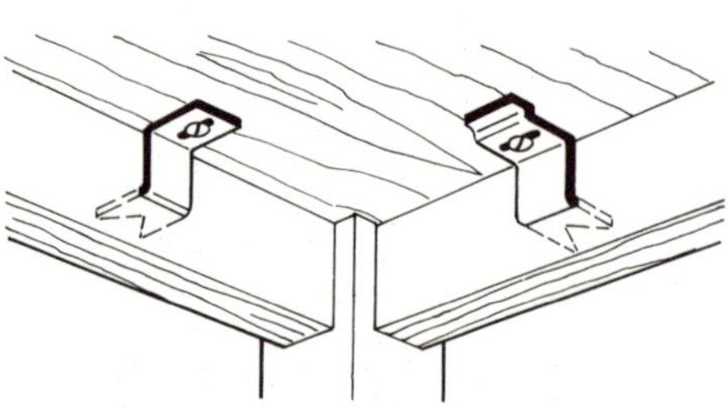

Sitz der Tischklammern

Lösbare Dübel
Eine neue Verbindung: In beide Teile werden Kunststoff-Dübel eingelassen, die anschließend wie Druckknöpfe ineinandergedrückt und wieder gelöst werden können.

Isolieren

Im Bauwesen muß man die Begriffe Dämmen und Isolieren auseinanderhalten (wir sprechen hier nicht vom elektrischen Strom). Dämmen heißt: den Wärmedurchgang verzögern oder populär ausgedrückt: gegen Kälte schützen (vgl. ▷Dämmstoffe), auch Schutz gegen Lärm schaffen (Schalldämmung). Mit Isolieren bezeichnet man Schutzmaßnahmen gegen *Feuchtigkeit.*
Baustoffe, die mit Feuchtigkeit in Berührung kommen können, werden isoliert, besonders Holz, auch Ziegel. Für waagerechte Flächen nimmt man Isolierpappe (im Baustoffhandel zu haben), die an den Stoßstellen überdeckend verlegt wird. Ziegel- und Betonmauern können durch Bitumenanstriche geschützt werden.
Von Isolieren spricht man auch, wenn eine Farbschicht vor chemisch aggressiven Bestandteilen des Untergrundes geschützt werden soll. ▷Anstreichen.

Isolierpappe

Dient der Abdichtung von Bauteilen (Dächer, Böden) gegen Feuchtigkeit. Es gibt Teer- und Bitumenpappe. Teerpappe muß von Zeit zu Zeit nachgestrichen werden. Bitumenpappe ist haltbarer und eignet sich deshalb auch für schwer zugängliche Stellen.
Die am häufigsten verwendeten Qualitäten wiegen 333 g und 500 g pro Quadratmeter.
Bei der Verlegung werden die Stöße überlappt und mit einem Spezialkleber feuchtigkeitsdicht verklebt. Zum Abdichten gegen Grundfeuchtigkeit sind mindestens zwei Lagen Isolierpappe nötig.

Kanten

Bei fast allen Werkstücken aus Holz, Platten und Kunststoffen bedürfen die Kanten besonderer Aufmerksamkeit, und zwar aus Gründen der Sicherheit, der Haltbarkeit und des guten Aussehens.

Massivholz
Maschinengeschnittene Holzstücke haben oft so scharfe Kanten, daß man sich an ihnen schneiden oder einen Splitter (Spreißel) einziehen kann. Hier muß man die Kante abschrägen („brechen") und/oder leicht runden. Dazu nehmen wir feines Schleifpapier; bei größerem Holzdurchmesser muß man aber zuerst mit Raspel oder Feilenhobel vor- und dann mit Schleifpapier nacharbeiten (▷Feilen, ▷Hobeln).

Holzleiste (Schnitt) mit gebrochenen Kanten

Platten
Spanplatten sind an den Schnittflächen nicht völlig geschlossen und glatt. Wer auf einen stärkeren Schutz durch ▷Umleimer verzichten will, kann die Kanten schwarz streichen, dann sind die Hohlräume so gut wie unsichtbar. Zweckmäßig ist es, die Schnittflächen vorher noch mit Spachtelmasse zu glätten und nach dem Trocknen – aber vor dem Überstreichen – zu schleifen.
Für eine gebeizte oder lackierte Spanplatte ergibt eine Naturholzleiste einen schönen und schützenden Abschluß. Sie verstärkt die Platte, kann auch Beschläge (Griffe, Scharniere) aufnehmen. Sie wird angeleimt oder evtl. mittels Nut und Feder (▷Holzverbindungen, fest) befestigt.
Für den Kantenschutz bei Spanplatten, Sperrplatten u. a. gibt es besondere Profile aus Kunststoff und Metall. Die Bilder zeigen einige Beispiele.
Zum Kantenschutz bei kunststoffbeschichteten Platten s. ▷Kunststoffe.
Vgl. ▷Umleimer.

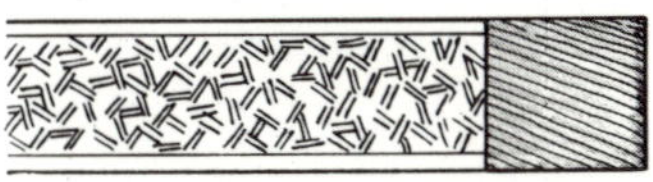

Umleimer aus Massivholz

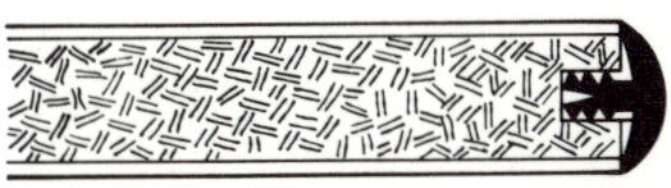

Kunststoffprofil

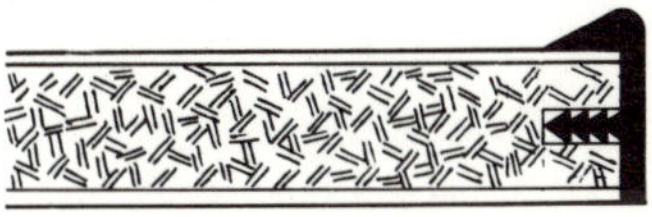

Metallprofil

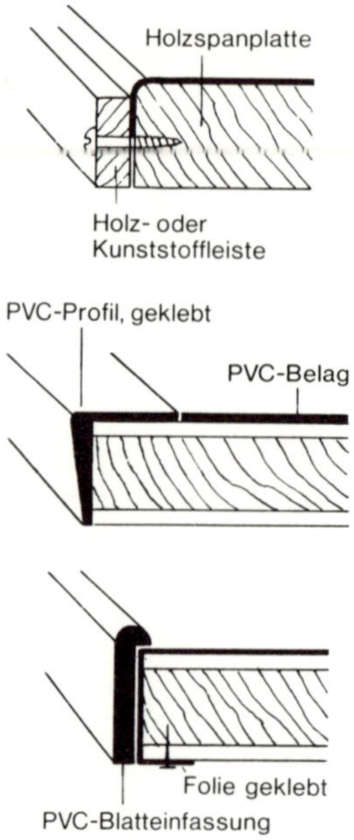

Weitere Möglichkeiten des Kantenschutzes bei Platten

Kitt

Kitt braucht einen fettfreien, nötigenfalls etwas aufgerauhten Untergrund, damit er haftet. Zum Arbeiten mit Kitt verwendet man ein Kittmesser. Kitt muß gut durchgetrocknet sein, bevor man das Werkstück evtl. weiterer Bearbeitung unterzieht.
Es gibt verschiedene Arten von Kitt für verschiedene Zwecke.

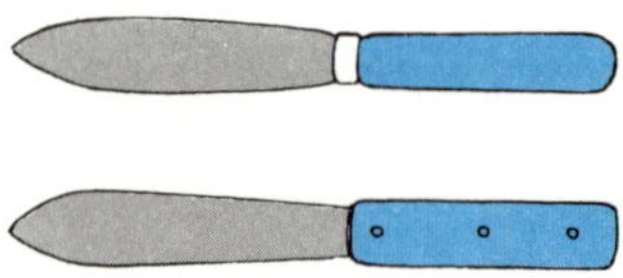

Kittmesser

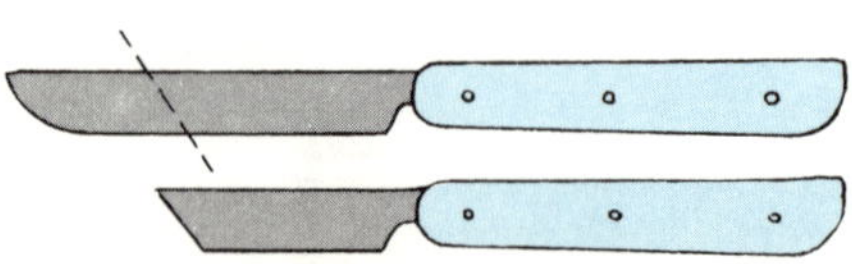

Kittmesser, aus altem Küchenmesser selbst gemacht

Glaserkitt
Eine Mischung aus Schlämmkreide und Leinöl. Wir verwenden ihn beim Fensterverglasen, zum Ausbessern von Holzfehlern und zum Schließen von Schraub- und Nagellöchern in Holz.
Aufbewahrung unter Wasser in Plastikbeutel oder in Schraubglas.
Vor Gebrauch durchkneten, evtl. mit etwas Leinöl geschmeidig machen.
Kittmesser vor Gebrauch in Wasser tauchen, damit der Kitt nicht kleben bleibt.
Da der Kitt beim Durchtrocknen etwas schrumpft, wird er etwas stärker aufgetragen und das überschüssige Material nach dem Trocknen abgeschliffen.

Spachtelkitt
Dient zum Vorbehandeln und Ebnen von Flächen, die einen Anstrich erhalten sollen. Wird wie Glaserkitt verarbeitet. Zum Auftrag Spachtel aus biegsamem Stahlblech verwenden. Beim Einkauf Verwendungszweck und geplante Anstrichart (▷Anstreichen) angeben.

Flüssigholz
Fertig käuflich. Zum Ausbessern von Werkteilen aus Holz, besonders zum Füllen von Löchern.

Flüssigmetall
Ein entsprechendes Mittel für Metall. Meist als Zweikomponentenkitt. Gebrauchsanweisung genau beachten.

Flüssigemaille
Für Schäden an Badewannen, Töpfen u. ä. Vorsichtig aus der Tube auf die Schadstelle drücken.

Kleben und Leimen

Die Haltbarkeit einer Klebeverbindung ist in der Hauptsache abhängig von der Adhäsion zwischen dem Klebstoff und den verbindenden Oberflächen (weshalb man für verschiedene Materialien verschiedene Klebstoffe braucht), von der eigenen Festigkeit der zu verbindenden Stoffe und von der technischen Konstruktion der Verbindung (Klebfuge, Klebenaht).

Hauptarten von Klebstoffen

Nach Ausgangsstoffen, Herstellungs- und Verwendungsart werden unterschieden:

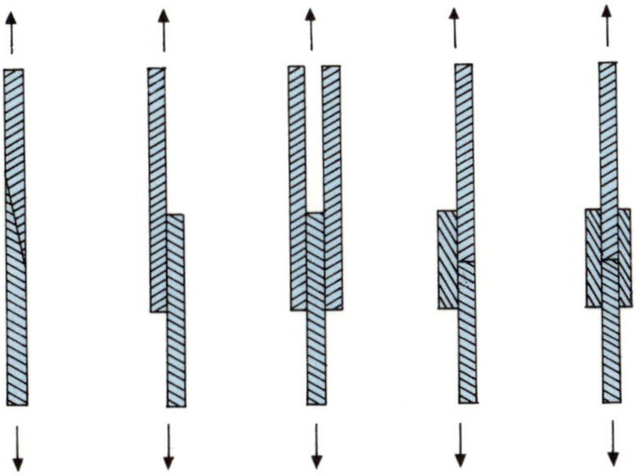

Die bekanntesten Verbindungsarten für das Kleben bzw. Leimen von Werkstoffen.

Leime
Wasserlösliche Klebstoffe einfacher Art aus organischen Stoffen oder als Harzleime. Leime sind wasserverdünnbar, einige auch später wasserlöslich (z. B. beim Abweichen alter Tapeten). Beispiele: Farbenleime, Tapetenkleister, Kaseinleime (Kaltleime) für Holzverleimungen, Harnstoffharzleime (Kauritleime) ebenfalls für Holzverleimungen.

Dispersionskleber
Beständige, milchige „Aufschwemmungen" von Kunstharzen in Wasser, milchigweiß und pastos, wasserverdünnbar, gut verstreichbar. Beispiele: Papier- und Furnierleime; Kleber, die Kunststoffplatten auf Tischlerplatten kleben; Bodenbelagkleber; Hartschaumkleber für Styropor-Erzeugnisse; Kleber für Weichfaserplatten.

Lösungsmittelkleber
Diese interessantesten und vielseitigsten Kleber bestehen aus in Lösungsmitteln gelösten Kunstharzen. Sie sind nicht wasserverdünnbar und ergeben wasserfeste Verklebungen. Sie sind aber feuergefährlich bei der Verarbeitung. Die Verklebung erfolgt durch Verdunsten des Lösungsmittels. Werden solche Kleber kurz vor der Verarbeitung aus zwei Bestandteilen (Komponenten) innig verrührt, spricht man von *Reaktionsklebern*; das Abbinden ist hier ein chemischer Prozeß. Bei Lösungsmittelklebern ist die sog. „offene Zeit" zu beachten, d. h. der Zeitraum nach dem Verdunsten des Lösungsmittels (bzw. dem Beginn der Reaktion), in dem der Kleber noch abbinden kann. Nur in dieser „offenen Zeit" kann man die beiden Werkstücke zusammenfügen. Auseinandernehmen und erneutes Anlegen ist danach nicht mehr möglich (daher der Ausdruck „Kontaktkleber").
Bei bestimmten Klebern kann kurz vor der Verarbeitung eine Härterzugabe erfolgen, um eine höhere Hitzebeständigkeit zu erzielen, z. B. bei Fensterbankverkleidungen über Heizkörpern.

Alleskleber
sind Klebstoffe, die für eine Vielzahl von Verklebungen geeignet sind. Man erhält sie auch in kleineren Tuben. Neuerdings gibt es solche Kleber auch als tropffreie Erzeugnisse (z. B. Pattex compact). Dadurch entfällt das oft lästige Tropfen oder Herunterlaufen überschüssigen Klebers.

Hauptregeln für das Verkleben

Die erste Regel für das Verkleben lautet: Beachten Sie genau die Gebrauchsanweisungen des Herstellers!

Anker-zahnungen	Tiere	Lücken-breite	Brücken-breite	
Nr. 0	–	–	–	
Nr. 1	1,5 mm	2,0 mm	spitz	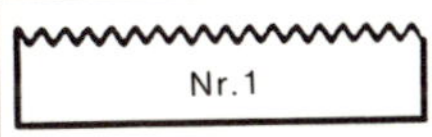
Nr. 2	2,0 mm	2,5 mm	2,5 mm	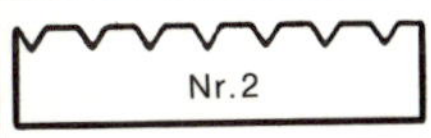
Nr. 3	3,0 mm	3,5 mm	3,0 mm	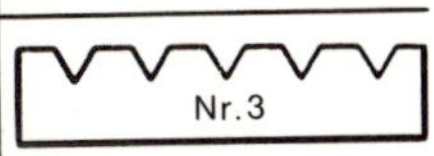
Nr. 4	1,0 mm	1,3 mm	1,5 mm	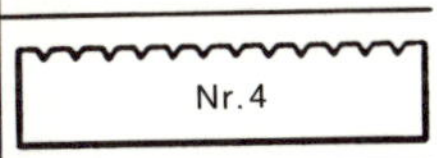
Nr. 5	4,0 mm	4,0 mm	4,0 mm	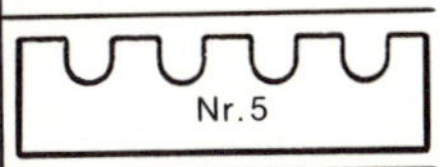
Nr. 6	6,0 mm	6,0 mm	6,0 mm	

Zahnungen der Zahnspachtel für verschiedene Klebestoffe

Werkstoffe
Stoffe, die verklebt werden sollen, müssen bestimmte Eigenschaften aufweisen, vor allem saubere (häufig: leicht angerauhte) Oberflächen. Erforderliches Anrauhen erfolgt mit Schleifpapier der Körnung 80 bis 120. Sehr stark saugende Untergründe wie Wandflächen: Voranstrich (Grundierung) mit dem jeweils geeigneten Kleber. Verdünnung nach Herstellerangabe. 24 Stunden Trockenzeit abwarten.

Werkzeuge
Kurze Bürsten für Tapetenkleister und dünne Leime. Dispersionskleber kann man auf Wände und Decken mit einem Farbroller auftragen. Für das Kleben von Furnieren, Kunststoffbelägen auf Tischlerplatten und Bodenbelägen verwendet man einen Zahnspachtel. Um genau die richtige Klebermenge aufbringen zu können, muß die vom Hersteller vorgeschriebene Zahnung verwendet werden.

Arbeitsweise
Dispersionskleber und vor allem Lösungsmittelkleber sind meist auf *beide* zu verklebenden Flächen aufzutragen. Hier gilt die Regel: Zuerst das weniger saugende Material einstreichen. Erst Probekleben: Man verklebt an einer weniger sichtbaren Stelle einen kleinen Abschnitt und versucht nach dem Trocknen, ihn gewaltsam zu entfernen.
Kontaktkleber (Reaktionskleber) benötigen sofort nach dem Verkleben einen bestimmten Anpreßdruck. In der Regel genügt es, wenn man ein glattes, genügend großes Holzstück auflegt und mit einem Hammer kräftig daraufschlägt. Unter ständigem Weiterrücken des Holzes setzt man dies über die ganze Fläche fort.

Hinweise zum Verkleben der verschiedenen Werkstoffe

Papier und Pappe
Beim Verkleben von Papier und dünner Pappe spielt oft die sogenannte Laufrichtung des Papiers (d. h. die Ausrichtung der Papierfasern bei der Herstellung) eine Rolle. Man stellt sie durch Befeuchten einer Papierecke fest: Die Laufrichtung liegt parallel zu der sich bildenden Wölbung. Im rechten Winkel zur Laufrichtung dehnt sich das Papier stärker.
Geklebt werden wertvolle Papiere (Zeichnungen, Fotos, Poster) nicht mit Tapetenkleister, sondern mit wasserarmen Klebstoffen (z. B. Pelikanol oder Buchbinderkleister). Das Ausstreichen der sich bildenden Falten erfolgt stets von der Mitte nach den Rändern hin. Alle Ränder müssen besonders gut eingekleistert werden.
Beklebt man Pappe mit Papier, ist darauf zu achten, daß auf der Rückseite (also genau „gegenüber") ein gleich großes Stück aus etwa gleich dickem Papier geklebt wird. Nur so verhindert man ein Aufwölben und Verziehen der beklebten Flächen.
Soll ein Bild in einem Rahmen hinter Passepartout geklebt werden, genügt es vollkommen, wenn das Bild nur an der Oberkante mit einem Tesastreifen verklebt wird. Beim Aufnehmen von Raumfeuchtigkeit entstehen dann keine Wölbungen; das Bild kann „aushängen".

Holzverleimungen
Trockenes, glattgehobeltes Holz ist die erste Voraussetzung! Ferner: Alte Leimreste vom Holz entfernen, nur saubere Gefäße und Pinsel verwenden, Anweisungen besonders für Kunstharzleime genau beachten.
Der notwendige Abbindedruck (Preßdruck) kann auf verschiedene Art erreicht werden. Niemals soll das Werkstück zu früh aus der Pressung genommen werden; am besten ist eine Nacht Wartezeit. Wenn die geleimte Stelle zusätzlich genagelt oder geschraubt wird, entsteht der Preßdruck dadurch.
Die einfachsten Werkzeuge sind Schraubzwingen, die man sich anschaffen sollte, wenn man ab und zu Holz zu leimen hat.
Um Druckstellen zu vermeiden, ist zwischen das Werkstück und die Zwinge ein glattes, sauberes Klötzchen (Zulage) einzulegen. Größere Schraubzwingen nennt man Schraubknechte. Im Handel gibt es zum Einspannen darüber hinaus eine Vielzahl von Vorrichtungen wie Spannringe, Exzenterzwingen, auch fertige Zulagen aus Gummi.

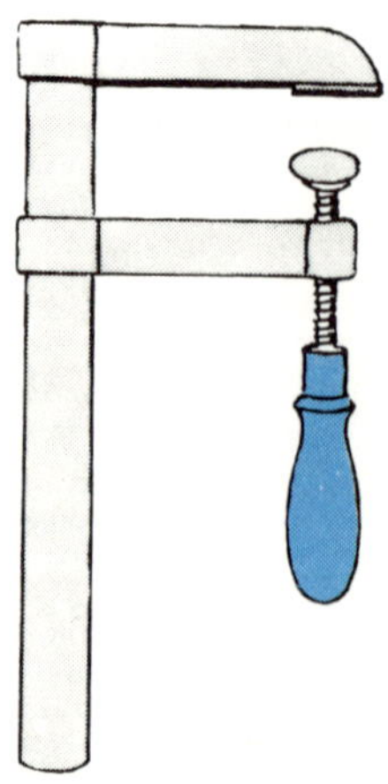

Schraubzwinge

Für größere Arbeiten wie das Zusammenleimen größerer Flächen aus mehreren Brettern lohnt es sich kaum, entsprechende Schraubknechte zu kaufen. Man baut sich eine Einspannvorrichtung, die mit Hilfe von Holzkeilen den nötigen Druck erzeugt. Auf zwei genügend lange Bretter schrauben Sie auf jeder Seite einen Holzklotz. Der Abstand der Halteklötze auf jedem Brett muß so viel größer sein als das Werkstück, da Sie auf einer oder auf beiden Seiten Keile einklemmen können. Sollten Sie zuviel Luft gelassen haben, so können Sie den Zwischenraum mit einem Beilageholz ausfüllen – was noch den Vorteil hat, daß Sie beim Eintreiben der Keile die Werkstückkante nicht beschädigen.

Etwas schwieriger herzustellen, dafür aber immer wieder zu verwenden, ist eine verstellbare Spannvorrichtung aus zwei vorgebohrten Holzleisten, die durch zwei starke Mutterschrauben zusammengehalten werden. Man legt die zu verleimenden Bretter zwischen die Leisten und schraubt zusammen. Wir benötigen außerdem Zulagebrettchen und Keile, die zwischen die Schraubenbolzen und das Werkstück geklemmt werden, wie es die Abbildung zeigt.

Als Anhalt für den Verleimungsvorgang kann die nachstehende Anweisung dienen, die sich auf den vielfältig einsetzbaren Holzleim „Ponal" bezieht: Auf die genau passenden Flächen ist der Leim einseitig (also nur auf eine zu verklebende Seite) aufzutragen (mit Pinsel, Leimkamm vorgeschriebener Zahnung oder Handleimroller). Bei Hartholz sollte man jedoch auf beide Seiten auftragen. Der Auftrag soll dünn und möglichst gleichmäßig sein. Bei einer Raumtemperatur von 20°C beträgt die offene Zeit zehn bis 15 Minuten. Die Teile müssen zusammengefügt werden, wenn der Leim noch gut feucht ist.

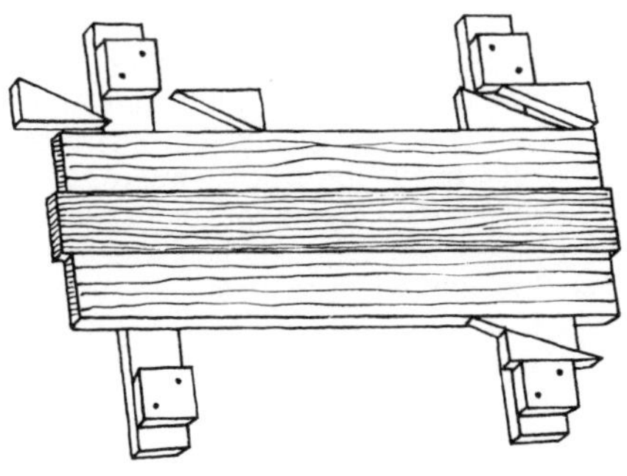

Spannvorrichtung mit Keilen

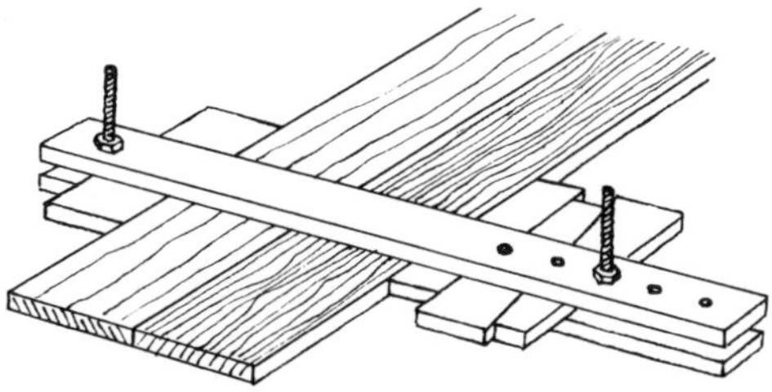

Verstellbare Einspannvorrichtung mit Schrauben

Weichfaser-Akustikplatten

Diese Platten werden mit speziellen Akustikplatten-Klebern (z. B. Colimal W, Uzin Solist III) verklebt. Üblich ist das Verkleben auf trockenen, ungehobelten Lattenrosten. Entsprechend dem Plattenverlauf wird der Kleber auf die Rückseite aufgetragen (z. B. breiter Kleberstrang aus einem Spritzbeutel). Der Strang darf nicht breitgedrückt werden. Das geschieht beim Anlegen der Platten, die, leicht drehend und drückend, paßgerecht eingeschoben werden.

Sollen solche Platten auf ebenem Beton, Zement oder verlängertem Zementputz verlegt werden, verwendet man lösungsmittelhaltigen Plattenkleber, z. B. Colimal K. Hier wird der Kleber gleichmäßig mit einem geeigneten Zahnspachtel vollflächig auf den Boden aufgetragen. Zusätzlich wird die Plattenrückseite in der anderen Richtung (senkrecht zur ersten) eingestrichen. Nach der vorgeschriebenen Ablüftezeit wird sofort paßgenau verlegt und kräftig angedrückt, am besten mit einem stoffumwickelten Plattenrest.

Bodenbeläge

Allgemein gilt: Der Unterboden muß eben, trocken, frei von Rissen und Staub sein. Unebenheiten vor dem Verlegen mit Boden-Spachtelmasse ausgleichen. Stark saugenden Unterboden vor dem Kleben mit einem käuflichen Grundiermittel einlassen. Für die zahlreichen heute angebotenen, im Material grundverschiedenen Beläge sind die nötigen Hinweise in der Tabelle zusammengefaßt.

Hinweise: Je nach Anweisung der Hersteller den Kleber auf Belagrückseite *und* Untergrund oder nur einseitig auf den Unterboden

Bodenbelag	Kleber (Beispiele)	Basis	Spachtelzahnung
PVC oder Gummi in Bahnen oder Fliesen	Thomsit K 182 Thomsit K 172 Uzin GN 276	Neoprenkleber (Kunstkautschuk)	Nr. 0 oder Pinsel bzw. Nr. 1
PVC auf Filz, Jute oder Polyester	Thomsit T 470 Uzin Utex 72	Kunstharz-Lösungsmittel Kunstharz-Spiritus	Nr. 2 Nr. 1
PVC auf Kork	Thomsit L 200 (Linoleumkleber)	Kunstharz-Lösungsmittel	Nr. 2
Linoleum in Bahnen	Thomsit L 200 Uzin Spezial	Kunstharz-Lösungsmittel Kunstharz-Spiritus	Nr. 2 Nr. 1
Teppichböden und Nadelfilzbeläge	Thomsit T 480 – Teppichkleber Thomsit T 406 – Teppichkleber Uzin 232 Universal	Kunstharz-Lösungsmittel Kunstharz-Dispersion Kunstharz-Alkohol	Nr. 2 Nr. 2 Nr. 1–2
Teppichböden mit PVC-Rückseite	Thomsit T 406 Uzin AC 9	Kunstharz-Dispersion Kunstharz-Dispersion	Nr. 2 Nr. 1
Sisalbeläge	Thomsit T 406	Kunstharz-Dispersion	Nr. 2
Vinyl-Asbest-Fliesen (Flex-Fliesen)	Thomsit F 568 Uzin FM	Bitumen oder Kunstharz-Dispersion Bitumen	Nr. 1 –

auftragen. Ablüftezeiten genau einhalten. Beläge paßgenau einlegen und gut anreiben. Flecken sofort entfernen. Fast alle Bodenbelagkleber sind feuergefährlich!
Fliesen sind von der Bodenmitte (von einem Schlagschnurkreuz) aus treppenförmig einzulegen (vgl. ▷Bodenbeläge). Alle zerschnittenen Randfliesen sind vorher „trocken“ einzupassen. Sockelleisten werden zuletzt geklebt.

Schichtstoffplatten

Für die in diesem und in den folgenden Abschnitten genannten Stoffe beachten Sie bitte die allgemeinen Angaben unter dem Stichwort ▷Kunststoffe.
Die unter Namen wie Formica, Homanit, Resopal, Ultrapas bekannten einfarbigen oder gemusterten, glänzenden oder matten, sehr harten und dauerhaften Schichtstoffplatten werden auf Span-, Tischler- oder Sperrplatten aufgebracht. Die Platten müssen der Raumtemperatur einige Zeit angepaßt werden (ca. 20°C). Geschnitten werden sie mit einer Feinsäge. Man kann auch entlang einer Markierung mit einem spitzen Werkzeug (Anreißer, Spitzbohrer) einritzen und dann nach hinten über eine Kante abbrechen.
Geklebt wird mit Spezialkleber (z. B. Ponal, Pattex), der mit Zahnspachtel aufgetragen wird. Untergrund und Plattenrückseite sollen dabei in verschiedener Richtung (über Kreuz) eingestrichen werden, Kanten besonders sorgfältig. Nach der vorgeschriebenen Ablüftezeit wird sauber angelegt und ein ausreichender Preßdruck ausgeübt. Der Klebeprozeß ist erst nach etwa 36 Stunden abgeschlossen.
Die Kanten von Werkstücken, die aus Platte plus Schichtstoffplatte bestehen, werden am einfachsten mit Hilfe desselben Klebstoffes mit ▷Umleimer abgedeckt.

Wandplatten aus PVC

Als Kleber für diese Wandplatten, die den PVC-Bodenbelägen ähnlich sind, eignen sich pastose Dispersions-Kleber, die mit dem Zahnspachtel aufgetragen werden. Vorbedingung ist eine glatte, feste, trockene und saubere Wandfläche. Der Kleber wird *auf die Wand* aufgebracht, jeweils etwa für einen Quadratmeter Fläche. Die Platten werden einzeln genau auf Stoß eingelegt und mit einer Gummiwalze kräftig angerollt. In Ecken, an Türen, Fenstern und an der Fußleiste ist jede Platte einzeln zuzuschneiden und vor dem Kleberauftrag „trocken" genau einzupassen.

Kunststoff-Schaumbelag für Wände
Dieser ziemlich dicke, auftragende und stoßfeste Wandbelag kann – im Unterschied zu PVC-Wandplatten – auch auf etwas weniger glatten Wänden aufgebracht werden. Es gibt ihn nur in Bahnenform. Die Bahnen sind am Abend zuvor zuzuschneiden und auszulegen, Raumtemperatur etwa 20° C.
Geklebt wird mit geeignetem Dispersionskleber oder Fliesenkleber (z. B. Saxit). In der Regel wird der Kleber auf die Wand aufgetragen. Der Belag ist mit einem Kunststoffspachtel (im Fachgeschäft erhältlich) von der Mitte her nach den Seiten kräftig anzudrücken. Spachtel schräg halten. Besonders sorgfältig sind die Stöße zu schließen: Die Bahnen werden etwa 4 cm überlappt (d. h. doppelt) verklebt. Auf der Mitte der Überlappung wird mit einem scharfen Klingenschneider (Schiller- oder Stanleymesser) an einem Stahllineal entlang durchgeschnitten. Die anfallenden Streifen werden abgezogen. Der Stoß wird sauber geschlossen und fest angedrückt („doppelter Nahtschnitt").

Styropor-Untertapeten
werden ebenfalls mit Spezialkleber verlegt, z. B. mit Assil F, Sichel UT. Man schneidet die Bahnen auf die benötigte Länge zu, sofern man nicht die härteren Erzeugnisse in Tafelform verlegen will. Es ist *nur die Wand* jeweils in guter Bahnbreite satt mit kurzer Bürste einzustreichen. Die lose eingerollte Bahn wird oben angelegt. Beim Abrollen nach unten drückt man mit einer weichen Gummiwalze fest an. Auf sauberes Schließen der Bahnenstöße (Nähte) muß geachtet werden. Fehlstellen, z. B. an der Fußleiste, kann man mit Füllspachtel ausbessern. Die Bahnen müssen mindestens 24 Stunden trocknen, bevor tapeziert wird.

Deckenplatten aus Styropor
Deckenplatten aus weißem Hartschaumstoff dürfen nur mit einem dafür geeigneten Kleber (z. B. Assil P, Sichel PH, Uzin U-Wanda) verlegt werden. Neuputz, Beton, Gasbeton, Spanplatten und saubere Altbaudecken sind als Untergrund geeignet. Alle Verlegungen beginnen bei einem Schlagschnurkreuz in der Deckenmitte. Der Kleber wird mit einem Zahnspachtel vollflächig auf die Plattenrückseite aufgetragen. Man legt jede Platte etwas vor ihrem späteren Sitz an und schiebt sie leicht in die richtige Lage. Sauberer Sitz der ersten Reihe am Schnurschlag entlang ist besonders wichtig, dann klappt es auch weiterhin. Mit einem Lammfellroller oder einem sauberen Tuch kann jede Platte leicht angedrückt werden. Kleberflecken sofort entfernen.

Metallklebungen
Metalle klebt man mit Zweikomponentenklebern (Reaktionsklebern aus zwei Bestandteilen), z. B. Stabilit Dur. Die glatten Metallflächen müssen sorgfältig vorbehandelt werden: Fett und Verunreinigungen mit Lösungsmittel (Trichloräthylen) entfernen, anschließend gut trockenreiben. Bereits gereinigte Klebeflächen nicht mit den Händen berühren (Handschweiß). Von den am Anfang des Abschnitts „Kleben und Leimen" dargestellten Verbindungsarten soll die „Schäftung" bei Metallklebungen nicht verwendet werden. Die offene Zeit des Klebers beträgt nur wenige Minuten. Also nicht zuviel Kleber ansetzen. Diese Kleber haben eine kurze Abbindezeit; in ein bis fünf Stunden sind sie ausgehärtet.

Auftragen von Assil-Kleber auf die Rückseite einer Styroporplatte und genaues Anlegen der Platte

Das Verkleben üblicher Heimwerker- und Bastler-Werkstoffe mit fünf bekannten Allesklebern. Freie Felder: Verkleben nicht zu empfehlen.

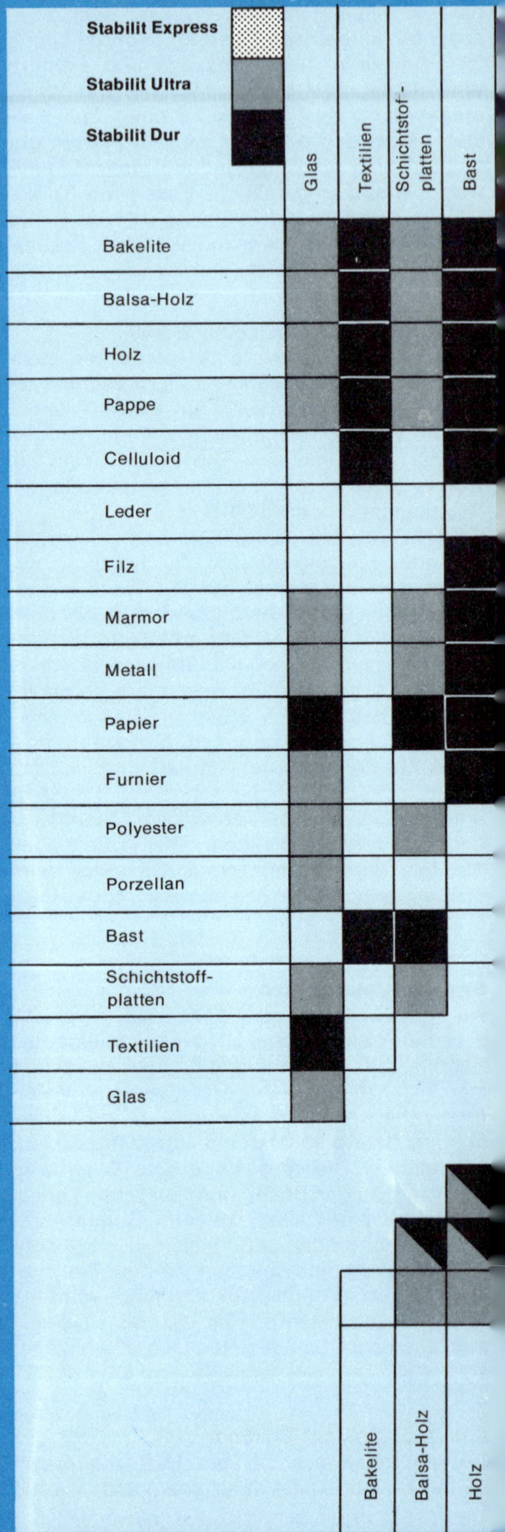

Furnier
Papier
Metall
Marmor
Filz
Leder
Celluloid
Pappe
Holz
Balsa-Holz
Bakelite
Glas
Textilien
Schichtstoff-platten
Bast
Porzellan
Polyester
Furnier
Papier
Metall
Marmor
Filz
Leder
Celluloid
Pappe
Holz
Balsa-Holz
Bakelite
Leder
Filz
Marmor
Metall
Papier
Furnier
Polyester
Porzellan
Bast
Schichtstoff-platten
Textilien
Glas
Ponal
Pattex und Pattex compact

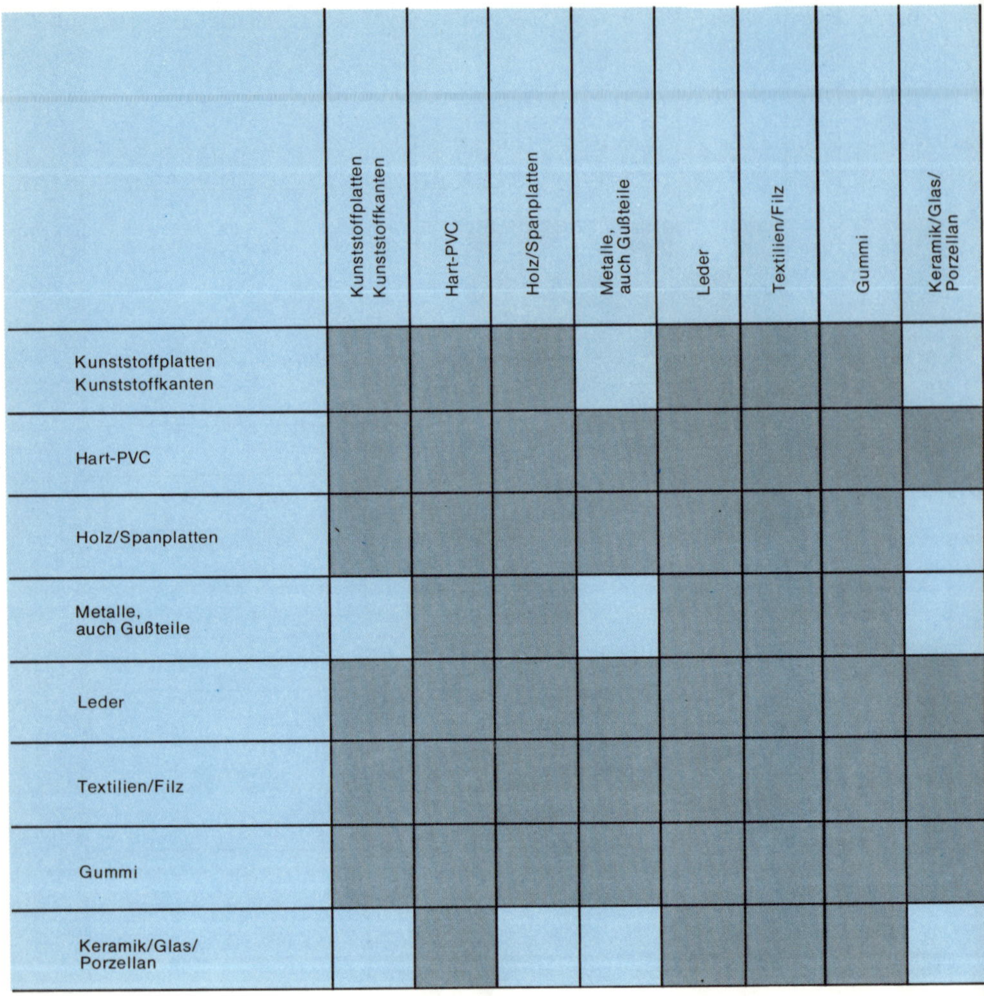

Beispiel: Tabelle der Verklebungsmöglichkeiten mit Pattex compact.

Glasklebungen

Wenn der Verwendungszweck es erforderlich macht, glasklare Kleber nehmen, z. B. Disbon Glaskleber U41 oder Stabilit Ultra. Wo die leicht gelbliche Eigenfarbe anderer Kleber nicht stört, etwa bei Glasmosaik, nimmt man diese, z. B. Stabilit Dur.

Der Kleber wird dünn aufgetragen, jedoch so dick, daß beim festen Zusammendrücken eingeschlossene Luft nach den Seiten entweiche[n] kann. Es dürfen keine Hohlstellen in de[r] Klebefuge bleiben! Während des Abbinden[s] müssen die Glasteile fest in ihrer Stellun[g] gehalten werden (Abstützung, seitliche Ha[l]terung o. ä.). Überflüssiger Kleber muß in noc[h] weichem Zustand mit einem scharfen Messe[r] entfernt werden. Bei längerem Arbeiten m[it] Glasklebern Gummihandschuhe anziehen.

Das Häfele Regalsystem „allround" bildet den Rahmen zur Gestaltung von Wohnwänden, und es ist einfach aufzubauen. Zu beziehen bei Häfele KG, Nagold, Postfach 160

Konsolen

Träger für Wandregale und -schränke aus Holz, Metall, Kunststoff. Praktisch und leicht zu befestigen sind Regalkonsolen aus Blech. Wem die Standardfarben Weiß und Schwarz zu langweilig sind, der kann sie selber umlackieren.

Für ein kurzes Regalbrett braucht man zwei Konsolen, die im Abstand von ca. 70 cm mit je zwei Schrauben an der Wand befestigt werden. Die Schrauben müssen in Dübeln sitzen.

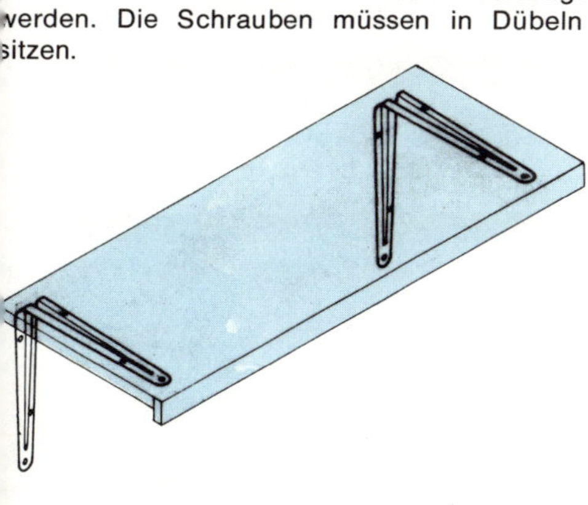

Wandbord auf Konsolen

Kunststoffe

Kunststoffe sind „Werkstoffe nach Maß": Sie besitzen genau berechnete, stets gleichbleibende Merkmale und Eigenschaften. Manche Kunststoffe sind den natürlichen, herkömmlichen Werkstoffen überlegen, andere werden mit ihnen in guter Ergänzung zusammenverarbeitet.

Kunststoffe haben fünf typische Merkmale:

1. Kunststoffe sind aus organischen Substanzen hergestellte Werkstoffe – d. h. sie entstammen der lebenden Natur (z. B. Zellulose) – oder ehemals lebenden Substanzen wie Steinkohle, Erdgas und Erdöl.

2. Der Kohlenstoff ist ihr Hauptelement; lediglich bei den Silikonen ist Silizium das bestimmende Element.

3. Kunststoffe bestehen aus Riesenmolekülen (Makromoleküle), die in zahlreichen Einzelmolekülen nach bestimmten Regeln aneinandergereiht sind.

4. Man gewinnt sie heute überwiegend künstlich (synthetisch) durch chemischen Aufbau.

5. Kunststoffe sind plastisch (daher „Plastics"); sie sind entweder nur während ihrer Herstellung oder auch später als fertige Erzeugnisse durch Wärme beeinflußbar.

Für das Arbeiten mit Kunststoffen ist die Einteilung nach dem Wärmeverhalten am wichtigsten:

1. Duroplaste (heute *Duromere*) = härtere Kunststoffe. Sie sind unter Wärme nur einmal formbar, und zwar bei der Herstellung. Ihre Einzelmoleküle vernetzen dreidimensional in allen Richtungen. Beispiele: Schichtstoffplatten als Tisch- und Fensterbankbeläge, Lichtschalter, Steckdosen.

Die Duroplaste lassen sich nur „spangebend" bearbeiten, also schneiden, sägen, feilen, raspeln, hobeln, bohren, drehen, schleifen, polieren und auch kleben – je nach Kunststoffart. Maschinen für die Bearbeitung müssen eine hohe Schnittgeschwindigkeit besitzen (Heimwerkersägen oder -bohrer); die Werkzeuge sollen aus Schnellstahl sein, besser ist jedoch Hartmetallbestückung.

2. Thermoplaste (heute *Plastomere*) = wärmeverformbare Kunststoffe. Noch als Fertigerzeugnisse unter Wärme zu verformen oder zu beeinflussen. Die Einzelmoleküle verbinden sich überwiegend fadenförmig zu Makromolekülen. Beispiele: PVC-Bodenbelag und -profile, Acrylglas (Plexiglas), PVC-Duschvorhänge, Teppichböden aus thermoplastischen Chemiefasern.

Diese Kunststoffe lassen sich nicht oder kaum mit spangebenden Instrumenten bearbeiten. Ihre Verlegung als Boden- oder Wandbeläge erfolgt am besten in gut temperierten Räumen, etwa bei 20°C; andernfalls sind sie spröde und schwer zu verarbeiten. Zum Verschweißen von Bodenbelägen, Profilen oder Handläufen gibt es leicht zu handhabende Heißluftgeräte. Umgang mit ihnen erfordert jedoch eine entsprechende Schulung.

Im folgenden eine Übersicht der wichtigsten Materialgruppen: Folien, Bodenbeläge, Platten und Tafeln, Profile.

Häufig werden Kunststoffe als dünne Schicht auf ein Trägermaterial aufgebracht.

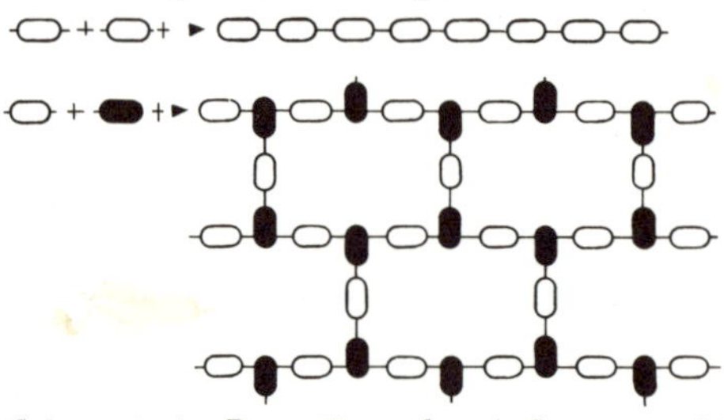

Schematische Darstellung des Aufbaus von Makromolekülen. Oben: Fadenmolekül aus zweiwertigen Einzelmolekülen. Unten: Raumnetzmolekül aus zwei- und dreiwertigen Grundmolekülen, Darstellung zweidimensional vereinfacht

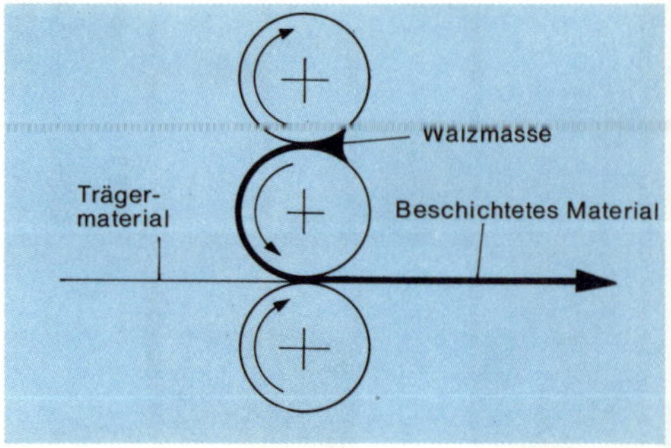

Beschichten eines Trägermaterials mit Kunststoffmasse, meist PVC (Polyvinylchlorid), im Kalanderverfahren

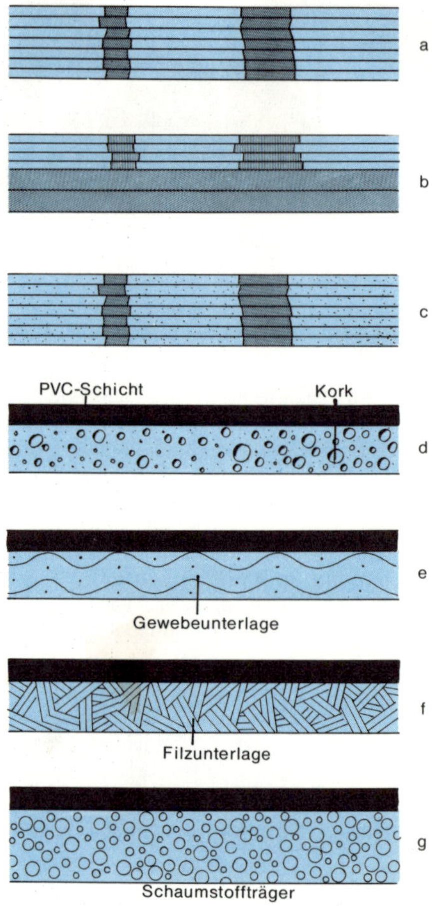

Aufbau von PVC-Bodenbelägen: *a einschichtige (homogener) Belag, b mehrschichtig, c Belag mi Zuschlag- und Füllstoffen, d auf Korkträger, e au Gewebe, f auf Filz, g auf Schaumstoff.*

Kunststoff-Folien
Bahnenförmige, verhältnismäßig dünne Erzeugnisse. Zahlreiche Formen und Anwendungsgebiete.

Art	Beschreibung	Fabrikate	Bemerkungen
Dekorations-folien	Glatte, strukturierte oder gemusterte Folien als Vorhänge oder für Tischdecken	Alkor Acella Mipolam Pegulan	Diese Folien sind nicht zum Verkleben geeignet, können aber verspannt werden.
Selbstklebe-folien	Rückseite mit Haftkleber beschichtet. Nach Abziehen des Schutzpapiers auf glatte Untergründe, z. B. Möbelteile, zu kleben.	Acella Contact d-c-fix Mipofix Pegulan	Da mit leichtem Schrumpfen zu rechnen ist, etwas größer zuschneiden und einige mm überlappt kleben.
Dekorations-folien auf Papier oder Gewebe	Tapetenähnliche Wandbeläge, bahnenförmig, Breiten 53–80 cm, voll abwaschbar. Abart: Kunstleder für Stühle und Autositzbezüge.	Buflon Gurimur Mipolam Vinel Vymura Stormur suwide	Die Papier- oder Gewebe-schichten dienen als Träger, damit man die Bahnen verkleben kann (Tapeten-Spezialkleister).
Schaumstoff-bahnen als Untertapete	Aus geschäumtem Polystyrol (Styropor) gefertigte Hart-schaumplatten oder -bahnen als isolierende Untertapete. Dicke 2–5 mm, 0,80 m breit; Tafeln 0,80–1,25 m lang.	Frigolit Isopor Poresta Thermopete	Verklebung auf trockenen, sauberen Untergründen mit Hartschaumklebern, nach 24 Stunden übertapezieren.

Hinweise zum Verarbeiten von Folien

Bei der Raumgestaltung kommen Folien hauptsächlich für folgende Anwendungen in Frage: als Wandbespannung; zum Verkleiden von Wand- und Deckenflächen, ganz oder in Ausschnitten; zur Verkleidung von Türen und Schränken, von Tisch- und Ablageflächen; als Vorhang; für feste oder bewegliche Trennwände zur Raumteilung.
Alle Folien sind, entsprechend den allgemeinen Eigenschaften des Kunststoffmaterials, elastisch, wasserfest, abwaschbar und abreibbar, hinreichend beständig gegen Fette und Benzin, manche schalldämmend, isolierend und von guter Desinfektionswirkung.

Einfache trägerlose Folien können Sie mit der Schere schneiden (▷Schneiden). Für mehrschichtiges Material (Folien mit Trägerschicht) verwenden Sie besser ein Spezialwerkzeug: entweder ein Tapeten- oder ein Allzweckmesser (▷Schneiden).
Folien werden gespannt oder geklebt. Dem Laien ist, namentlich bei größerer Fläche, das Spannen trägerloser Folien eher anzuraten als das Kleben, da hier Folie, Untergrund, Spezialkleber und Ausführung sachkundig aufeinander abgestimmt sein müssen. Folien auf Trägerschichten lassen sich leichter kleben.
Vgl. ▷Kleben und Leimen.

Profile

Art	Beschreibung	Fabrikate	Bemerkungen
Sockelleisten	Bodenbelagprofile aus PVC, auch für das Hinterlegen von Kabeln und zum Einlegen von Teppichbodenreststreifen	Bolta DLW Kömmerling Mipolam Pegulan Rehau Schock	Die meisten Profile werden nach dem Verlegen des Bodenbelages mit Neoprenkleber verklebt. Für die Ecken müssen sie auf ▷Gehrung zugeschnitten werden.
Wandbelagprofile	PVC-Profile für Innen- und Außenecken beim Verlegen von PVC-Wandplatten	Bolta Mipolam Rehau Schock	Das Verlegen wird einfacher und gelingt besser, wenn Sie vor dem Belegen von Ecken diese Profile setzen

Platten und Tafeln
Meist harte, feste und stabile, aber auch schaumstoffartige Erzeugnisse unterschiedlicher Grundlage für verschiedene Anwendungsbereiche.

Art	Beschreibung	Fabrikate	Bemerkungen
Schichtstoffplatten	Geschichtete Lagen Baumwollpapier mit duroplastischen Kunstharzen verpreßt, obere Lage trägt Farbe, Muster oder Maserung, auch Bildmotive	Duro-pal Formica Getalit Homapal Hornitex Resopal Terstorp Trespa Ultrapas	Überwiegend für Möbel- und Türenbelegungen; in kleineren Flächen auch durch den Laien zu verarbeiten
Kunststoff-Wandplatten	Auf der Basis von PVC oder Vinylharzen mit Asbestfüllung gefertigte Platten 12,5×12,5, 12,5×25 und 15×30 cm	Deliflex Floorflex Marley Pegulan	Verlegen mit sog. Fliesenklebern nach Arbeitsanweisung möglich
Polyesterplatten	Glasfaserverstärkte, glatte oder gewellte Platten für Balkonverkleidungen, Vordächer u. a.; Duroplaste, also nur spangebend zu bearbeiten	Acowell Filon Grillowell Lamilux Polydet Trocal	Werden mit Hilfe besonderer Halterungen auf tragenden Metallkonstruktionen verlegt und verschraubt
Schaumstoffplatten	Aus Polystyrol gefertigte Deckenplatten	Isopor Frigolit nmc-Platten Poresta Poron optiwell	Verkleben mit Hartschaumkleber auf sauberen Deckenflächen (Kleben und Leimen)
Styropor-Bauplatten	Schaumstoffplatten 50×100 cm, bis zu 5 cm Dicke, sehr gut geeignet für Basteleien und gestalterische Arbeiten	Isopor Frigolit Poresta Poron	Zahlreiche Möglichkeiten durch Schneide-, Lösungsmittel- und Maltechniken. Spezialbücher über Gestalten mit Kunststoffen im Buchhandel

Kunstoff-Bodenbeläge

Sowohl nach der Rohstoffgrundlage als auch nach der Herstellung und den Erscheinungsformen haben wir heute ein fast unübersehbares Angebot. Vgl. zu dieser Übersicht die Angaben im Kapitel „Bodenbeläge".

Art	Beschreibung	Fabrikate	Bemerkungen
PVC-Beläge ohne Träger	Aus hochwertigem Kunststoff gefertigte Beläge. Entweder durchgehende Schicht (homogen, Muster ebenfalls durchgehend) oder mehrschichtig; auf der Laufseite reine PVC-Schicht, unten einfachere Schichten	Balaflex Bocato Contan Deliplan Dunloplan Friedola Gerflex Marley Mipolam Neodon Pegulan Plastino tapiflex Spoknol	Bahnverlegung für Laien nicht ratsam. Fliesenverlegung wird durch Selbstklebefliesen erleichtert. Bebilderte Anweisungen liefern alle Hersteller. Mehrschichtige Beläge sind preiswerter als homogene, sie reichen für Wohnzwecke aus.
PVC-Beläge auf Trägern	Wie bei PVC-Folien dienen hier Filz, Kork, Gewebe oder Schaumstoffe als Unterlage	wie oben	Beim Verkleben dieser Beläge muß der Kleber auf den jeweiligen Träger abgestimmt sein. In Bahnen schwer verklebbar.
Hart- oder Flexfliesen	Einfache, preisgünstige Fliesen in harter Ausführung	deliflex Floorflex Marleyflex Pegulan Polyflex	Selbstverlegung möglich. Anweisungen des Herstellers genau beachten.
Teppichböden in Bahnen und Fliesen	Tufting-Beläge: Das Garn (Pol genannt) ist in einen Träger eingenadelt, die Belagrückseite trägt Beschichtung. Nadelfilz-Beläge: Polfäden mit Träger oder unter sich verfilzt; beschichtete Rücken möglich. Auch gewebte, gepreßte, geflockte, geklebte, kaschierte Wirk- und Flockteppiche erhältlich.	Anker Balamundi Bessmer Bigelow-Nobel boddiflor Bouclésa Sommer DLW Dunloplan Dura-Tufting FFF-Fulda Glawo Globus Heuga Neodon Pegulan Poser Schaeffler Tellux Vorwerk Zoeppritz u.v.a.	„Bouclé-Teppiche" sind Schlingenware; „Velours" hat aufgeschnittene Schlingen, also aufrecht stehendes Polgarn. Am einfachsten ist das Verlegen selbstklebender oder selbstliegender Fliesen. Bei Bahnen ist das Verlegen auf doppeltem Tesaband verhältnismäßig leicht. Teppichböden mit Waffelschaumrücken sind auch lose (ohne Verkleben) verlegbar.

Lampen

Alle Arbeiten an elektrischen Anlagen müssen vom Fachmann ausgeführt werden. Jede unsachgemäße Arbeit kann Unfälle heraufbeschwören und Menschenleben gefährden.
Selbst das Aufhängen einer Leuchte fällt unter diese Vorschriften. Wer wissen will, ob die Lampen in seinem Zimmer sicher aufgehängt sind, der prüfe (bei ausgeschalteter Sicherung), ob folgende Bedingungen eingehalten sind:
Erstens: Die Leitungsdrähte dürfen niemals den Beleuchtungskörper tragen. Sie müssen völlig zugentlastet sein. Man braucht also einen offenen Ringhaken, der in die Decke geschraubt wird. Ist unter dem Deckenverputz Holz, geht das ohne weiteres. Bei anderen Arten von Decken – in Neubauten hat man vielfach Beton – und ebenso an Wänden muß, wo nicht schon ein Haken angebracht ist, zunächst ein Dübel (▷Dübel in Wand und Decke) eingesetzt werden.
Zweitens: Die Leitungsdrähte dürfen mit den Lampendrähten keinesfalls bloß zusammengedreht oder zusammengeknüpft werden. Sie werden stets mit einer Lüsterklemme zusammengeschlossen, die zweipolig ist bei einfacher Schaltung, dreipolig bei Serienschaltung. Von den blankgeputzten Drahtenden darf nicht ein Millimeter aus der Lüsterklemme herausragen!
Will man eine Leuchte nicht unter der üblichen Anschlußstelle (meist in Deckenmitte) aufhängen, braucht man eine Anschlußdose mit Klemmvorrichtung und muß ebenfalls für zugkraftfreie Befestigung der Zuleitungen sorgen. Fertige, vorschriftsmäßige Aufhängungen gibt es im Handel.
Drittens: Die Wärmeentwicklung einer Glühlampe steigt mit ihrer Leuchtstärke. Die Angaben der Hersteller von Beleuchtungskörpern über die zulässige Bestückung mit Glühlampen sind einzuhalten. Die herkömmliche Glühlampe wandelt leider nur den kleineren Teil der hineingeschickten Energie in Licht um, den größeren in Wärme.

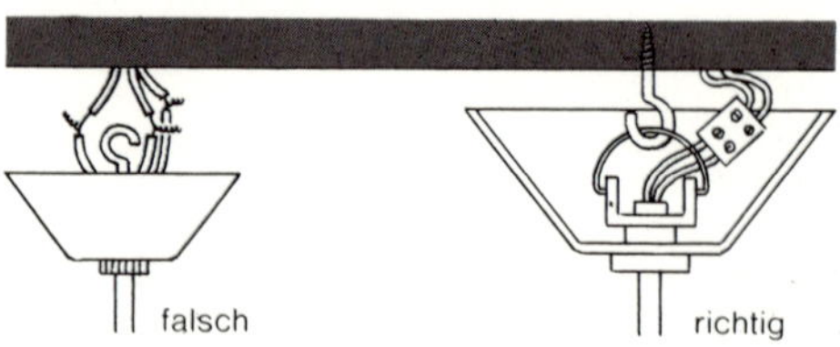

Deckenhaken und Lüsterklemme sind unerläßlich

Arten von Glühlampen

Das Angebot ist so reichhaltig, daß man sich in einem Fachgeschäft eine Übersicht verschaffen sollte. Man entdeckt ziemlich sicher Dinge, von denen man nichts gewußt hat. So gibt es z. B. außer den „normalen" Glühlampen (Klarglas, mattiert oder opal) die edelgasgefüllten Krypton-Lampen, die etwas teurer sind als normale Glühbirnen, aber eine bessere Lichtausbeute ergeben; röhrenförmige Glühlampen; Lampen, die Infrarotstrahler (Wärmestrahler) oder Ultraviolett (UV)-Strahler sind, spezielle Party-, Effekt- und Reflektor-Leuchten; schließlich Glimmlampen, die unmittelbar in eine Schuko-Steckdose gesteckt werden können und einen Lichtschimmer abgeben, ohne Stromkosten zu verursachen.

Ein paar Tips

1. Wenn Sie eine Glühlampe schütteln und ein leichtes Klappern hören, so beweist das nicht, daß sie defekt ist. Es kann sich um Glassplitterchen handeln, die beim Einschmelzen mit in den Kolben gelangt sind.

2. Greifen Sie eine heiße Lampe nicht mit einem feuchten Lappen an. Sie springt dabei leicht auseinander. Das gleiche Schicksal erleidet sie, wenn sie in heißem Zustand einen kalten Wasserspritzer bekommt.

3. Jeder hat die Erfahrung gemacht, daß die Glühlampe beim Einschrauben nicht gerade ins Gewinde geht, sondern sich festklemmt. Man drehe die Lampe zuerst in der entgegengesetzten Richtung – also links herum –, bis das Lampengewinde in das der Fassung einrastet. Jetzt stimmen die Gewinde überein, und Sie können mühelos die Lampe im richtigen Drehsinn – rechts herum – festschrauben.

4. Beim Herausdrehen der Reste einer zerplatzten Glühlampe kann man sich leicht verletzen. Zweckmäßig ist es, nach Ausschalten der Sicherung ein Papierknäuel oder einen nicht zu kleinen Lappen gegen die Reste zu drücken und so zu drehen.

5. Vergessen Sie nicht, daß Sie vor dem Ein- und Ausschrauben einer neuen Glühlampe erst die Leitung durch Herausdrehen der Sicherung stromlos machen sollen. Ein kleiner Stromübergang am Beleuchtungskörper kann Ihnen einen Schlag versetzen. Auch wenn er nicht tödlich wirkt, können Sie doch einen leichten Schock erleiden und dadurch beispielsweise von der Leiter fallen.

Leuchtstofflampen
Diese Lampen entwickeln weniger Wärme als Glühbirnen. Bei gleicher Energieaufnahme strahlen sie etwa viermal soviel Licht aus. Sie haben keinen Glühdraht, sondern leuchten durch elektrische Entladung im gasgefüllten Glaskolben.
Nachteile: Die Zündung dauert einige Sekunden. Das leicht flimmernde Licht wird manchmal als unangenehm empfunden. Man unterscheidet nach einer DIN-Norm folgende Farben: tw = tageslichtweiß, nw = neutralweiß, ww = warmweiß, gl = Glühlampenlicht. Die wärmeren Töne wirken behaglich, solange die Beleuchtungsstärke niedrig bleibt. Leuchtstofflampen gibt es außer als gerade Röhren (Länge wächst mit Lichtstärke) auch U-förmig und kreisförmig.

Lehre

Im handwerklichen Bereich wird als Lehre ein Meßinstrument bezeichnet, mit dem man Werkstücke, hauptsächlich aus Metall, genau messen kann. Beispiele: *Rachenlehre,* zwischen deren Meßbacken das Werkstück eingeführt wird; *Drahtlehre* zum Messen von Drahtstärken; die unter ▷Anreißen, Metall beschriebene *Schublehre.*
Im häuslichen Bereich wird man sich eine Lehre aus Holz herstellen, wenn es gilt, genau gleiche Abstände – z. B. bei gitterartigen Anordnungen – zu erzielen. Will man etwa einen Lattenrost zusammenschrauben, so hält man jedesmal die Lehre zwischen die eben befestigte und die nächste Latte.
Zur Einhaltung gleicher Abstände bei Bohrlöchern fertigt man sich eine Bohrschablone aus Hartholz oder Kunststoff an.

Leisten

Holzleisten mit quadratischem, rechteckigem, auch rundem oder profiliertem Querschnitt kaufen wir fertig im Heimwerkermarkt, einfache Leisten und Latten für Unterkonstruktionen (z. B. bei Täfelungen) und Zäune dagegen in der Holz- und Baustoffhandlung. Es empfiehlt sich, die Maße nachzuprüfen und auf geraden Wuchs zu achten.
Zum Nageln von Hartholzleisten Spezialstifte verwenden, Nagellöcher etwas vorbohren.
Schleifen der Flächen mit Glaspapier *vor* der Verarbeitung, Brechen der ▷Kanten (▷Hobeln) dagegen erst danach.

Leitungsrohre

Das Verlegen von Rohrleitungen für Wasser und Gas sowie das Reparieren solcher Leitungen überlassen wir dem Fachmann. Leitungsrohre lassen sich jedoch für viele andere Zwecke verwenden.

Stahlrohre und Fittings
Zum Verbinden von Stahlrohren verwendet man die „Fittings" genannten, fertig käuflichen Verbindungsstücke (aus gegossenem Material).
Die Fittings haben Innengewinde. Die Rohrenden müssen mit einem passenden Außengewinde versehen werden (▷Gewinde, Außengewinde).
Nach unseren Normvorschriften werden die Außengewinde an Rohren konisch geschnitten, sie verjüngen sich nach dem Rohrende zu. Die Innengewinde der Fittings sind dagegen zylindrisch geschnitten, also mit gleichbleibendem Durchmesser, ohne Verengung.
Für das Zusammenschrauben bedeutet das: Bei den ersten Drehungen wird das Gewindeteil sich leicht aufdrehen, erst die weiteren Drehungen lassen die Gewinde tiefer eingreifen, die letzten Gänge geben den festen Halt und die Dichtigkeit.
Nach den Normvorschriften soll die Länge der Gewinde betragen: bei 2-Zoll-Rohren 26 mm, bei 1½ Zoll und ¾ Zoll 21 mm, bei 1 Zoll 19 mm, bei ¾ Zoll 17 mm, bei ½ Zoll 15 mm.

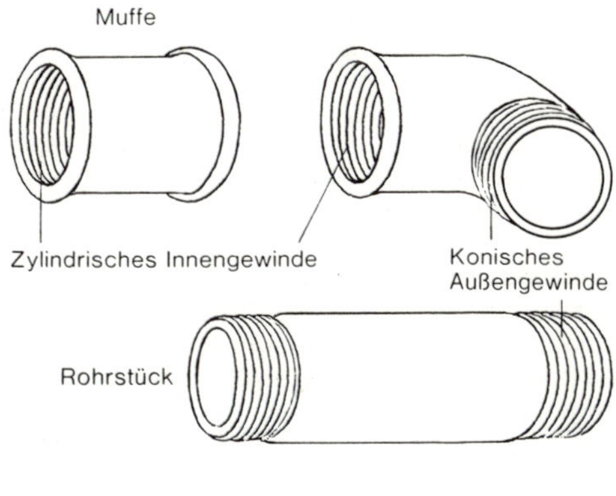

Klemmfix
Aus verzinkten Stahlrohren lassen sich mit Hilfe der fertig zu kaufenden „Klemmfixverbinder" Gestelle, Regale u. ä. zusammenbauen. Gewinde brauchen wir dazu nicht. Die Rohre können mit der Metallsäge auf Länge zugeschnitten, offene Rohrenden mit Holzstopfen verschlossen werden.

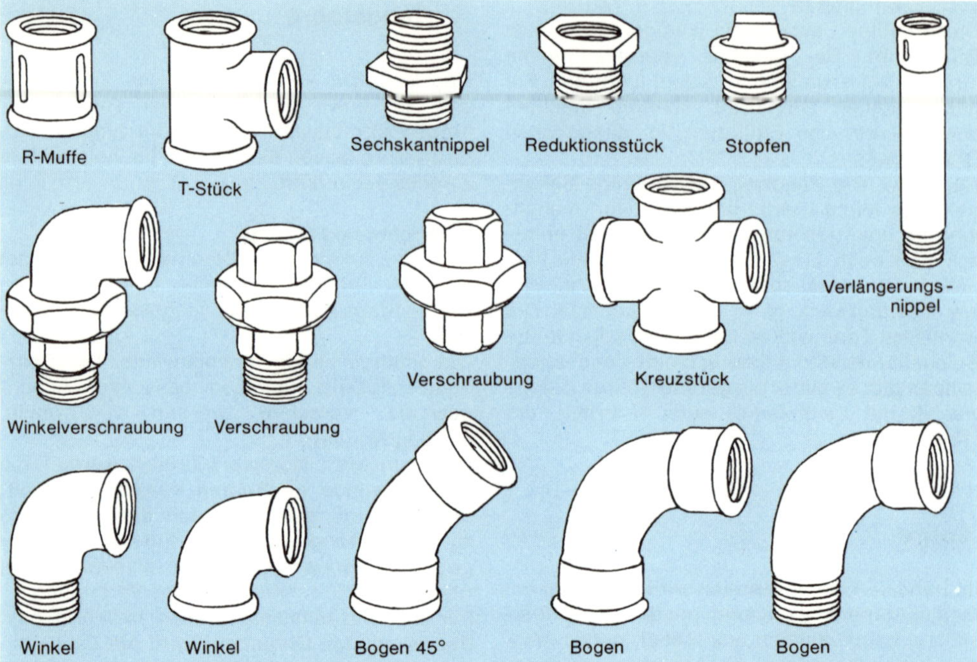

Temperguß-Fittings (Verbindungsstücke für Rohre). Die hier gezeigten gebräuchlichen Formen sind durch Installations- und Fachhandel zu beziehen

Leitungsrohre aus Kunststoff

Von den drei Arten der Leitungsrohre aus Kunststoff – die heute immer breitere Verwendung finden – scheiden die Rohre aus Polypropylen (abgekürzt PP) für unsere Zwecke aus, weil sie nur durch eine fachmännische Schweißung miteinander verbunden werden können. Dagegen lassen sich Leitungsrohre aus Polyäthylen (PE) und Polyvinylchlorid (PVC) auch mit den Mitteln, die der Laie handhaben kann, haltbar (und dicht) verbinden.

Verbinden von PE-Rohren

Rohre aus Polyäthylen lassen sich lösbar verbinden durch eine sogenannte konische Quetschabdichtung mit Hilfe passender Fittings.

Die Sache sieht im ersten Augenblick etwas kompliziert aus.

Der untere Teil der Zeichnung stellt die Außenansicht, der obere Teil einen Schnitt dar. Sie sehen im Schnitt, daß die beiden Rohrenden aufgeweitet und über ein nach beiden Seiten abgeschrägtes Metallstück geschoben sind. Auf der Außenseite ist je eine Metallmuffe übergeschoben. Die beiden Muffen werden durch eine geschraubte Kappe zusammengehalten.

Die Arbeit fängt damit an, daß Sie die Rohre mit Säge oder Messer gerade abschneiden, entgraten und die Innenkanten etwas abschrägen.

Die Teile müssen in der richtigen Reihenfolge aufgeschoben werden. Das Rohrende wird auf etwa 3 cm Länge in kochendem Wasser angewärmt. Mit einem Aufweitdorn kann das jetzt plastisch gewordene Rohrende aufgeweitet werden. Kein Öl benützen! Das aufgeweitete Ende langsam auf dem Dorn abkühlen lassen. Nun die Verbindung ohne Schmiermittel zusammenfügen und verschrauben. Etwas trockener Graphit kann in das Gewinde gegeben werden. Nach 20 Minuten Überwurfmutter nochmals nachziehen.

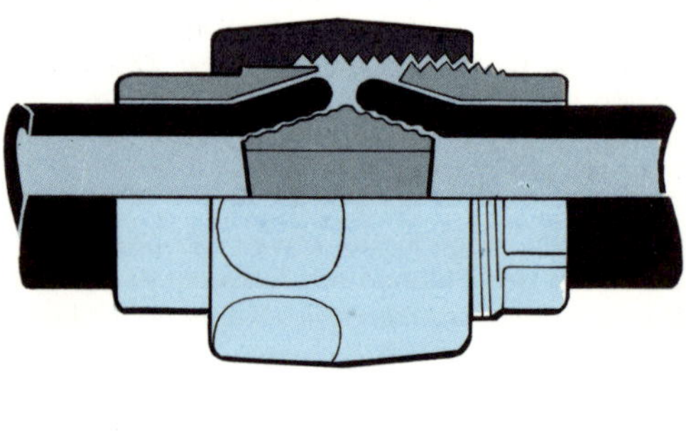

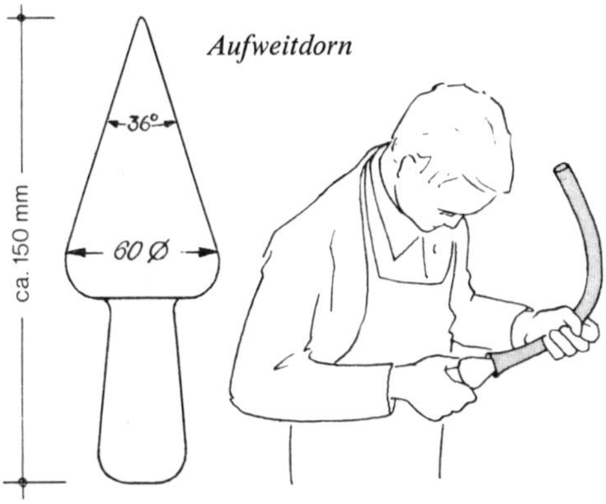

In das plastisch gewordene Rohrende Aufweitdorn einschieben

Kleben von PVC-Rohr

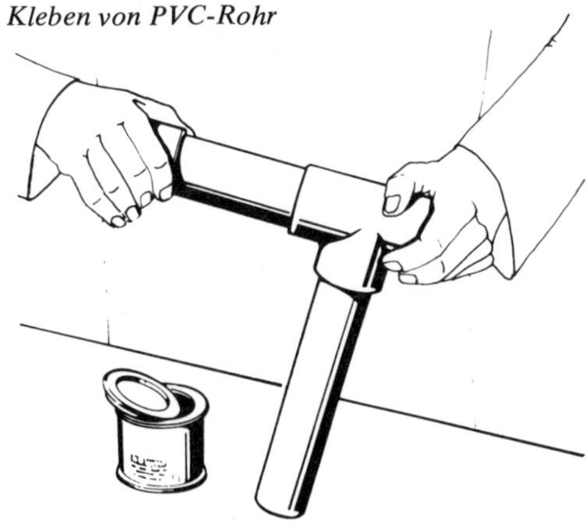

Verbinden von Rohren aus Hart-PVC

Für diese Rohre gibt es besondere Fittings.
Das Abtrennen von Rohrstücken geschieht mit einer feinzahnigen Säge. Das Verbinden geschieht durch Verkleben. Zuerst werden die zu verklebenden Flächen gründlich gesäubert, und zwar mit „Tangit"-Reiniger, den man auf Rollen-Krepp-Papier aufsprüht. Jedes Papierstück nur einmal verwenden! Die Flächen müssen vor dem Verkleben völlig trocken sein.

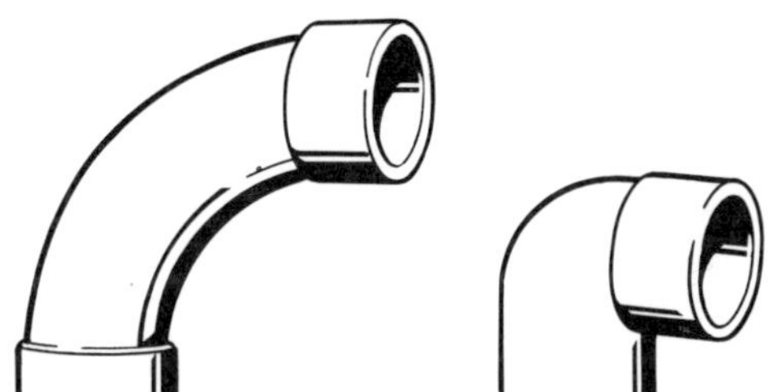

Fittings für Hart-PVC-Rohre

Tangit-Kleber gut umrühren. In die Muffe Tangit in axialer Richtung nur dünn einstreichen, auf dem Rohrende dagegen fett auftragen. Klebestelle ohne Verdrehung schnell zusammenschieben und in der richtigen Lage einige Sekunden festhalten. Den außen entstandenen Wulst aus Kleber mit Kreppapier sofort abwischen. Die Klebestelle fünf Minuten nicht bewegen.
Bei Rohrdurchmesser bis 25 mm mit Rundpinsel 8 mm (unlackiert, Naturborsten) arbeiten.

Biegen von Kunststoff-Rohren

PE-Rohre können nach Anwärmen in kochendem Wasser gebogen werden, wobei der kleinste Biegeradius dem 8-fachen Rohrdurchmesser entspricht. Ein Rohr von 2 cm Durchmesser darf also nicht stärker gekrümmt werden als auf Biegeradius 16 cm, was einem Kreis von 32 cm Durchmesser entspricht.
Auch in kaltem Zustand läßt sich PE-Rohr biegen, wenn man vorsichtig zu Werke geht, jedoch nur bis zu einem Biegeradius, der das 20fache des Rohrdurchmessers beträgt, im eben benutzten Beispiel bei 2 cm Rohrdurchmesser bis zu einem Kreis von 80 cm Durchmesser.
Wenn das Biegen perfekt gelingen soll, macht man die Arbeit auf einem Werktisch und spannt das gebogene Rohrstück bis zum vollständigen Abkühlen in eine vorbereitete Holzschablone von entsprechender Form.
Auch PVC-Rohre lassen sich biegen. Man kann sie erwärmen, indem man sie mit vorgewärmtem Sand füllt. Je 1 mm Materialdicke rechnet man 1½ Minuten Anwärmzeit. Das Rohr soll nicht wesentlich länger erwärmt werden. Biegeradius bis zum 3-fachen des Rohrdurchmessers.
Werden PVC-Rohre jedoch für Leitungen verwendet, sollen sie nicht gebogen werden. Man führt dann die Richtungsänderungen durch Einbau entsprechender Fittings herbei, siehe oben.

Was hier für Rohre gesagt ist, gilt im Prinzip auch für das Biegen anderer Stücke, z. B. Platten aus Kunststoff, besonders PVC. Nach vorsichtigem Erwärmen lassen sie sich biegen und verformen (▷Kunststoffe).

Kupferrohr
Rohr aus Kupfer läßt sich leicht biegen. Rohrstücke lassen sich durch ▷Löten verbinden. Soll ein Kupferrohr, das einen PVC-Mantel besitzt, gelötet werden, so wird der Mantel dazu entfernt.

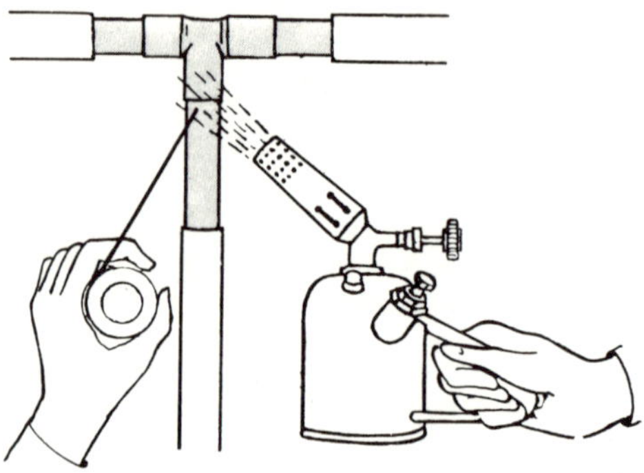

Löten von Kupferrohr (PVC-Mantel vorläufig teilweise entfernt)

Lochplatte

Eine ▷Hartfaserplatte, entweder naturfarben oder farbig abwaschbar beschichtet, in den Stärken 3 mm, 3,2 mm, 3,5 mm, 4 mm, mit regelmäßiger, d. h. rasterförmig angeordneter Lochung.
Zu diesen Platten wurden spezielle Haken entwickelt, mit denen man Werkzeug, Schreibgeräte, Kleinteile u. a. aufhängen kann. Beim Einkauf der Haken muß man darauf achten, daß die Haken zu den Lochplatten passen, denn es gibt verschiedene Lochgrößen und verschiedene Raster.
Lochplatten werden auch als Rückwände für leichtere Schränke und Wandschränke verwendet.

Löten

Verbinden von Metallteilen durch ein anderes Material oder Metallgemisch mit niedrigem Schmelzpunkt. Dieses „Lot" wird flüssig zwischen die Teile gebracht und erstarrt beim Abkühlen. Man unterscheidet *Weichlöten* mit Loten, deren Schmelzpunkt unter 330° C liegt, und *Hartlöten* mit Silber- oder Messingloten.

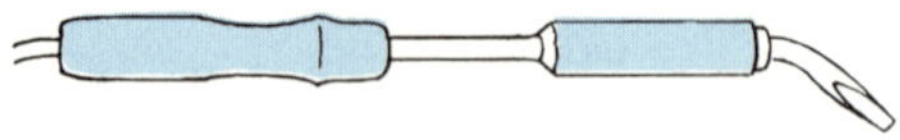

Elektrischer Lötkolben

Hammerkolben (etwa 400 g schwer)

Weichlöten
Der Laie wird in der Regel den praktischen elektrischen Lötkolben verwenden, der sich durch einen eingebauten Widerstand selbst erhitzt und auf verschiedene Schaltstufen eingestellt werden kann. Der Hammerkolben muß mittels Lötlampe erwärmt werden. Die *Lötschere* dient zum Zusammenhalten der Lötnaht, der *Dreikantschaber* zum Säubern der fertigen Lötnaht.

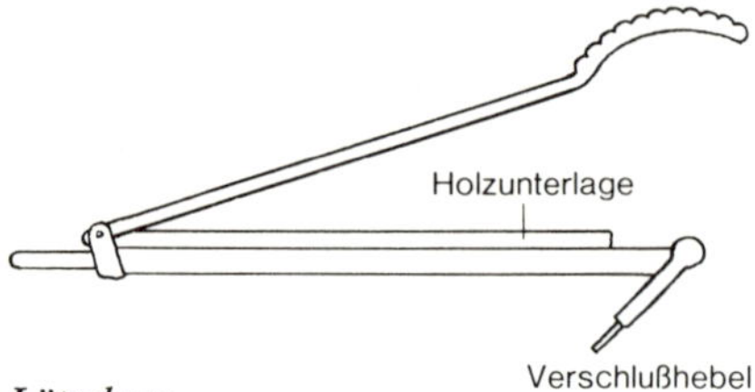

Lötschere

Dreikantschaber

Als Lote dienen Zinn-Blei-Legierungen.
Das *Flußmittel (Lötmittel)* hat die Aufgabe, die beim Erwärmen entstehenden Oxydhäutchen aufzulösen, neues Oxydieren durch Abschließen der Lötstelle von Luftsauerstoff zu verhindern und dem Lot Platz zu machen, sobald es zu fließen beginnt. Das Flußmittel wird auf die saubere Lötstelle mit einem Pinsel, der nur diesem Zweck dient, aufgetragen. Als Lötwasser dient meist Salzsäure, im Verhältnis 1:1 mit Wasser verdünnt.
Wo eine saubere Lötnaht verlangt wird, dient *Kolophonium* als Flußmittel. Im Handel gibt es Kolophoniumzinn: eine Röhre aus Lötzinn mit Kolophonium im Innern, das bei Erwärmung herausfließt und auf die Lötfläche tritt. Dieses Mittel ist bestens geeignet für Lötungen an Kupferdrähten. Für Blei und Aluminium gibt es spezielle Flußmittel.

Dem Löten geht voraus das Säubern der Lötstelle, das Auftragen des Flußmittels und das Verzinnen des Kolbens.
Das *Säubern* erfolgt mechanisch (durch Bürsten, Feilen, Schleifen) oder chemisch (mit verdünnter Salzsäure).
Nach dem Auftragen des Flußmittels wird der Kolben erhitzt, die Lötbahn blankgefeilt und sogleich auf einem Salmiakstein (der hier dieselbe Funktion hat wie das Flußmittel – er verhindert ein Oxidieren) mit einem Tropfen Zinn hin- und hergerieben. Nach mehrmaligem Erhitzen muß das Verzinnen wiederholt werden.

Arbeitsgang **1.** Lötnaht anreißen.

2. Lötstellen mit Flußmittel bestreichen und übereinander legen. Wenn ein Grat vorhanden ist, kommt er nach innen:

3. Mit Holzstäbchen oder Zinnstange die Enden der Lötnaht andrücken und schwach heften, d. h. durch einen Tropfen Zinn verbinden.

4. Die zusammengehefteten Teile in die Lötschere spannen.

5. Haltbar wird die Lötung nur, wenn die Nahtbreite gut von Zinn durchflossen wird. Für eine schmale Lötnaht wird die Kolbenbahn genau in Richtung der Naht gehalten: Die linke Hand drückt die Zinnstange neben der Lötnaht auf, die rechte nimmt mit dem Kolben tropfenweise Zinn ab, bringt es auf die Naht und zieht es diese entlang. Für eine breite Lötnaht von großer Festigkeit läßt man das Zinn direkt von der Zinnstange auf die Naht tröpfeln, bringt es wieder zum Schmelzen und zieht es mit dem Kolben weiter.

6. Nach dem Löten die Naht mit feuchtem Lappen reinigen.

7. Das außen an der Naht anhaftende Zinn trägt nicht zur Haltbarkeit der Naht bei. Es wird daher entfernt. Das geschieht mit dem Dreikantschaber. Durch Schleifen einer Kante kann man aus einer alten Dreikantfeile selbst einen Schaber herstellen. Die angeschliffene Kante (niemals die Spitze) wird über das Blech gezogen.

8. Nach dem Schaben kann man die Naht mit Schmirgelpapier abreiben. Stets in Nahtrichtung reiben!

Der Lötvorgang

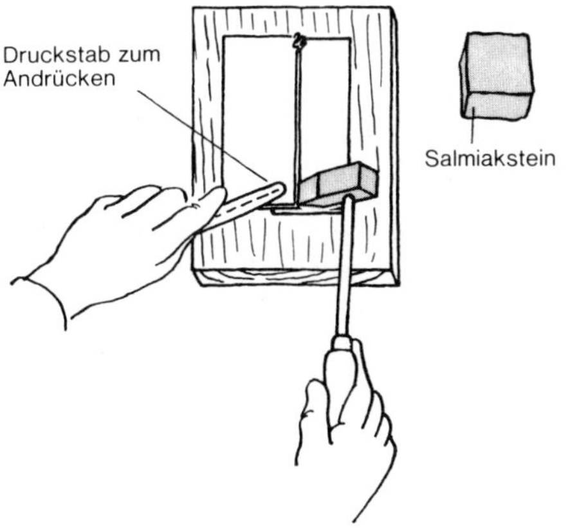

Die Enden der Lötnaht werden mit je einem Zinntropfen geheftet

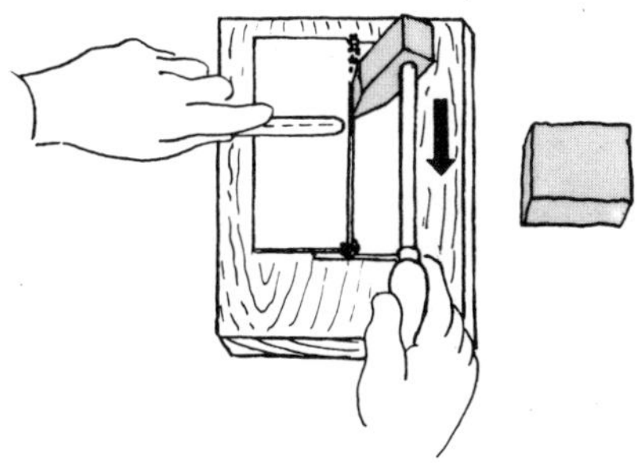

Kolbenhaltung für eine schmale Lötnaht

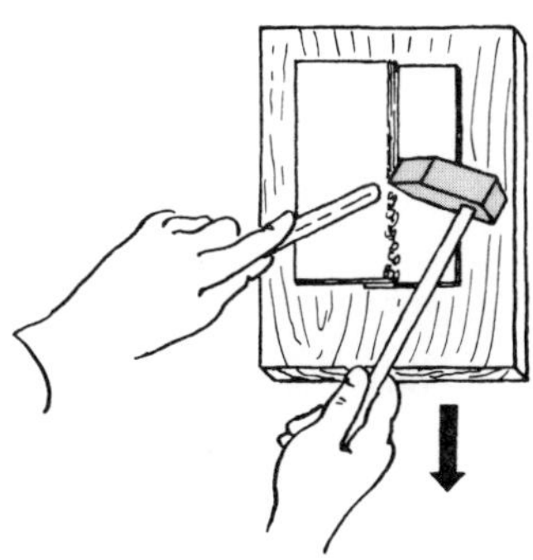

Kolbenhaltung
für eine breite Lötnaht von großer Festigkeit

Hartlöten
Wenn an die Verbindungsstelle höhere Anforderungen gestellt werden (Hitzefestigkeit, Hämmerbarkeit) oder wenn die Lötnaht der Farbe des Werkstücks möglichst angenähert werden soll (kunstgewerbliche Gegenstände), wendet man die Hartlötung an. Die dabei verwendeten Silber- und Messinglote haben einen höheren Schmelzpunkt.
Als Flußmittel dient Streuborax, eine Mischung aus gebranntem Borax, Kochsalz und Pottasche. Handelsübliche Flußmittel sind angeteigt und werden mit dem Pinsel aufgetragen. Niedrigschmelzende, silberhaltige Hartlote (Arbeitstemperatur über 600°C), die mit dem Flußmittel bereits ummantelt sind, können leicht auch vom Heimwerker verarbeitet werden.
Die zu lötende, möglichst eng zu haltende Fuge wird von Schmutz gesäubert und mit der Lötflamme erwärmt. Gleichzeitig wird etwas Flußmittel vom Lötdraht abgeschmolzen und in die Fuge gebracht. Das Lot selbst wird so lange an der Spitze erwärmt, bis es schmilzt und in die Fuge läuft. Das Lot dann erkalten lassen, Reste des Flußmittels mit Wasser und Bürste entfernen.

Lot

Hilfsmittel zur Ermittlung der Senkrechten, behelfsmäßig herzustellen, indem ein ausreichend schwerer Gegenstand (z. B. Schlüssel, Schraubenmutter) an einer Schnur aufgehängt wird.
Will man die senkrechte Linie auf die Wand übertragen, kann man die Schnur mit Gips, Kreide oder Papierasche einfärben, dann leicht spannen und gegen den Untergrund schnellen lassen (Schlagschnur).
Die Senkrechte kann man auch mit der ▷Wasserwaage ermitteln.

Schlagschnur mit Lot

Magnetverschluß (Magnetschnäpper)

Der Magnetverschluß besteht aus dem Magneten, der am Rahmen zu befestigen ist, und dem Gegenplättchen (Anker), das an der Tür anzubringen ist. Wenn der Anker ein wenig Spiel hat, kann er den Magneten auch berühren, wenn die Tür nicht exakt schließt.

Magnetverschluß

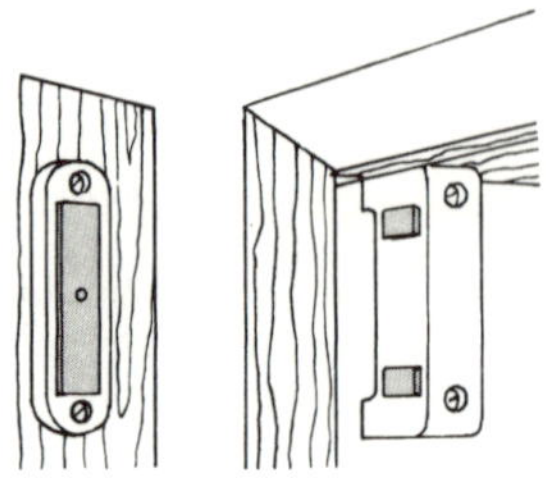

Metall als Werkstoff

Neben Holz und Kunststoff werden wir auch Metalle zu verwenden, zu bearbeiten und zu verarbeiten haben. Alle in Betracht kommenden Metalle, also Eisen (Stahl), Kupfer, Messing (eine Legierung), Blei, Zinn, Zink, Aluminium begegnen uns in chemisch reiner Form. Durch Zusammenschmelzen mit anderen Metallen (Legierung), durch geringe metallische Zusätze (Mangan, Chrom, Nickel u. a.) oder durch geringe Beimischung nichtmetallischer Stoffe (Kohlenstoff, Silizium, Schwefel) verleiht man den Metallen ganz bestimmte Eigenschaften wie Dehnbarkeit, Zähigkeit, Zugfestigkeit, Schmiedbarkeit, Spannbarkeit und Härte. Das wichtigste harte Metall ist Stahl. Alle anderen, wie Blei, Aluminium, Zinn, Zink, Kupfer, können wir leicht biegen oder mit einem Messer ritzen.
Hier folgt eine Übersicht über die wichtigsten Metalle und ihre Eigenschaften. Hinweise für das Bearbeiten von Metall finden sich unter den einzelnen Techniken wie ▷Bohren, ▷Feilen, ▷Kleben und Leimen, ▷Löten, ▷Schrauben sowie unter ▷Blech und Blechbearbeitung.

Stahl und Eisen

Stahl nennt man jedes schmiedbare Eisen: Stab- und Formstähle, Bleche, Nieten, Nägel, Schrauben usw. Die Bezeichnung Eisen dient nur für Eisen als chemisches Element, für Roheisen (wie es aus dem Hochofen kommt), und für Gußeisen (das spröde Metall, aus dem die Herdringe bestehen). Man spricht daher richtig von: Stahlblech, Winkelstahl, T-Stahl usw.

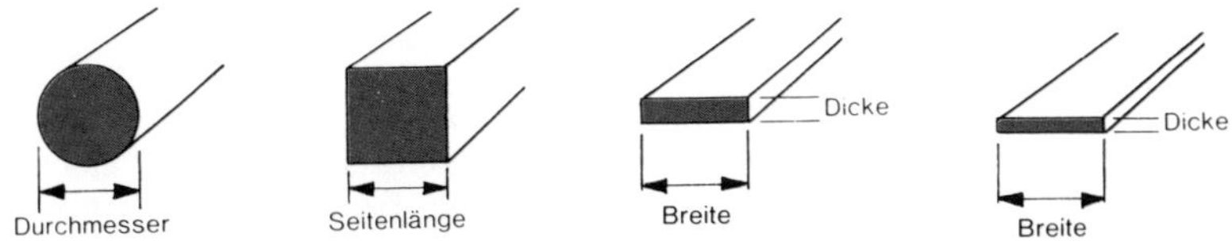

Stabstähle	*Rundstahl Durchmesser ab 5 mm*	*Vierkantstahl (Quadratstahl) ab 8 mm*	*Flachstahl Breite ab 12 mm Dicke ab 5 mm*	*Bandstahl Breite ab 10 mm Dicke ab 0,8 mm*

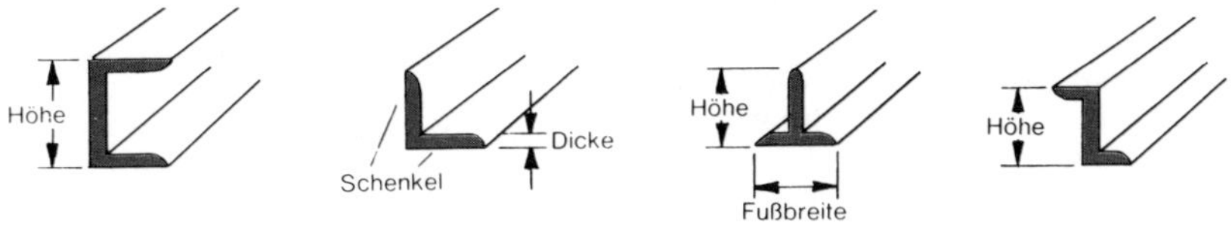

Formstähle	*U-Stahl Höhe in cm angeben, z.B. ⊏ 3 cm*	*Winkelstahl Schenkellänge und Dicke in mm angeben, z.B. ∟ 40 · 40 · 4 mm*	*T-Stahl Fußbreite und Höhe in cm angeben, z.B. ⊥ 10 · 5 cm*	*Z-Stahl Höhe in cm angeben z.B. ˥_ 4 cm*

Baustahl
Für alle Schlosserarbeiten ist der einfache Baustahl ausreichend. (Der hochwertige Werkzeugstahl dient zur Herstellung von Werkzeugen). Baustahl ist ausreichend zäh und fest, kann auf Druck, Zug, Biegung, Verdrehung und Stoß beansprucht werden.
Baustahl wird in den gezeigten wichtigsten Formen gehandelt. Die Stangen sind üblicherweise 3 bis 6 m lang, kürzere Stücke kann man in der Werkstatt eines Schlossers bekommen.

Kupfer

Ein sehr weiches Metall, beständig gegen Witterungseinflüsse, sehr gut leitfähig für Wärme und Elektrizität. Es kann hart und weich gelötet werden (▷Löten), läßt sich auch gut kalt verformen. Infolge seiner großen Dehnbarkeit läßt sich ein Kupferstreifen leicht auf das Vierfache seiner Breite aushämmern, ist also ausgezeichnet geeignet für Treibarbeiten. Kupfer wird durch Hämmern hart und läßt sich dann nur schwer bearbeiten. Ausglühen macht es wieder weich.

Ausglühen
Das beim Hämmern verdichtete innere Gefüge eines Metalls wird durch Ausglühen – Erhitzen bis Kirschrotglut – wieder gelockert. Der Handwerker benutzt dazu Schmiedefeuer oder Schweißbrenner. In der Heimwerkstatt nehmen wir Herdfeuer, Gasflamme oder Lötlampe. Die Lötlampe ist vorzuziehen, weil man bei ihr die Hitzezone besser kontrollieren kann.
Nicht stärker erhitzen als bis zur Kirschrotglut! Kupfer und Messing dürfen nach dem Ausglühen in kaltem Wasser abgeschreckt werden. Abgeschreckter Stahl jedoch wird hart (Grundlage des Härtens): Er muß langsam auskühlen.

Verwendung
Kupfer dient zu kunstgewerblichen Arbeiten, Dachdeckungen, sonstigen Klempner-Bauarbeiten, wird viel verwendet für Legierungen und in der Elektrotechnik, endlich für Gefäße und Geschirre.

Patina
Auf Kupfer und auf Bronze (Legierung aus Kupfer und Zinn) bildet sich im Freien unter der Einwirkung von Kohlensäure und Feuchtigkeit (jedoch nicht in Industriegebieten mit ruß- und schwefelgeschwängerter Luft) der mattglänzende grüne Überzug, der Patina genannt wird und Dächern, Statuen u. ä. einen eigenartigen Reiz verleiht. Das Kunsthandwerk stellt Patina auch künstlich her.

Grünspan
Grünspan ist von ähnlicher Farbe, hat aber sonst nichts mit Patina gemein.
Grünspan entsteht, wenn Säuren (Lötwasser) und Salze auf Kupfer oder Messing einwir-

ken. Grünspan bildet im Gegensatz zu Patina keine Schutzschicht für das Metall; er frißt weiter und zerstört es wie der Rost das Eisen. Grünspan ist stark giftig.

Messing

Messing ist eine Legierung aus Kupfer und Zink, Kupferanteil 60 bis über 90 v. H. Die Farbe ist hellgelb bis goldgelb, je nach Kupferanteil, nähert sich schließlich dem Kupferrot. Messing mit hohem Kupfergehalt wird auch Tombak genannt. Messing läßt sich gut gießen (Türdrücker aus Messing), in weichem (ausgeglühtem) Zustand gut biegen und treiben; je höher der Kupferanteil, umso besser. Messing wird verwendet für Schloß- und Beschlagteile, Holzschrauben, kunstgewerbliche Arbeiten, in der Elektrotechnik.

Blei

Das schwerste unter den unedlen Metallen. Blei sieht blaugrau aus, verliert an der Luft durch Oxidation an der Oberfläche schnell den metallischen Glanz. Blei ist weich, zäh, dehnbar, biegsam, gut zu gießen (Silvester!), auch im kalten Zustand leicht zu bearbeiten. Durch Zusatz von 15 v. H. Antimon erhält es die dreifache Härte (Hartblei).
Blei wird angegriffen durch frischen Kalk- und Zementmörtel, durch Kohlen- und Salpetersäure, durch Essig und durch weiches Wasser. Daher dürfen für Wasserleitungen keine Bleirohre verwendet werden, wenn die Wasserhärte unter 6° beträgt; man nimmt dann Bleirohre mit Zinneinlage.

Zinn

Zinn ist silberweiß, sehr widerstandsfähig gegen Luft und Wasser, läßt sich leicht gießen (Zinnkrüge, -teller, -figuren), schaben, schneiden, dehnen. Beim Biegen von Zinn hört man ein Knistern, das von der Reibung der Kristalle herrührt, den sogenannten „Zinnschrei". Zinngegenstände, die längere Zeit unter plus 18°C gelagert werden, können zu einem grauen Pulver zerfallen („Zinnpest"). Im allgemeinen tritt der Zerfall jedoch erst bei Kältegraden ein. Kupfergefäße, in denen Lebensmittel aufbewahrt werden, müssen verzinnt sein. Zinn ist widerstandsfähig gegen organische Säuren.

Zink

Zink ist bläulichweiß, rostet nicht, ist gut lötbar, sehr wetterbeständig. Im Freien bildet sich an der Oberfläche nach kurzer Zeit eine Oxydschicht, die das Zinkblech vor weiterem chemischen Angriff schützt.
Zink ist bei gewöhnlicher Temperatur sehr spröde, bricht daher leicht beim Abkanten; man muß es quer zur Walzfaser und möglichst rund biegen.
Von allen Metallen dehnt sich Zink bei Erwärmung am stärksten aus, etwa dreimal mehr als Eisen. Für Treibarbeiten muß es, um geschmeidig zu werden, auf 100° bis 120° erwärmt und in handwarmem Zustand weiterverarbeitet werden.
Zink ist leicht löslich in Säuren, aber widerstandsfähig gegen Laugen (deshalb verzinkte Waschgefäße und Eimer). Zerstörend wirkt die Verbindung mit anderen Metallen. Frischer Kalk, Zement und Kanalgase greifen Zink stark an. Verzinkte Gefäße sind für Lebensmittel ungeeignet, weil sich unter Einwirkung organischer Säuren schädliche Salze bilden. Solche Gefäße sind an den „Zinkblumen" leicht zu erkennen, die ähnlich aussehen wie Eisblumen am Fenster.

Aluminium

Reines Aluminium ist silberglänzend, gut dehnbar, biegsam, hat nur ⅓ des spezifischen Gewichts von Stahl, läßt sich hämmern und treiben. Durch Hämmern wird es hart, durch Ausglühen wieder weich. Die Glühfarbe kann man beim Aluminium schlecht mit dem Auge erkennen. Wenn ein Holzspan, auf das erhitzte Aluminium gedrückt, zu rauchen beginnt, ist die Glühtemperatur erreicht. An der Luft überzieht sich Aluminium mit einer schützenden Oxydschicht. Wird es mit schweren Metallen, z. B. mit Stahl oder Kupfer zusammengebaut, so bildet sich, sobald Feuchtigkeit zutreten kann, ein kleines elektrisches Element. Dabei wird das Aluminium allmählich zerstört.
Durch Zusammenschmelzen mit Kupfer, Magnesium, Mangan, Nickel, Silizium entstehen Legierungen mit bestimmten gewünschten Eigenschaften: Festigkeit, Härte, Verformbarkeit. Manche erreichen die Festigkeit guten Stahls.

Möbelrollen

Mit Rollen lassen sich Möbel in Schwung bringen. Darum sind sie auch im Raumbeispiel „Das mobile Zimmer" (S. 34 f.) vorgesehen.

Zu bedenken

Je größer die Rolle, desto leichter das Bewegen – besonders wenn Türschwellen und Teppichkanten zu überwinden sind. Aber: Die Ge-

samthöhe des Möbelstücks ändert sich durch das Unterschrauben von Rollen, hohe und schmale Möbel können dadurch etwas wackelig werden.
Die Rollen sollen „Fadenschutz" haben, so daß Teppichfäden nicht in die Lager eingewickelt werden können.

Arten
Es gibt zwei verschiedene Arten von Möbelrollen, *Bockrollen* bestehen aus einer Gabel, in der die Rolle läuft, mit einer Platte zum Unterschrauben. Sie laufen nur in einer Richtung. Bei *Lenkrollen* ist die Gabel, in der die Rolle läuft, drehbar gelagert. Mit ihnen kann das Möbelstück in jede Richtung bewegt werden.

Kugelrollen sind wie Lenkrollen in jeder Richtung beweglich. Sie laufen nicht auf einer Rolle, sondern auf einer Kugel aus Metall oder Kunststoff.

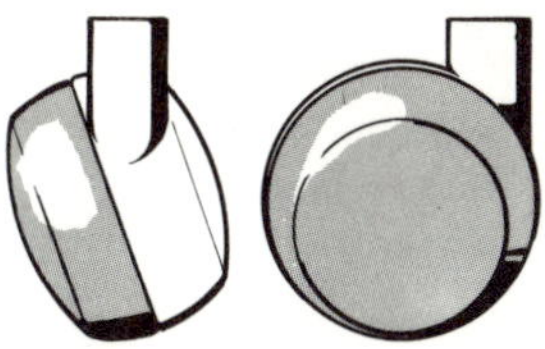

Lenkbare Möbelrollen

Befestigung
Es gibt Rollen, die untergeschraubt werden, Rollen mit Bolzen, der in ein vorgebohrtes Loch einzuschlagen ist, und Rollen mit Gewindebolzen.

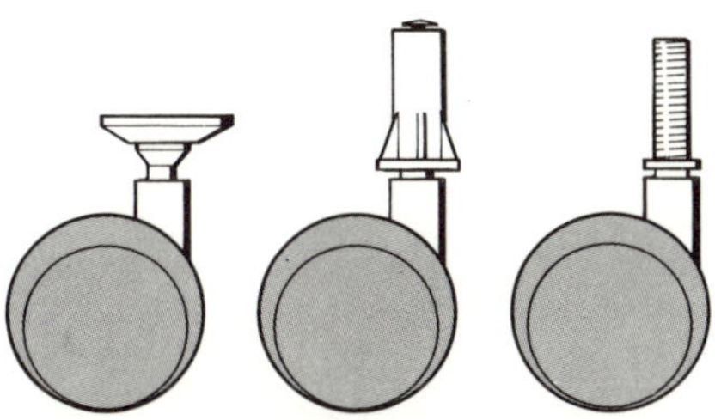

Befestigung von Möbelrollen: mit Platte; mit Hülse; mit Gewindebolzen

Tragkraft
Die Rollen sind für bestimmte Tragfähigkeit konstruiert, z. B. 200, 250 300 kg je Satz zu 4 Rollen. Beim Einkauf soll man deshalb das ungefähre Gewicht des Möbelstücks kennen und angeben. Rollen für schwere Möbel sollen eine breite Lauffläche haben, damit keine Abdrücke entstehen.

Möbelschlösser

Das Prinzip eines Schlosses besteht darin, daß ein Riegel durch eine Sperrvorrichtung, den Haken, festgehalten wird. Nur mit dem geeigneten Schlüssel kann die Sperrvorrichtung durch Hochheben der Zuhaltung gelöst und der Riegel bewegt werden. Nach der vollen Schlüsseldrehung rastet der Haken durch Federdruck wieder ein. Für ein einfaches Schloß kann ein entsprechend gebogener Drahthaken die Funktion des Schlüssels übernehmen. Der Wert eines Schlosses hängt davon ab, wie groß der Widerstand ist, den es einem unbefugten Öffnen entgegensetzt. Je kostbarer der Inhalt eines Möbelstückes oder eines Behältnisses, desto sicherer muß das Schloß sein.

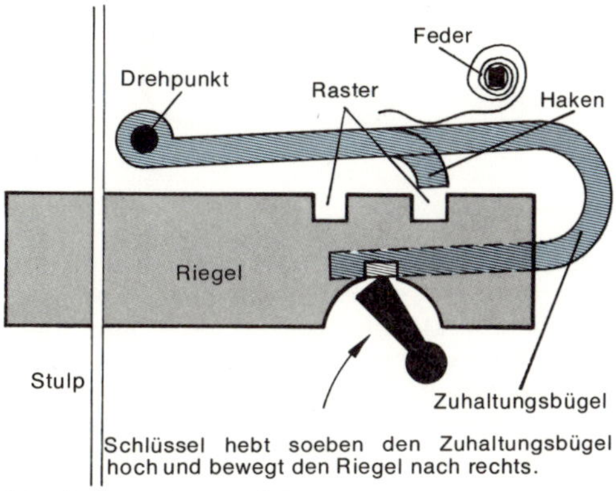

Wie funktioniert ein Schloß?

Stufen der Sicherheit
Für Möbelschlösser gibt es folgende Sicherheitsvorkehrungen:
Hohlschlüssel Das Einführen von Sperrzeug wird durch einen Dorn verhindert, der am Schloßboden festgenietet ist. Der passende Schlüssel muß am Ende eine Bohrung haben.

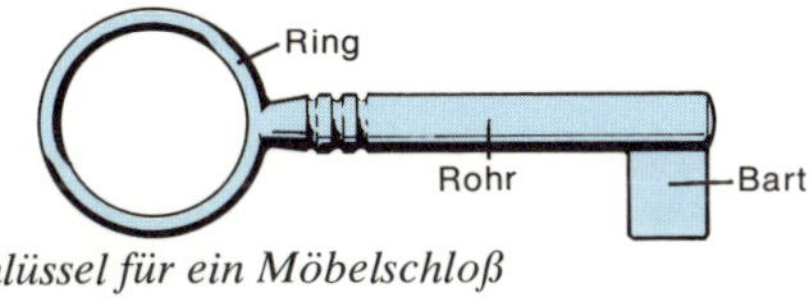

Schlüssel für ein Möbelschloß

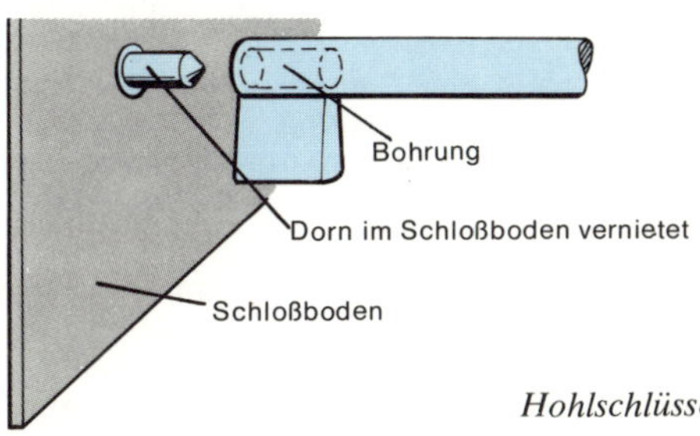

Hohlschlüssel

Nutenbartschlüssel Am Schloßboden sind kreisförmig um den Drehpunkt des Schlüssels Blechstreifen oder Stifte angebracht („Reifenbesatzung"). Außerdem kann das Schlüsselloch durch eine seitlich vorstehende Nocke verengt sein, um das Einführen von Sperrzeug zu erschweren. Nur ein Schlüssel mit entsprechenden Aussparungen im Bart (Stirn- bzw. Längsnut) kann eingeführt und gedreht werden.

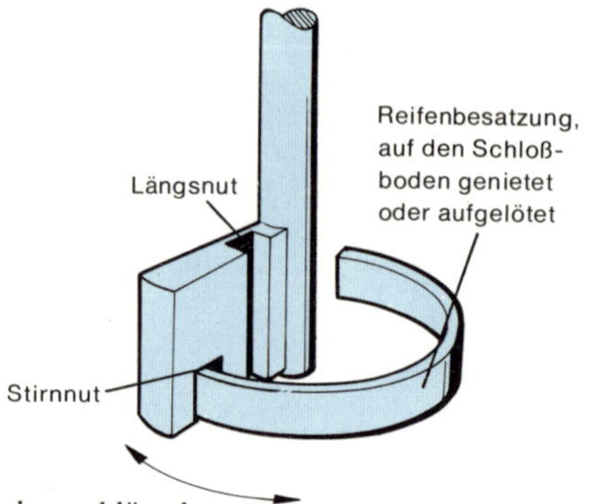

Nutenbartschlüssel

Chubbschlösser Schlösser mit mehreren Zuhaltungen. Der Bart hat entsprechend viele Stufen. Für Möbelschlösser verwendet man meist 3 Zuhaltungen. Wenn man das Stufenbild kennt, kann man für normale Möbelschlösser den Schlüssel in einschlägigen Geschäften nachkaufen (Bartgröße 8 × 8 mm oder 6 × 6 mm).

Stufenbild eines Schlüssels für ein Chubb-Schloß mit 3 Zuhaltungen

Zylinderschlösser Diese Schlösser bieten die größte Sicherheit. Der Schlüssel ist klein und handlich, das Schlüsselloch so eng, daß Sperrzeug nicht eingeführt werden kann. Zahlreiche Verstellmöglichkeiten.

Im Grunde stellt das Zylinderschloß eine besondere Art von Schlüssel dar, der im Schlüsselloch immer stecken bleibt und der nur mit einem zweiten Schlüssel betätigt werden kann. Das Zylinderschloß besteht aus einem zylindrischen Kern (Innenzylinder), an dem der Bart angebracht ist, und einem Außenzylinder. Bei abgezogenem Schlüssel werden vom Außenzylinder her jeweils zwei aufeinanderstehende Stifte durch eine Feder nach unten in den Kern gedrückt. Diese Stifte sitzen in Bohrungen, die senkrecht zur Drehachse des Kerns vom Außen- zum Innenzylinder verlaufen. Bei abgezogenem Schlüssel bleibt der Kern durch die Stifte arretiert. Wenn der passende Schlüssel eingeführt wird, werden die Stifte so weit angehoben, daß die Fuge zwischen den aufeinanderstehenden Stiften und die Trennfuge zwischen Innen- und Außenzylinder zusammenfallen. Der Kern kann dann gedreht werden.

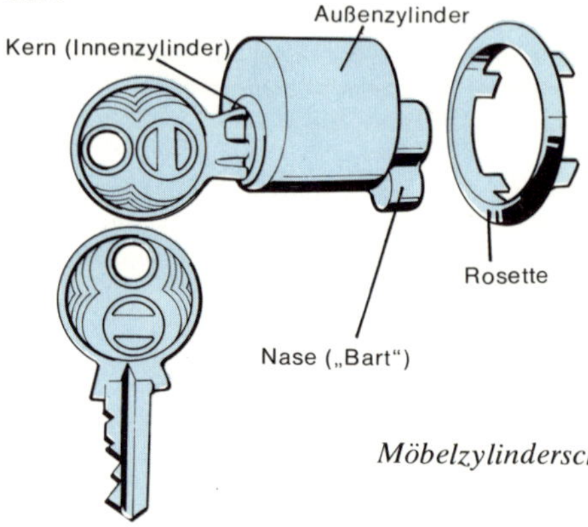

Möbelzylinderschloß

Zylinderschloß im Schnitt

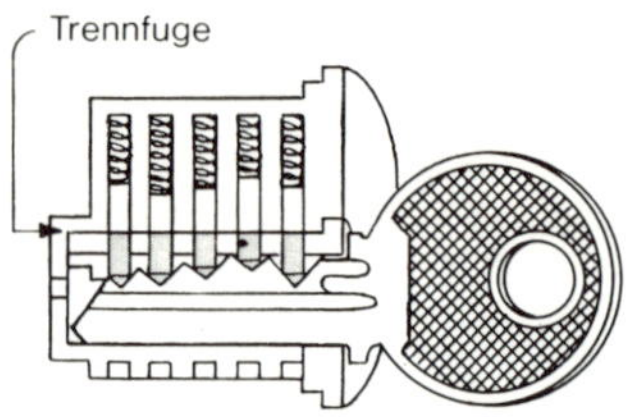

Richtiger Schlüssel: Stifte ausgeglichen, Kern kann gedreht werden

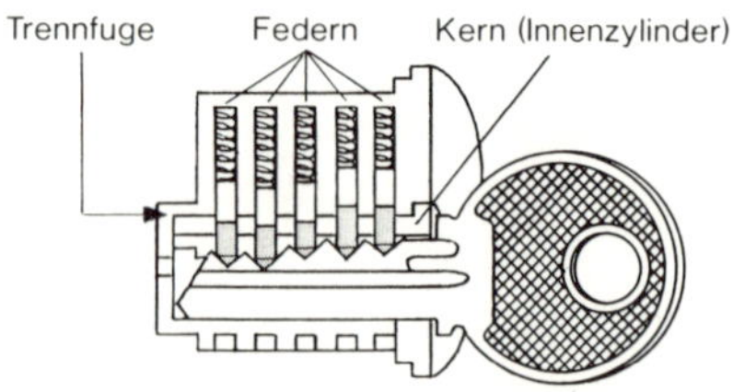

Falscher Schlüssel: Stifte sperren den Kern

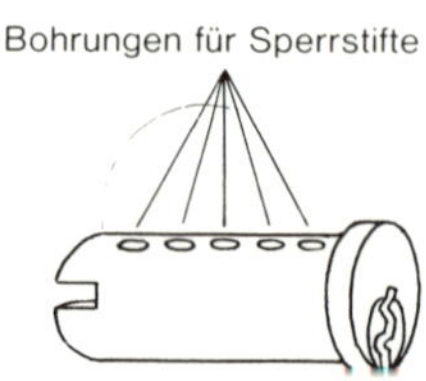

Zylinderkern

Bauarten
Möbelschlösser sind meist so gebaut, daß sie gleichermaßen für links- und rechtsöffnende Türen, oft auch noch für Schubladen, verwendet werden können. Kennzeichen solcher Schlösser sind mehrere vorhandene Schlüssellöcher. Wo nur ein Schlüsselloch vorhanden ist, muß festgestellt werden, ob es sich um ein Links- oder Rechtsschloß handelt. Für die Bezeichnung gilt das oben bei den Bändern Gesagte. Bei zweiflügeligen Türen muß ein Flügel mit zwei Riegeln oben und unten arretiert werden, entweder mit Handriegeln oder mit den Riegeln eines Stangenschlosses.
Folgende Arten von Möbelschlössern werden verwendet:

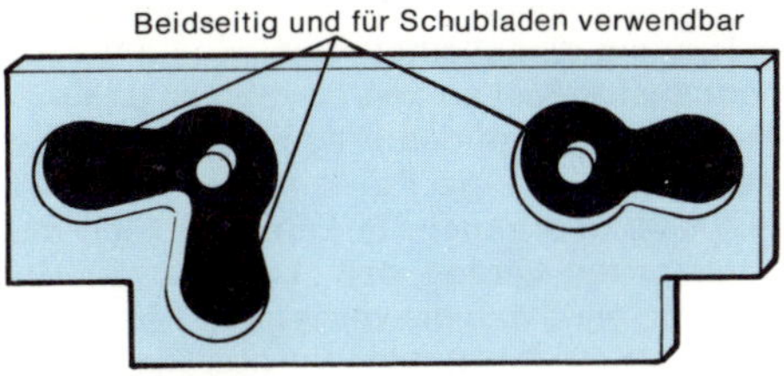

Schlüssellöcher an der Schloßdecke

Kastenschloß („Aufschraubschloß") Es wird an der Innenseite der Türe aufgeschraubt. Am Türblatt ist lediglich das Schlüsselloch anzufertigen; der eventuell über den Schloßkörper herausstehende Stulp ist einzulassen.

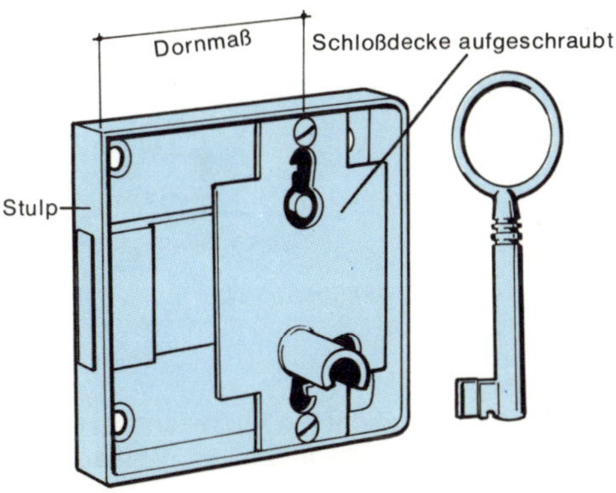

Kastenschloß, beidseitig verwendbar
Rechts: Nutenbartschlüssel (Hohlschlüssel)

Einlaßschloß Der Schloßkörper wird im Türblatt versenkt. Das Türblatt muß so ausgestemmt werden, daß die Schrauben genügend Halt finden, ohne daß die Schloßfunktion gestört wird.
Der Schloßboden liegt am Türblatt innen auf und wird dort angeschraubt. Der Stulp wird an der Schmalseite des Türblattes eingelassen.

Einlaßschloß, beidseitig und für Schubladen verwendbar
Rechts: Schlüssel für Chubbschloß mit 3 Zuhaltungen

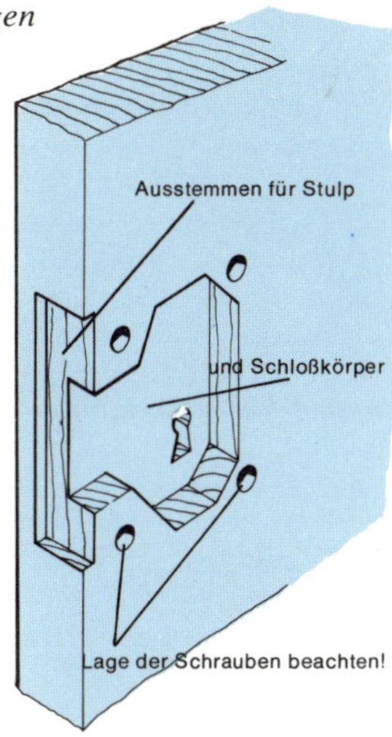

Anschlag eines Einlaßschlosses

Einsteckschloß Das Schloß verschwindet im Türblatt. Dazu muß in die Tür ein Schlitz entsprechender Größe gestemmt werden.

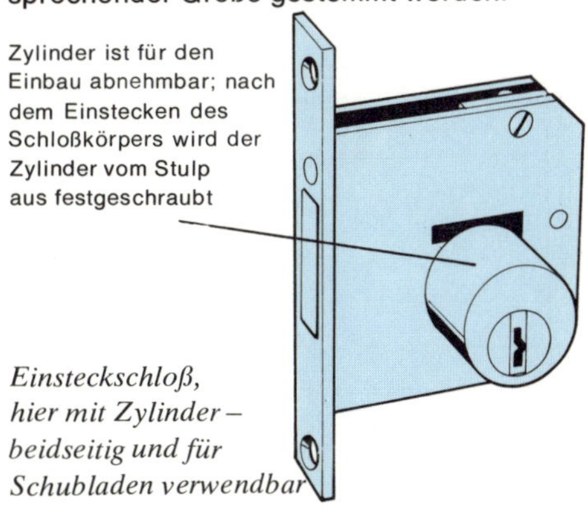

Einsteckschloß, hier mit Zylinder – beidseitig und für Schubladen verwendbar

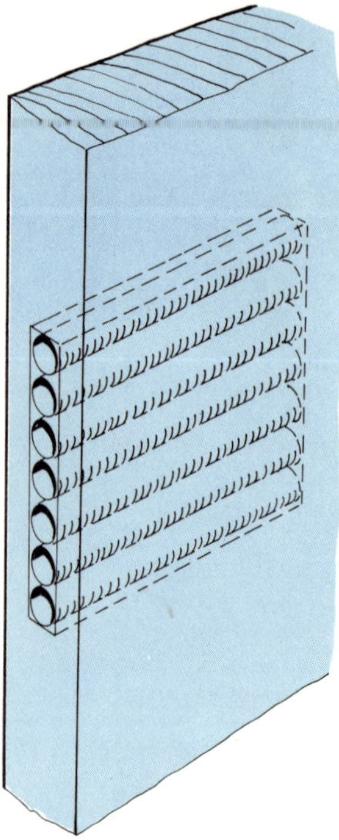

Schlitz zuerst vorbohren, dann mit Stemmeisen auf das Maß des Schloßkörpers bringen! Bohrung für Schlüsselloch bzw. Zylinder anfertigen!

Anschlagen eines Einsteckschlosses (stumpfe Tür)

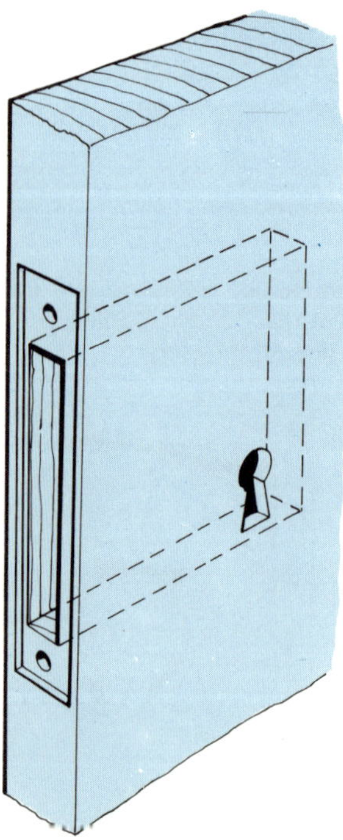

Schloß einstecken, Stulp anreißen, ausstemmen bis Stulp mit der Holzfläche bündig ist, Schlüsselloch im Türblatt anfertigen!

Stangenschloß Für zweiflügelige Möbeltüren verwendet man häufig Schlösser, die nach oben und unten verriegeln. Die Stangenriegel führen beim Schließen entweder eine *geradlinige* oder eine *drehende* Bewegung aus (Drehstangenschloß).
Bei hohen zweiflügeligen Türen verwendet man ein dreiriegeliges Stangenschloß. Ein Riegel üblicher Art (Seitenriegel) greift dabei in den anderen Flügel ein und hält ihn fest. Stangenschlösser werden aufgeschraubt wie Kastenschlösser.

Schließbleche

Der Riegel muß beim Verschließen in ein Schließblech eingreifen. Um die richtige Lage des Schließbleches festzustellen, lehnt man die Türe mit eingebautem Schloß und herausstehendem Riegel an den Türrahmen und markiert dort die Lage des Riegels. Dann werden diese Punkte um die Kante herum mit einem 90°-Winkel übertragen. Das Schließblech muß so angerissen werden, daß „Luft" für den Riegel bleibt, ohne daß die verriegelte Türe zu viel „Spiel" erhält. Der Schlitz für den Riegel wird ausgestemmt, das Schließblech eingelassen.

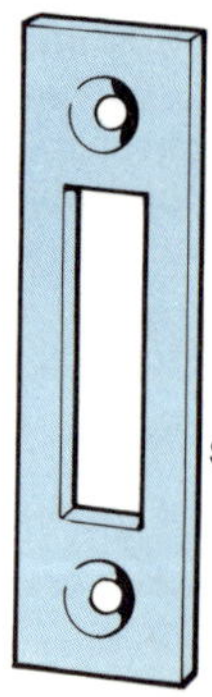

Schließblech

(Roll-)Schließblech

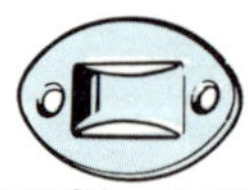

Stangenführungsblech

Schließblech (Roll-)Schließblech Stangen-Führungsblech

Schloßpflege

Schlösser sollten nicht mit Öl geschmiert werden, sondern mit Graphitpulver. Versagt ein Schloß einmal den Dienst, dann kann man es ausbauen. Ist die Schloßdecke aufgenietet, dann handelt es sich nur um ein billiges „Wegwerfschloß". Ist die Schloßdecke aufgeschraubt, dann kann man leicht nach dem Rechten sehen. Sind Abnützungserscheinungen, z. B. an Zuhaltungen, weit fortgeschritten, dann sollte man ein neues Schloß einbauen. Nur wenn sich mit wenig Aufwand eine Reparatur durchführen läßt, z. B. durch Festnieten eines locker gewordenen Dornes, lohnt sich die Selbsthilfe.

Nageln

Das Nageln stellt neben dem Leimen die einfachste Holzverbindung dar. Auch richtiges Nageln will allerdings gelernt sein.

Werkzeug

Schreinerhammer *(Tischlerhammer)*
Dies ist für Holzarbeiten der wichtigste Hammer. Bei einem Gewicht von 300 g soll der Stiel etwa 30 cm lang sein. Ein kürzerer Stiel ermöglicht keinen zügigen Schlag. Der Stiel soll einen ovalen, der Hand angepaßten Querschnitt haben und gegen das Ende verdickt sein.
Für zierliche Arbeiten, Eintreiben von Furnierstiftchen, kleinen Messingnägeln, für Verglasungen, Bilderrahmenarbeit und ähnliches dient ein kleiner Hammer, dessen Stiel ebenfalls 25 bis 30 cm lang sein und zum Kopf passen soll. Derartige Hämmer gibt es als Magnethämmer. Der magnetische Kopf hält kleine Stifte und Nägel beim Einschlagen fest.
Der Kopf muß bei allen Hämmern einwandfrei fest auf dem Stiel sitzen. Bemerkt man, daß der Stiel splittert oder reißt, sofort aufhören zu hämmern!
Hat sich der Sitz durch Nachtrocknen des Holzes etwas gelockert, schlägt man den Hammerstiel mit seinem unteren Ende – Hammerkopf nach oben zeigend – auf Werktisch oder Hobelbank. Dabei zieht sich der Kopf fest. Niemals – auch nicht beim Einsetzen eines neuen Stiels – mit einem zweiten Hammer den Stiel in den Kopf hineinschlagen! Damit der Kopf beim Nachschlagen nachrutschen kann, darf der Hammerstiel an der Stelle, wo er in den Kopf einmündet, keinen vorstehenden Absatz haben. Sollte sich durch Aufschlagen des Hammers auf Eisen an der Bahn ein Grat bilden, ist dieser sofort mit der Sägefeile abzufeilen.

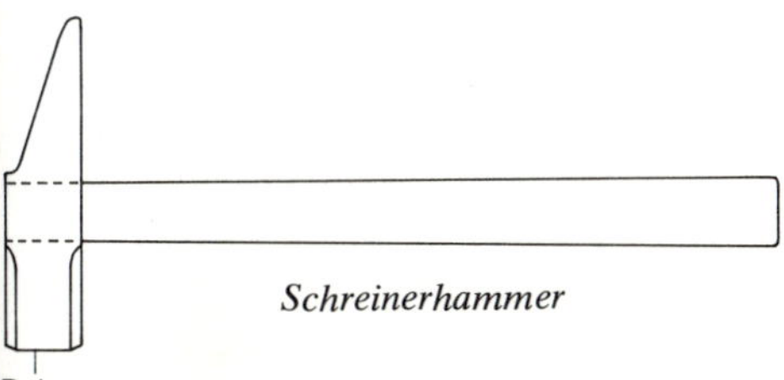

Schreinerhammer

Versenker *(Senkstift, Versenkstift)*
Zum Versenken von Nagelköpfen, aber auch zum Stanzen kleiner Löcher, zum Lösen festgefressener Schrauben u. a. In jedem Werkzeugbestand sollten 2 Stück vorhanden sein. Die Unterplatte muß eben sein und darf keinen Grat haben. Versenker dienen nur zum Nachschlagen, denn der gut gehärtete Stahl bricht bei jeder Biegung ab. Auch Dornlöcher in Lederriemen lassen sich gut mit dem Versenker stanzen. Als behelfsmäßigen Versenker können Sie auch einen umgedrehten Nagel verwenden.

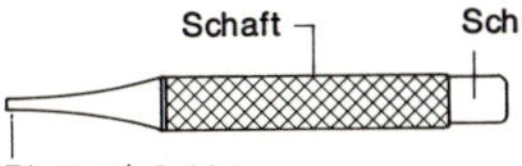

Versenker

Beißzange *(Kneifzange)*
Diese Zange, möglichst kräftig, dient zum Entfernen von Nägeln und zum Festhalten von Metall, aber nicht zum Abkneifen von Nägeln. Dabei wird sie überbeansprucht, besonders wenn man mit Hammerschlägen nachhilft. Die Schneide wird dabei schartig und faßt nicht mehr.

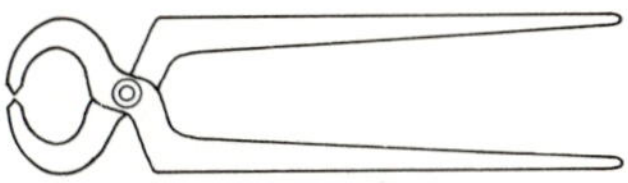
Beißzange

Hebel-Vorschneider
Diese Zwickzange mit Übersetzung ist das richtige Werkzeug zum Abzwicken von Nägeln und Draht. Nicht zum Herausziehen von Nägeln verwenden, weil schon bei geringem Druck der Nagel durchgekniffen wird.

Hebelvorschneider (Zwickzange)
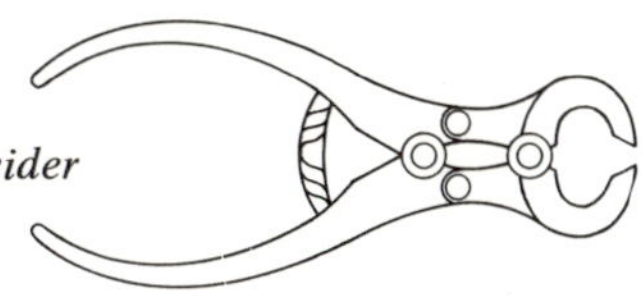

Nägel

Die Maße aller Nägel und Stifte sind genormt. Nägel und Stifte werden in Paketen geliefert. Die Etiketten zeigen zwei Zahlen: Die erste gibt die Stärke des Nagelschaftes in Zehntelmillimetern, die zweite die Länge in Millimetern an. „25/60“ bedeutet: 2,5 mm stark, 60 mm lang. Die Etiketten sind je nach Art der Stifte verschieden gefärbt.

Drahtstift *(Schreinerstift)*
Mit geriffeltem Senkkopf. Der Ausdruck „Senkkopf“ bedeutet nicht, daß der Nagel gut ver-

Beinageln nicht zu tief ansetzen

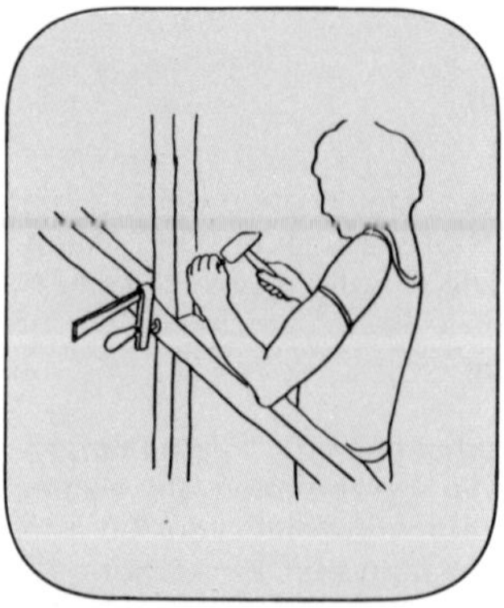

Hammer am Stielende anfassen. Nicht auf den Hammer, sondern auf den Nagel schauen. Die Stärke und Länge der Nägel richtet sich nach der Dicke der Holzteile, die verbunden werden.

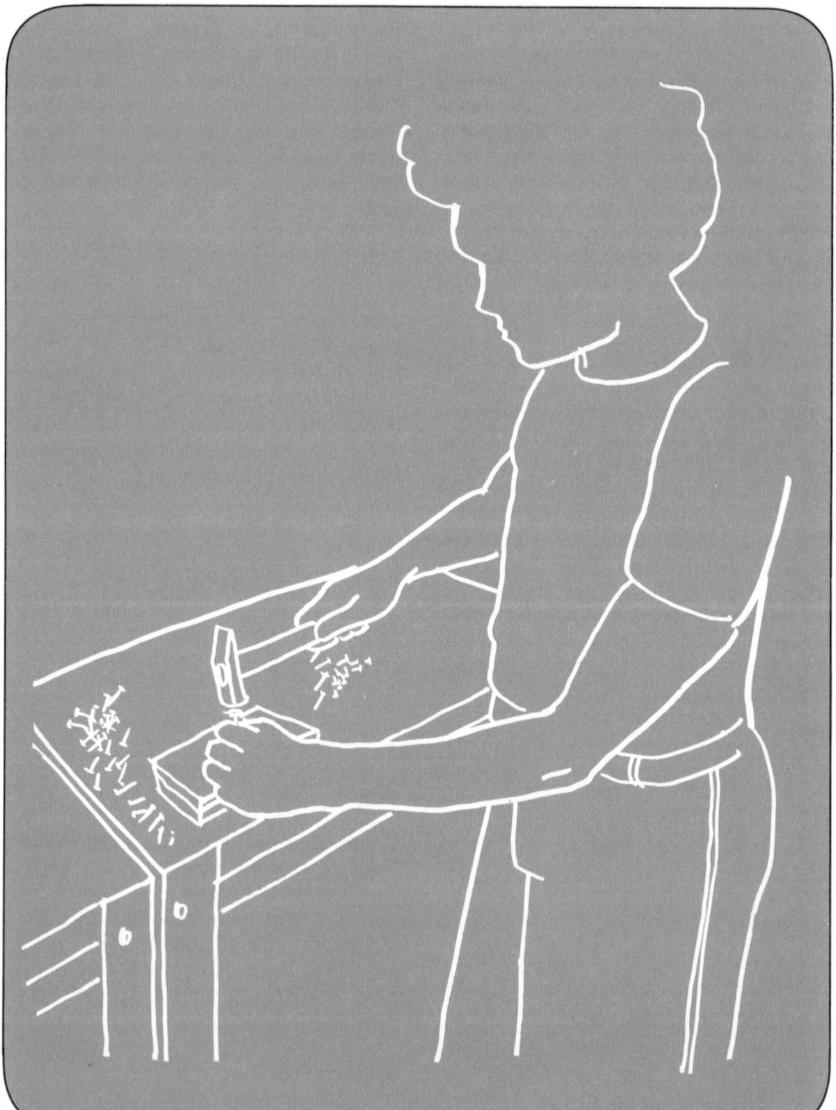

senkbar wäre; dazu ist der breite Kopf ungeeignet. Schaftquerschnitt rund oder quadratisch. Stärken 1,8 bis 9 mm - Längen 35 bis 310 mm.

Etikett eines Nagelpakets

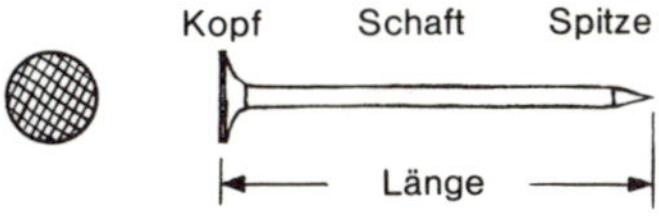

Drahtstift

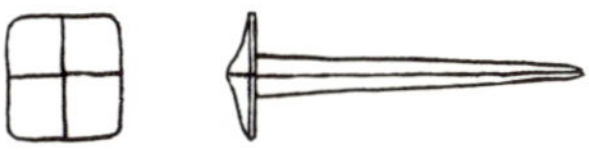

Nagel, handgeschmiedet

Nagel, maschinengefertigt

Runder Drahtstift mit Stauchkopf

Wagnerstift

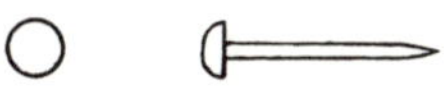

Drahtstift mit Halbrundkopf

Dachpappennagel

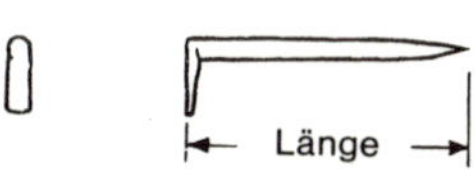

Hakenstift (Rohrhaken)

Geschmiedeter Konsolhaken

Krampe

Aufbewahrung
Alle Nägel müssen vor Feuchtigkeit geschützt gelagert werden.

Nagelkasten
Die einzelnen Sorten und Größen hält man getrennt in einem Nagelkasten. In die Fächer schüttet man nur eine kleine Menge, der Rest wird im Paket belassen. Die Pakete werden geschlossen verwahrt. An der Vorderseite wird ein „Sichtnagel" durchgesteckt.

Beim Nageln zu beachten

Der richtige Nagel
Als Richtmaß für die Länge gilt: etwa ⅔ der Schaftlänge des Nagels sollen in das untere Holz eindringen. Der Nagel soll Halt geben, ohne das Holz zu sprengen.
Nägel nicht in Öl tauchen, das ergibt einen Ölfleck. Richtig vorbohren ist besser!

Anreißen
Eine sorgfältige Nagelung wird zunächst sauber angerissen. Die Nagellinie wird mit dem Streichmaß gezogen, die Nagellöcher werden in regelmäßigen Abständen mit dem Bleistift markiert. Der Streichmaßriß soll ganz locker und fein sein, damit keine Kerbe sichtbar bleibt!

Vorbohren
Drahtstifte sind nicht sehr hart. Sie biegen sich um oder laufen quer. Bei hartem Holz soll man stets vorbohren. Ebenso immer an den Kanten eines Werkstückes, damit das Holz nicht aufplatzt. Gebohrt wird mit Spiralbohrern, etwas schwächer als der Schaft des Nagels. Die Tiefe des Loches soll etwa ⅔ der Schaftlänge betragen. Holz fest einspannen und genau gerade bohren, denn Spiralbohrer brechen leicht.

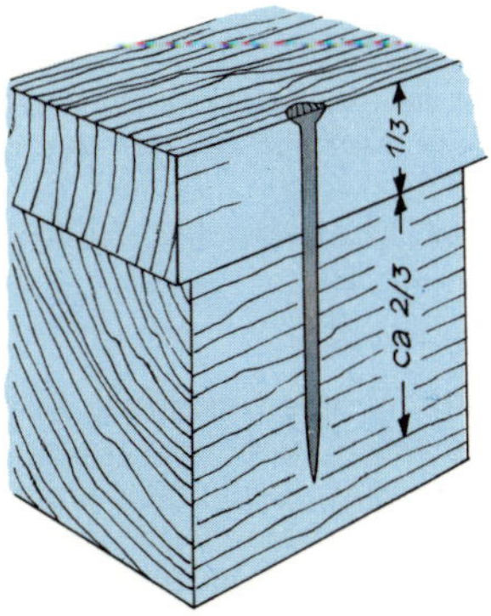

⅔ der Schaftlänge im unteren Holz

Abzwicken und Stauchen

Beim Einschlagen eines Nagels in schwaches Holz besteht die Gefahr, daß die Nagelspitze das Holz aufsprengt. Dagegen gibt es die beiden im Bild gezeigten Abhilfen: Abzwicken der Nagelspitze mit der Zange oder Stauchen der Nagelspitze mit dem Hammer. Der abgestumpfte Nagel hat eine verminderte Keilwirkung.

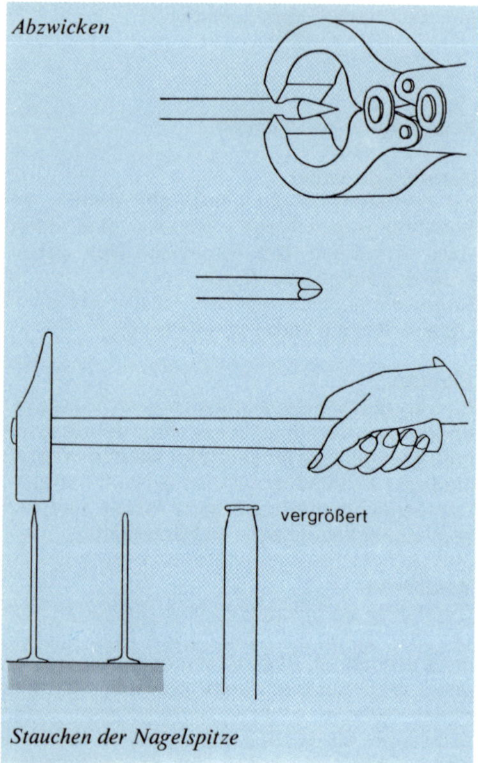

Abzwicken

Stauchen der Nagelspitze

Weitere Tips

Hammer immer am Stielende anfassen. Beim Nageln nicht auf den Hammer, sondern auf den Nagelkopf sehen, sonst ist der Daumen der Leidtragende.

Kleine Stifte, die sich schlecht mit den Fingern halten lassen, steckt man durch einen Streifen Karton und schlägt sie dann mit einigen leichten Schlägen fest.

Bei breiteren Brettern zwei versetzte Reihen nageln.

Versetzt schräg

Der Halt einer Nagelreihe wird wesentlich verstärkt, wenn man die Nägel nicht alle in einer Richtung eintreibt, sondern abwechselnd den einen etwas schräg nach der einen, den anderen etwas schräg nach der anderen Seite.

Beinageln

Ist ein Holzstück mit einer ebenen Fläche, *auf* der es steht, zu verbinden, so kann man beinageln. Die Nägel werden dabei schräg eingetrieben. Man muß die Nägel hoch genug ansetzen, sie reißen sonst durch.

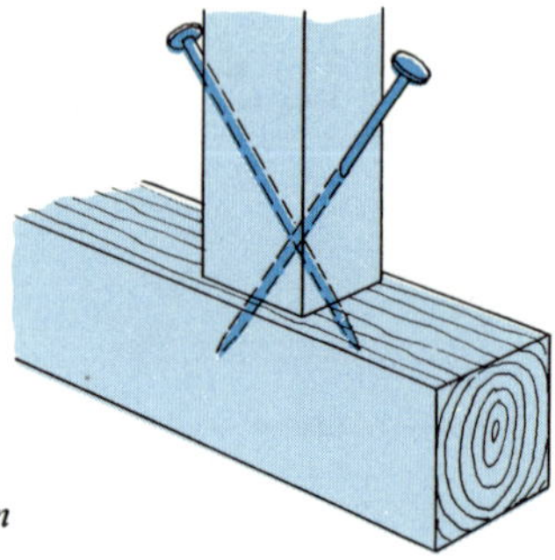
Beinageln

Durchnageln

Um die Verbindung besonders haltbar zu machen, wählt man die Nägel so lang, daß sie an der Rückseite herausstehen und umgeschlagen werden können.

Beim Umschlagen wird zunächst ein Flacheisen (Schraubenzieher, alte Dreikantfeile oder dgl.) angelegt und das letzte Stück der herausragenden Nagelspitze angewinkelt. Dann wird das ganze Nagelstück umgeschlagen, bis sich die Nagelspitze fest in das Holz einbeißt: dabei wird ein kräftiger Hammer oder ein Eisenstück zum Gegendruck unter den Nagelkopf gepreßt. Die Nagelenden kann man entweder in der Richtung der Holzfaser umlegen: so lassen sich die Enden besser bis an oder unter die Holzoberfläche treiben, das Holz kann aber dabei springen. Werden die Nägel dagegen quer zur Richtung der Holzfaser umgelegt und eingeschlagen, so ist die Haftung besser, doch wird es kaum gelingen, die umgelegte Schaftlänge so weit hineinzuschlagen, daß sie mit der Holzoberfläche eine Ebene bildet.

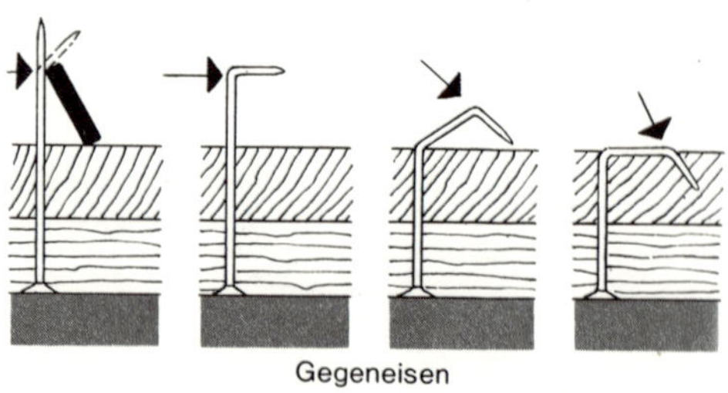

Durchnageln

Nägel herausziehen

Einen Nagel, der nicht versenkt ist, versucht man mit der Beißzange am Kopf zu packen. Wichtig ist, daß man dabei stets ein Stück Stahlblech – z. B. eine alte Ziehklinge – unter die Backe der Zange legt. Sonst entstehen häßliche Druckstellen im Holz. Wenn sich der Kopf nicht packen läßt, insbesondere wenn er versenkt ist, muß man notgedrungen mit einem Stecheisen eine Kerbe freistechen. Vorsicht Scharten!

Sind Brettstücke durch Nägel mit Stauchköpfen zusammengenagelt, wird man nicht erst versuchen, sie mit der Zange zu fassen, sondern die Verbindung durch Auseinanderkeilen der beiden Holzteile sauber lösen. Geht das nicht, treibt man die Nägel, anstatt sie herauszuziehen, mit einem schlanken Versenkstift so tief wie möglich in das Holz hinein. Keilt man jetzt die Brettstücke vorsichtig auseinander, so werden die Nägel im unteren Holz steckenbleiben, die Köpfe sich durch das obere Holz hindurchziehen. Nach der Trennung zieht man die Nägel heraus.

Herausziehen eines Nagels

Nessel

Ungebleichter, billiger Stoff für Bespannungen, Vorhänge, Polster u. a. Wird durch Waschen weißer. Läuft beim Kochen ein.

Pannen und kleinere Reparaturen

Abfluß verstopft

Verstopfungen verhüten ist besser als Verstopfungen beseitigen. Dazu gehört als erstes, daß Gebrauchsgegenstände, auch die kleinsten wie Knöpfe und Nadeln, daß Küchenabfälle, Sand, Asche, Haare, Lappen, Fette, Laub und ähnliches nicht in die Abflußkanäle gelangen, sondern in den Mülleimer! Das Klosett darf nicht durch hartes oder zusammengeballtes Papier belastet werden. Beim Ausgießen von Wasch- und Putzwasser ist darauf zu achten, daß nicht Bürsten oder Wäschestücke mitgeschwemmt werden.

Trotz aller Vorsicht kommen Verstopfungen vor; sie sind gewöhnlich der Anlaß, daß der Laie sich mit der Abwasseranlage beschäftigen muß.

Häufig liegt das Übel gleich unter dem Sieb oder Sperrkreuz. Fremdkörper wie Haare und Fasern krallen sich an der Unterseite des Siebbodens oder Kreuzes fest. Man kann sie von oben entfernen mit einem 2 bis 3 mm starken Draht, der am Ende zu einem Häkchen gebogen ist.

Reinigungsspirale

Hilft ein Draht nicht, hilft vielleicht die Reinigungsspirale. Man kann sie in jedem Fachgeschäft für Installation kaufen, Längen von 1 m aufwärts. An einem Ende ist eine Kurbel, am anderen eine Rohrkralle. Man fährt mit der Spirale mühelos durch die Windungen von Geruchverschluß und Anschlußleitung. Durch Vor- und Zurückschieben und durch kräftiges Drehen an der Kurbel lockert man mit der Rohrkralle die verstopften Stellen. Kurbel nur rechts drehen, damit die Spirale geschont wird und damit sich die Kralle nicht abschraubt und im Rohr steckenbleibt. Nur wenn die Kralle im Rohr festklemmt, dreht man nach beiden Seiten, um sie zu lösen. Kräftiges Nachspülen mit heißem Wasser, das möglichst schnell in das Becken geschüttet wird, schwemmt die gelösten Schmutzteile hinweg.

Reinigungs-spirale

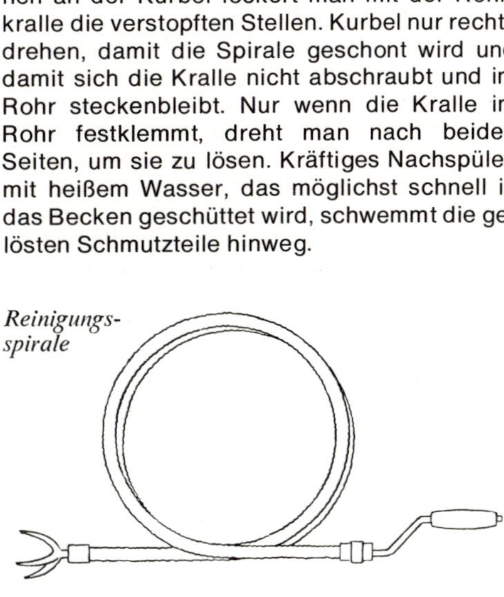

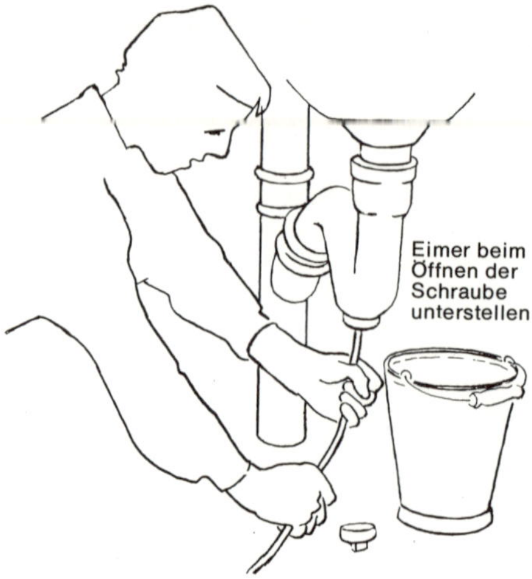

Reinigen eines Abflusses mit Reinigungsspirale

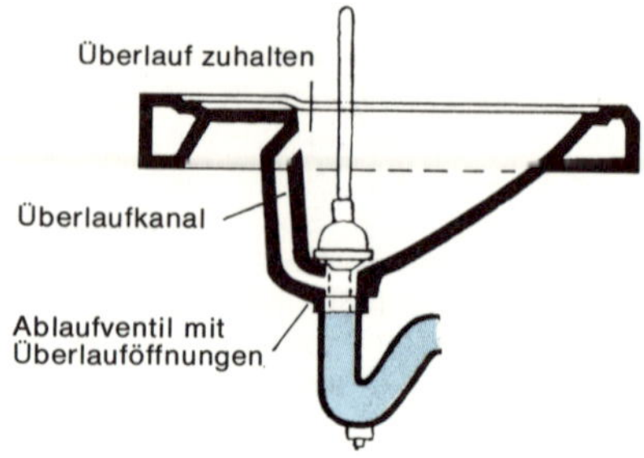

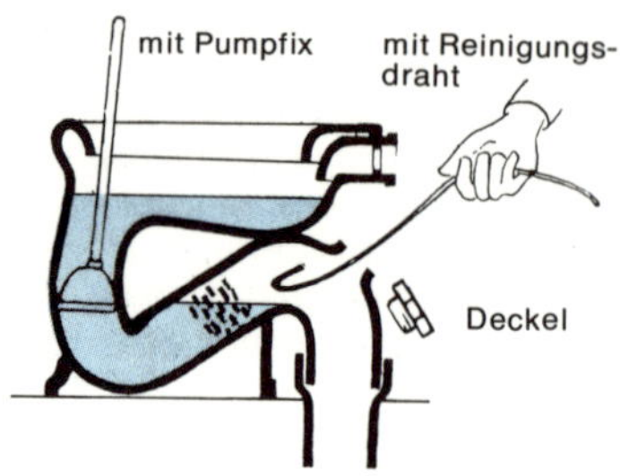

Reinigen mit Pumpfix und Reinigungsdraht

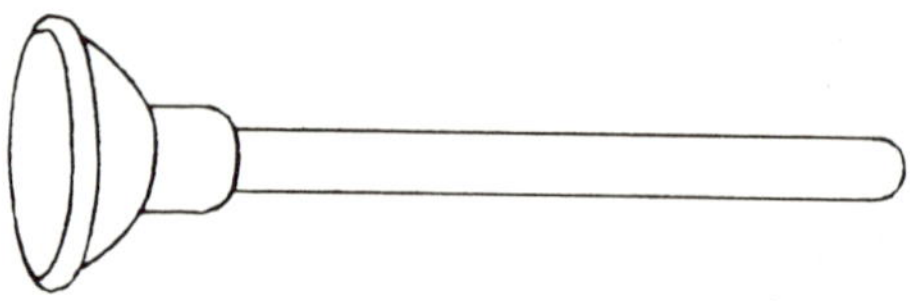

»Pumpfix«

Pumpfix

Ein recht praktisches Werkzeug zum Beseitigen von Verstopfungen nennt sich „Ausgußreiniger Pumpfix". Es besteht aus einem kräftigen halben Gummiball, befestigt an einem Holzstiel. Ohne die Reinigungsschraube am Geruchverschluß zu lösen, setzt man den Gummirand fest um die Ablaufstelle auf. Durch kurzes kräftiges Auf- und Abwärtspumpen entsteht im Rohr wechselnd Sog und Druck und lockert die Schmutzteilchen. Heiße Wassernachspülung schwemmt sie weg. Soweit ein Überlauf vorhanden ist (die knapp unter dem oberen Wannen- oder Beckenrand sitzende Öffnung, die das Überlaufen verhindert), muß er beim Pumpen mit Papierballen, Gummiplatten o. ä. luftdicht zugehalten werden.

Auch ein verstopftes Klosettbecken kann mit dem „Pumpfix" gereinigt werden. Das Bild zeigt zugleich das vorher beschriebene Reinigen mit einem Hakendraht. Der Deckel an der Rückseite des Beckens kann eingeschraubt oder eingekittet sein, vielfach fehlt er bei neueren Fabrikaten auch ganz.

Chemische Mittel

Chemische Mittel unter Namen wie „Frißdurch", „Rohrfrei" gibt es im Handel. Sie sind sehr wirksam; der Umgang mit ihnen verlangt aber Umsicht und Vorsicht. Für leichtere Fälle kann man ein Reinigungsmittel wie etwa „Imi" nehmen; es erfordert keine besonderen Vorsichtsmaßnahmen.

Vor Anwendung der ätzenden Reinigungsmittel sind Klosettdeckel abzumontieren oder aufzuklappen, Teppiche, Linoleum und Fußböden durch Pappe gegen Spritzer zu schützen. Aluminium- und Zinkblechrohre werden durch solche Mittel angegriffen und dürfen nicht behandelt werden. Für Eisen- und Steinzeugrohre, für Glas, für Becken aus Porzellan, Steingut und Emaille sind die Mittel unschädlich. Das Pulver darf nicht mit feuchten Händen angefaßt werden. Spritzer an Haut und Kleidern sind sofort mit Essig abzuwaschen. Das etwa im verstopften Becken stehende Wasser ist durch Ausschöpfen zu entfernen. Man schüttet – je nach Gebrauchsanweisung – bis zur Hälfte des Doseninhalts in das Becken und gießt sofort 1 Liter kochendes Wasser hinzu. Die Mischung schäumt stark auf, daher zurücktreten, Vorsicht vor Spritzern und Dämpfen. Diese Mittel zersetzen Stoffe wie Fett, Seifenreste, Küchenabfälle, Haare, sogar Kesselsteinablagerungen. Nachspülen mit heißem Wasser ist auch hier erforderlich.

Anstrich löst sich
Löst sich, während man gerade beim frischen Anstreichen ist, der alte Anstrich darunter ab, so hat man die Haftfähigkeit des alten überschätzt. Besonders beim Arbeiten mit der Rolle kann es passieren, daß man den alten Anstrich teilweise abhebt. Gründliche Abhilfe ist nur möglich durch nochmaliges Abkratzen oder Abwaschen des alten Anstrichs. Sind die Schadstellen klein, kann es genügen, mit Bürste oder Pinsel vorsichtig weiterzustreichen.

Bild hängt schief
Hängt das Bild an einer Schnur, genügt es oft, das Mittelstück der Schnur mit Tesakrepp zu umwickeln, damit sie nicht am Haken oder Nagel entlanggleiten kann.
Sitzt die Befestigung nicht genau in der Mitte und läßt sie sich nicht versetzen, kann man mit hinten an der unteren Ecke angeklebtem Schleifpapier das Schrägrutschen verhindern. In aussichtslosen Fällen schlagen Sie unten neben dem Rahmen einen kleinen Nagel in die Wand, der nur wenige Millimeter heraussteht. Der Nagelkopf wird dann abgezwickt. Wen der Anblick des kleinen Stütznagels stört, der kann unsichtbar an den beiden unteren Rahmenecken einige Stiftchen in die Rückseite schlagen und kurz vor der Holzoberfläche abzwikken. Es bleiben kleine Spitzen stehen, die das Bild nicht mehr rutschen lassen. Allerdings muß es zum Staubwischen usw. sehr behutsam abgenommen und wieder aufgehängt werden, weil die Stifte leicht Tapete oder Wandanstrich zerkratzen können.
Mit zwei Aufhängern können Sie das Bild immer gerade aufhängen, wenn Sie vor dem Einschlagen der Haken oder Stifte die ▷Wasserwaage benützen.

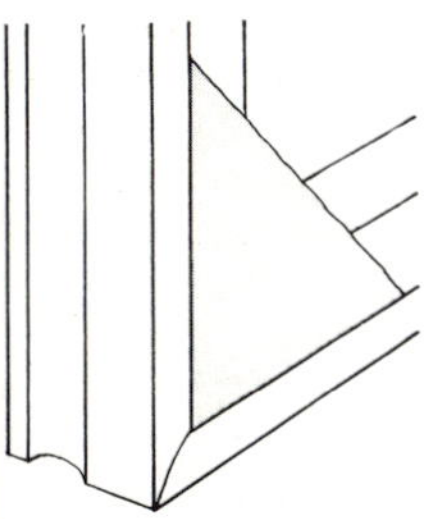

Schleifpapier hinten am Rahmen

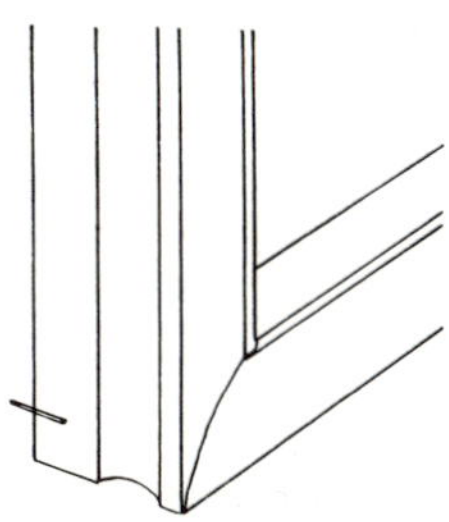

Stiftchen neben dem Rahmen

Bohrloch am falschen Platz
Ein versehentlich falsch gebohrtes Loch kann mit Holzkitt (▷Kitt) verschlossen werden. Größere Löcher in Holz erhalten einen Pfropfen, den man aus Abfallholz selbst machen kann. Der Pfropfen soll einen etwas größeren Durchmesser haben als das Bohrloch; er wird mit Leim bestrichen und dann vorsichtig eingeschlagen – entweder mit dem Holzhammer oder, falls Sie einen Schreinerhammer verwenden, mit einem zwischengelegten Stück Holz als Zulage.

Furnier beschädigt
1. Das Furnier hat sich an einzelnen Stellen gelöst: Schneiden Sie mit einem scharfen Messer das Furnier in der Faserrichtung auf. Mit einem Holzspan bringen Sie nun Leim oder Kleber unter das Furnier und pressen dann mit einem Holzklotz und einer Zwinge oder durch Beschweren die Stelle fest. Anschließend die Oberfläche nacharbeiten.

2. Flecken auf der Oberfläche: Abschleifen (evtl. sogar Abhobeln) der ganzen Oberfläche, bis sie wieder ganz einwandfrei ist. Dann neue Oberflächenbehandlung (▷Holzoberfläche).

3. Durchgebrannte Stellen oder mechanische Beschädigungen: das Furnier muß ausgeflickt werden. Suchen Sie ein Furnierstück aus dem gleichen Holz, das der beschädigten Stelle auch in der Maserung möglichst gleicht. Heften Sie mit einigen Stiften das neue Stück so auf die Fläche, wie die Maserung am besten paßt. Nun schneiden Sie mit einem scharfen Messer das neue und das alte Furnier gleichzeitig aus. Die Form des Ersatzstückes hängt von der Maserung ab. Rechtwinklig ist nicht immer günstig. Häufig erfüllt ein stromlinienförmiges Stück diesen Zweck besser. Innerhalb der Schnittlinie wird das alte Furnier sauber ausgestochen, die Klebefläche gesäubert. Dann das neue Furnier einpassen, die Oberfläche schleifen und das Ersatzstück aufkleben, und zwar bei alten Möbelstücken mit warmem Tischlerleim, bei neuen Stücken mit Kaltleim. Die gesamte Oberfläche muß nun – wie oben Ziff. 2 – eine neue Oberflächenbehandlung erfahren.

4. Druckstellen im Holz können durch mehrfaches Anfeuchten oder, in ernsteren Fällen, durch Hochdämpfen beseitigt werden. Beim Dämpfen wird ein feuchter Lappen mit einem heißen Bügeleisen oder Lötkolben erhitzt. Vorsicht: nicht aufs Holz geraten, sonst gibt es Brandspuren! Dieses Verfahren ist nur bei rohen Hölzern anzuwenden; behandelte Oberflächen werden durch das Wasser und die Hitze verfärbt.

Ausbessern eines Furniers: Ausschneiden des Ersatzstückes zusammen mit dem alten Furnier (Mitte); Einsetzen des Ersatzstückes (unten).

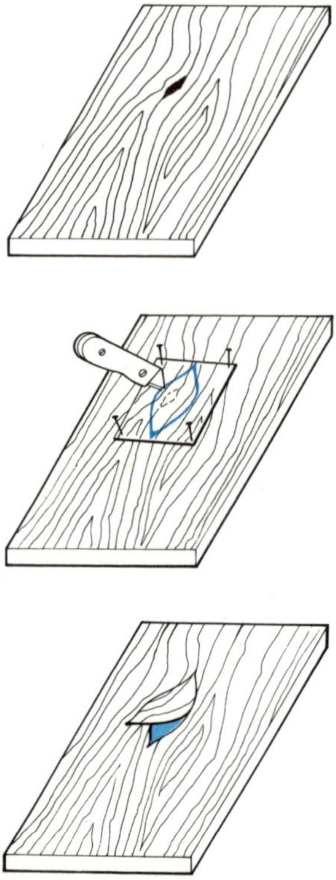

Hammerstiel ist abgebrochen

1. Einen neuen Stiel kaufen, der in das Öhr des Hammerkopfes paßt und nicht zu kurz ist: für Schreinerhammer 30 bis 35 cm.

2. Hammerkopf aufsetzen und einige Male kräftig mit dem hinteren Ende des Stiels auf die Werkbank schlagen, so daß sich der Kopf festzieht. Niemals mit zweitem Hammer auf Stiel oder Kopf schlagen! Zieht sich der Kopf nicht richtig fest, Stiel durch einige Striche mit Hobel oder Feile passend machen.

Nach dieser Probe Hammerkopf wieder entfernen, schrägen Schlitz für Keil einschneiden.

3. Schmalen Keil anfertigen.

4. Hammer zusammensetzen, Kopf festschlagen, Keil mit etwas Leim bestreichen, eintreiben.

5. Etwa über den Hammerkopf vorstehendes Holz mit der Feinsäge absägen.

6. Zum Schluß wird der Stiel mit Zelluloselack eingelassen und mit Stahlwolle abgezogen.

7. Erst nach mehrmaliger Benutzung entscheiden, ob der Stiel die richtige Länge hat oder noch etwas zu kürzen ist. Gegebenenfalls absägen und das Seilende gut verrunden.

Sitzt der Hammerstiel locker, so hat sich meist der Keil gelockert. Verfahren wie oben angegeben.

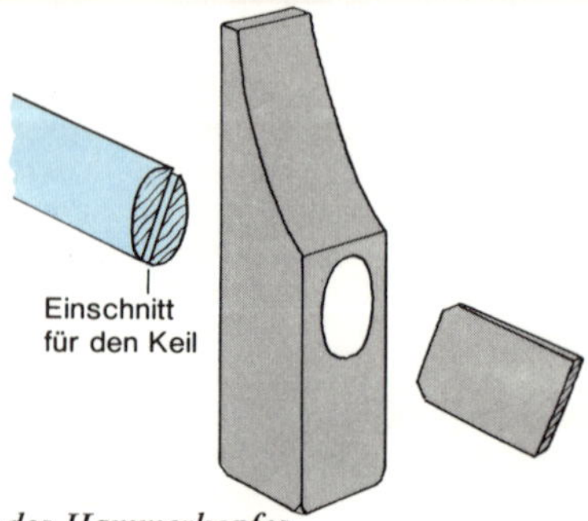

Befestigen des Hammerkopfes

Holzfußboden biegt sich durch

Zu großer Balkenabstand · zu geringe Brettstärke · falsches Einbringen der Auffüllung: das sind die möglichen Ursachen für Durchbiegungen. Die Aufzählung zeigt, daß Abhilfe nur möglich ist, wenn man den Boden neu verlegt. Sehr schwere Möbel – vor allem Bücherschränke – stelle man, wenn möglich, so auf, daß die Füße auf jeweils einen Balken treffen.

Holzfußboden bildet Fugen oder Wellen

Diese beiden Erscheinungen haben ihre Ursache im Schwinden und Quellen des Holzes. Sie treten zwangsläufig auf, wenn feuchte Bretter verlegt werden, oder wenn ausgetrocknete Bretter in Räume kommen, in denen noch starke Baufeuchtigkeit herrscht. In diesem Fall nehmen die Bretter zunächst Feuchtigkeit auf und quellen, danach trocknen sie und schwinden wieder. Stets soll Holzboden erst verlegt werden, wenn die Räume durch ausgiebiges Lüften und nötigenfalls Beheizen durchgetrocknet sind. Nach dem Verlegen soll der Boden alsbald begangen werden, damit sich Spannungen ausgleichen. Starke Fugen sind behelfsmäßig zu schließen durch Einschlagen von Holzspänen oder Ausgießen mit sogenanntem flüssigen Holz, das durch chemischen Prozeß erhärtet. Dauerhafte Abhilfe bietet nur das – freilich umständliche und kostspielige – Aufnehmen und Neuverlegen des ganzen Bodens. Wellige Erhebungen kann man oft durch neues Festnageln beseitigen.

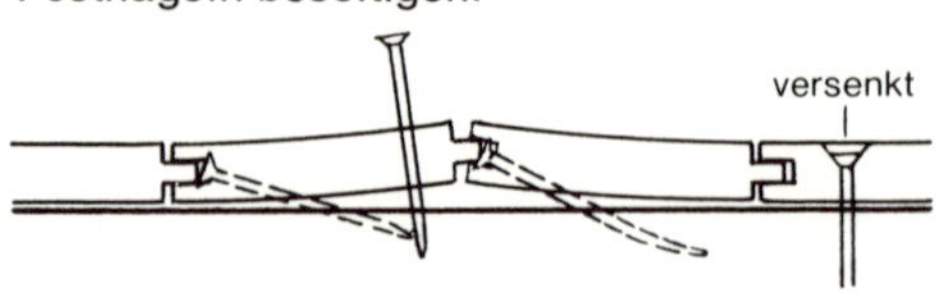

Aufgewellter Dielenboden wird niedergenagelt, die Nägel werden versenkt

Das Nageln kann in diesem Fall nur offen von oben geschehen, doch kann man die Nagelköpfe anschließend versenken und die Löcher auskitten. Man nimmt am besten Stahlstifte, weil sie auch in einen harten Unterboden eindringen.

Holzfußboden fault

Fäulniserscheinungen fordern unverzügliche Maßnahmen. Das befallene Brett ist sofort herauszunehmen und an der Unterseite zu untersuchen. Oft geht die Erkrankung von der Unterkonstruktion aus. Feuchte und schlechte Auffüllung – z. B. aus Bauschutt – ist meist die Wurzel des Übels.

Zeigt nur die Oberseite Befall, ist nur das Brett auszuwechseln. Ist auch die Unterseite befallen, ist der gesamte Belag zu erneuern, die Unterkonstruktion gründlich zu untersuchen. Schlechte Teile sind zu erneuern, die übrigen gut auszutrocknen und neu zu imprägnieren (▷Holzoberfläche), bevor ein neuer Belag aufgebracht werden kann.

Wegen der Nut-Feder-Verbindung der Dielenbretter ist es nicht ganz einfach, ein einzelnes Brett zur Untersuchung herauszunehmen. Liegt das Brett in Wandnähe, nimmt man den Boden vom Rande her auf. Andernfalls muß man das Brett wahrscheinlich aufsplittern und stückweise herausreißen.

Holzfußboden knarrt

Knarrt ein einzelnes Brett, so ist Abhilfe möglich. Wahrscheinlich wird es windschief geschnitten sein. Man ersetzt es durch ein neues. Über das Herausnehmen siehe oben unter „Fäulnis". Beim Einsetzen des trockenen Ersatzbrettes muß man vom Anschlußbrett die Feder abstemmen. Das neue Brett wird von oben genagelt, die Nagelköpfe werden versenkt.

Knarrt der Boden an vielen Stellen oder überall, so ist Abhilfe mit den Mitteln, die dem Laien zur Verfügung stehen, nicht möglich.

Lackieren ergibt rauhe Oberfläche

Sieht eine neue Lackierung nach dem Trocknen nicht glatt, sondern wie Sandpapier aus, so ist meist Staub daran schuld. Man muß die Fläche nach gutem Durchtrocknen mit feinstem Glaspapier schleifen und nochmals lackieren. Auf staubfreie Kleidung achten, Kopfbedeckung tragen, Durchzug vermeiden, langsam bewegen.

Rolladengurt gerissen

Zuerst müssen wir uns einmal Aufbau und Funktion eines Rolladens klarmachen. Ein Rolladen besteht aus waagerecht liegenden, beweglich miteinander verbundenen, schmalen Leisten und wird um eine unter dem Fenstersturz liegende Walze gewickelt. Die Leisten haben je nach Breite zwei oder drei vertikale Schlitze, durch die Gurte oder dauerhafte Ketten aus Stahlplättchen gezogen sind. Im aufgerollten Zustand hängt der Rolladen im oberhalb des Fensters angebrachten Rolladenkasten, aufgewickelt auf einer Walze. Seitlich der Walze ist zwischen zwei runden Blechscheiben der Zuggurt befestigt. Wird der Rolladen heruntergelassen, rollt sich der Gurt zwischen den Scheiben auf.

Der Rolladenkasten ist auf der Vorder- oder Unterseite mit einer abnehmbaren Klappe versehen, um Reparaturen im Inneren zu ermöglichen. Der Gurt tritt über eine kleine Führungsrolle aus einem Schlitz im Kasten heraus und läuft senkrecht an der Wand entlang in ein in die Mauer eingelassenes Blechgehäuse. Eine Federrolle darin nimmt das Gurtende auf und hält es gespannt. Es ist besser, einen zerschleißenden Gurt rechtzeitig zu ersetzen, als zu warten, bis er gerissen ist. Das Erneuern eines schadhaften Gurtes lohnt sich für den Heimwerker, weil die Reparatur durch einen Handwerker sehr teuer ist.

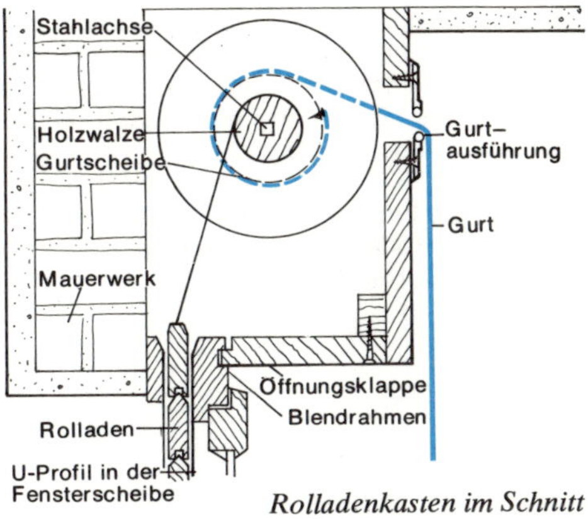

Rolladenkasten im Schnitt

Als erstes entfernt man die Abdeckplatte des Rolladenkastens und nimmt das – meist mit zwei Schrauben befestigte – Federgehäuse aus der Wand. Lösen Sie die Gurtenden sowohl von der Walze im Rolladenkasten als auch von der Federrolle. Die Enden sind an den Walzen entweder angeschraubt oder in einen Dorn eingehängt. Die Federrolle selbst wird im vollgespannten Zustand mit einem Holzkeil oder etwas ähnlichem arretiert. Legen Sie die Enden zusammen und messen Sie die genaue Gurtlänge. Der neue Gurt sollte der größeren Haltbarkeit wegen aus Nylon bestehen und muß dieselbe Breite und Länge wie der alte haben. Ehe man den neuen Gurt einzieht, sollte man festzustellen versuchen, warum der Gurt gerade an dieser Stelle verschlissen und dann gerissen ist. Meist ist es der Schlitz im Rollladenkasten oder eine schiefsitzende Rollendurchführung, die den Verschleiß hervorruft. Schlitz nacharbeiten und glätten. Rollen eventuell versetzen, sonst brauchen Sie bald wieder einen neuen Gurt. Den neuen Gurt muß man zwischen den beiden Gurtscheiben mehrmals glatt um die Welle wickeln, so daß das freie Ende noch gerade bis in den Federkasten hineinreicht. Zum Einhängen des Gurtendes auf den Dorn der Welle sollte man den Gurt nicht wie ein Knopfloch einschneiden, sondern mit einem dicken Nagel oder Pfriem ein ungeschnittenes Rundloch durchzutreiben versuchen. Das andere Gurtende schraubt man auf der Federrolle fest und setzt den Federkasten mit den Verschraubungen ein. Nunmehr kann man den Rolladen hochziehen, wobei das freiwerdende Gurtband sich auf die Federrolle aufwickelt. Wenn der Gurt nicht voll in den Federkasten gezogen und damit auch der Rolladen nicht bis zum oberen Anschlag hochgezogen wird, muß man die Federrolle nochmals herausnehmen und das Band noch ein- bis zweimal um die Walze wickeln. Ist die Riemenscheibe nicht zugänglich, befestigen Sie den neuen Gurt an einem möglichst kurz gehaltenen Rest des alten Gurtes. Das geht mit kurzen Mutterschrauben mit Unterlagscheiben oder durch sorgfältiges Vernähen. Sie müssen dafür sorgen, daß die Flickstelle auf der Walze auch bei geöffnetem Rolladen immer mit einer Wicklung des neuen Gurtes überdeckt ist.

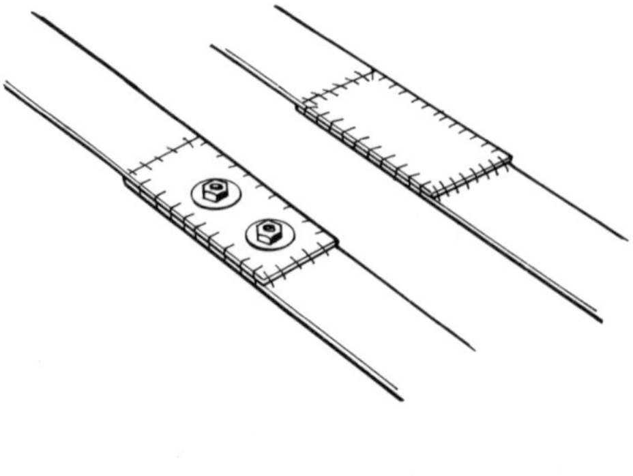

Ansetzen des neuen Gurtes an Reststück des alten

Schranktür klemmt

1. Feststellen, wo (genau) die Tür klemmt. Tür langsam und mit Gefühl schließen. An der Stelle, wo die Tür im Falz reibt, ein Papierblatt zwischenlegen. Es wird nur dort festgehalten werden, wo die Tür klemmt.

2. Feststellen, ob nicht ein Fremdkörper im hinteren Falz oder am Rand des Türblattes sitzt, insbesondere zuviel Farbe. Falz mit Stecheisen ausputzen, mit Schleifpapier überschleifen.

3. Die Tür kann klemmen, weil das Möbelstück seitlich schief steht. Dann Füße des Möbelstücks unterkeilen, wie es die Bilder erläutern.

4. Prüfen, ob das Streifen auf verbogene Drehbeschläge zurückzuführen ist. Wenn ja, Beschläge abschrauben, nachbiegen, wieder festschrauben.

5. Hilft das alles nichts, muß der Hobel her (oder der Feilenhobel). Tür zum Abhobeln unbedingt aushängen bzw. abschrauben. Das Schloß nach Möglichkeit drin lassen. Über den Schloßstulp nicht hobeln, lieber das Schließblech vom Falz abheben und dort nachhobeln, denn ein Versetzen des Schlosses geht selten ohne Beschädigungen ab.

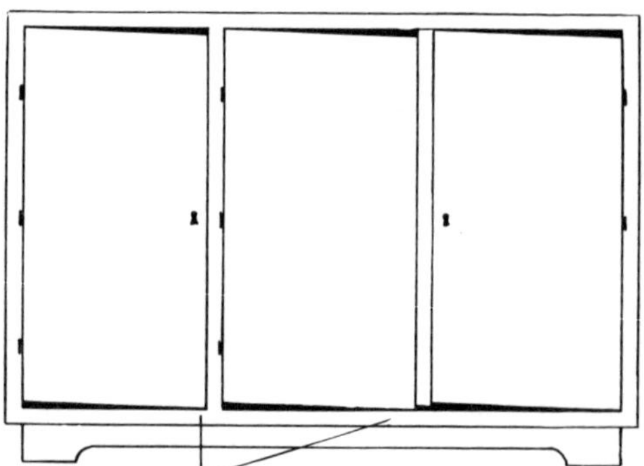

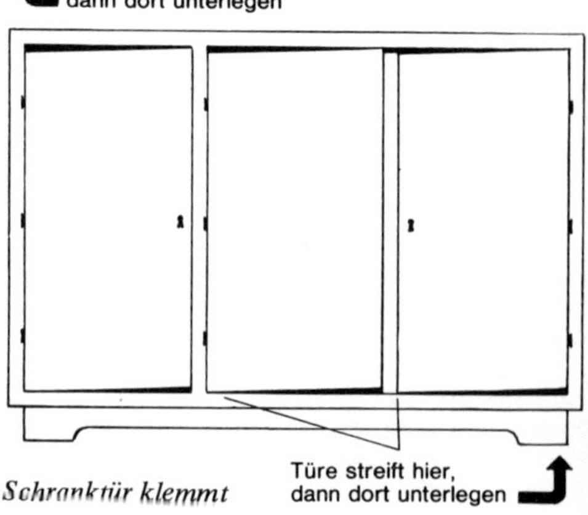

Schranktür klemmt

Schraube (in Holz) will sich nicht lösen

1. Über eine gewisse Grenze hinaus nützt bloße Kraftanstrengung nichts, man würde den Schraubenkopf nur verschinden.

2. Vielleicht kann man der Schraube noch beikommen mit einem Schraubenzieher, der haarscharf in den Schlitz paßt. Eventuell zuschleifen.

3. Erwärmen des Schraubenkopfes mit einem Lötkolben oder einem heißgemachten Eisenstück. Während des Abkühlens läßt er sich vielleicht bewegen, und das ist ein Anfang.

4. Größere Schrauben lassen sich manchmal durch Schlagen mit dem Versenkstift lösen, wie es das Bild zeigt. Das kann sogar noch helfen, wenn die eine Hälfte des Schraubenkopfes bereits abgebrochen ist.

5. Hilft das alles nichts, muß die Schraube ausgebohrt werden: erst einen ganz schwachen Spiralbohrer nehmen, dann einen stärkeren, evtl. einen dritten noch stärkeren – bis man mit einer Spitzzange oder einem feinen, hakenförmigen Draht die Reste aus dem Schraubenloch entfernen kann. Das Ausbohren ist auch erforderlich, wenn die Schraube abgebrochen ist.

6. Bei allen diesen Versuchen darf das umliegende Holz nicht verschunden werden!

7. Schrauben aus Messing und Aluminium brechen manchmal schon beim Eindrehen ab. Es ist gut, sie vorher mit Paraffin oder Stearin einzureiben (Kerzenstummel) und dann vorsichtig einzudrehen. – Abgebrochene Schrauben aus solchem (gegenüber Stahl) weicheren Material lassen sich gut ausbohren.

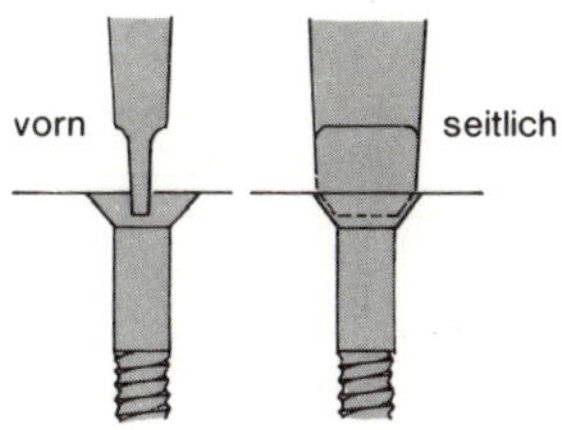

Richtig zugepaßter Schraubenzieher

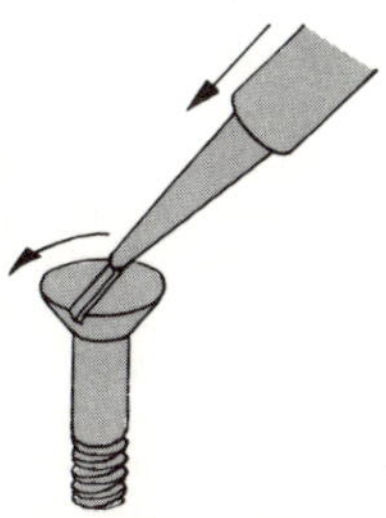

Losschlagen mit dem Versenkstift

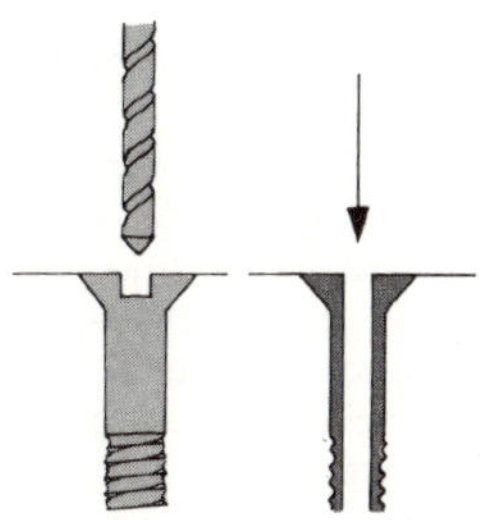

Ausbohren

Schraube sitzt nicht mehr fest

Man tropft Klebstoff (Leim oder Alleskleber) in das Schraubenloch und dreht die Schraube wieder ein, oder man füllt das Loch mit einem Holzspan aus, den man vorher mit Klebstoff bestrichen hat, und schraubt dann wieder ein. Mutterschrauben, die locker sind, umwickelt man mit etwas Werg, Wolle oder Baumwollfaden und dreht dann die Mutter fest.

Schublade klemmt

Schubladen müssen eine genaue Führung haben. Sie sollten leicht laufen, aber nicht verkanten und wackeln. Die normale Schublade wird oben und unten zwischen den Laufleisten und seitlich von den Streifleisten geführt. Wenn die Schublade klemmt, stellen Sie fest, ob sie zwischen den Laufleisten oder den Streifleisten klemmt. Versuchen Sie zunächst, die Leisten und die Schubladenkanten zu säubern und die Leisten mit Hartwachs zu glätten. Hilft das nicht, muß die Schublade oben oder seitlich mit einem Hobel oder der Schleifscheibe überarbeitet werden. Vorsicht! Nicht zuviel wegnehmen. Immer von außen nach innen arbeiten. Mit sehr feinem Schleifpapier nacharbeiten. Die Gleitflächen sollen völlig glatt sein, ehe sie eingewachst werden.

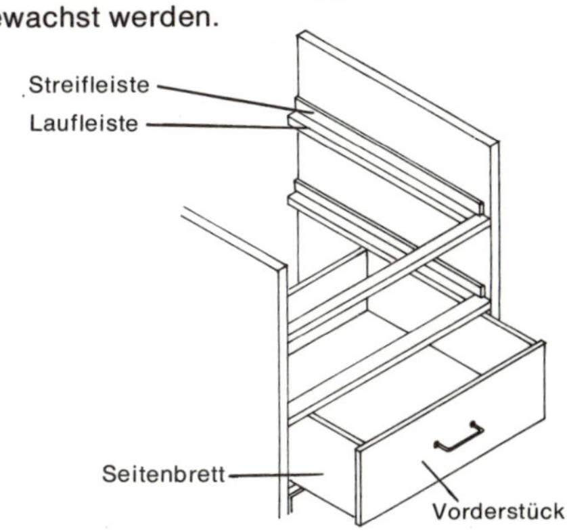

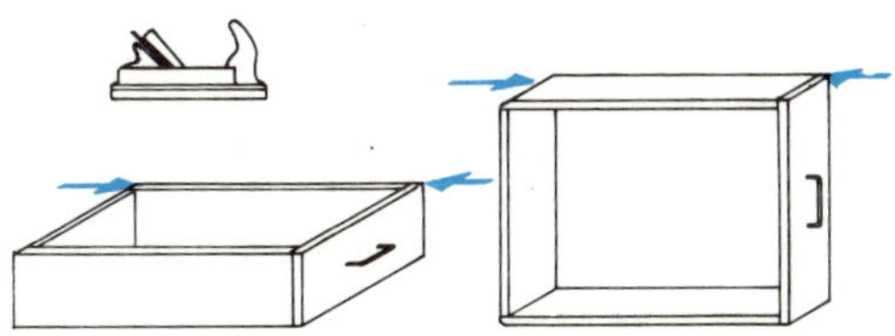

Überarbeiten der Kanten mit dem Hobel

Viele Schubladen haben eine Mittelnut, die auf der Schiene an der Seitenwand des Schrankes läuft. Mit Schleifpapier gelegentlich die (obere) Gleitfläche säubern, glattschleifen und dann mit Hartwachs einstreichen – ein solcher Pflegedienst spart manchen Ärger.

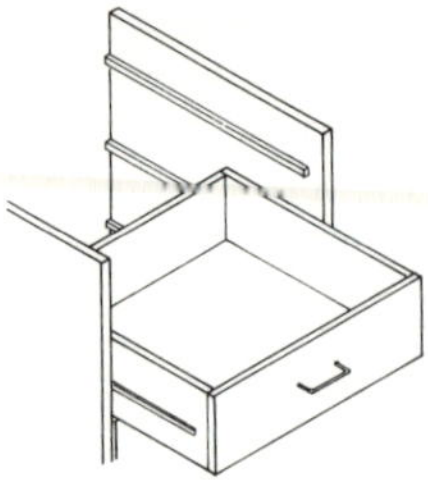

Schublade mit Mittelnut

Wenn die aufgehängte Schublade klemmt, muß nicht nur die Seitenwand, sondern meistens auch die Nut nachgearbeitet werden. Dazu fährt man mit einem Stemmeisen solange über Seiten und Boden der Nut, bis die Schublade wieder leicht läuft. Grobe Arbeitsspuren mit feinkörnigem Schleifpapier beseitigen.

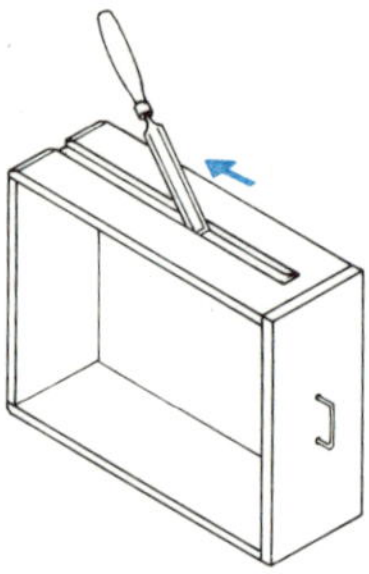

Überarbeiten der Nut mit dem Stemmeisen

Tapete beschädigt

Bilderhaken u. dgl. verursachen oft Beschädigungen an tapezierten Wänden. Wie bessert man derartige Schäden unauffällig aus? Auf die Schadenstelle legt man genau dem Muster angepaßt ein Reststückchen der Tapete, so groß, daß die Schadenstelle gut bedeckt ist. Mit einem scharfen Messer wird auf der Wand ein rechteckiges Stück aus dem aufgelegten Stück herausgeschnitten, und zwar so, daß der Schnitt auch durch die daruntersitzende alte Tapete hindurchgeht. So erzielt man vollkommene Deckungsgleichheit zwischen dem Untergrund, aus dem man die alte Tapete vorsichtig herauslöst, und dem einzusetzenden Stück.

Tapete löst sich ab

Dies kann auch kurz nach dem Tapezieren passieren und liegt dann daran, daß die Bahn nicht satt genug mit Kleister eingestrichen oder nicht richtig durchgeweicht war, oder daran, daß der Raum zu stark beheizt oder zu stark belüftet wurde. Abhilfe: Kleine Fehlstellen mit Pinsel neu mit Leim einstreichen (auch Alleskleber)

Bei größeren Fehlstellen: Bahn abnehmen, neue Bahn einsetzen. Eine Rolle Tapete sollte man als Reserve behalten!

Tisch oder Stuhl wackelt

Entweder stehen die Füße nicht gleichmäßig auf – oder der Tisch geht aus dem Leim. Wenn ersteres der Fall ist, fragen wir uns:

1. Hat der Tisch die Schuld oder der Fußboden? (Ich spreche im folgenden vom Tisch; für den Stuhl gilt alles in gleicher Weise, überhaupt für jedes Möbel mit 4 Beinen.)

2. Liegt die Schuld nicht beim Fußboden – Tisch auf den Kopf stellen, zwei genau gleich breite Leisten über die Fußpaare legen und darüber visieren, wie es das Bild zeigt, um zu ermitteln, welches von den vier Beinen der „Übeltäter“ ist.

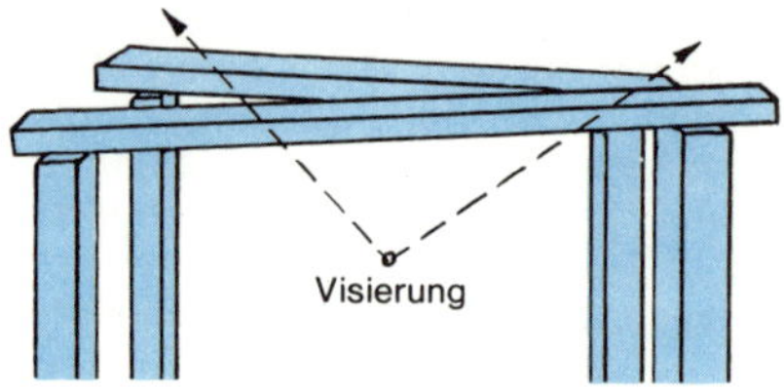

So wird der Übeltäter ermittelt –

3. Ist ein Bein länger als die anderen drei, muß es verkürzt werden. Um wieviel? Das zeigt die Visierleiste, wie das Bild deutlich macht. Jetzt kommt es aber darauf an, genau anzureißen (mit scharfem Bleistift). Der Vorgang wird über Eck wiederholt, so die zweite Seite angerissen. Nun genau am Riß absägen. Kanten mit der Feile brechen.

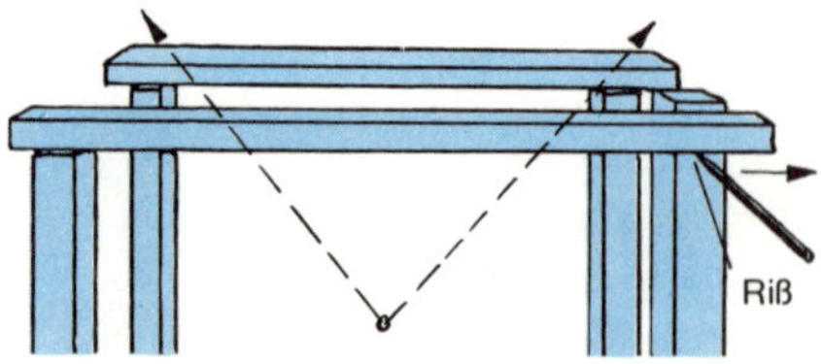

– so das zu kürzende Stück angerissen

4. Nehmen wir jetzt an, ein Bein sei kürzer als die übrigen drei. Dann haben wir die Wahl, entweder das eine Bein zu verlängern – dann behält der Tisch seine bisherige Höhe – oder die anderen drei zu verkürzen – dann wird der Tisch niedriger. Soll das zu kurze Bein verlängert werden und handelt es sich nur um 1 bis 3 mm, so kann man einfach eine Leder- oder Gummischeibe unternageln, besser noch -leimen.

Fehlt mehr, so wird auf die gesäuberte und plan gearbeitete Unterfläche eine Sperrholzscheibe, etwas überstehend, aufgeleimt und verschraubt. Kopf der Schraube versenken! Nach dem Trocknen werden die überstehenden Kanten mit Säge, Stecheisen und Feile beigearbeitet.

Sperrholzscheibe zunächst etwas größer schneiden

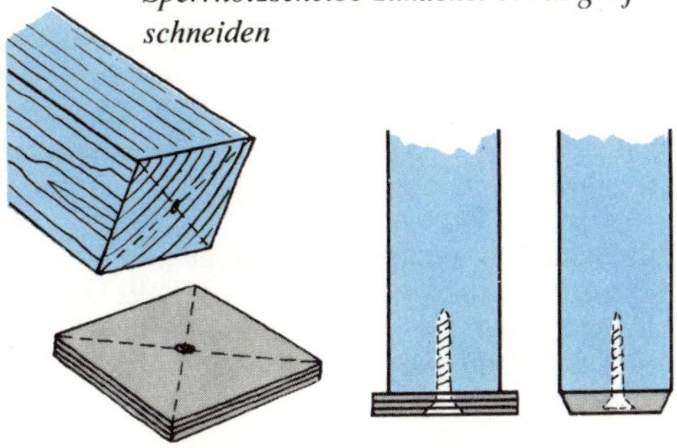

Nach Anschrauben und Verleimen Ränder absägen und abschrägen

5. Wenn die drei Beine auf die Länge des vierten gekürzt werden sollen, stellt man den Tisch auf eine genau ebene Unterlage. Dann schiebt man unter den kurzen Fuß einen Keil, bis der Tisch nicht mehr wackelt. Direkt an der Tischbeinkante wird auf dem Keil ein Strich gezogen, und an diesem Riß wird der Keil abgesägt. Mit der an die Tischbeine angelegten Schnittfläche wird die Höhe des abzusägenden Teiles markiert.

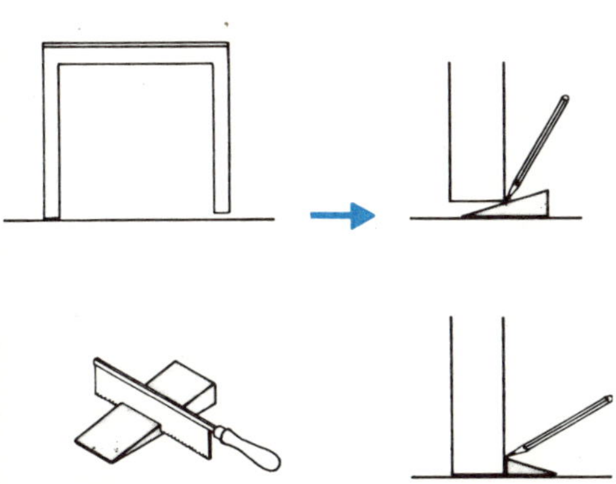

Anreißen der Tischbeine zum Gleichrichten

6. Dasselbe Verfahren ist anzuwenden, wenn man sich entschließt, ein Möbelstück niedriger zu machen.

Wackelt der Tisch oder Stuhl jedoch, weil seine Verbindungen nicht mehr fest sind, so müssen wir uns entschließen, ihn neu zu verleimen. Der Arbeitsgang hierbei ist folgender:

1. Die lockeren Verbindungen lösen und alle Flächen vom alten Leim befreien.

2. Neu verleimen und spannen. Wenn Sie keine Spannknechte von der entsprechenden Größe haben, dann nehmen Sie einen kräftigen Strick, den Sie zweimal in Höhe der Verleimung um den Tisch legen und dann durch Verdrehen mit einem eingeschobenen Spannholz immer weiter anspannen. An den Ecken Zulagen unterlegen.

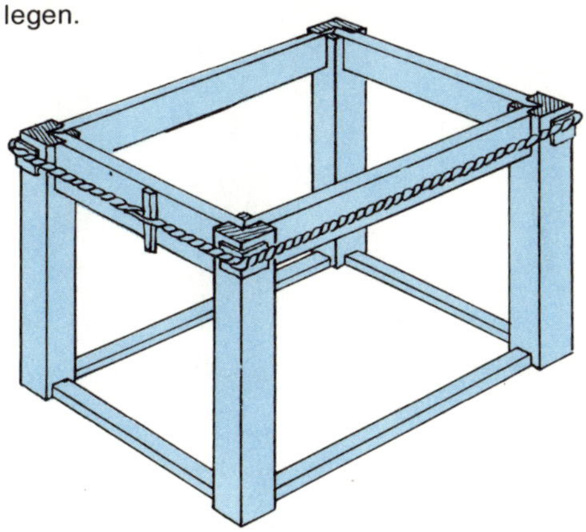

Verspannung nach dem Verleimen

3. Damit die Tischbeine bei dieser Arbeit unten den richtigen Abstand behalten, legen Sie Latten der richtigen Länge dazwischen.

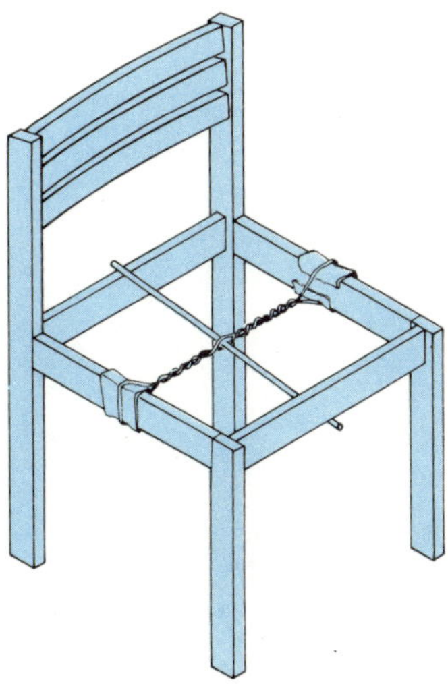

4. Die Ecken können Sie noch durch Zulagen versteifen.

5. Handelt es sich um lockere Dübel, so kann man sie durch Einarbeiten von Keilen wieder befestigen. In den Dübel wird mit der Feinsäge ein Schnitt gemacht, in den ein kleiner Keil so eingesetzt wird, daß Dübel plus Keil etwas länger sind, als das Bohrloch tief ist. Beim Eintreiben des Dübels in das Bohrloch wird der Keil in den Schlitz des Dübels gedrückt und treibt diesen auseinander.

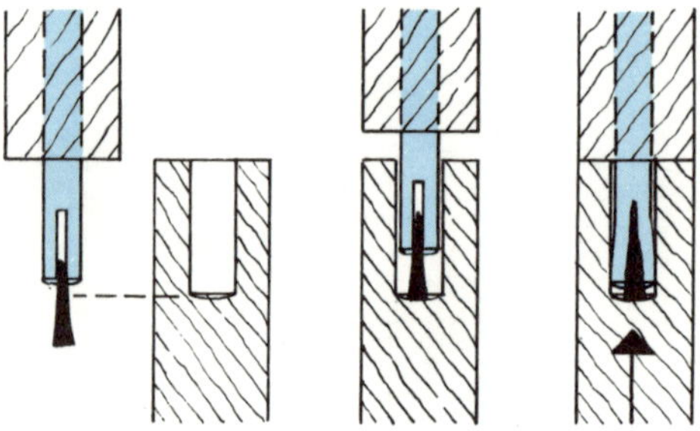

Alte lockere Dübel mit Keilen neu verleimen

Treppe knarrt

Das Knarren rührt daher, daß durch das Schwinden des Holzes die Verbindungen zwischen der Trittstufe und dem senkrechten Setzholz locker geworden sind, der Tritt nicht mehr voll aufliegt und sich durchbiegen kann. Ist die Treppe von unten zugänglich, so keilen wir eine Leiste entsprechender Stärke in die Nute der senkrechten Setzstufe. Dann verleimen und verschrauben (Bild unten).

Ist jedoch die Untersicht verputzt, so können wir ein Zulageholz, etwa 30 mal 30 mm stark, vorn unter dem Überstand befestigen (unterkeilen, leimen und schrauben (Bild) – oder, was noch besser ist, ein Brett von der Höhe der Stufe genau auf Druck einsetzen. Das Brett muß so sitzen, daß es den Druck voll aufnimmt. Trockenes Holz nehmen (Bild).

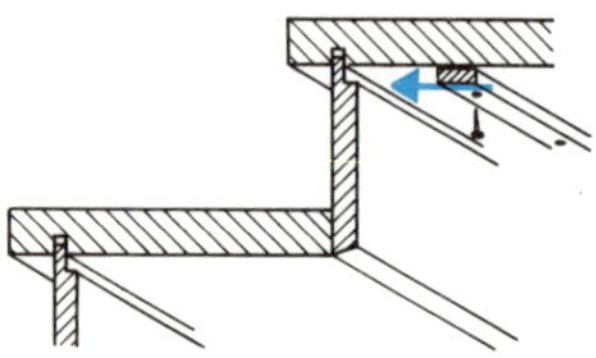

Oben: Zulageholz von unten befestigt · Unten: von vorn · Neues Brett unter dem Überstand

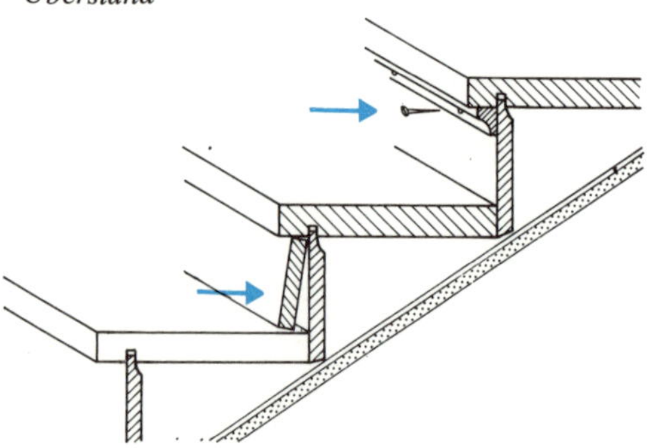

Tür ist zugeschnappt – kein Schlüssel

Wir sprechen von einer Haus- oder Wohnungstür, die zwar auf der Innenseite einen Türdrücker (Türklinke) hat, von außen aber nur ein Schlüsselloch, und wir gehen davon aus, daß das Schloß nur „zugeschnappt" ist, also nicht durch Schlüsseldrehung verriegelt. Nun kommt es darauf an, ob es sich um ein einfaches Schloß handelt, ein sogenanntes Chubbschloß, oder um ein Zylinderschloß. Beim einfachen Schloß ist es möglich, mit einem aus kräftigem Draht rechtwinklig gebogenen Haken (Sperrhaken, Sperrzeug, Dietrich) den Wechsel zu fassen, d. h, den Hebel, den man normalerweise mit dem Schlüssel erfaßt und der die Falle einzieht, sofern das Schloß nicht zusätzlich verriegelt ist. Meist gelingt das freilich erst nach einigem Probieren.

Ist eine Tür mit Zylinderschloß zugeschnappt, muß der Türknopf mitsamt der Abdeckung abgeschraubt werden. Dazu braucht man nur einen Schraubenzieher. Es wird dann der vierkantige Dorn sichtbar, den Sie mit einer Kombizange fassen und drehen können, so daß die Falle sich öffnet.

Entnehmen Sie daraus bitte, wie wenig Schutz gegen Einbruch ein Zylinderschloß gewährt, sofern die Tür nur zugeschnappt und nicht richtig verschlossen ist!

Tür klemmt oder geht nicht zu

1. Stellen Sie fest, wo (genau) die Tür klemmt. Tür langsam und mit Gefühl schließen. Dabei ein Papierblatt zwischen den Falz legen. Es wird nur dort festgehalten werden, wo die Tür klemmt.

2. Feststellen, ob nicht ein Fremdkörper im hinteren Falz oder am Rande des Türblattes sitzt, insbesondere zuviel Farbe. Falz mit Stecheisen ausputzen, mit Schleifpapier überschleifen.

3. Prüfen, ob das Streifen auf verbogene Dorne zurückzuführen ist. Wenn ja, Beschläge nachbiegen.

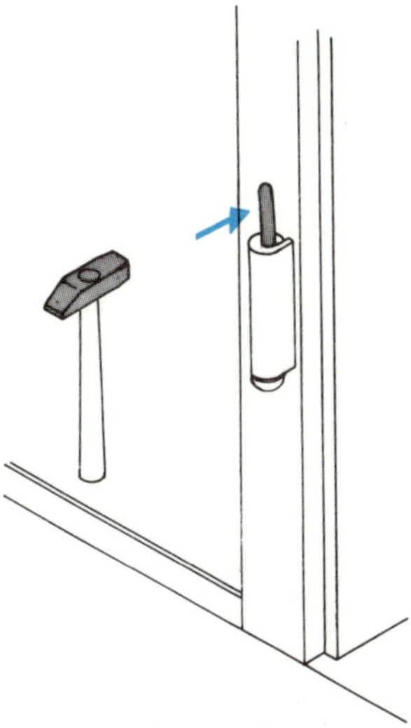

Richten eines verbogenen Dorns

4. Vielleicht sind die Beschläge (Bänder) lokker. Nachschrauben; wenn nötig, vorher Holzstückchen in die Schraubenlöcher einleimen und neu verbohren. Lockere Fischbänder sind ein Fall für den Fachmann.

5. Hilft das alles nichts, muß der Hobel her oder der Feilenhobel (▷Feilen, ▷Hobeln). Tür zum Abhobeln unbedingt aushängen bzw. abschrauben. Das Schloß nach Möglichkeit drin lassen. Über den Schloßstulp nicht hobeln, lieber das Schließblech am Bekleidungsfalz abschrauben und dort nachhobeln, denn ein Versetzen des Schlosses geht selten ohne Beschädigung ab.

Tür quietscht

Schmieren mit Öl oder besser mit etwas Fett. Am einfachsten ist das Ölen, wenn das Türband ein Ölloch hat – meist 1,5 cm vom oberen Rand entfernt. Einige Tropfen hineingeben; danebenlaufendes Öl gleich abwischen. Tür mehrmals bewegen, nötigenfalls noch ein wenig Öl nachgeben bzw. Tür anheben. Ist kein Ölloch vorhanden, so muß die Tür angehoben werden, damit wir an die Kegel (Drehzapfen) herankommen. Das geschieht mit einem Hebel, der über ein Klötzchen gelegt wird – möglichst nahe am Drehpunkt der Tür, sonst verbiegen sich die Bänder. Vorsicht, die Drehzapfen (Dorne) sind manchmal überraschend kurz, so daß die Tür leicht herausfällt. Aufpassen, ob die Tür sich überhaupt ausheben läßt, oder ob sie vielleicht oben anstößt. Läßt sich die Tür nicht ausheben, so ist anzunehmen, daß die Steckstifte der Türbänder herausnehmbar sind. Die Stifte schlägt man mit Hilfe eines stabilen Schraubenziehers hoch. Nacheinander ölen und wieder einsetzen, damit die Tür nicht herausfallen kann. Am besten die Tür aushängen, altes verharztes und mit Staub verkrustetes Fett mittels Petroleumlappen entfernen, dann die Bänder mit rotem Maschinenfett (Staufferfett) einfetten.

So hebt man eine Tür an

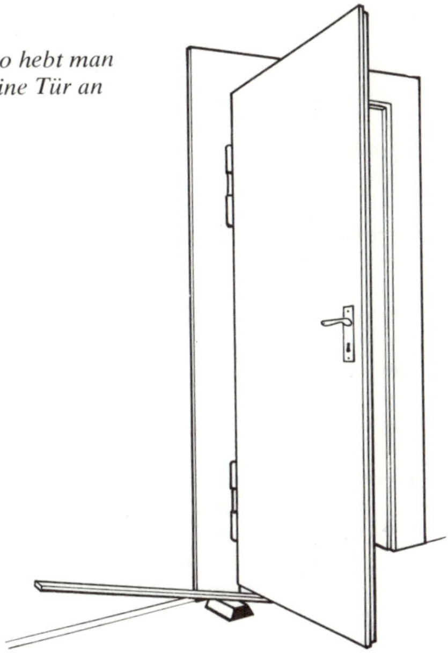

Tür schlägt gegen Wand oder Möbelstück

Um zu verhindern, daß die aufschlagende Tür mit der Klinke gegen die Wand oder ein Möbelstück schlägt, wird sie abgestoppt. Dazu wird ein käuflicher Gummi- oder Kunststoff-Türstopper auf den Fußboden geschraubt. Der

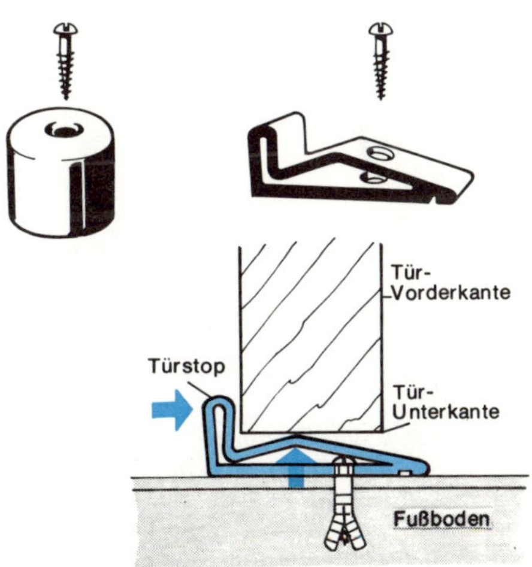

Stopper sollte so weit wie möglich, mindestens aber um die halbe Türbreite, vom Drehpunkt entfernt sein: die Tür wirkt als Hebel, und die Bänder können gelockert werden.
Die Befestigungsschrauben müssen lang und stark genug sein. Für Hartböden (Zementestrich) müssen Patentdübel eingesetzt werden (▷Dübel in Wand und Decke). Es gibt auch magnetische Türstopper, die zusammen mit einem Metallplättchen (Anker) am Türblatt die Türe nicht nur stoppen, sondern auch festhalten. Festgehalten wird die Tür auch durch den federnden Xox-Türstopper.

Tür schnappt nicht ins Schloß

1. Vielleicht ist die Feder des Schlosses erschlafft. Klinke hängt! Vielleicht muß das Schloß nur geölt werden? Sonst muß die Fallenfeder ausgewechselt werden.
2. Vielleicht ist ein Fremdkörper im Türfalz, insbesondere auf der Seite der Türbänder? Eventuell Farbe? Wenn ja, Türfalz mit Stemmeisen abfahren, mit Schleifpapier überschleifen.
3. Trifft beides nicht zu, prüfen, ob nur die Falle oder nur der Schloßriegel oder beide nicht einrasten.
Tür bei herausgehobenem Riegel an die Bekleidung anlehnen. Die genaue Lage von Riegel und Falle am Schließblech anreißen. Ergibt sich, daß Falle und Riegel der Höhe nach richtig liegen, muß die Vorderseite des Fallenloches angefeilt werden.

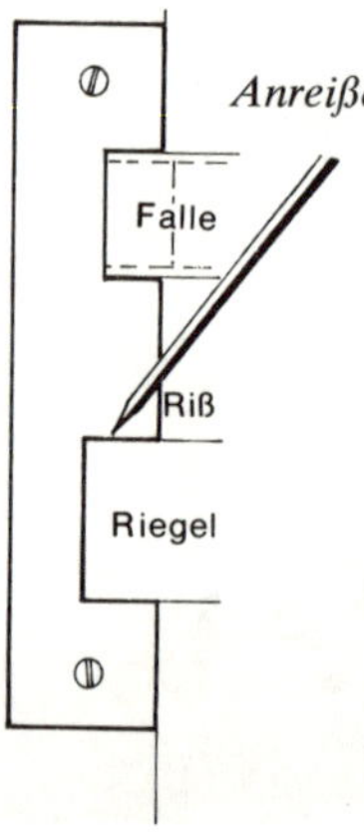

Anreißen am Schließblech

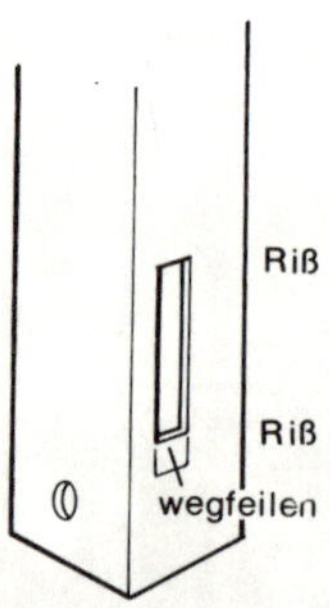

Korrektur der Höhe nach

Wenn Sie Dichtungen in den Falz geklebt haben, kann es notwendig sein, die Vorderseite von Fallen- und Riegelloch im Schließblech nachzufeilen.
Liegen Falle und Riegel zu tief, so kann es genügen, je einen Beilagring auf die beiden Bolzen der Drehbeschläge zu schieben. Geht das nicht, müssen die Öffnungen im Schließblech weiter ausgefeilt werden. Muß nur ein winziges Stück weg, kann man es bei angeschraubtem Schließblech abfeilen, sonst Schließblech abnehmen und zum Feilen in den Schraubstock spannen.
Haben Sie die Unterlagscheiben zwischen die Bänder gelegt, kann es sein, daß Falle und Riegel zu hoch liegen. Die Löcher müssen nach oben ausgefeilt werden.
Macht die erforderliche Korrektur mehr als 2 mm aus, nicht feilen, sondern das Schließblech nach oben oder unten versetzen.

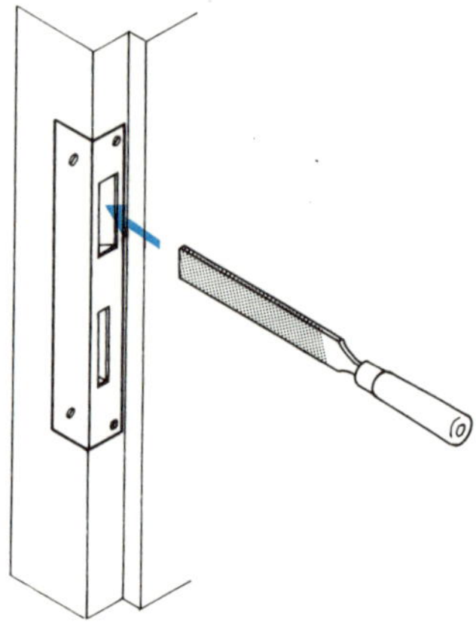

Anfeilen der Vorderseite

Tür streift über den Teppich

Stecken Sie die Beilagscheiben (aus dem Eisenwarengeschäft) über beide Bänder. Dazu die Türe ausheben. Nur so viele Scheiben auflegen, wie die Türe oben Spielraum gegen den Rahmen hat. Genügt das nicht, muß die Tür unten mit dem Hobel oder der Schleifscheibe entsprechend abgenommen werden. Immer von der Außenkante nach innen arbeiten, sonst splittert der Rand. Am Schluß Kanten mit Schleifpapier überarbeiten und abrunden, damit das Holz nicht splittert.

Wasserhahn tropft

Tropfen kann verschiedene Ursachen haben. Zur Ergründung muß auf jeden Fall zunächst die Leitung abgesperrt, der Hahn geöffnet und das Oberteil herausgeschraubt werden. Manchmal hat sich ein Fremdkörper zwischen Hahnsitz und Dichtung festgesetzt. Oder die Dichtung ist abgenutzt (hart und brüchig) und muß erneuert werden. Dazu wird die kleine Mutterschraube, die die Scheibe festhält, mit der Flachzange entfernt. Ist die neue Dichtung angeschraubt, überzeugt man sich, bevor man Oberteil wieder auf Unterteil schraubt, ob der zwischen beiden Teilen sitzende Dichtungsring noch einwandfrei ist. Wenn nötig, ist er gleich

mit auszuwechseln; notfalls ist hier eine Dichtung auch durch Umwickeln mit einigen Hanffäden zu erreichen. Erst nach dem Zusammenbau darf der Hahn wieder zugedreht werden. Beim Einkaufen von Dichtungsringen und -scheiben nehmen Sie am besten die alten Stücke jeweils mit, denn Größen und Formen sind recht verschieden. Gewöhnlich benutzt man als Entleerungshähne $^1/_4$''-Hähne, für Waschbecken $^3/_8$'', in der Küche $^1/_2$'' ('' = Zoll; 1 Zoll = 25,4 mm).
Bevor die Hauswasserleitung oder einer ihrer Stränge abgestellt wird, muß man andere Hausbewohner verständigen – nicht nur höflichkeitshalber – denn unter Umständen haftet man für Schäden, die durch Absperrung oder Wiederinbetriebnahme in anderen Wohnungen entstehen.
Tropfen kann auch darauf beruhen, daß der Hahnsitz durch das ständig durchströmende Wasser – besonders durch gechlortes – beschädigt (porös geworden) ist. In diesem Fall muß er durch den Installateur nachgefräst werden. Ist der Hahnsitz nur verkalkt, genügt Abreiben mit feinem Schmirgelpapier.

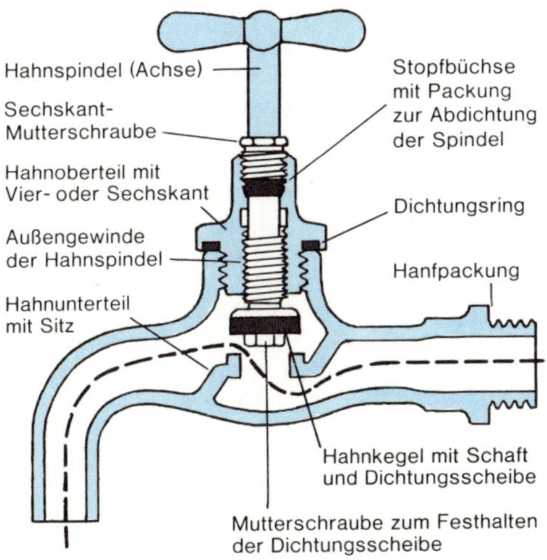

Einfacher Auslaufhahn im Schnitt

Zugluft durch Türritzen
Es kann **1.** durch das Schlüsselloch ziehen, **2.** zwischen Tür und Fußboden hindurch, **3.** seitlich zwischen Tür und Falz, **4.** seitlich zwischen Bekleidung und Mauerwerk.
1. Abhilfe: Anschrauben eines Schlüsselschildes mit Deckscheibe vor dem Schlüsselloch.
2. Zum Abdichten gibt es industriell hergestellte Türdichter. Sie sitzen bei geschlossener Tür dicht am Boden und heben sich beim Öffnen der Tür automatisch an. Man kann auch einen Streifen Roßhaarbürstenband mit kleinen Tapezierstiftchen unternageln; mitunter genügt ein schmaler Filzstreifen.

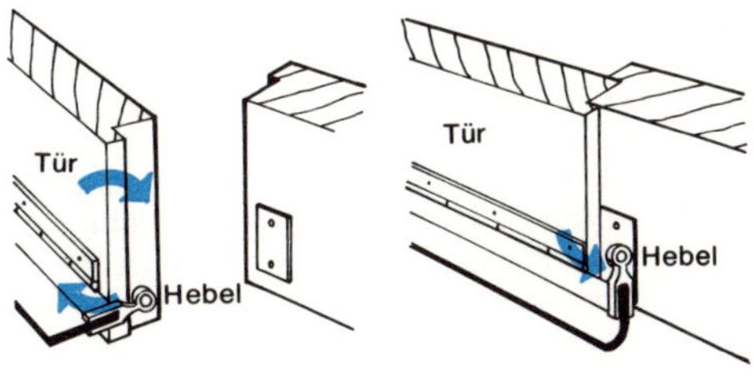

Türdichter, der sich beim Öffnen der Tür anhebt

3. Ist der Schluß zwischen der Tür und dem seitlichen Falz oder dem oberen Falz mangelhaft, werden Streifen aus Filz oder Schaumgummi gegen den Falz geklebt. (Vgl. ▷Abdichten von Fenstern und Türen.)
4. In diesem Falle fehlt die Abdeckleiste außen an der Bekleidung oder sie sitzt nicht fest. Die Leiste, falls vorhanden, wird abgenommen, der Spalt zwischen Bekleidung und Wand mit Schaumgummistreifen oder Werg ausgestopft und die Leiste wieder angeschraubt bzw. genagelt.

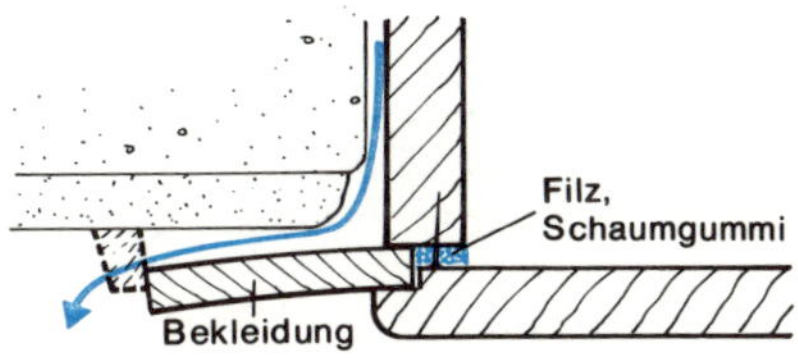

Es zieht zwischen Bekleidung und Wand hindurch

Plakafarbe

Gut geeignet zum Malen auf Papierkarton, Textilien und Holz. Sie wird in der benötigten Menge mit Wasser bis zur Vermalbarkeit verdünnt. Durchgetrocknete Farbe ist wasserunlöslich, daher Pinsel gut auswaschen und Farbdose fest verschließen. Evtl. etwas Wasser auf die angebrochene Farbe geben. Neuerdings gibt es diese Farbe auch in Spraydosen. Plakafarben können durch eine Schicht aus farblosem Lack geschützt werden. Dadurch kann sich allerdings der Farbton etwas verändern.

Platten

Platten sind Industrieprodukte mit genormten, gleichbleibenden Eigenschaften. Sie sind allgemein im Vordringen gegenüber traditionellen Baustoffen, weil sie deren Nachteile (wie das Arbeiten des Naturholzes) nicht aufweisen, dafür speziell für den Verwendungszweck erwünschte Eigenschaften haben, zudem meist leichter zu verarbeiten sind als Massivholz.
Platten sind eine große Hilfe für den Heimwerker. Wir bekommen sie in den meisten Heimwerkermärkten fertig zugeschnitten. Wenn wir exakten Zuschnitt und präzise, unbeschädigte Kanten wollen, müssen wir dies unbedingt bei der Bestellung angeben. Andernfalls kaufen wir die Platten lieber etwas größer und beschneiden sie selber.
Platten müssen vor Feuchtigkeit geschützt gelagert und ebenso eingebaut werden.
Die Platten, die für den Heimwerker in Betracht kommen, haben überwiegend Holz als Grundstoff, bestehen aber im Unterschied zu Naturholz aus Holzschichten, -spänen oder -fasern. Nachfolgend eine Übersicht mit einigen Hinweisen für die Verarbeitung:

Tischlerplatte
Auf eine stärkere Mittellage, meist aus schmalen Nadelholzleisten, sind beiderseits ein oder zwei Deckfurniere aufgeleimt. Die Faserrichtung verläuft senkrecht zu der Mittellage. Die Mittellage kann nun wenig oder nicht arbeiten, sie ist „abgesperrt“. Man unterscheidet „Block“- und „Stäbchenplatten“. Die letzteren sind besser und teurer. Im Handel sind Stärken von ca. 12 mm bis 50 mm.
Einseitiges Anstreichen oder Beschichten soll man vermeiden: Das kann zum Verziehen der Platten führen.

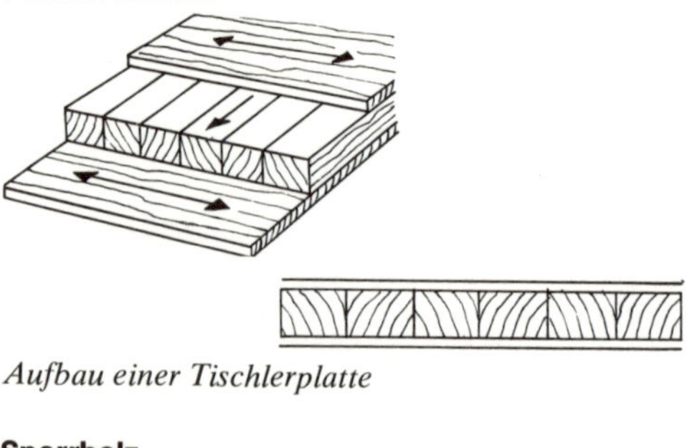

Aufbau einer Tischlerplatte

Sperrholz
Wie die Tischlerplatte aus mehreren verleimten Holzschichten bestehend, doch ohne die Mittellage aus stärkeren Holzleisten, gewöhnlich aufgebaut aus einer ungeraden Zahl (3 – 5 – 7 – 9) gleichstarker Holzlagen. Die Faser-

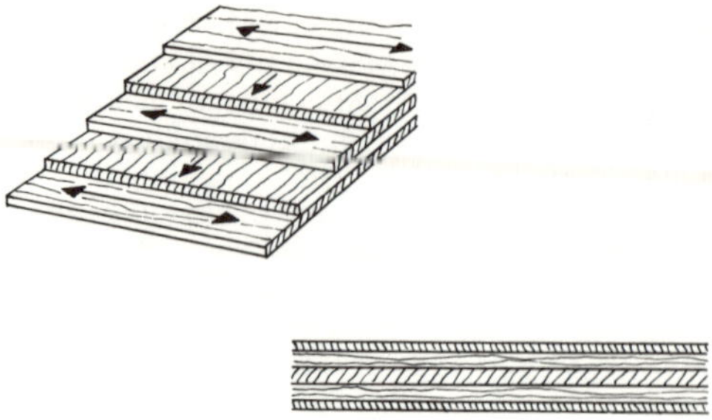

Aufbau einer Sperrplatte (Sperrholz)

richtung jeder Schicht läuft senkrecht zu der vorhergehenden. Stärken von ca. 0,5 mm bis 20 mm (die ganz schwachen Platten werden u. a. beim Bau von Flugzeugmodellen verwen-
Dünne Schichtplatten können bei starker Temperatur- und Feuchtigkeitsschwankung krumm, wellig oder windschief werden. Sie sollen deshalb nicht als freie Flächen, z. B. für Türen, verwendet werden, sondern als Füllungsflächen, in Rahmen eingespannt oder aufgeleimt, sowie als Rückwände.
Wetterfeste Platten (z. B. Iduplan, Douglas-Fir-Sperrholz, Simpson-Redwood-Sperrholz) sowie edelholzfurnierte, fertig behandelte „Dekorplatten“ sind in verschiedenen Ausführungen auf dem Markt. Einfaches Sperrholz ist billiger als Tischlerplatten.
Sperrholzplatten am besten beschnitten kaufen. Allerdings werden die Kanten nicht selten beim Transport beschädigt. Deshalb lieber den Zuschnitt etwas größer wählen als benötigt, zu Hause mit Laubsäge oder Feinsäge nachschneiden.
Sägt man quer zur Faserrichtung der zuoberst liegenden Schicht, ritzt man die Schnittlinie vorher auf beiden Seiten mit einem Messer an. Sperrholz läßt sich ▷nageln und ▷schrauben (Löcher vorbohren). Bei Verleimen (▷Kleben und Leimen) die Oberfläche vorher etwas aufrauhen.
Die Kanten bedürfen in der Regel einer besonderen Behandlung (▷Kanten).

Spanplatte
Aus kleinen Holzteilen (Spänen) und Bindemitteln hergestellt. Die Späne für Spanplatten sind keine Abfälle, vielmehr wird Stammholz auf Spezialmaschinen zerspänt, getrocknet, mit fein zerstäubten Bindemitteln (Kunstharzen) untermischt und dann unter Hitzeeinwirkung gepreßt. Im Handel sind Stärken von ca. 8 mm bis 40 mm, für den Heimwerker gebräuchlich sind Platten von 8, 10, 13, 17, 22, 25 mm Stärke. Stärkere Platten haben meist röhrenförmige Hohlräume.

Es gibt wetterfeste Platten (z. B. schwedisches Masonite, Phenapan-Holzspanplatten) sowie feuerhemmende Platten (Novopan), ferner auch mehrschichtige Platten sowie Röhrenspanplatten. Der Einkauf fertig zugeschnittener Platten ist ratsam. Das Schneiden macht Arbeit, Spanplatten sind wegen des Kunstharzanteils etwas schwerer zu bearbeiten als Massivholz, sie haben auch ein höheres Gewicht. Sie lassen sich mit Bügelsäge, Fuchsschwanz, Stichsäge (▷Sägen) schneiden.

Einfache Holzverbindungen wie ▷Nageln, ▷Schrauben, Nut und Feder (▷Holzverbindungen, fest) lassen sich auch bei Spanplatten anwenden. Vorzüglich sind Verbindungsarten, bei denen stumpf verleimt und zusätzlich geschraubt, genagelt oder gedübelt wird.

Die Oberflächen können mit Farbe gestrichen, furniert oder mit Kunststoffplatten beklebt werden. Die Platten kommen auch beidseitig mit Kunststoff beschichtet in den Handel.

Freiliegende Kanten können geschützt werden (▷Kanten, ▷Umleimer). Die Kanten lassen sich hobeln und mit Glaspapier glätten. Nägel und Schrauben halten besser, wenn man sie vor dem Einsetzen mit Leim bestreicht. Man kann natürlich Dübel einleimen und in diese dann Schrauben eindrehen. Werden Beschläge an Stirnseiten von Spanplatten befestigt, sollen die Ränder vorher mit kräftigen ▷Umleimern aus Massivholz verstärkt werden.

Wer Möbelstücke aus Spanplatten anfertigen will, muß noch wissen, daß es eine Reihe von Spezialbeschlägen gibt, die dazu dienen, Spanplatten zu Regalen, Kuben u. a. zu verbinden (Spanplattenverbinder). Sie werden an den Knotenpunkten angeschraubt oder -genagelt. Im Raumbeispiel „Bauelementezimmer" im ersten Teil finden Sie dazu Näheres.

Trotz einiger oben genannter Nachteile sind Spanplatten für viele Zwecke des Heimwerkers das am besten geeignete Material.

Fertigplattenlager im Moralt-Tischlerplattenwerk Bad Tölz

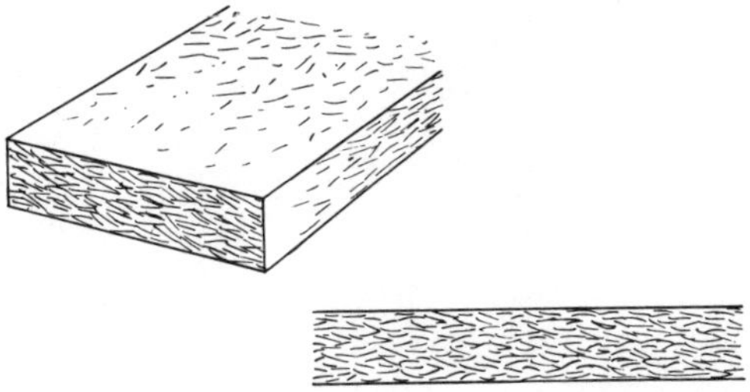

Spanplatte

Hartfaserplatte

Kleinste Holzfasern werden mit Kunstharzleim vermischt und unter hohem Druck zu Platten verpreßt. Meist haben diese Platten eine glatte und eine geriffelte Seite. Die Stärken liegen zwischen 2 und 6 mm. Es gibt halbharte, normalharte, extraharte Ausführungen.

Man kann diese Platten meist in Größen bis 1,50 x 2,50 m kaufen. Wenn es auf ganz exakte Maße und Winkel ankommt, kauft man die Platte etwas größer als benötigt und schneidet sie mit Fuchsschwanz oder Feinsäge selber zu. Bei lackierten und beschichteten Platten die Schnittlinie vorher auf der Schichtseite anritzen. Immer von der Oberseite her sägen und die Platte fest auflegen, damit sie nicht schwingt.

Hartfaserplatten dienen beim Möbelbau meistens als Rückwände, Füllplatten oder Unterkonstruktionen.

Man verbindet Hartfaserplatten durch Leimen (▷Kleben und Leimen), wozu die glatten Flächen vorher etwas aufzurauhen sind, durch ▷Nageln oder ▷Schrauben. Beim Nageln sollen die Köpfe immer auf der Seite der Hartfaserplatte sein, wenn das andere Teil aus Massivholz besteht.

Vor dem Streichen und Tapezieren sollen diese Platten mit wasserfestem Lack isoliert werden. Ölimprägnierte Hartfaserplatten sind feuchtigkeitsbeständig und für die Verwendung als Wand- oder Deckenbelag auch bei Freiräumen (überdeckter Sitzplatz) geeignet.

Als Wandverkleidung in Innenräumen dienen fliesenartig wirkende, kunststoffbeschichtete Hartfaserplatten (z. B. „Wirus-Dekor").

Auch die ▷Lochplatte ist eine Hartfaserplatte.

Weichfaserplatte

Diese Platte, auf ähnliche Weise hergestellt wie die Hartfaserplatte, dient vor allem als Dämmplatte und ist deshalb, wie weitere dafür geeignete Platten aus Styropor und Kork, unter dem Stichwort ▷Wärmedämmung behandelt. Vgl. ▷Kunststoffe (Platten).

Das Regalsystem „allround" bietet viele Möglichkeiten zur Gestaltung von Räumen und Wänden. Häfele KG, Nagold, Postfach 160

Regale

Container
Offene Behälter aus Holz, Kunststoff, Blech, sogar aus Pappe oder Glas lassen sich – Öffnung nach vorne – zu Regalen stapeln. Beispiele in den Abschnitten „Mein Zimmer ist zu klein", S. 14 f., „Bücher und Sammlungen", S. 138 f. sowie „Ein Gruppenraum", S. 90 f. Die Container lassen sich in der Regel noch unterteilen. Man kann sie auch mittels Dübeln an der Wand befestigen (▷Dübel in Wand und Decke). Container bieten den Vorteil, daß man sie (sogar mit Inhalt) transportieren sowie von Zeit zu Zeit anders gruppieren kann.

Bretter
Lose Bretter lassen sich zu Regalen vereinigen (Weichholz, Span-, Tischlerplatten, ▷Platten), indem man sie auf Konsolen, Leisten oder Fachbodenträger legt. Achtung: Sollen sie zwischen Seitenwänden (aus Holz, auch in einer Türnische o. ä.) liegen, braucht man Leisten (dann liegen die Bretter fest) oder ▷Fachbodenträger (dann sind die Bretter verstellbar).

▷Konsolen werden entweder direkt an die Wand geschraubt oder in Lochschienen (Nutschienen) eingehängt und sind damit verstellbar. Nur genaues ▷Anreißen unter Zuhilfenahme von ▷Lot und ▷Wasserwaage sichert einwandfreien Sitz.
Auch für Fachbodenträger gibt es Nutschienen, so daß sich verschiedene Abstände einstellen lassen.

Leitern
Metall-Leitern („String"-System) werden an der Wand angebracht, die Bretter lose eingelegt. Es lassen sich auch Leitern aus Holz verwenden; sie müssen an der Wand – oder an Fußboden und Decke – gut fixiert werden.

Hängeregal
Im Abschnitt „Dachzimmer", S. 82 f. finden Sie ein Beispiel dafür, wie man Regalbretter mit Drähten oder Schnüren von der Decke (auch einer schrägen) abhängen kann. Die Drähte können auch zwischen Fußboden und Decke verspannt werden.

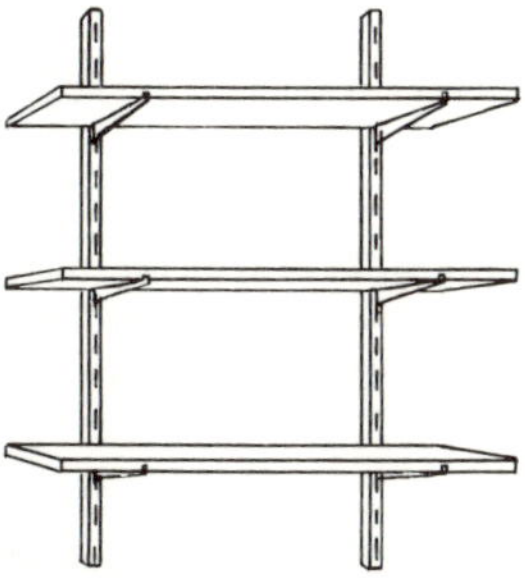

Regal mit Lochschienen

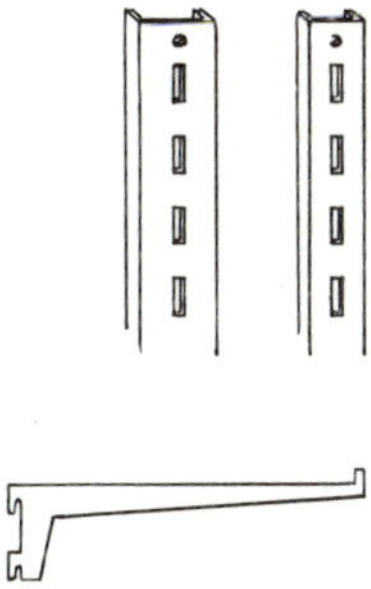

Lochschiene und Träger

Fertige Bausysteme

Handel und Industrie verwenden nicht selten industriell gefertigte Regale aus Stahlwinkeln und Blechböden, die zusammengeschraubt werden. Vgl. „Das technische Zimmer", S. 50 f. Wem die (gewöhnlich graue) Lackierung nicht gefällt, der kann sie anders lackieren (▷Anstreichen).

Es gibt auch schöne Industrieregale aus Holz, bestehend aus seitlichen Stützen (Holmen), mit denen die Regalbretter durch ▷Fachbodenträger oder mit Hilfe spezieller Beschläge verbunden werden. Diese Regale, naturfarben belassen, können auch in Wohn- und Arbeitszimmern sehr gut aussehen.

Größere Möbelstücke

Fest zusammengebaute Regale sind nur für den sinnvoll, der nicht mit Umzügen rechnet; die Regale können sich sonst als zu schwer und zu sperrig erweisen. Es ist in jedem Fall besser, größere Stücke (z. B. Bücherwände) aus mehreren Teilregalen zu bilden.

Wer ein Regal bauen will, überlege deshalb, ob er es nicht mit Hilfe geeigneter Beschläge (▷Holzverbindungen, lösbar) oder Spanplattenverbinder (vgl. ▷Bauelemente-Zimmer, S. 64 f.) so konstruiert, daß es jederzeit zerlegt werden kann.

Regale, die nicht mit der Wand verbunden sind, müssen eine Versteifung durch Rückwand oder diagonale Leisten haben, um stabil zu sein (▷Entwerfen und Planen).

Rollo

Ein Schnapprollo fürs Fenster ist, verglichen mit Gardinen, praktischer, billiger und auch lustiger.

Einzukaufen brauchen wir nur den Stoff, die Aufhängevorrichtung (mit Rundholzleiste) und eine dünne Leiste für den unteren Abschluß.

Vor dem Einkauf prüfen, ob die Aufhängung in der Fensternische oder oberhalb von ihr sitzen soll – die Fensterflügel müssen sich auch nach dem Anbringen des Rollos einwandfrei öffnen lassen.

Als Stoff eignen sich nahezu alle Gewebe, besonders Segeltuch, Filz, Markisenstoff. Für die Länge ist für Befestigung und unteren Saum mit 10 bis 12 cm Zugabe zu rechnen. Da Längsnähte beim Aufwickeln stören, sollen die Ränder fester Stoffe nicht gesäumt, sondern lieber mit etwas Kleber unsichtbar versäubert sein. Dünne Stoffe kann man dagegen auch umschlagen und feststeppen. Das untere Ende wird zu einer Tasche umgenäht, in die dann die Leiste eingeschoben wird. Oben wird die Rollostange mit einem doppelseitigen Klebeband versehen, und mit diesem wird der Stoff fixiert. Zusätzlich nagelt man ihn mit breitköpfigen Blaukappen fest.

Zuletzt befestigen wir die Bedienungsschnur mit Holzkugel oder -ring am unteren Ende, schrauben die Halterungen im richtigen Abstand an Wand oder Decke, spannen den Federmechanismus und setzen das Rollo in die Halterung ein.

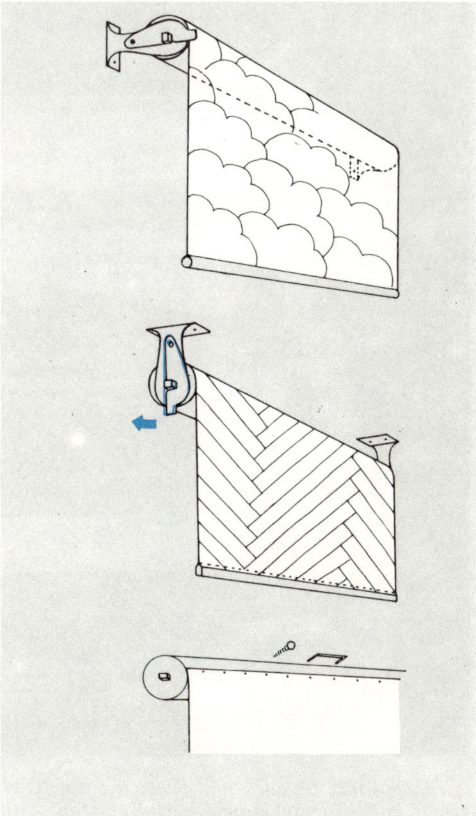

Sägen

Beim Holz, von dem wir zunächst sprechen, heißt, strenggenommen, nur das Schneiden quer zur Holzfaser „Sägen". Schneiden in Faserrichtung nennt man Trennen.

Die wichtigsten Formen der Säge

Fuchsschwanz
Für unsere Zwecke am besten ca. 40 cm lang, ohne Rücken, mit „schwach auf Stoß" gefeilten Zähnen. Dient zum Zuschneiden von Platten (Sperr- und Spanplatten) und für gröbere Schnitte.

Feinsäge
Wird manchmal ungenau als „kleiner Fuchsschwanz" bezeichnet, hat aber kein schräges Blatt. Nehmen Sie eine Feinsäge mit gekröpftem Rücken und schwenkbarem Griff.

Stichsäge
(Lochsäge) Zum Sägen von Löchern und Schweifungen.

Vielzweck-Sägen
Für die kleine Werkstatt sind Sägen mit auswechselbaren Blättern günstig, mit denen sowohl Holz und Kunststoff als auch Metall gesägt werden kann.

Spannsäge
(mit mittlerer Zahnung) Diese Säge brauchen Sie zu allen genauen Sägearbeiten an stärkeren Brettern.

Laubsäge
Kaufen Sie eine stabile Säge, kein Kinderspielzeug, denn mit den entsprechenden Sägeblättchen bestückt ist sie sehr vielseitig verwendbar.

Teflon-Belag
Sägeblätter mit Teflonbeschichtung bleiben sauber und rostfrei, haben gute Schnittleistung.

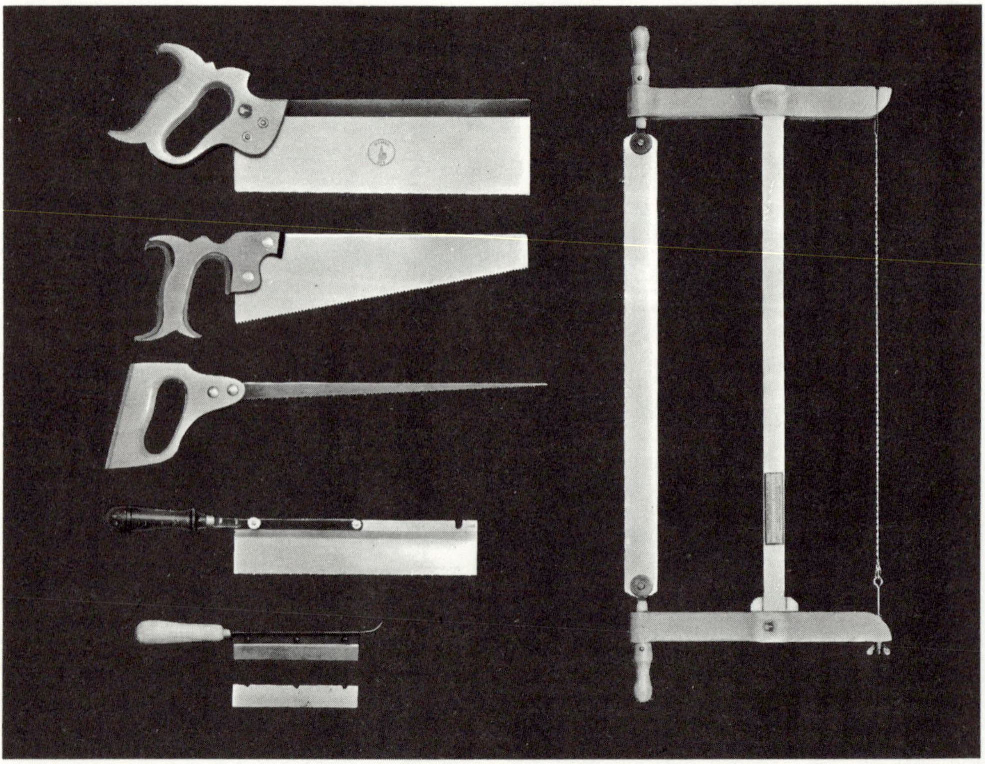

Fuchsschwanz, gerade, mit Rücken · Fuchsschwanz ohne Rücken · Stichsäge · Feinsäge mit gekröpftem Griff, umklappbare Universalsäge mit Blättern für Holz und Metall · Spannsäge (rechts).

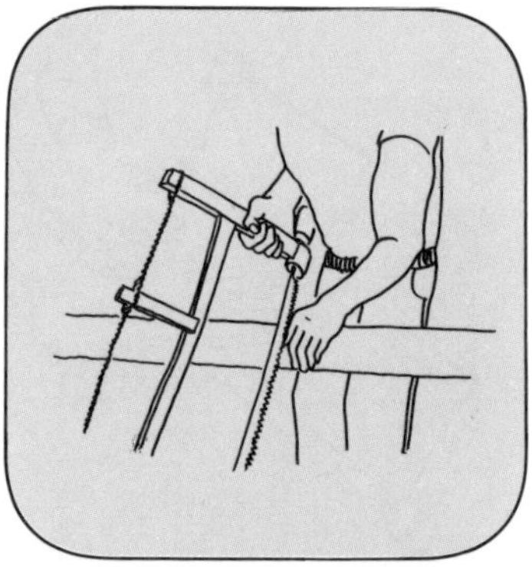

Sägen mit der Spannsäge

Zuerst wird die Säge gespannt und dabei das Blatt gerichtet. Das Blatt muß so gedreht sein, aber nicht verdreht sein, daß beim Sägen der Rahmen etwas nach rechts geneigt ist, um den Blick auf den Sägeschnitt nicht zu verdecken. Zurückziehend beginnen, bis sich das Blatt eine Kerbe gezogen hat.

Sägen mit der Bügelsäge

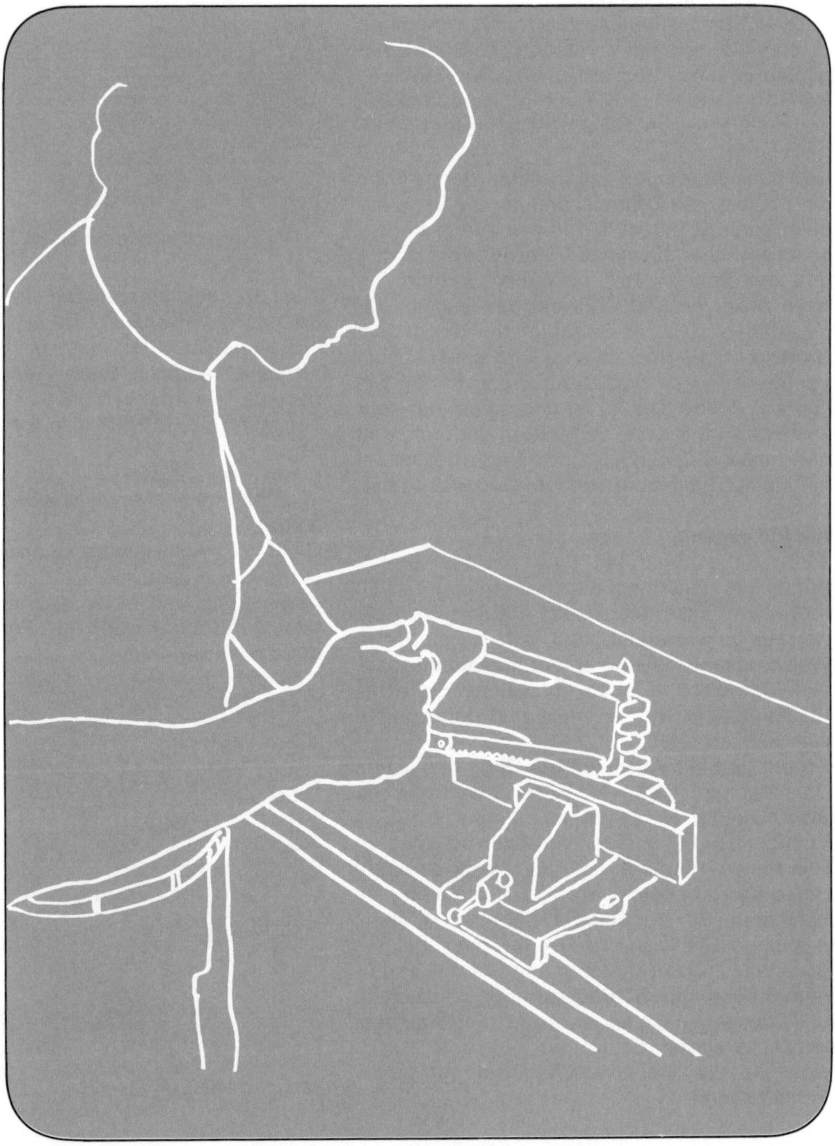

Tips zum Sägen

Handhabung der Spannsäge

Den saubersten und besten Schnitt erreichen Sie mit einer gut geschränkten und scharfen Spannsäge. Die während der Ruhezeit entspannte Säge wird vor dem Gebrauch gespannt. Dann wird das Sägeblatt leicht nach links verdreht, damit der Rahmen nicht den Blick auf den Schnitt verdeckt. Das Sägeblatt muß kontrolliert werden, ob es nicht verwunden ist. Visieren Sie über den Rücken des Sägeblattes: Rückenlinie und Zähne müssen in einer Ebene liegen.

Mit Rückziehen beginnen

Säge kräftig festhalten, aber nicht krampfhaft packen. Niemals mit Vorstoßen des Blattes beginnen, sondern stets mit einem „Rückziehen". Beim Vorstoßen hüpft das Blatt gern vom Riß und nicht selten in den Zeigefinder der haltenden Hand.

Nur beim Vorstoßen aufdrücken, denn durch die Stellung der Zähne schneidet die Säge nur beim Vorstoß. Leicht und locker zurückziehen, sonst ermüden Sie schnell, werden verkrampft, und der Schnitt wird unsauber. Achten Sie beim Ansetzen und während des Sägens immer darauf, daß das Sägeblatt senkrecht zum Brett steht, die Schnittkante wird sonst schief. Vor dem endgültigen Durchsägen halten Sie das abfallende Stück fest und sägen nur sehr vorsichtig weiter. Sie verhindern dadurch, daß das letzte Stück absplittert. Noch besser ist ein kleiner Einschnitt von der Gegenseite her.

Am Riß sägen

Jeder Sägeschnitt hat eine gewisse Breite. Sägen Sie einfach auf dem Riß entlang, so fällt rechts und links des Risses ein Streifen Holz weg. Es ist unmöglich, daß mehrere auf diese Weise gesägte Stücke später zueinander passen. Also erst überlegen, auf welcher Seite des Risses gesägt werden muß, und dann genau *„am Riß"* arbeiten.

Legen Sie beim Ansetzen der Säge den linken Daumennagel neben den Riß und benutzen ihn als Anlage für das Sägeblatt.

Vorsicht beim Schneiden von Sperrholzplatten! Die feinen Furniere splittern besonders auf der Unterseite leicht ab. Als Hilfsmaßnahme kann man über den Riß ein Klebeband kleben. Brauchen Sie mehrere Bretter oder Leisten gleicher Länge, dann spannen Sie die einzelnen Stücke mit Schraubzwingen zusammen und übertragen die angerissene Länge mit dem Winkelhaken auf die übrigen Hölzer. Nun können Sie alle Stücke gemeinsam mit einem Schnitt sägen.

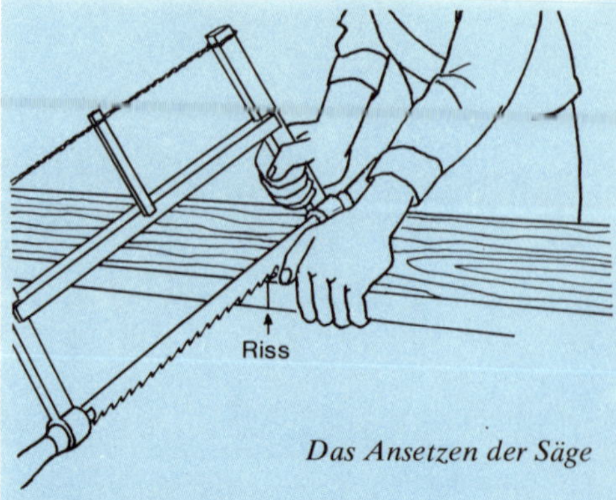

Das Ansetzen der Säge

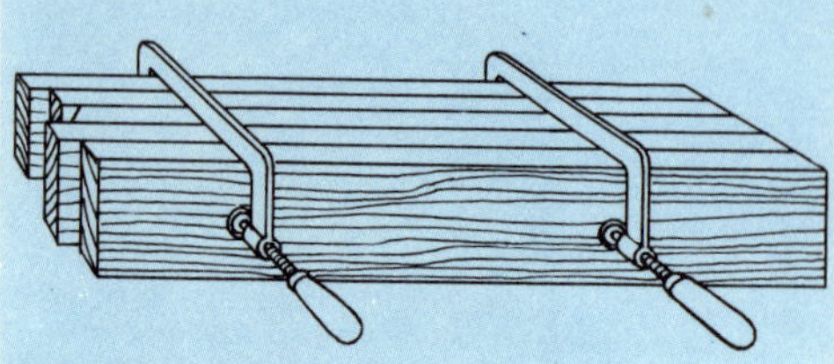
Gleichlange Hölzer gemeinsam sägen

Zum *Trennen* können Sie das Sägeblatt der Spannsäge abwinkeln, damit die Mittelstrebe nicht anstößt. Bei breiteren Brettern Fuchsschwanz benutzen. Beim Trennen müssen Sie besonders darauf achten, daß Sie am Riß bleiben, denn die Holzfasern lenken die Säge leicht ab.

Sollte das Sägeblatt etwas klemmen, kann man mit einem kleinen Keil im Sägeschnitt abhelfen.

Nicht zu weit sägen! Ein falscher Schnitt längs der Faser läßt sich unter Umständen durch Einleimen eines Spans ausflicken. Ein falscher Schnitt quer zur Faser ist niemals mehr zu reparieren.

Trennen mit Keil

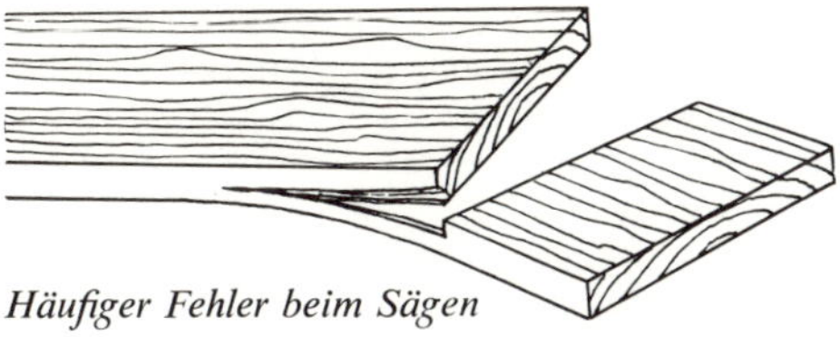

Häufiger Fehler beim Sägen

Sägen von Metall

Wir brauchen eine Metallsäge, die gewöhnlich die Form einer Bügelsäge hat. Das wichtigste an ihr ist das spezielle Sägeblatt für Metall, zweischneidig, mit gewellter Zahnung. Es gibt auch Universalblätter, die Metall wie Holz schneiden. Ferner gibt es Stichsägen, in die Blätter für Holz wie für Metall eingesetzt werden können.
Beim Sägen von Metall ist folgendes zu beachten:
1. Die Zähne der Metallsäge gleichen kleinen, glasharten Meißeln und sind meist wellenförmig hintereinander angeordnet. Die Säge arbeitet „auf Stoß". Die Zahnspitzen müssen zur Flügelmutter hin, also vom Arbeitenden weg zeigen. Beim Sägen nur in der Stoßrichtung Druck geben; beim Zurückziehen Druck vermindern.
2. Werkstück so in den Schraubstock spannen, daß die Schnittkante knapp neben dem Schraubstock liegt.
3. Säge ansetzen an der dem Körper abgewandten Kante des Werkstückes, in leichtem Winkel, unter leichtem Druck. Leichtes Einfeilen der Kante mit einer Dreikantfeile erleichtert das Ansetzen der Säge.
4. Blatt beim Sägen nicht ölen; die Zähne greifen sonst schlecht an.
5. Sägeblatt bei Nichtbenutzung entspannen.

Bügelsäge für Metall

Metallsägeblatt

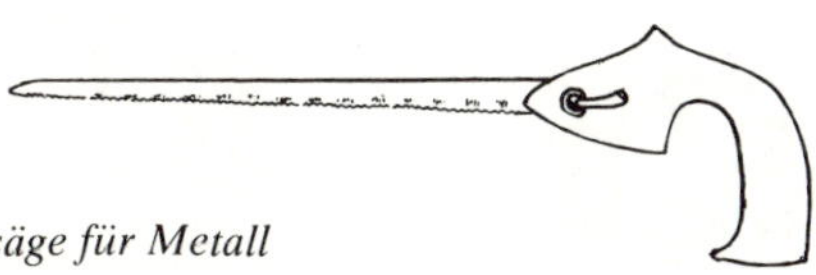

Stichsäge für Metall

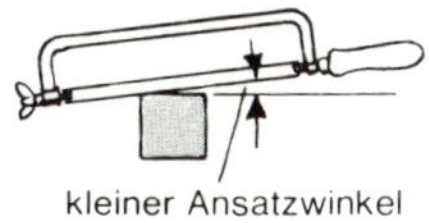

Richtiges Ansetzen der Metallsäge

Beim Sägen langer Werkstücke Sägeblatt umspannen

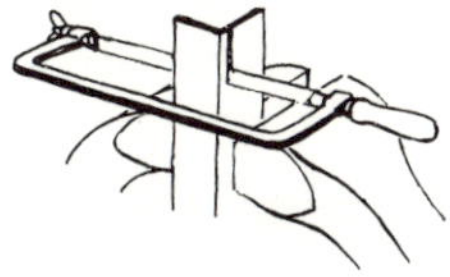

Richtig! Rohr ansägen und umspannen. Schnitt weiterführen

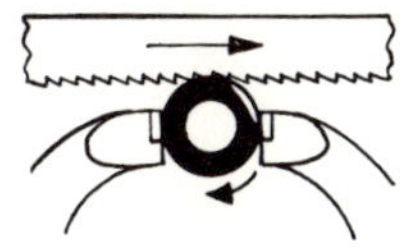

Falsch! Zähne brechen an der hinteren Rohrwand aus

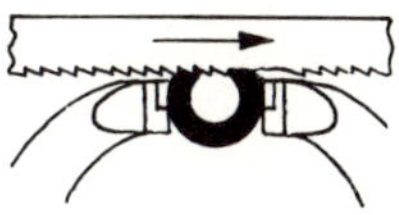

Sägen von Kunststoff

Mit Kunststoff beschichtete Spanplatten, Hartfaserplatten und ähnliche Materialien können mit der Spannsäge, Stichsäge oder Feinsäge geschnitten werden. Das gleiche gilt auch für Schichtpreßstoffplatten. Jedoch sollte für diesen Fall das Sägeblatt immer in einem einwandfreien Zustand sein. Kunststoffplatten, z. B. Plexiglas, Polystyrol oder PVC lassen sich bis 4 mm Stärke durch Anritzen noch brechen und trennen. Aber ab 6 mm Stärke braucht man eine Kreissäge mit einem Spezialsägeblatt. Eine Ausnahme bilden die Schaumstoffe, wie Styropor oder PU-Hartschaum, die sich mit Hilfe eines Glühdrahtes sehr einfach und exakt trennen und bearbeiten lassen. Auch ein gutes Messer (Bastelmesser) kann ausreichen.

Schleifpapier

Unterschicht aus Papier oder Leinen, Schleifschicht aus Glas-, Granat-, Schmirgelkörnern. Beim Einkauf ist zu unterscheiden zwischen *Glaspapier* (auch *Sandpapier* genannt) für die *Holz*bearbeitung und *Schmirgelpapier* für die *Metall*bearbeitung; ferner danach, ob Trocken- oder Naßschliff beabsichtigt ist.
Die Körnung wird durch eine Nummer bezeichnet: Je höher die Zahl, desto feiner die Körnung.

Grundsatz: Vorarbeit mit gröberem, Nachschliff mit feinerem Papier.
Auf *Holz:* Möglichst immer in Faserrichtung schleifen. Schleifpapier über Holzklotz spannen (Schleifklotz).
Bei *Naßschliff,* der zum Feinschliff gestrichener Flächen dient: Schleifpapier anfeuchten, Schleifbrei öfter abwaschen.
Vgl. ▷Holzoberfläche, ▷Anstreichen.

Schnappverschluß

Für Schränke, in denen nichts Wertvolles lagert, kann man statt Türschlössern Schnappverschlüsse („Schnäpper") verwenden. Sie bestehen im wesentlichen aus einer Walze oder Kugel aus Metall oder Hartgummi. Der Schnäpper wird am Türrand montiert; am Schrank befestigt man eine kleine Raste aus gepreßtem Blech. Durch eine eingebaute Feder wird die Walze hinter den Wulst der Raste gepreßt und hält die Tür zu. Zuerst den Schnäpper montieren und dann durch Probieren die Lage der Raste genau festlegen!

Schnappverschluß für Schranktüren

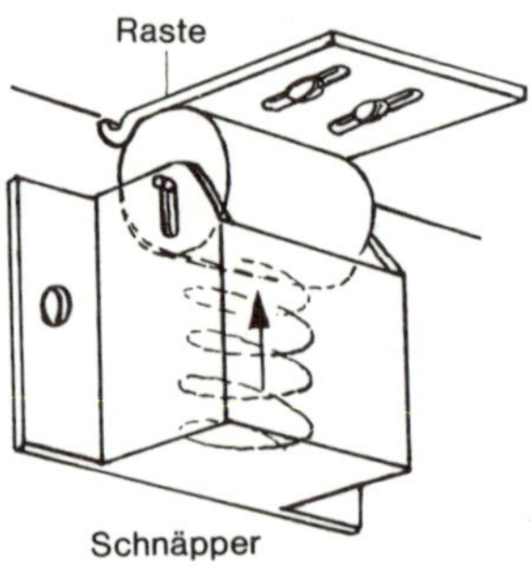

Schneiden

Die Haushaltschere ist kein Universalinstrument. Für verschiedene Zwecke braucht man verschiedene Instrumente.
Scheren: Nur für einen Zweck (Papier *oder* Stoff) verwenden. Scharf halten: Nachschleifen lassen; einfache Scheren lassen sich auch durch Schneiden von feinem Schmirgelpapier schärfen.
Messer: Zum Schneiden von Karton und Kunststoff Spezialmesser verwenden (für ▷Blech die Blechschere). Ist das zu schneidende Material stark, soll auch das Messer einen kräftigen Griff haben.
Am besten schneidet man auf ebener, unempfindlicher Unterlage an einem Stahllineal entlang, in einem Schnitt ohne abzusetzen.

Für Tapeten gibt es besondere Tapetenschneider (▷Tapezieren), ebenso für starke Wandbeläge und für Teppiche.
Kittmesser ▷Kitt

Verlegemesser (Stanley-Messer) für Fußbodenbeläge

Pajarito-Allzweckmesser für Folien u. a., Klinge auswechselbar

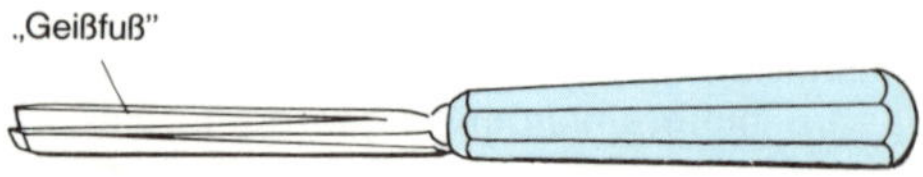

Geißfuß für Kerbschnitte

Schrauben

Grundsätzlich muß unterschieden werden zwischen Holzschrauben, die dadurch halten, daß sie das nachgiebige Material Holz dehnen, und Schrauben, die aus Bolzen und Mutter bestehen und eine haltbare Verbindung erst ergeben, wenn die Mutter aufgeschraubt ist. Sie werden für große Werkstücke (z. B. Balken) und für Metallverbindungen benützt. Die Schraubverbindung gehört zu den lösbaren Verbindungen.
Alle Schrauben sind genormt; zum Einkauf ist ein Muster oder exakte Maßangabe erforderlich. Man soll nicht zu viele verschiedene Schrauben verwenden. Holzschrauben paketweise einkaufen.
Holzschrauben Die Normalpakete enthalten 144 Stück. Das Etikett zeigt durch seine Farbe das Material an: Stahlschrauben = grün, Messingschrauben = gelb usw. Es zeigt ferner eine schematische Abbildung der Schraube. Die linke Zahl gibt die Stärke des Schraubenschaftes an, die rechte Zahl nennt die Länge; beide in mm gemessen.

Flachkopfschraube, Senkkopfschraube Der Kopf steht nicht über die Holzoberfläche vor, kann auch ganz versenkt werden. Diese Schraube wird am häufigsten verwendet. Stärken von 1,3 bis 10 mm · Längen von 5 bis 150 mm.

Zierkopfschraube Eine Flachkopfschraube, in deren Kopf ein Metallgewinde eingeschnitten ist. In dieses wird eine Zierdeckplatte eingeschraubt.

Schloßschraube, Schraubenbolzen Kennzeichnend ist der Vierkantsatz unterhalb des flachgewölbten Rundkopfes. Er verhindert, daß der Schaft sich beim Andrehen der Mutter mitdrehen kann.

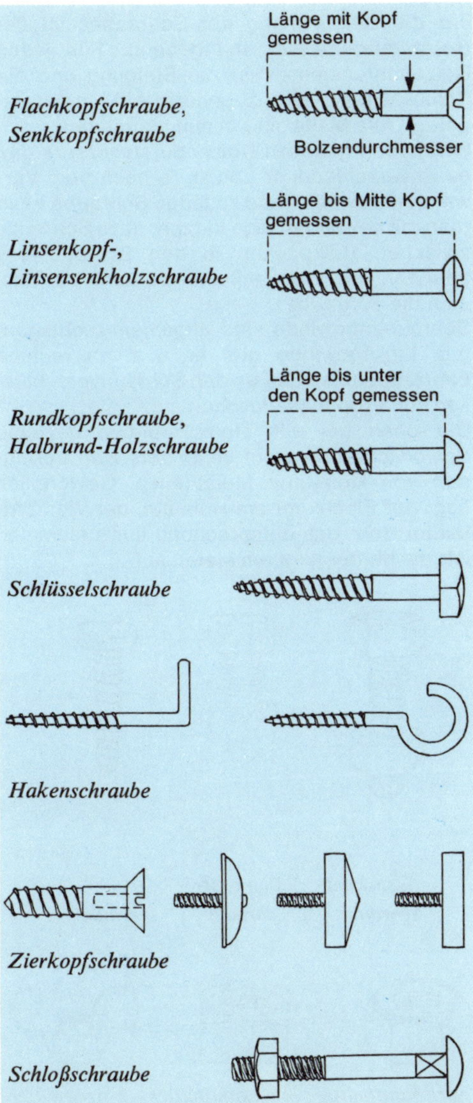

Schraubenzieher Erforderlich sind mindestens 3 Größen. Für Elektroarbeiten mit Isoliergriff! Schraubenzieher mit Einsätzen sind universelle Werkzeuge. Für schwergängige Schrauben gibt es Hebelschraubenzieher mit Ratsche (Upat).

Drillschraubenzieher Durch Spiralnuten im Schaft dreht sich der Schraubenzieher beim Andrücken. Das Nachfassen, bei dem der Schraubenzieher leicht aus dem Schlitz gleitet, ist hierbei unnötig. Auch mit auswechselbaren Einsätzen.

Der passende Schraubenzieher

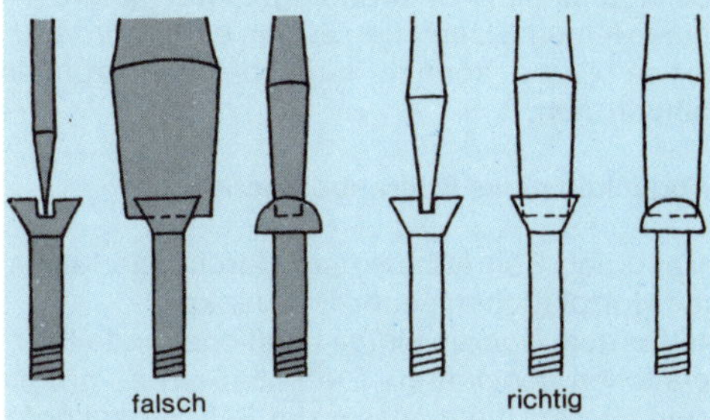

Arbeitsgang beim Verschrauben (Holz)

1. Schrauben nach Art, Stärke, Länge bestimmen, beschaffen bzw. auswählen, in benötigter Anzahl bereitlegen. Bei der Wahl der Schraubenlänge ist zu beachten, daß die Gewinde im Hirnholz schlechter halten als im Langholz. Für Hirnseiten deshalb etwas längere Schrauben nehmen und wenig vorbohren.

2. Schraubenzieher bereitlegen, richtige Größe durch Einpassen ausprobieren. Nichtpassende Schraubenzieher werden die Schrauben und das Werkstück beschädigen.

3. Passenden Bohrer auswählen, im allgemeinen ⅔ der Stärke der Schraube. Bei größeren Schrauben wird zweimal vorgebohrt, und zwar erst in genauer Schaftstärke für den Schaft, dann in ⅔ der Gewindestärke für das Schraubengewinde.

4. Schraubenlinie mit Streichmaß anreißen, Abstände mit Metermaß einteilen – wie beim Nageln.

5. Die Werkstücke mit Zwingen, evtl. durch einige Heftnägel, in passender Stellung zusammenfügen.

6. Bohrlöcher genau senkrecht einbohren. Als Richtmaß für die Bohrtiefe gilt ⅔ der Schraubenlänge. Bei Leichtmetallschrauben in Hartholz muß mehr, in Weichholz kann weniger vorgebohrt werden.

Ganz kleine Schraubenlöcher, besonders in Weichholz, werden lediglich mit dem Spitzbohrer etwas vorgeschlagen. Mit dem Spitzbohrer werden auch die Einstichlöcher der Schlangenbohrer genau fixiert.

7. Bohrlöcher ausreiben, so weit, daß der Senkkopf nach kräftigem Anziehen mit dem Schraubenzieher knapp unter die Holzoberfläche kommen wird.

8. Schrauben durch Entlangziehen an einem Stück Wachs oder einer Paraffinkerze leicht einwachsen. Sie laufen dann besser und rosten weniger. Aber nicht einölen! Das gibt unschöne Ölflecke im Holz.

9. Schrauben einziehen.

10. Alle Schlitze in eine Flucht ausrichten.

11. Grate, die sich etwa am Schlitz des Schraubenkopfes beim Eindrehen gebildet haben, mit einer feinen Eisenfeile sauber entfernen. Derartige Grate können häßliche Verletzungen hervorrufen.

Abdecken eines Schraubenloches

Man kann Schraubenköpfe durch Überleimen mit Holzplättchen sauber verdecken:

1. Vor dem Bohren einige käufliche runde Holzplättchen beschaffen. Sie sollen etwas größer sein als der Durchmesser der Schraubenköpfe. Sie müssen nicht unbedingt aus der gleichen Holzart bestehen wie das Werkstück. Sie können als Schmuck wirken, vorausgesetzt, daß sie sauber und genau eingesetzt sind.

Wer solche Plättchen selbst herstellen will, muß beachten, daß es Langholzplättchen sein müssen.

Das Abdecken eines Schraubenlochs

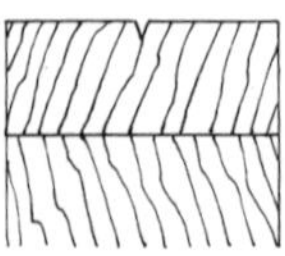

Bohrer genau im Anrißpunkt einsetzen

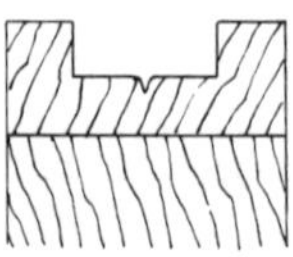

Erste Bohrung 4 bis 6 mm tief zur Aufnahme des Stopsel-Plättchens

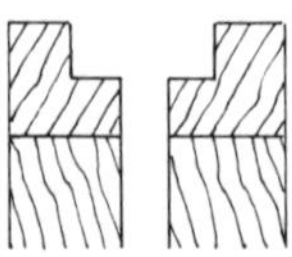

Zweite Bohrung: Vorbohren für die Schraube

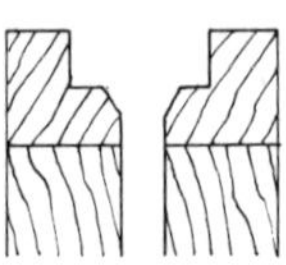

Bei Hartholz Ausreiben für den Senkkopf der Schraube

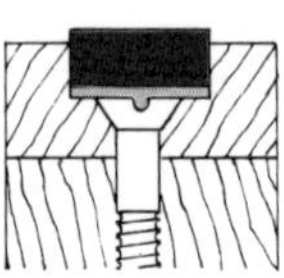

Schraube einziehen und Plättchen einleimen

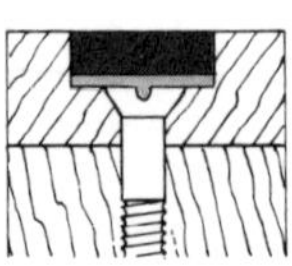

Eben putzen

2. Mit dem Schlangenbohrer, der den gleichen Durchmesser hat wie die Plättchen, ein Loch bohren, etwas weniger tief als das Plättchen dick ist. Bohrer dabei am angerissenen Schraubenloch einstechen. Danach für Schaft und Gewinde bohren, ausreiben, Schraube einschrauben, Plättchen mit etwas Leim darüberleimen. Die Fasern des Plättchens sollen in gleicher Richtung laufen wie die des übrigen Werkstücks. Ist die Leimung trocken, das Plättchen auf die Ebene der Holzoberfläche schleifen oder hobeln.

Schrauben mit Muttern

Für die Bezeichnung der Schrauben ist der Bolzendurchmesser maßgebend. Für jeden Bolzendurchmesser ist die Steigung und die Schlüsselweite der zugehörigen Mutter festgelegt. Alle Maße sind in mm angegeben.

Schrauben gleichen Bolzendurchmessers gibt es in verschiedener Länge, je nach dem Verwendungszweck. Eine zu lange Schraube kann man mit der Metallsäge kürzen; dazu Schraube zwischen Holzbacken in den Schraubstock spannen. Nicht abmeißeln – dadurch verformt sich die Schraube.

Schraubengewinde sind allgemein rechtsgängig, Linksgewinde gibt es u. a. an rechten Fahrradpedalen und an den Schraubverschlüssen von Propangasflaschen.

Die oben bei den Holzschrauben gezeigte *Schloßschraube* dient besonders zum Verbinden von Holz- mit Metallteilen. Gewöhnlich liegt der Flachkopf am Holz auf, der Vierkantteil im Holz, das entsprechend auszustemmen ist; die Mutter liegt am Metall auf.

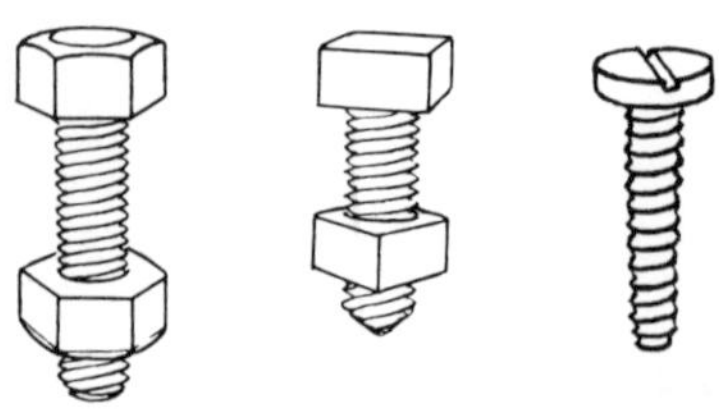

Sechskantschraube *Vierkantschraube* *Blechschraube*

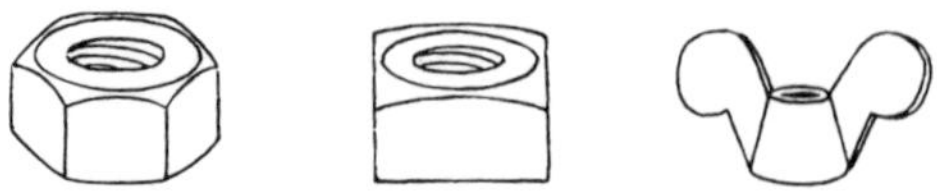

Sechskantmutter *Vierkantmutter* *Flügelmutter*

Die Innensechskantschraube wird verwendet, wenn ein Gabelschlüssel wegen Platzmangels nicht angesetzt werden kann, oder der Schraubenkopf im Werkstück versenkt werden soll.
Die Vierkantmutter gibt dem Schlüssel einen festeren Sitz. Die Flügelmutter kann mit der Hand gelöst werden. Hutmuttern schützen vor Verletzungen.
Blechschrauben verwendet man zur Verbindung von Blechen bis zu 2 mm Stärke. Beim Eindrehen der Blechschraube in das vorgebohrte Loch schneidet sie sich das Gewinde selbst.

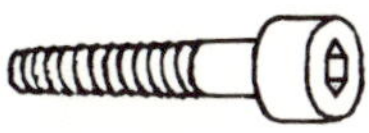

Innensechskant-schraube

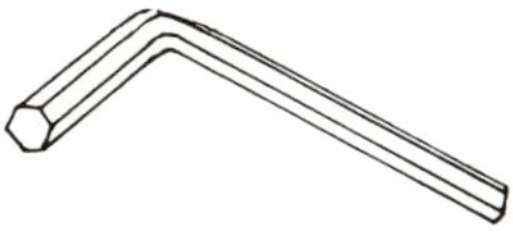

Innensechskantschlüssel

Schlüssel
Die Schlüsselweiten werden in mm angegeben. Gute Schlüssel aus Chrom-Vanadium-Stahl behalten ihre Schlüsselweite; schlechte Schlüssel weiten sich aus.

Schraubenschlüssel (»Gabelschlüssel«)

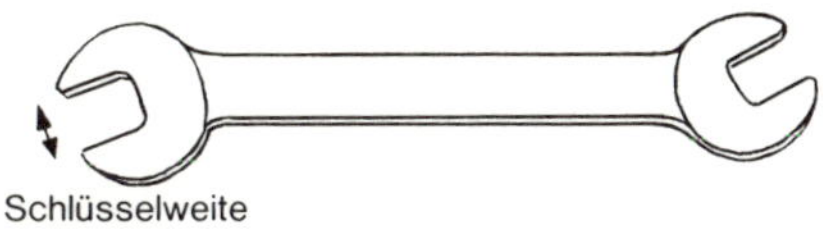

Verstellbarer Schraubenschlüssel »Engländer«

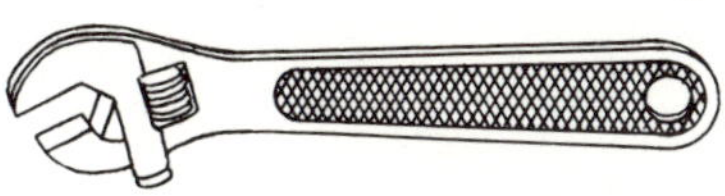

Verstellbarer Schraubenschlüssel »Franzose«

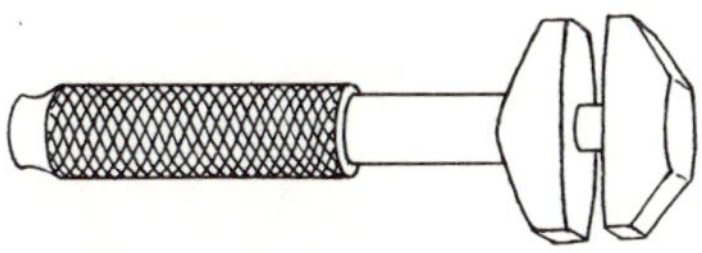

Festziehen einer Mutter
Richtig: Genau passende Schlüssel verwenden. Falsch: Schlüssel, der „ungefähr" paßt; er kann abgleiten und zu schmerzhaften Verletzungen führen. Richtig: Maßvoll anziehen, mit Gefühl – und nur mit Handkraft. Falsch: Mit dem Hammer auf den Schlüssel schlagen oder ein Rohr auf den Schlüssel stecken zur Verstärkung der Hebelkraft. Wird der Schraubenbolzen zu stark auf Dehnung beansprucht, kann er reißen.

Schraubstock

Für Heimwerker ist der Parallelschraubstock zu empfehlen, dessen Backen in jeder Stellung parallel bleiben. Er wird mit Schrauben möglichst nahe an der Kante des Werktisches befestigt.
Bei Arbeiten am Schraubstock besteht die Gefahr, daß die Materialien zwischen den gehärteten Stahlbacken verformt werden. Man schützt sie durch Schutzbacken aus Schwarzblech, Kupfer, Blei, Aluminium oder auch Holz.

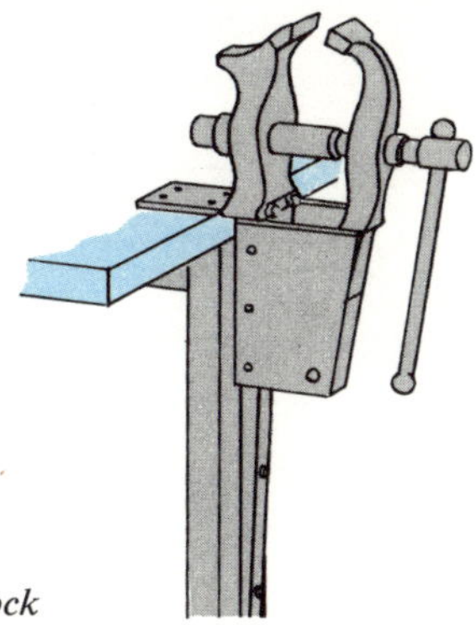

Flaschenschraubstock

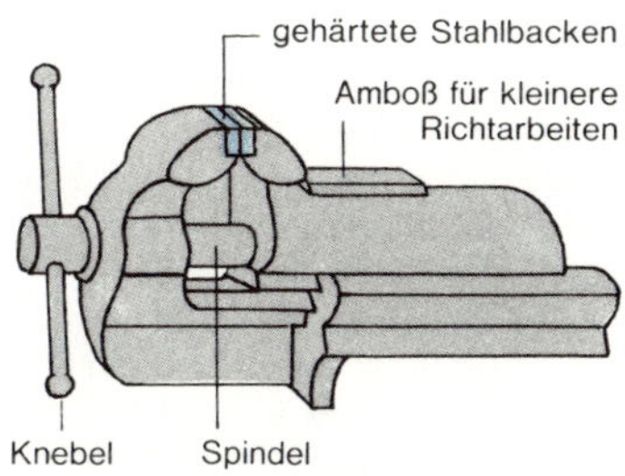

Parallelschraubstock, hintere Backe beweglich

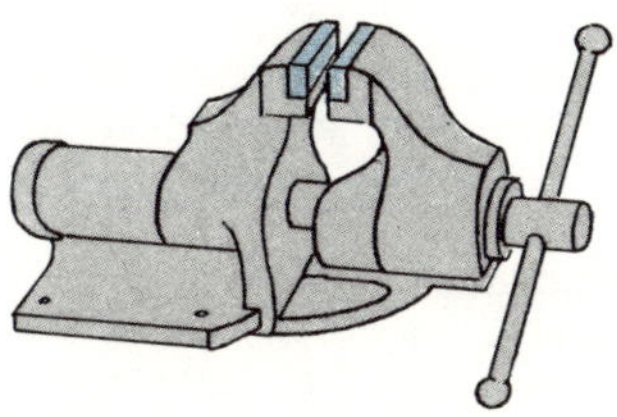

Parallelschraubstock, vordere Backe beweglich

Vielfach genügen selbstzufertigende Backen aus Schwarzblech. Die Backen schützen nicht nur das Werkstück, sondern auch das Werkzeug. Abgleitende Meißel, Feilen, Sägen werden leicht stumpf und unbrauchbar, wenn sie auf die gehärteten Backen stoßen.

Schutzbacken für Schraubstock

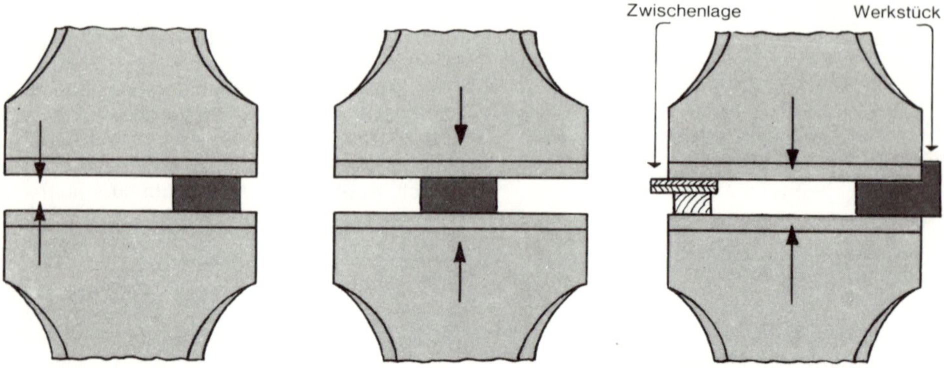

Falsch! Einseitig eingespannt

Richtig! Backenmitte spannt

Richtig! Einseitig eingespannt, aber mit Zwischenlage auf der Gegenseite

Schubladen

Aus Kunststoff

Sehr praktisch sind käufliche Schubladen aus Kunststoff. Sie sind aus einem Stück und können sofort auf die Führungsleisten gesetzt werden. Sie sind in verschiedenen Größen und vielen bunten Farben zu haben.

Es gibt in Heimwerkergeschäften auch Kunststoffprofile für Schubladen vom laufenden Meter zu kaufen. Man schneidet sie auf die gewünschte Länge, verbindet sie an den Ecken mit den dazugehörigen Winkelstücken, befestigt den Boden – und fertig ist die Schublade. Die Führung dieser Schublade erfolgt durch eine Mittelnut.

Ein wichtiger Tip: Man kann zuerst Schubladen kaufen und die Maße des Möbelstücks auf diese abstellen.

Selbstbau von Schubladen

Die Kästen müssen genau nach Maß und Winkel aus gut getrocknetem Holz oder Platten angefertigt werden, sonst passen sie nicht oder klemmen.

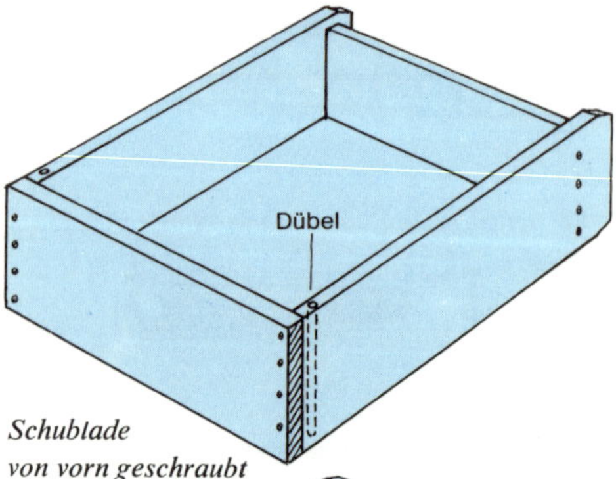

Schublade von vorn geschraubt

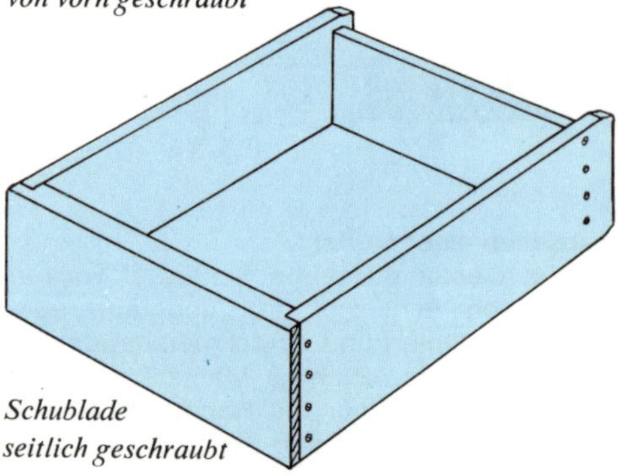

Schublade seitlich geschraubt

Da Zugkräfte durch den Griff auf die Vorderseite der Schublade ausgeübt werden, ist es notwendig, die Verbindung zwischen Vorderstück und Seitenbrettern gegen Zugkraft zu sichern. Die Führung muß so gearbeitet sein, daß die Schublade leicht läuft. Sie darf aber auch nicht nach vorn kippen, wenn sie beim Herausziehen das Übergewicht bekommt. Der Selbstbau von Schubladen ist also nicht einfach.

Schublade von vorn geschraubt

Hier ist das Vorderstück von vorn stumpf gegen die Seitenbretter geschraubt. Da Schrauben im Hirnholz nicht so fest sitzen, daß sie die auftretenden Zugbelastungen halten können, ist in die Seitenbretter ein Langholzdübel eingelassen. Die Schrauben finden nun im Längsholz des Dübels einen festen Halt. Der Durchmesser des Dübels beträgt ⅔ der Seitenbrettstärke. Die Rückwand ist von der Seite geschraubt.

Schublade seitlich geschraubt

Das Vorderstück ist so weit ausgefälzt, daß man die Seitenbretter von der Seite her an das Vorderstück schrauben kann. Bei kleinen Schubladen reicht diese Befestigung zusammen mit einer guten Verleimung aus.

Die Führung der Schublade

Auch hier hilft Kunststoff! Man bekommt fertige Führungsschienen aus Kunststoff, die den Boden oder die Seite der Schublade führen. Sie können durch Dübeln (▷Holzverbindungen, fest), ▷Schrauben oder einfaches ▷Kleben angebracht werden.

Konstruktiv gibt es für die Führung der Schublade verschiedene Möglichkeiten.

A. Die übliche ist, die Schublade zwischen zwei Leisten, den Laufleisten, gleiten zu lassen. Die obere verhindert das Kippen. Die seitliche Führung geschieht durch Streifleisten. Wenn man die Laufleiste breit genug macht, kann gleich eine weitere Schublade neben der ersten laufen. Ebenso kann auf der oberen Laufleiste eine weitere Schublade gleiten.

B. Wenn Sie die Höhe besser ausnutzen und die zwischenliegenden Laufleisten einsparen wollen, dann wählen Sie eine Führung mit seitlich an die Schublade geschraubten Laufleisten. Die erforderliche Führungsnute entsteht dadurch, daß in entsprechendem Abstand Futterbretter an den Innenwänden des Schrankes befestigt werden. Das Vorderstück muß seitlich so weit überstehen, daß die Laufleiste abgedeckt ist.

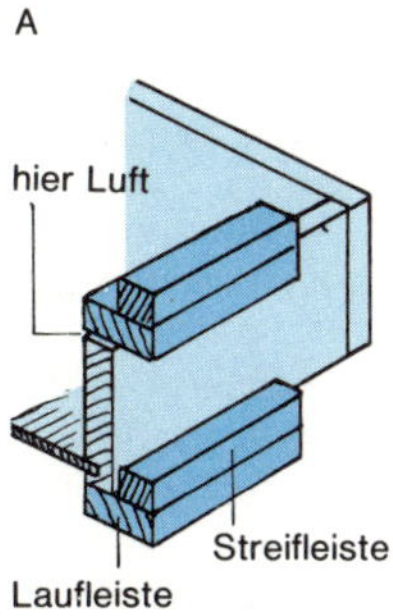

Untere Führung

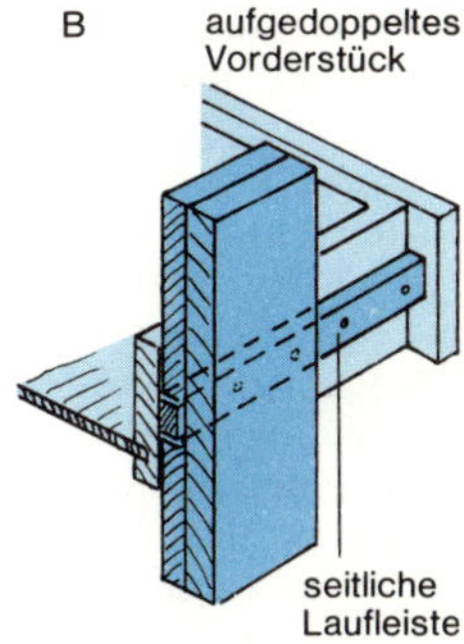

Seitliche Führung

C. Dieselbe Laufleiste wie bei B., jedoch oben angebracht, verwendet man oft zum Aufhängen von Schubladen unter Platten. Die Führung bilden zwei entsprechend genutete Holzleisten, die unter die Platte geschraubt sind.

D. Auch der Boden kann als Führung dienen. Hier wird die Führung ähnlich wie bei B. erreicht (Futterbretter mit Abstand). Die Widerstands- und Gleitfähigkeit der Laufleisten wird erhöht, wenn man sie mit einem glatten Kunststoffstreifen belegt. Ist dafür nicht genügend Luft vorhanden, hilft das Einreiben der gleitenden Holzteile mit Seife.

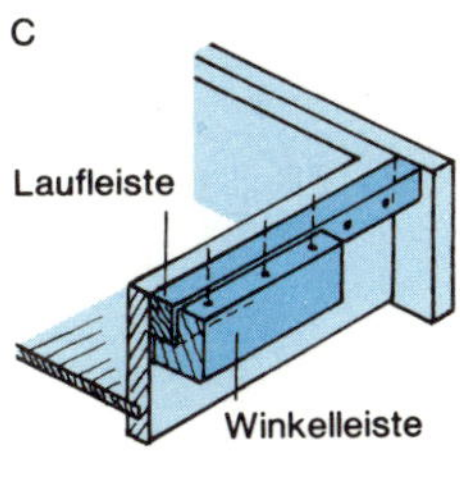

Aufgehängte Schublade

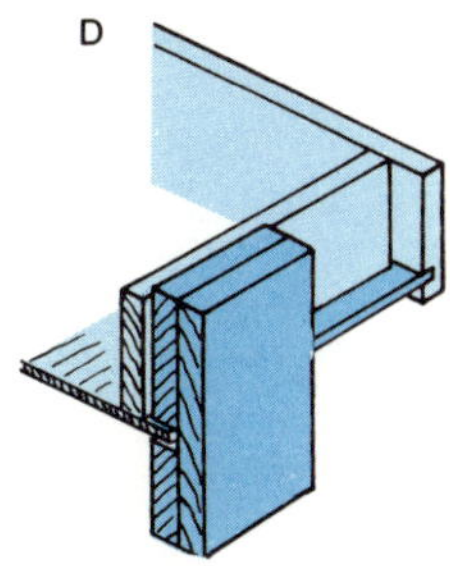

Boden als Führung

Sikkativ

Einer Anstrichfarbe beigemengter Stoff, der eine kürzere Trockenzeit bewirkt.

Spachteln

Die Spachtel (man sagt auch der Spachtel) ist ein vielseitig verwendbares Handwerkszeug. Untergründe werden mit ihr abgekratzt, vergipst, verkittet, geglättet. Weiter dient sie zum Mengen von Kitt und Spachtelmasse und zum Schöpfen von Trockenfarben. Sie besteht aus

einer (meist schräg zulaufenden) elastischen Stahlklinge mit einem Holzgriff. Breiten von 2 bis 12 cm. Japanspachteln haben etwa quadratische Form, sind gut geeignet zum Ausflecken und zum Überziehen von Flächen.
Weitere Spachteln sind bei ▷Kleben und Leimen beschrieben.
Spachteln heißt, eine unebene Fläche so mit Spachtelmaterial zu überziehen, daß eine ebene Fläche entsteht, die anschließend einen Anstrich erhält.
Spachtelmassen vgl. ▷Kitt. Kunstharz-Spachtelmassen sind am einfachsten zu verarbeiten. Die zu spachtelnde Fläche soll staub- und rostfrei sein. Die Masse ist mit breiter Spachtel dünn aufzutragen und dann (senkrecht zur Auftragsrichtung) gleichmäßig zu verteilen. Nicht zu große Portionen auf die Spachtel nehmen.
Nach Durchtrocknen mit Glaspapier schleifen, dann Spachtelgang wiederholen.
Das Spachteln größerer Flächen ist eine schwierige Arbeit.

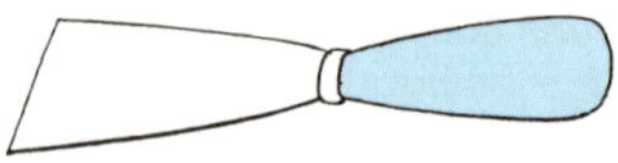

Breite Spachtel

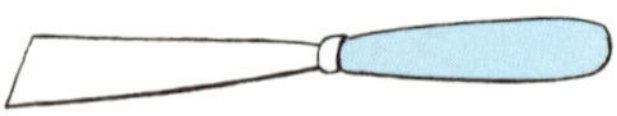

Schmale Spachtel

Japanspachtel

Stemmen

Zum Stemmen in Holz braucht man Stecheisen, die es in verschiedenen Größen gibt, und einen Holzhammer.
Zu allen Stemmarbeiten Werkstück richtig einspannen, so daß es satt aufliegt, also nicht federt oder hohl liegt.
Bei flachen, dem Schnitzen ähnlichen Arbeitsaufgaben wird mit der Hand „abgestochen". Das – in diesem Fall meist breite – Eisen wird sorgsam und fest mit beiden Händen geführt.

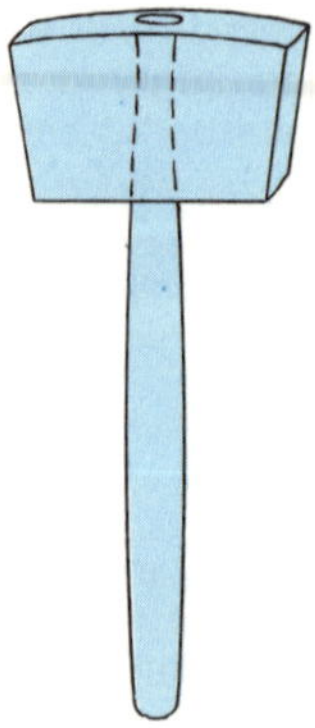

Holzhammer (Klüpfel)

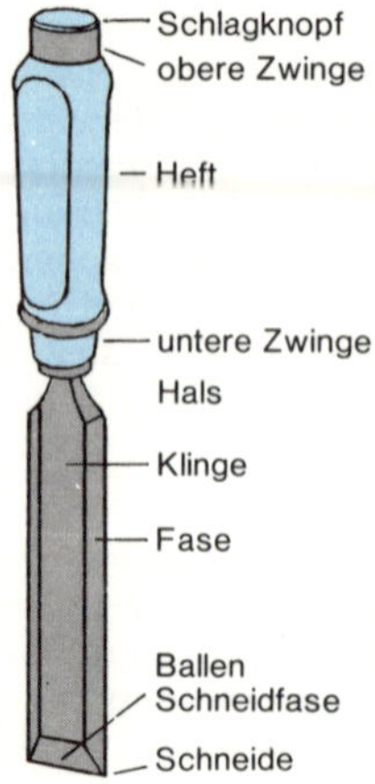

Benennungen beim Stecheisen

Beim Stechen einer Nut oder einer Überplattung (▷Holzverbindungen) sägt man die Seitenwände zunächst mit einer Feinsäge bis zur erforderlichen Tiefe ein. Dann wird das zwischen den Schnitten stehende Holz in dünnen Schichten abgetragen. Bei sehr breiten Nuten machen Sie am besten mehrere Sägeschnitte, entsprechend der Breite Ihres Eisens. Das Ausstechen wird dann einfacher.
Schlitze und Verzahnungen werden ebenfalls vorgesägt. Dann wird begonnen, indem man am unteren Ende des Schlitzes senkrecht ein-

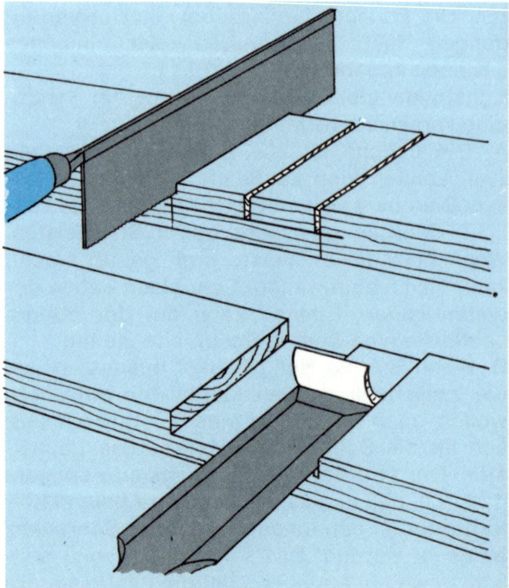

Ausstechen einer Überplattung

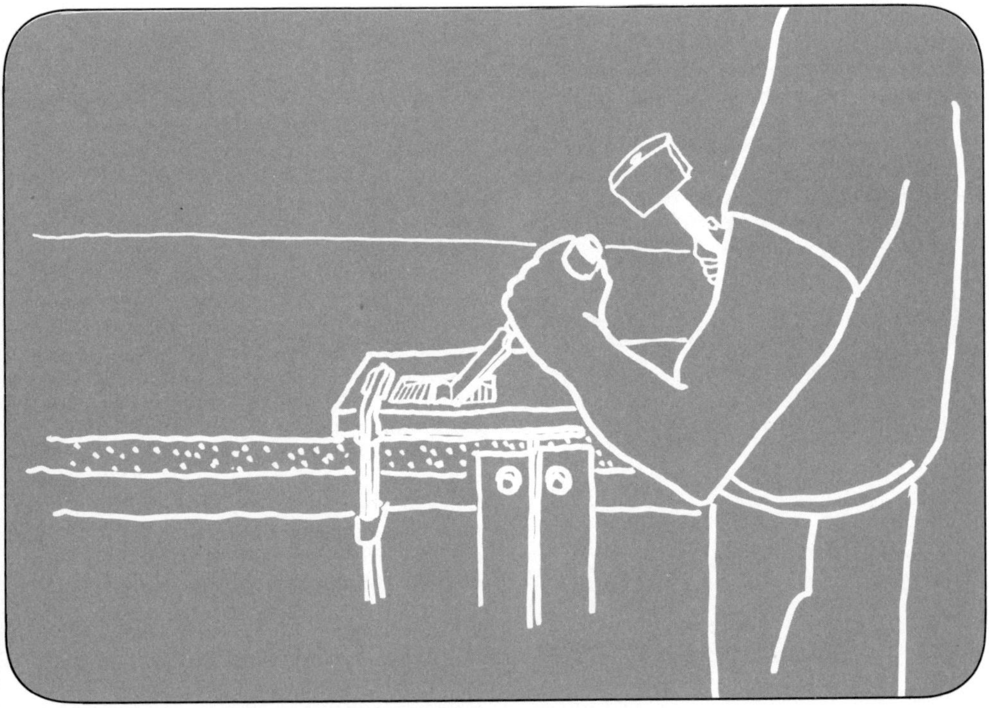

Das Stecheisen wird durch Schläge ins Holz getrieben. Die Ränder werden vorher durch senkrechte Schläge eingestochen, damit die Fasern nicht weiterreißen.

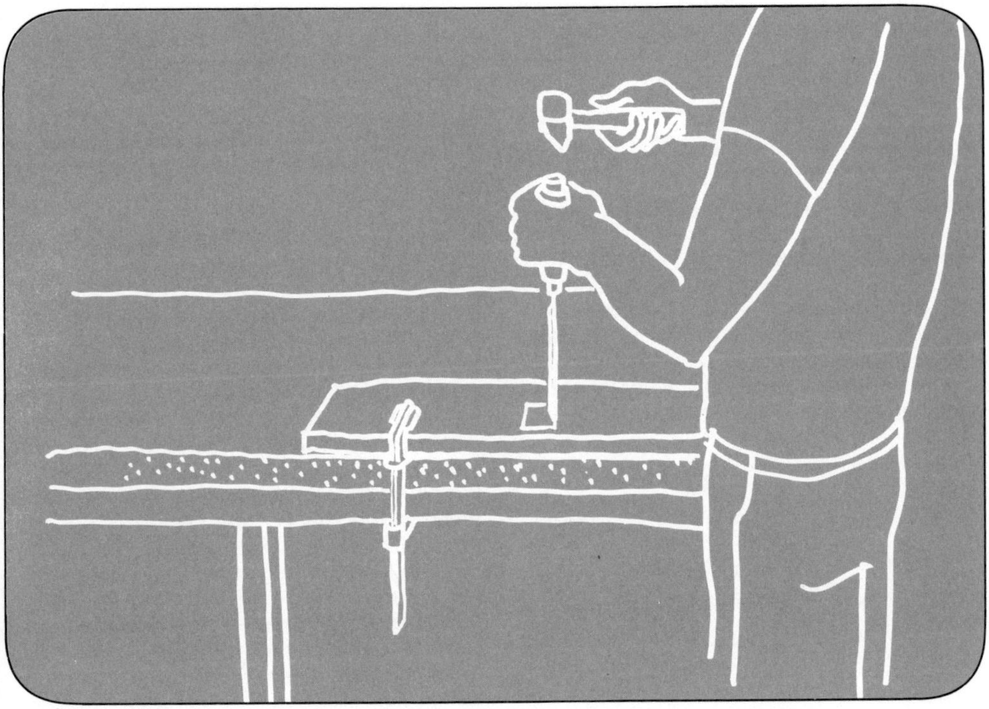

stemmt. Die glatte Spiegelseite des Eisens muß dabei zur Grundfläche des Schlitzes zeigen. Dann stemmt man schräg gegen den Stich ein kleines dreieckiges Stück Holz heraus. Mit Wechsel zwischen senkrechten und schrägen Stichen stemmen Sie etwa bis zur Mitte aus, drehen dann das Werkstück und arbeiten genau so, bis der restliche Klotz herausfällt.

Ausstemmen eines Schlitzes

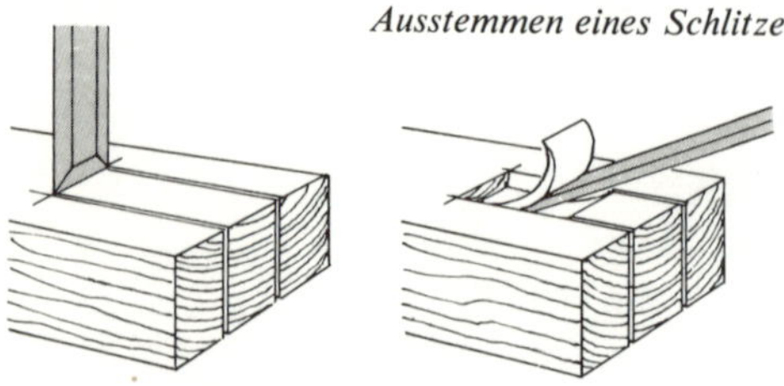

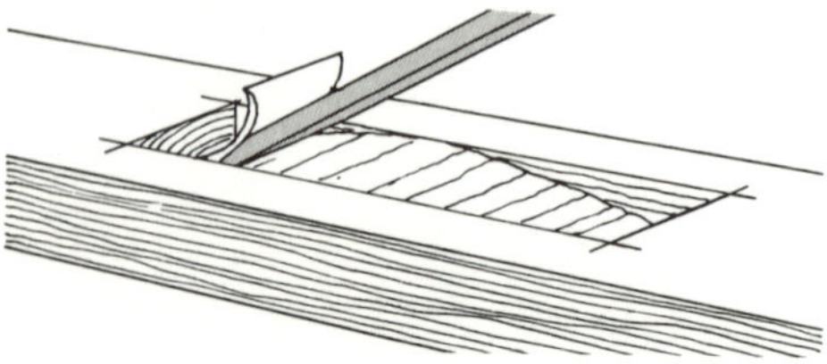

Ausstemmen eines Zapfenlochs

Ähnlich arbeiten Sie auch beim Stemmen eines Zapfenloches. Zuerst mit dem Eisen an der Kopfseite senkrecht zur Faser einstechen und dann mit schrägem Stich abwechselnd das Holz herausstemmen. Soll das Loch durchgestemmt werden, dann ebenfalls nach der Mitte von der anderen Seite gegenarbeiten.

Syphon

Meist S-förmiger Geruchverschluß an den Abflußrohren von Badewannen, Waschbecken, Toiletten. Das Sperrwasser läßt Abwasser nach unten abfließen, verhindert aber das Aufsteigen von schädlichen und übelriechenden Kanalgasen in die bewohnten Räume. Trocknet das Sperrwasser infolge langer Nichtbenützung des Abflusses aus, so kann der Verschluß diese Aufgabe nicht mehr erfüllen.

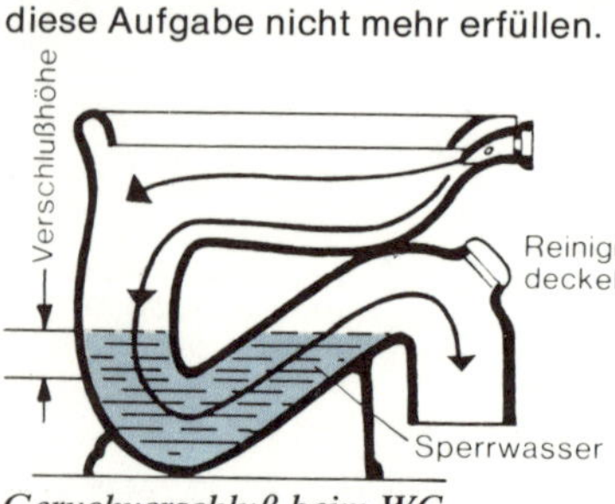

Geruchverschluß beim WC

Tapezieren

Das Tapezieren von Wänden ist etwas teurer und umständlicher als das ▷Anstreichen. Dafür ist die Oberfläche haltbarer und dauerhafter und man hat mehr Freiheit in der Gestaltung der eigenen vier Wände.

Rollen

Tapeten kauft man in Rollen.

Die Tapetenhersteller haben beschlossen, als Einheitsmaß eine Rolle von 52 cm Breite (einschließlich der eventuell vorhandenen abzuschneidenden Stoßschutzkanten) und 10,05 m Länge einzuführen, die „Europa-Normalrolle" heißt. Mit ihr lassen sich rund 5 qm Fläche tapezieren. Den daraus sich ergebenden Tapetenbedarf für einen gegebenen Raum können Sie aus der nebenstehenden Tabelle entnehmen. Die Zahl der Rollen gibt darin den Bedarf an Europa-Normalrollen an.

Bei der Bedarfsberechnung ist zu beachten:

1. Unter Raumumfang versteht man die Summe der Längen aller Wände. Ein Zimmer von 5 m Länge und 2,90 Breite hat demnach einen Raumumfang von 15,80 m.

2. Die Tabelle berücksichtigt Türen und Fenster nicht. Für eine normale Zimmertür, die mit Türrahmen etwa 2 qm einnimmt, kann etwa ½ Rolle abgezogen werden; für jedes Fenster die entsprechende Fläche, je nach Größe.

3. Großgemusterte Tapeten erfordern einen Zuschlag für den Verschnitt, der entsteht, um die Anschlüsse des Musters (den Rapport) herzustellen.

4. Schräge Wände bei Mansarden erfordern mehr Tapete als gerade Wände.

5. Ein Tapezieren der Zimmerdecke muß zusätzlich berücksichtigt werden.

Wer nicht selber rechnen mag, kann seinen Bedarf auch im Tapetengeschäft errechnen lassen. Nur muß er freilich die Abmessungen des Raumes möglichst genau angeben können.

Für einige Spezialtapeten und tapetenähnliche Wandbeläge gelten die Normalmaße der Europarolle nicht (s. rechts oben).

Das Angebot an Tapeten ist so reichhaltig – von der einfachen, ungestrichenen Rauhfasertapete bis zu Tapeten aus Echtholz und Leder –, daß man eine perfekte Übersicht nur in einem guten Fachgeschäft gewinnen kann. Einige Hinweise sind aber trotzdem nützlich.

Wieviel Tapete brauchen wir?

Wandhöhe																					
2 m	Raumumfang in m (Länge der Wände)	11	12	13	14	15	16	17	18	19	20	21	22	23	24	25	26	27	28	29	30
	Zahl der Tapetenrollen	5	5	6	6	6	7	7	8	8	8	8	9	10	10	10	10	11	11	12	12
2,25 m	Raumumfang in m (Länge der Wände)	11	12	13	14	15	16	17	18	19	20	21	22	23	24	25	26	27	28	29	30
	Zahl der Tapetenrollen	6	6	6	6	7	8	8	8	9	9	10	10	10	11	12	12	12	12	13	14
2,50 m	Raumumfang in m (Länge der Wände)	11	12	13	14	15	16	17	18	19	20	21	22	23	24	25	26	27	28	29	30
	Zahl der Tapetenrollen	6	6	7	7	8	8	9	9	10	10	10	11	12	12	12	13	14	14	14	15
2,75 m	Raumumfang in m (Länge der Wände)	11	12	13	14	15	16	17	18	19	20	21	22	23	24	25	26	27	28	29	30
	Zahl der Tapetenrollen	6	7	8	8	8	9	10	10	10	11	12	12	13	13	14	14	15	15	16	16
3 m	Raumumfang in m (Länge der Wände)	11	12	13	14	15	16	17	18	19	20	21	22	23	24	25	26	27	28	29	30
	Zahl der Tapetenrollen	7	8	8	8	9	10	10	11	12	12	12	13	14	14	15	16	16	16	17	18
3,25 m	Raumumfang in m (Länge der Wände)	11	12	13	14	15	16	17	18	19	20	21	22	23	24	25	26	27	28	29	30
	Zahl der Tapetenrollen	8	8	9	9	10	10	11	12	12	13	14	14	15	16	16	17	18	18	18	19

Arten von Tapeten (Übersicht)

Rauhfaser
Die körnig-rauhe Oberfläche (grob, mittel oder fein) belebt die Wand. Überstreichen mit weißer oder getönter Dispersionsfarbe ist üblich (▷Anstreichen). Es gibt auch eine Rauhfasertapete, die bereits weiß grundiert ist. Die Rollen sind länger (33 m) und breiter (56 cm) als Europa-Normalrollen.

Qualitätsmaßstäbe
Beim Aussuchen ist zu beachten: 1. Ist die Tapete dick oder dünn? Dickere Tapeten verziehen sich weniger (kein Einweichen), mit ihnen lassen sich schlechte Wandstellen besser unsichtbar machen. 2. Ist die Tapete (d. h. die aufgedruckte Farbe) lichtecht? 3. Ist die Tapete abwaschbar? Abwaschbare Tapeten, die mit haltbaren Farben gedruckt und durch eine transparente Schutzschicht geschützt sind, sind im Durchschnitt teurer als andere, trotzdem für stark beanspruchte Räume (Durchgang, Spielzimmer, Gruppenraum) zu empfehlen.

Kunststoff-Folien
„Dekorationsfolien" sind tapetenähnliche Wandbeläge aus Kunststoff-Folien auf Papier- oder Gewebeschicht. Sie sind abwaschbar. Breite von 53–80 cm, in Bahnen. Vgl. ▷Kunststoffe.

Läßt sich auf jeden Untergrund tapezieren?

Neuputz
Tapeten haften schlecht oder gar nicht auf feuchtem Putzuntergrund, oft verfärben sie sich und beginnen zu faulen. Ist der neue Putz aber fest und trocken (vor allem bei gipshaltigem Putz zu erwarten), so kann auch in Neubauten sofort tapeziert werden, wenn der Feuchtigkeitsgehalt der Wände ein normales Maß nicht übersteigt.

Putz mit Kalkfarbenanstrich
Mit Kalkfarbe gestrichene Wände lassen sich tapezieren, sofern der Putz trocken (siehe oben), eben und fest ist. Ist er nicht eben, schleift man ihn mit Natur- oder Kunstbimsstein. Ist er nicht fest („absandend"), muß er vorgeleimt werden mit verdünntem Tafelleim (1 Tafel Knochenleim auf 1½ Liter Wasser) oder auch mit verdünntem Zellkleister.

Putz mit Leimfarbenanstrich
Alten Leimfarbenanstrich muß man abwaschen, dann die Fläche glattschleifen und vorleimen, wie beim Kalkfarbenanstrich angegeben. Im Handel sind maschinelle Leimfarben-Entferner mit rotierenden Stahlbürsten. Der Farbstaub wird in einen Behälter abgesaugt. Die Wand bleibt trocken.

Putz mit Ölfarbenanstrich
Ebenen und glatten Ölfarbengrund können Sie ohne weiteres tapezieren.

Bereits tapezierte Wand
Die alte Tapete auf ihre Haftfestigkeit prüfen. Ist sie zweifelhaft, wird die alte Tapete ganz entfernt. Dazu benetzt man sie mehrmals mit Wasser, läßt sie weichen und kratzt sie mit der Spachtel ab. Gut haftende Tapete wird mit Bimsstein oder Glaspapier sauber geschliffen – besonders an den Stößen der einzelnen Bahnen – und kann dann als Untergrund für die neue Tapete bleiben.

Leichtbauplatten
Verputzte Wände aus Leichtbauplatten sind wie andere Putzuntergründe zu beurteilen. Bei unverputzten Platten müssen die Stöße zwischen den Platten vorbehandelt werden. Man überdeckt sie mit Nesselstreifen oder Streifen aus feinem Drahtgewebe, etwa 6 bis 8 cm breit. Nessel wird geklebt, Drahtgewebestreifen werden mit Messingstiftchen befestigt und mit Leimgips (Gips, angemacht mit einer Lösung von 100 g Tafelleim auf 1 l Wasser) überstrichen. Dabei besonders die Kanten der Streifen glattstreichen, sonst gibt es später Risse.

Holz und Hartfaserplatten
Eine fugenlose Holzfläche (Sperrholz) kann ohne weiteres überklebt werden. Besteht die Holzfläche aus einzelnen Brettern, so ist sie zuerst in ihrer ganzen Ausdehnung mit Nesselstoff zu überspannen. Der Nesselstoff wird mit Makulatur überklebt, darauf kommt die Tapete. Für Hartfaserplatten gilt das gleiche.

Metall
Auch Untergründe aus Metall kann man tapezieren. Sie müssen jedoch unbedingt rostfrei sein. Man streicht sie nach sorgfältigem ▷Entrosten mit einem rasch trocknenden Anstrich, z. B. Vorlack, und kann sie dann tapezieren.

Was braucht man zum Tapezieren?

Diese Übersicht zeigt, was man an Geräten und Hilfsmitteln braucht. Das heißt nicht, daß man diese Dinge anschaffen muß, wenn man mal tapezieren will. Man kann die Gerätschaften auch im Tapetengeschäft ausleihen.

Werkzeuge zum Tapezieren

Gummiroller

Nahtroller

Tapezierbürste

Tapetenschneider

Tisch
Eine feste Auflage, etwa 2,50 m lang, ist erforderlich, z. B. eine auf Blöcke gelegte Platte, mindestens 60 cm breit. Im Handel gibt es zusammenklappbare Tapeziertische. Behelfsmäßig: zwei aneinandergestellte Tische.
Ferner sind erforderlich: Meterstab · Lot bzw. Schlagschnur · Leiter.

Gummiroller
Zum Andrücken der frisch geklebten Tapetenbahnen. Behelfsmäßig drückt man die Bahnen mit einer weichen Bürste oder einem weichen Tuch an.

Schere oder Tapetenschneider
Eine große Papierschere genügt, doch geht das Zuschneiden besser mit einem Tapetenschneider, wie ihn das Bild zeigt.

Kleister
Man kauft industriell hergestellten Zellkleister in Pulverform und rührt ihn in nichtrostenden Gefäßen mit kaltem Wasser an, im allgemeinen eine halbe Stunde vor Gebrauch. Gebrauchsanweisung beachten.

Streichbürste
Zum Bestreichen der Tapetenbahnen mit Kleister dient eine Streichbürste (vgl. ▷Anstreichen), am besten eine schon etwas abgenützte.

Makulatur
Damit die Tapete fest, glatt und gleichmäßig haftet, versieht man den Untergrund mit einer Makulaturschicht. Dieser Arbeitsgang entfällt auf gut haftender Tapete. Man unterscheidet flüssige Makulatur, Papiermakulatur, Rauhfasermakulatur, Spachtelmakulatur.
Für die meisten Tapeten – außer sehr hochwertigen und empfindlichen – genügt die Vorbehandlung des Untergrundes mit *flüssiger Makulatur,* vielfach auch „Feinmakulatur" genannt. Das ist fein zerstäubtes Papier, gemischt mit Leim. Durch Auflösen in Wasser – 1 Teil Pulver auf 6 Teile Wasser – erhält man eine breiige Masse, die sich mit einer abge-

strichenen Bürste leicht auf die Wand auftragen läßt. Sobald die Masse getrocknet ist, kann die Tapete auf diese Schicht geklebt werden.
Für empfindliche Tapeten und solche mit glänzender Oberfläche nimmt man besser *Papiermakulatur,* ein weißliches oder leicht getöntes Papier, dünn, aber ziemlich fest, zu kaufen in Rollen von der fünffachen Länge einer Tapetenrolle. Sie wird mit Kleister geklebt, in der gleichen Weise, wie es anschließend für Tapete erläutert ist, jedoch mit waagerecht angeordneten Bahnen. Nach dem Trocknen schleift man sie mit Schleifpapier glatt und hat dann einen ganz sauberen, glatten Untergrund.
Man kann auch Zeitungspapier als Makulatur verwenden; nur ist das Verkleben hier etwas umständlicher als von der laufenden Rolle. Bei wertvollen Tapeten, z. B. Seidentapeten, eignen sich Zeitungen aber nicht; hier braucht man als Untergrund eine geschlossene, glatte Fläche ohne Wülste.
Für feuchte Räume gibt es besondere Makulatur mit isolierender Wirkung.

Spachtelmakulatur
ist verwendbar anstelle von flüssiger oder Papiermakulatur. „Fibrit" ist ein bekanntes Fabrikat. Sie wird mit Wasser (erst Pulver, dann Wasser dazu) knollenfrei dick angeteigt und mit der Glättscheibe (rechteckige Stahlkelle) gleichmäßig aufgetragen, dann leicht nachgeschliffen; sie bildet einen guten Untergrund.

Vorarbeiten bis zum Zuschneiden

Nachdem der Raum soweit wie möglich ausgeräumt ist – Vorhänge und Bilder abgenommen –, werden zunächst die Vorarbeiten erledigt: je nach Untergrund Abwaschen, Glattschleifen, Stoßfugen überdecken usw. Dann folgt das Makulatieren. Flüssige Makulatur wird einfach aufgestrichen, Papiermakulatur geklebt. Bevor das Zuschneiden und Kleben beginnt – je nachdem mit Papiermakulatur oder mit Tapete –, wird der Tisch aufgestellt, alles Werkzeug und die Tapetenrollen bereitgelegt, der Kleister zubereitet.

Messen
Die Höhe der Wand – bis zur Decke oder bis zu der Höhe, die man tapezieren will – wird mit dem Bandmaß gemessen. Man mißt zweckmäßig ein paarmal an verschiedenen Stellen des Raumes, damit man die Bahnen nicht zu knapp schneidet. Will man nicht bis zur Decke kleben, wird die Begrenzungslinie mit ▷Wasserwaage und Schlagschnur festgelegt.

Fußleisten
Sind die Fußleisten leicht abzunehmen – es gibt z. B. solche, die mit Messingschrauben auf in der Wand sitzende Dübel aufgeschraubt sind –, so kann man sie abnehmen. Man klebt dann die Tapeten bis zum Boden herunter und befestigt die Fußleisten danach von neuem. Sollen die Fußleisten nicht abgenommen werden, so schneidet man jede aufgeklebte Bahn unten sauber ab, so daß sie bis zur Oberkante der Fußleiste reicht.

Schalter und Steckdosen
Liegen die Leitungen unter Putz, so kann man die Deckel der Dosen und Schalter abnehmen und nach dem Tapezieren wieder befestigen. Ältere, auf der Wand sitzende Dosen und Schalter entfernt man nicht, sondern umklebt sie mit Abfallstücken der Tapete. Später muß man aus der betreffenden Bahn einen Kreis ausschneiden. Gelingt das nicht genau, so fällt das kaum auf, wenn das Stück um Dose oder Schalter vorgeklebt ist.

Leitungsrohre, Abzweigdosen
Auch Leitungsrohre, die auf der Wand liegen, werden mit zugepaßten Streifen vorgeklebt. Sie werden im allgemeinen einen Anstrich tragen, so daß die Tapete haftet. Sorgen machen Deckel von Abzweigdosen, die in der Wandfläche liegen, wenn sie aus blankem Metall bestehen. Wenn man sich nicht die Mühe machen will, sie vorzustreichen, tut man gut, sie ebenfalls vorzukleben, dann beim Tapezieren mit der Bahn nochmals darüberzukleben. Muß die Dose vom Elektriker einmal geöffnet werden, so hat sich das Vorkleben gelohnt.

Zuschneiden
Bevor das Kleistern beginnt, werden zunächst sämtliche für den Raum benötigte Bahnen zugeschnitten. Man gibt zu der gemessenen Raumhöhe bei jeder Bahn 5 cm zu. Die kleinen Stücke für Fensterstürze, Nischen usw. schneidet man nicht vorher, sondern während der Arbeit aus den Abfallstücken zu.
Der ablaufende Teil der Rolle zeigt stets den unteren Teil der Tapete, das noch aufgerollte Stück den oberen. Die zugeschnittenen Bahnen legt man alle in derselben Richtung aufeinander, damit nicht oben und unten verwechselt wird. Keine Rolle spielt das bei Uni-Tapeten.
Bei allen Tapeten mit ausgeprägten Mustern müssen die Bahnen so geschnitten werden, daß das Muster richtig aneinanderstößt. Bei großgemusterten Tapeten führt diese Notwendigkeit zu beträchtlichen Abfällen. In solchen

Wenn alle Bahnen zugeschnitten sind, werden sie, mit der Rückseite nach oben, in einem exakten Stapel auf den Tisch gelegt. An der dem Arbeitenden zugekehrten Seite des Tisches bleibt zunächst ein Streifen Tischplatte frei. Jetzt wird zuerst, in Breite eines Bürstenstriches, die hintere – dem Arbeitenden abgewandte – Seite der Bahn gekleistert. Dann zieht man die obere Bahn heran, so daß ihre vordere Kante mit der Tischkante abschließt, und streicht sie mäßig dick mit Kleister ein.

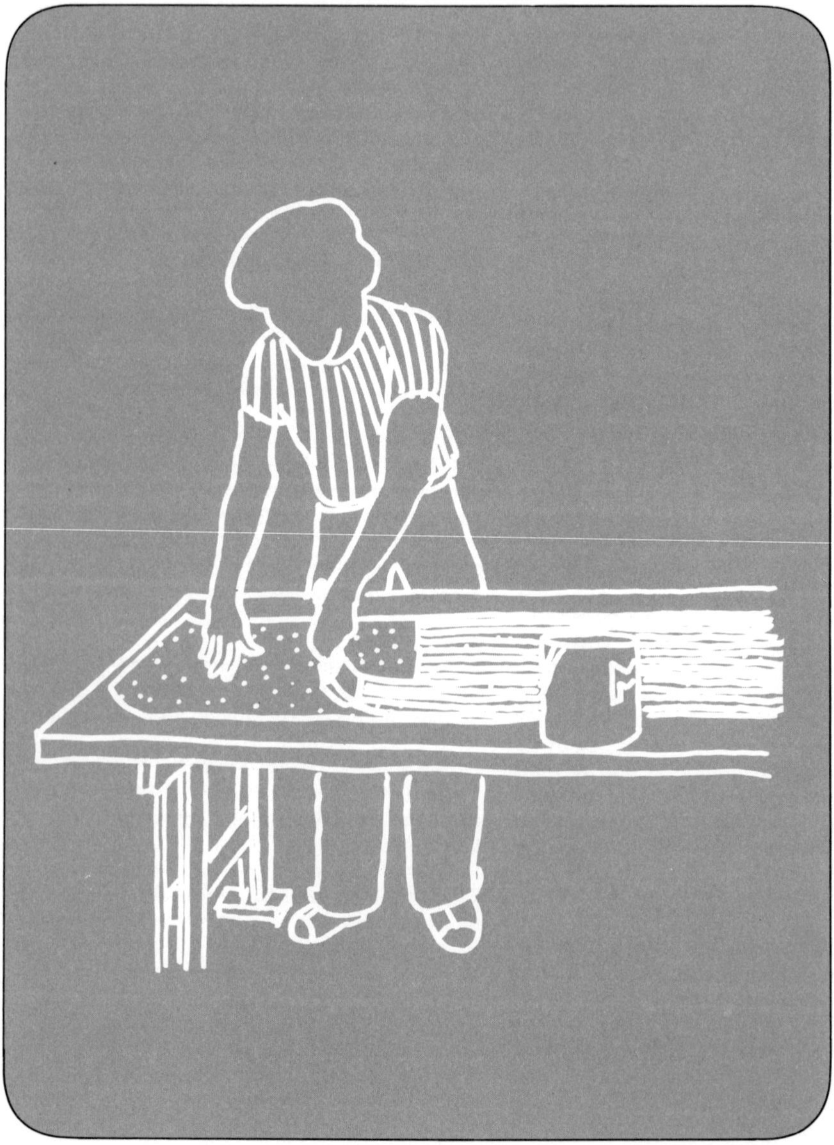

Tapetenkennzeichnung

→|←60

Musterhöhe
60 cm
gerader Ansatz
Gleiche Muster in gleicher Höhe nebeneinander.

→|←60/2

Musterhöhe 60 cm
halber Ansatz
Das Muster auf der nächsten Bahn jeweils um die Hälfte verschieben.

→|←60/4

Musterhöhe 60 cm
viertel Ansatz
Das Muster auf der nächsten Bahn jeweils um ein Viertel verschieben.

→|0

ansatzfrei
kein Rapport
Muster braucht beim Kleben nicht beachtet zu werden.

↓↑

gestürzt kleben.
Jede 2. Bahn auf den Kopf stellen.

wasserfest
Kleisterflecken können mit nassem Schwamm abgewaschen werden.

waschbar
Leichte Verschmutzung kann mit nassem Schwamm gereinigt werden.

100% waschbar
Tapete ist reinigungsfest.

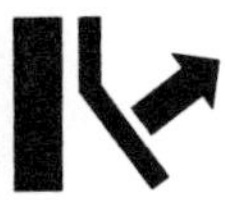

abziehbar
sind Tapeten, die zweischichtig gefertigt werden wie z. B. Metallic-, PVC- und Textiltapeten. Beim Abziehen der bedruckten Schicht verbleibt die untere Schicht auf dem Untergrund.

in Pfeilrichtung tapezieren
Die Pfeilspitze muß bei der Tapezierung immer in Richtung Decke zeigen.

lichtbeständig sind Tapeten von dauerhafter Lichtbeständigkeit in den mittleren und höheren Preislagen, wenn sie die Lichtechtheit nach DIN 54003 und 54004 nach dem Maßstab der Wollskala den Wert über 6 (sechs) erreichen.

klebefertig
sind Tapeten mit rückseitiger Klebeschicht, die durch Wasseraufnahme aktiviert wird. Es entfällt somit das übliche Einkleistern der Tapete.

passender Stoff
hierbei werden zu den Tapeten abgestimmte Stoffe angeboten.

Fällen ist es häufig vorteilhaft, von zwei Rollen abwechselnd zu schneiden.

Tapeten werden im allgemeinen „auf Stoß" geklebt, d. h., eine Bahn sitzt ohne Überlappung genau an der anderen. Etwa an der Tapete vorhandene „Stoßkanten" sind daher abzuschneiden bzw., wenn perforiert, abzutrennen. Dünne Tapeten kann man etwa 2 mm überlappen lassen.

Das Tapezieren von Wänden

Das Tapezieren beginnt am Rande eines Fensters. Man tapeziert *vom Fenster weg* nach beiden Seiten. Die erste Bahn soll einige cm um die Kante der Fensterlaibung herum auf die Innenseite der Fensternische übergreifen.

Kleistern

Sind alle Bahnen zugeschnitten, so werden sie, mit der Rückseite nach oben, in einem exakten Stapel auf den Tisch gelegt. An der dem Arbeitenden zugekehrten Seite des Tisches bleibt zunächst ein Streifen Tischplatte frei. Jetzt wird zuerst, in Breite eines Bürstenstriches, die hintere – dem Arbeitenden abgewandte – Seite der Bahn gekleistert. Dann zieht man die obere Bahn heran, so daß ihre vordere Kante mit der Tischkante abschließt, und streicht sie mäßig dick mit Kleister ein.

Fast alle Tapeten müssen nach dem Kleistern etwas weichen, damit sie später ohne Falten und Blasen glatt auftrocknen. Dazu schlägt man sie vom oberen und vom unteren Ende her genau bis zur Mitte übereinander. Die Kanten müssen dabei haargenau aufeinander kommen. Hat man genügend Platz, so kann man erst eine zweite Bahn kleistern, während die erste weicht.

Beim Zusammenlegen sollen die beiden Enden der Bahn etwa 2 bis 3 cm umgelegt werden; so behält man beim Aufnehmen der Tapete saubere Finger.

Es gibt auch vorgekleisterte Tapeten. Die zugeschnittenen Bahnen werden durch ein mitgeliefertes, mit Wasser gefülltes Gefäß gezogen und sind damit sofort klebfertig.

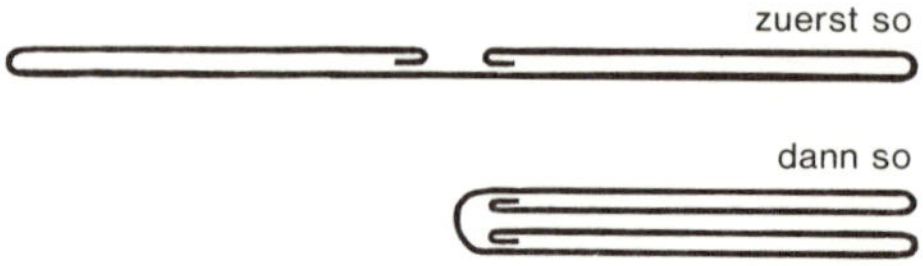

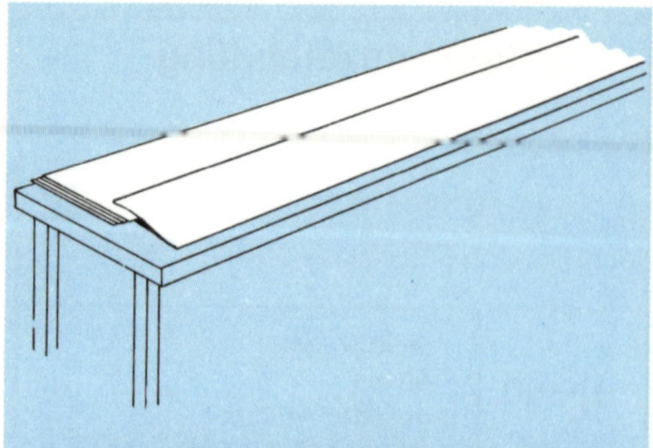

So liegen die Bahnen zum Kleistern auf dem Tisch

Gleichmäßig kleistern

Senkrechte markieren

Da keine Gewähr besteht, daß die seitliche Begrenzung der Fensternische genau senkrecht verläuft, wird mit Lot und Schlagschnur eine senkrechte Linie auf der Wand markiert, an der die erste Bahn anzulegen ist.

Kleben

Nun nimmt man die gekleisterte und geweichte Bahn vorsichtig auseinander, steigt auf die Leiter und legt die Bahn genau senkrecht – also an die Schlagschnurlinie oder die Kante der vorhergehenden Bahn – und im Muster passend an.

Sobald die Bahn korrekt anliegt, drückt man sie an, mit dem Gummiroller oder mit weichem Tuch oder weicher Tapezierbürste. Angedrückt wird von oben nach unten. Dabei darf die erweichte Tapete nicht reißen. Sitzt die Bahn, werden die Kanten zusätzlich angedrückt. Dafür gibt es schmale Nahtwalzen.

Ecken werden niemals durchgeklebt. Man schneidet die Bahn für eine Zimmerecke vielmehr so, daß nur 1 bis 2 cm um die Ecke reichen. Die nächste Bahn wird dann genau bis zur Ecke daraufgeklebt.

Frische Luft ist beim Tapezieren nötig. Die Tapete soll nicht zu lange naß bleiben. Dünne Tapeten können dadurch Flecken bekommen.

„Gestürzt" tapezieren
Bei bestimmten Tapeten schreiben die Hersteller „gestürztes" Kleben vor: Jede zweite Bahn muß „auf dem Kopf stehend" angesetzt werden. Schattierungen, hervorgerufen durch ungleichmäßigen Farbaufdruck auf der Tapete, sollen dadurch vermieden werden.

Wärme-Isolierung durch Untertapete
Die heutige Bauweise sorgt nicht immer für ausreichenden Wärmeschutz. Geringe Mauerstärken, vor allem bei Außenwänden, können zu Schwitzwasser- oder Schimmelbildung führen, oder die Wand „strahlt Kälte aus". Nicht ganz so tragisch, aber unschön ist es, wenn sich an unter Putz liegenden Betonbalken oder Unterzügen Feuchtigkeit niederschlägt und mit Staub vermischt.
Derlei Schäden lassen sich verhindern oder beseitigen mit einem Isolierstoff („Thermopete"), einem Harzschaum, in dem winzige Lufträume zellen- oder blasenförmig ausgebildet sind. Der Wärmedämmwert dieses Materials in 5 mm Stärke entspricht dem einer trockenen Vollziegelmauer von 10 bis 12 cm Dicke. Die Anbringung ist besonders wirksam an der Innenseite von Außenwänden, Giebeln, Mansarden, wo der Temperaturunterschied zwischen außen und innen Schwitzwasser und Schimmelpilze hervorrufen kann. Die Wärmedämmung wirkt natürlich in beiden Richtungen: An heißen Tagen verhindert sie ein Überhitzen des Innenraums.
Jeder feste und saubere Untergrund kann überklebt werden. Alte Leim- und Binderfarben sind abzuwaschen, alter Ölfarbenanstrich mit Glaspapier anzuschleifen. Alte Tapeten sind zu entfernen. Stark saugende Putzflächen vor dem Kleben mit Wasser anfeuchten.

Problemstellen

Ecken
Da die Ecken im Raum häufig nicht winkelrecht sind, ist es problematisch, mit einer Bahn „um die Ecke" zu tapezieren. Es ist einfacher, eine schmale Bahn zuzuschneiden, die nur so breit ist, wie der Raum zwischen der zuletzt geklebten Bahn und der Zimmerecke (Zugabe etwa 5 mm) und diese einzukleben, so daß Sie an der neuen Wand mit einer vollen Bahn beginnen können.

Tür und Fenster
Die letzte Bahn am Türrahmen markieren Sie so (z. B. mit dem Rücken der Schere), daß die Tapete nach Abschneiden entlang der markierten Linie genau bis zum Türrahmen reicht. Haben Sie, wie oben beschrieben, an der Fensternische begonnen und dabei die erste Bahn einige cm um die Ecke herum geklebt, so ist es jetzt einfach, den Rest der Fensternische auszutapezieren. Achten Sie darauf, daß keine Tapete mit ihrer Kante bis an die Kanten der Fensterlaibung reicht.

Die Decke

Eine mittapezierte Decke kann sehr hübsch aussehen. Ein Problem tritt aber hier auf, das bei der Wand nicht vorhanden ist. Sie müssen sich unter der Decke hin und her bewegen können, um die Tapete anzulegen und festzudrükken. Am besten ist es, ein Laufbrett auf zwei Leitern (oder behelfsmäßig auf zwei gleich hohe Tische) zu legen.

Übrigens ist die Decke zuerst (vor den Wänden) zu tapezieren. Das Tapezieren erfolgt auch hier „vom Fenster weg".

Ein Problem bietet noch die Stelle, an der die elektrische Leitung aus der Decke austritt (Deckenauslaß). Am besten ist es, an dieser Stelle die Tapete sternförmig einzuschneiden (wobei der Deckenauslaß den Mittelpunkt des Sterns bildet). Man kann die Tapete ringsherum andrücken und am Schluß genau beschneiden. Es ist auch möglich, das Stück um den Auslaß herum vorzukleben, wie oben für Schalter und Steckdosen beschrieben.

Besondere Materialien

Statt Tapete (und der erwähnten Kunststoffbeläge) kann man die Wand auch mit *Rupfen*, einem verhältnismäßig billigen Jutegewebe, bekleben; ferner mit *Anaglypta*, einem Spezialbelag, der reliefartig wirkt; schließlich auch mit *textilen Belägen*, die einem Bodenbelag aus textilem Material ähnlich sind. Wer das will, soll sich beim Einkauf über die Verarbeitung beraten lassen, besonders auch hinsichtlich des zu verwendenden Kleisters oder Spezialklebers.

Umleimer

Streifen, Leisten, Profile aus Holz oder Kunststoff, auch Metall, die an den Kanten von plattenförmigen Werkstücken zur Verstärkung, zum Schutz oder Schmuck befestigt werden.

Am bekanntesten und zugleich am einfachsten anzubringen sind *Kunststoffumleimer* zum Aufbügeln.

Der Thermostat des Bügeleisens wird auf „Wolle" (ca. 150 °C) eingestellt und der Umleimer langsam festgebügelt. Mit einem Holzklotz sofort nachreiben, bevor der Klebstoff erkaltet.

Andere Kunststoffprofile zum Kantenschutz haben einen Steg, der in eine vorgefräste Nut in der Plattenkante greift.

Vgl. ▷Kanten.

Unfall

Am wichtigsten ist es, sich so zu verhalten, daß Unfälle nicht auftreten. Deshalb zuerst:

Zehn Gebote zur Unfallverhütung

1. Die wichtigste Voraussetzung für unfallfreies Arbeiten ist Sauberkeit und Ordnung in der Werkstatt. Späne und Staub während der Arbeit öfters zusammenkehren. Rutschgefahr!

2. Scharfes und gepflegtes Werkzeug ist weniger gefährlich als stumpfes, rostiges oder schadhaftes. Vorsicht beim Umgang mit Äxten und Beilen!

3. Hemd- oder Jackenärmel hochkrempeln, und zwar nach innen einschlagen. Keine Zipfel!

4. Fingerringe ablegen!

5. Werkzeuge möglichst unter Verschluß halten, vor allem aber giftige oder brennbare Flüssigkeiten!

6. Arbeite immer besonnen und ruhig, nie hastig oder gar beschwipst.

7. Wo eine Heimwerkstatt ist, soll auch ein Verbandskasten zur Hand sein!

8. Feuergefahr besteht besonders
während des Hobelns oder Schleifens
beim Arbeiten mit Farben und Lacken
beim Arbeiten mit Klebern
durch Selbstentzündung alter Öl- und Fettlappen oder öliger Späne.
Deshalb: Nicht in der Werkstatt rauchen!

9. Alle Holzbearbeitungsmaschinen haben eine sehr hohe Drehzahl und sind deshalb besonders gefährlich. Die zugehörigen Schutzvorrichtungen sind unbedingt zu verwenden. Alle sich drehenden Teile sollen soweit wie irgend möglich gegen Berührung geschützt sein. Sägeblätter, Messer und dgl. sind sorgfältig festzuschrauben.
Niemals mit den Händen in laufende Maschinen greifen (auch nicht „ganz vorsichtig")!

10. Wer Maschinen anschafft und wer Verwandte oder Freunde in der Werkstatt arbeiten läßt, sollte unbedingt eine Haftpflichtversicherung abschließen. Vorhandene Maschinen ausdrücklich im Versicherungsschein aufführen!

Erste Hilfe

Sinnvolle Erste Hilfe beginnt **nicht** am Unfallort nach geschehenem Unheil. Sie beginnt mit der Teilnahme an einem kostenlosen Kurzlehrgang „Erste Hilfe", wie sie das Rote Kreuz und andere Organisationen abhalten.
Für die oft entscheidenden ersten Minuten nach einem Unfall gilt:
1. Weitere Gefährdung verhindern, z. B. Strom abschalten, Gashahn zudrehen, Maschinen abstellen, Verletzten aus Gefahrenbereich bringen.
2. Starke Blutungen stoppen.
3. Wenn nötig Atmung und Herztätigkeit stützen.
4. Hilfe anfordern.
5. Den Verletzten behelfsmäßig versorgen – ohne ihm zu schaden.

Wunden

Wunde nicht berühren! Wunde nicht auswaschen, auch die schmutzige Wunde nicht! Wunde sofort locker bedecken!
Womit? Nur mit keimfreiem, trockenem, gebrauchsfertigem Verband (Verbandpäckchen – Gebrauchsanweisung aufgedruckt). Nicht mit anderen Stoffen (Watte, Putzwolle, altes Leinen). Wenn kein keimfreier Verbandstoff vorhanden, Wunde offenlassen, bis der Arzt hilft; Blutkruste nicht entfernen.
Nur bei oberflächlichen Wunden, besonders an den Fingern, ist Pflasterverband ausreichend, darüber Lederfingerling.
Verletztes Glied beim Anlegen des Verbandes hochheben. Wenn Verband durchblutet, Druckverband darüberwickeln.
Bei größeren oder tieferen Wunden und bei allen Wunden (auch kleinen) in der Nähe der Gelenke, besonders an den Fingern und nahe dem Kniegelenk, immer schleunigst zum Arzt, am besten zum Facharzt für Chirurgie – innerhalb von sechs bis acht Stunden, vom Unfall an gerechnet. Das gilt für jede – auch die kleinste – Wunde, wenn in ihr Stechen oder Klopfen auftritt.

Splitter

Kleine Splitter unter der Haut entfernen, Wunde durch Heftpflaster schließen. Auch nichtblutende kleine Stichwunden können zu Tetanus (Wundstarrkrampf, lebensgefährlich!) führen. Vollständiger Schutz nur durch (vorherige) Schutzimpfung.
Größere Fremdkörper im Fleisch nicht selbst entfernen, weil verletzte Blutgefäße freigelegt werden können.

Verstauchung, Prellung

Ruhigstellen, durch feuchten Verband kühlen. Den Arzt aufsuchen.

Fremdkörper im Auge

Bei Splittern (Metall, Glas) nicht reiben, sondern Augenarzt aufsuchen. Staub und Insekten werden von der Tränenflüssigkeit meist in den Augenwinkel getrieben. Deshalb Augen schließen und rollen. Hilft das nicht, Unterlid nach unten ziehen und zur Nasenwurzel hin auswischen.

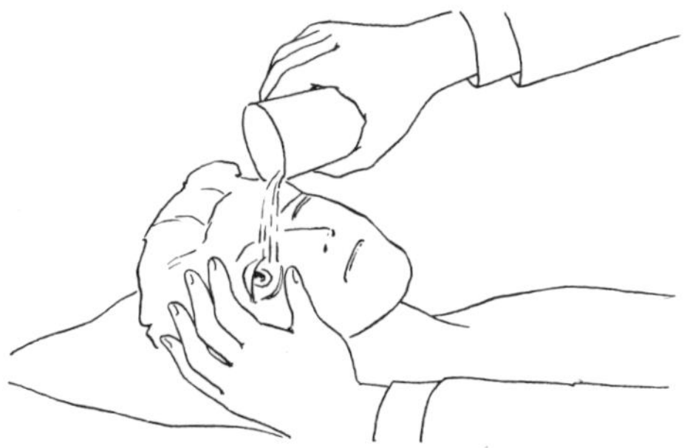

Das Ausspülen des Auges mit Wasser – am besten aus Gefäß

Verätzungen des Auges

Ist Kalk, Säure, Abbeizmittel o. ä. ins Auge gelangt, das Auge sofort mit viel Wasser gründlich ausspülen, indem man die Augenlider mit Daumen und Zeigefinger weit auseinanderhält. Dann wie bei Fremdkörperentfernung verfahren. Sofort, auch wenn der Schmerz nachläßt, Augenarzt aufsuchen, denn die Verätzung dringt sonst tiefer in den Augapfel ein.

Vergiftung

Vorrangig ist das Entfernen des Giftes aus dem Körper (soweit möglich) und das Verhindern weiterer Giftaufnahme. Der Arzt muß immer eingreifen. Wird er telefonisch gerufen oder wird der Kranke in ein Krankenhaus gebracht, kann es entscheidend sein, schon telefonisch möglichst genaue Angaben zu machen:
Art und Dosis des Giftes
Weg der Giftaufnahme (Haut, Mund)
Zeitpunkt der Giftaufnahme.
Erste Maßnahmen sind
für den Magen: Tee, Milch, Wasser trinken lassen, den Kranken zum Erbrechen bringen (mechanisch oder mit lauwarmem Salzwasser),

Medizinalkohol verabreichen (30 g auf ein großes Glas Wasser).
für die Haut: Kleidung entfernen, reichlich mit klarem Wasser abspülen.

Verbrennung

Brennende Personen anhalten, zu Boden werfen und Feuer durch Herumwälzen oder mit Teppichen, Tüchern etc. ersticken. Verbrannte Kleider mit Schere aufschneiden und entfernen, angeklebte Fetzen nicht abreißen.
Brandwunden sofort (bis 15 Minuten nach dem Unglück) durch Eisauflegen oder mit eiskaltem Leitungswasser behandeln. Brandblasen nicht öffnen, kleine Wunden mit Brandgel, größere mit sterilem Verbandmull oder Tüchern aus dem Wäscheschrank locker bedecken. Den Verletzten schluckweise Mineralwasser trinken lassen – falls bei Bewußtsein.

Elektrischer Schlag

Steht der Verunglückte noch unter Strom, sofort Sicherung ausschalten; wenn nicht möglich, ihn mit trockenen, nichtleitenden Gegenständen (Besenstiel, Isolierzangen) vom Netz trennen. Wiederbelebung mit Beatmung und Herzmassage bis zu zwei Stunden.

Schock

Bei fast allen schweren Unfällen tritt in der Folge lebensgefährlicher Schock ein. Beengende Kleidung lockern. Flache Lagerung, evtl. Hochlagerung der Beine, Wärmen, Trösten. Notfalls Beatmung und Herzmassage. Bewußtlosen niemals Getränke einflößen!

Schlagaderblutung

Schlagaderblutungen erkennt man daran, daß das Blut stoßweise aus der Wunde spritzt.
Blutstillung durch fest angewickeltes Verbandspäckchen (Druckverband). Wenn das nichts nützt, Blutstillung durch Absperren der Schlagader! Entweder das oberhalb der Wunde gelegene Gelenk (Hüft-, Knie- oder Ellenbogengelenk) bis zum äußersten beugen und in dieser Lage durch Binde oder Tuch feststellen. Oder, wenn das nicht genügt, Abbinden durch Abbindegurt am Oberarm oder Oberschenkel. (Notfalls statt des Gurtes Hosenträger oder dgl.) Wenn Abbinden nicht möglich, Schlagader mit beiden parallel nebeneinanderliegenden Daumen abdrücken: am Arm nur Innenseite des Oberarmes (wo innere Rocknaht liegt), am Bein nur Mitte der Leiste (wo vordere Bügelfalte der Hose oben endet). Möglichst rasch zum Arzt, weil abgebundene Glieder nur kurze Zeit lebensfähig bleiben! Nach spätestens einer Stunde Abbindung lockern, alsbald wieder anziehen. Wird ein Verletzter mit Abbindung abtransportiert, soll ihm ein Zettel beigegeben werden: „Abgebunden um . . . Uhr . . . Minuten".

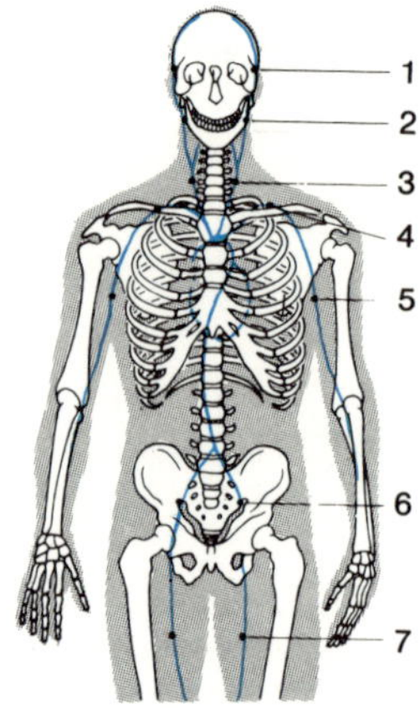

Die wichtigsten Druckpunkte bei verletzten Schlagadern:
1 Schläfe, 2 Unterkiefer, 3 Hals, 4 Schlüsselbein, 5 Oberarm, 6 Leistenbeuge, 7 Oberschenkel

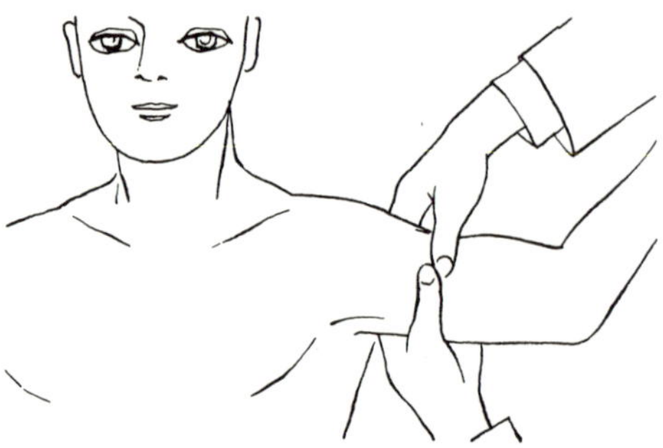

Schlagaderabdrückstelle am Oberarm

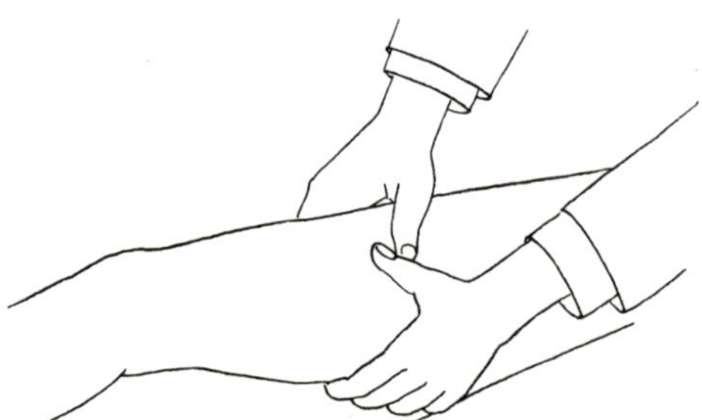

Schlagaderabdrückstelle am Oberschenkel

Vorhänge

Für unsere Räume eignen sich am besten ▷Rollos oder Raffstores aus Papier. Schön, aber etwas teurer sind Jalousetten, die vor den Fenstern angebracht werden; sie erfüllen dafür den Raum mit angenehmem Licht. Sehr schön sind Rahmen aus dünnen Holzleisten, die mit hellen Stoffen oder Papier verspannt sind. Sie werden an Haken oder Vorhangschiene befestigt.
Schiebevorhänge werden am einfachsten mit großen Ringen aus Holz oder Metall an Stangen geführt. Für die Stangen gibt es zugehörige Halterungen.
Führungsschienen aus Kunststoff werden mit Schrauben an der Decke befestigt; umständlich ist das „Einfädeln" der Kunststoffgleiter, die, je nach System, über oder in die Führung geschoben werden müssen. Die zahlreichen Systeme kann man im Fachgeschäft studieren und vergleichen.
Wer sich für die herkömmlichen Vorhänge entscheidet, sollte folgendes beachten:

Bemessung des Stoffes
Vorhänge und Gardinen müssen reichlich bemessen werden: Nach dem Seitenmaß, wenn und soweit sie in Falten hängen sollen; nach dem Längenmaß, weil sie an der Oberkante einen schmalen und an der Unterkante einen breiteren Saum bekommen. Außerdem ist eventuelles Eingehen beim Waschen zu berücksichtigen.
Der Seite nach verlangt bereits mäßiger Faltenwurf etwa die doppelte Breite. Soll eine Gardine voll in Falten gelegt werden, braucht man bis fast zur dreifachen Breite, wie das Bild zeigt:

Um die Länge zu bestimmen, wird zunächst vor der Vorhangleiste bis zum Fensterbrett (für halblange Vorhänge) oder bis knapp über den Fußboden (für lange Vorhänge) gemessen, dazu gibt man 20 bis 40 cm für den unteren Saum, den man am besten doppelt einschlägt, weil die Vorhänge so glatter fallen. Dazu kommt noch eine Zugabe für das Einlaufen. Sie kann gering sein bei wertvollen Stoffen wie Velours, den man stets chemisch reinigen läßt. Sie muß größer sein für Stoffe, die gewaschen werden. Die Waschkante wird oben eingeschlagen, aber nicht umgenäht.

Befestigen
Sind die Gleitrollen mit Häkchen versehen, näht man ein Tragband an den oberen Rand des Stoffes. Je nach Gardinenart ist Tragband zu verwenden, das beim Waschen einläuft oder – wie Perlonstores – unverändert bleibt. Sonst verzerrt sich die Gardine nach der Wäsche. Etwa 1 cm des Vorhangs soll oberhalb des Tragbandes als Kante stehenbleiben. Die Haken werden dann eingehängt, wie es das Bild zeigt – nicht in die Schnur, die durch das Band läuft, sondern in das Band selbst bzw. dessen Ösen.

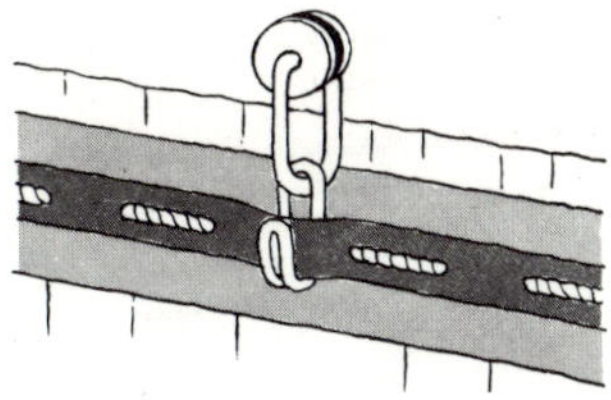

Aufhängung einer Gardine am Tragband

Stoffwahl
In einem Raum sollen nicht zu viele starkfarbige oder gemusterte Flächen sein.
Schiebevorhänge großzügig bemessen; nebeneinanderliegende Fenster mit einem durchgehenden Vorhang versehen.
Unerfreuliche Wände, Fensterrahmen oder Ausblicke mit Vlieseline, Nessel oder anderen hellen Stoffen großflächig überdecken. Für die Sonnenseite lichtechte Stoffe.

Vorhangschiene
Eine runde Stange aus Holz, Messing, Schmiedeeisen, auf der Ringe laufen, paßt in viele Räume, besonders von einfachem oder rustikalem Charakter. Für die normalen, in Falten liegenden Vorhänge gibt es Schienen und Gleiter in zahlreichen Varianten.
Bei Neubau oder durchgreifender Renovierung kann man die Schiene in den Deckenputz einlassen (einputzen lassen), besonders auch bei Nischen und bei Durchgängen, die statt mit einer Tür nur durch einen Vorhang verschlossen werden sollen. Achtung: Wird eine Schiene oben in der Fensternische eingeputzt, so sitzt sie über dem Fensterbrett, es können dann nur halblange Vorhänge angebracht werden, aber keine, die bis zum Boden reichen.
Wird die Schiene nicht eingeputzt, müssen Dübel gesetzt (▷Dübel in Wand und Decke) werden. Befestigung ist sowohl an der Wand wie an der Decke möglich – nur müssen Sie beim Einkaufen der Schiene bereits wissen, was Sie wollen. Die Schiene soll 30 bis 40 cm länger sein als die Fensterbreite – sofern Sie

Schiene und Vorhang nicht über die ganze Wandbreite führen (was in vielen Fällen empfehlenswert ist).
Die Zeichnung erklärt die Funktion des „Feststellers" anhand eines einfachen (älteren) Modells, doch ist sie im Prinzip für alle Ausführungen gültig.

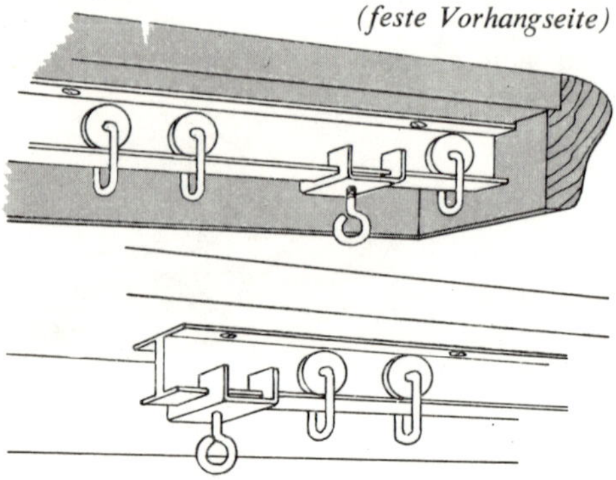

Feststeller (bewegliche Vorhangseite)

Vorhangschiene mit Beleuchtung
Effektvolle Beleuchtung ergibt die Kombination von Vorhängen und Beleuchtungskörpern. Ob man eine Decken- oder Vorhangstrahlung wählt oder den Vorhang von rückwärts durchleuchtet, hängt von vielen Umständen ab und sollte vorher ausprobiert werden. Die entsprechenden Schienen, Blenden und Befestigungselemente werden von verschiedenen Firmen montagefertig angeboten. Sie können Schiene und Blende auch selbst kombinieren. Mit Flacheisenwinkeln, ca. alle 80 cm, werden Vorhangschiene, Blende und Leuchte an Wand oder Decke befestigt.

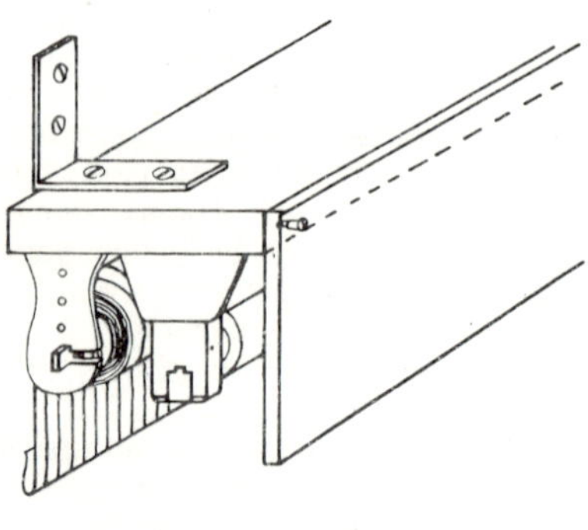

Als Beispiel: Rollo mit vorgesetzter Leuchtstoffröhre hinter einer Blende

Wärmedämmung

Für ein gesundes Raumklima ist es entscheidend, daß Wände, Decke und Fußboden im Winter die Wärme halten und/oder reflektieren. In einem Raum mit durchwärmten Wänden kann die Lufttemperatur niedriger gehalten werden, was gesünder ist und Heizkosten spart. Verantwortlich für ausreichende Wärmedämmung in einem Gebäude ist natürlich in erster Linie der Architekt, zumal alle Maßnahmen zum nachträglichen Verbessern der Wärmedämmung sowohl schwierig wie kostspielig sind. (Viele Gebäude sind seit dem Zweiten Weltkrieg errichtet worden, ohne daß die technischen Möglichkeiten der Wärmedämmung voll ausgenutzt wurden, was heute unseren Energiebedarf für lange Zeit unnötig hoch hält.)
Information über dieses Thema ist gleichwohl für den Heimwerker wichtig, wenn er sich mit Zwischenwänden, dem Ausbau von Dach-, Kellerräumen oder Hütten beschäftigt und hier für ausreichende Wärmedämmung sorgen muß. Überdies sind manche der hier zu empfehlenden Materialien auch sonst noch für den Bastler interessant.

Die wichtigsten Dämmstoffe

Die wichtigsten Materialien sind (abgesehen von den Baustoffen selbst, wie z. B. Ziegel oder Gasbeton): Holz, Holzwolle und Holzwollplatten, Weichfaserplatten, Glaswolle, Schaumglas, Kork und Schaumstoffe wie Styropor. Sie enthalten alle einen hohen Prozentsatz Luft und sind entsprechend leicht. Da Wasser ein guter Wärmeleiter ist, wird die Dämmwirkung bei jeglichem Material fühlbar verschlechtert, wenn Feuchtigkeit eindringen kann.

Weichfaserplatte
Diese Platte, ähnlich hergestellt wie die Hartfaserplatte (▷Platten), jedoch weicher, kann außer zur Wärmedämmung auch als Pinwand, Schiebeladen, Zielscheibe u. ä. dienen. Handelsüblich sind Platten von 122 × 244 cm Größe in Stärken von 13 und 16 mm. Die Platten können mit Nägeln und Schrauben befestigt (am besten Rosetten unterlegen) und mit Dispersionsfarbe (▷Anstreichen) gestrichen werden.

Kork
(Naturkork oder aus Schrot gepreßte Platten) ist ebenfalls als Pinwand geeignet; bekannt sind seine guten Eigenschaften als warmer Wand- bzw. Bodenbelag oder als Unterschicht unter einem Belag aus Textil oder Kunststoff.

Schaumstoff
Der Laie spricht meist, wenn er dieses Material aus Polystyrol (einem Kunststoff) meint, von Styropor, was genaugenommen der Markenname eines Herstellers ist. Das Material ist leicht, elastisch, und wegen der in den Poren eingeschlossenen Luft gut wärmedämmend. Man erhält Styropor in Blöcken oder Platten (50 x 150 cm) in verschiedenen Stärken (z. B. 20 mm, 30 mm) in Baustoffhandlungen und Heimwerkerzentren. Als Verpackungsmaterial, z. B. für empfindliche Elektrogeräte, wird häufig feinporiger Schaumstoff verwendet, den man u. U. in Kaufhäusern als Abfall gratis bekommen kann.
Styropor ist ein ausgezeichnetes Material für Bastlerarbeiten, läßt sich z. B. leicht mit Rasierklinge oder *Hitzdrahtsäge* schneiden (muß aber vor Druck geschützt werden). Eine solche Säge hat als Schneide einen Draht, der sich bei Stromdurchfluß auf ca. 100° C erhitzt und dann das Material sauber durchtrennt.
Styropor läßt sich (nur) mit Spezialkleber (z. B. Uhu-Por) verkleben. Anstreichen mit ▷Plaka- und Dispersionsfarbe möglich, danach auch vorsichtiges Überlackieren.

Die Grundregel der Wärmedämmung

Dampfdurchlässiges Material wie Heraklith oder Glaswolle gehört an die Außenseite der Mauer; dampfundurchlässiges Material wie Styropor (fugendicht verklebt) gehört an die Innenseite der Mauer, und vor dieser Schicht ist noch eine Dampfsperre aus Alufolie anzubringen.
Warum muß das so sein? Wenn die Mauer, die innen eine Dämmschicht hat, sich stark abkühlt, würde sich Luftfeuchtigkeit hier wie an einer kalten Fensterscheibe niederschlagen, wenn ihr der Zutritt nicht durch eine Dampfsperre (Dampfbremse) verwehrt wäre.

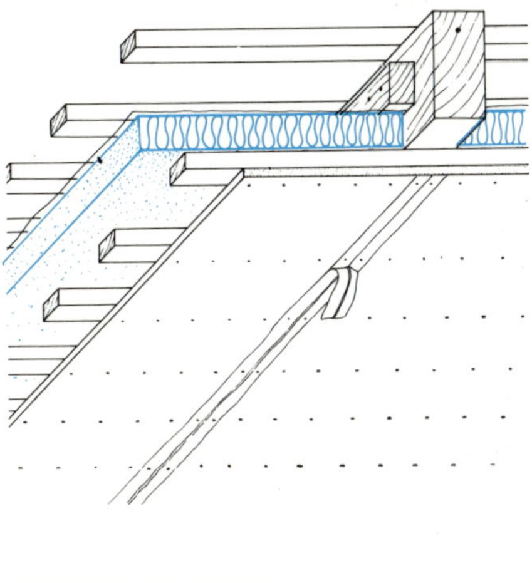

Für den Aufbau leichter Wände, z. B. in einer Hütte oder bei einem Dachausbau, ist es wichtig zu wissen, daß 3 cm Schaumkunststoff etwa die gleiche Dämmwirkung haben wie ca. 30 cm Mauerwerk. Allerdings kann der Dämmstoff die Wärme nicht speichern, wie es z. B. eine Ziegelmauer tut, so daß man doch 5 bis 6 cm vorsehen wird. Die Schicht kann auf den Untergrund geklebt werden – auch genagelt, jedoch sollen dann in feuchten Räumen unbedingt verzinkte Nägel verwendet werden.

Dämmschicht unter der Holzverschalung einer Dachschräge

Wasserwaage

Gerät zum Ermitteln der Waagerechten und der Senkrechten. In einen Körper aus Hartholz, Kunststoff oder Leichtmetall sind „Libellen" eingelassen, d. h. mit Flüssigkeit gefüllte Glasröhrchen, in denen eine Luftblase läuft, die bei richtiger Lage zwischen zwei Markierungsstrichen stehen muß.
Vgl. ▷Lot.

Wellpappe

Ein vielseitig verwendbares Material, das aus welligen Papierbahnen besteht, die mit glatten Bahnen verklebt sind. Zu verwenden als Pinwand – die gleichzeitig wärmedämmend und schallschluckend wirkt –, als Material für Faltmöbel, Kisten, Deckenverkleidungen u. a.
Es gibt einwellige, zweiwellige, dreiwellige Pappe mit weißer oder brauner Kaschierung. Wellpappe ist ziemlich steif; wird aber die Kaschierung geritzt, läßt sie sich gut falten oder biegen (parallel zu den Wellen). Wellpappe kann mit Klammern geheftet und mit Kontaktkleber geklebt werden. Man kann sie mit Plaka- oder Dispersionsfarbe anstreichen.

Werkzeug (Grundbestand)

Auch wenn im elterlichen Haushalt ein Werkzeugkasten oder eine Schublade mit „Hammer und Zange“ vorhanden ist: Wer planmäßig und selbständig arbeiten will, sollte danach trachten, sich einen eigenen Grundbestand an Werkzeug aufzubauen, der allmählich – mit wachsendem Selbstvertrauen und durch neue Pläne und Aufgaben – ausgebaut werden kann.

Allgemeines
Zuerst ein paar grundsätzliche Hinweise:
1. Nur Qualitätswerkzeug kaufen. Vorsicht bei „spottbilligen“ Angeboten. Vor dem Kauf sorgfältig prüfen.
2. Teure Werkzeuge nicht gleich anschaffen, sondern im Fachgeschäft mieten oder ausleihen, evtl. auch bei einem Freund.
3. Auf schwierige Arbeiten verzichten, wenn der Aufwand für Werkzeug und Material zu hoch ist.
4. Alles Handwerkzeug sorgfältig aufgeräumt am feststehenden Platz verwahren und durch Pflegen instand halten (Werkzeugpflege, ▷Pannen).
5. Werkzeug mit scharfen Klingen und Schneiden einzeln verpackt aufbewahren, und zwar so, daß kleinere Kinder nicht herankommen. Bohrer und Feilen niemals auf- und durcheinanderwerfen.
6. Neben Pferden, Füllfederhaltern usw. gehört auch gutes Werkzeug zu den Dingen, die man am besten gar nicht an andere verleiht. Jedenfalls aber nur an Empfänger, auf deren Sorgfalt und Ehrlichkeit man vertrauen kann.

Arbeitsraum
Jeder trockene, helle oder gut auszuleuchtende Raum mit Frischluft und robustem Boden ist geeignet. Steckdose (Schuko) muß vorhanden sein, Wasserhahn und Abfluß sind sehr erwünscht. Gefäß für Abfälle bereitstellen.

Elektrowerkzeug
Für einmalige Verwendung ausleihen. Für häufigere Verwendung anschaffen. Die Maschine soll in jedem Fall Schlagbohrwerk (zum Bohren in Decke und Wand) haben. Bevor Sie aber Geld für weitere Ausstattung (Mehrganggetriebe, Elektronik, Zusatzgeräte aller Art) ausgeben, prüfen Sie erst, ob Sie das tatsächlich brauchen. ▷Elektrowerkzeuge.

Ein Grundbestand (Vorschlag)

In vielen Fällen, besonders zum Anstreichen, Tapezieren, zum Teppichverlegen oder für Metallarbeiten, wird man Werkzeuge erst anschaffen, wenn ein aktueller Anlaß vorliegt. Erstrebenswert ist aber, daß ein Grundbestand ständig greifbar ist. Hier eine Vorschlagsliste, die die einzelnen Stücke nur aufführt, nicht aber beschreibt und abbildet, weil das an anderen Stellen dieses Buches schon geschehen ist.

Zum Messen

1 Stahlbandmaß
1 Meterstab 2 m
1 Schublehre
1 Wasserwaage

Zum Anreißen

Bleistifte
1 Streichmaß
1 Winkelhaken
1 Zirkel
1 Reißnadel (Ahle)

Zum Einspannen

einige Schraubzwingen
1 Parallelschraubstock

Zum Bohren

Elektro- oder Handbohrmaschine mit verschiedenen Spiralbohrern verschiedener Stärke oder
Bohrwinde
2 Nagelbohrer
1 Ausreiber

Zum Hämmern

1 Familienhammer ca. 500 g
1 Schreinerhammer ca. 300 g
1 kleiner Hammer
1 Holzhammer
1 Versenkstift

Zangen

1 Beißzange
1 Flachzange
1 Kombizange
1 Hebel-Vorschneider

Zum Sägen

1 Fuchsschwanz
1 Metall- oder Universalsäge
1 Feinsäge oder Stichsäge

Zum Hobeln und Feilen
1 Feilenhobel mindestens
1 Holzraspel
1 Feile, mittlerer Hieb

Zum Schrauben

3 Schraubenzieher
1 verstellbarer Schraubenschlüssel

Zum Stemmen

1 – 2 Stecheisen
1 Ziehklinge

Sonstiges

Arbeitstisch
Nägel und Stahlstifte
Dübel (Patentdübel) in 2 – 3 Größen
Holzschrauben in ca. 4 Größen
Klebestreifen
Universalkleber
Moltofill o. ä.
Stahllineal
Schere
Drahtschere
Messer mit auswechselbarer Klinge
Holzstücke als Beilagen
Glaspapier in 2 Körnungen
Putzlappen
Verbandskasten

Werkzeugpflege

In vielen Haushalten wird mehr Zeit damit verbracht, Werkzeug im Bedarfsfall zu suchen – womöglich erst gebrauchsfähig zu machen – als für die eigentliche Arbeit gebraucht wird. Deshalb: Jedes Stück muß seinen Platz haben (Werkbank, Werkzeugschrank, Werkzeugkasten). Jedes Stück muß sauber und intakt sein. Ein einfacher, gutsortierter Grundbestand an qualitativ hochwertigem, gepflegtem Werkzeug ist besser als eine teuer gekaufte, aber alsbald verwahrloste Super-Ausstattung. Manche Dinge, wie z. B. Pinsel, sind ein zweites Mal schon nicht mehr zu gebrauchen, wenn sie nach dem ersten Gebrauch nicht sachgemäß gereinigt wurden. Für Feilen, Pinsel, Bohrer u. a. sind einzelne Hinweise zu Aufbewahrung und Pflege in den betreffenden Abschnitten gegeben.
Zwei Arbeiten bedürfen einer speziellen Erläuterung: das Schleifen von Schneid- und Stemmwerkzeugen sowie das Richten von Sägen.

Schleifen von Schneid- und Stemmwerkzeugen

Werkzeug
Zum Schleifen brauchen wir einen *Handschleifapparat* mit Schmirgelscheibe (die Scheibe soll mindestens 13 cm Durchmesser haben), sowie einen *Abziehstein,* der dem Eisen die feine Schärfe verleihen soll. Manche Abziehsteine verlangen Beigabe von Wasser beim Schleifen, andere von Öl („Petroleumstein").

Handschleifapparat

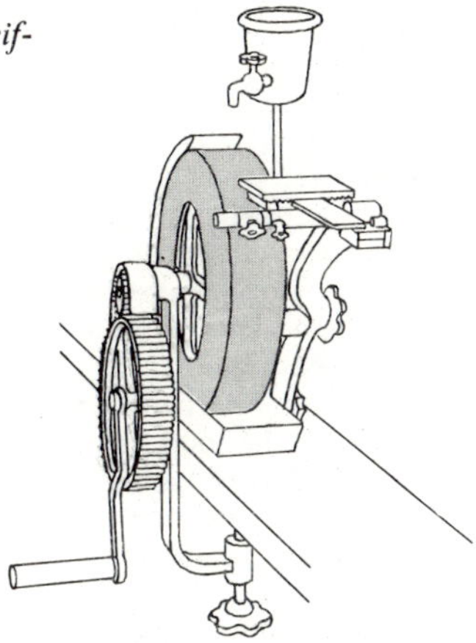

Das Schleifen
Alle Holzbearbeitungswerkzeuge werden „gegen das Eisen" geschliffen: Die Drehrichtung des Steines läuft gegen das herangeführte Eisen.
Stecheisen, Stemmeisen, Lochbeitel müssen in der Schneide genau rechtwinklig geschliffen werden.
Spiegelfläche nennt man die obere, ganz glatte und polierte Fläche der Eisen. Sie muß blankgehalten werden. Hat sich Rost angesetzt, muß die Fläche erst wieder spiegelblank abgezogen werden, will man eine brauchbare Schnittfläche erzielen.
Die Schleiffase (d. h. die abgeschrägte Fläche unmittelbar an der Schneide) darf nicht zu kurz und nicht zu lang sein. Eine zu kurze Fase schneidet nicht, sondern drückt das Holz seitwärts ein. Eine zu lange Fase bricht leicht aus. Die Schräge der Fase muß gleichmäßig durchlaufen.
Nach dem Schleifen Eisen trockenwischen. Bei Elektromaschinen ist der Schleifstein meistens schmaler als die Werkzeugschneide. Dann muß die Schneide gleichmäßig hin und her geführt werden.

Bei jedem Schleifen: Langsam und vorsichtig arbeiten. Jedes Überhitzen ist von Übel.

Schleifen von Schneiden

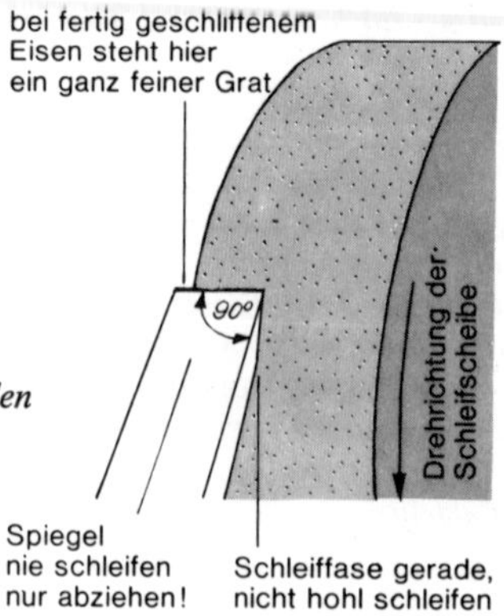

Das Abziehen
Abziehstein mit Petroleum bzw. Wasser anfeuchten. Spiegelseite eben auflegen und mit einigen flachen Kreisbewegungen abziehen. Der beim Schleifen entstandene Grat legt sich dabei zur Fasenseite um.
Fasenseite abziehen: Etwas angehoben auflegen, einige Male hin und her streichen ohne Druck, dann kreisförmig weiter.
Niemals trocken abziehen! Spiegel- und Fasenseite abwechselnd auflegen, bis der Grat verschwunden ist.
Nicht zu lange abziehen! Den Stein auch zum Rand benutzen, sonst bekommt er eine Vertiefung in der Mitte. Stein ab und zu mit sauberem Lappen abwischen und neu tränken.
Nicht zu oft schleifen! Ein gut geschliffenes Eisen kann man mehrere Male abziehen. Oft ist die Schneide beim zweiten oder dritten Abziehen besser als beim ersten.

Abziehen von Schneiden

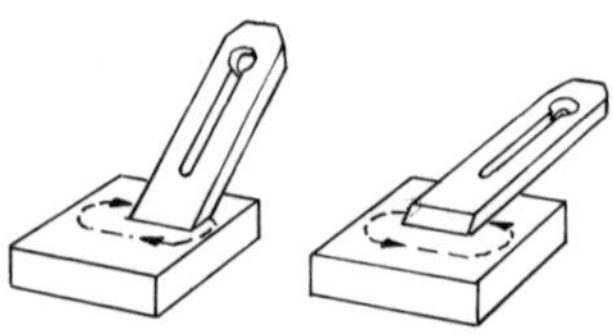

Das Richten von Sägen

Ein scharfer Sägeschnitt genau am Riß verlangt eine gut gerichtete Säge. Eine Zeitlang genügt eine neue Säge – gebrauchsfertig gekauft! – allen Anforderungen. Dann wird sie stumpf. Man kann sie dann zum Nachrichten dem Fachmann geben, möglichst mehrere Sägen gleichzeitig. Das Richten von Sägen ist eine Aufgabe für den Fachmann; doch steht dem nichts im Wege, daß Sie durch Übung auch hierin ein Fachmann werden. Denn eine einfache Arbeit ist das nicht. Auch braucht man ein paar Spezialwerkzeuge, die anzuschaffen sich nur lohnt, wenn die Aufgabe öfter vorkommt:

Sägenkluppe *(Feilkluppe)*
Dient zum Einspannen der Säge beim Feilen der Zähne. Behelfsmäßig kann man auch zwei breite Hartholzleisten mit Schraubzwingen nehmen, die man in die Vorderzange der Hobelbank oder in den Schraubstock einspannt.

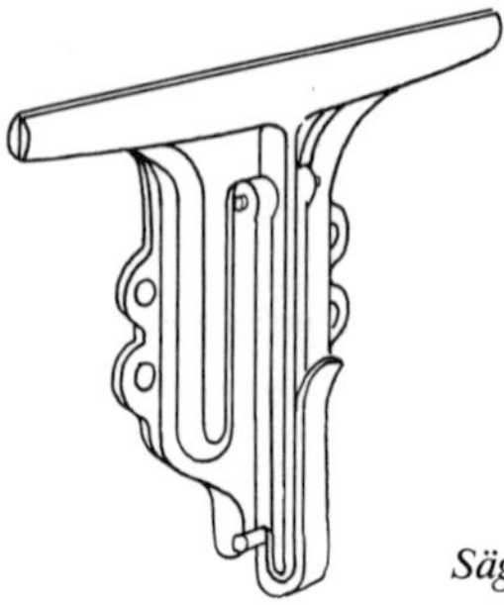

Sägenfeilkluppe

Sägenfeile
Eine scharfkantige Dreikantfeile (für Bandsägen jedoch mit runden Kanten). Vgl. ▷Feilen.

Sägenfeile

Schränkeisen, Schränkzange
Eines dieser beiden Werkzeuge benötigt, wer seine Säge selbst richtet und sie nicht dazu einem Fachmann gibt.

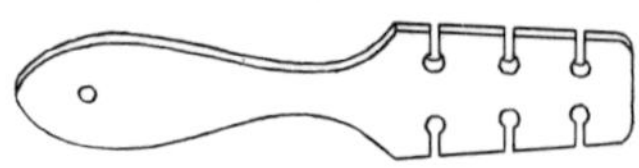

Schränkeisen

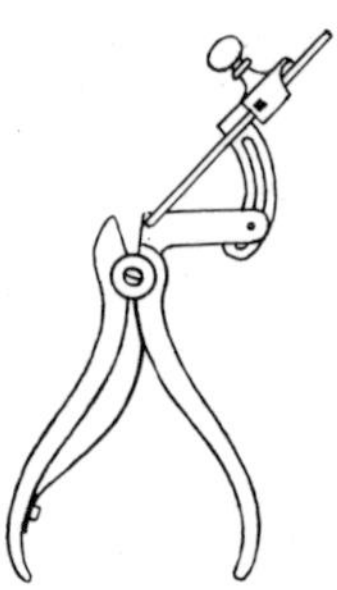

Schränkzange

Abrichten, Schränken, Durchfeilen
Drei Arbeitsgänge sind zu unterscheiden:

Abrichten: Die ungleich gewordenen Zähne werden zuerst gleich hoch und dann Zahn für Zahn in die richtige Form gefeilt. Hierfür nehmen Sie nicht die Sägenfeile, sondern eine flache Eisenfeile (ohne Griff – Ausnahme von der Regel!)

Schränken: Die Zähne werden abwechselnd, immer einer nach links, einer nach rechts, seitlich ausgebogen.

Durchfeilen: Die Zähne werden scharf gemacht.
Von diesen Arbeiten ist die letztere, das Durchfeilen, am häufigsten erforderlich und am leichtesten auszuführen. Man kann also die abgerichtete und geschränkte Säge mehrmals durch Nachfeilen wieder schärfen.

Vorbereitung
Das Blatt wird gesäubert und in die Feilkluppe eingespannt.

Abrichten
Der erste Akt des Abrichtens besteht darin, daß man mit einer nicht zu groben Eisenflachfeile, die in ganzer Länge aufliegen soll, die Zähne gleich hoch feilt. Anschließend werden die Zähne, die eben abgestumpft wurden, „vorgefeilt"; das heißt, sie bekommen wieder eine richtige Spitze und die richtige Form. Das ist beim Richten von Sägen der mühseligste Teil der Arbeit.

Abrichten

Schränken
So nennt man das wechselseitige Ausbiegen der Zähne. Es ist nötig, damit das Blatt frei durch den Sägeschnitt laufen kann. Das Ausbiegen muß sehr behutsam geschehen. Es wird nur der obere Teil des Zahnes ein wenig ausgebogen, nicht der ganze Zahn geknickt, sonst bricht er ab.
Erst jeden zweiten Zahn nach einer Seite, dann die dazwischenliegenden nach der anderen Seite biegen. Grobe Sägen werden stärker geschränkt als Feinsägen.
Das Schränken geschieht mit einem Schränkeisen oder der Schränkzange. Mit dieser geht es gleichmäßiger.

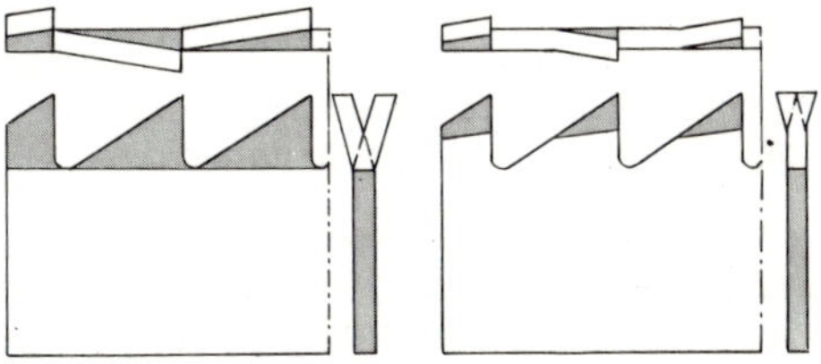

Schränken

Durchfeilen
Man beginnt am oberen Ende des Blattes, „gegen den Stoß". Um die gleichmäßige Schrägstellung und Schärfe der Zähne sicherzustellen, wird die Feile in der einmal begonnenen Haltung gelassen und mit ganz gleichmäßigen Strichen geführt.

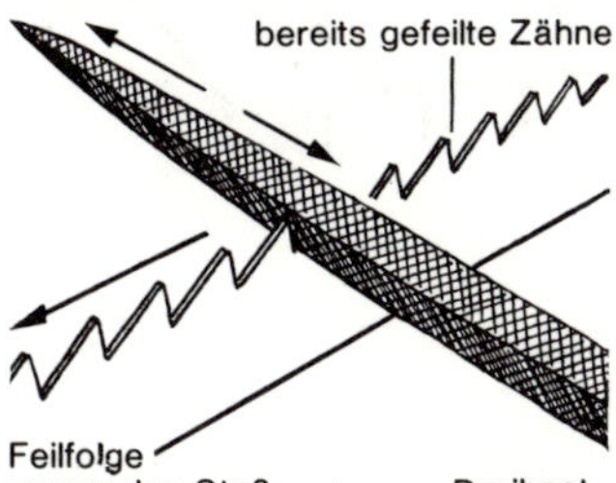

Durchfeilen

Zarge

Waagerechte Verstrebung zwischen Tisch- und Stuhlbeinen. Bei Türen auch Bezeichnung für den festen Rahmen aus Metall oder Holz, der der Befestigung und dem sauberen Anschlag des Türblatts dient.

Ziegel

Dieses Buch lehrt nicht das Mauern. Wer sich aber an Wand und Decke zu schaffen macht, der sollte die Abmessungen der Mauerziegel kennen.

Der Einhandstein ist 24 cm lang, 11,5 cm breit, 7,1 cm hoch. Dieses Format heißt Normalformat (NF). Die Mörtelfugen zwischen zwei waagerechten Schichten sind 1,2 cm dick (Lagerfugen), die senkrechten (Stoßfugen) 1 cm. Beim Normalformat ergeben sich Mauerstärken von 11,5 · 24 · 36,5 · 49 · 61,5 cm. In der Regel kommt auf beiden Außenseiten die Putzschicht hinzu. Zweihandsteine haben eine Länge von

30 cm. Die Mauerstärke ist hier meist 30 cm + 2 Putzschichten. Für das Verbinden der Ziegel (Mauerverband) gilt als Grundregel: Es dürfen keine Stoßfugen übereinander liegen.

Man kann diese Anhaltspunkte benutzen, wenn man z. B. im Mauerwerk eine Fuge sucht. Es ist aber zu beachten, daß es heute – vom Beton abgesehen – sowohl weitere Abmessungen für Mauerziegel neben den genannten gibt, als auch vor allem noch Lochziegel, Gitterziegel, sowie Steine aus andersartigem Material wie Kalksandstein und „Poroton".

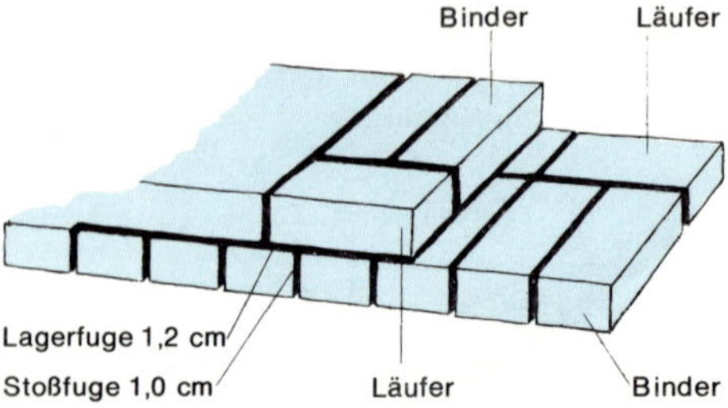

Einfacher Mauerverband aus Mauerziegeln im Normalformat, 1½ Steine dick

Der Mauerverband Alle Mauerkonstruktionen haben gemeinsam das Prinzip, Einzelsteine – Natursteine oder künstliche Steine – so ineinander zu legen und zu verkitten, daß eine geschlossene Verbundwirkung entsteht: der Mauerverband. Damit die Verbindung von Ziegeln und Mörtel zu einem tragfähigen Gefüge wird, müssen die Steine nach einem bestimmten System an- und übereinander geordnet werden.

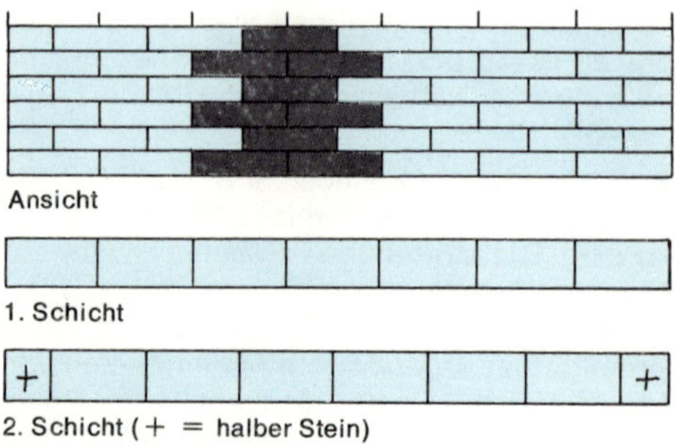

Halbsteinstarke Mauer

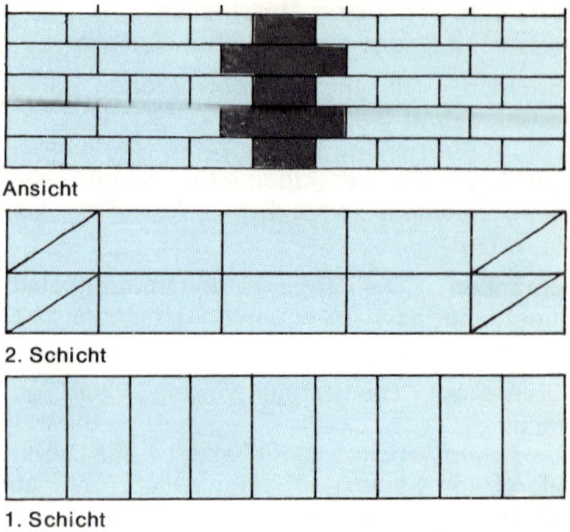

Einsteinstarke Mauer I

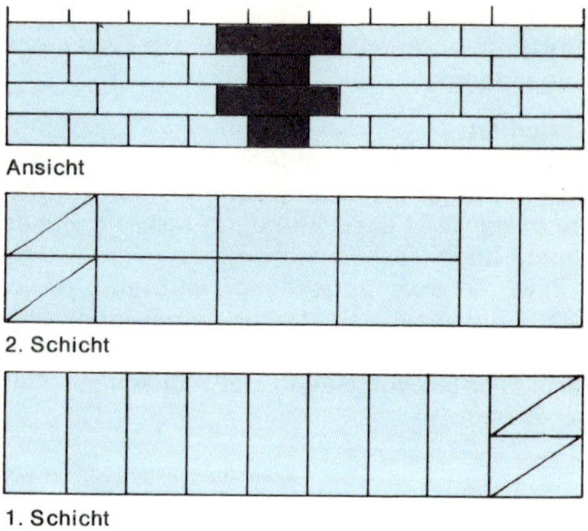

Einsteinstarke Mauer II

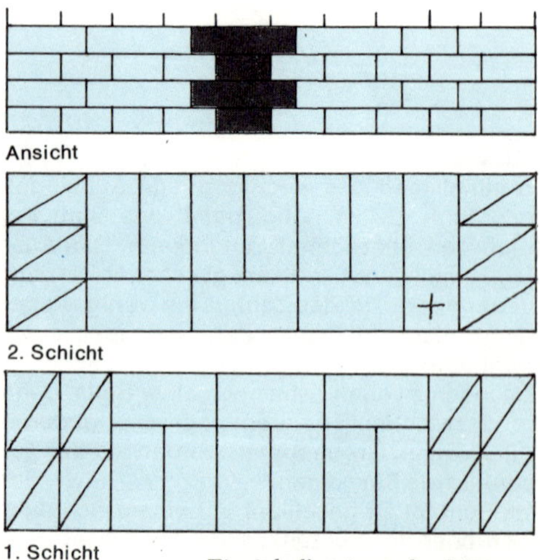

Eineinhalbsteinstarke Mauer

Teil 3

Checklisten

Selberplanen

Register

Checkliste „Tapezieren“

Die wichtigsten Punkte	Bermerkungen
◯ Messen Sie den Raum aus: Länge aller 4 Wände, Raumhöhe, Zahl der Türen und Fenster.	Sie messen die Länge aller Wände und zählen die 4 Maße zusammen. Das ergibt den Raumumfang. Sie messen die Raumhöhe (bzw. die zu tapezierende Wandhöhe) und multiplizieren das Ergebnis mit dem Raumumfang. So erhalten Sie die zu tapezierende Fläche (in qm). Für eine Zimmertür sind etwa 2 qm abzuziehen, für ein Fenster je nach Größe 1 bis 3 qm.
◯ Ermitteln Sie die Anzahl der benötigten Tapetenrollen.	In der Tabelle auf Seite 315 läßt sich die Zahl der Rollen ablesen.
◯ Prüfen Sie den Untergrund: Ist er schon tapeziert?	Wenn die alte Tapete gut haftet, braucht sie nur sauber geschliffen zu werden. Andernfalls muß sie entfernt werden (Abkratzen, Abweichen).
◯ Ist der Untergrund mit Rauhfaser tapeziert?	Rauhfaser braucht nur überstrichen zu werden (mit Dispersionsfarbe). Nicht übertapezieren, da nicht glatt genug.
◯ Ist er gestrichen?	Während Leimfarbenanstrich entfernt werden muß, kann mit Kalk-, Dispersions- oder Ölfarbe gestrichener Putzgrund übertapeziert werden.
◯ Überlegen Sie vor dem Tapeteneinkauf, was Sie an Zubehör und Werkzeug brauchen, damit Sie nur einmal zum Händler gehen müssen.	Unentbehrlich sind Tisch, Schere, Kleister, Streichbürste, Metermaß und Leiter. Die meisten Tapetengeschäfte leihen Werkzeug aus.
◯ Welche Tapete paßt zur Größe und Eigenart des Raumes, welche nicht?	Vielerlei ist zu bedenken. Z. B.: Helligkeit des Zimmers, Süd- oder Nordlage. Keine großmustrige Tapete in kleine Zimmer! Keine markanten zeichnerischen Muster, wenn Bilder aufgehängt werden sollen! Tapete zurückhaltend, wenn lebhafte Farben oder Muster schon auf Vorhängen, Teppichen, Polstermöbel vorhanden!
◯ Lassen Sie sich Zeit und Ruhe zum Tapeteneinkauf! Lassen Sie sich beraten!	Zu billige Tapete: hält nicht lange, kann einreißen. Zu teure Tapete: nichts für Anfänger. Tapete aus ausreichender Entfernung in nicht zu kleiner Fläche beurteilen.
◯ Bereiten Sie den Raum vor!	Bilder und Vorhänge entfernen, Lampen abnehmen. Teppiche aufrollen, wenn möglich Fußleisten abnehmen. Deckel von Schalter und Steckdosen abnehmen. Am besten arbeitet es sich im leeren oder fast leeren Zimmer.
◯ Erledigen Sie alle Vorarbeiten, bevor Sie mit dem Zuschneiden und Einkleistern beginnen.	Dazu gehört das Entfernen alter Tapeten oder alter Leimfarbenanstriche, das Beseitigen von Rissen, das Isolieren von Flecken im Putz, das Vorkleben an Schalt-Steckdosen, Leitungsrohre, Deckenauslässen.
◯ Erst Decke anstreichen (bzw. tapezieren), dann Wände tapezieren!	

Checkliste „Anstreichen" (Wand und Decke)

	Die wichtigsten Punkte	Bemerkungen
○	Raum ausmessen: Länge mal Höhe jeder Wand und Länge mal Breite der Decke ergibt die zu streichende Fläche.	Es ist nicht erforderlich, von der ermittelten Fläche etwas für Türen und Fenster abzuziehen.
○	Wohnraum (Wohn-, Schlafzimmer, Diele) oder Feuchtraum (Bad, Küche, Keller)?	Für Wohnräume ist der beste Rat: Anstrich mit Dispersionsfarbe. Für Feuchträume: Kalkfarbe (oder ebenfalls Dispersion).
○	Gewünschten Farbton überlegen.	Zur Wand: Der Anfänger wählt den Ton häufig zu dunkel oder zu laut. Zur Decke: weiße Decke – Raum wirkt höher, dunkle Decke – Raum wirkt niedriger. Decke im Wandton harmonische Raumwirkung; unbedingt zu empfehlen bei verwinkelten und schrägen Decken.
○	Welches Werkzeug wird benötigt? Man möchte alles mit einem einzigen Gang zum Farbengeschäft erledigen.	Unbedingt benötigtes Werkzeug: die richtige Bürste oder den richtigen Pinsel (vgl. S. 189 f.). Für den Anfänger gut geeignet: Streichroller. Ferner Spachtel, Rührholz, Leiter, Abstreifsieb.
○	Untergrund prüfen.	Putz mit altem Anstrich: Alte Leimfarbe nicht überstreichen, sondern entfernen. Neuer Putz: Lieber erst einen Fachmann fragen. Rauhfaser: wenn festsitzend, einfach überstreichen. Alte Tapete: nur überstreichen, wenn tadellos und fest haftend. Risse im Putz vergipsen.
○	Farbe einkaufen.	Fragen Sie den Händler, wieviel Farbe Sie für Ihre Fläche brauchen. Meist steht es auch auf der Pakkung. Aber berücksichtigen Sie, ob ein, zwei oder auch drei Anstriche erfolgen sollen.
○	Raum vorbereiten.	Soweit wie möglich Raum ausräumen. Fußboden oder Möbel schützen durch Folie oder Zeitungen (mit Tesakrepp festkleben).
○	Probestück anstreichen, trocknen lassen.	Etwa vorhandene Stukkatur sorgfältig mit Handpinsel streichen. Eventuell farblich abheben.
○	Erst Decke streichen, dann die Wände!	An einer unauffälligen Stelle probeweise ein Stück streichen. Erst nach vollständigem Trocknen läßt sich beurteilen, wie der Anstrich später wirkt. Die meisten Farben werden beim Trocknen heller, manchmal aber dunkler.

Selber planen

Jeder kann seines Glückes Schmied, jeder kann auch sein eigener Innenarchitekt sein, allerdings sollte er vorher auf dem Papier ausprobieren, wie die Maße zueinander stimmen, bevor er schwere Möbel probeweise verschiebt oder gar Dinge anschafft, die nachher nicht passen.
Sie brauchen:
1. Ein Bandmaß zum Ausmessen des Zimmers. Messen Sie alle 4 Seiten und dazu die Diagonalen. Nicht jedes Zimmer ist rechtwinklig!
2. Millimeterpapier und Bleistift.
3. Die Maße der zukünftigen Möbel. Am besten schneiden Sie die Grundrisse der Möbel, maßstabsgerecht aus farbigem Papier, aus – so lassen sie sich beliebig verschieben und umgruppieren.

Die hier folgenden Seiten regen Sie vielleicht an, es gleich selber zu probieren. Die leere Fläche reizt den Maler! Wenn Sie mehrere Variationen zeichnen wollen und ein größeres Format brauchen: Millimeterpapier ist für wenig Geld in jeder Schreibwarenhandlung zu haben.

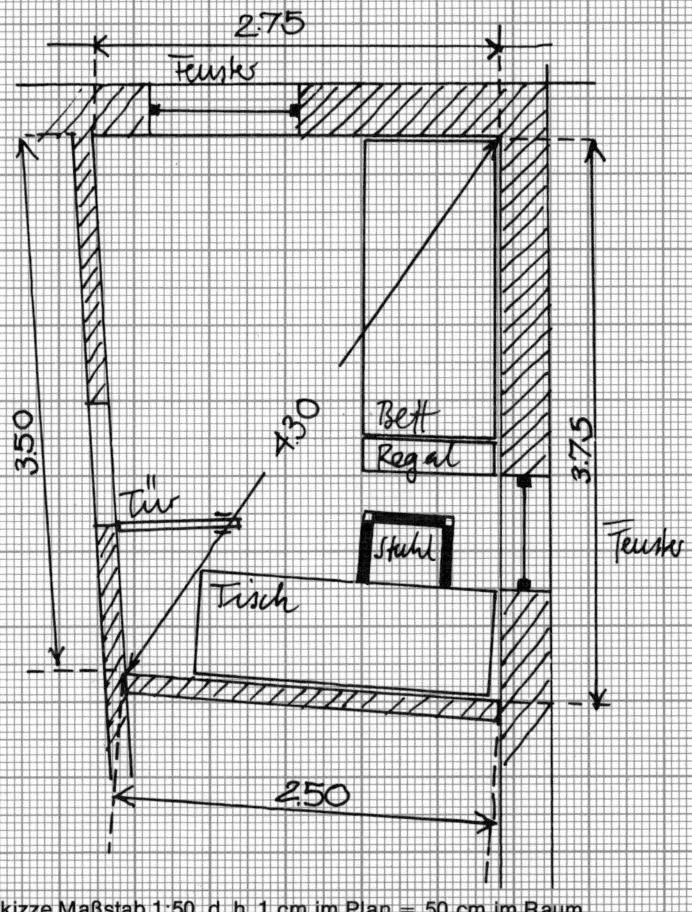

Beispiel einer Skizze Maßstab 1:50, d. h. 1 cm im Plan = 50 cm im Raum. Die Maße werden natürlich im Raum gemessen. Aufgetragen werden die Längen mit dem Zirkel, und zwar jeweils zwei Seiten und die Diagonale.

Register

Q

R

S

Quellenhinweis

Robert Bosch GmbH, Leinfelden; Erco Leuchten GmbH, Lüdenscheid; Häfele KG, Nagold; Henkel & Cie. GmbH, Düsseldorf; August Moralt KG, Bad Tölz; Omnia-Möbel, Detmold; Scandecor Verlags-GmbH, Langen; Stanley Werke GmbH, Velbert; Verband Deutscher Tapetenfabrikanten, Frankfurt.